Veröffentlichungen zum Verfahrensrecht

Band 203

herausgegeben von
Rolf Stürner

Anna Kaehlbrandt

Mehrpersonenverhältnisse im Schiedsverfahren

Zur subjektiven Erweiterung des deutschen Schiedsverfahrensrechts unter Berücksichtigung der verfassungsrechtlichen Dimension

Mohr Siebeck

Anna Kaehlbrandt, geboren 1993; Studium der Rechtswissenschaft an der Goethe Universität Frankfurt; 2017 Erstes Juristisches Staatsexamen; Rechtsreferendariat am Oberlandesgericht Frankfurt am Main; 2019 Zweites Juristisches Staatsexamen; 2023 Promotion; Rechtsanwältin in Frankfurt am Main.

D30

Die Open-Access-Publikation dieses Buches wurde durch den Open-Access-Publikationsfonds der Goethe-Universität Frankfurt am Main unterstützt

ISBN 978-3-16-163274-7 / eISBN 978-3-16-163275-4
DOI 10.1628/978-3-16-163275-4

ISSN 0722-7574 / eISSN 2568-7255 (Veröffentlichungen zum Verfahrensrecht)

Die Deutsche Nationalbibliothek verzeichnet diese Publikation in der Deutschen Nationalbibliographie; detaillierte bibliographische Daten sind über *https://dnb.dnb.de* abrufbar.

Publiziert von Mohr Siebeck Tübingen 2024. www.mohrsiebeck.com

© Anna Kaehlbrandt

Dieses Werk ist lizenziert unter der Lizenz „Creative Commons Namensnennung – Weitergabe unter gleichen Bedingungen 4.0 International" (CC BY-SA 4.0). Eine vollständige Version des Lizenztextes findet sich unter: https://creativecommons.org/licenses/by-sa/4.0/.

Jede Verwendung, die nicht von der oben genannten Lizenz umfasst ist, ist ohne Zustimmung des Urhebers unzulässig und strafbar.

Das Buch wurde von Gulde Druck in Tübingen auf alterungsbeständiges Werkdruckpapier gedruckt und gebunden.

Printed in Germany.

*Meinen Eltern
in großer Dankbarkeit*

Vorwort

Die vorliegende Arbeit wurde im Sommersemester 2023 vom Fachbereich Rechtswissenschaft der Goethe-Universität Frankfurt am Main als Dissertation angenommen. Stand der Bearbeitung ist der 1. Juni 2022. Es konnte weitgehend noch Literatur bis zum 15. November 2023 berücksichtigt werden. Das Eckpunktepapier des Bundesministeriums der Justiz zur Modernisierung des deutschen Schiedsverfahrensrechts von April 2023 und der Stand der Ergänzenden Regeln für Streitverkündungen der DIS zum Dezember 2023 sind in der Arbeit berücksichtigt worden.

Zuvorderst gilt mein großer Dank meinem Doktorvater, Herrn Prof. Dr. Joachim Zekoll, LL.M. (Berkeley). Er hat mir die Freiheit ermöglicht, die für ein derart grundlegendes Thema erforderlich war, und stand mir bei allen Herausforderungen meines Dissertationsprojekts stets unterstützend zur Seite. Dafür bin ich ihm zutiefst dankbar. Ich danke weiterhin Herrn Prof. Dr. Stefan Vogenauer, MJur (Oxford) für die Erstellung des Zweitgutachtens und Herrn Prof. Dr. Moritz Bälz, LL.M. (Harvard) für den Vorsitz der Prüfungskommission bei der Disputation. Herrn Prof. Dr. Dres. h.c. Rolf Stürner danke ich für die Aufnahme in die Schriftenreihe der Veröffentlichungen zum Verfahrensrecht.

Die Promotionsförderung der Studienstiftung des deutschen Volkes hat die Entstehung der gesamten Arbeit mit einem Stipendium gefördert, für das ich sehr dankbar bin. Ich danke zudem dem Open-Access-Publikationsfonds der Goethe-Universität Frankfurt am Main für die finanzielle Unterstützung der Open-Access-Publikation dieses Buches.

Meine promotionsbegleitende Tätigkeit bei der Deutschen Institution für Schiedsgerichtsbarkeit e.V. (DIS) ermöglichte es mir, tiefgreifende praktische Einblicke in die von der DIS administrierten Schiedsverfahren zu erlangen sowie in stetem und regem Austausch mit Experten aus Wissenschaft und Praxis auf dem Gebiet der Schiedsgerichtsbarkeit zu stehen und dies für meine Arbeit fruchtbar zu machen.

Besonders danke ich Frau Dr. Francesca Mazza für die große Hilfe und Inspiration bei der Themenwahl und für ihre großartige Förderung nicht nur meines Dissertationsprojekts, sondern auch meines persönlichen und fachlichen Werdegangs. Für die Unterstützung in allen Höhen und Tiefen während der Promotionszeit danke ich meinen Freunden und Promotionskollegen.

Zutiefst dankbar bin ich meinem Vater, der meine Begeisterung für das wissenschaftliche Arbeiten („Einsamkeit und Freiheit", Wilhelm von Humboldt) geweckt und jede Zeile dieser Arbeit mit Sorgfalt Korrekturgelesen hat, und meiner Mutter, die mir immer ermutigend und liebevoll zur Seite stand. Mein großer Dank gilt ich auch meinem Großvater für die stets erfrischenden und lehrreichen Gespräche über das Promovieren im Allgemeinen und meine Arbeit im Besonderen. Diese Arbeit wäre ohne meine Familie, allen voran meine Eltern, nicht entstanden. Ihre bedingungslose Unterstützung während meines gesamten Lebens hat mir meinen Bildungsweg erst ermöglicht. Ihnen ist diese Arbeit daher gewidmet.

Frankfurt am Main, im Dezember 2023   Anna Kaehlbrandt

Inhaltsübersicht

Kapitel 1: Einleitung 1

A. Arbeitsthesen 2
B. Methodik und Gegenstand der Untersuchung 3
C. Gang der Untersuchung 8

Kapitel 2: Was legitimiert die Schiedsgerichtsbarkeit? Kritische Würdigung eines altbekannten Lösungsansatzes 10

A. Der Schiedsspruch zwischen privatrechtlichem Vergleich und staatlichem Urteil – eine Standortbestimmung 10
B. Folgen der Einräumung prozessualer Wirkungen für die Schiedsgerichtsbarkeit 24
C. Die verfassungsrechtlichen Verfahrensgarantien als Kern der Legitimationsfrage 34
D. Eigener Lösungsansatz: Ergänzung der Legitimationsfrage um die Trias rechtsstaatlicher Verfahrensgarantien 58

Kapitel 3: Erfüllt das deutsche Schiedsverfahrensrecht seine verfassungsrechtlichen Anforderungen? Untersuchung des staatlichen Kontrollsystems 60

A. Das Regelungsgefüge aus Verpflichtungs- und Kontrollnormen für das laufende Schiedsverfahren 61
B. Das Aufhebungs- und Vollstreckbarerklärungsverfahren als abschließende Kontrollinstanz 113
C. Ergebnis: Grundsätzlich ausgewogenes staatliches Kontrollsystem vorhanden 125

Kapitel 4: Subjektive Begrenzung des deutschen Schiedsverfahrensrechts? Zur Erweiterbarkeit des Zehnten Buchs der ZPO 127

A. Subjektive Begrenzung des Zehnten Buchs der ZPO 128
B. Aufstellen von Anforderungen an eine subjektive Erweiterung mittels Verfahrensvereinbarung 154
C. Eigener Lösungsansatz: Leitlinien für eine subjektive Erweiterung des gesetzlichen Regelungsmodells mittels Verfahrensvereinbarung 184

Kapitel 5: Möglichkeiten einer subjektiven Erweiterung des deutschen Schiedsverfahrensrechts mittels Verfahrensvereinbarung 187

A. Mehrparteienmodelle im Sinne der ersten Fallgruppe 187
B. Drittbeteiligungsmodelle im Sinne der zweiten Fallgruppe 220
C. Ergebnis: Leitlinien für eine rechtssichere subjektive Erweiterung des deutschen Schiedsverfahrensrechts praktisch einsetzbar 271

Kapitel 6: Subjektive Erweiterbarkeit des deutschen Schiedsverfahrensrechts im Falle einer Rechtsnachfolge? 273

A. Erfordernis einer gesetzlichen Grundlage für die Wirkungserstreckung auf den Rechtsnachfolger 274
B. Vorprozessualer Eintritt der Rechtsnachfolge 279
C. Eintritt der Rechtsnachfolge während des laufenden Schiedsverfahrens 289
D. Eintritt der Rechtsnachfolge nach Erlass des Schiedsspruchs 301
E. Ergebnis: Klare und verfassungskonforme gesetzliche Grundlagen für die schiedsverfahrensrechtliche Rechtsnachfolge erforderlich 336

Kapitel 7: Schlussthesen 339

Literaturverzeichnis 353
Sachregister 369

Inhaltsverzeichnis

Vorwort..VII
Abkürzungsverzeichnis..XXIV

Kapitel 1: Einleitung 1

A. Arbeitsthesen 2
B. Methodik und Gegenstand der Untersuchung.. 3
C. Gang der Untersuchung.. 8

Kapitel 2: Was legitimiert die Schiedsgerichtsbarkeit? Kritische Würdigung eines altbekannten Lösungsansatzes 10

A. Der Schiedsspruch zwischen privatrechtlichem Vergleich und
staatlichem Urteil – eine Standortbestimmung 10
   I. Die rein privatrechtliche Konfliktlösung als Ausfluss der
      Privatautonomie...13
   II. Das gerichtliche Urteil als Ergebnis des staatlichen
       Rechtsschutzsystems...15
   III. Die Schiedsgerichtsbarkeit als privater Konfliktlösungsmechanismus
       mit öffentlich-rechtlichen Wirkungen 17
      1. Die Schiedsgerichtsbarkeit zwischen den Stühlen....................17
      2. Ein Ausflug in die Rechtsgeschichte.......................................19
      3. Trennung von Wesen und Wirkung der Schiedsgerichtsbarkeit.....21
      4. Zusammenfassung 24
B. Folgen der Einräumung prozessualer Wirkungen für die
Schiedsgerichtsbarkeit... 24
   I. Verfassungsrechtliche Relevanz der prozessualen Wirkungen 25
      1. Unmittelbare Bindung allein der Staatgewalten 25
      2. Möglichkeit zwangsweiser Durchsetzung des Schiedsspruchs 27
      3. Möglichkeit prozessualer Durchsetzung des Schiedsspruchs........28
      4. Verbindliche Zuständigkeitsbegründung des Schiedsgerichts 29
   II. Folgen der Verfassungsrelevanz der prozessualen Wirkungen 30

1. Pflicht des Staates zur Vorsehung eines Kontrollsystems 30
2. Beeinflussung des privatrechtlichen Schiedsverfahrens 31
3. Beeinflussung der privatrechtlichen Akteure 32
III. Fazit: Wechselspiel zwischen prozessualen Wirkungen und Verfassungsrecht 33
C. Die verfassungsrechtlichen Verfahrensgarantien als Kern der Legitimationsfrage 34
   I. Verfassungsrechtliche Herleitung 34
      1. Allgemeine Handlungsfreiheit und Privatautonomie? 34
         a) Recht, privatrechtlichen Konfliktlösungsmechanismus zu nutzen 34
         b) Kein Anspruch auf gesetzliche Regelung des privaten Konfliktlösungsmechanismus 36
         c) Kein Anspruch, die Einräumung öffentlich-rechtlicher Wirkungen zu verlangen 37
         d) Schutzbereich des Artikel 2 Absatz 1 GG nur partiell berührt .. 38
      2. Gleichheitssatz oder „Subsidiaritätsprinzip"? 38
      3. Die Anforderungen des Rechtsstaats an rechtsverbindliche kontradiktorische Entscheidungen 40
         a) Grundentscheidung des Verfassungsgesetzgebers für rechtsstaatliche Verfahren 40
         b) Verfassungsrechtlich gerechtfertigter Eingriff in das Grundrecht auf Privatautonomie 43
      4. Fazit: Das Rechtsstaatsprinzip als Ankerpunkt prozessualer Wirkungen kontradiktorischer Entscheidungen 44
   II. Die drei verfassungsrechtlich verbürgten Verfahrensgarantien 45
      1. Die Zugangsgarantie 46
         a) Herleitung und Inhalt der Zugangsgarantie 46
            aa) Recht auf den gesetzlichen Richter? Rechtsprechungsmonopol? 47
            bb) Recht auf Zugang zu staatlichem Rechtsschutz oder Justizgewähranspruch 49
         b) Keine Betroffenheit durch rein privatrechtlich wirksame Disposition 50
         c) Aber unmittelbare Betroffenheit durch prozessual wirksame Disposition 52
      2. Die verfahrensbezogenen Ausgestaltungsgarantien 52
         a) Inhalt und Herleitung der Ausgestaltungsgarantien 53
            aa) Recht auf rechtliches Gehör 53
            bb) Recht auf faires Verfahren 54
         b) Keine unmittelbare Betroffenheit bei konsensualem Gegenstand der Durchsetzung 55

c) Aber unmittelbare Betroffenheit bei kontradiktorischem
Gegenstand der Durchsetzung 56
3. Die Trias rechtsstaatlicher Verfahrensgarantien als Grundlage
prozessualer Wirkungen der Schiedsgerichtsbarkeit......................57
III. Recht auf Privatautonomie als eigenständiges Legitimationsmittel?...57
D. Eigener Lösungsansatz: Ergänzung der Legitimationsfrage um die Trias
rechtsstaatlicher Verfahrensgarantien...................................... 58

Kapitel 3: Erfüllt das deutsche Schiedsverfahrensrecht seine verfassungsrechtlichen Anforderungen? Untersuchung des staatlichen Kontrollsystems 60

A. Das Regelungsgefüge aus Verpflichtungs- und Kontrollnormen für das
laufende Schiedsverfahren 61
I. Wahrung des Rechts auf staatlichen Rechtsschutz 62
1. Verfassungsrechtliche Anforderungen an den Ausschluss der
Zugangsgarantie...62
a) Verzicht auf die Ausübung des konkreten Grundrechtsschutzes
als Grundfall..63
b) Verfassungsrechtlich gerechtfertigter Grundrechtseingriff als
Sonderfall..65
aa) Notwendige Differenzierung zwischen Verzicht
und Eingriff 67
bb) Element der Freiwilligkeit als Abgrenzungskriterium..........69
cc) Vorgehen bei der Abgrenzung in Grenzfällen....................70
c) Zusammenfassung und Ausblick für die weitere Untersuchung 71
2. Grundfall vertragliches Rechtsgeschäft: Die Schiedsvereinbarung 72
a) Schiedsvereinbarung als unwiderruflicher
Grundrechtsausübungsverzicht...73
b) Vereinbarkeit von privatrechtlichem Rechtsgeschäft und
Grundrechtsausübungsverzicht...74
aa) Grundrechtsausübungsverzicht im Falle des Vorliegens
eines Freiwilligkeitselements...75
bb) Ausnahmsweise verfassungsrechtlich gerechtfertigter
Grundrechtseingriff?..75
c) Schiedsverfahrensrechtliche Anforderungen an die
Schiedsvereinbarung 76
aa) § 1031 ZPO als klassische Formvorschrift? 77
bb) Verfassungsgemäßheit des § 1031 ZPO? 79
(1) Verfassungsgemäßheit in Bezug auf die eingeschränkte
Formstrenge?..80

(2) Verfassungsgemäßheit hinsichtlich der Ermöglichung
eines Grundrechtseingriffs?...82
cc) Zusammenfassung 83
d) Konsensbasierter Ausschluss der staatlichen Gerichtsbarkeit
als gesetzlicher Regelfall..85
3. Sonderfall einseitiges Rechtsgeschäft: Die Schiedsverfügung........85
a) Ausnahmecharakter der Vorschrift...86
b) Verfassungskonforme Auslegung der Vorschrift......................87
aa) Vom Bundesgerichtshof aufgestellte Grundsätze zur
Auslegung des § 1066 ZPO 88
bb) Im Einzelfall verfassungskonformer Grundrechtseingriff
zulässig...90
c) Keine (entsprechende) Anwendbarkeit des § 1031 ZPO auf
§ 1066 ZPO 91
4. Sonderfall schiedsgerichtliche Zuständigkeitsbegründung durch
Präklusion...92
a) Verfassungsrechtliche Zulässigkeit der Präklusion 92
b) Schiedsverfahrensrechtliche Zulässigkeit 95
aa) Widerspruch zu § 1027 ZPO?...95
bb) Erheblichkeit schiedsinterner Fristen 97
c) Voraussetzungen und Grenzen der Präklusion 99
aa) Beteiligung am Schiedsverfahren..99
bb) Fristsäumnis in der Sphäre des Betroffenen 99
cc) Disponibilität des betroffenen Schutzrechts 100
5. Grenzen des Ausschlusses staatlicher Gerichtszuständigkeit:
Die Schiedsfähigkeit..101
a) Inhalt der Schiedsfähigkeit in § 1030 ZPO 101
b) Relevanz für sämtliche Möglichkeiten der
schiedsgerichtlichen Zuständigkeitsbegründung......................102
6. Kontrollmechanismen im laufenden Schiedsverfahren...................103
a) Gerichtliche Überprüfung bei Klage vor dem
staatlichen Gericht..104
b) Gerichtliche Überprüfung durch Feststellungsantrag an das
staatliche Gericht..104
c) Gerichtliche Entscheidung über einen schiedsgerichtlichen
Zwischenentscheid 105
d) Rechtsfolgen der Kontrollmechanismen im laufenden
Schiedsverfahren 106
II. Wahrung des Rechts auf faires Verfahren 107
1. Verankerung einer allgemeinen Gleichbehandlungspflicht...........107
2. Gerichtliche Kontrolle der gleichberechtigten Einflussnahme
auf die Bildung des Schiedsgerichts..108

3. Verankerung und Kontrolle der Unabhängigkeit und
   Unparteilichkeit des Schiedsrichters 110
4. Verankerung des Rechts zur Hinzuziehung eines
   Prozessbevollmächtigten 111
III. Wahrung des Rechts auf rechtliches Gehör 111
   1. Verankerung einer allgemeinen Pflicht zur Gehörsgewährung 112
   2. Verankerung spezieller Gehörsgewährungspflichten 112
B. Das Aufhebungs- und Vollstreckbarerklärungsverfahren als
   abschließende Kontrollinstanz 113
I. Verhältnis zu den vorgeschalteten Kontrollmechanismen 114
II. Antragsgebundene Überprüfung im Aufhebungsverfahren 116
   1. Verhältnis der Aufhebungsgründe zueinander 118
   2. Verhältnis des Aufhebungsverfahrens zu den vorgeschalteten
      Kontrollmechanismen 119
III. Obligatorische Überprüfung im Vollstreckbarerklärungsverfahren ... 120
   1. Verhältnis zum Aufhebungsverfahren nach § 1059 ZPO 121
   2. Umfang der ordre public-Überprüfung 122
C. Ergebnis: Grundsätzlich ausgewogenes staatliches Kontrollsystem
   vorhanden 125

Kapitel 4: Subjektive Begrenzung des deutschen Schiedsverfahrensrechts? Zur Erweiterbarkeit des Zehnten Buchs der ZPO 127

A. Subjektive Begrenzung des Zehnten Buchs der ZPO 128
   I. Zugangsgarantie versus Ausgestaltungsgarantien 128
   II. Begrenzung des Zehnten Buchs der ZPO auf
       einen Parteienrechtsstreit 130
      1. Anknüpfung der Vorschriften des Zehnten Buchs der ZPO an die
         Verfahrensparteistellung 130
         a) Der (Verfahrens-)Parteibegriff im deutschen
            Schiedsverfahrensrecht 130
         b) Begrenzung des Anwendungsbereichs auf die
            Verfahrensparteien 132
      2. Hinzutreten eines Ausschlussakts in Bezug auf
         die Zugangsgarantie 132
      3. Notwendige Differenzierung zwischen Ausschlussakt und
         Verfahrensparteistellung 133
         a) Die Problematik des dualistischen Parteibegriffs 133
         b) Keine „Beteiligung am Schiedsverfahren wider Willen"? 134

III. Überprüfung der eigenen These anhand der Vorschrift des
§ 1055 ZPO 135
   1. Vorherrschende Ansichten zur Auslegung des § 1055 ZPO 137
      a) Erstes Lager: Formulierung „unter den Parteien" sei
         bedeutungslos...137
      b) Zweites Lager: Formulierung „unter den Parteien" meine die
         Parteien der Schiedsvereinbarung.................................139
   2. Rechtshistorischer Anknüpfungspunkt der vorherrschenden
      Ansichten widerlegbar 140
      a) Interventionswirkung eines gerichtlichen Urteils in der CPO
         von 1877 vorgesehen...141
      b) Rechtskrafterstreckung gerichtlicher Urteile auf den
         Einzelrechtsnachfolger in der CPO von 1877 vorgesehen.......142
      c) Zusammenfassung...145
   3. Gesetzessystematik der CPO von 1877 streitet für Anknüpfung
      an die Verfahrensparteien 146
   4. Verfassungskonforme Auslegung streitet für Anknüpfung an
      die Verfahrensparteien..147
   5. Bundesgerichtshof und Reformgesetzgeber von 1998 streiten
      für Anknüpfung an die Verfahrensparteien 148
IV. Derzeitige Begrenzung des Zehnten Buchs der ZPO auf einen
   Zweipersonenrechtsstreit 151
V. Notwendigkeit eigener Bestimmungen für eine subjektive
   Erweiterung 153
B. Aufstellen von Anforderungen an eine subjektive Erweiterung mittels
Verfahrensvereinbarung 154
  I. Abstraktion der Regelungsgedanken im Zehnten Buch der ZPO........155
   1. Möglichkeit der Verfahrensbeteiligung zur Wahrung der
      Ausgestaltungsgarantien 156
      a) Bloße Möglichkeit der Verfahrensbeteiligung ausreichend.....156
         aa) Verfahrensbeteiligung auch ohne Verfahrensparteistellung
            ausreichend..156
         bb)Möglichkeit der Verfahrensbeteiligung ausreichend 157
      b) Recht der Einflussnahme auf die Bildung des Schiedsgerichts158
      c) Pflicht des Schiedsgerichts zur Unabhängigkeit und
         Unparteilichkeit...159
      d) Recht auf Erlangung rechtlichen Gehörs.........................160
   2. Vorliegen eines Ausschlussaktes zur Wahrung der
      Zugangsgarantie..160
      a) Notwendige Reichweite des Ausschlussakts...................160
      b) Subjekt eines Grundrechtsausübungsverzichts................162
      c) Subjekt einer wirksamen Schiedsverfügung 162

       d) Erweiterbarkeit der schiedsgerichtlichen
       Zuständigkeitsbegründung kraft Präklusion?..........................163
   3. Vorliegen der erforderlichen Zustimmungen zur Durchführung
     des Schiedsverfahrens..164
     a) Parteiliche Zustimmung aus Vertraulichkeitsgründen.............164
     b) Zustimmung des Schiedsgerichts?..165
   4. Zusammenfassung: Notwendige Elemente für eine
     verfassungskonforme Erweiterung des deutschen
     Schiedsverfahrensrechts..165
II. Die Verfahrensvereinbarung als Mittel zum Zweck?.........................166
   1. Das Rechtskonstrukt der Verfahrensvereinbarung im
     Schiedsverfahrensrecht 166
   2. Möglichkeiten und Grenzen der privatautonomen
     Gestaltungsfreiheit..168
     a) Vorprozessual absehbare Mehrparteien- und
     Drittbeteiligungsmodelle 168
     b) Fälle der schiedsverfahrensrechtlichen Rechtsnachfolge 169
   3. Erweiterbarkeit der Wirkungen eines Schiedsspruchs mittels
     Verfahrensvereinbarung..170
   4. Erweiterbarkeit der gerichtlichen Kontrollmechanismen im
     Zehnten Buch der ZPO?..172
     a) Beschränkung der Kontrollmechanismen im laufenden
     Schiedsverfahren auf die Verfahrensparteien............................173
     b) Aber Anwendbarkeit der §§ 1059, 1060 ZPO unabhängig von
     der Verfahrensparteistellung..174
III. Prüfungsmaßstab der staatlichen Gerichte 175
   1. Mehrparteienmodelle 175
   2. Drittbeteiligungsmodelle...176
     a) Prüfungsmaßstab des Bundesgerichtshofs:
     § 138 Absatz 1 BGB..176
     b) Kritik an der Vorgehensweise des Bundesgerichtshofs und
     eigene Stellungnahme..177
     c) Fazit: Umsichtige Regelung von Drittbeteiligungsmodellen
     geboten...179
IV. Zusammenfassen von Fallgruppen praktisch notwendiger
   subjektiver Erweiterungen 180
   1. Erste Fallgruppe: Mehrparteienmodelle 180
   2. Zweite Fallgruppe: Drittbeteiligungsmodelle 183
   3. Sonderfall: Schiedsverfahrensrechtliche Rechtsnachfolge...........184
C. Eigener Lösungsansatz: Leitlinien für eine subjektive Erweiterung des
   gesetzlichen Regelungsmodells mittels Verfahrensvereinbarung........... 184

Kapitel 5: Möglichkeiten einer subjektiven Erweiterung des deutschen Schiedsverfahrensrechts mittels Verfahrensvereinbarung 187

A. Mehrparteienmodelle im Sinne der ersten Fallgruppe........................... 187
   I. Konkreter Regelungsbedarf für die Verfahrensvereinbarung..............188
      1. Ausschlussakt und allseitige Zustimmung zum
         Mehrparteienschiedsverfahren 189
         a) Mehrseitige Schiedsvereinbarung...189
         b) Reichweite einer Schiedsvereinbarung im Falle der Mehrheit
           von Verfahrensparteien?..191
           aa) „Bindung" von Personengesellschaften mittels
              § 128 Satz 1 HGB?..192
           bb) „Bindung" von Konzernunternehmen mittels einer
              Group of Companies Doctrine?...196
         c) Weitere Möglichkeiten der wirksamen schiedsgerichtlichen
           Zuständigkeitsbegründung..197
      2. Möglichkeit der Verfahrensbeteiligung als Verfahrenspartei.......199
      3. Recht der Einflussnahme auf die Bildung des Schiedsgerichts....200
         a) Inhaltliche Anforderungen 201
          b) Zeitliche Grenzen 204
      4. Weitere Voraussetzungen 205
   II. Einzelne Anwendungsfälle im Rahmen der ersten Fallgruppe............206
      1. Gewillkürte Parteienmehrheit aus prozessökonomischen
         Gründen..206
      2. Zwingende Parteienmehrheit aus materiell-rechtlichen Gründen.208
      3. Verfahrensverbindung beziehungsweise Consolidation...............209
      4. Parteibeitritt beziehungsweise Joinder 211
      5. Drittklagen und Drittwiderklagen 212
         a) Zivilprozessualer Anknüpfungspunkt im deutschen Recht:
           Die Drittwiderklage...212
         b) Zivilprozessuale Anknüpfungspunkte in anderen
           Rechtordnungen: Die Drittklage...214
         c) Umsetzungsmöglichkeiten im Schiedsverfahren....................215
           aa) Die Drittwiderklage nach deutschrechtlichem Beispiel......216
           bb) Weitere Möglichkeiten der Durchführung einer Drittklage 216
      6. Parallele Schiedsverfahren mit identischem Schiedsgericht
         anstellte von Mehrparteienschiedsverfahren?...............................218
   III. Fazit: Mehrparteienkonstellationen mit geringem
      Regelungsaufwand durchführbar..219
B. Drittbeteiligungsmodelle im Sinne der zweiten Fallgruppe 220
   I. Konkreter Regelungsbedarf im Rahmen der Verfahrensvereinbarung 221

1. Ausschlussakt und allseitige Zustimmung zur Drittbeteiligung ...222
2. Möglichkeit der Verfahrensbeteiligung und der Erlangungen rechtlichen Gehörs 226
3. Recht der Einflussnahme auf die Bildung des Schiedsgerichts....227
4. Pflicht des Schiedsgerichts zur Unabhängigkeit und Unparteilichkeit 229
5. Erweiterung der Wirkungen des Schiedsspruchs 230
6. Zusammenfassung 232
II. Einzelne Anwendungsfälle im Rahmen der zweiten Fallgruppe 232
   1. Inter omnes-artige Wirkungserstreckung des Schiedsspruchs......233
     a) (Zivilprozessualer) Anknüpfungspunkt im deutschen Recht ...234
     b) Umsetzungsmöglichkeiten im Schiedsverfahren am Beispiel gesellschaftsrechtlicher Beschlussmängelstreitigkeiten 235
       aa) Gesellschaftsrechtliche Beschlussmängelstreitigkeiten in Kapitalgesellschaften 236
       bb) Inter omnes-artige Wirkungserstreckung in personengesellschaftsrechtlichen Beschlussmängelstreitigkeiten 238
     c) Gesellschaftsrechtliche Beschlussmängelstreitigkeiten und Präklusion im Aufhebungsverfahren? 240
       aa) Annahme einer umfassenden Präklusion unabhängig vom Anknüpfungspunkt nicht möglich 242
       bb) Lösungsvorschlag: Herbeiführung einer frühzeitigen gerichtlichen Überprüfung gemäß § 1032 Absatz 2 ZPO ...244
     d) Praktische Relevanz einer prozessual notwendigen Streitgenossenschaft im Schiedsverfahren 245
   2. Streitverkündung 246
     a) Zivilprozessualer Anknüpfungspunkt im deutschen Recht......246
       aa) Umsetzungsmöglichkeiten im Schiedsverfahren 247
       bb) Ausschlussakt und allseitige Zustimmung zur Streitverkündung 248
       cc) Beteiligung des Dritten an der Bildung des Schiedsgerichts und ihre Folgen 250
       dd) Herbeiführbarkeit einer gerichtlichen Entscheidung über die Zulässigkeit der Streitverkündung? 253
       ee) Weitere Voraussetzungen 255
     b) Bisherige Ansätze zur Streitverkündung im Schiedsverfahren 255
       aa) Die Münchener Regeln zur Streitverkündung in Schiedsverfahren 256
       bb) Die Regelungen der SO Bau 2020 und der SL Bau 2021 ...259
       cc) Die Regelungen der Swiss Rules und der Wiener Regeln ..259
       dd) Der Entwurf der DIS-ERS 260

c) Praktische Relevanz einer Streitverkündung im
Schiedsverfahren 261
3. Nebenintervention..263
   a) Zivilprozessualer Anknüpfungspunkt im deutschen Recht......263
   b) Umsetzungsmöglichkeiten im Schiedsverfahren.....................264
      aa) Voraussetzungen für eine Nebenintervention im
      Schiedsverfahren 264
      bb) Pflicht zur Zulassung einer Nebenintervention im
      Schiedsverfahren?...266
      cc) Bisherige Ansätze zur Nebenintervention im
      Schiedsverfahren 267
   c) Praktische Relevanz einer Nebenintervention im
   Schiedsverfahren? 268
4. Andere Formen der Drittbeteiligung.....................................269
III. Fazit: Nachbildung von Drittbeteiligungsmodellen mit erhöhtem
Regelungsbedarf möglich 270
C. Ergebnis: Leitlinien für eine rechtssichere subjektive Erweiterung des
deutschen Schiedsverfahrensrechts praktisch einsetzbar...................... 271

Kapitel 6: Subjektive Erweiterbarkeit des deutschen Schiedsverfahrensrechts im Falle einer Rechtsnachfolge?..........273

A. Erfordernis einer gesetzlichen Grundlage für die Wirkungserstreckung
auf den Rechtsnachfolger... 274
   I. Rechtsnachfolge mit dem Grundkonzept der Schiedsgerichtsbarkeit
   nicht vereinbar 275
   II. Vorliegen einer Eingriffssituation im Falle der Wirkungserstreckung
   auf Rechtsnachfolger 275
      1. Keine „Rechtsnachfolge in Grundrechtsschutz"........................276
      2. Öffentlich-rechtliche Institute der Rechtsnachfolge als
      Eingriffsinstitute 277
   III. Notwendigkeit hinreichend bestimmter und verhältnismäßiger
   gesetzlicher Eingriffsgrundlagen..278
B. Vorprozessualer Eintritt der Rechtsnachfolge................................... 279
   I. Vorliegen einer Grundrechtseingriffssituation 280
   II. Vorliegen einer hinreichend bestimmten und verhältnismäßigen
   gesetzlichen Eingriffsgrundlage? 281
      1. Keine spezifische Eingriffsgrundlage im deutschen
      Schiedsverfahrensrecht 281
      2. Vorschriften des materiellen Rechts als geeignete
      Eingriffsgrundlagen? 281

a) Fall der Gesamtrechtsnachfolge..282
b) Fall der Einzelrechtsnachfolge..283
c) Übertragbarkeit der Grundsätze zur Schiedsvereinbarung auf den Übergang einer Schiedsverfügung?....................287
III. Fazit: Vorprozessualer Eintritt der Rechtsnachfolge mit dem bestehenden Recht weitgehend lösbar..............................287
C. Eintritt der Rechtsnachfolge während des laufenden Schiedsverfahrens 289
I. Vorliegen einer Grundrechtseingriffssituation 289
II. Vorliegen einer hinreichend bestimmten und verhältnismäßigen gesetzlichen Eingriffsgrundlage?.........................289
   1. Fall der Gesamtrechtsnachfolge..................................290
      a) Gesetzliche Grundlage für die Bindung des Gesamtrechtsnachfolgers an den bisherigen Verfahrensstand.291
      b) Gesetzliche Grundlage für die verfahrensrechtlichen Folgen der Gesamtrechtsnachfolge?....................292
   2. Fall der Einzelrechtsnachfolge....................................293
      a) Keine analoge Anwendbarkeit der allgemeinen zivilprozessualen Regelungen..............................295
      b) Kein Rückgriff auf die Vorschriften des materiellen Rechts...297
      c) Rückgriff auf prozessvertragliche Verfahrensförderungspflicht nicht ausreichend...................297
      d) Gesetzliche Ausgangslage und alternative Lösungsmöglichkeiten..298
III. Fazit: Gesetzliche Regelung der Rechtsnachfolge im laufenden Schiedsverfahren wünschenswert..........................300
D. Eintritt der Rechtsnachfolge nach Erlass des Schiedsspruchs............... 301
I. Vorliegen einer Grundrechtseingriffssituation 302
II. Vorliegen einer hinreichend bestimmten und verhältnismäßigen gesetzlichen Eingriffsgrundlage?.........................303
   1. Rechtskrafterstreckung eines Schiedsspruchs auf den Rechtsnachfolger 304
      a) Vorliegen einer hinreichend bestimmten gesetzlichen Eingriffsgrundlage?..304
         aa) Keine spezifische Eingriffsgrundlage im deutschen Schiedsverfahrensrecht................................306
         bb) Keine analoge Anwendbarkeit der allgemeinen zivilprozessualen Regelungen..............................308
         cc) Kein Rückgriff auf die Vorschriften des materiellen Rechts..309
         dd) Kein Rückgriff auf den hypothetischen Übergang der zugrundeliegenden Schiedsvereinbarung..............310
         ee) Fazit: Vorliegen einer eindeutigen gesetzlichen Eingriffsgrundlage höchst zweifelhaft..............312

b) Verhältnismäßigkeit einer Rechtskrafterstreckung des
   Schiedsspruchs auf den Rechtsnachfolger?.............................313
   aa) Konzeption der Rechtskraftwirkung eines Schiedsspruchs
       nicht auf Grundrechtseingriff ausgelegt.............................314
   bb) Kontrolle rechtsstaatlicher Mindeststandards nach
       derzeitiger Rechtslage nicht gesichert..............................316
c) Fazit: Eindeutige und verhältnismäßige Grundlage für die
   Rechtskrafterstreckung wünschenswert..................................317
2. Zwangsweise Durchsetzbarkeit eines Schiedsspruchs gegen den
   Rechtsnachfolger 318
   a) Vorliegen einer hinreichend bestimmten gesetzlichen
      Eingriffsgrundlage?..318
      aa) Verweis auf die Vorschrift des § 727 Absatz 1 ZPO..........319
      bb) Anknüpfbarkeit an den gerichtlichen
          Vollstreckbarerklärungsbeschluss....................................319
      cc) Anknüpfbarkeit an den Schiedsspruch selbst?......................321
   b) Verhältnismäßigkeit einer zwangsweisen Durchsetzbarkeit
      des Schiedsspruchs gegen den Rechtsnachfolger...................322
   c) Fazit: Zwangsweise Durchsetzbarkeit gegenüber dem
      Rechtsnachfolger mit dem bestehenden Recht weitgehend
      lösbar 323
III. Übertragung der Erkenntnisse zur materiellen Durchsetzbarkeit
     auf die Rechtskrafterstreckung eines Schiedsspruchs........................323
  1. Annahme einer Nichtigkeit des Schiedsspruchs für
     Legitimation der Rechtskrafterstreckung ausreichend? 324
     a) Kein einstimmiges Meinungsbild 324
     b) Zulässigkeit einer entsprechenden Auslegung zweifelhaft......326
     c) Zusammenfassung...327
  2. Legitimation der Rechtskrafterstreckung durch weite Auslegung
     des § 1059 Absatz 3 ZPO?...328
  3. Eigener Lösungsvorschlag: Legitimierung der
     Rechtskrafterstreckung des Schiedsspruchs mittels inzidenter
     gerichtlicher Anerkennungsprüfung.......................................329
     a) Der Eigenweg des deutschen Gesetzgebers betreffend die
        prozessuale Durchsetzung inländischer Schiedssprüche 329
        aa) Gerichtliche Anerkennungsprüfung von Schiedssprüchen
            im internationalen Kontext 329
        bb) Anerkennung ausländischer Urteile und inländischer
            Schiedssprüche in der deutschen Rechtsentwicklung..........331
     b) Notwendigkeit gerichtlicher Überprüfung vor der
        Wirkungserstreckung auf den Rechtsnachfolger.....................333
     c) Ausblick: Legitimationsstärkung der Schiedsgerichtsbarkeit
        durch eine allgemeine gerichtliche Anerkennungsprüfung?....334

E. Ergebnis: Klare und verfassungskonforme gesetzliche Grundlagen
für die schiedsverfahrensrechtliche Rechtsnachfolge erforderlich 336

Kapitel 7: Schlussthesen 339

Literaturverzeichnis... 353
Sachregister... 369

Abkürzungsverzeichnis

a.F.	alte Fassung
AO	Abgabenordnung
Arb. Int.	Arbitration International
ARIAS	AIDA Reinsurance and Insurance Arbitration Society
AtomG	Atomgesetz
BB	Betriebs-Berater
BeckOK	Beck'scher Online-Kommentar
BGB	Bürgerliches Gesetzbuch
BGH	Bundesgerichtshof
BGHZ	Entscheidungen des Bundesgerichtshofs in Zivilsachen (amtliche Sammlung)
BT-Drucks.	Bundestagsdrucksache
BVerfG	Bundesverfassungsgericht
BVerfGG	Bundesverfassungsgerichtsgesetz
BVerfGE	Entscheidungen des Bundesverfassungsgerichts (amtliche Sammlung)
BVerfGK	Kammerentscheidungen des Bundesverfassungsgerichts (amtliche Sammlung)
CPO	Civilprozeßordnung
DB	Der Betrieb
DIS	Deutsche Institution für Schiedsgerichtsbarkeit
DIS-ERGeS	Ergänzende Regeln für gesellschaftsrechtliche Streitigkeiten der DIS
DIS-ERS	Ergänzende Regeln für Streitverkündungen der DIS
DStrR	Deutsches Steuerrecht
D&O	directors and officers
EMRK	Europäische Menschenrechtskonvention
EwiR	Entscheidungen zum Wirtschaftsrecht
DNotZ	Deutsche Notar-Zeitschrift
DZWIR	Deutsche Zeitschrift für Wirtschafts- und Insolvenzrecht
FamFG	Gesetz über das Verfahren in Familiensachen und in den Angelegenheiten der freiwilligen Gerichtsbarkeit
FS	Festschrift
GG	Grundgesetz
GmbH	Gesellschaft mit beschränkter Haftung
GVG	Gerichtsverfassungsgesetz
HGB	Handelsgesetzbuch
HStrR	Handbuch des Staatsrechts
ICC	International Chamber of Commerce
JA	Juristische Ausbildung

J. Arb. Int.	Journal of International Arbitration
jM	juris – Die Monatszeitschrift
JR	Juristische Rundschau
JuS	Juristische Schulung
JZ	Juristenzeitung
KSzW	Kölner Schrift zum Wirtschaftsrecht
KTS	Konkurs, Treuhand, Sanierung – Zeitschrift für Insolvenzrecht
LCIA	London Court of International Arbitration
LG	Landgericht
MüKo	Münchener Kommentar
Munich Rules	Münchener Regeln zur Beteiligung Dritter im Schiedsverfahren
n.F.	neue Fassung
NVwZ-RR	Neue Zeitschrift für Verwaltungsrecht, Rechtsprechungs-Report
NJW	Neue Juristische Wochenschrift
NYÜ	New Yorker Übereinkommen über die Anerkennung und Vollstreckung ausländischer Schiedssprüche
NZG	Neue Zeitschrift für Gesellschaftsrecht
OLG	Oberlandesgericht
RA BT	Rechtsausschuss des Bundestages
RegE	Regierungsentwurf
RIW	Recht der Internationalen Wirtschaft
SchiedsVZ	Zeitschrift für Schiedsverfahren
SL Bau	Streitlösungsordnung für das Bauwesen von der Deutschen Gesellschaft für Baurecht e.V.
SO Bau	Schlichtungs- und Schiedsordnung für Baustreitigkeiten der Arbeitsgemeinschaft für Bau- und Immobilienrecht im Deutschen Anwaltsverein
Swiss Rules	Swiss Rules of International Arbitration der Swiss Arbitration Association
UNCITRAL	United Nations Commission on International Trade Law
VIAC	Vienna International Arbitration Center
VwVfG	Verwaltungsverfahrensgesetz
ZEV	Zeitschrift für Erbrecht und Vermögensnachfolge
ZHR	Zeitschrift für das gesamte Handelsrecht und Wirtschaftsrecht
ZIP	Zeitschrift für Wirtschaftsrecht
ZPO	Zivilprozessordnung
ZZP	Zeitschrift für Zivilprozeß

Kapitel 1

Einleitung

„Wege entstehen dadurch, dass wir sie gehen."
Hans Kudszus

Die heutige Wirtschaftswelt ist geprägt von subjektiven Vertragsverflechtungen, sei es in Form komplexer Unternehmensstrukturen wie in Gruppenkonzernen oder in Form von Kettenverträgen mit unzähligen Beteiligten. Ein wirtschaftsrechtlicher Rechtsstreit spielt sich daher überwiegend außerhalb eines klassischen Zweipersonenrechtsstreits ab und erfordert nicht selten die Einbeziehung einer Vielzahl von Akteuren. Während das deutsche Zivilprozessrecht für das staatliche Gerichtsverfahren mit seinem engmaschigen Normgeflecht bereits im Vorhinein aufzeigt, wie es solch komplexe Mehrpersonenverhältnisse prozessual in Angriff zu nehmen gedenkt, schweigt es in Bezug auf ein auch international weit verbreitetes und in komplexen Wirtschaftsstreitigkeiten dem staatlichen Verfahren oftmals sogar vorgezogenes Streitbeilegungssystem hierzu fast gänzlich: im deutschen Recht der Schiedsgerichtsbarkeit.

Es ist begrüßenswert, dass aktuell geplant ist, das deutsche Schiedsverfahrensrecht um eine Regelung für Mehrparteienschiedsverfahren zu ergänzen. Spezifische Regelungen zur Wirkungserstreckung der schiedsrichterlichen Entscheidung auf weitere Personen als die Parteien des vorangehenden Schiedsverfahrens selbst sollen sind in dem schlanken gesetzlichen Regelwerk des Zehnten Buchs der ZPO, in dem das deutsche Schiedsverfahrensrecht niedergelegt ist, jedoch nicht vorgesehen werden.

Aufgrund der im Schiedsverfahrensrecht so gewichtigen und weitreichenden Gestaltungsfreiheit der privatrechtlichen Akteure weist der Gesetzgeber *ihnen* die Aufgabe zu, eigene Bestimmungen zu treffen, um Konstellationen, die über den Anwendungsbereich des deutschen Schiedsverfahrensrechts hinausgehen, selbst abzudecken. Das betrifft, jedenfalls, bis die geplante Regelung für Mehrparteienschiedsverfahren geschaffen wurde, jegliche Mehrpersonenverhältnisse im Schiedsverfahren.

Mit der Abwesenheit klarer gesetzlicher Vorgaben und Regelungen geht aber gezwungenermaßen ein gewisser Grad an Rechtsunsicherheit einher, denn die Möglichkeiten zur Schließung der vorhandenen Regelungslücken sind vielfältig, die Meinungen breit gestreut und nur selten konvergent. Zugleich lassen sich die vorhandenen Lücken nicht unbedacht schließen, will man nicht Gefahr laufen, dass die gesamte schiedsgerichtliche Prozessführung und das zuletzt gefundene schiedsrichterliche Ergebnis praktisch wertlos sind.

Es gilt zu erkennen, dass auch privatautonome Freiheit in einem Rechtsstaat nicht grenzenlos ist. Dies muss insbesondere dann gelten, wenn der Rahmen der privatautonomen Gestaltungsfreiheit gesprengt zu werden droht, indem auch außerhalb dieses Rahmens stehende Personen in ein Schiedsverfahren einbezogen und den Wirkungen eines Schiedsspruchs ausgesetzt werden sollen. Jedem entsprechenden Versuch muss daher folgende Frage vorangestellt werden: Welche unabdingbaren Voraussetzungen müssen für eine subjektive Erweiterung des Anwendungsbereichs des deutschen Schiedsverfahrensrechts erfüllt sein?

Zur Beantwortung dieser Frage muss eine Dimension in den Vordergrund gerückt werden, die bisher nicht hinreichend zum Gegenstand der einschlägigen Debatte gemacht wurde, weil ihre Bedeutung im Zusammenhang mit dem von seiner Natur aus privaten Konfliktlösungsmechanismus der Schiedsgerichtsbarkeit nicht selten unterschätzt wird – die verfassungsrechtliche. Sie bildet bei näherer Betrachtung nicht nur den Grundstein für die Legitimation des heutigen deutschen Schiedsverfahrensrechts selbst, das privatem Schiedsverfahren und Schiedsspruch verbindliche Wirkungen zuspricht, sondern erst recht für jede *Erweiterung* der dort niedergelegten Bestimmungen. Wie sich dies auf die Möglichkeiten, aber auch die Grenzen einer subjektiven Erweiterung des deutschen Schiedsverfahrensrechts durch die privaten Akteure der Schiedsgerichtsbarkeit auswirkt, ist Gegenstand dieser Arbeit.

Methodik und Untersuchungsgegenstand sollen nun, nach einem kurzen Überblick über die zugrundeliegenden Arbeitsthesen, präzisiert werden, damit darauf aufbauend der Gang der Untersuchung dargestellt werden kann.

A. Arbeitsthesen

Es besteht ein praktischer Bedarf daran, die Wirkungen von Schiedsverfahren und Schiedssprüchen auch auf Mehrere und Dritte erstrecken zu können, da sich die Rechtsstreitigkeiten, die typischerweise im Rahmen der Schiedsgerichtsbarkeit ausgetragen werden, nicht selten in einer Mehrpersonenkonstellation abspielen.[1] Es fehlt zugleich weiterhin an Rechtssicherheit in diesem

---

[1] Im Rahmen der DIS-Veranstaltung „‚Ergänzende Regeln für Streitverkündungen an Dritte' – braucht die DIS ein neues Regelwerk?" am 3. März 2021 etwa berichteten Praktiker davon, dass jedenfalls in zivilprozessualen Handelsrechtsstreitigkeiten rund die Hälfte der Fälle eine Einbeziehung Dritter, etwa im Wege der Streitverkündung, zum Gegenstand hätten. Auch die Statistik der DIS aus dem Jahr 2022 zeigt, dass an 24 % der durch die DIS administrierten Schiedsverfahren mehr als zwei Personen beteiligt waren, abrufbar unter https://www.disarb.org/ueber-uns/unsere-arbeit-in-zahlen (zuletzt aufgerufen am 4. Dezember 2023).

Rechtsbereich. Grund hierfür ist, dass das deutsche Schiedsverfahrensrecht einen subjektiv begrenzten Anwendungsbereich vorsieht: einen Parteienrechtsstreit mit einer Schiedskläger- und einer Schiedsbeklagtenseite. Sämtliche über diesen Parteienrechtsstreit hinausgehende Konstellationen bedürfen mithin der Untersuchung dahingehend, ob, inwieweit und auf welche Weise der enge subjektive Anwendungsbereich des deutschen Schiedsverfahrensrechts überhaupt erweitert werden kann.

Die Anwendung des deutschen Schiedsverfahrensrechts innerhalb seines gesetzlichen Regelungsmodells ermöglicht es dem Rechtsanwender, die Schiedsgerichtsbarkeit in dem Wissen in Anspruch nehmen zu können, dass Schiedsverfahren und Schiedsspruch – zumindest unter Einhaltung der dortigen Vorschriften – die gewünschten prozessualen Wirkungen zukommen werden. Das gesetzliche Regelungsmodell verschafft also Rechtsklarheit und damit Rechtssicherheit. Diese Rückbindung fehlt, sobald der gesetzlich abgesteckte Rahmen im Zehnten Buch der ZPO verlassen wird.

Nicht selten wird bei Versuchen der subjektiven Erweiterung des deutschen Schiedsverfahrensrechts die verfassungsrechtliche Dimension übersehen. Die grundgesetzlichen Vorgaben müssen aber zwingend berücksichtigt werden, wenn man erreichen möchte, dass der Staat privatem Schiedsverfahren und Schiedsspruch verbindliche Wirkungen einräumt. Erkennt man die verfassungsrechtlichen Grundvorgaben, die an die Einräumung prozessualer Wirkungen von Schiedsverfahren und Schiedsspruch durch den Staat zu stellen sind, so lassen sich diese als Grundlage für eine verfassungskonforme und damit rechtssichere Erweiterung des begrenzten subjektiven Anwendungsbereichs des deutschen Schiedsverfahrensrechts nutzen. Nur eine Analyse des einschlägigen Verfassungsrechts und eine durch diese Brille durchgeführte Betrachtung des deutschen Schiedsverfahrensrechts ermöglichen die Ausarbeitung von zwingenden Mindestanforderungen an die Ausgestaltung eines Schiedsverfahrens, dessen Wirkungen sich auf weitere als diejenigen zwei Personen, die sich als Vertragspartner einer Schiedsvereinbarung in einem schiedsgerichtlichen Rechtsstreit gegenüberstehen, erstrecken sollen.

B. Methodik und Gegenstand der Untersuchung

Die legitimationsbasierte Untersuchung des deutschen Schiedsverfahrensrechts und seiner subjektiven Erweiterung soll einen Beitrag zur weiterhin nicht hinreichenden Rechtssicherheit in diesem Rechtsbereich leisten. Gerade in Zeiten wie den jetzigen, in Zeiten der Unsicherheit, zeigt sich die Bedeutung von Rechtssicherheit, in denen das Bedürfnis nach ihr noch größer zu sein scheint als sonst. Die vorliegende Arbeit hat zum Ziel, dieses Bedürfnis zumindest in Bezug auf einige ausgewählte Rechtsfragen, die auch heute noch nicht abschließend oder zufriedenstellend beantwortet worden sind, zu stillen.

Gegenstand der Untersuchung ist die subjektive Erweiterung des deutschen Schiedsverfahrensrechts zur Abbildung von Mehrpersonenverhältnissen im Schiedsverfahren, welcher eine verfassungsrechtliche Betrachtung der Schiedsgerichtsbarkeit zugrunde gelegt wird. Damit stehen das Grundgesetz und seine Anforderungen an ein rechtsstaatlich ausgestaltetes Verfahren letztlich im Mittelpunkt der hier zu untersuchenden Frage nach den Möglichkeiten und Grenzen einer subjektiven Erweiterung des deutschen Schiedsverfahrensrechts.

Auch, wenn sich einige wissenschaftliche Arbeiten bereits mit der subjektiven Reichweite der Schiedsvereinbarung befasst haben, andere mit den praktischen und auch dogmatischen Problemen der Mehrparteienschiedsgerichtsbarkeit und wieder andere mit der Anwendbarkeit der Drittbeteiligungsinstitute der deutschen Zivilprozessordnung auf das Schiedsverfahrensrecht, setzen sie nur selten an der verfassungsrechtlichen Legitimationsfrage der Schiedsgerichtsbarkeit an. Dies lässt mitunter Zweifel daran aufkommen, inwieweit die bereits vorhandenen Ansätze den Anforderungen an eine verfassungskonforme und damit rechtssichere Erweiterung des deutschen Schiedsverfahrensrechts gerecht werden. Doch nur eine rechtssichere Erweiterung des deutschen Schiedsverfahrensrecht ist auch eine sinnvolle – die entsprechenden Versuche sind nicht geglückt, soweit sie auf Kosten der Durchsetzbarkeit des Schiedsspruchs gehen. Diesem Defizit im Forschungsstand soll in der vorliegenden Arbeit entgegengetreten werden.

Die Frage nach der Legitimation der Schiedsgerichtsbarkeit muss den Ausgangspunkt der Untersuchung bilden. Mit einem Blick in die einschlägige Diskussion scheint die einhellige Antwort auf diese Frage in der Privatautonomie zu liegen, welche die private Schiedsgerichtsbarkeit legitimieren soll. Doch eine Einordnung der Schiedsgerichtsbarkeit in die anderen existierenden Streitbeilegungsinstitute wird zeigen, dass es sich bei ihr um einen einzigartigen Konfliktlösungsmechanismus handelt – und zwar um einen privaten, aber dennoch kontradiktorischen Streitbeilegungsmechanismus, dem der Staat verbindliche Wirkungen einräumt. Dies wiederum ruft das Verfassungsrecht und das darin verankerte Rechtsstaatsprinzip auf den Plan und deren Anforderungen an kontradiktorische Entscheidungen, denen prozessuale Wirkungen zukommen sollen – was die Antwort auf die Legitimationsfrage in ein neues Licht rückt.

Die Legitimationsgrundlage der Schiedsgerichtsbarkeit muss sich aber auch im deutschen Schiedsverfahrensrecht selbst wiederfinden, denn nur so kann Letzteres auch eine rechtssichere Grundlage für seine subjektive *Erweiterung* bilden. Dies erfordert eine Untersuchung dahingehend, ob das heutige deutsche Schiedsverfahrensrecht seiner verfassungsrechtlichen Legitimationsgrundlage entspricht. Auch hier lassen sich teils grundlegende neue Erkenntnisse zu Tage bringen, welche den derzeitigen Diskussionsstand zu erweitern vermögen. Zwar gibt es bereits wissenschaftliche Arbeiten zur Frage der Verfassungsgemäßheit der Schiedsgerichtsbarkeit. Dennoch lässt sich feststellen, dass sie die hier relevanten Rechtsfragen teils außer Acht lassen und auch die gefundenen Ergebnisse zuweilen zweifelhaft erscheinen. Eine „gründliche Analyse steht (leider)" weiterhin „aus"[2] – was zum Anlass genommen werden soll, einen Beitrag zu dieser so wichtigen und grundlegenden Rechtsfrage zu leisten.

Das Ergebnis der Untersuchung wird zutage bringen, dass der Gesetzgeber das deutsche Schiedsverfahrensrecht und seine Wirkungen bewusst auf einen Parteienrechtsstreit begrenzt hat und es in die Verantwortung der privaten Akteure der Schiedsgerichtsbarkeit gestellt hat, darüberhinausgehende Konstellationen mittels eigener Bestimmungen abzubilden – wobei er dies unter die strenge Aufsicht der staatlichen Gerichte gestellt hat. Doch die geringe Regelungsdichte des deutschen Schiedsverfahrensrechts gibt dem Rechtsanwender keineswegs einen Freifahrtschein, abseits verfassungsrechtlicher Grundsätze agieren zu können. Die Analyse der verfassungsrechtlichen Dimension des deutschen Schiedsverfahrensrechts wird deutlich machen, dass die Legitimationsgrundlage der Schiedsgerichtsbarkeit wesentlich mit den prozessualen Wirkungen der Schiedsgerichtsbarkeit zusammenhängt. Sie ist mithin auch immer dann relevant, wenn diese Wirkungen eine *Erweiterung* erfahren sollen.

Die daraus resultierenden rechtsstaatlichen Mindestanforderungen für eine rechtssichere subjektive Erweiterung des deutschen Schiedsverfahrensrechts mittels kautelarjuristischer Bestimmungen lassen sich in Leitlinien zusammenfassen. Diese werden die Mängel, die zuweilen im einschlägigen Meinungsbild bestehen, aufzeigen. So werden sie zutage bringen, dass die Rechtfertigung der prozessualen Wirkungen der Schiedsgerichtsbarkeit oftmals allein in dem Vorliegen einer Schiedsvereinbarung gesucht wird, was eine rechtssichere Ergebnisfindung erschwert. Zugleich aber ermöglicht es das Aufstellen von Mindestanforderungen an die auszuarbeitenden kautelarjuristischen Bestimmungen, Lösungen aufzeigen, die eine rechtssichere Regelung von über den Anwendungsbereich des deutschen Schiedsverfahrensrecht hinausgehenden Konstellationen zulassen.

Auf dieser Grundlage lässt sich die bis heute geführte, hoch kontroverse Diskussion um die Anforderungen an die Nachbildung von Drittbeteiligungsmodellen nach deutschrechtlichem Modell im Schiedsverfahren um die erforderliche verfassungsrechtliche und damit legitimationsbasierte Sichtweise ergänzen. Dies wird zeigen, dass, obwohl der Bundesgerichtshof in seiner „Schiedsfähigkeitsrechtsprechung" hier bereits Wegweisendes geleistet hat, der derzeitige Meinungsstand zuweilen nicht zufriedenstellend ist. Zudem sind auch im Rahmen der viel diskutierten Rechtsprechung des Bundesgerichtshofs gewichtige Rechtsfragen bislang unbeantwortet geblieben, die der Klärung bedürfen.

Weil eine Vielzahl der Grundsatzfragen, die sich im Zusammenhang mit der Nachbildung deutschrechtlicher Drittbeteiligungsmodelle stellen, auch Gegen-

---

[2] *Lachmann*, S. 67, Rn. 230.

stand einer Beteiligung mehrerer Verfahrens*parteien* an dem zugrundeliegenden Schiedsverfahren sind, soll diese Rechtsfrage, wenn auch das Bundesministerium der Justiz eine gesetzliche Bestimmung für die Bestellung des Schiedsgerichts in Mehrparteienschiedsverfahren plant und hier bereits ein weitgehend zufriedenstellender Forschungsstand erreicht ist, in der gebotenen Kürze zum Gegenstand der Untersuchung gemacht werden. Sie ist aber auch deswegen für die Ergebnisfindung förderlich, weil sie Alternativen in der Gestaltung von Schiedsverfahren aufzeigt, welche gegenüber der meist hoch komplexen und nicht immer zufriedenstellenden Nachbildung von Drittbeteiligungsmodellen nach deutschrechtlichem Modell erhebliche Erleichterungen bieten können.

Ein Bereich einer notwendigen subjektiven Erweiterung der wenigen Vorschriften des Zehnten Buchs der ZPO, welcher einer vorprozessualen kautelarjuristischen Regelung hingegen nur sehr eingeschränkt zugänglich ist, ist die schiedsverfahrensrechtliche Rechtsnachfolge. Sie ist deswegen so schwer zu greifen, weil das einfach-gesetzliche Rechtsinstitut der Rechtsnachfolge mit der Legitimationsgrundlage der Schiedsgerichtsbarkeit kollidiert – und zur Auflösung dieser Kollision grundsätzlich allein der Gesetzgeber berufen ist. Die einschlägige Literatur legt hier einen Schwerpunkt auf die Frage der vorprozessualen Rechtsnachfolge und damit darauf, ob beziehungsweise inwieweit eine durch den Rechtsvorgänger abgeschlossene Schiedsvereinbarung auf seinen Rechtsnachfolger übergeht. Das insoweit überwiegend gefestigte Meinungsbild soll im Sinne der vorliegenden Untersuchung um eine verfassungsrechtliche Sichtweise ergänzt werden. Weitaus kontroverser diskutiert wird daneben die Frage nach der Rechtsnachfolge im laufenden Schiedsverfahren – die „Antworten sind unklar bis vielstimmig".[3] Insoweit bedarf es mithin einer eingehenderen Betrachtung der Rechtslage.

Die Wirkungserstreckung eines Schiedsspruchs auf erst nach Abschluss des Schiedsverfahrens auftretende Akteure, als eine der Kernfragen einer subjektiven Erweiterung des deutschen Schiedsverfahrensrechts, wird daneben oftmals überhaupt nicht behandelt. *Martens* etwa begründete dies mit der Komplexität der Rechtsfrage, der sich eine eigenständige wissenschaftliche Arbeit widmen solle.[4] Andere Stimmen legen hingegen eine derart weite Auslegung der Schiedsspruchwirkungen an, die vor ihrem verfassungsrechtlichen Hintergrund nicht haltbar erscheint. Es soll daher zuletzt ein wissenschaftlicher Beitrag zur Frage der subjektiven Reichweite der Wirkungen eines bereits erlassenen Schiedsspruchs unter Heranziehung der verfassungsrechtlichen Perspektive geleistet werden, in dem Versuch, mehr Klarheit in eine in ihren Ausmaßen bisher scheinbar kaum berücksichtigte Rechtsfrage zu bringen.

---

[3] *Wagner*, in: Die Beteiligung Dritter an Schiedsverfahren, S. 7, 20.
[4] *Martens*, S. 23.

In der vorliegenden Arbeit wird eine Vorschrift im deutschen Schiedsverfahrensrecht immer wieder relevant werden: Die hoch kontroverse Regelung des § 1055 ZPO, welche die Wirkungen eines rechtskräftigen gerichtlichen Urteils „unter den Parteien" auf den inländischen Schiedsspruch überträgt. An dieser Vorschrift und der Frage nach ihrer Auslegung führt kein Weg vorbei, um die subjektive Reichweite der im Zehnten Buch der ZPO niedergelegten Wirkungen bestimmen zu können. Die insoweit derweil herrschenden Ansätze beruhen bei näherer Betrachtung auf einer teils unzureichenden Betrachtung der rechtshistorischen Entstehungsgeschichte der Vorschrift. Dies macht einen Ausflug in die erste deutsche *Civilprozeßordnung* von 1877 erforderlich, um die rechtshistorische Bedeutung ihres Wortlauts der Vorschrift richtigzustellen.

Zugleich muss die Regelung in ihrem systematischen, teleologischen und insbesondere verfassungsrechtlichen Kontext betrachtet werden. Auch wenn dies zeigen wird, dass eine wortlautgetreue und damit enge Auslegung der Vorschrift geboten ist, bietet sie dennoch weiterhin Anlass für ein hohes Maß an Rechtsunsicherheit – was die Frage aufwerfen wird, ob nicht ein erneutes Überdenken dieser noch aus dem vorkonstitutionellen Recht stammenden Rechtskonstruktion, die einen Schiedsspruch staatlichen ungeprüft zum Gegenstand prozessualer Wirkungen macht, angezeigt ist. Dieser bisher nur unzureichend beleuchteten Rechtsfrage soll zum Abschluss dieser Arbeit anhand einer rechtsvergleichenden, rechtshistorischen und verfassungsrechtlichen Betrachtung auf den Grund gegangen werden.

Die vorliegende Arbeit legt einen Fokus auf das deutsche Recht, um der notwendigen grundlegenden verfassungsrechtlichen und teils rechtshistorischen Einordnung der Schiedsgerichtsbarkeit im erforderlichen Maße Rechnung tragen zu können. Für eine maßgeblich deutschrechtliche Betrachtung besteht mit einem Blick auf das einschlägige, teils hoch kontroverse Meinungsbild und insbesondere vor dem Hintergrund der großen Anzahl von Schiedsverfahren, denen der Schiedsort Deutschland zugrunde liegt,[5] auch genügend Anlass. Zugleich lassen sich die im Gang der Arbeit herauszuarbeitenden Ergebnisse mitunter auch für andere rechtsstaatlich ausgerichtete Rechtskreise fruchtbar machen, insbesondere für diejenigen, die, wie das deutsche Schiedsverfahrensrecht selbst, dem Vorbild des UNCITRAL-Modellgesetz folgen und damit vergleichbare Strukturen aufweisen. Aufgrund der weitreichenden Gestaltungsfreiheit im Schiedsverfahren lassen sich zuletzt mitunter auch ausländische Rechtsmodelle in den Blick nehmen, wie etwa die Drittklage nach französischem Vorbild, um Alternativen zu einer Nachbildung der komplexen und

---

[5] Laut der Statistik der DIS waren beispielsweise über 60 % der 133 von ihr im Jahr 2022 administrierten Schiedsverfahren solche mit Schiedsort Deutschland, siehe https://www.dis-arb.org/ueber-uns/unsere-arbeit-in-zahlen (zuletzt aufgerufen am 4. Dezember 2023).

gerade im internationalen Rechtskreisen nur wenig bekannten deutschrechtlichen Drittbeteiligungsmodelle aufzuzeigen.

C. Gang der Untersuchung

Im Sinne des so umrissenen Untersuchungsgegenstands muss zu Beginn der Arbeit die Frage nach der Legitimation der Schiedsgerichtsbarkeit stehen.[6] Denn nur wenn klar ist, in welchem Rahmen die Schiedsgerichtsbarkeit zulässig ist, kann auch nach Möglichkeiten gesucht werden, weitere Personen in diesen Rahmen einzufügen. Der Begriff der Legitimation muss, wie sich zeigen wird, im verfassungsrechtlichen Sinne verstanden werden. Dabei werden bisher gängige Antworten auf die Legitimationsfrage kritisch auf ihre Stichhaltigkeit untersucht und wird ein eigener Lösungsansatz entwickelt, der die aus dem Grundgesetz folgenden rechtsstaatlichen Verfahrensgarantien in den Vordergrund stellt.

An die Antwort auf die Legitimationsfrage fügt sich ganz natürlich die Frage an, ob beziehungsweise auf welche Weise sich dieser verfassungsrechtliche Rahmen im deutschen Schiedsverfahrensrecht wiederfindet.[7] Eine Untersuchung des gesetzlichen Regelungsgefüges im Zehnten Buch der ZPO soll deutlich machen, wie eng begrenzt der subjektive Anwendungsbereich des deutschen Schiedsverfahrensrechts tatsächlich ist und dass es daher erforderlich ist, eigene Bestimmungen zu schaffen, um darüberhinausgehende Konstellationen im Schiedsverfahren abdecken zu können.

Wie dies auf verfassungskonforme und damit möglichst rechtssichere Weise gelingen kann, ist Schwerpunkt dieser Arbeit. Denn der Gesetzgeber hat es – ob berechtigterweise oder nicht wird sich zeigen – unterlassen, gesetzliche Regelungen, die über das Regelungsmodell des Parteienrechtsstreits hinausgehen, zu schaffen. Doch gerade hier bedarf es der Zusammenfassung von Mindestvoraussetzungen, um dieser Aufgabe mittels privatautonomer Bestimmungen gerecht werden zu können. Im vierten Kapitel werden daher zunächst die Möglichkeiten aber auch die Grenzen der subjektiven Erweiterbarkeit des deutschen Schiedsverfahrensrechts mittels Verfahrensvereinbarung untersucht.[8] Hier wird sich zeigen, dass auch eine subjektive Erweiterung des Schiedsverfahrensrechts letztendlich in den verfassungsrechtlich gesteckten Rahmen der schiedsgerichtlichen Legitimation eingepasst werden muss. Wird dies jedoch erkannt und werden die hinter dem Regelungsgefüge des deutschen Schiedsverfahrensrechts stehenden Regelungsgedanken entsprechend abstrahiert, bietet die schiedsverfahrensrechtliche Gestaltungsfreiheit weitreichende Möglich-

---

[6] Kapitel 2.
[7] Kapitel 3.
[8] Kapitel 4.

keiten zur Regelung von Mehrpersonenkonstellationen im privaten Schiedsverfahren mittels (vorprozessualer) Verfahrensvereinbarung, deren Mindestanforderungen sich in eine Formel gießen lassen.[9]

Mehrparteien- und Drittbeteiligungsmodelle, die sich grundsätzlich mittels Verfahrensvereinbarung regeln lassen, sind Gegenstand des fünften Kapitels.[10] Die Möglichkeiten reichen hier von Modellen ausländischer Rechtsordnungen bis hin zu Drittbeteiligungsmöglichkeiten nach deutschrechtlichem Modell. Im sechsten Kapitel muss abschließend ein Blick auf einen Bereich der Wirkungserstreckung von Schiedsvereinbarung, Schiedsverfahren und Schiedsspruch geworfen werden, in welchem die privatautonome Gestaltungsfreiheit der schiedsverfahrensrechtlichen Akteure an ihre Grenzen zu gelangen scheinen: die Rechtsnachfolge.[11] Hier bedarf es einer kritischen Überprüfung dahingehend, ob und wenn ja, wie diese Konstellationen in den erforderlichen verfassungsrechtlichen Rahmen eingefügt werden können. Dies wird zeigen, dass manch nationaler Eigenweg des noch historischen Gesetzgebers im deutschen Schiedsverfahrensrecht mitunter erneut überdacht werden sollte.

Die so gefundenen Ergebnisse werden am Ende dieser Arbeit in Thesen zusammengefasst.[12]

---

[9] Die in Kapitel 4 – C. abgedruckt ist.
[10] Kapitel 5.
[11] Kapitel 6.
[12] Kapitel 7.

Kapitel 2

Was legitimiert die Schiedsgerichtsbarkeit? Kritische Würdigung eines altbekannten Lösungsansatzes

Es ist das Konstrukt der Schiedsgerichtsbarkeit als privater Konfliktlösungsmechanismus, der dem staatlichen Rechtsschutzapparat in seinen Wirkungen weitestgehend gleichgestellt ist, welches die Weichen für die Legitimation des deutschen Schiedsverfahrensrechts und dessen Niederlegung im Zehnten Buch der Zivilprozessordnung stellt. Die Schiedsgerichtsbarkeit in dieser Form, wie wir sie heute kennen und schätzen gelernt haben, ist weitaus älter als das deutsche Grundgesetz und die dort niedergelegten Anforderungen an den Rechtsstaat und ein rechtsstaatliches Verfahren. Rechtfertigen lässt sie sich dennoch nur, wenn sie mit dem Grundgesetz im Einklang steht, welches den Grundstein unseres heutigen Rechtsstaats darstellt.

Zu Beginn dieser Arbeit muss daher die verfassungsrechtliche Dimension der Schiedsgerichtsbarkeit untersucht und nach deren wahren Legitimationsgrundlage gesucht werden. Dabei soll die altbekannte Aussage, die Schiedsgerichtsbarkeit beruhe allein auf der Privatautonomie, kritisch untersucht werden. Denn gerade die Zuerkennung prozessualer und damit öffentlich-rechtlicher Wirkungen von Schiedsverfahren und Schiedsspruch bringt gewichtige Folgen für die Beantwortung der Legitimationsfrage mit sich, welche die privatautonome Gestaltungsfreiheit nicht mit aufzufangen vermag. Diese Folgen sollen aufgezeigt werden, um eine These zu entwickeln, die sich von dem Lösungsansatz der Privatautonomie als alleiniger Ankerpunkt der Legitimation der Schiedsgerichtsbarkeit entfernt und die verfassungsrechtlich verbürgten Verfahrensgarantien mit in den Vordergrund stellt. Die so entwickelte Antwort auf die Legitimationsfrage wird die Grundlage für die vorliegende Arbeit bilden.

A. Der Schiedsspruch zwischen privatrechtlichem Vergleich und staatlichem Urteil – eine Standortbestimmung

Wie sich zeigen wird, ist die Frage nach der „Legitimation", der „Rechtfertigung" der Schiedsgerichtsbarkeit weitaus schwerer zu beantworten, als es auf den ersten Blick erscheinen mag. Dies hat zwei Gründe. Zum einen stellt die Schiedsgerichtsbarkeit als privates Konfliktlösungsinstitut mit öffentlich-rechtlichen Wirkungen ein komplexes Konstrukt dar. Dies ruft, wie sich zeigen wird, das Grundgesetz und seine Anforderungen an den Rechtsstaat weitaus deutlicher auf den Plan, als dies oftmals erkannt zu werden scheint.[1] Die Frage ist zum anderen eine so schwierige, weil das deutsche Schiedsverfahrensrecht in dieser Form bereits im Jahr 1877 geschaffen wurde,[2] das Grundgesetz aber überhaupt erst im Jahre 1949 in Kraft getreten ist.[3] Dennoch muss maßgeblich das Hier und Jetzt betrachtet werden und damit die Frage: Was rechtfertigt in unserem *heutigen* Rechtsstaat, der seit 1949 von einem Grundgesetz getragen wird, welches jedes staatliche Handeln an gewisse Vorgaben knüpft, das deutsche Schiedsverfahrensrecht in der Form, in der es im Zehnten Buch der ZPO niedergelegt ist? Welche Anforderungen muss es erfüllen, damit es vom Grundgesetz akzeptiert wird, was mithin vermag es, die Schiedsgerichtsbarkeit verfassungsrechtlich zu legitimieren?

Das Bundesverfassungsgericht beschreibt die Rolle des Verfassungsrechts im Hinblick auf die Fortgeltung vorkonstitutionellen Rechts – am Beispiel des Zwangsvollstreckungsrechts – wie folgt:

„Die Tatsache, daß es sich […] weitgehend um vorkonstitutionelles Recht handelt, bedeutet nicht, daß die Grundrechte unbeachtlich wären. Alle vorkonstitutionellen Gesetze müssen vielmehr von den Wertvorstellungen des Grundgesetzes her ausgelegt und angewendet werden. Dies ergibt sich aus dem Vorrang der Verfassung vor jeder einfach-rechtlichen Vorschrift".[4]

Die hier untersuchte Frage ist damit zwingend die nach der *verfassungsrechtlichen* Legitimation der Schiedsgerichtsbarkeit.[5] Naturgemäß brachte das Inkrafttreten des Grundgesetzes diese Frage auch in der einschlägigen Literatur

---

[1] Dazu im Einzelnen in Kapitel 2. – B. und C.

[2] Bereits in der ersten deutschen *Civilprozeßordnung* aus dem Jahr 1877 ist das deutsche Schiedsverfahrensrecht maßgeblich in der Form verankert worden, wie wir es heute kennen, dazu im Detail sogleich in Kapitel 2. – A.III.2.

[3] Kiesow formuliert daher treffenderweise, dass „das Grundgesetz die Schiedsgerichtsbarkeit in ganz bestimmter Ausprägung bei seinem Erlass bereits vor[gefunden]" hat, Kiesow, KTS 1962, 224, 225.

[4] BVerfGE 49, 220, 235, vgl. auch BVerfGE 19, 1, 8. Auch *Kiesow*, KTS 1962, 224, 225 weist richtigerweise darauf hin, dass das deutsche Schiedsverfahrensrecht gemäß Artikel 123 Absatz 1 GG nur so weit fort gilt, wie es dem Grundgesetz nicht widerspricht; so auch *Tafelmaier*, S. 44.

[5] Nicht selten wird die Legitimationsfrage auf die Zuständigkeitsbegründung des Schiedsgerichts reduziert. So etwa *Hesselbarth*, S. 42 ff. bei ihrer Untersuchung der Verfassungsgemäßheit des reformierten deutschen Schiedsverfahrensrechts und auch *Müller/Keilmann*, SchiedsVZ 2007, 113 f. sowie *Martens*, S. 253, der das „durch Art. 2 Abs. 1 GG verbürgte Recht der privatautonomen Derogation staatsgerichtlicher Entscheidungszuständigkeit" in den Vordergrund stellt. Auch diese Reduktion führt allerdings letztendlich in das Verfassungsrecht und dessen Vorgaben an die Anerkennung einer solchen Zuständigkeitsbegründung hinein und mündet damit, wie sich unten in Kapitel 2 – C.II.3. noch zeigen wird, doch wieder in der Frage nach der verfassungsrechtlichen Legitimation der Schiedsgerichtsbarkeit in ihrer *Gesamtheit*.

und Rechtsprechung auf. Die Antwort auf die Legitimationsfrage schien, ausgehend von der bis zur Mitte des 20. Jahrhunderts vorherrschenden materiellen Theorie zur Natur des Schiedsspruchs, welche diesen als eine vertragsähnliche Einrichtung ohne prozessuale Wirkungen verstand,[6] mit dem Recht auf Privatautonomie schnell gefunden zu sein. Doch diese Annahme galt selbst dann fort, als sich die nunmehr herrschende Ansicht durchsetzte, dass der Schiedsgerichtsbarkeit eben nicht nur eine materiell-rechtliche, sondern auch eine prozessuale Wirkung zukomme.[7]

Der Grundsatz der Privatautonomie ist es, „auf dem letztlich auch die ganze Schiedsgerichtsbarkeit beruht."[8] – so hat *Habscheid*, einer der Vorreiter der Anerkennung prozessualer Wirkungen der Schiedsgerichtsbarkeit, es schon Ende der fünfziger Jahre formuliert. Die privatautonome Gestaltungsfreiheit stellte in dieser Zeit eine willkommene Alternative dar, um Verfahren außerhalb des staatlichen Gerichtssystems durchführen zu können, und war nach Jahren der an Abschaffung grenzenden Einschränkung der Schiedsgerichtsbarkeit nun auch wieder in der Rechtswirklichkeit anerkannt.[9]

Völlig unbeachtet gelassen wurde aber die Überlegung, ob die Anerkennung prozessualer Wirkungen nicht auch eine veränderte *verfassungsrechtliche* Einordnung der Schiedsgerichtsbarkeit zur Folge haben müsste. Vielmehr wurde daran festgehalten, dass die Privatautonomie die einzige Grundlage der Schiedsgerichtsbarkeit bilde, ohne dies weiter in Frage zu stellen.[10] Der Gedanke, dass die Privatautonomie – oder Parteiautonomie[11] – die „Magna-

---

[6] So fasst *Habscheid*, NJW 1962, 5, 7 die materielle Theorie zusammen, vertiefend hierzu auch *Distler*, S. 44.

[7] Ihren Ursprung hat sie in der sogenannten prozessualen Theorie, wonach der „Schiedsspruch den Charakter eines urteilsgleichen Privatakts" habe, *Habscheid*, NJW 1962, 5, 7 f. Bereits in den fünfziger Jahren aber setzte sich die heute noch herrschende gemischte Theorie durch, vgl. dazu *Habscheid*, KTS 1955, 33 f. mit zahleichen Nachweisen zu den ersten Vertretern dieser Theorie. Diese Theorie erkennt, dass das Schiedsverfahrensrecht materiellrechtliche *und* prozessuale Merkmale aufweist. Vertiefend zum Stand der Diskussion über die Rechtsnatur der Schiedsvereinbarung *Mayr*, S. 22 ff. und *Solomon*, S. 288 ff.

[8] *Habscheid*, KTS 1959, 113, 114.

[9] So weist Habscheid darauf hin, dass in „Perioden etatistischen Denkens" etwa die Gerichte versucht hätten, „die Wirkungsgrenzen der Schiedsgerichtbarkeit zu begrenzen" und erst „die Rechtsprechung der Nachkriegsjahre" schließlich „diese Grenzen erweitert" habe, Habscheid, KTS 1955, 129.

[10] Vgl. etwa *Habscheid*, NJW 1962, 5, 11; *ders.*, KTS 1959, 113, 114, nach dem die Privatautonomie trotz der Annahme prozessualer Wirkungen „Grundlage des Schiedswesens" bleibe.

[11] Beide Begriffe werden in diesem Zusammenhang verwendet. Zu ihrer Bedeutung im Einzelnen *Berger*, RIW 1994, 12, 14, welcher sich zu den lediglich nuancierten Unterschieden zwischen den Begrifflichkeiten der Privatautonomie als materiellrechtliche und der Parteiautonomie als kollisionsrechtliche Bestimmung äußert und zu Recht gegen eine apriorische Differenzierung zwischen den beiden Begriffen plädiert. Auch um die für das Arbeitsvorhaben notwendige Betrachtung Dritter im Schiedsverfahrensrecht begrifflich mitaufzu-

Charta"[12] des Schiedsverfahrensrechts darstelle und sie das alleinige Recht sei, welches die Schiedsgerichtsbarkeit trage, schien sich in der schiedsverfahrensrechtlichen Literatur in der Folgezeit fest verankert zu haben.[13] Gerade in Zeiten der Deregulierung war es auch attraktiv, den Willen der Parteien absolut und weitestmöglich in den Vordergrund zu stellen. Es hat sich aber nunmehr die Aussage verfestigt, dass die Privatautonomie die Schiedsgerichtsbarkeit *per se* rechtfertige, sie legitimiere.[14] Diese Aussagen sind so gängig geworden, dass sie so, soweit ersichtlich, kaum in Abrede gestellt werden.[15]

Das Zitat *Habscheids* hat seine Richtigkeit – aber nur insoweit, als die Privatautonomie den *Ausgangspunkt* der Schiedsgerichtsbarkeit als einen im Kern privatrechtlichen Konfliktlösungsmechanismus bildet. Das aber führt keineswegs dazu, dass die Privatautonomie es vermag, die Schiedsgerichtsbarkeit in der Form und Gesamtheit, wie sie im deutschen Schiedsverfahrensrecht niedergelegt ist, nämlich mit ihren prozessualen und damit öffentlich-rechtlichen Wirkungen,[16] zu legitimieren. Die Aussage, die Schiedsgerichtsbarkeit werde allein durch die Privatautonomie gerechtfertigt, ist unvollständig, und, wie sich zeigen wird, durch die Anerkennung prozessualer Wirkungen in Bezug auf die Legitimationsfrage sogar bedeutend in den Hintergrund gerückt.

I. Die rein privatrechtliche Konfliktlösung als Ausfluss der Privatautonomie

Die Aussage, dass die Schiedsgerichtsbarkeit auf dem Grundsatz der Privatautonomie beruhe, entstammt dem Bild der Schiedsgerichtsbarkeit als ein rein privatrechtlicher Konfliktlösungsmechanismus. Es ist richtig, dass den Bür-

---

fangen, wird hier bewusst der Begriff der *Privatautonomie* und nicht der Parteiautonomie gewählt.

[12] *Münch*, in: MüKo ZPO, § 1042, Rn. 9.

[13] So etwa Brach, S. 230 ff.; Berger, RIW 1994, 12, 17 („Primat der Parteiautonomie") oder Nicklisch, RIW 1991, 89, 90 („Privatautonomie als Grundlage der Schiedsgerichtsbarkeit").

[14] Vgl. nur *Hesselbarth*, S. 42 ff.; *Martens*, S. 227; *Massuras*, S. 94; letztlich auch *Voit*, in: Musielak/Voit, ZPO, § 1029, Rn. 3; *Tafelmaier*, S. 52 f., 55; *Müller/Keilmann*, SchiedsVZ 2007, 113; auch, wenn letztendlich doch wieder differenzierend, *Stober*, NJW 1979, 2001, 2005 f. Einige erkennen darin jedenfalls den durch den privatautonomen Willen herbeigeführten Verzicht auf die Ausübung des Rechts auf staatlichen Rechtsschutz, so etwa *Schütze*, S. 2, Rn. 7 und Haas, SchiedsVZ 2007, 1, 3 f. Auch dies allein kann aber nicht für die verfassungsrechtliche Legitimation der Schiedsgerichtsbarkeit ausreichen, dazu sogleich im Detail in Kapitel 2 – C.II.

[15] Zurecht kritisch jedenfalls aber *Spohnheimer*, S. 1 f., der gegen die Privatautonomie als einzigen Anhaltspunkt für die schiedsgerichtliche Legitimation plädiert, sowie auch *Pfeiffer*, in: FS Elsing, S. 387, 391 f.

[16] Zum Charakter des Prozessrechts als öffentliches Recht, was auch zur Einordnung der prozessualen Wirkungen der Schiedsgerichtsbarkeit als öffentlich-rechtliche Wirkungen führt, sogleich in Kapitel 2 – A.II.

gern die Möglichkeit zusteht, ihren Konflikt ausschließlich im und zwischen Privaten auszutragen, statt die staatlichen Gerichte dafür in Anspruch zu nehmen. Dies ist Folge der ihnen in Artikel 2 Absatz 1 GG gewährten allgemeinen Handlungsfreiheit und ihres darin verankerten Rechts, ihre privaten Angelegenheiten und damit auch eine Streitbeilegung privatautonom und abseits staatlicher Einrichtungen zu gestalten.[17]

So ist es ihnen etwa unbenommen, einen privatrechtlichen Vergleich über ihre Streitigkeit zu schließen oder aber eine Schlichtung oder Mediation durchzuführen. Diese Institute stellen rein privatrechtliche Konfliktlösungsmechanismen außerhalb des staatlichen Rechtsschutzsystems dar. Der Staat hat sein staatliches Rechtsschutzsystem zur Verfügung zu stellen[18], mitnichten hat er es aber dem Bürger aufzuzwingen.[19] Der Bürger hat vielmehr die Wahl, ob er seinen Rechtsstreit in ein öffentlich-rechtliches Verhältnis bringen möchte, indem er den staatlichen Rechtsschutz in Anspruch nimmt, oder aber die Angelegenheit ausschließlich unter Privaten austragen möchte. Entscheidet er sich für Letzteres, so hat dies auch große Vorteile. Der Staat mischt sich nicht oder jedenfalls fast gar nicht ein,[20] der Konflikt kann nach freiem Gutdünken der Beteiligten ausgetragen werden – alles als Ausdruck ihrer privatautonomen Gestaltungsfreiheit.[21] Gleichzeitig hat die Wahl des rein privatrechtlichen Konfliktlösungsmechanismus aber auch einen unübersehbaren Nachteil: Eine zwangsweise Durchsetzung kann dieser, ohne staatliche Unterstützung, nicht bieten. Die Anwendung von Zwang zur Durchsetzung von Rechtspositionen ist dem Staat vorbehalten, Selbstjustiz nicht gestattet.[22]

---

[17] Zum konkreten Schutzumfang des Grundrechts auf Privatautonomie siehe Kapitel 2 – C.I.1.

[18] *Distler*, S. 126 sowie im Detail sogleich in Kapitel 2 – C.II.1.

[19] Wie *Pfeiffer*, in: FS Elsing, S. 396 es treffend ausdrückt, schließt es der Justizgewähranspruch „anerkanntermaßen nicht aus, dass eine Partei auf den ihr zustehenden staatlichen Rechtsschutz gänzlich verzichtet." Zum Verzicht auf die Ausübung des Rechts auf staatlichen Rechtsschutz ausführlich in Kapitel 3 – A.I.1.

[20] Man denke an die gewissen Beschränkungen, die der Gesetzgeber auch im rein privatrechtlichen Bereich vorsehen muss, so etwa die Schutzbestimmungen der §§ 134 ff. BGB. Vgl. zu der insoweit bestehenden Regelungspflicht des Gesetzgebers im Privatrecht BVerfGE 115, 51, 52 f.; *Jarass* in Jarass/Pieroth, GG, Artikel 2, Rn. 24.

[21] Wie *Distler*, S. 191 es so schön formuliert, ist ein solch rein privater Konfliktlösungsmechanismus praktisch „verfassungsrechtlich irrelevant". Vgl. auch *Tafelmaier*, S. 44.

[22] Denn das Gewaltmonopol liegt als Ausfluss der Verfassung beim Staat, vgl. nur BVerfGE 54, 277, 292; *Gaul*, in: Gaul/Schilken/Becker-Eberhard, ZPO, § 1 Rn. 9 ff.; *Münch*, in: MüKo ZPO, § 1060, Rn. 4; *Distler*, S. 82. Auch der privatrechtliche Anwaltsvergleich etwa ist nur durch den Staat und auch nur nach vorheriger Vollstreckbarerklärung durch staatliche Gerichte vollstreckbar, vgl. §§ 794 Absatz 1 Nummer 4b, 795b ZPO.

II. Das gerichtliche Urteil als Ergebnis des staatlichen Rechtsschutzsystems

Gänzlich anders ist dies beim Urteil des staatlichen Gerichts, das mit § 704 ZPO den klassischen Vollstreckungstitel darstellt. Das gerichtliche Urteil ergeht auf Grundlage eines staatlichen Verfahrens mit staatlichen Spruchkörpern – es handelt sich mithin um einen *staatlichen* Konfliktlösungsmechanismus. Der staatliche Richter tritt hier in ein Subordinationsverhältnis mit den Parteien des staatlichen Verfahrens, welchem prozessuale und damit öffentlich-rechtliche Wirkungen zukommen. Durch die Klageerhebung vor dem öffentlichen Gericht wird das rein privatrechtliche Verhältnis zwischen Bürgern somit verlassen, hin zum Verhältnis Bürger-Staat. Prozessrecht stellt damit öffentliches Recht dar.[23]

Das Recht des Bürgers auf diesen staatlichen Rechtsschutz ist verfassungsrechtlich verbürgt.[24] Es bringt den enormen Vorteil mit sich, dass das Ergebnis des staatlichen Konfliktlösungsmechanismus vollstreckbar ist und Gerichte an dieses gebunden sind – die Entscheidung mithin materiell[25] und prozessual[26] durchsetzbar ist. Grund dafür ist einerseits, dass staatliche Gerichte eine umfassende Gerichtsgewalt haben und damit grundsätzlich für sämtliche privatrechtlichen Streitigkeiten zuständig sind.[27] Andererseits folgt aus dem Rechtsstaatsprinzip, dass der Bürger nicht nur das Recht hat, seine Ansprüche gerichtlich geltend zu machen, sondern das Ergebnis des staatlichen Verfahrens auch – notwendigenfalls mit Zwang – durchsetzen zu lassen.[28] Auch hierfür muss der Staat also ein eigenes System vorsehen.[29]

---

[23] Zur öffentlich-rechtlichen Natur des Verfahrensrechts vgl. auch *Gottwald*, in: Rosenberg/Schwab/Gottwald, ZPO, § 1, Rn. 35; *Pfeiffer* in: FS Elsing, S. 387, 388.

[24] Und zwar auch im Hinblick auf die Geltendmachung privatrechtlicher Rechtspositionen. Zur genauen verfassungsrechtlichen Herleitung sogleich in Kapitel 2 – C.II.1.

[25] Mit materieller Durchsetzbarkeit ist im Folgenden die Anwendung staatlichen Zwangs, mithin die *Zwangsvollstreckung* von gerichtlichen Urteilen und vergleichbaren Vollstreckungstiteln gemeint, die im achten Buch der ZPO geregelt ist.

[26] Mit der prozessualen Durchsetzbarkeit werden die Folgen der *Rechtskraft* beschrieben. So erwächst das staatliche Urteil gemäß § 322 Absatz 1 ZPO in Rechtskraft, was zu einem Verbrauch des Streitgegenstands und einer Rechtskrafterstreckung in Bezug auf diesen Streitgegenstand führt. Die Begriffe der materiellen und prozessualen Durchsetzbarkeit verwendet in diesem Zusammenhang insoweit auch *Lühmann*, S. 29.

[27] Vgl. *Jarass*, in: Jarass/Pieroth, GG, Artikel 92, Rn. 11 und Artikel 20, Rn. 36; *Wagner*, in: Die Beteiligung Dritter an Schiedsverfahren, S. 7, 12.

[28] Dies gerade deswegen, weil dem Bürger Selbstjustiz zur Durchsetzung seiner Ansprüche nicht erlaubt ist. Die Möglichkeit der Durchsetzbarkeit rechtsverbindlicher Entscheidungen ist mithin Teil der Rechtssicherheit, die mit dem staatlichen Rechtsschutzsystem geschaffen werden soll, vgl. BVerfGE 54, 277, 292; 49, 220, 231; *Gaul*, in: Gaul/Schilken/Becker-Eberhard, Zwangsvollstreckungsrecht, § 1, Rn. 16 und § 3, Rn. 7, 43; *Keller*, in: ders., Zwangsvollstreckungsrecht, S. 4, Rn. 7; *Dütz*, S. 132 f.; *Gaul*, ZZP 1999, 135, 143.

[29] *Dütz*, S. 132 f.; *Pfeiffer*, in: FS Elsing, S. 387, 390; *Gaul*, ZZP 1999, 135, 143.

Mit der Möglichkeit gerichtlich herbeigeführter Entscheidungen sowie deren staatlichen Durchsetzbarkeit geht aber auch eine gewisse Einbuße an privatautonomer Gestaltungsfreiheit einher. Denn der Staat ist gemäß Artikel 1 Absatz 3 GG bei all seinem Handeln unmittelbar an das Grundgesetz und die dort niedergelegten Vorschriften gebunden. Damit hat er auch die Grundvorgaben einzuhalten, die ihm das Grundgesetz in Form rechtsstaatlicher Verfahrensgrundsätze auferlegt, wenn er seine Staatsgewalt zur Beilegung und Durchsetzung von Rechtsstreitigkeiten zur Verfügung stellt.[30] Der Staat ist verpflichtet, das Verfahren so aufzubauen und durchzuführen, dass die verfassungsrechtlichen Anforderungen an dasselbe gewahrt sind. Die praktische Umsetzung dieser Aufgabe erfolgt durch einen Akt der Legislative, im Zivilverfahrensrecht die deutsche Zivilprozessordnung, welche die Wahrung der Grundrechte und grundrechtsgleichen Rechte im Verfahren garantieren soll.[31] Um den verfassungsrechtlichen Vorgaben gerecht zu werden, erlegt der Gesetzgeber dem staatlichen Spruchkörper darin genaue Vorgaben auf, etwa, wie das Verfahren durchzuführen und zu gestalten ist – und von denen auch im Wege der Dispositionsmaxime der Parteien nur eingeschränkt abgewichen werden kann.[32]

Zusätzlich sind die staatlichen Richter, als Teile der Judikative, selbst unmittelbar an das Grundgesetz und die dort niedergelegten Grundrechte gebunden.[33] Auch sie haben damit zu gewährleisten, dass sie im Einklang mit den verfassungsrechtlichen Vorgaben Recht sprechen. Dies zeigt: Sobald der Staat selbst involviert ist, wie etwa im Prozessrecht, gelten das Grundgesetz und dessen Vorgaben zur Durchführung rechtsstaatlicher Verfahren. Ein Zuwiderhandeln des Staates ist rechtlich angreifbar und kann keinen Bestand haben.[34]

---

[30] Die auch für das Schiedsverfahrensrecht relevanten verfassungsrechtlich verbürgten Verfahrensrechte werden sogleich in Kapitel 2 – C.II. untersucht.

[31] Zum Verhältnis der deutschen Zivilprozessordnung zum Grundgesetz allgemein *Gottwald*, in: Rosenberg/Schwab/Gottwald, ZPO, § 1, Rn. 36 ff.

[32] So ist beispielsweise die Beweiswürdigung allein dem staatlichen Gericht vorbehalten, § 286 ZPO, genauso wie die Möglichkeit des Gerichts, von Amts wegen Beweis zu erheben, §§ 142 ff. ZPO – Parteivereinbarungen hierüber sind nicht möglich, die Vorschriften nicht dispositiv, vgl. *Prütting*, in: MüKo ZPO, § 286, Rn. 167 mit weiteren Nachweisen; *Seiler*, in: Thomas/Putzo, ZPO, Vorb. § 284, Rn. 41; *Wagner*, S. 692 ff.

[33] Und zwar gemäß Artikel 1 Absatz 3 und 20 Absatz 3 GG – im Verfahrensrecht haben die Grundrechte nicht lediglich eine Ausstrahlwirkung, sondern kommen unmittelbar zur Anwendung, vgl. nur BVerfGE 52, 203, 207; BAG, NZA 2017, 112, 113; *Jarass*, in: Jarass/Pieroth, GG, Artikel 1, Rn. 34.

[34] Und zwar in letzter Instanz vor dem Bundesverfassungsgericht, Artikel 93 Absatz 1 Nummer 4a GG.

III. Die Schiedsgerichtsbarkeit als privater Konfliktlösungsmechanismus mit öffentlich-rechtlichen Wirkungen

Nun gilt es, die Schiedsgerichtsbarkeit in das System der Streitbeilegungsinstitute einzuordnen. Wie sich zeigen wird, ist dies keine einfache Aufgabe. Sie stellt aber gleichzeitig die Weichen für jede weitere Fragestellung in dieser Arbeit und ist damit von besonderer Bedeutung.

1. Die Schiedsgerichtsbarkeit zwischen den Stühlen

Bei genauerer Betrachtung wird deutlich, dass die Schiedsgerichtsbarkeit ein Zwitterwesen darstellt, eine Sonderform der Konfliktlösung, die Elemente der privatrechtlichen und der staatlichen Streitbeilegungsmechanismen in sich vereint.

Das schiedsgerichtliche Verfahren ist zunächst, wie das zivilprozessuale Erkenntnisverfahren auch, ein *kontradiktorisches Verfahren* über privatrechtliche Streitigkeiten. Mit der Wahl der Schiedsgerichtsbarkeit geben die Betroffenen die Entscheidung über ihren Rechtsstreit aus der Hand, indem sie eine andere Person, den Schiedsrichter, darüber entscheiden lassen.[35] Die schiedsgerichtliche Entscheidung, als Ergebnis des Schiedsverfahrens, ist mithin regelmäßig eine streitige Entscheidung, die eine dritte Person über den Rechtsstreit trifft.[36] Abzugrenzen ist diese kontradiktorische und damit fremdbestimmte Form der Streitbeilegung von der konsensualen, wie beispielsweise dem Vergleich. Hier geben die Betroffenen das Ergebnis ihrer Streitigkeit gerade nicht aus der Hand, sondern sie führen ihren Rechtsstreit gemeinsam einer übereinstimmenden, privatautonomen Einigung zu.[37] Eine Zwischenform stellt etwa die Schlichtung oder Mediation dar. Dort ist zwar eine dritte Person, der Mediator oder Schlichter, an der Streitbeilegung beteiligt. Das Ergebnis der Streitbeilegung jedoch ist wiederum nicht fremdbestimmt, sondern erfolgt im Erfolgsfalle durch die Einigung der Parteien selbst, mit unverbindlicher Unterstützung des Mediators oder Schlichters.

Es lässt sich insoweit also differenzieren zwischen selbstbestimmter Einigung einerseits und fremdbestimmter streitiger Entscheidung – oftmals auch

---

[35] Habscheid bezeichnet dies mitunter auch als „streitige Gerichtsbarkeit", Habscheid, NJW 1962, 5,7, Baur, JZ 1965, 163, 166 als „streitentscheidende Schiedsgerichtsbarkeit". Wagner spricht von „richterlicher Entscheidung" des Schiedsgerichts, Wagner, S. 582.

[36] Wengleich es auch die Möglichkeit des Abschlusses eines schiedsgerichtlichen Vergleichs und damit einer konsensualen Streitbeilegung im Schiedsverfahrensrecht gibt, im Zehnten Buch der ZPO als „Schiedsspruch mit vereinbartem Wortlaut" bezeichnet, und die Vergleichsförderung auch in der deutschen Schiedspraxis im Vordergrund steht, ist die streitige Entscheidung, genau wie im staatlichen Erkenntnisverfahren auch, der gesetzlich vorgesehene Regelfall.

[37] Eine sehr ausführliche Abgrenzung des kontradiktorischen Schiedsverfahrens vom konsensualen (privatrechtlichen) Vergleich nimmt auch *Kornblum*, S. 82 ff. vor.

mit dem Begriff der „Rechtsprechung" gleichgesetzt[38] – andererseits. Anders als das zivilprozessuale Erkenntnisverfahren wird die fremdbestimmte schiedsgerichtliche Entscheidung allerdings nicht in die Hände eines staatlichen Richters gelegt,[39] sondern in die eines privaten Schiedsrichters, sodass sich das Schiedsverfahren selbst wiederum, genau wie die Schlichtung oder Mediation, als ein *privatrechtliches Verfahren* gestaltet.[40] Und dennoch kommen dem Schiedsverfahren prozessuale Wirkungen zu. Denn ähnlich wie das gerichtliche Urteil ist auch der Schiedsspruch prozessual und materiell durchsetzbar; staatliche Gerichte ziehen sich hinter die Zuständigkeit eines Schiedsgerichts zurück. Diese Wirkungen sind, da sie das Verhältnis Bürger-Staat unmittelbar berühren, öffentlich-rechtlicher Natur – man kann mithin auch von *öffentlichrechtlichen Wirkungen* sprechen.[41]

Selbstverständlich stellen der für vollstreckbar erklärte Schiedsspruch und das gerichtliche Urteil nicht die einzigen Titel dar, die mit staatlichem Zwang durchsetzbar sind und denen damit prozessuale Wirkungen zukommen. So sieht § 794 Absatz 1 ZPO noch weitere Vollstreckungstitel vor, wie den Anwaltsvergleich oder die Unterwerfungserklärung. Ein ganz maßgeblicher Unterschied dieser Vollstreckungstitel zu dem für vollstreckbar erklärten Schiedsspruch oder dem gerichtlichen Urteil liegt aber in deren konsensualem Charakter: Sie werden von den Betroffenen ausgehandelt und übereinstimmend von ihnen vereinbart.[42] Diejenigen Vollstreckungstitel, die hingegen kontradiktorischer und fremdbestimmter Natur sind, kommen durchgehend in staatlichen

---

[38] Den Begriff der „Rechtsprechung" als Oberbegriff für eine streitige beziehungsweise kontradiktorische Entscheidung verwendet etwa der Bundesgerichtshof, vgl. BGHZ 54, 392, 395 sowie *Kiesow*, KTS 1062, 224, 226. Nach der Auffassung der Verfasserin läuft eine Verwendung dieses Begriffs aber Gefahr, dass dieser fälschlicherweise mit dem verfassungsrechtlichen Begriff der Rechtsprechung gleichgesetzt wird, weswegen die Ausdrücke *kontradiktorische* beziehungsweise *streitige* Streitbeilegung oder Entscheidung hier vorgezogen werden. Zur Abgrenzung der schiedsrichterlichen „materiellen Rechtsprechung" zum verfassungsrechtlichen Begriff der Rechtsprechung im Einzelnen noch in Kapitel 2 – C.II.1.

[39] Die Entscheider des schiedsgerichtlichen Rechtsstreits, die Schiedsrichter, sind Private, welche die Parteien eines Schiedsverfahrens gezielt auswählen und im Rahmen eines privatrechtlichen Geschäftsbesorgungsvertrags damit beauftragen, ihren Konflikt beizulegen. Auch wenn nicht allzu selten staatliche Richter als Schiedsrichter tätig werden, vgl. dazu nur *Lachmann*, S. 220 ff., Rn. 832 ff., so erfolgt dies nicht in Ausübung ihres öffentlichen Amtes, sondern in privater Nebentätigkeit. Die Kompatibilität dieser beiden Ämter hat der BGH bereits 1964 anerkannt, vgl. BGHZ 40, 342, 343; dazu auch *Habscheid*, KTS 1965, 1, 6. Zur Abgrenzung des privatrechtlich agierenden Schiedsrichters zum staatlich Beliehenen siehe unten in Kapitel 2 – A.III.3.

[40] Hierzu im Einzelnen sogleich in Kapitel 2 – A.III.3.

[41] Zu den prozessualen Wirkungen der Schiedsgerichtsbarkeit im Einzelnen sogleich in Kapitel 2 –B.I.

[42] Im Schiedsverfahren hingegen mag zwar die Zuständigkeitsbegründung des Schiedsgerichts eine konsensuale sein, nicht aber das streitige Ergebnis der schiedsgerichtlichen Entscheidung.

und nicht in privatrechtlichen Verfahren zustande, wie etwa der Vollstreckungsbescheid oder der Kostenfestsetzungsbescheid. Der, wenn auch für vollstreckbar erklärte,[43] Schiedsspruch stellt mithin eine Besonderheit unter den zivilprozessualen Vollstreckungstiteln dar.

Zusammengefasst definieren lässt sich das schiedsgerichtliche Verfahren damit als ein *privatrechtliches, kontradiktorisches Verfahren mit prozessualen Wirkungen*. Nun wird deutlich, warum die Schiedsgerichtsbarkeit sinngemäß zwischen den Stühlen steht. Das schiedsrichterliche Verfahren ist richtigerweise ein von Privaten zur Beilegung eines privatrechtlichen Rechtsstreits geführtes – und spielt sich damit im Verhältnis unter Bürgern ab, abseits von einer unmittelbaren Geltung des Verfassungsrechts. Wie bei rein privatrechtlichen Konfliktlösungsmechanismen auch ist dies aufgrund des Grundsatzes der Privatautonomie zulässig und gewährt gleichzeitig eine umfangreiche Gestaltungsfreiheit im schiedsrichterlichen Verfahren, welche zurecht als einer der großen Vorzüge der Schiedsgerichtsbarkeit gilt.[44] Der Schiedsspruch aber, als Ergebnis dieses ausschließlich unter Privaten ausgetragenen und streitig entschiedenen Rechtsstreits, ist sowohl prozessual als auch materiell durchsetzbar. Er ist für staatliche Gerichte in Folgeverfahren bindend und kann – nach erfolgter Vollstreckbarerklärung – mit staatlichem Zwang durch öffentlich-rechtliche Zwangsvollstreckungsorgane vollstreckt werden.[45] „Der Schiedsspruch hat unter den Parteien die Wirkung eines rechtskräftigen gerichtlichen Urteils."[46]

2. *Ein Ausflug in die Rechtsgeschichte*

Das war nicht immer so. Auch wenn die Schiedsgerichtsbarkeit rechtshistorisch eine der ältesten Streitbeilegungsmechanismen, wenn nicht sogar die ursprünglichste Art der Gerichtsbarkeit darstellt,[47] und neben römisch-rechtlichen und germanisch-deutschen auch griechische und orientalische Wurzeln hat,[48] war sie keineswegs immer als der staatlichen Justiz gleichwertig anerkannt. So wurde die Durchsetzung von Schiedssprüchen im antiken römischen

---

[43] Wodurch zwar eine gewisse staatliche Kontrolle des privatrechtlich zustande gekommenen Schiedsspruchs gewährleistet ist, diese ist allerdings nur sehr begrenzt, vgl. §§ 794 Absatz 1 Nummer 4a, 1060 Absatz 1, § 1059 Absatz 1 und 2 ZPO.
[44] *Münch*, in: MüKo ZPO, Vor § 1025, Rn. 4 sowie § 1042, Rn. 4; *Kreindler/Schäfer/Wolff*, S. 4, Rn. 9; *Lachmann*, S. 40 f., Rn. 139 ff.
[45] Dies ergibt sich aus den Vorschriften des Zehnten Buchs der ZPO zum Schiedsverfahrensrecht, nämlich aus den § 1055 ZPO und §§ 1059 f. ZPO. Dazu aber im Detail in Kapitel 3 – A.IV.
[46] So lautet die gesetzliche Anordnung in § 1055 ZPO.
[47] *Schwab/Walter*, Teil I, Kapitel 1, Rn. 7.
[48] *Münch*, in: MüKo ZPO, Vor § 1025, Rn. 233 mit zahlreichen weiteren Nachweisen.

Recht noch durch Vertragsstrafe gesichert, war also ausschließlich in das Privatrecht eingegliedert.[49]

Erst Mitte des 19. Jahrhunderts wurde die Schiedsgerichtsbarkeit, aufgrund der rasanten Entwicklung der Globalisierung, auch von Seiten des Staates als attraktive Streitbeilegungsmethode gerade für internationale Handelsstreitigkeiten anerkannt,[50] was in der Niederlegung des deutschen Schiedsverfahrensrechts in der ersten deutschen *Civilprozeßordnung* von 1877 mündete. Hier bekannte man sich zur Bedeutung der Schiedsgerichtsbarkeit[51] und ging den bedeutenden Schritt, der die Schiedsgerichtsbarkeit in ihre heutige Form brachte: Die Gleichstellung der Wirkungen des Schiedsspruchs mit denen eines rechtskräftigen gerichtlichen „Urtheils" unter den Parteien wurde festgeschrieben und die Möglichkeit seiner zwangsweisen Durchsetzung durch staatliche Organe vorgesehen.[52]

Dieses Bekenntnis des deutschen Rechtsstaats zur Schiedsgerichtsbarkeit hielt mehreren Schiedsrechtsreformen und auch der Einführung des deutschen Grundgesetzes im Jahr 1949 stand.[53] Dank einem Lautwerden in der schiedsrechtlichen Literatur, insbesondere *Habscheids*,[54] bezeichnete auch der Bundesgerichtshof Mitte der sechziger Jahre – und seither in ständiger Rechtsprechung – die Schiedsgerichtsbarkeit als echte materielle Rechtsprechung mit prozessualen Wirkungen:

„Das schiedsrichterliche Verfahren vollzieht sich immer auch in prozeßrechtlichen Formen und es hat prozessuale Wirkungen. Ein Schiedsgericht übt zwar keine öffentliche Gewalt aus, setzt keine Hoheitsakte. Schiedsgerichtsbarkeit ist gleichwohl materielle Rechtsprechung [...]."[55]

---

[49] *Schütze/Thümmel*, S. 1, Rn. 3.

[50] *Münch*, in: MüKo ZPO, Vor § 1025, Rn. 234.

[51] Eingehend zu dem Regelungshintergrund des deutschen Schiedsverfahrensrechts von 1877 sowie zu dessen Entstehungsgeschichte allgemein *Zieren*, S. 45 ff. sowie auch die Gesetzesbegründung des historischen CPO-Gesetzgebers von 1874 zum Zehnten Buch der CPO von 1877, abgedruckt bei *Hahn*, S. 489.

[52] In den Vorschriften der § 866 und § 868 der CPO von 1877, abgedruckt bei *Hahn*, S. 102 f. Dazu im Detail unten in Kapitel 4.

[53] Nach herrschender Ansicht ist das deutsche Schiedsverfahrensrecht in seiner jetzigen Form verfassungsgemäß, vgl. statt vieler *Münch*, in: MüKo ZPO, Vor § 1025, Rn. 8 f.; *Dütz*, S. 230 ff. und S. 238 ff. jeweils mit weiteren Nachweisen. Anderer Ansicht in Bezug auf das 1998 reformierte deutsche Schiedsverfahrensrecht ist hingegen *Hesselbarth*, S. 131 ff. Sie kommt aber zu dem Ergebnis, dass eine verfassungskonforme Auslegung der Vorschriften des Zehnten Buchs der ZPO unter Heranziehungen einiger Vorschriften aus der vorangehenden Fassung möglich sei. Auf die Frage nach der Verfassungsgemäßheit des deutschen Schiedsverfahrensrechts wird in Kapitel 3 – A. und 6 – D.III. noch im Detail eingegangen.

[54] *Habscheid*, KTS 1955, 33 f. mit einer eingehenden Darstellung zum damaligen Theorienstreit; *ders.*, NJW 1962, 5, 7 f.

[55] BGHZ 65, 59, 61. Vgl. auch *BGH*, DStR 2000, 937, 938 m. Anm. *Goette*; BGHZ 54, 392, 395; 51, 255, 258; *Kornblum*, S. 82 ff., 115; *Habscheid*, NJW 1962, 5, 7 f.

Noch deutlicher positionierte sich der Reformgesetzgeber mit der Schiedsrechtsnovelle im Jahr 1998 zu der besonderen Stellung der Schiedsgerichtsbarkeit, indem er die Vergleichsbefugnis der Parteien als Voraussetzung für die Schiedsfähigkeit von Streitgegenständen abschaffte.[56] Damit wurde es Gesetz, dass der Staat, bis auf sehr wenige Ausnahmen, kein Entscheidungsmonopol der staatlichen Gerichte vorsieht, welches die Schiedsgerichtsbarkeit auszuschließen vermag.[57] Die Schiedsgerichtsbarkeit hat sich über die Jahrhunderte hinweg also deutlich von ihrem Dasein als rein privatrechtlicher Konfliktlösungsmechanismus entfernt und sich immer mehr der staatlichen Gerichtsbarkeit angenähert – ohne aber vollständig in dieser aufzugehen.[58] Sie stellt damit ein einmaliges Zwitterwesen dar, das Elemente der privatrechtlichen Konfliktlösungsmechanismen mit denen des staatlichen in sich vereint.

3. Trennung von Wesen und Wirkung der Schiedsgerichtsbarkeit

Nun gibt es mitunter Stimmen, die so weit gehen wollen, die Schiedsgerichtsbarkeit auf Grundlage ihrer prozessualen Wirkungen als vollständig in das staatliche Rechtsschutzsystem eingegliedert anzusehen, mithin nicht nur ihrer *Wirkung*, sondern auch ihrem *Wesen* eine hoheitliche Natur zuzusprechen.[59] Dies wird etwa von *Tafelmaier* zurecht kritisiert – es gelte zu erkennen, „dass lediglich die Wirkungen von staatlichen Urteilen und Schiedssprüchen gleichgestellt werden, ihre rechtlichen Grundlagen aber dennoch unterschiedlicher Natur sind und bleiben."[60] Wenn auch, wie sich zeigen wird, die prozessualen Wirkungen die Schiedsgerichtsbarkeit ganz maßgeblich beeinflussen,[61] so vermögen sie Letztere dennoch nicht in ihrem Wesen zu verändern. Das schieds-

---

[56] Begr. RegE., BT-Drucks. 13/5274. S. 26, 34.
[57] BGHZ 132, 278, 283 („Schiedsfähigkeit I"); *BGH*, NJW 1991, 2215, 2216; *Raeschke-Kessler*, SchiedsVZ 2003, 145, 149. *Schwab/Walter*, 1. Teil, Kapitel 4, Rn. 1 führen insoweit richtigerweise aus, dass die Schiedsgerichtsbarkeit nur dann ausgeschlossen sein soll, wenn der Staat sich im Interesse besonders schutzwürdiger Rechtsgüter ein Entscheidungsmonopol vorbehalten muss. Die Ausnahmen von der Schiedsfähigkeit betreffen vor allem persönliche Statusfragen über die Ehe oder Abstammung und folgen aus gewissen Rechtsweggarantien sowie dispositionsfesten Kernbereichen, welche vom Grundgesetz vorgegeben sind. Dazu vertiefend *Jarass* in: Jarass/Pieroth, GG, Artikel 92, Rn. 6 und 2 f.
[58] Wie der Bundesgerichtshof richtigerweise ausführt, setzt das Schiedsgericht eben „keine Hoheitsakte", übt „keine öffentliche Gewalt" aus, BGHZ 65, 59, 61. So auch *Geimer*, in: Schlosser, S. 113, 121, *Gottwald*, in: FS Nagel, S. 54.
[59] So etwa *Pfeiffer*, in: FS Elsing, S. 387, 388 f. und auch *Hellwig*, S. 55 f. (Schiedsrichter als „beliehener Unternehmer").
[60] *Tafelmaier*, S. 41. Für diese Trennung richtigerweise auch BGHZ 65, 59, 61; 54, 392, 395; 51, 255, 258; *Bosch*, S. 20; *Solomon*, S. 288 ff. und S. 341.
[61] Dazu im Einzelnen in Kapitel 2 – B.

gerichtliche Verfahren bleibt ein privatrechtliches und unter Privaten geführtes.[62]

Besonders deutlich wird der fehlende hoheitliche Charakter des Schiedsrichters, wenn man einen Vergleich zum ausländischen Richter anstellt. Der Schiedsspruch lässt sich mit dem ausländischen Urteil vergleichen, da beide grundsätzlich außerhalb des (inner-)staatlichen Rechtsschutzsystems zustande gekommene Entscheidungen darstellen, welchen die mit einem inländischen Urteil natürlicherweise einhergehende hoheitliche Verbindlichkeit fehlt und denen der inländische Staat dennoch prozessuale Wirkungen zuerkennt.[63] Ausländische Gerichte agieren zweifellos nicht als Teil der deutschen Staatsgewalt, wenn sie auf Grundlage ihres eigenen nationalen Rechts gerichtliche Entscheidungen erlassen. Dies wäre allein aus Gründen der Staatssouveränität rechtlich nicht vorstellbar, sind die ausländischen Gerichte doch an ihre eigene Verfassung gebunden und handeln ausschließlich im Auftrag ihres eigenen Staates.[64]

Eine derartige Konstruktion würde auch kaum in Betracht gezogen werden. Nicht anders stellt sich die Lage aber in Bezug auf den Schiedsrichter dar. Auch er steht außerhalb des staatlichen Rechtsschutzsystems, anders nur als der ausländische Richter ist er nicht einer ausländischen Rechtsordnung unterworfen, sondern regelmäßig einem privatrechtlichen Vertrag zur Durchführung eines Schiedsverfahrens.[65] Der Schiedsrichter ist mithin, genauso wie der ausländische Richter, originär nicht dazu in der Lage, hoheitliche Wirkungen herbeizuführen. Dies wäre rechtlich auch nicht umsetzbar. Schiedsrichter sind keine gesetzlichen Richter im Sinne des Grundgesetzes.[66] Damit aber können sie auch nicht als anderweitige Hoheitsträger agieren, etwa als Beliehene des Staates. Denn die rechtsprechende Gewalt ist vom Grundgesetz her ausschließlich den staatlichen Richtern und Gerichten vorbehalten, so sieht es Artikel 92 GG

---

[62] So richtigerweise auch BVerfG-K, NVwZ-RR 95, 232; *Distler*, S. 84; *Lühmann*, S. 28 f.; *Spohnheimer*, S. 7 f.

[63] Diesen Vergleich zog bereits der historische Gesetzgeber in der Gesetzesbegründung zum ersten deutschen Schiedsverfahrensrecht von 1874 selbst, vgl. die Begründung zu den §§ 809 ff. des CPO-Entwurfs, abgedruckt bei *Hahn*, S. 496. So auch *Pfeiffer* selbst, vgl. *Pfeiffer*, in: FS Elsing, S. 387, 390 f. sowie *Spohnheimer*, S. 9; *Tafelmaier*, S. 39.

[64] So auch *Tafelmaier*, S. 38.

[65] Vgl. nur BGHZ 65, 59, 61; *Schwab/Walter*, Teil I, Kapitel 11, Rn. 8; *Geimer*, in: Schlosser, S. 113, 121; *Gottwald*, in: FS Nagel, S. 54.

[66] Hieran fehlt es bereits an dem entsprechenden staatlichen Hoheitsakt, der ihnen diesen Status einräumt. *Distler* legt zudem sehr umfassend dar, wieso Schiedsgerichte nicht vom verfassungsrechtlichen Begriff der „Rechtsprechung" umfasst sind, *Distler*, S. 50 f., auch, wenn die staatlichen Gerichte deren Tätigkeit als „materielle Rechtsprechung" auffassen mag. Richtig auch BGHZ 65, 59, 60 f.; *Lühmann*, S. 195 f.

unmissverständlich vor.[67] Für eine Beleihung ist insoweit mithin kein Raum.[68] Und auch der Umstand, dass der einfache Gesetzgeber die schiedsrichterliche Tätigkeit als weitestgehend gleichwertig zur richterlichen ansieht, vermag deren privatrechtliches Wesen nicht zu verändern. Der einfache Gesetzgeber kann die verfassungsrechtlichen Vorgaben nicht umschreiben oder ersetzen.[69] Und damit kann er auch die staatliche Rechtsschutzgewährung nicht mittels eines einfachgesetzlichen Akts der Legislative auf Private übertragen, wenn diese aufgrund verfassungsrechtlicher Anordnung zwingend der staatlichen Judikative vorbehalten ist.

Das Wesen der Schiedsgerichtsbarkeit bleibt damit, genau wie das des ausländischen Gerichtsverfahrens aus inländischer Sicht, ein nicht hoheitliches. Der Staat vermag es lediglich, diesen in nicht-hoheitlichen Verfahren ergehenden Entscheidungen *hoheitliche Wirkungen* einzuräumen – was er auch tut. Schiedsgerichte treffen im Ergebnis zwar rechtsverbindliche Entscheidungen. Dies „aber nicht aufgrund staatlicher Delegation, sondern aufgrund staatlicher Zulassung"[70], oder, um es noch deutlicher zu machen, *aufgrund staatlicher Anordnung*. Sobald diese staatliche Anordnung, die mithin selbst einen Hoheitsakt darstellt, wegfällt, entfallen mit ihr auch die hoheitlichen Wirkungen.[71] Die staatliche Anordnung kann dabei unterschiedlich ausfallen. Mal ist der Hoheitsakt das Ergebnis eines gerichtlichen Anerkennungsverfahrens, wie es § 1061 ZPO und § 328 ZPO für ausländische Urteile und ausländische Schiedssprüche vorsehen, mal eine gesetzliche Anordnung, wie § 1055 ZPO für inländische Schiedssprüche.[72] Ohne diese Anordnungen kommen Schiedsspruch und ausländischem Urteil weder Rechtskraftwirkung noch Rechtsverbindlichkeit zu.

Es ist mithin zwingend zu differenzieren zwischen dem Wesen der Schiedsgerichtsbarkeit als privatrechtlicher Konfliktlösungsmechanismus einerseits

---

[67] Dazu *Meyer*, in: von Münch/Kunig, GG, Artikel 92, Rn. 2, 6 sowie zur Funktion des Artikel 92 GG unten in Kapitel 3 – C.II.1. Beliehene werden nach der herrschenden Definition lediglich im Bereich exekutiver Aufgaben tätig, vgl. *Sauer*, in: Dreier, GG, Artikel 1 III, Rn. 41 mit weiteren Nachweisen. Zum Richtervorbehalt in Bezug auf den Justizgewährungsanspruch auch *Lühmann*, S. 195 f.

[68] Richtig *Stober*, NJW 1979, 2001, 2004; anders aber *Pfeiffer*, in: FS Elsing, S. 387, 388 f., der sich für die Stellung des Schiedsrichters als Beliehener ausspricht, da dem Schiedsrichter durch die Anordnung in § 1055 ZPO hoheitliche Befugnisse eingeräumt würden.

[69] *Lühmann*, S. 196.

[70] *Tafelmaier*, S. 48; vgl. auch *Pika*, ZZP 2018, 225, 236.

[71] Der Eintritt prozessualer Wirkungen ohne eine irgendwie geartete Einbindung des Staates und seines Rechtssystems ist mithin nicht möglich, so richtigerweise bereits *Schottelius*, KTS 1955, 97 am Beispiel der Vollstreckbarkeitserklärung des Schiedsspruchs.

[72] Käme dem ausländischen Richter oder dem Schiedsrichter eine hoheitliche Funktion zu, bedürfte es dieser staatlichen Anordnungen im Übrigen überhaupt nicht, die zitierten Normen wären mithin überflüssig.

und deren prozessualen und damit öffentlich-rechtlichen Wirkungen andererseits[73] – wenn auch beide Elemente einander unbestreitbar beeinflussen.

4. Zusammenfassung

Obwohl die Schiedsgerichtsbarkeit also weitgehende Gestaltungsfreiheit zulässt und letztlich unter Privaten stattfindet, mündet das Schiedsverfahren in einer rechtsverbindlichen und durchsetzbaren Entscheidung.[74] Die Schiedsgerichtsbarkeit ist damit weder das eine noch das andere: Weder ist sie ein rein *privatrechtlicher* Konfliktlösungsmechanismus, noch stellt sie *staatlichen* Rechtsschutz dar. Sie ist eine Mischform. Abzulehnen sind daher die Ansichten, die die Schiedsgerichtsbarkeit als ausschließlich privaten Konfliktlösungsmechanismus einordnen. Dies wird ihren prozessualen Wirkungen nicht gerecht. Nicht gefolgt werden kann aber auch den Ansichten, die so weit gehen, Schiedsgerichte als vollständigen Ersatz der staatlichen Rechtsprechungsorgane anzusehen, ihnen mithin eine hoheitliche Funktion zusprechen. Es bedarf vielmehr der Anerkennung der Schiedsgerichtsbarkeit als ein im Wesen privatrechtlicher Konfliktlösungsmechanismus, dem hoheitliche und damit öffentlich-rechtliche Wirkungen zukommen, sowie der Würdigung der daraus resultierenden Besonderheiten – die so nur für die Schiedsgerichtsbarkeit gelten und daher einzigartig sind.[75]

Gerade diese Besonderheiten sind es, welche die Schiedsgerichtsbarkeit dogmatisch so interessant machen. Gleichzeitig aber stellen sie große Herausforderungen an die Praxis und bedürfen damit einer genauen Untersuchung und Einordnung. Dazu soll im Folgenden ein Beitrag geleistet werden.

B. Folgen der Einräumung prozessualer Wirkungen für die Schiedsgerichtsbarkeit

Es stellt sich nun die Frage, welche Auswirkungen die Einräumung prozessualer Wirkungen auf die private Schiedsgerichtsbarkeit hat. Lassen sich die privatrechtliche Gestaltungsfreiheit und die prozessualen Wirkungen folgenlos

---

[73] „Die Wirkungen des Schiedsspruchs richten sich allenfalls nach seiner Rechtsnatur, nicht die Rechtsnatur nach seinen Wirkungen", wie Tafelmeier es treffend zusammenfasst, Tafelmaier, S. 40; vgl. auch Bosch, S. 20.

[74] Genau diese Wirkung ist es, welche die Schiedsgerichtsbarkeit im Vergleich zu den rein privatrechtlichen Konfliktlösungsmechanismen so wertvoll macht. So auch *Heiliger*, S. 289.

[75] *Münch*, in: MüKo ZPO, Vor § 1025, Rn. 1 formuliert diese Besonderheit der Gestaltungsfreiheit im Schiedsverfahren einerseits und der vollen Spruchgewalt andererseits als das „Wesen schiedsgerichtlicher Streitentscheidung" sowie in Rn. 4 als die „[w]esenstypischen Charakteristika der Schiedsgerichtsbarkeit".

miteinander vereinen? Damit wäre die Schiedsgerichtsbarkeit der klare Gewinner unter den Konfliktlösungsinstituten, sowohl unter den privatrechtlichen als auch den staatlichen.

I. Verfassungsrechtliche Relevanz der prozessualen Wirkungen

Aber ganz so leicht ist es nicht. Denn mit der staatlichen Anerkennung prozessualer Wirkungen von Schiedsverfahren und Schiedsspruch ist der rein privatrechtliche Bereich der Konfliktlösung unter Bürgern verlassen worden und der Staat als weiterer Akteur hinzugetreten. Dies wiederum hat eine unabdingbare Konsequenz: die Geltung des Verfassungsrechts.

1. Unmittelbare Bindung allein der Staatgewalten

Dies darf nicht missverstanden werden. Mitnichten haben die prozessualen Wirkungen der Schiedsgerichtsbarkeit zur Folge, dass die privaten Akteure des Schiedsverfahrens, also die Schiedsrichter und Parteien, nun unmittelbar an das Grundgesetz gebunden werden und damit grundrechtlich verpflichtet sind. Eine „unmittelbare Drittwirkung" unter Privaten kennt das Verfassungsrecht grundsätzlich nicht.[76] Nur der Staat selbst ist es, der unmittelbar an die Grundrechte gebunden ist, und zwar immer dann, wenn ein staatlicher Akt, also ein staatliches Handeln durch ein hoheitliches Organ, ins Spiel kommt. Das deutsche Verfassungsrecht, wie es im Grundgesetz von 1949 niedergelegt worden ist, soll den Bürger vor der Willkür des Staates schützen, indem es alle staatliche Gewalt an die dort niedergelegten Grundrechte bindet.[77] Daher lautet Artikel 1 Absatz 3 GG: „Die nachfolgenden Grundrechte binden Gesetzgebung, vollziehende Gewalt und Rechtsprechung als unmittelbar geltendes Recht."[78] Der Staat und seine Staatsgewalten sind daher an das Grundgesetz und die darin niedergelegten Grundrechte des Einzelnen gebunden. Bei der Anwendung und Auslegung von Privatrecht spiegelt sich diese Bindung zwar nur in der in

---

[76] Dies stellt auch *Distler* klar, auf S. 59 f. allgemein sowie auf S. 185 speziell zum Recht auf rechtliches Gehör. Vgl. zur insoweit herrschenden Meinung statt vieler *Herdegen*, in: Herzog/Scholz/Herdegen/Klein, GG, Artikel 1, Absatz 3, Rn. 64 f. mit zahlreichen weiteren Nachweisen auch zu den sehr vereinzelten Gegenstimmen sowie zu den engen Ausnahmen in der verfassungsrechtlichen Rechtsprechung, in denen eine unmittelbare Drittwirkung auf Private angenommen worden ist, etwa auf Flughafenbetreiber.

[77] *Jarass*, in: Jarass/Pieroth, GG, Vorb. vor Artikel 1, Rn. 3; *Starck*, in: von Mangoldt/Klein/Starck, GG, Artikel 1, Rn. 147 jeweils mit weiteren Nachweisen.

[78] Wobei nach ganz herrschender Ansicht nicht nur die im ersten Buch des Grundgesetzes niedergelegten Grundrechte umfasst sind, sondern auch die in anderen Büchern des Grundgesetzes niedergelegten grundrechtsgleichen Rechte, die sogenannten Grundrechte im weiteren Sinne, vgl. statt vieler *Jarass*, in: Jarass/Pieroth, GG, Artikel 1, Rn. 30 und Vorb. vor Artikel 1, Rn. 1.

Form der Ausstrahlwirkung der Grundrechte in das Privatrecht wider.[79] Sobald jedoch das Verhältnis des Bürgers zum Staat direkt betroffen ist, im öffentlichen Recht also, ist die Bindung des Staates eine unmittelbare.[80] Wie bereits aufgezeigt wurde, stellen die prozessualen Wirkungen der Schiedsgerichtsbarkeit öffentliches Recht dar, da insoweit der Staat dem Bürger gegenübertritt.[81] In Bezug auf diese öffentlich-rechtlichen Wirkungen der Schiedsgerichtsbarkeit entfaltet das Grundgesetz daher unmittelbar bindende Wirkung gegenüber den von ihnen betroffenen Staatsgewalten.[82]

Die Schiedsrichter hingegen, mögen sie auch in tatsächlicher Hinsicht „Recht sprechen", sind an die Grundrechte selbst nicht gebunden. Der verfassungsrechtliche Begriff der „Rechtsprechung" in Artikel 1 Absatz 3 GG bezieht sich allein auf die Staatsgewalt der *staatlichen* Gerichte im Sinne des Artikels 92 GG.[83] Die Schiedsrichter verkörpern aber gerade keine solche Staatsgewalt, sondern werden auf rein privatrechtlicher Basis im Auftrag der Parteien des Schiedsverfahrens tätig.[84] Auch eine „mittelbare Bindung" der Schiedsrichter an die Verfassung existiert nicht.[85] Zwar kommt den verfassungs-rechtlich verbürgten Grundrechten auch im Privatrecht eine Ausstrahlwirkung zu. Allerdings ist diese sogenannte mittelbare Drittwirkung von Grundrechten eine äußerst eingeschränkte, da sie lediglich bei der Auslegung unbestimmter Rechtsbegriffe durch die Gerichte zum Einsatz kommt.[86] Mitnichten ist sie hingegen darauf ausgelegt, Private, und damit auch die privatrechtlich auftretenden Schiedsrichter, grundgesetzlich zu verpflichten.[87]

---

[79] *Herdegen*, in: Herzog/Scholz/Herdegen/Klein, GG, Artikel 1 Absatz 3, Rn. 74; *Jarass*, in: Jarass/Pieroth, GG, Artikel 1, Rn. 34.

[80] Vertiefend zur Grundrechtsbindung der Judikative *Jarass*, in: Jarass/Pieroth, GG, Artikel 1, Rn. 34, der zurecht darauf hinweist, dass sich deren Bindung bei der Anwendung privatrechtlicher Normen auf die Ausstrahlungswirkung der Grundrechte auf Private beschränkt, da Private nicht grundrechtsverpflichtet sind. Anders ist dies aber in Bezug auf Verfahrensnormen, auch denen des Zivilprozessrechts, bei deren Anwendung die Grundrechte, insbesondere die Prozessgrundrechte, wiederum unmittelbar zur Anwendung kommen, vgl. BVerfGE 117, 202, 240; 52, 203, 207; BAGE 156, 370, Rn. 23.

[81] Siehe oben in Kapitel 2 – A.III. und sogleich in Kapitel 2 – B.I.2. bis 4.

[82] Dies übersieht *Hülskötter*, SchiedsVZ 2021, 145, 147, der auch insoweit von einer bloß mittelbaren Drittwirkung ausgeht.

[83] *Sauer*, in: Dreier, GG, Artikel 1 III, Rn. 86; *Jarass*, in: Jarass/Pieroth, GG, Artikel 1, Rn. 34; *Distler*, S. 50 f.; *Spohnheimer*, S. 170 f.; *Stober*, NJW 1979, 2001, 2002. Dazu auch unten in Kapitel 2 – C.II.1.

[84] Wie bereits gezeigt, werden Schiedsrichter weder als staatliche Richter noch als Beliehene des Staates tätig, siehe oben in Kapitel 2 – A.III.3.

[85] So zurecht auch *Spohnheimer*, S. 187.

[86] BVerfGE 7, 198, 205 ff.; *Herdegen*, in: Scholz/Herdegen/Klein, GG, Artikel 1, Absatz 3, Rn. 74; *Jarass*, in: Jarass/Pieroth, GG, Artikel 1, Rn. 53.

[87] *Spohnheimer*, S. 173 f.; speziell zum Rechtsstaatsprinzip *Distler*, S. 189 f. Eine Grundgesetzbindung des Schiedsrichters ablehnend auch *Stober*, NJW 1979, 2001, 2002.

Ausschließlich der Staat ist es also, der verfassungsrechtlich dazu berufen ist, die grundgesetzlichen Bestimmungen bei allen Akten seiner drei Staatsgewalten – also der Legislative, Judikative und Exekutive – zu wahren. Andernfalls ist der Akt verfassungswidrig und kann keinen Bestand haben.[88] Es gilt mithin zu untersuchen, wann der Staat aufgrund der einzelnen öffentlich-rechtlichen Wirkungen, die der Schiedsgerichtsbarkeit im deutschen Schiedsverfahrensrecht eingeräumt werden, mit dem Schiedsverfahrensrecht in Berührung kommt und das Grundgesetz damit auch dort Geltung erlangt.

2. Möglichkeit zwangsweiser Durchsetzung des Schiedsspruchs

Am evidentesten ist das Auftreten des Staates dort, wo er sein Zwangsvollstreckungssystem mitsamt seinen staatlichen Zwangsvollstreckungsorganen zur Verfügung stellt, um einem Schiedsspruch zur zwangsweisen Durchsetzung zu verhelfen.[89] Die zwangsweise Durchsetzung von Rechtspositionen stellt erkennbar einen der stärksten Grundrechtseingriffe im deutschen Prozessrecht dar und bedarf daher ganz besonders hoher Hürden, um in verfassungsrechtlicher Hinsicht gerechtfertigt zu sein.[90] Es dürfen daher nur solche Titel mit staatlichem Zwang durchgesetzt werden, die mit dem Grundgesetz im Einklang stehen.[91]

Die Vollstreckung eines staatlichen Urteils ist deswegen verfassungsrechtlich unbedenklich, da eine Vielzahl von Vorschriften dessen Verfassungskonformität sicherstellt und der staatliche Richter, welcher das Urteil erlässt, selbst unmittelbar an das Grundgesetz und die dort verankerten Grundrechte gebunden ist.[92] Wenn nun aber Gegenstand der Zwangsvollstreckung nicht ein gerichtliches Urteil, sondern ein privatrechtlicher Schiedsspruch ist, muss auch dieser den Anforderungen des Grundgesetzes genügen.[93] Würde ein Schiedsspruch den Wertungen des Grundgesetzes widersprechen, so wäre dessen zwangsweise Durchsetzung verfassungswidrig, denn die Durchsetzung erfolgt durch staatliche Vollstreckungsorgane, welche bei all ihrem Handeln unmittel-

---

[88] Vgl. *Morgenthaler*, in: BeckOK GG, Artikel 93, Rn. 51.

[89] So stellt die Vollstreckbarerklärung eines Schiedsspruchs nach § 794 Absatz 1 Nummer 4a ZPO einen dem staatlichen Urteil gleichwertigen Vollstreckungstitel dar. Dazu im Einzelnen aber noch in Kapitel 3 – B.III. und insbesondere 6 – D.II.2.

[90] Zur Grundrechtsrelevanz des Zwangsvollstreckungsrechts allgemein vgl. *Gaul*, in: Gaul/Schilken/Becker-Eberhard, Zwangsvollstreckungsrecht, § 3, Rn. 1 ff. Zur Eingriffsintensität zwangsweiser Durchsetzung am Beispiel der Zwangsversteigerung von Grundeigentum und dem Grundrecht auf Eigentum BVerfGE 49, 220, 232.

[91] *Distler*, S. 204.

[92] *Distler*. S. 197 f.

[93] *Distler*, S. 198. Vgl. auch *Herdegen*, in: Herzog/Scholz/Herdegen/Klein, GG, Artikel 1, Absatz 3, Rn. 124; *Hillgruber*, in: BeckOK GG, Artikel 1, Rn. 72.4 sowie *Jarass*; in: Jarass/Pieroth, GG, Artikel 1, Rn. 34 und Artikel 20, Rn. 130a.

bar an das Grundgesetz gebunden sind.[94] Damit steht fest, dass allein das Zurverfügungstellen staatlicher Durchsetzungsmöglichkeiten unter Anwendung von Zwang in den legislativen Vorschriften der §§ 1060 Absatz 1 und 794 Absatz 1 Nummer 4a ZPO dazu führt, dass die verfassungsrechtlichen Vorgaben insoweit unmittelbare Geltung erlangen.

3. Möglichkeit prozessualer Durchsetzung des Schiedsspruchs

Aber bereits die aus der Vorschrift des § 1055 ZPO folgende prozessuale Durchsetzbarkeit des Schiedsspruchs hat als Akt der Legislative die Geltung des Grundgesetzes zur Folge.[95] Mit der gesetzlichen Anordnung des § 1055 ZPO räumt der Gesetzgeber einem Schiedsspruch unter den Parteien die Wirkung eines rechtskräftigen gerichtlichen Urteils ein. Die Bedeutung, die § 1055 ZPO damit zukommt, gilt es nicht zu verkennen. Aufgrund dieser gesetzlichen Anordnung steht einem Verfahren vor dem staatlichen Gericht zum einen die materielle Rechtskraftwirkung eines Schiedsspruchs entgegen, wenn der zu behandelnde Streitgegenstand vorher von einem Schiedsgericht beschieden worden ist, und zum anderen ist ein Gericht an die schiedsrichterliche Entscheidung gebunden, wenn dieser Auswirkungen auf einen Folgeprozess hat.[96] § 1055 ZPO ermöglicht eine objektive Rechtskraftwirkung von Schiedssprüchen.[97]

Mit der staatlichen Anordnung in § 1055 ZPO entfaltet der privatrechtliche Schiedsspruch also öffentlich-rechtliche Wirkungen.[98] Der deutsche Gesetzgeber hat auf ein gerichtliches Anerkennungsverfahren inländischer Schiedssprüche verzichtet[99] – anders etwa als bei ausländischen Schiedssprüchen und sogar

---

[94] *Hillgruber*, in: Herzog/Scholz/Herdegen/Klein, GG, Artikel 92, Rn. 91; *Distler*, S. 198 f.

[95] Es ist daher ungenau, anzunehmen, die zwingende Geltung des Verfassungsrechts werde erst durch die Möglichkeit der zwangsweisen Durchsetzung des Schiedsspruchs auf den Plan gerufen, so aber etwa *Distler*, S. 197 ff., wie *Spohnheimer*, S. 171 es zurecht kritisiert. Auch *Schwab/Walter*, Teil I, Kapitel 1, Rn. 7 stellen insoweit lediglich auf die Zwangsvollstreckung ab.

[96] Wenn auch im Einzelnen umstritten ist, ob diese Wirkungen vom staatlichen Gericht nur auf Einrede hin oder aber von Amts wegen zu berücksichtigen sind, was hier allerdings nicht weiter ausgeführt werden soll. Kritisch zum Streitstand und mit weiteren Nachweisen aber *Lühmann*, S. 187 ff.

[97] Ob dem Schiedsspruch auch subjektive Rechtskraftwirkungen gleich einem staatlichen Urteil zukommen, ist überaus umstritten und Gegenstand des Kapitels 4 – B.II. und 6 – D.II.

[98] *Lühmann*, S. 28, 30; *Spohnheimer*, S. 14.

[99] Anders bei ausländischen Schiedssprüchen, die einem gerichtlichen Anerkennungsverfahren unterliegen, vgl. §§ 1025 Absatz 4 und 1061 ZPO. Die Unterscheidung inländischer und ausländischer Schiedssprüche bestimmt sich seit der Schiedsrechtsreform von 1998 nach dem Schiedsort, vgl. § 1025 ZPO. Der Verzicht auf ein Anerkennungsverfahren für inländische Schiedssprüche ist eine Besonderheit des deutschen Schiedsverfahrensrechts. So sieht das UNCITRAL-Modellgesetz etwa bewusst ein inzidentes gerichtliches Anerkennungsver-

bei ausländischen Urteilen[100] – und schenkt inländischen Schiedssprüchen damit einen umfassenden Vertrauensvorsprung.[101] Da der legislative Akt des § 1055 ZPO selbst den hoheitlichen Integrationsakt darstellt, berührt er das Grundgesetz unmittelbar. Infolgedessen muss gewährleistet sein, dass die gesetzliche Anordnung nicht im Widerspruch zur Verfassung steht und damit verfassungswidrig ist. Verfassungsgemäß kann er aber nur sein, wenn der *Gegenstand* des Integrationsaktes, der Schiedsspruch selbst also, mit den verfassungsrechtlichen Vorgaben im Einklang steht.[102]

4. Verbindliche Zuständigkeitsbegründung des Schiedsgerichts

Die Geltung des Verfassungsrechts ist zuletzt auch dadurch bedingt, dass Schiedsgerichten durch die Anordnung in § 1032 Absatz 1 ZPO eine Zuständigkeit über den zugrundeliegenden Streitgegenstand eingeräumt wird, hinter welche sich die staatlichen Gerichte zwingend zurückzuziehen haben.[103]

Durch die Vorschrift ist das Grundgesetz gleich in zweifacher Hinsicht berührt. Die staatlichen Gerichte, die mit der Einrede aus § 1032 Absatz 1 ZPO konfrontiert werden, sind aufgrund des Artikels 1 Absatz 3 GG angerufen, verfassungsgemäß zu handeln. Die Abweisung einer gerichtlichen Klage und damit die Versperrung des Zugangs zu staatlichem Rechtsschutz zugunsten der Schiedsgerichtsbarkeit darf daher nur erfolgen, wenn dies die Verfassung auch duldet.[104] Andernfalls wäre die Klageabweisung ein verfassungswidriger Akt und letztendlich vor dem Bundesverfassungsgericht angreifbar. Deswegen aber muss auch die Vorschrift des § 1032 Absatz 1 ZPO als legislativer Akt selbst verfassungsgemäß sein, damit sie die staatlichen Gerichte nicht zu einem verfassungswidrigen Handeln anstiftet.

---

fahren auch für inländische Schiedssprüche vor. Und auch im US-Common Law Rechtskreis ist für den Eintritt prozessualer Wirkungen ein inzidentes gerichtliches Anerkennungsverfahren vorsehen, vgl. *Lühmann*, S. 31 ff.; *Spohnheimer*, S. 11 ff. Zu dieser bis heute fortbestehenden Entscheidung des deutschen Gesetzgebers, auf ein gerichtliches Anerkennungsverfahren zu verzichten, die noch aus dem vorkonstitutionellen Recht der ZPO von 1877 stammt, aber eingehend noch in Kapitel 6 – D.III.

[100] Siehe bereits oben in Kapitel 2 – A.III.3.

[101] *Spohnheimer* spricht insoweit treffend von einem „antezipierten Legalanerkenntnis" des Schiedsspruchs, *Spohnheimer*, S. 14.

[102] Dass dies derzeit nicht immer gesichert scheint, ist Gegenstand des Kapitels 6 – D.III.

[103] Dies verkennen insoweit auch *Lühmann*, S. 28, 30 und *Spohnheimer*, S. 14, die für die Geltung des Verfassungsrechts erst bei § 1055 ZPO ansetzen. Dies mag allerdings dem Umstand geschuldet sein, dass sich beide Autoren speziell mit der Vorschrift des § 1055 ZPO auseinandersetzen und damit ihr Augenmerk wohl maßgeblich auf den Auswirkungen dieser und nicht anderer Vorschriften des deutschen Schiedsverfahrensrechts liegt.

[104] Vgl. *Jarass*, in: Jarass/Pieroth, GG, Artikel 1, Rn. 34.

II. Folgen der Verfassungsrelevanz der prozessualen Wirkungen

Das Verfassungsrecht ist also aufgrund der Einräumung öffentlich-rechtlicher Wirkungen gleich an mehreren Stellen des deutschen Schiedsverfahrensrechts berührt. Damit kommt unweigerlich die Folgefrage auf, wie sich dies auf das Schiedsverfahren selbst und die betroffenen Akteure auswirkt.

1. Pflicht des Staates zur Vorsehung eines Kontrollsystems

Am deutlichsten ist die Auswirkung auf den Staat selbst. Der Eintritt prozessualer Wirkungen von Schiedsverfahren und Schiedsspruch ist deswegen problematisch, weil der Staat sich mangels Grundrechtsbindung des schiedsgerichtlichen Spruchkörpers nicht darauf verlassen kann, dass Letzterer verfassungskonform handelt – anders, als dies beim staatlichen Richter der Fall ist, der schließlich selbst grundrechtsverpflichtet ist. Der Schiedsrichter ist weder unmittelbar noch mittelbar an die Grundrechte gebunden.[105] Er ist also nicht gezwungen, das Schiedsverfahren im Einklang mit den verfassungsrechtlichen Vorgaben zu führen, und kann dennoch die prozessualen Wirkungen von Schiedsspruch und Schiedsverfahren einfordern.

Der Staat muss daher einen Weg finden, der gewährleistet, dass die Schiedsrichter letztendlich doch im Einklang mit dem Grundgesetz handeln, obwohl sie hierzu selbst nicht unmittelbar verpflichtet sind. Nur wenig zielführend wäre es nun, die Schiedsrichter selbst zu hoheitlichen Organen zu machen. Sie etwa zu staatlichen Richtern zu ernennen oder nur staatliche Richter in hoheitlicher Funktion als Schiedsrichter tätig werden zu lassen, würde zu einer umfassenden Grundrechtsbindung des schiedsgerichtlichen Spruchkörpers führen, was eine weitreichende Einschränkung der im Schiedsverfahrensrecht so hoch geschätzten Gestaltungsfreiheit zur Folge hätte – und letztendlich wohl eine vollständige Eingliederung der Schiedsgerichtsbarkeit in den staatlichen Zivilprozess bewirken würde. Der Einräumung einer anderweitigen hoheitlichen Position als der eines staatlichen Richters, etwa im Wege einer Beleihung, stünde hingegen Artikel 92 GG entgegen.[106]

Die privaten Schiedsrichter müssen also auf anderem Wege verpflichtet werden, die Grundvorgaben des Verfassungsrechts einzuhalten, obwohl sie selbst nicht an dieses gebunden sind. Dafür bietet sich die Schaffung einfachgesetzlicher Pflichten an, die den privaten Akteuren auferlegt werden und welche die Anforderungen des Grundgesetzes an die Einräumung öffentlich-rechtlicher Wirkungen widerspiegeln. Flankiert sein müssen diese einfach-gesetzlichen Pflichten von einer gewissen Kontrollmöglichkeit durch den Staat. Und nur bei Einhaltung der einfach-gesetzlichen Vorschriften dürfen die entsprechenden prozessualen Wirkungen eintreten. Bei solchen einfach-gesetzlichen

---

[105] Dazu im Einzelnen bereits oben in Kapitel 2 – B.I.1.
[106] Siehe oben in Kapitel 2 – A.III.3.

Pflichten handelt es sich dann ganz naturgemäß um konstitutive Vorgaben, da eine rein deklaratorische, lediglich verfassungskonkretisierende Gesetzgebung die rein privaten Akteure des Schiedsverfahrens mangels Grundrechtsverpflichtung schließlich unberührt lassen würde. Der Staat muss mithin ein einfach-gesetzliches Kontrollsystem vorsehen, das die Wahrung der verfassungsrechtlichen Vorgaben durch die privaten Akteure des Schiedsverfahrens zur Voraussetzung des Eintritts der prozessualen Wirkungen macht.[107]

2. Beeinflussung des privatrechtlichen Schiedsverfahrens

Ein solches Kontrollsystem beeinflusst aber unweigerlich nicht nur den Staat selbst, sondern jeden Sachverhalt und jede Person, der beziehungsweise die von ihm berührt ist – und damit unweigerlich auch das Schiedsverfahren selbst. Der Staat darf sein Zwangsvollstreckungssystem etwa nur dann zur Verfügung stellen, wenn er gewährleistet, dass der zu vollstreckende Schiedsspruch im Einklang mit den Anforderungen des Grundgesetzes steht, und er muss einen Mechanismus vorsehen, der dies zu überprüfen vermag – andernfalls kann er nicht sicherstellen, dass er bei der zwangsweisen Durchsetzung des Schiedsspruchs verfassungsgemäß handelt. Damit wird deutlich, dass das gesamte private Schiedsverfahren allein dadurch von der Geltung des Verfassungsrechts beeinflusst wird, dass an dessen zeitlichen Ende die *Möglichkeit* der zwangsweisen Durchsetzung mit staatlichen Mitteln steht.

Aber auch die Anordnung des § 1055 ZPO beeinflusst unweigerlich das gesamte schiedsgerichtliche Verfahren. Denn auf eine Überprüfung des inländischen Schiedsspruchs, bevor er die Integration des Schiedsspruchs in die nationale Rechtsordnung zulässt, darf der Staat in Form des in § 1055 ZPO verbürgten Vertrauensvorschusses nur dann verzichten, wenn er anderweitig gewährleistet hat, dass dieser staatliche Integrationsakt mit dem Grundgesetz im Einklang steht. Die Vorschrift des § 1055 ZPO muss also in einem Gefüge von Regelungen eingebettet sein, dass die Wahrung des Grundgesetzes sicherstellt, andernfalls ließe sie sich verfassungsrechtlich nicht rechtfertigen.[108] Und nicht zuletzt ist auch die Anordnung in § 1032 Absatz 1 ZPO als dritte der öffentlich-rechtlichen Wirkungen der Schiedsgerichtsbarkeit nur dann verfassungskonform, wenn ein staatliches Kontrollsystem deren Verfassungsgemäßheit gewährleistet. Damit wird das Schiedsverfahren von Beginn an – wenn nicht sogar bereits vor dessen Beginn[109] – davon beeinflusst, dass der Staat dem Eintritt

---

[107] Wie sich die Umsetzung dieses Kontrollsystems und Regelungsgefüges im (weitgehend vorkonstitutionellen!) deutschen Schiedsverfahrensrecht niederschlägt, wird in Kapitel 3 näher beleuchtet.
[108] So auch *Spohnheimer*, S. 17 f. Zu den Fällen, in denen dieses Konzept an seine Grenzen gelangt, im Einzelnen noch in Kapitel 6 – D.III.
[109] Zur Bedeutung der Schiedsvereinbarung, die regelmäßig bereits vor Beginn des Schiedsverfahrens abgeschlossen wird, siehe Kapitel 3 – A.I.1.

der prozessualen Wirkungen im deutschen Schiedsverfahrensrecht ein eigenes Kontrollsystem vorschalten muss.

3. Beeinflussung der privatrechtlichen Akteure

Wenn das staatliche Kontrollsystem das gesamte Schiedsverfahren beeinflusst, sind aber auch die privaten Akteure desselben unweigerlich davon betroffen. So zum einen die Schiedsrichter, die von den Parteien dazu beauftragt werden, das Schiedsverfahren einem Schiedsspruch zuzuführen, den der Staat anerkennt und notwendigenfalls zwangsweise durchsetzt. Diesen Auftrag erfüllen die Schiedsrichter nur dann, wenn der von ihnen zu erlassene Schiedsspruch auf Grundlage eines Verfahrens ergeht, das die Anforderungen des staatlichen Kontrollsystems an die Einräumung dieser prozessualen Wirkungen auch erfüllt – und die Schiedsrichter damit letztendlich selbst im Einklang mit den verfassungsrechtlichen Vorgaben, welche ihnen als einfach-gesetzliche Pflichten auferlegt werden, handeln. Dadurch aber sind die Schiedsrichter von dem Zeitpunkt ihrer Bestellung an von den Auswirkungen der unmittelbaren verfassungsrechtlichen Bindung des Staates betroffen.[110]

Und nicht zuletzt werden auch die Parteien des Schiedsverfahrens von dem staatlichen Kontrollsystem beeinflusst. Sie müssen sich den verfassungsrechtlichen Vorgaben an die prozessualen Wirkungen von Schiedsverfahren und Schiedsspruch beugen, die sich in den einfach-gesetzlichen Vorschriften des Gesetzgebers widerspiegeln, und eine daraus resultierende Beschränkung ihrer privatautonomen Gestaltungsfreiheit in Kauf nehmen.[111] Andernfalls würden sie nicht die rechtsverbindliche und staatlich durchsetzbare Entscheidung erhalten, die sie wünschen.[112] Die bewusste Entscheidung des deutschen Gesetz-

---

[110] Handeln sie den Anforderungen des Kontrollsystems zuwider und ist der Schiedsspruch infolgedessen aufhebbar, so kann dies sogar zu einer zivilrechtlichen Haftung des Schiedsrichters gegenüber den Parteien des Schiedsverfahrens führen. Ausführlich zur Haftung des Schiedsrichters gegenüber den Parteien eines Schiedsverfahrens *Gal*, Die Haftung des Schiedsrichters in der internationalen Handelsschiedsgerichtsbarkeit.

[111] Zur verfassungsrechtlichen Rechtfertigung dieser Beschränkungen des Rechts auf Privatautonomie sogleich in Kapitel 2 – C.I.3.

[112] Die Schiedsgerichtsbarkeit ist eben nicht mit beliebigen anderen privatrechtlichen Konfliktlösungsmechanismen austauschbar, da diese ein *streitiges* Ergebnis, das rechtsverbindlich und durchsetzbar ist, gerade nicht zu erzielen vermögen, so richtigerweise auch *Heiliger*, S. 289. Es handelt sich mithin nicht um eine Konfliktlösung, die gleichermaßen mit einem privatrechtlichen Vergleich erzielt werden könnte, wie es *Voit*, in: Musielak/Voit, ZPO, § 1029, Rn. 3 annimmt. *Voit* übersieht insoweit, dass ein solcher eben immer, als Wesensmerkmal des Vergleichs, eine *Einigung* der Parteien voraussetzt. Oftmals lässt sich eine solche Einigung aber gerade nicht erzielen, und es ist stattdessen eine streitige Streitbeilegung notwendig. Hier aber enden die Möglichkeiten des Vergleichs. Dasselbe gilt für das in diesem Zusammenhang von *Voit* erwähnte „rein private Schiedsgericht, das allein auf privatrechtlicher Grundlage tätig wird" – dieses nämlich ist überhaupt kein „Schiedsgericht" im Sinne des hier behandelten Zehnten Buchs der ZPO. Die obsiegende Partei wäre in einem

gebers, der privaten Schiedsgerichtsbarkeit prozessuale Wirkungen einzuräumen, beeinflusst mithin das gesamte Schiedsverfahren und damit auch alle an ihm beteiligten Akteure.

III. Fazit: Wechselspiel zwischen prozessualen Wirkungen und Verfassungsrecht

Damit steht fest: Die privatrechtliche Gestaltungsfreiheit und die prozessualen Wirkungen der Schiedsgerichtsbarkeit lassen sich nicht folgenlos miteinander vereinen. Der Wunsch nach staatlicher Anerkennung eines privaten Konfliktlösungsmechanismus als rechtsverbindlich und die Einräumung staatlicher Durchsetzungsmöglichkeiten bringen zwingend die Geltung und den Einfluss des Grundgesetzes mit sich.

Diese beiden Elemente, die prozessualen Wirkungen und die Geltung des Verfassungsrechts, stehen in einem Wechselspiel. Werden der Schiedsgerichtsbarkeit keine prozessualen Wirkungen eingeräumt, bedarf es auch der Einschränkung der Privatautonomie zur Wahrung kollidierenden Verfassungsrechts nicht. Der Rechtsstaat muss die Einhaltung der verfassungsrechtlichen Vorgaben nur deswegen fordern, weil er die Schiedsgerichtsbarkeit als rechtsverbindlich anerkennt und ihr sein Durchsetzungssystem zur Verfügung stellt. Wenn er deren Einhaltung aber einfordert,[113] hat er wiederum die Pflicht, der Schiedsgerichtsbarkeit die prozessualen Wirkungen auch einzuräumen. Andernfalls hätte er für die damit einhergehende Einschränkung der Privatautonomie keine Grundlage.[114] Das Grundgesetz ist also Kern dieses Wechselspiels, aufs Feld gerufen durch die Einbindung des Staates in die ansonsten private Konfliktlösung eines privatrechtlichen Rechtsstreits.

Wer in den Genuss öffentlich-rechtlicher Wirkungen kommen will, muss gleichzeitig in Kauf nehmen, dass der Staat Bedingungen aufstellt, unter denen es ihm verfassungsrechtlich erlaubt ist, diese überhaut einzuräumen.[115] Die pri-

---

solchen rein privaten Schiedsverfahren nicht geschützt, wenn die unterliegende Partei sich der dort ergehenden Entscheidung nicht freiwillig beugt. Für die staatlichen Gerichte wären ein solches Verfahren und eine so ergangene Entscheidung irrelevant, sie hätten keinerlei prozessuale Wirkungen, wie richtigerweise auch *Distler*, S. 125 feststellt.

[113] Was er auch tut, wie in Kapitel 3 noch aufgezeigt werden wird, vgl. etwa die Vorschriften der § 1042 Absatz 1, § 1034 Absatz 2, § 1059 und § 1060 ZPO.

[114] Zum Eingriff in die Privatautonomie sogleich in Kapitel 2 – C.III. Diese Einschränkung der privatautonomen Gestaltungsfreiheit im deutschen Schiedsverfahrensrecht wird an der Vorschrift des § 1042 Absatz 3 ZPO besonders deutlich, wonach den Parteien eines Schiedsverfahrens zwar grundsätzlich eine umfassende Gestaltungsfreiheit eingeräumt wird, diese aber bei den zwingenden Vorschriften des Zehnten Buchs der ZPO – die, wie sich zeigen wird, die verfassungsrechtlichen Vorgaben an ein rechtsstaatliches Verfahren einfach-gesetzlich abbilden, – endet. Dazu aber vertiefend in Kapitel 3 – A.

[115] Vgl. *Münch*, in: MüKo ZPO, § 1060, Rn. 4 sowie in Bezug auf die zwangsweise Durchsetzung des Schiedsspruchs *Distler*, S. 198.

vatautonome Gestaltungsfreiheit, die freilich eines der Wesensmerkmale der Schiedsgerichtsbarkeit darstellt,[116] muss daher zurückstehen, soweit es das Grundgesetz fordert.

C. Die verfassungsrechtlichen Verfahrensgarantien als Kern der Legitimationsfrage

Die Schiedsgerichtsbarkeit als privater Konfliktlösungsmechanismus mit prozessualen Wirkungen steht also, wie die Untersuchung gezeigt hat, im wahrsten Sinne des Wortes zwischen den Stühlen. Mit ihr wird ein Spagat zwischen weitestmöglicher privatautonomer Gestaltungsfreiheit einerseits und der Wahrung des Grundgesetzes andererseits versucht. Dieser Spagat muss es sein, der die wahre Legitimationsgrundlage des deutschen Schiedsverfahrensrechts darstellt.

I. Verfassungsrechtliche Herleitung

Nun stellt sich die Frage, welche der im Grundgesetz verbürgten Rechte es denn sind, die durch die Entscheidung des Staates, der Schiedsgerichtsbarkeit prozessuale Wirkungen einzuräumen, unmittelbar berührt werden.

1. Allgemeine Handlungsfreiheit und Privatautonomie?

Angesetzt werden soll dabei bei der zu Beginn dieses Kapitels zitierten Aussage, die Schiedsgerichtsbarkeit „beruhe" auf der Privatautonomie.[117] Nachdem bereits dargelegt worden ist, dass die Privatautonomie rein faktisch allein der privatrechtlichen *Natur* der Schiedsgerichtsbarkeit zuzuordnen ist, nicht aber deren prozessualen *Wirkungen*, soll ihre Rolle nun auch in verfassungsrechtlicher Hinsicht genauer herausgearbeitet werden, indem der Schutzumfang des Grundrechts näher in Augenschein genommen wird.

a) Recht, privatrechtlichen Konfliktlösungsmechanismus zu nutzen

Das Recht auf Privatautonomie wird aus dem Grundrecht auf allgemeine Handlungsfreiheit in Artikel 2 Absatz 1 GG hergeleitet. Es handelt sich um ein sogenanntes Auffanggrundrecht, womit es den anderen Grundrechten gegenüber zwar subsidiär ist, sein sachlicher Schutzbereich aber gleichzeitig denkbar weit gefasst wird, um möglichst alle grundrechtsrelevanten Konstellationen auffan-

---

[116] Weswegen es grundsätzlich auch richtig ist, die Privatautonomie im Schiedsverfahrensrecht so hochzuhalten, wie dies allseits getan wird, vgl. statt vieler *Berger*, RIW 1994, 12 ff. sowie bereits die Nachweise oben in Kapitel 2 – A.

[117] *Habscheid*, KTS 1959, 113, 114; siehe bereits oben in Kapitel 2 – A.

C. Kern der Legitimationsfrage

gen zu können.[118] Die in Artikel 2 Absatz 1 GG verbürgte Freiheit schützt auch, wie es das Bundesverfassungsgericht formuliert, die „Privatautonomie als Selbstbestimmung des Einzelnen im Rechtsleben"[119] – und damit auch die Freiheit des Einzelnen, seine rechtlichen Konflikte so auszutragen, wie er es wünscht, also auch außerhalb des staatlichen Rechtsschutzsystems.[120] Diese Freiheit wird mitunter der allgemeinen Handlungsfreiheit selbst zugeordnet, meist aber als Unterfall des in der allgemeinen Handlungsfreiheit wurzelnden Grundrechts der Privatautonomie aufgefasst.[121]

Mit der Inanspruchnahme der Schiedsgerichtsbarkeit als außerhalb des staatlichen Rechtsschutzsystems stehender Konfliktlösungsmechanismus ist mithin, genau wie beim privatrechtlichen Vergleich oder der Mediation, der Schutzbereich dieses Grundrechts in sachlicher Hinsicht berührt und damit eröffnet.[122] Demzufolge würde es einen Eingriff in den sachlichen Schutzbereich dieses Grundrechts darstellen, wenn der Staat die rein privatrechtlichen Konfliktlösungsmechanismen etwa in ihrer Gänze verbieten würde.[123] Um einen solchen tiefen Grundrechtseingriff, welcher dann wiederum verfassungsrecht-

---

[118] Ständige Rechtsprechung des Bundesverfassungsgerichts, vgl. nur BVerfGE 89, 1, 13; 83, 182, 194; 67, 157, 171; 13, 290, 296. Dies ist auch in der verfassungsrechtlichen Literatur unumstritten, vgl. statt vieler *Jarass*, in: Jarass/Pieroth, GG, Artikel 2, Rn. 2.

[119] BVerfGE 114, 1, 34; vgl. auch BVerfGE 89, 214, 231.

[120] *Distler*, S. 117, 120 ff.; *Stober*, NJW 1979, 2001, 2005 mit weiteren Nachweisen.

[121] Die ganz herrschende Ansicht stellt auf die Privatautonomie als Unterfall der allgemeinen Handlungsfreiheit ab, vgl. etwa BVerfGE 115, 51, 52 f.; 114, 1, 34; 89, 214, 231; 8, 274, 328; *Jarass*, in: Jarass/Pieroth, GG, Artikel 2, Rn. 22; *Massuras*, S. 84. *Distler*, S. 117 ff. hingegen kritisiert diesen Ansatz aufgrund der Subsidiarität des Grundrechts und plädiert stattdessen für eine Anknüpfung an die allgemeine Handlungsfreiheit selbst. Allerdings unterliegt, wie *Distler* insoweit zu übersehen scheint, auch dieses Grundrecht dem Grundsatz der Subsidiarität, vgl. statt vieler *Jarass*, in: Jarass/Pieroth, GG, Artikel 2, Rn. 3. Einigkeit besteht damit aber jedenfalls insoweit, als das Grundrecht aus Artikel 2 Absatz 1 GG in irgendeiner Form betroffen ist. Kanalisiert wird dessen Ausübung in praktischer Hinsicht durch das Vertragsrecht, indem ein Konfliktlösungsmechanismus mit seinen Mitteln vereinbart wird. Daher soll es in der vorliegenden Arbeit bei der von der herrschenden Ansicht als einschlägig erachteten Privatautonomie bleiben. Zu den Gemeinsamkeiten und nuancierten Unterschieden zwischen der Privatautonomie einerseits und der Vertragsfreiheit als „das zentrale Element der Privatautonomie" andererseits vgl. *Jarass*, in: Jarass/Pieroth, GG, Artikel 2, Rn. 22 f.

[122] Zur privatrechtlichen Natur der Schiedsgerichtsbarkeit im Einzelnen bereits in Kapitel 2 – A.III. Da es sich um ein sogenanntes Jedermann-Grundrecht handelt, wird auch der persönliche Schutzbereich regelmäßig eröffnet sein.

[123] Zum unvermeidbaren, aber verfassungsrechtlich gerechtfertigten Eingriff in die Privatautonomie durch die tatsächliche *Beschränkung* der privatautonomen Gestaltungsfreiheit im Schiedsverfahrensrecht aufgrund der aus den verfassungsrechtlich verbürgten Verfahrensgarantien folgenden Vorgaben sogleich in Kapitel 2 – C.I.3.c).

lich gerechtfertigt sein müsste, zu vermeiden, hat der Staat *die Existenz* privatrechtlicher Konfliktlösungsmechanismen mithin *zu dulden*.[124]

b) *Kein Anspruch auf gesetzliche Regelung des privaten Konfliktlösungsmechanismus*

Der Schutzbereich des Artikel 2 Absatz 1 GG reicht aber nicht weiter, als eine solche Duldung privatrechtlicher Konfliktlösungsinstitute durch den Staat herbeizuführen. Nicht etwa vermag er es, den Staat dazu zu verpflichten, über die bereits im Privatrecht bestehenden allgemeinen Vorschriften hinaus spezielle Regelungen für einen privaten Konfliktlösungsmechanismus, wie die Schiedsgerichtsbarkeit oder die Mediation, aufzustellen.[125]

Die Grundrechte sind in aller Regel Abwehrrechte gegen den Staat. Einen Anspruch auf Leistung durch den Staat begründen sie nur ausnahmsweise.[126] Auch wenn nach der herrschenden Auffassung im Verfassungsrecht ein gewisser Anspruch des Bürgers auf Rechtsetzung besteht, so führt deren Versagung nur in den sehr engen Ausnahmefällen einer sogenannten Schutzpflichtverletzung zu einer Grundrechtsverletzung durch den Gesetzgeber.[127] Die Fallgruppen der Schutzpflichtverletzung des Gesetzgebers beziehen sich weitestgehend auf den Schutzbereich des Grundrechts auf Leben und körperliche Unversehrtheit in Artikel 2 Absatz 2 GG, also auf besonders hohe verfassungsrechtlich geschützte Güter.[128] Es mag sich das Bundesverfassungsgericht zwar richtigerweise für eine gewisse gesetzliche Ausgestaltung auch des privaten Rechtsbereichs ausgesprochen haben – diese Notwendigkeit beschränkt sich aber auf die Schaffung eines grundlegenden Rechtsrahmens, der beschränkende Rege-

---

[124] *Distler*, S. 117, 120 ff.; *Stober*, NJW 1979, 2001, 2005. Mit Blick auf die Schiedsgerichtsbarkeit nicht einmal eine solche Duldung durch den Staat für verfassungsrechtlich erforderlich haltend hingegen *Geimer*, in: Schlosser, S. 113, 117 (die verfassungsrechtliche „Gebotenheit der Schiedsgerichtsbarkeit" sei „zu verneinen"); *Dütz*, S. 240 f.

[125] *Distler*, S. 125 f. Vgl. auch *Geimer*, in: Schlosser, S. 113, 117 f.; *Stürner*, in: FS Baur, S. 647, 656.

[126] *Jarass*, in: Jarass/Pieroth, GG, Vorb. vor Artikel 1, Rn. 3 f. Zu den Grundrechten und grundrechtsgleichen Rechten mit Leistungsfunktion, die auch in Bezug auf die Schiedsgerichtsbarkeit relevant werden, siehe unten in Kapitel 2 – C.II.

[127] BVerfGE 117, 202, 227; 56, 54, 73; 49, 89, 141 f. Zu den Einzelheiten der Anforderungen an eine Schutzpflichtverletzung vgl. auch *BVerfG*, NJW 1983, 2931, 2932.

[128] So bildete sich die Rechtsprechung hierzu durch die sogenannten Abtreibungsurteile des Bundesverfassungsgerichts heraus, vgl. dazu im Einzelnen *Dreier*, in: ders., GG, Vorb. Artikel 20, Rn. 101 ff., 104. Eine Schutzpflicht kann ausnahmsweise auch in anderen, vergleichbar hochsensiblen Rechtsbereichen zu einer Grundrechtsverletzung führen, so etwa im Hinblick auf die Einrichtung eines Verfahrens zur Klärung und Feststellung der Abstammung als Ausfluss des aus Artikel 2 Absatz 1 GG herzuleitenden Allgemeinen Persönlichkeitsrechts, vgl. BVerfGE117, 202, 227 ff. Selbst im Rahmen des Artikel 2 Absatz 2 GG eine solche Schutzpflicht ablehnend aber etwa BVerfGE 56, 54, 73 ff. und BVerfGE 49, 89, 142 ff.

lungen insbesondere dann vorsehen muss, wenn Missbrauchssituationen oder Fremdbestimmungen Dritter drohen.[129] Dem ist mit der Schaffung von Gesetzen im Privatrecht, wie dem Bürgerlichen Gesetzbuch oder dem Handelsgesetzbuch, bereits entsprochen worden.

Das Vorsehen spezieller Regelungen eines privaten Konfliktlösungsmechanismus über die bereits gesetzlich geregelten privatrechtlichen Rechtsinstitute wie den privatrechtlichen Vertrag oder Vergleich hinaus ist von einer solchen Schutzpflicht ersichtlich nicht umfasst.[130] Der Gesetzgeber würde mithin nicht gegen Artikel 2 Absatz 1 GG verstoßen, wenn er das Schiedsverfahrensrecht gar nicht regeln würde, sondern lediglich dessen Existenz dulden würde. Der Schutzbereich des Grundrechts wäre insoweit gar nicht erst eröffnet. Dass im Zehnten Buch der ZPO also tatsächlich ein – wohlgemerkt zum großen Teil vorkonstitutionelles – spezielles Schiedsverfahrensrecht niedergelegt und aufrechterhalten worden ist, ist nicht Ausfluss des Grundrechts auf Privatautonomie.[131]

c) Kein Anspruch, die Einräumung öffentlich-rechtlicher Wirkungen zu verlangen

Nun ist aber das deutsche Schiedsverfahrensrecht nicht nur vom Staat eigens geregelt worden, sondern dieser erkennt die unter Privaten zustande gekommene Entscheidung in einem an sich privatrechtlichen Verfahren zudem als rechtsverbindlich an, zieht sich bewusst hinter die Zuständigkeit der privaten Spruchkörper zurück und stellt sogar sein Zwangsvollstreckungssystem zur Verfügung – räumt ihm mithin prozessuale Wirkungen ein.

Das subsidiäre Abwehr- und Auffanggrundrecht in Artikel 2 Absatz 1 GG vermag dies nicht aufzufangen. Wenn das Grundrecht nicht einmal die Pflicht des Staates zur Aufstellung von speziellen Regeln für den privaten Konfliktlösungsmechanismus zur Folge hat, kann es erst recht nicht den Staat dazu verpflichten, das schiedsrichterliche Verfahren als rechtsverbindlich und den Schiedsspruch als rechtskräftig anzuerkennen und ihn mit seinen eigenen Mitteln zwangsweise durchzusetzen.[132] Die öffentlich-rechtlichen Wirkungen der

---

[129] BVerfGE 114, 73, 89 f.; 114, 1, 34 f.; 89, 214, 231 f.; *Jarass*, in: Jarass/Pieroth, GG, Artikel 2, Rn. 22.
[130] Dies insbesondere vor dem Hintergrund der Entscheidungen BVerfGE 56, 54 und BVerfGE 49, 89, 142 ff., 73 ff., die selbst im Zusammenhang mit Artikel 2 Absatz 2 GG eine Pflicht des Gesetzgebers zur *weitergehenden* Regelung der Nutzung von Kernenergie im AtomG und *Nachbesserung* bereits getroffener Lärmschutzvorkehrungen verneint haben.
[131] So richtigerweise auch *Distler*, S. 125 f. Vgl. auch *Geimer*, in: Schlosser, S. 113, 117 f.; *Stürner*, in: FS Baur, S. 647, 656.
[132] Interessanterweise sah *Habscheid*, einer der größten Verfechter der Anerkennung der prozessualen Wirkungen der Schiedsgerichtsbarkeit, dies anders. So schreibt er, dass auch der prozessuale Teil der Schiedsgerichtsbarkeit „Ausfluss der Privatautonomie" sei, *Habscheid*, KTS 1955, 33, 36. Begründen lässt sich dies vor dem Hintergrund, dass

Schiedsgerichtsbarkeit, wie sie sich im deutschen Schiedsverfahrensrecht wiederfinden, sind mithin nicht vom Schutzbereich des Grundrechts auf Privatautonomie umfasst.[133]

d) Schutzbereich des Artikel 2 Absatz 1 GG nur partiell berührt

Damit steht fest, dass zwar die *Duldung* privater Konfliktlösungsmechanismen durch den Staat in Artikel 2 Absatz 1 GG verfassungsrechtlich verbürgt ist. Die Natur der Schiedsgerichtsbarkeit als privatrechtliches Streitbeilegungsinstitut beruht mithin tatsächlich auf der Privatautonomie. Nicht vom Schutzbereich umfasst aber ist es, dass der Staat das Ergebnis eines solchen Konfliktlösungsmechanismus auch als rechtsverbindlich und staatlich durchsetzbar anerkennt, ihm mithin prozessuale und damit öffentlich-rechtliche *Wirkungen* einräumt. Diese ganz bedeutende Komponente der Schiedsgerichtsbarkeit, welche eines ihrer Wesensmerkmale bildet, beruht also nicht auf der Privatautonomie.

2. Gleichheitssatz oder „Subsidiaritätsprinzip"?

Nun mag man sich die Frage stellen, ob nicht der Wunsch des einfachen Gesetzgebers und der Rechtsprechung, Schiedsgerichtsbarkeit und staatliche Gerichtsbarkeit als weitestmöglich „gleichwertig" anzuerkennen,[134] dazu führt, dass auch ein verfassungsrechtliches Recht auf Gleichbehandlung von Schiedsgerichtsbarkeit und staatlicher Gerichtsbarkeit bestehen muss – und sich damit aus dem in Artikel 3 Absatz 1 GG verankerten Gleichheitssatz die Notwendigkeit der Einräumung prozessualer Wirkungen zugunsten der Schiedsgerichtsbarkeit durch den Staat ergibt.

Hierfür allerdings müsste es sich bei der Schiedsgerichtsbarkeit und der staatlichen Gerichtsbarkeit überhaupt um „wesentlich Gleiches" im Sinne des verfassungsrechtlichen Gleichheitssatzes handeln.[135] Erforderlich wäre mithin,

---

Habscheid die Grundlagen der Schiedsgerichtsbarkeit allein aus Sicht der Parteien untersucht und staatliche Interessen und insbesondere Pflichten vollständig außer Acht lässt – dabei aber übersieht, dass die prozessualen Wirkungen, die er ja richtigerweise einfordert, den Staat genauso unmittelbar berühren wie die Parteien selbst, und damit die unter Bürgern geltende Privatautonomie allein nicht ausreichend sein kann, um diese zu legitimieren.

[133] So richtigerweise auch *Pfeiffer*, in: FS Elsing, S. 387, 389; *Heller*, S. 29 ff. und im Ergebnis auch *Rehm*, S. 46.

[134] In der schiedsverfahrensrechtlichen Literatur wird oftmals von der „Gleichstellung" von Schiedsspruch und gerichtlichem Urteil gesprochen, dazu aber kritisch noch in Kapitel 6 – C.II.1. Dies wird oftmals auf die Anerkennung einer materiellen Rechtsprechungsfunktion des Schiedsgerichts zurückgeführt, wie sie bereits in der Gesetzesbegründung des ersten deutschen Schiedsverfahrensrechts aus dem Jahr 1874 zum Ausdruck kam, abgedruckt bei *Hahn*, S. 496. Vgl. zu dem Begriff auch *BGH*, DStR 2000, 937, 938 m. Anm. *Goette*; BGHZ 54, 392, 395; 51, 255, 258; *Kornblum*, S. 82 ff., 115; *Habscheid*, NJW 1962, 5, 7 f.

[135] Zu den Anforderungen des allgemeinen Gleichheitssatzes eingehend *Thiele*, in: Dreier, GG, Artikel 3, Rn. 35 ff.

dass beide Mechanismen unter dem Oberbegriff der Streitbeilegung in dieselbe Vergleichsgruppe fallen. Nun hat die dogmatische Einordnung der Schiedsgerichtsbarkeit in die verschiedenen Konfliktlösungsinstitute zu Beginn dieser Untersuchung jedoch gezeigt, dass die Schiedsgerichtsbarkeit sich weder vollständig der Vergleichsgruppe der rein privatrechtlichen Streitbeilegungsinstitute zuordnen lässt, noch den öffentlich-rechtlichen Rechtsschutzmechanismen, sondern vielmehr einen einzigartigen Konfliktlösungsmechanismus darstellt.[136] Damit fehlt es bereits an der erforderlichen Vergleichbarkeit der beiden Institute.[137]

Auch vermögen es der einfache Gesetzgeber und die Rechtsprechung mit der Anerkennung einer materiellen Rechtssprechungsfunktion der Schiedsgerichte nicht, das Wesen der Schiedsgerichtsbarkeit derart zu verändern, dass sie im *verfassungsrechtlichen* Sinne der staatlichen Gerichtsbarkeit gleichzustellen wäre. Denn das Grundgesetz trägt die bewusste Entscheidung des Verfassungsgesetzgebers in sich, den verfassungsrechtlich einzuordnenden Rechtsschutz den staatlichen Gerichten vorzubehalten.[138] Die Abkehr von dieser Entscheidung bedürfte einer – wohlgemerkt derzeit nicht zu erwartenden – Änderung des Grundgesetzes. Mithin folgt auch aus dem verfassungsrechtlichen Gleichheitssatz kein Recht auf Einräumung der prozessualen Wirkungen von Schiedsverfahren und Schiedsspruch.

Etwas anderes ergibt sich zuletzt auch nicht aus einem dem Grundgesetz etwaig zu entnehmenden „Subsidiaritätsprinzip", das eine „Ordnungsentscheidung für die Subsidiarität des Staates gegenüber den Grundrechtsträgern in ihrer Individualität wie in ihrer gesellschaftlichen Gesamtheit" beinhalten soll.[139] Zum einen ist bereits ungeklärt, ob ein solcher – wenn ungeschriebener – Grundsatz überhaupt tatsächlich besteht und wenn ja, aus welchen Bestimmungen des Grundgesetzes er genau herzuleiten wäre.[140] Insbesondere aber dürfte die Herleitung eines positiven Anspruchs des Bürgers gegen den Staat auf Rechtssetzung und sogar Einräumung prozessualer Wirkungen zugunsten des

---

[136] In die Vergleichsgruppe der staatlichen Rechtsschutzmechanismen fällt sie bereits deswegen nicht, weil die *Wesen* von Schiedsgerichtsbarkeit und staatlicher Gerichtsbarkeit nicht vergleichbar sind, siehe dazu im Einzelnen bereits oben in Kapitel 2 – C.III.4.

[137] So auch BGHZ 180, 221, 226 („Schiedsfähigkeit II"); 132, 278, 286 („Schiedsfähigkeit I").

[138] Vgl. nur die Artikel 1 Absatz 3, 20 Absatz 3 und 92 ff. GG sowie *Dütz*, S. 233 ff. und S. 238 und auch *Stober*, NJW 1979, 2001 (im Sinne des „auf eine Legitimation des Volkes zurückgehenden staatlichen Richte*rs*").

[139] Zur hoch umstrittenen und rechtlich nur wenig verankerten Herleitung einer solchen Grundentscheidung des Grundgesetzes *Isensee*, S. 318.

[140] Insoweit höchst kritisch auch *Geimer*, in: Schlosser, S. 113, 117. *Rehm* etwa will das Subsidiaritätsprinzip als „Ausfluss der subjektiven Dimension des Rechtsstaatsprinzips" einordnen, *Rehm*, S. 47, während *Isensee*, S. 318, im Gegenteil davon ausgeht, dass es stets nur eine „objektiv-rechtliche Natur" habe.

privatrechtlichen Konfliktlösungsmechanismus der Schiedsgerichtsbarkeit aus einem hoch theoretischen und überaus umstrittenen ungeschriebenen Rechtssatz noch zweifelhafter sein, als aus dem zumindest ausdrücklich im Grundgesetz verankerten Grundrecht der Privatautonomie in Artikel 2 Absatz 1 GG.[141]

3. Die Anforderungen des Rechtsstaats an rechtsverbindliche kontradiktorische Entscheidungen

Die Untersuchung hat gezeigt, dass zwar der Einzelne ein Recht hat, seinen Rechtsstreit auch außerhalb des staatlichen Rechtsschutzsystems im und unter Privaten beizulegen. Er hat aber kein verfassungsrechtlich verankertes Recht, vom Staat zu verlangen, dass der rein privaten Streitbeilegung, über welche der Staat grundsätzlich keine Kontrolle hat, dieselben prozessualen Wirkungen eingeräumt werden wie der staatlichen.[142] Tut der Staat es dennoch, etwa, um die Schiedsgerichtsbarkeit zu fördern und zugleich die staatlichen Gerichte zu entlasten,[143] so geschieht dies freiwillig. Dann muss er aber auch die verfassungsrechtlichen Vorgaben wahren, die an den Eintritt solcher Wirkungen von kontradiktorischen Entscheidungen zu stellen sind.

a) Grundentscheidung des Verfassungsgesetzgebers für rechtsstaatliche Verfahren

Betrachtet man das Grundgesetz und seinen rechtshistorischen Hintergrund näher, wird sichtbar, dass der Verfassungsgesetzgeber eine Grundentscheidung dahingehend getroffen hat, dass kontradiktorischen und damit fremdbestimmten Streitentscheidungen wie dem gerichtlichen Urteil nur dann verbindliche Wirkungen zukommen sollen, wenn diese in einem rechtsstaatlichen Grundsätzen entsprechenden Verfahren zustande gekommen sind. Denn anders als

---

[141] Wohl auch deswegen steht *Rehm*, S. 47 f., mit seiner Auffassung, aus einem aus dem subjektiven Anwendungsbereich des Rechtsstaatsprinzips fließenden Subsidiaritätsprinzip folge eine umfassende Rechtssetzungspflicht des Gesetzgebers und sogar ein „Anerkennungsanspruch" des Bürgers zugunsten der privaten Schiedsgerichtsbarkeit, im Ergebnis allein da. Auch die von ihm zitierten Quellen stehen mit seinem Ergebnis nicht im Einklang. Teils wollen sie, wie etwa *Stober*, NJW 1997, 2001, 2004 ff., vielmehr auf Artikel 2 Absatz 1 GG abstellen – dazu kritisch bereits oben in Kapitel 2 – C.I.1. – teils lehnen sie eine entsprechende Leistungspflicht des Staates sogar gänzlich ab, wie *Distler*, S. 125 f.; *Dütz*, S. 240 f.; *Geimer*, in: Schlosser, S. 113, 117 f. Und auch *Isensee*, S. 318 macht deutlich, das Subsidiaritätsprinzip dürfe „in der juristischen Anwendung nicht überspannt werden".

[142] *Pfeiffer*, in: FS Elsing, S. 387, 400 plädiert zwar für eine aus dem Rechtsstaatsprinzip folgende Pflicht zur Zwangsvollstreckung aus Schiedssprüchen für solche Streitigkeiten, die im Inland nicht mit staatlichem Rechtsschutz beizulegen sind. Auch *Pfeiffer* ist damit aber der Ansicht, dass ein entsprechender „Anspruch" nur in diesen seltenen Einzelfällen besteht und gerade nicht verallgemeinerungsfähig ist.

[143] Vgl. die Gesetzesbegründung des Reformgesetzgebers von 1996, Begr. RegE, BT-Drucks. 13/5274, S. 1.

C. Kern der Legitimationsfrage

bei dem Prozessvergleich oder der Unterwerfungserklärung etwa, die beide als dem gerichtlichen Urteil weitgehend gleichgeordnete Vollstreckungstitel eingeordnet werden,[144] wird in einem kontradiktorischen Streitbeilegungsmechanismus wie dem streitigen Zivilprozess das Ergebnis der Streitbeilegung an einen Dritten übertragen und damit aus der Hand gegeben. Die Entscheidung kommt also nicht aufgrund einer konsensualen Übereinkunft der Betroffenen zustande. Vielmehr wird meist mindestens einer der Beteiligten des Verfahrens, der Unterliegende nämlich, nicht mit dessen Ausgang zufrieden sein.[145] Dass dieser Ausgang dennoch Rechtswirkung entfaltet und sich sogar zwangsweise durchsetzen lässt, ist mit dem Grundgesetz nur dann vereinbar, wenn die Betroffenen gewisse Verfahrensrechte eingeräumt bekommen haben, von denen sie auch in zumutbarer Weise Gebrauch machen konnten.[146]

Für das kontradiktorische Gerichtsverfahren vor dem gesetzlichen Richter ist dies, wie sich zeigen wird, im Grundgesetz speziell normiert, da der Verfassungsgesetzgeber von *staatlichem* Rechtsschutz als Regelfall ausgegangen ist.[147] Die Grundentscheidung des Verfassungsgesetzgebers zugunsten rechtsstaatlicher kontradiktorischer Entscheidungen lässt sich aber auch direkt aus dem Rechtsstaatsprinzip herleiten. Es handelt sich um darin verankerte *Verfahrensgarantien*, deren Einhaltung das Grundgesetz für kontradiktorische Verfahren zwingend vorsieht und die daher unmittelbar im Grundgesetz verbürgt sind.[148] Mit der Entscheidung, den Schiedsspruch als streitiges Ergebnis eines kontradiktorischen Verfahrens[149] als rechtsverbindlich anzuerkennen und ihn mit staatlichen Mitteln prozessual und materiell durchzusetzen, sind die verfassungsrechtlich verbürgten Verfahrensgarantien mithin auch dort zu wahren.[150]

---

[144] Vgl. §§ 794 Absatz 1 Nummer 1 und 5, 795 ff. ZPO.

[145] So auch *Münch*, in: MüKo ZPO, § 1060 ZPO, Rn. 4.

[146] Diese wichtige Unterscheidung zwischen konsensualer und kontradiktorischer Streitbeilegung und deren Folgen erkennt – wenn auch beschränkt auf die zwangsweise Durchsetzbarkeit – auch *Distler*, S. 197 ff. Vgl. auch *Münch*, in: MüKo ZPO, § 1060, Rn. 4.

[147] Dazu im Einzelnen unten in Kapitel 2 – C.II.1.

[148] So im Zusammenhang mit der Anerkennung und Vollstreckung ausländischer Urteile auch BVerfGE 63, 343, 366. Vgl. dazu *Geimer*, in: Schlosser, S. 113, 134 ff, der die dort aufgestellten Grundsätze auf den Schiedsspruch überträgt. Zum Schutzumfang des Rechtsstaatsprinzips und dessen Ausprägungen im Einzelnen *Jarass*, in: Jarass/Pieroth, GG, Artikel 20, Rn. 40 ff.

[149] Der kontradiktorische Schiedsspruch ist zumindest als der gesetzliche Regelfall im deutschen Schiedsverfahrensrecht vorgesehen, wenn es auch das Äquivalent zum gerichtlichen Vergleich in Form des Schiedsspruchs mit vereinbartem Wortlaut in § 1053 Absatz 1 ZPO vorsieht.

[150] So auch BGHZ 180, 221, 224 f., 227 („Schiedsfähigkeit II"); 132, 278, 282 („Schiedsfähigkeit I"); *Stober*, NJW 1979, 2001, 2005. Zutreffend auch *Tafelmaier*, S. 54, der Gesetzgeber müsse wegen seiner „rechtsstaatlichen Letztverantwortung für die Verwirklichung des Rechts", und, „da die gerichtsverfassungsrechtlichen Vorschriften der Art. 92 ff. GG unan-

Dies folgt auch aus dem in Artikel 3 Absatz 1 GG niedergelegten Gleichheitssatz.[151] Hier nämlich ist die einschlägige Vergleichsgruppe die der fremdbestimmten und kontradiktorischen Entscheidungen – in Abgrenzung zur einvernehmlichen Streitbeilegung –, denen jeweils gleichgeordnete prozessuale Wirkungen zukommen sollen.[152] Wenn nun der streitigen Rechtsprechung des Schiedsgerichts nicht dieselben rechtsstaatlichen Mindeststandards auferlegt würden, wie der staatlichen, würde die Einräumung prozessualer Wirkungen eine nicht zu rechtfertigende Ungleichbehandlung darstellen.[153]

Grundsätzlich müssen den Personen gegenüber, die Subjekte der prozessualen Wirkungen einer kontradiktorischen Entscheidung sind, die ihnen zustehenden Verfahrensgarantien – die sogleich im Einzelnen dargestellt werden[154] – gewahrt sein.[155] Daraus wiederum folgt, dass der Staat zur Vermeidung verfassungswidriger Zustände gewährleisten muss, dass die prozessualen Wirkungen von Schiedsverfahren und Schiedsspruch grundsätzlich nur dann eintreten, wenn die verfassungsrechtlich verbürgten Verfahrensgarantien in positiver Hinsicht gewahrt worden sind. Man mag daraus also sogar eine Schutzpflicht des Gesetzgebers herleiten, die ihn zur einfach-gesetzlichen Regelung der Voraussetzungen für den Eintritt der prozessualen Wirkungen verpflichtet.[156] Die freiwillige Entscheidung des Staates, der Schiedsgerichtsbarkeit pro-

---

wendbar sind", „Regelungen dafür treffen, dass bei der Durchführung von Verfahren vor privaten Gerichten ein Mindestmaß an Rechtsstaatlichkeit in Bezug auf den Prozessablauf gewährleistet ist", und *Sonnauer*, S. 6, der auf die Gefahr einer „Rechtslosigkeit", die mit dem Rechtsstaatsprinzip nicht zu vereinbaren wäre, hinweist, welche deutlich mache, „daß zumindest die Durchsetzbarkeit eines Schiedsspruchs ohne vorherige staatliche Kontrolle als nicht denkbar erscheint, ohne damit gleichzeitig die Rechtsstaatlichkeit aufzugeben." Im Rahmen einer Verfassungsbeschwerde angegriffen werden kann eine entsprechende Verletzung aus dem Rechtsstaatsprinzip folgender Grundrechte mangels Erwähnung des Artikels 20 Absatz 3 GG in Artikel 93 Absatz 1 Nummer 4a GG über Artikel 20 Absatz 3 i.V.m. Artikel 2 Absatz 1 GG, vgl. nur BVerfGE 78, 123, 126; 69, 381, 385; *Bethge*, in: Schmidt-Bleibtreu/Klein/Bethge, BVerfGG, § 90, Rn. 114; *Distler*, S. 228 f.

[151] So auch *Stürner*, in: FS Baur, S. 647, 656.

[152] Die *Art* der Rechtsschutzgewährung, also privatrechtlich oder gesetzlich, ist für diese Vergleichsgruppe nicht entscheidend, da es hier auf ihre *Wirkung* ankommt – anders als in Bezug auf die Frage, ob ein verfassungsrechtlicher Anspruch auf die Einräumung solcher prozessualen Wirkungen zugunsten einer privaten Gerichtsbarkeit besteht, dazu bereits oben in Kapitel 2 – C.I.2.

[153] So am Beispiel der staatlichen Vollstreckung richtigerweise auch *Stürner*, in: FS Baur, S. 647, 656.

[154] Und zwar in Kapitel 2 – C.II.

[155] Ein Eingriff ist nur in wenigen Ausnahmefällen, in denen höherrangige kollidierende Verfassungsgüter wie der Schutz des Rechtsverkehrs oder des Rechtsfriedens dieses erfordern, zulässig. Zu diesen – gesetzlich anzuordnenden! – Fällen im Einzelnen aber noch in Kapitel 3 – A.I.1. und 6 – A.II.2.

[156] So *Hillgruber*, in: Herzog/Scholz/Herdegen/Klein, GG, Artikel 92, Rn. 88, wobei der Gesetzgeber insoweit seiner Schutzpflicht dadurch weitestgehend entledigt ist, dass der vor-

zessuale Wirkungen einzuräumen, hat mithin ihre Folgen. Die verfassungsrechtliche Verpflichtung des Staates, rechtsstaatlich zu handeln, zieht letztendlich nach sich, dass *rechtsstaatliche Anforderungen an Schiedsverfahren und Schiedsspruch zu stellen sind.*[157]

b) Verfassungsrechtlich gerechtfertigter Eingriff in das Grundrecht auf Privatautonomie

Das staatliche Kontrollsystem muss also gewährleisten, dass Schiedsverfahren und Schiedsspruch den rechtsstaatlichen Anforderungen an die Einräumung prozessualer Wirkungen durch den Staat gerecht werden. In Umsetzung dessen werden sie den Parteien und dem Schiedsgericht daher in Form einfach-gesetzlicher, konstitutiver Vorschriften auferlegt und von den Gerichten kontrolliert, um so zu gewährleisten, dass der Staat bei der Einräumung der öffentlich-rechtlichen Wirkungen von Schiedsverfahren und Schiedsspruch selbst verfassungsgemäß handelt.[158] Dies hat jedoch unweigerlich eine Einschränkung der privatautonomen Gestaltungsfreiheit der privaten Akteure der Schiedsgerichtsbarkeit zur Folge. Es handelt sich mithin um einen Eingriff in das Grundrecht aus Artikel 2 Absatz 1 GG, wenn der Staat der Schiedsgerichtsbarkeit Beschränkungen auferlegt, um die Wahrung der rechtsstaatlichen Verfahrensgarantien zu gewährleisten. Dieser Eingriff bedarf der verfassungsrechtlichen Rechtfertigung.[159]

Dafür müssen die miteinander kollidierenden Rechtsgüter in praktische Konkordanz gebracht werden.[160] Erneut gilt es sich dabei in Erinnerung zu rufen, dass Artikel 2 Absatz 1 GG ein gegenüber anderen verfassungsrechtlichen Rechten subsidiäres Grundrecht darstellt. Die verfassungsrechtliche Rechtfertigung eines Eingriffs fällt hier also grundsätzlich nicht schwer. Zudem ist das

---

konstitutionelle Gesetzgeber ein deutsches Schiedsverfahrensrecht geschaffen hatte, welches das notwendige Kontrollsystem bereits vorsieht – dazu im Einzelnen aber in Kapitel 3. Es gilt mithin zu differenzieren: Wie sich in Kapitel 2 – C.I.1.b) gezeigt hat, besteht zwar keine staatliche Schutzpflicht dahingehend, einen rein privatrechtlichen Konfliktlösungsmechanismus zu regeln. Werden einem solchen aber öffentlich-rechtliche Wirkungen eingeräumt, so muss *deren* Eintritt aber gesetzlich geregelt werden.

[157] Vgl. *Schlosser*, in: Stein/Jonas, ZPO, § 1032, Rn. 34; *Distler*, S. 204 und *Tafelmaier*, S. 69.

[158] Was nach Auffassung der Verfasserin auch die einzige zielführende Lösung darstellt, um auf diesem Umweg die Wahrung des Grundgesetzes sicherzustellen, dazu ausführlich oben in Kapitel 2 – B.II.3. und C.

[159] Zur Notwendigkeit verfassungsrechtlicher Rechtfertigung von Grundrechtseingriffen allgemein *Jarass*, in: Jarass/Pieroth, GG, Artikel 20, Rn. 53; *Kingreen*, HStR XII, § 263, Rn. 6.

[160] *Stürner*, in: FS Baur, S. 647, 656, wofür die sogenannte Schrankentrias in Artikel 2 Absatz 1 GG heranzuziehen ist. Hierzu im Einzelnen mit zahlreichen weiteren Nachweisen *Di Fabio*, in: Herzog/Scholz/Herdegen/Klein, GG, Artikel 2, Rn. 37 ff.

hier mit ihm kollidierende Verfassungsrecht mit dem Rechtsstaatsprinzip eine der wesentlichsten und gewichtigsten Grundentscheidungen des Verfassungsgesetzgebers.[161]

Der Eingriff ist auch verhältnismäßig.[162] Legitimes Ziel der Beschränkung der privatautonomen Gestaltungsfreiheit ist es, der Schiedsgerichtsbarkeit in verfassungskonformer Weise öffentlich-rechtliche Wirkungen einräumen zu können. Die einfach-gesetzliche Verpflichtung und gerichtliche Kontrolle der privaten Akteure sind auch dazu geeignet, dieses Ziel zu erreichen, da die Privaten auf dem „Umweg" des einfachen Rechts zum verfassungskonformen Verhalten verpflichten werden und damit gewährleistet wird, dass die Anforderungen des Rechtsstaatsprinzips an die Einräumung prozessualer Wirkungen gewahrt sind. Dies ist auch erforderlich, denn es ist kein milderes, gleich effektives Mittel ersichtlich, um die Wahrung der Verfahrensgarantien auf anderem Wege sicherzustellen. Eine Verstaatlichung der Schiedsgerichtsbarkeit ist, wie sich gezeigt hat, nicht zielführend.[163] Zuletzt ist der Eingriff in die Privatautonomie der Parteien und Schiedsrichter auch angemessen, also verhältnismäßig im engeren Sinne, da die einfach-gesetzlichen Verpflichtungen und die gerichtliche Kontrolle der Schiedsgerichtsbarkeit sich auf ein Mindestmaß beschränken und sie weiterhin einen weitestmöglichen Raum für privatautonome Gestaltungsfreiheit zulassen.

Der Eingriff in die Privatautonomie, um der Schiedsgerichtsbarkeit dafür verbindliche Wirkungen einräumen zu können, lässt sich mithin verfassungsrechtlich rechtfertigen. Weiterhin gilt: Wer diesen – verfassungsrechtlich gerechtfertigten – Eingriff in seine privatautonome Gestaltungsfreiheit nicht hinnehmen möchte, dem bleibt es unbenommen, von der Schiedsgerichtsbarkeit Abstand zu nehmen und stattdessen einen rein privatrechtlichen Konfliktlösungsmechanismus zu wählen, um so in den Genuss fast vollständiger Gestaltungsfreiheit zu kommen. Öffentlich-rechtliche Wirkungen kann derjenige dann allerdings nicht einfordern, soll der Konfliktlösungsmechanismus auch noch kontradiktorischer Art sein.

4. Fazit: Das Rechtsstaatsprinzip als Ankerpunkt prozessualer Wirkungen kontradiktorischer Entscheidungen

Es reicht mithin nicht aus, dass die Parteien eines Schiedsverfahrens als Ausdruck ihrer Privatautonomie die Schiedsgerichtsbarkeit als solche wollen, um diese in ihrer Gesamtheit verfassungsrechtlich zu legitimieren. Wie sich ge-

---

[161] Vgl. *Rux*, in: BeckOK GG, Artikel 20, Rn. 146; *Jarass*, in: Jarass/Pieroth, GG, Artikel 20, Rn. 37.

[162] Zum verfassungsrechtlichen Grundsatz der Verhältnismäßigkeit im Einzelnen BVerfGE 113, 154, 162; 111, 54, 82; 108, 129, 136; 80, 109, 120; *Jarass*, in: Jarass/Pieroth, GG, Artikel 20, Rn. 112 ff.

[163] Siehe oben in Kapitel 2 – A.III.3.

zeigt hat, vermag die Privatautonomie nur das *Wesen* der Schiedsgerichtsbarkeit als privatrechtlichen Konfliktlösungsmechanismus zu rechtfertigen. Damit ist sie aber nicht mehr wert als die private Schlichtung oder Mediation. Die prozessualen *Wirkungen* der Schiedsgerichtsbarkeit sind gerade das, was sie auch international so attraktiv macht.[164] Sie aber lassen sich nur rechtfertigen, wenn sie mit den rechtsstaatlichen Vorgaben an den Eintritt solch prozessualer Wirkungen im Einklang stehen. Daraus folgt, dass die im Rechtsstaatsprinzip verankerten Verfahrensgarantien für kontradiktorische und fremdbestimmte Entscheidungen auch im Rahmen der Schiedsgerichtsbarkeit gewahrt werden müssen. Welche Verfahrensgarantien es im Einzelnen sind, die das Grundgesetz dem Staat für ein solches Verfahren als unabdingbar vorschreibt, soll nun im Einzelnen untersucht werden.

II. Die drei verfassungsrechtlich verbürgten Verfahrensgarantien

Wie sich zeigen wird, schreibt das Rechtsstaatsprinzip im Einzelnen drei Verfahrensgarantien vor, die berührt sind, wenn kontradiktorischen Entscheidungen verbindliche Wirkungen eingeräumt werden sollen. Erstens soll jedem das Recht zustehen, staatlichen Rechtsschutz überhaupt in Anspruch zu nehmen. Zweitens ist jede Art von Rechtsschutz in einem fairen Verfahren, also unter Gleichbehandlung der von ihm betroffenen Personen und mit unabhängigen und unparteilichen Spruchkörpern, zu gewähren. Drittens ist jedem, der von einem Rechtsstreit berührt wird, rechtliches Gehör einzuräumen.[165] Die erste dieser Verfahrensgarantien lässt sich auch beschreiben als diejenige, die den

---

[164] Vgl. *Münch*, in: MüKo ZPO, Vor § 1025, Rn. 4; *Lachmann*, S. 51, Rn. 174 f. So ist etwa das New Yorker Übereinkommen (UNÜ) geschaffen worden, das gerade auch die internationale Vollstreckbarkeit von Schiedssprüchen durch inländische staatliche Institutionen ermöglichen soll. Das UNÜ ist von rund 150 Staaten ratifiziert worden und genießt große internationale Anerkennung. Zum UNÜ im Detail *Bredow*, in: Geimer/Schütze, Internationaler Rechtsverkehr, C.I.3.; *Adolphsen*, in: MüKo ZPO, UNÜ; *Wolff*, New York Convention.

[165] Diese Anforderungen entsprechen auch europarechtlichen Maßstäben, nämlich denen des Artikel 6 Absatz 1 EMRK, der einen gesetzlichen Rechtsschutz sowie ein faires Verfahren, einschließlich der Gewährung rechtlichen Gehörs, vorschreibt, vgl. *Münch*, in: MüKo ZPO, Vor § 1025, Rn. 10. Mitunter wird auch diese europarechtliche Vorschrift für die Pflicht des Staates, den dort verankerten Standard rechtsstaatlich ausgestalteter Verfahren in einfach-gesetzlicher Form auch den Schiedsgerichten aufzuerlegen, herangezogen, so von *Schlosser*, in: Stein/Jonas, ZPO, § 1032, Rn. 34 f.; *Matscher*, in: FS Nagel, 1987, S. 227, 228 ff.; *Haas*, SchiedsVZ 2009, 73 ff., 84. Anders als im deutschen Verfassungsrecht ist das rechtliche Gehör dort als Unterfall des in Artikel 6 Absatz 1 EMRK vorgeschriebenen fairen Verfahrens zu sehen, auch wenn sich in Kapitel 2 – C.II.2. zeigen wird, dass jedenfalls im deutschen Recht eine Unterscheidung zwischen diesen beiden Verfahrensgarantien vorzunehmen ist. Diese Feinheit ist für die vorliegende Arbeit allerdings nicht weiter relevant, sodass für weitergehende Ausführungen zum konkreten Schutzumfang des Artikel 6 EMRK auf *Meyer-Ladewig/Harrendorf/König*, in: Meyer-Ladewig/Nettesheim/von Raumer, EMRK, Artikel 6, Rn. 4 ff. verwiesen wird.

Zugang zu Rechtsschutz gewährleisten soll, die zweite und dritte gemeinsam als diejenigen, welche die rechtsstaatliche *Ausgestaltung* des Rechtsschutzes sichern. Daher sollen im Folgenden auch die Begriffe der „Zugangsgarantie" und der „Ausgestaltungsgarantien" verwendet werden.

Es gilt nun, die konkrete verfassungsrechtliche Herleitung und den Schutzumfang der drei Verfahrensgarantien herauszuarbeiten. Dies wird aufzeigen, was oftmals verkannt zu werden scheint: Dass alle drei Verfahrensgarantien gemeinsam für die Legitimation der Schiedsgerichtsbarkeit von unabdingbarer Bedeutung sind.

1. Die Zugangsgarantie

In den Vordergrund rücken mithin erneut die drei Arten prozessualer Wirkungen, die der Schiedsgerichtsbarkeit eingeräumt worden sind: Der rechtsverbindliche Ausschluss der staatlichen Gerichtsbarkeit zugunsten der Schiedsgerichtsbarkeit, die prozessuale Durchsetzbarkeit der schiedsgerichtlichen Entscheidung, also der objektiven Rechtskraftwirkung des Schiedsspruchs, und dessen materielle und damit zwangsweise Durchsetzbarkeit.[166]

a) Herleitung und Inhalt der Zugangsgarantie

Mit der ersten dieser prozessualen Wirkungen, dem rechtsverbindlichen Ausschluss der staatlichen Gerichtsbarkeit zugunsten der Schiedsgerichtsbarkeit, wird auch die erste der drei rechtsstaatlichen Verfahrensgarantien, und zwar diejenige auf *Zugang* zu staatlichem Rechtsschutz, unmittelbar berührt.

Aus dem Rechtsstaatsprinzip folgt der Gedanke, dass jedem Rechtsschutz zustehen muss.[167] Das setzt voraus, dass jeder überhaupt Zugang zu Rechtsschutz hat – und damit einerseits seine Rechtspositionen geltend machen und durchsetzen lassen kann und sich andererseits gegen unbegründete Ansprüche erfolgreich wehren kann. Niemand soll gezwungen sein, seinen Rechtsstreit im Privaten und damit, aufgrund des Verbots von Selbstjustiz, letztlich im Einvernehmen beizulegen, sondern jeder darf eine gerichtliche kontradiktorische Entscheidung hierüber erlangen, die notfalls auch zwangsweise durchsetzbar ist. Dafür muss der Staat im Wege einer Einrichtungsgarantie ein eigenes System zur Verfügung stellen.[168]

Die erste der drei rechtsstaatlichen Verfahrensgarantien, die durch die prozessualen Wirkungen der Schiedsgerichtsbarkeit berührt wird, ist mithin das Recht des Einzelnen auf Zugang zu staatlichem Rechtsschutz in jedem Rechtsbereich. Die verfassungsrechtliche Herleitung dieser Verfahrensgarantie ist in

---

[166] Zu diesen prozessualen Wirkungen im Einzelnen bereits oben in Kapitel 2 – B.I.2.-4.
[167] BVerfGE 54, 277, 291; BGHZ 210, 292, Rn. 52; *Jarass*, in: Jarass/Pieroth, GG, Artikel 20, Rn. 130a.
[168] BVerfGE 54, 277, 291 f.; BVerfGE 49, 220, 231.

der schiedsverfahrensrechtlichen Literatur allerdings oftmals ungenau, so reicht sie vom „Recht auf den gesetzlichen Richter" unter Verweis auf Artikel 101 Absatz 1 Satz 2 GG bis hin zur Heranziehung des Artikel 92 GG, was bei genauerer Betrachtung jedoch zu keiner zufriedenstellenden Antwort führt.[169] Daher soll nachfolgend eine genaue Herleitung versucht werden.

aa) Recht auf den gesetzlichen Richter? Rechtsprechungsmonopol?

Das Recht, das weit überwiegend mit der Schiedsgerichtsbarkeit und dem Zugang zu staatlichem Rechtsschutz in Zusammenhang gebracht wird, ist das des sogenannten Rechts auf den gesetzlichen Richter.[170] Dieses grundrechtsgleiche Recht ist in Form eines Justizgrundrechts in Artikel 101 Absatz 1 Satz 2 GG eigens im neunten Buch des Grundgesetzes, und damit im Abschnitt der „Rechtsprechung" niedergelegt.[171] Die Vorschrift des Artikel 101 GG lautet: „(1) Ausnahmegerichte sind unzulässig. Niemand darf seinem gesetzlichen Richter entzogen werden. (2) Gerichte für besondere Sachgebiete können nur durch Gesetz errichtet werden."

Artikel 101 Absatz 1 Satz 2 GG sieht also vor, dass niemand seinem gesetzlichen Richter entzogen werden darf. Auf den ersten Blick klingt es einleuchtend, dass es im Umkehrschluss Zugang zu einem gesetzlichen Richter und damit zu staatlichem Rechtsschutz geben muss. Doch Regelungszweck des Artikel 101 Absatz 1 Satz 2 GG ist nicht, den Zugang zur staatlichen Gerichtsbarkeit *per se* zu ermöglichen. Die Vorschrift ist, wie die meisten im deutschen Grundgesetz, vor dem rechtshistorischen Hintergrund der Lehren, die man aus dem Scheitern der Weimarer Republik und der Schreckenszeit des Nationalsozialismus gezogen hat, geschaffen worden.[172] Ziel der Regelung ist es, sicherzustellen, dass bereits vor Zustandekommen eines Rechtsstreits einzelfallunabhängig und nicht manipulierbar feststeht, wer der für den Rechtsstreit zuständige staatliche Spruchkörper sein wird. Damit soll vermieden werden, dass die Staatsgewalt willkürlich Richter einsetzt und das Verfahren so gezielt beeinflusst.[173]

---

[169] Dies stellt auch *Distler*, S. 67 ff. fest.

[170] Etwa *Müller/Keilmann*, SchiedsVZ 2007, S. 113; *Raeschke-Kessler*, SchiedsVZ 2003, 145, 153 und bereits *Habscheid*, KTS 1966, 1 f.; *Kiesow*, KTS 1962, 224, 231; *Schottelius*, KTS 1959, 134, 137. So auch *Ahrens*, S. 44; *Martens*, S. 100; *Spohnheimer*, S. 46 f. und 469; *Wagner*, S. 494 f. Selbst der Bundesgerichtshof bezieht sich in diesem Zusammenhang auf die Vorschrift des Artikel 101 Absatz 1 Satz 2 GG, vgl. BGHZ 71, 162, 166; 68, 356, 360.

[171] Zum Charakter der Justizgrundrechte, die außerhalb des Grundrechtskatalogs verortet sind, als grundrechtsgleiche Rechte vgl. *Jarass*, in: Jarass/Pieroth, GG, Vorb. vor Artikel 1, Rn. 1.

[172] *Kunig/Saliger*, in: von Münch/Kunig, GG, Artikel 101, Rn. 2.

[173] BVerfGE 18, 139, 145; 17, 294, 298 f.; 4, 412, 416.

Die Vorschrift soll mithin *innerhalb* des staatlichen Rechtsschutzsystems eine willkürliche Einsetzung gerichtlicher Spruchkörper durch den Staat verhindern.[174] Einfach-gesetzlich hat der Gesetzgeber diese verfassungsrechtliche Vorgabe durch die Schaffung des Geschäftsverteilungsplans umgesetzt, der zu Beginn eines jeden Jahres vom Präsidium der Gerichte aufgestellt wird und eine einzelfallunabhängige Aufteilung der innergerichtlichen Zuständigkeiten vorsieht.[175]

Damit aber kommt das Recht auf den gesetzlichen Richter in Artikel 101 Absatz 1 Satz 2 GG überhaupt nur dann zur Anwendung, wenn man sich auch innerhalb des staatlichen Rechtsschutzsystems befindet. Die Vorschrift ist also nicht diejenige, die das Recht auf staatlichen Rechtsschutz selbst normiert – sie setzt dieses Recht vielmehr als gegeben voraus, macht es zur denklogischen Voraussetzung für ihre eigene Anwendbarkeit.[176] Wie *Distler* richtigerweise anmerkt, wäre ein so gewichtiges Recht wie das auf staatlichen Rechtsschutz in einer solch versteckten Vorschrift des Grundgesetzes auch sichtlich falsch verortet.[177]

Genauso wenig ist Artikel 92 GG einschlägig.[178] In dieser Vorschrift ist vorgesehen, dass die rechtsprechende Gewalt den Richtern anvertraut ist. Sie soll gewährleisten, dass nur eine der drei Staatsgewalten Recht sprechen darf und die anderen beiden Staatsgewalten hiervon ausgeschlossen sind. Es handelt sich mithin genaugenommen um ein *Richter*monopol innerhalb der drei Staatsgewalten und nicht um ein allgemeines Rechtsprechungsmonopol des Staates.[179] Die Vorschrift ist eine Konkretisierung des in Artikel 20 Absatz 2 GG

---

[174] *Kunig/Saliger*, in: von Münch/Kunig, GG, Artikel 101, Rn. 13; *Distler*, S. 57 f.; *Dütz*, S. 73, 74.

[175] Und der nur in engen Ausnahmefällen, jedenfalls nicht einzelfallbezogen, abänderbar ist, vgl. die Ausnahmen in § 21e GVG. Hierzu vertiefend *Valerius*, in: BeckOK GVG, § 21e, Rn. 23 ff.; *Mayer*, in: Kissel/Mayer, GVG, § 21e, Rn. 98 ff. und 108 ff.

[176] Beim Weiterspinnen dieses Gedankens wird auch sichtbar, dass die Schiedsgerichtsbarkeit gerade nicht dem Rechtsgedanken des Artikels 101 Absatz 1 Satz 2 GG entspricht, sondern ihm vielmehr zuwiderläuft: Die Schiedsrichter werden schließlich bewusst erst nach Entstehen eines Rechtsstreites von den Parteien ausgewählt. Eine neutrale Zuteilung, nach einem Geschäftsverteilungsplan etwa, ist dem Schiedsverfahrensrecht weitgehend fremd und widerspricht auch einem der Wesensmerkmale der Schiedsgerichtsbarkeit, und zwar der Möglichkeit der Einflussnahme auf die Zusammensetzung des schiedsgerichtlichen Spruchkörpers durch die Verfahrensbeteiligten, vgl. *Münch*, in: MüKo ZPO, Vor § 1025, Rn. 4. Vertiefend zum Einfluss der Parteien des Schiedsverfahrens auf die Bildung des Schiedsgerichts auch *Lachmann*, S. 36 ff., Rn. 126 ff.

[177] *Distler*, S. 70.

[178] So aber etwa *Heyde*, in: Benda/Maihofer/Vogel, HBVerfR, § 33, Rn. 37; *Baur*, JZ 1965, 163, 164 und auch *Hesselbarth*, S. 79 ff. Insoweit richtig hingegen *Kiesow*, KTS 1962, 224, 225 f.

[179] *Distler*, S. 51. Von einem „Rechtsprechungsmonopol" wird aber oftmals gesprochen, vgl. etwa *Baur*, JZ 1965, 163, 164, der in der Schiedsgerichtsbarkeit eine vom Verfassungs-

verankerten Gewaltenteilungsprinzips und ist damit nur einschlägig, wenn das staatliche Rechtsschutzsystem überhaupt angerufen wird – und setzt den Zugang zu staatlichem Rechtsschutz damit, genau wie die Vorschrift des Artikel 101 GG auch, als gegeben voraus.

bb) *Recht auf Zugang zu staatlichem Rechtsschutz oder Justizgewähranspruch*

Doch woraus ergibt sich das so gewichtige Recht auf staatlichen Rechtsschutz, das von so vielen Vorschriften des Grundgesetzes vorausgesetzt wird, stattdessen? In Artikel 19 Absatz 4 GG ist eine Rechtsweggarantie für Rechtsstreitigkeiten im öffentlichen Recht zwar ausdrücklich normiert. Auch auf diese Vorschrift lässt sich aber dann nicht zurückgreifen, wenn es um staatlichen Rechtsschutz für *privatrechtliche* Rechtsstreitigkeiten geht. Dennoch ist das deutsche Grundgesetz ganz eindeutig auf eine umfassende Gerichtsgewalt ausgelegt, die mithin auch für Streitigkeiten, die nicht öffentlich-rechtlicher Natur sind, zuständig sein soll.[180]

Ein umfassendes Recht auf staatlichen Rechtsschutz auch im Privatrecht ergibt sich letztendlich unmittelbar aus einem der wesentlichsten Grundgedanken der deutschen Verfassung, dem Rechtsstaatsprinzip.[181] So hat es das Bundesverfassungsgericht in einer Plenumsentscheidung im Jahr 1980 wie folgt ausgedrückt:

„Aus dem Rechtsstaatsprinzip des Grundgesetzes ist auch für bürgerlich-rechtliche Streitigkeiten im materiellen Sinne die Gewährleistung eines wirkungsvollen Rechtsschutzes abzuleiten. Dieser muß die grundsätzlich umfassende tatsächliche und rechtliche Prüfung des Streitgegenstandes und eine verbindliche Entscheidung durch einen Richter ermöglichen."[182]

---

gesetzgeber geduldete Ausnahme vom in Artikel 92 GG niedergelegten „staatlichen Rechtsprechungsmonopol" sieht, oder auch, wobei der Begriff inhaltlich richtiggestellt wird, *Hopfauf*, in: Schmidt-Bleibtreu/Hofmann/Henneke, GG, Artikel 92, Rn. 2. Ein Entscheidungsmonopol in dem Sinne, dass gewisse Streitgegenstände nicht an private Entscheider delegiert werden dürfen, kennt das Grundgesetz zwar auch. Dieses folgt aber aus dem jeweils einschlägigen Grundrecht, wie dem auf Ehe und Familie in Artikel 6 GG, vgl. dazu bereits oben in Kapitel 2 – A.III.2. und im Einzelnen noch in Kapitel 3 – A.I.5.

[180] Dafür sprechen unter anderem die umfassenden Regelungen zur Rechtsprechung durch die staatlichen Gerichte im neunten Buch des Grundgesetzes, wie etwa die bereits beleuchteten Vorschriften der Artikel 92 GG und 101 GG.

[181] Allgemein herrschende Ansicht, vgl. etwa BVerfGE 54, 277, 291 f.; 49, 220, 231; *Distler*, S. 83; *Tafelmaier*, S. 67. So fasst *Spohnheimer*, S. 151 treffend zusammen, dass man das Recht auf staatlichen Rechtsschutz „richtigerweise aus dem Rechtsstaatsprinzip, das den Staat verpflichtet, sein Gewaltmonopol durch die Eröffnung des Rechtswegs zu kompensieren, herleiten müssen" wird. So auch der Bundesgerichtshof in seiner Entscheidung BGHZ 180, 221, 224 sowie Ls. („Schiedsfähigkeit II").

[182] BVerfGE 54, 277, 291.

Es handelt sich um ein Justizgrundrecht als grundrechtgleiches Recht, das nicht im Grundrechtskatalog verortet ist, dem aber die gleichen Wirkungen zukommen.

Das Bundesverfassungsgericht spricht in der zitierten Entscheidung von „Gewährleistung" wirkungsvollen Rechtsschutzes, womit deutlich wird, dass hier ausnahmsweise ein *Anspruch* des Bürgers gegen den Staat aus den Grundrechten hergeleitet wird. Dadurch hat sich auch der Begriff des „Justizgewähranspruches" herausgebildet.[183] In Bezug auf die Gewährleistung des Zugangs des Einzelnen zu rechtsstaatlich ausgestaltetem Rechtsschutz bildet das Rechtsstaatsprinzip nicht lediglich ein Abwehrrecht des Bürgers gegen den Staat, sondern verpflichtet ihn ausnahmsweise zu einem Tätigwerden, begründet eine Einrichtungsgarantie des Staates.[184] Diese Einrichtungsgarantie muss er unter Einsatz staatlicher Mittel leisten, indem er ein staatliches System zur Gewährung von Rechtsschutz vorsieht und hierfür seine staatlichen Organe zur Verfügung stellt.[185] Dies zeigt auch die Konkretisierung des Rechts auf staatlichen Rechtsschutz in den Vorschriften des Grundgesetzes zur Staatsgewalt der Judikative.[186] Mit *Stobers* Worten ist der Rechtsstaat insoweit eben auch ein „Rechtsschutzstaat".[187] Die Zugangsgarantie als erste der drei Verfahrensgarantien, die unmittelbar aus dem Rechtsstaatsprinzip herzuleiten ist, sieht mithin eine Garantie des Zugangs zu *staatlichem* Rechtsschutz vor.

b) *Keine Betroffenheit durch rein privatrechtlich wirksame Disposition*

Von dieser Einrichtungsgarantie des Staates muss der Einzelne aber keinen Gebrauch machen. Es genügt die – wenn auch grundsätzlich immerwährende – *Möglichkeit* des Zugangs zum staatlichen Rechtsschutzsystem. Der Einzelne kann daher stattdessen, als „Minus" zum Nichtgebrauch, auch eine Alternative

---

[183] Vgl. etwa BGHZ 210, 292 Rn. 52; *Jarass*, in: Jarass/Pieroth, GG, Artikel 20, Rn. 128 ff. und *Voit* in Musielak/Voit: § 1029, Rn. 2; *Distler*, S. 79 ff.; *Spohnheimer*, S. 161. Kritisch zu der Begrifflichkeit *Pfeiffer*, in: FS Elsing, S. 387, 390, da seiner Auffassung nach die Begrifflichkeiten Anspruch und Gewährung einen Widerspruch in sich darstellen; er plädiert stattdessen für den Begriff „Justizanspruch". Der Bundesgerichtshof wiederum spricht mitunter auch von „Rechtsschutz durch staatliche Gerichte", BGHZ 180, 221, 224 und Ls. („Schiedsfähigkeit II"). Gemeint ist letztendlich. aber stets dasselbe: Das Recht des Einzelnen, staatlichen Rechtsschutz zu erlangen.

[184] Manche sprechen daher auch von einer „Justizgewährungspflicht", wie etwa *Hillgruber*, in: Herzog/Scholz/Herdegen/Klein, GG, Artikel 92, Rn. 11.

[185] BVerfGE 54, 277, 291; BGHZ 210, 292, Rn. 52; auch Jarass, in: Jarass/Pieroth, GG, Artikel 20, Rn. 130a: „Der Justizgewährungsanspruch garantiert den Zugang zu Gerichten, die in staatlicher Trägerschaft stehen".

[186] Im neunten Buch des Grundgesetzes, in den Artikeln 92 ff. GG. *Pfeiffer*, in: FS Elsing, S. 387, 398 liest aus Artikel 92 GG „eine Grundsatzentscheidung zugunsten des Prinzips der Staatlichkeit der Justiz"; vgl. auch *Hesselbarth*, S. 79 ff.

[187] *Stober*, NJW 1979, 2001, 2004.

zum staatlich eingerichteten Rechtsschutz wahrnehmen, seinen Rechtsstreit also im Privaten austragen.[188]

Das Recht des Einzelnen, die Zugangsgarantie auch in Anspruch zu nehmen, ist mithin grundsätzlich disponibel. Manche Stimmen sprechen sich zwar gegen eine solche Disponibilität aus – auf die Ausübung des Schutzes, der aus dem Justizgewähranspruchs folgt, könne nicht verzichtet, sondern lediglich die Klagbarkeit eines Anspruchs unter Privaten ausgeschlossen oder eingeschränkt werden.[189] Wie *Distler* zurecht kritisiert, ist diese Aufspaltung von Klagbarkeit und Zugang zu staatlichem Rechtsschutz aber nicht zielführend.[190] Denn die Zugangsgarantie ist zwingend akzessorisch zur privatrechtlichen Grundlage eines Rechtsstreits. Das Recht auf Zugang zu staatlichem Rechtsschutz bezieht sich immer auf einen gewissen Streitgegenstand – andernfalls wäre es schließlich inhaltsleer. Ob es zu solch einem „streitigen Gegenstand" aber überhaupt kommt, ist Sache der davon betroffenen Subjekte: Die Privaten können es schließlich gar nicht erst zum Streit kommen lassen, den Streit durch private Verhandlungen aus der Welt schaffen oder auch, anstelle des vollständigen Ausschlusses der Klagbarkeit,[191] einen privaten Konfliktlösungsmechanismus in Anspruch nehmen.[192] Damit bestimmt der Bürger den Umfang der Ausübung des ihm zustehenden Rechts aber selbst – weswegen es auch disponibel ist.[193]

Diese allein privatrechtlich relevanten Entscheidungen des Einzelnen berühren den Staat aber nicht unmittelbar, da sie keine prozessuale Wirkung entfalten. Der Staat hat es zwar zu dulden, dass es rein privatrechtliche Konfliktlösungsmechanismen gibt und Private diese in Ausübung ihrer privatautonomen Entscheidungsfreiheit anstelle des staatlichen in Anspruch nehmen.[194] Darüber hinaus aber bleibt der Staat von einer solchen Entscheidung des Einzelnen grundsätzlich vollständig unberührt – solange sie keine prozessualen Wirkungen entfalten soll, die ihn dazu verpflichten würden.[195]

---

[188] Vgl. *Schwab/Walter*, Teil I, Kapitel 1, Rn. 8; *Distler*, S. 86 ff.
[189] *Dütz*, S. 161 f.
[190] *Distler*, S. 86 ff.
[191] Welche nach herrschender Ansicht als zulässig anerkannt wird, vgl. nur *Münch*, in: MüKo ZPO, § 1029, Rn. 6; *Roth*, in: Stein/Jonas, Vor § 253, Rn. 129 mit zahlreichen weiteren Nachweisen.
[192] *Distler*, S. 87 f.
[193] Vorbehaltlich der engen Grenzen, in denen sich der Staat tatsächlich ein Entscheidungsmonopol vorbehält, was *Distler* insoweit übersieht, vgl. hierzu bereits oben in Kapitel 2 – A.III.2. sowie auch schon *Habscheid*, KTS 1959, 113, 115.
[194] Siehe bereits oben in Kapitel 2 – C.I.1.
[195] Ruft der Private etwa zeitgleich zu der Inanspruchnahme eines rein privatrechtlichen Konfliktlösungsmechanismus doch das staatliche Gericht an, so hat die private Konfliktlösung keinerlei Einfluss auf den gesetzlichen Richter; er muss sie weder berücksichtigen noch hinter sie zurücktreten. Möglich wäre wohl allerdings eine – einvernehmliche – Parteivereinbarung, etwa darüber, gewissen Prozessstoff zu übernehmen oder unstreitig zu stellen.

c) Aber unmittelbare Betroffenheit durch prozessual wirksame Disposition

Anders ist dies aber, wenn gerade die Wahl der privatrechtlichen Konfliktlösung auch für das staatliche Gericht rechtsverbindlich sein soll, es sich also hinter diese zurückziehen und sie gewähren lassen muss – das Gericht den Zugang zum staatlichen Rechtsschutzsystem mithin rechtsverbindlich versperren soll. Eine solche Entscheidung berührt den Staat unmittelbar, denn sie soll eine prozessuale, eine öffentlich-rechtliche Wirkung zur Folge haben. Soll den privaten Schiedsgerichten mithin eine eigene Zuständigkeit zuerkannt werden, hinter die sich die staatlichen Gerichte zurückzuziehen haben, so handelt es sich um eine prozessual wirksame Disposition über das Recht auf staatlichen Rechtsschutz.

Denn der Schiedsrichter selbst, hinter den sich der staatliche Richter rechtsverbindlich zurückziehen soll, ist ein privater Akteur und kann mithin das verfassungsrechtliche Erfordernis *staatlichen* Rechtsschutzes nicht an dessen Stelle erfüllen.[196] Damit ist die erste der drei Verfahrensgarantien, die Zugangsgarantie, von der rechtsverbindlichen Zuständigkeitsbegründung des Schiedsgerichts unmittelbar berührt.[197]

2. Die verfahrensbezogenen Ausgestaltungsgarantien

In Bezug auf die streitige Schiedsgerichtsbarkeit relevant werden jedoch noch zwei weitere Anforderungen des Rechtsstaats an die Rechtsverbindlichkeit und Durchsetzbarkeit kontradiktorischer Entscheidungen. Sie betreffen die dem Rechtsstaatsprinzip innewohnende Grundentscheidung, dass ein Sachverhalt lediglich dann rechtsverbindlich und zwangsweise durchsetzbar sein darf, wenn jeder davon Betroffene auch die Möglichkeit hatte, auf diesen Sachverhalt in gewisser Weise Einfluss zu nehmen. Er soll also über den Sachverhalt

---

[196] Vgl. zu der nicht hoheitlichen Stellung der Schiedsrichter im Einzelnen bereits oben in Kapitel 2 – A.III.2. Anders scheint dies aber etwa *Raeschke-Kessler*, SchiedsVZ 2003, 145, 153 f. zu sehen, der argumentiert, dass der Rechtsschutz vor privaten Schiedsgerichten mit dem durch staatliche Gerichte in einem solchen Maße gleichwertig sei, dass ein Verzicht auf die Ausübung staatlichen Rechtsschutzes zugunsten der Schiedsgerichtsbarkeit letztendlich nicht mehr gefordert werden müsse. In dem Beitrag geht es speziell um die Frage der Wirkung des § 1066 ZPO bei nachträglicher Änderung einer Vereinssatzung; auf diese Problematik wird in Kapitel 3 – A.1.3. noch im Detail eingegangen.

[197] Versagt ein gesetzlicher Richter dem Einzelnen den Zugang zu staatlichem Rechtsschutz, so stellt dies grundsätzlich einen Grundrechtseingriff dar. Eine verfassungsrechtliche Rechtfertigung eines solchen Eingriffs ist nur in engen Grenzen möglich, vgl. im Einzelnen in Kapitel 3 – A.I.1. Die einfachste Lösung zur Wahrung der Zugangsgarantie besteht daher darin, dass sich der Einzelne selbst freiwillig und rechtswirksam der Ausübung seines Rechts auf staatlichen Rechtsschutz entsagt, mithin rechtsverbindlich hierauf verzichtet, und der Staat infolgedessen nicht mehr zur Wahrung dieses Grundrechts angehalten ist. Zu den Anforderungen an einen solchen Verzicht auf die Ausübung des eigenen Grundrechtsschutzes im Einzelnen aber in Kapitel 3 – A.I.

informiert werden und sich dazu äußern können und in Bezug auf den Sachverhalt fair behandelt werden.[198] Auch hierbei handelt es sich um eine aus den Grundrechten folgende notwendige Gewährleistung des Staates, sodass erneut von *Garantien* gesprochen werden kann, welche jeweils die Ausgestaltung des Verfahrens betreffen, und sich damit als Ausgestaltungsgarantien zusammenfassen lassen.[199]

a) Inhalt und Herleitung der Ausgestaltungsgarantien

Wie sich zeigen wird, sind beide Ausgestaltungsgarantien durch die Einräumung staatlicher Durchsetzungsmöglichkeiten des Schiedsspruchs unmittelbar berührt. Dies leuchtet auch ein, sobald man den Inhalt der beiden Ausgestaltungsgarantien näher in Augenschein nimmt.

aa) Recht auf rechtliches Gehör

Zu den fundamentalen Grundsätzen des Rechtsstaatsprinzips gehört zunächst das Recht auf rechtliches Gehör.[200] Es ist in Artikel 103 GG eigens für staatliche Verfahren normiert, allgemein aber direkt aus dem Rechtsstaatsprinzip abzuleiten.[201] Wie Artikel 92 und 101 GG auch, betrifft das Justizgrundrecht in Artikel 103 Absatz 1 GG aber ausschließlich die *staatlichen* Gerichte und ist insoweit *lex specialis* zum allgemeinen Rechtsstaatsprinzip. Dies wird auch von Systematik, Sinn und Zweck sowie Historik der Vorschrift getragen.[202] Auf Schiedsgerichte ist die Vorschrift weder unmittelbar noch mittelbar anwendbar, da sie keine Staatsgewalt im Sinne des Artikels 1 Absatz 3 GG verkörpern und nicht unter die verfassungsrechtlichen Begriffe „Rechtsprechung" beziehungsweise „Gericht" fallen.[203] Im Hinblick auf die Schiedsgerichtsbarkeit ergibt sich daher die Pflicht des Staates, die Gewährung rechtlichen Ge-

---

[198] *Schulze-Fielitz*, in: Dreier, GG, Artikel 103, Rn. 84 f. mit weiteren Nachweisen; *Jarass*, in: Jarass/Pieroth, GG, Artikel 20, Rn. 42.

[199] BGHZ 65, 59, 60 f.; vgl. auch BGHZ 180, 221, 227 („Schiedsfähigkeit II"), wo der Begriff „Verfahrensgarantien" verwendet wird, sowie BGHZ 54, 392, 395 und im Einzelnen sogleich in Kapitel 2 – C.II.2.c).

[200] So bezeichnet es etwa das Bundesverfassungsgericht als „prozessuales Urrecht", BVerfG 55, 1, 6. Dem beipflichtend etwa *Lachmann*, S. 332, Rn. 1296, vgl. auch *Spohnheimer*, S. 158.

[201] *Schulze-Fielitz*, in: Dreier, GG, Artikel 103, Rn. 84 f. mit weiteren Nachweisen. Das Recht auf rechtliches Gehör findet sich auch in Artikel 6 EMRK wieder, wo er als Teil des fairen Verfahrens angesehen wird. Zur grundsätzlichen Abgrenzung vom Recht auf rechtliches Gehör zum Recht auf faires Verfahren aber *Spohnheimer*, S. 159.

[202] Hierzu ausführlich *Distler*, S. 185 ff.

[203] Vgl. bereits oben in Kapitel 2 – C.II.2.

hörs im Schiedsverfahren sicherzustellen, stattdessen unmittelbar aus dem Rechtsstaatsprinzip.[204]

Inhalt des Rechts auf rechtliches Gehör ist es, dass ein Sachverhalt lediglich dann rechtsverbindlich und zwangsweise durchsetzbar sein darf, wenn der davon Betroffene auch die Möglichkeit hatte, auf diesen Sachverhalt in gewisser Weise Einfluss zu nehmen. Er muss also über den Sachverhalt informiert werden und sich dazu äußern können.[205] Ist rechtliches Gehör nicht oder nicht genügend eingeräumt worden, so muss der Staat dessen Durchsetzbarkeit grundsätzlich versagen, da er sonst dem Grundgesetz zuwiderhandelt. Damit ist das Recht auf rechtliches Gehör die zweite der im Grundgesetz enthaltenen Verfahrensgarantien, die neben die oben beleuchtete Zugangsgarantie tritt. Da das Recht auf rechtliches Gehör die Ausgestaltung des Verfahrens betrifft, soll es als Teil der rechtsstaatlichen Ausgestaltungsgarantien eingeordnet werden.

bb) Recht auf faires Verfahren

Doch neben das Recht auf rechtliches Gehör tritt noch ein weiteres rechtsstaatliches Prinzip, der berührt ist, wenn ein Sachverhalt prozessual und materiell durchsetzbar sein soll: das Recht auf faires Verfahren.[206] Sein Schutzzweck ist die Gleichbehandlung der von dem Sachverhalt Betroffenen in der Form, dass niemand ohne sachlichen Grund bevorzugt oder benachteiligt werden darf, das dahinführende Verfahren also für die Beteiligten fair durchzuführen ist.[207] Wird die Findung des Sachverhalts in die Hände Dritter gegeben, dann erfordert es diese Verfahrensgarantie zudem, dass der Dritte unparteilich entscheidet und von den Betroffenen unabhängig ist.[208] Auch dieser Grundsatz ergibt sich direkt aus dem aus Artikel 20 Absatz 3 GG hergeleiteten Rechtsstaatsprin-

---

[204] Gegen eine unmittelbare Anwendbarkeit des Artikel 103 GG auf das private Schiedsverfahrenen auch *Sawang*, S. 262 ff.; *Spohnheimer*, 167 ff. Ungenau aber BGHZ 180, 221, 228 („Schiedsfähigkeit II"), obwohl der Bundesgerichtshof in der Entscheidung selbst erkennt, dass die Verfahrensgarantien im Zusammenhang mit der Schiedsgerichtsbarkeit unmittelbar aus dem Rechtsstaatsprinzip folgen, vgl. BGHZ 180, 221, 224 und 228 („Schiedsfähigkeit II").

[205] Zum Schutzumfang des Rechts auf rechtliches Gehör auch speziell in Bezug auf die Schiedsgerichtsbarkeit *Spohnheimer*, S. 154 ff.

[206] Hier wird bewusst der an Artikel 6 EMRK angelehnte Begriff des fairen Verfahrens gewählt, um seinen Schutzumfang begrifflich mit abbilden zu können.

[207] *Jarass*, in: Jarass/Pieroth, GG, Artikel 20, Rn. 44, der dieses als eigenständiges Recht ansieht. Nach der hier vertretenen Auffassung lässt sich beides aber auch zu einem Grundsatz auf faires Verfahren zusammenfassen, da das Verbot der willkürlichen Ungleichbehandlung begrifflich darunter zu fallen scheint.

[208] Dieser Unterfall des Rechts auf faires Verfahren ist für staatliche Gerichte in Artikel 97 GG gesondert normiert, welcher wiederum auf Schiedsgerichte selbst nicht anwendbar ist. Als Folge des Rechtsstaatsprinzips muss er aber allgemein immer dann gewahrt sein, wenn einem kontradiktorischen Sachverhalt eine verbindliche Wirkung zukommen soll. Vgl. auch *Jarass*, in: Jarass/Pieroth, GG, Artikel 20, Rn. 43 sowie *Distler*, S. 204.

zip.[209] Neben das Recht auf rechtliches Gehör tritt damit das Recht auf faires Verfahren als zweite der rechtsstaatlichen Ausgestaltungsgarantien.

b) Keine unmittelbare Betroffenheit bei konsensualem Gegenstand der Durchsetzung

Nicht unmittelbar berührt sind die beiden Ausgestaltungsgarantien dann, wenn die öffentlich-rechtlichen Wirkungen der Durchsetzbarkeit einem *konsensualen* Sachverhalt, etwa einer vergleichsweisen gerichtlichen Einigung, einem gerichtlich für vollstreckbar erklärten Anwaltsvergleich oder einer Unterwerfungserklärung,[210] zukommen sollen. Hier beruht der Gegenstand der prozessualen und materiellen Durchsetzbarkeit schließlich vollständig auf dem Willen der Beteiligten.[211] Damit ist zugleich gewährleistet, dass die Betroffenen sowohl positive Kenntnis von dem Gegenstand der staatlichen Durchsetzung hatten als auch selbst in zumutbarer und fairer Weise auf ihn Einfluss nehmen konnten.[212]

Soweit sichergestellt ist, dass der (übereinstimmende) Wille der Betroffenen nachweisbar und eine gewisse staatliche Kontrollmöglichkeit vorgesehen ist, welche die Freiwilligkeit und Rechtswirksamkeit der Willensäußerungen zu überprüfen vermag, muss der Staat keine weiteren rechtsstaatlichen Anforderungen an die Ausgestaltung dieser Art der einvernehmlichen Streitbeilegung stellen, um dafür sein staatliches Durchsetzungssystem zur Verfügung stellen zu dürfen.[213]

---

[209] BVerfGE 110, 339, 342; 78, 123, 126; 38, 105, 111; *Jarass*, in: Jarass/Pieroth, GG, Artikel 20, Rn. 42 f. In der Entscheidung BVerfGE 83, 182, 194 leitet das Bundesverfassungsgericht das Recht auf ein faires Verfahren aus Artikel 20 Absatz 3 GG in Verbindung mit Artikel 2 Absatz 1 her, da die Geltendmachung der aus dem Rechtsstaatsprinzip abgeleiteten Rechte mangels Erwähnung in Artikel 93 Absatz 1 Nummer 4a GG über das Auffanggrundrecht der allgemeinen Handlungsfreiheit erfolgen müsse. So auch BVerfGE 86, 148, 251.

[210] Die allesamt Vollstreckungstitel darstellen, vgl. § 794 Absatz 1 Nummer 1, 4b und 5 ZPO.

[211] *Distler*, S. 197.

[212] Denn konsensuale Gegenstände der staatlichen Durchsetzung setzen zwingend das Abgeben einer beziehungsweise zweier übereinstimmender Willenserklärungen voraus, deren Wirksamkeit, und damit „Fairness" im weiteren Sinne, an den Maßstäben der §§ 134 ff. BGB gemessen wird.

[213] So kann etwa die Unterwerfungserklärung in § 794 Absatz 1 Nummer 5 ZPO einen Vollstreckungstitel darstellen, obwohl hierfür lediglich Voraussetzung ist, dass der durch ein staatliches Organ erstellte Nachweis der (freiwilligen und rechtswirksamen) Unterwerfung des Schuldners vorliegt und der Gegenstand einer vergleichsweisen Einigung zugänglich ist. Zu den Voraussetzungen einer wirksamen Unterwerfungserklärung im Einzelnen *Müller*, in: Kindl/Meller-Hannich/Wolf, Zwangsvollstreckungsrecht, § 794, Rn. 38 ff.

c) Aber unmittelbare Betroffenheit bei kontradiktorischem Gegenstand der Durchsetzung

Anders stellt sich die Lage aber dann dar, wenn der Gegenstand der staatlichen Durchsetzung eben nicht mittels konsensualer, übereinstimmender Einigung der Betroffenen zustande gekommen ist, sondern stattdessen durch die streitige Entscheidung eines Dritten. Hier kann Grundlage des Zurverfügungstellens des staatlichen Durchsetzungssystems nicht der übereinstimmende Wille der Betroffenen in Bezug auf das Ergebnis des Rechtsstreits sein, denn die Entscheidung darüber wird aus der Hand gegeben und einem Dritten übertragen – sie selbst ist mithin gerade kein freiwilliger Akt.[214]

Unmittelbar berührt sind die beiden Ausgestaltungsgarantien des rechtlichen Gehörs und des fairen Verfahrens dadurch zum einen beim kontradiktorischen gerichtlichen Urteil. Das Rechtsstaatsprinzip erfordert es hier, dass der Betroffene zumindest auf den Sachverhalt Einfluss nehmen konnte, er also darüber informiert worden ist und sich dazu hat äußern können, und er beim Zustandekommen der kontradiktorischen Entscheidung auch fair behandelt worden ist. Dies ist aber gleichermaßen beim kontradiktorischen Schiedsspruch der Fall, den ein Schiedsgericht über einen fremden Rechtsstreit fällt. Denn nicht die *Art* der kontradiktorischen Rechtsschutzgewährung – staatlich oder nicht – ist es, welche die Rechtsstaatlichkeit der Ausgestaltung des Rechtsschutzes bedingt, sondern ihre prozessuale *Wirkung* als rechtsverbindlich und staatlich durchsetzbar.[215] Dies erkennt auch der Bundesgerichtshof, etwa am Beispiel des Rechts auf faires Verfahren in der Ausformung der Unabhängigkeit des entscheidenden Spruchkörpers:

„Zeigt das schiedsrichterliche Verfahren prozessuale Formen und Wirkungen, übt ein Schiedsgericht Rechtsprechung im weiteren Sinne – wenn auch nicht in der Form öffentlicher Gewalt – aus, so muß ausreichend gewährleistet sein, daß die wesentlichen Prozeßgrundsätze eingehalten werden, insbesondere, daß das Schiedsgericht unabhängig und unparteilich ist."[216]

Damit sind die rechtsstaatlichen Verfahrensgarantien des Rechts auf rechtliches Gehör und auf faires Verfahren von der Einräumung prozessualer und materieller Durchsetzbarkeit des Schiedsspruchs unmittelbar betroffen.

---

[214] So richtigerweise auch *Münch*, in: MüKo ZPO, § 1060 ZPO, Rn. 4. Selbst ein Verzicht auf die Inanspruchnahme staatlichen Rechtsschutzes in Form einer Schiedsvereinbarung etwa führt nicht so weit, dass auch auf die rechtsstaatliche *Ausgestaltung* des schiedsrichterlichen Verfahrens verzichtet wird, wie es mitunter suggeriert wird, dazu im Einzelnen aber noch in Kapitel 6 – D.II.1.

[215] BGHZ 180, 221, 227 („Schiedsfähigkeit II") und m. Anm. *Duve/Keller*, NJW 2009, 1962, 1963; BGHZ 132, 278, 286 f. („Schiedsfähigkeit I"); 54, 392, 395; *Stürner*, in: FS Baur, S. 647, 656 sowie bereits oben in Kapitel 2 – A.III.3. und 4.

[216] BGHZ 65, 59, 60 f.

3. Die Trias rechtsstaatlicher Verfahrensgarantien als Grundlage prozessualer Wirkungen der Schiedsgerichtsbarkeit

Damit bedingen die prozessualen Wirkungen der Schiedsgerichtsbarkeit die Notwendigkeit der Wahrung *aller drei* rechtsstaatlichen Verfahrensgarantien – und nur diese Wahrung vermag es, die prozessualen Wirkungen von Schiedsverfahren und Schiedsspruch zu legitimieren. Eine Verkürzung der Legitimationsfrage allein auf die Zuständigkeitsbegründung des Schiedsgerichts und damit auf die erste der drei Verfahrensgarantien, den Zugang zu staatlichem Rechtsschutz,[217] wird der verfassungsrechtlichen Dimension der Schiedsgerichtsbarkeit und dem Erfordernis rechtsstaatlicher Ausgestaltung des schiedsrichterlichen Verfahrens nicht gerecht. Es sind vielmehr die drei rechtsstaatlich verankerten Verfahrensgarantien gemeinsam, die für die Schiedsgerichtsbarkeit als grundsätzlich kontradiktorischer Streitbeilegungsmechanismus und die Rechtfertigung ihrer prozessualen Wirkungen von unabdingbarer Bedeutung sind. Gemeinsam bilden sie eine *Trias rechtsstaatlicher Verfahrensgarantien*.

III. Recht auf Privatautonomie als eigenständiges Legitimationsmittel?

Die Möglichkeit, Schiedssprüche auch staatlich durchsetzen zu können, kann, wie sich gezeigt hat, nicht mehr als Freiheitsausübung im Rahmen der Privatautonomie qualifiziert werden,[218] genauso wenig wie die Einforderung der übrigen prozessualen Wirkungen der Schiedsgerichtsbarkeit.[219] In den Vordergrund müssen hierfür vielmehr die rechtsstaatlichen Verfahrensgarantien gerückt werden. Welche Rolle aber spielt die Privatautonomie im Hinblick auf die Legitimationsfrage dann überhaupt noch?

Wie bereits gezeigt, verpflichtet das Recht auf Privatautonomie den Staat zwar zur Duldung eines rein privatrechtlichen Konfliktlösungsmechanismus.[220] Insoweit mag man also von einer „Legitimation" des *Wesens* der Schiedsgerichtsbarkeit als ein privatrechtliches Streitbeilegungsinstitut durch die Privatautonomie sprechen. Diese Erkenntnis ist für die Frage nach der Legitimation der Schiedsgerichtsbarkeit in ihrer Gesamtheit jedoch von vergleichsweise geringer Bedeutung. Die maßgebliche Frage der Legitimation der Schiedsgerichtsbarkeit ist vielmehr die nach der Rechtfertigung ihrer *Wirkungen*, welche sich gerade nicht nur im Privatrecht, sondern auch im öffentlichen Recht bewegen und die von dem Grundrecht auf Privatautonomie nicht umfasst sind. Denn erst diese heben die Schiedsgerichtsbarkeit von rein privaten, sonst

---

[217] So etwa *Hesselbarth*, S. 42 ff. bei ihrer Untersuchung der Verfassungsgemäßheit des reformierten deutschen Schiedsverfahrensrechts, vgl. auch *Martens*, S. 253; *Müller/Keilmann*, SchiedsVZ 2007, 113 f.
[218] So richtigerweise *Pfeiffer*, in: FS Elsing, S. 387, 392.
[219] Siehe oben in Kapitel 2 – C.I.1.
[220] Kapitel 2 – C.I.1.

konsensualen Streitbeilegungsinstituten ab und machen den privatrechtlichen Mechanismus der Schiedsgerichtsbarkeit so bedeutsam.

Insoweit aber ist die Privatautonomie nicht mehr als ein Mittel zum Zweck. Denn der privatautonom ausgedrückte Wille des Einzelnen, sich einem privaten Schiedsgericht zu unterwerfen und die staatlichen Gerichte auszuschließen, bringt den verfassungsrechtlich notwendigen Verzicht des Einzelnen auf die Ausübung seines Rechts auf staatlichen Rechtsschutz zum Ausdruck.[221] Damit aber geht die Privatautonomie letztendlich vollständig in der Trias rechtsstaatlicher Verfahrensgarantien auf, ist für die Frage der Legitimation der prozessualen *Wirkungen* der Schiedsgerichtsbarkeit also von keiner eigenständigen Bedeutung mehr.

D. Eigener Lösungsansatz: Ergänzung der Legitimationsfrage um die Trias rechtsstaatlicher Verfahrensgarantien

Es lässt sich festhalten, dass die Aussage, die Schiedsgerichtsbarkeit werde durch den Grundsatz der Privatautonomie legitimiert, bei genauerer Betrachtung so keinen Bestand haben kann. Diese Sichtweise übersieht eine unabdingbare Komponente des Schiedsverfahrensrechts als Zwitterwesen eines vom Wesen her privatrechtlichen und zugleich kontradiktorischen Konfliktlösungsmechanismus mit öffentlich-rechtlichen Wirkungen. Mit der Schaffung des deutschen Schiedsverfahrensrechts im Jahre 1877 ist das rein privatrechtliche Feld der Konfliktlösung verlassen worden und spätestens durch Inkrafttreten des Grundgesetzes im Jahre 1949 auch das Verfassungsrecht relevant geworden.

Wie sich gezeigt hat, handelt es sich um eine freiwillige Entscheidung des Gesetzgebers, einem privaten Konfliktlösungsmechanismus wie der Schiedsgerichtsbarkeit prozessuale Wirkungen einzuräumen. Es gibt kein Grundrecht, auch nicht das der Privatautonomie, das ihn hierzu verpflichten würde. Vielmehr *kollidiert* die Zuerkennung prozessualer Wirkungen durch den Staat mit anderen Grundrechten, und zwar mit den darin verankerten Anforderungen, die der Rechtsstaat an den Eintritt solcher Wirkungen stellt. Die Rechtfertigung dafür, dass der Staat die Schiedsgerichtsbarkeit in der Form zulässt, wie sie im deutschen Schiedsverfahrensrecht niedergelegt ist, kann also nur darin liegen, dass die Vorgaben des Grundgesetzes eingehalten werden.

---

[221] BGHZ 210, 292 Rn. 52; 144, 146, 148 f.; *Jarass*, in: Jarass/Pieroth, GG, Artikel 20, Rn. 130a. Zu den Einzelheiten der Anforderungen an einen solchen verfassungsrechtlich wirksamen Verzicht auf die Ausübung des eigenen Grundrechtsschutzes *Sachs*, in: ders., GG, Vorb. zu Abschnitt I, Rn. 56, konkret am Beispiel der Schiedsgerichtsbarkeit *Hesselbarth*, S. 234 f. sowie im Einzelnen in Kapitel 3 – A.I.1.

Die Privatautonomie kann insoweit nur als Mittel zum Zweck dienen, nämlich dafür, einen verfassungsrechtlich relevanten Verzicht auf die Ausübung des Rechts auf staatlichen Rechtsschutz herbeizuführen. Dieses Recht auf staatlichen Rechtsschutz, ausgestaltet als Einrichtungsgarantie, ist aber nur das erste von drei Verfahrensgarantien, welche das im Grundgesetz verankerte Rechtsstaatsprinzip für die Einräumung prozessualer Wirkungen zugunsten fremdbestimmter und kontradiktorischer Entscheidungen fordert. Daneben treten zwei Ausgestaltungsgarantien, nämlich das Recht auf rechtliches Gehör und auf faires Verfahren.

Nur die Wahrung dieser Trias rechtsstaatlicher Verfahrensgarantien in ihrer Gesamtheit vermag es zu legitimieren, dass die staatlichen Gerichte sich rechtsverbindlich hinter die schiedsgerichtliche Zuständigkeit zurückziehen und dem Schiedsspruch eine prozessuale und materielle Durchsetzbarkeit einräumen, obwohl er abseits staatlicher Spruchkörper von privaten Entscheidern erlassen wird. Wer die Einschränkungen, die damit auch im Hinblick auf die persönliche Gestaltungsfreiheit einhergehen, nicht in Kauf nehmen und seine Konfliktlösung allein von seiner privatautonomen Freiheit getragen sehen möchte, ist gut beraten, einen alternativen Konfliktlösungsmechanismus zu wählen. Die Schiedsgerichtsbarkeit ist dann jedenfalls nicht der richtige Weg.

Der Staat darf dem schiedsgerichtlichen Verfahren aufgrund seiner privatrechtlichen Natur viele Freiheiten einräumen. Enden muss jede Freiheitsausübung des Einzelnen aber bei der Kollision mit höherrangigem Verfassungsrecht, jedenfalls dann, wenn der Staat hiervon unmittelbar berührt ist. Die unterschiedlichen rechtlichen Grundlagen von Wesen und Wirkung der Schiedsgerichtsbarkeit bewirken ein Spannungsverhältnis zwischen den Anforderungen, die der Rechtsstaat an das schiedsgerichtliche Verfahren mit seinen prozessualen Wirkungen stellen muss, und dem Anspruch der Beteiligten des Schiedsverfahrens auf Gewährung weitestmöglich privatautonomer Streitbeilegung.[222] Wie sich die Lösung dieses Spannungsverhältnisses im deutschen Schiedsverfahrensrecht niederschlägt, soll im nachfolgenden Kapitel untersucht werden.

---

[222] *Münch*, in: MüKo ZPO, Vor § 1025, Rn. 14.

Kapitel 3

Erfüllt das deutsche Schiedsverfahrensrecht seine verfassungsrechtlichen Anforderungen? Untersuchung des staatlichen Kontrollsystems

Aufbauend auf der verfassungsrechtlichen Grundlage der Schiedsgerichtsbarkeit, die im vorangegangenen Kapitel behandelt worden ist, gilt es nun zu untersuchen, ob das deutsche Schiedsverfahrensrecht in seiner heutigen Form auch seinen verfassungsrechtlichen Anforderungen gerecht wird. Denn eine etwaige Erweiterung des deutschen Schiedsverfahrensrechts in subjektiver Hinsicht, die Gegenstand dieser Arbeit ist, kann sich nur dann das Regelwerk des Zehnten Buchs der ZPO als Grundlage nehmen, wenn dieses selbst mit dem Grundgesetz im Einklang steht – was im Einzelnen nicht unumstritten ist.[1]

Wie sich zeigen wird, hat der vorkonstitutionelle Gesetzgeber im Jahre 1877 ein deutsches Schiedsverfahrensrecht mit prozessualen Wirkungen geschaffen, das, teils von Beginn an, teils im Wege von Gesetzesreformen, in ein einfachgesetzliches und gerichtliches Kontrollsystem eingebettet worden ist, und damit seinen verfassungsrechtlichen Anforderungen grundsätzlich gerecht werden kann. So sieht es ein Regelungsgefüge aus einfach-gesetzlichen Verpflichtungs- und Kontrollnormen vor, das die Wahrung der Verfahrensgarantien im laufenden Schiedsverfahren sicherstellt. Vervollständigt wird dieses Kontrollsystem durch das nach Abschluss eines Schiedsverfahrens einsetzende Aufhebungs- und Vollstreckbarerklärungsverfahren. Dieses aus verfassungsrechtlicher Sicht notwendige staatliche Kontrollsystem führt zwar unweigerlich zu Einschränkungen in der privatautonomen Gestaltungsfreiheit der beteiligten Akteure – diese Einschränkungen sind jedoch auf das notwendige Mindestmaß reduziert, um der Freiheit der schiedsverfahrensrechtlichen Verfahrensgestaltung weiterhin möglichst viel Raum zu lassen. Es lässt sich damit festhalten, dass es sich bei dem heutigen deutschen Schiedsverfahrensrecht um ein ausgewogenes Regelwerk handelt, das die Wahrung der rechtsstaatlichen Verfah-

---

[1] In diesem Kapitel wird gleichzeitig der Versuch unternommen, dem Bedürfnis der schiedsgerichtlichen Praxis nach mehr Klarheit in Bezug auf die so wichtige, aber bisher nur wenig untersuchte Frage nach der Verfassungsgemäßheit des heutigen deutschen Schiedsverfahrensrechts nachzukommen – denn, wie *Lachmann*, S. 67, Rn. 230 es formuliert: „Verfassungsrechtliche Bedenken gegen das neue Schiedsverfahrensrecht sind nicht von vornherein von der Hand zu weisen. Eine gründliche Analyse steht (leider) noch aus".

rensgarantien unter weitestgehender Einräumung privatautonomer Entfaltungsmöglichkeiten grundsätzlich sicherzustellen vermag.[2]

A. Das Regelungsgefüge aus Verpflichtungs- und Kontrollnormen für das laufende Schiedsverfahren

Das deutsche Schiedsverfahrensrecht ist seit seiner Niederlegung in der ersten deutschen Civilprozeßordnung im Jahre 1877 von den damaligen knapp 22 Vorschriften auf inzwischen 42 gewachsen – die Regelungsdichte des Zehnten Buchs der ZPO hat sich zahlenmäßig also fast verdoppelt. Doch das deutsche Schiedsverfahrensrecht enthielt bereits in seiner ursprünglichen Form im Jahre 1877 die Anordnung prozessualer Wirkungen des Schiedsspruchs.[3] Und auch eine gewisse staatliche Kontrolle der Schiedsgerichtsbarkeit war bereits in der Ursprungsversion des deutschen Schiedsverfahrensrechts vorgesehen – wenn sich dieses Kontrollsystem mit der Zeit auch erheblich gewandelt hat.[4]

---

[2] Dass dies jedoch gerade deswegen der Fall ist, weil das deutsche Schiedsverfahrensrecht grundsätzlich eine subjektive Beschränkung seines Anwendungsbereichs auf einen Parteienrechtsstreit vorsieht, ist Gegenstand des Kapitels 4.

[3] Und zwar in § 866 der CPO von 1877, dem heutigen § 1055 ZPO, der die Wirkungen rechtskräftiger gerichtlicher Urteile unter den Parteien auf den Schiedsspruch übertragen will, und in der Möglichkeit der Zwangsvollstreckung in § 868 der CPO von 1877, welche nunmehr in § 1060 Absatz 1 und § 794 Absatz 1 Nummer 4a ZPO vorgesehen ist. Lange Zeit nicht ausdrücklich normiert war der rechtsverbindliche Ausschluss der staatlichen Gerichtsbarkeit zugunsten der schiedsgerichtlichen Zuständigkeit, wobei sich jedoch aus einer Gesamtschau der Vorschriften ergab, dass dies im Falle der rechtswirksamen Anrufung eines Schiedsgerichts grundsätzlich der Fall sein sollte. So sahen § 863 der CPO von 1877 und der ihm ab der Novelle von 1898 nachfolgende und wortgleiche § 1037 ZPO a.F. zwar vor, dass die Unzulässigkeit des schiedsgerichtlichen Verfahrens gerichtlich geltend gemacht werden konnte, das Schiedsverfahren aber dennoch fortgesetzt und ein Schiedsspruch erlassen werden durfte. Dies spricht im Umkehrschluss dafür, dass das Schiedsverfahren im Falle seiner *Zulässigkeit* prozessuale Wirkungen entfalten sollte. Die ausdrückliche Niederlegung dieser prozessualen Wirkung erfolgte jedoch erst mit der großen Schiedsrechtsreform im Jahre 1998 in Form der sogenannten Schiedseinrede in § 1032 Absatz 1 ZPO – wobei diese Vorschrift aus der weitgehenden Übernahme des UNCITRAL-Modellgesetzes von 1985 stammt. Der weitgehend gleichlautende Wortlaut findet sich in Artikel 8 des UNCITRAL-Modellgesetzes.

[4] Die Einzelheiten der Entwicklung des deutschen Schiedsverfahrensrechts müssen hier dahingestellt bleiben, da es in dieser Arbeit maßgeblich um die jetzige Rechtslage geht. Insoweit sei aber auf die detaillierten rechtshistorischen Ausführungen von *Zieren*, Das Schiedsverfahrensrecht der ZPO (1877–1933) unter Berücksichtigung der Genfer Übereinkommen von 1923 und 1927 sowie der Rechtsprechung des Reichsgerichts, verwiesen. Speziell zur Novellierung des deutschen Schiedsverfahrensrechts vor dem Hintergrund des UNCITRAL-Modellgesetzes von 1985 siehe *Zhi*, S. 122 ff.

Im Einzelnen umgesetzt worden ist das verfassungsrechtlich erforderliche staatliche Kontrollsystem durch Vorschriften, welche die privatrechtlichen Akteure des Schiedsverfahrens auf einfach-gesetzliche und konstitutive Weise dazu verpflichten, die Anforderungen der rechtsstaatlichen Verfahrensgarantien zu wahren – man mag sie mithin auch als *Verpflichtungsnormen* zusammenfassen. Neben diese einfach-gesetzlichen Verpflichtungsnormen treten solche Vorschriften, die eine staatliche Kontrolle der Einhaltung dieser Verpflichtungsnormen vorsehen – sie lassen sich daher auch als *Kontrollnormen* bezeichnen. Manche dieser Kontrollnormen sind an das laufende Schiedsverfahren geknüpft. Andere wiederum, das Aufhebungs- und Vollstreckbarerklärungsverfahren nämlich, greifen erst nach Abschluss des Schiedsverfahrens.[5] Das so geschaffene staatliche Kontrollsystem soll nun auf seine Umsetzung hin näher in Augenschein genommen werden.

I. Wahrung des Rechts auf staatlichen Rechtsschutz

Das deutsche Schiedsverfahrensrecht muss gewährleisten, dass der Staat, soweit er durch die Einräumung prozessualer Wirkungen von Schiedsverfahren und Schiedsspruch mit der Schiedsgerichtsbarkeit in Berührung kommt, im Einklang mit dem Grundgesetz handelt.[6] Dies bedeutet zunächst, dass ein Ausschluss der staatlichen Gerichtszuständigkeit zugunsten der schiedsgerichtlichen auf Grundlage der Regelungen im Zehnten Buch der ZPO nur dann eintreten darf, wenn dies mit dem Justizgewähranspruch der betroffenen Akteure, mithin mit der rechtsstaatlichen Garantie des Zugangs zu staatlichem Rechtsschutz, im Einklang steht.

1. Verfassungsrechtliche Anforderungen an den Ausschluss der Zugangsgarantie

Soll die Einleitung eines Schiedsverfahrens den Ausschluss der staatlichen Gerichtszuständigkeit für den betreffenden Rechtsstreit zur Folge haben, so muss grundsätzlich bereits von Verfahrensbeginn an sichergestellt sein, dass dies in verfassungskonformer Weise geschieht. Im Grundsatz ist hierbei Mittel zum Zweck ein rechtswirksamer freiwilliger *Verzicht* des Einzelnen auf die Ausübung seines Rechts auf staatlichen Rechtsschutz im Hinblick auf den dem Rechtsstreit zugrundeliegenden Streitgegenstand.[7] Wie bereits dargelegt, ist ein „Entzug" staatlichen Rechtsschutzes ohne das Hinzutreten besonderer Um-

---

[5] Zum Hintergrund dieser Aufteilung im Einzelnen in Kapitel 3 – B.I. und II.2.
[6] Siehe dazu im Einzelnen bereits in Kapitel 2 – B.
[7] Dazu auch in Kapitel 2 – C.II.b. und III.3. Wie *Münch*, in: MüKo ZPO, Vor § 1025, Rn. 7 es formuliert, ist es daher in Bezug auf die Schiedsgerichtsbarkeit „konsequent, die speziellen (Grundrechts-)Verzichtskriterien anzuwenden." Dazu aber im Einzelnen sogleich im Text.

stände verfassungsrechtlich hingegen nicht zulässig.[8] Denn hierbei handelt es sich um einen Grundrechtseingriff in den Justizgewähranspruch, welcher nur dann legitim ist, wenn er verfassungsrechtlich gerechtfertigt ist.[9] Was an dieser Stelle aber oftmals verkannt zu werden scheint, ist, dass im Einzelfall sehr wohl eine solche verfassungsrechtliche Rechtfertigung vorliegen kann, die den „Entzug" des staatlichen Rechtsschutzes legitimieren kann – und, dass von dieser Möglichkeit auch im deutschen Schiedsverfahrensrecht nicht allzu selten Gebrauch gemacht wird.[10]

a) Verzicht auf die Ausübung des konkreten Grundrechtsschutzes als Grundfall

Im Mittelpunkt des deutschen Schiedsverfahrensrechts steht aber zu Recht der verfassungsrechtlich zulässige Verzicht auf die Ausübung des Rechts auf staatlichen Rechtsschutz – die privatautonome Entscheidungsfreiheit des Einzelnen ist schließlich von grundlegender Bedeutung für die Schiedsgerichtsbarkeit.[11] Das Grundgesetz selbst sieht keine eigenen Vorgaben für einen Verzicht auf die Ausübung von Grundrechtsschutz vor, weder regelt es ihn, noch schließt es ihn explizit aus.[12] Wenn der Einzelne den ihm zustehenden Grundrechtsschutz aber nicht in Anspruch nehmen oder sich ihm sogar bewusst entledigen möchte, dann muss dies aus verfassungsrechtlicher Sicht grundsätzlich zuläs-

---

[8] Siehe oben in Kapitel 2 – C.II.1. Von einem „Entzug" sprechen in diesem Zusammenhang etwa *Münch*, in: MüKo ZPO, § 1059, Rn. 17; *Oswald*, S. 34; *Spohnheimer*, S. 46 f.; *Wagner*, S. 494; *Gharibian/Pieper*, BB 2018, 387, 388; *Haas*, SchiedsVZ 2007, 1, 3 f.; *Müller/Keilmann*, SchiedsVZ 2007, 113, 114; *Raeschke-Kessler*, SchiedsVZ 2003, 145, 153 f. Den Begriff hingegen jedenfalls im Zusammenhang mit dem Vorliegen einer wirksamen Schiedsvereinbarung richtigerweise ablehnend *Distler*, S. 59 ff.

[9] In der schiedsverfahrensrechtlichen Literatur wird, wie die Nachweise in der vorangehenden Fußnote zeigen, der negativ behaftete Begriff des „Entzugs" in diesem Zusammenhang regelmäßig verwendet, wohl um die Abgrenzung eines unfreiwilligen Entzugs zum freiwilligen Verzicht deutlich zu machen. Er versperrt aber mitunter den Blick auf den insoweit passenderen und aus verfassungsrechtlicher Sicht dogmatisch zutreffenderen Begriff des (Grundrechts-)*Eingriffs* – welcher selbstverständlich im Einzelnen verfassungsrechtlich gerechtfertigt und damit auch zulässig sein kann, siehe sogleich in Kapitel 3 – A.I.2.-4.

[10] Zu eng fordert beispielsweise Münch, in: MüKo ZPO, § 1059, Rn. 17: „Unabdingbar erforderlich ist die freiwillige Unterwerfung [...] – und sie muss gültig vereinbart werden! Alles andere würde auf einen unzulässigen Entzug staatlichen Rechtsschutzes hinauslaufen." Zu den einzelnen Fällen im deutschen Schiedsverfahrensrecht, in denen ein verfassungsrechtlich gerechtfertigter Grundrechtseingriff zulässigerweise vorgesehen ist, sogleich in Kapitel 3 – A.I.2., 3. und 4.

[11] Zur wichtigen, wenn auch differenzierend zu betrachtenden Rolle der Privatautonomie im Zusammenhang mit der Schiedsgerichtsbarkeit bereits oben in Kapitel 2 – C.I.1. und III.

[12] *Sachs*, in: ders., GG, Vorb. zu Abschnitt I, Rn. 52.

sig sein.[13] Dasselbe muss im Grundsatz also auch für den Ausschluss der staatlichen Gerichtszuständigkeit zugunsten der Schiedsgerichtsbarkeit gelten.

In der schiedsverfahrensrechtlichen Debatte stößt man in diesem Zusammenhang nun häufig auf den Begriff des „Grundrechtsverzichts".[14] Dieser Begriff ist aber ungenau, da er den Eindruck erweckt, dass der Verzichtende sich durch einen Verzichtsakt vollständig und unabdingbar seines Grundrechtsschutzes entledigen könne. Ein solch umfassender Grundrechtsausschluss ist aus verfassungsrechtlicher Sicht jedoch nicht zulässig – es werden lediglich „Möglichkeiten des Einzelnen anerkannt, bei prinzipiellem Fortbestand seiner Grundrechtsberechtigung aus den (einzelnen) Grundrechtsbestimmungen konkrete Einzelelemente des Grundrechtsschutzes in begrenztem Umfang aufzugeben."[15] Die Differenzierung zeigt, dass der Grundrechtsschutz *per se* weiter bestehen bleibt und dessen Ausübung nur in gewisser sachlicher und zeitlicher Hinsicht eingeschränkt wird.[16]

In der verfassungsrechtlichen Literatur wird im Zusammenhang mit dem „sogenannten Grundrechtsverzicht"[17] daher differenziert zwischen einem faktischen Nichtgebrauch des Grundrechtsschutzes einerseits[18] und einem verbindlichen Verzicht auf die Ausübung des Grundrechtsschutzes, dem sogenannten *Grundrechtsausübungsverzicht*, andererseits.[19] Gegenstand eines sol-

---

[13] Statt vieler *Sauer*, in: Dreier, GG, Vorb. vor Artikel 1 GG, Rn. 153 mit zahlreichen Nachweisen.

[14] Vgl. selbst BGHZ 68, 356, 360; auch *Münch*, in: MüKo ZPO, Vor § 1025, Rn. 7; *Schwab/Walter*, Teil I, Kapitel 32, Rn. 5 und letztendlich auch *Distler*, S. 86 ff.

[15] *Sachs*, in: ders., GG, Vorb. zu Abschnitt I, Rn. 53 mit zahlreichen weiteren Nachweisen.

[16] Den einzigen Fall eines tatsächlich umfassenden Verlustes des Grundrechtsschutzes dürfte die im Anwendungsbereich der Schiedsverfahrensrechts wohl selten einschlägige Grundrechtsverwirkung in Artikel 18 GG darstellen. Hierzu vertiefend aber *Dürig/Klein*, in: Herzog/Scholz/Herdegen/Klein, GG, Artikel 18, Rn. 1 ff. sowie *Seifert*, JA 2007, 99 ff.

[17] So *Sauer*, in: Dreier, GG, Vorb. vor Artikel 1, Rn. 154: „Der Begriff Grundrechtsverzicht ist gerade deswegen irreführend, weil er solche Absolutheit und Dauerhaftigkeit suggeriert". Vgl. auch Sachs, in: ders., GG, Vorb. zu Abschnitt I, Rn. 52 ff.

[18] Der im Übrigen selbst Folge des Grundrechtschutzes des Einzelnen in *negativer* Hinsicht sein dürfte, da jeder als Ausdruck autonomen Handelns auch die Freiheit hat, seine Grundrechte nicht zu gebrauchen, vgl. *Sauer*, in: Dreier, GG, Vorb. vor Artikel 1 GG, Rn. 153.

[19] Als weitere Fallgruppe ließe sich die konkrete Einwilligung in einen staatlichen Grundrechtseingriff nennen – wobei diese jedoch zuweilen auch mit dem Ausübungsverzicht gleichgesetzt wird, etwa von *Starck*, in: Mangoldt/Klein/Starck, GG, Artikel 1, Rn. 300; unklar auch *Jarass*, in: Jarass/Pieroth, GG, Vorb. vor Artikel 1, Rn. 35 f. Fest steht jedenfalls, dass beide Fallgruppen die gleichen Voraussetzungen haben, nämlich das Vorliegen einer freiwilligen Willensäußerung und die Disponibilität des betroffenen Grundrechts, vgl. *Fischinger*, JuS 2007, 808, 809 ff. und auch, am Beispiel des Artikels 10 Absatz 1 GG, *Ogorek*, in: BeckOK GG, Artikel 10, Rn. 62 f., sodass eine Unterscheidung letztlich nicht notwendig ist. Speziell in Bezug auf die Zuständigkeitsbegründung des Schiedsgerichts, die

chen Ausübungsverzichts kann auch das Recht auf Inanspruchnahme staatlichen Rechtsschutzes sein, und zwar in Bezug auf einen bestimmten Sachverhalt oder Streitgegenstand.[20] Inhalt eines Grundrechtsausübungsverzichtes ist die bindende Selbstverpflichtung zum Nichtgebrauch einer konkreten grundrechtlich geschützten Verhaltensmöglichkeit.[21] Diese Selbstbindung muss zum einen willentlich und freiwillig erfolgen und zum anderen bedarf es der die für die Willensäußerung notwendigen Einsichtsfähigkeit.[22] Im Hinblick auf die schiedsgerichtliche Zuständigkeitsbegründung von Interesse ist nun ohne Frage ein *verbindlicher* Grundrechtsausübungsverzicht, um eine gewisse Rechtssicherheit erlangen zu können. Dieser stellt daher verfassungsrechtsdogmatisch das geeignete Mittel für dem rechtsverbindlichen Ausschluss der staatlichen Gerichtszuständigkeit dar.

b) Verfassungsrechtlich gerechtfertigter Grundrechtseingriff als Sonderfall

Ausnahmsweise vom Vorliegen eines solchen freiwilligen Grundrechtsausübungsverzichts abgesehen werden darf lediglich dann, wenn dies in verfassungsrechtlicher Hinsicht zulässig ist. Dies ist wiederum nur der Fall, wenn die Voraussetzungen für einen verfassungsrechtlich gerechtfertigten Eingriff in das betreffende Grundrecht, hier das Recht auf staatlichen Rechtsschutz, gegeben sind.[23] Der im Grundgesetz verankerte Grundrechtsschutz hat nicht zur Folge, dass er immer und ausnahmslos in seiner vollen Form gewährt werden muss. Vielmehr kann es das Verfassungsrecht sogar selbst erfordern, dass, im

---

zumeist durch den Abschluss einer Schiedsvereinbarung herbeigeführt wird, scheint der Begriff des verbindlichen Grundrechtsausübungsverzichts am treffendsten, weswegen er in den weiteren Ausführungen zugrunde gelegt werden soll.

[20] Dazu am Beispiel der Verwaltungsbeschwerde in Abgrenzung zum Verwaltungsstreitverfahren BVerfGE 9, 194, 198 f. sowie am Beispiel der Unterwerfung unter einen Strafbefehl BVerfGE 22, 49, 72. Man mag nun den Grundrechtsausübungsverzicht im Zusammenhang mit dem Justizgewähranspruch noch weiter dahingehend konkretisieren, dass es sich hierbei um einen Verzicht auf die Inanspruchnahme einer staatlichen *Einrichtungsgarantie* handelt, nämlich die des staatlichen Rechtsschutzsystems, die als Folge einer insoweit bestehenden staatlichen Schutzpflicht geschaffen worden ist. Auch dieser in der verfassungsrechtlichen Literatur bisher nur wenig untersuchte Bereich des Verzichts auf die Inanspruchnahme einer staatlichen Schutzpflicht dürfte aber im weiteren Sinne unter den Grundrechtsausübungsverzicht fallen – und jedenfalls dieselben Voraussetzungen haben; so auch *Fischinger*, JuS 2007, 808, 812. Zum Ausschluss von staatlichen Schutzpflichten allgemein auch *Michael/Morlok*, Rn. 539.
[21] *Sachs*, in: ders., GG, Vorb. zu Abschnitt I, Rn. 52 ff.
[22] *Distler*, S. 62; *Hesselbarth*, S. 184 f.
[23] Denn die Staatsgewalten sind, wie bereits im vorangehenden Kapitel herausgearbeitet worden ist, stets dazu verpflichtet, das Grundgesetz und die darin verankerten Grundrechte des Einzelnen zu wahren, den Grundrechtsschutz also nur soweit zu beschränken, wie es das Verfassungsrecht duldet, Artikel 1 Absatz 3 und 20 Absatz 3 GG sowie bereits in Kapitel 2 – B.I.1.

Falle einer Kollision mehrerer Grundrechte, eine gewisse Beschränkung des Grundrechtsschutzes vorgenommen wird. Daher kann grundsätzlich in jedes der verfassungsrechtlich geschützten Rechte und Güter in verfassungsrechtlich zulässiger Weise eingegriffen werden.[24]

Überraschend ist nun, dass in der Schiedsgerichtsbarkeit nicht selten übersehen zu werden scheint, dass damit sehr wohl auch der Justizgewähranspruch in verfassungskonformer Weise beschränkt werden kann.[25] Ein Beispiel für eine staatliche Beschränkung des Justizgewähranspruchs im staatlichen Zivilprozess ist etwa die Fristgebundenheit von Rechtsmitteln und insbesondere die Präklusion von Verfahrensrügen in § 295 ZPO sowie von Angriffs- und Verteidigungsmitteln in § 296 ZPO.[26] Eine Grundrechtkollision besteht hier zwischen dem Justizgewähranspruch des Betroffenen einerseits und dem verfassungsrechtlich geschützten Bedürfnis nach Rechtssicherheit und Rechtsfrieden sowie der Funktionsfähigkeit des staatlichen Rechtsschutzsystems andererseits.[27] In verfassungskonformer Weise gelöst wird diese Kollision durch eine gewisse zeitliche Beschränkung der vom Justizgewähranspruch geschützten Freiheiten – was einen Grundrechtseingriff darstellt. Die einfach-gesetzlichen Beschränkungen der §§ 295 ff. ZPO stellen daher als Akte der Legislative Eingriffe in den Justizgewähranspruch dar. Sie sind aber verfassungsrechtlich gerechtfertigt, um miteinander kollidierende Grundrechte in einen angemessenen Ausgleich zu bringen.

Mit den Worten des Bundesverfassungsgerichts:

„Sowohl im öffentlichen Interesse als auch – allgemein gesehen – im Interesse der Rechtsuchenden selbst kann der Gesetzgeber daher durch verfahrensbeschleunigende Vorschriften, insbesondere durch Fristenregelungen und Präklusionsnormen, Vorkehrungen dagegen treffen, daß gerichtliche Verfahren unangemessen verzögert werden."[28]

---

[24] Selbst in die gewichtigsten Grundrechte im deutschen Grundgesetz, wie etwa in die in Artikel 8 Absatz 1 GG geschützte Versammlungsfreiheit, kann in verfassungsrechtlich gerechtfertigter Weise eingegriffen werden, indem Versammlungen von Auflagen abhängig gemacht werden oder sogar gänzlich untersagt werden, vgl. nur *Jarass*, in: Jarass/Pieroth, GG, Vorb. vor Artikel 1, Rn. 37 mit zahlreichen weiteren Nachweisen – „Die Freiheit des Einzelnen endet dort, wo die Freiheit des Anderen beginnt", wie *Kant* es bereits zu Zeiten des Liberalismus ausdrückte.

[25] In der schiedsverfahrensrechtlichen Literatur wird, wie in Kapitel 3 – A.I.1.a) gezeigt, mitunter pauschal von der Unzulässigkeit eines „Entzugs" staatlichen Rechtsschutzes gesprochen, ohne die notwendige Differenzierung dahingehend, dass ein solcher im Falle der verfassungsrechtlichen Rechtfertigung des Grundrechtseingriffs sehr wohl zulässig und sogar geboten sein kann.

[26] Vgl. nur BVerfGE 88, 118, 124 f.; 44, 294, 298 f.; 32, 305, 308 f.; auch *Pukall*, in: Pukall/Kießling, Zivilprozess, 1. Teil, Rn. 810.

[27] BVerfGE 88, 118, 124 f.

[28] BVerfGE 88, 118, 124. Zur Zulässigkeit der prozessualen Verwirkung und Präklusion auch BVerfGE 44, 294, 298 f.; 32, 305, 308 f.

Entsprechende Erwägungen gelten aber auch im Schiedsverfahrensrecht. Denn auch, wenn es sich um ein grundsätzlich privatrechtliches Verfahren handeln mag, so soll es in seinen Wirkungen weitestmöglich denen des staatlichen Zivilprozesses entsprechen.[29] Prozessuale Erwägungen, die mitunter verfassungsrechtlich geschützt sind, wie das Bedürfnis nach Rechtsfrieden und nach Rechtssicherheit, spielen also auch hier eine nicht minder bedeutende Rolle.[30] Es ist daher sehr wohl vorstellbar, dass der Schutz dieser verfassungsrechtlich geschützten Güter es im Ausnahmefall auch rechtfertigt, dass dem Einzelnen unabhängig von seinem eigenen Willensentschluss staatlicher Rechtsschutz zugunsten der schiedsgerichtlichen Zuständigkeitsbegründung versagt wird – und damit auch insoweit verfassungskonform in den Justizgewähranspruch eingegriffen werden kann.[31]

aa) Notwendige Differenzierung zwischen Verzicht und Eingriff

Es gilt mithin zu erkennen, dass ein freiwillig geäußerter Grundrechtsausübungsverzicht mitnichten die einzige Möglichkeit darstellt, um einen verfassungskonformen Ausschluss des Rechts auf staatlichen Rechtsschutz zugunsten der schiedsgerichtlichen Zuständigkeitsbegründung herbeizuführen zu können – was einen blinden Fleck in der schiedsrechtlichen Debatte darzustellen scheint.[32] Denn auch, wenn das Ergebnis, also die Annahme einer zulässigen Ausnahme vom klassischen Grundrechtsausübungsverzicht, zumeist durchaus richtig erkannt wird, so spricht doch, soweit ersichtlich, niemand aus, welches verfassungsrechtliche Konstrukt hinter dieser Ausnahme steht: ein verfassungsrechtlich gerechtfertigter Grundrechtseingriff.

Diese fehlende Differenzierung führt mitunter zu dem Versuch, den richtigerweise erkannten Ausnahmefall doch noch unter den Grundrechtsausübungsverzicht zu subsumieren – sodass dessen verfassungsrechtliche Grenzen über Gebühr strapaziert werden. Daraus resultiert etwa die Annahme, auch ein „mutmaßlicher Wille" des Betroffenen müsse den verfassungsrechtlichen Anforderungen an einen Grundrechtsausübungsverzicht genügen.[33] Oder aber die privatrechtlichen Rechtsinstitute, die mitunter eine Rechtsbindung ohne oder sogar gegen den Willen des Betroffenen eintreten lassen,[34] werden ohne Wei-

---

[29] Siehe dazu bereits in Kapitel 2 – A.III.2.
[30] So auch *Triebel/Hafner*, SchiedsVZ 2009, 313, 316.
[31] Wie sich zeigen wird, wird der Justizgewähranspruch des Einzelnen im deutschen Schiedsverfahrensrecht weitaus häufiger – in verfassungskonformer Weise! – beschränkt, als ein Blick in die schiedsverfahrensrechtliche Literatur es zunächst vermuten lässt. Dazu aber im Einzelnen in Kapitel 3 – A.I.2. bis 4.
[32] Vgl. dazu bereits die Nachweise oben in Kapitel 3 – A.I.1.a).
[33] *Müller/Keilmann* etwa sprechen in diesem Zusammenhang von einem „mutmaßlichen Willen" des Betroffenen, *Müller/Keilmann*, in: SchiedsVZ 2007, 113, 116.
[34] Diese Rechtsinstitute im Privatrecht entfalten auch ohne und sogar gegen den Willen des Betroffenen Bindungswirkung, und zwar dann, wenn er nicht die ihm zumutbare An-

teres auf das Schiedsverfahrensrecht übertragen und daraus ein Ausübungsverzicht konstruiert.[35] Dahinter steht das durchaus berechtigte Bedürfnis, den hinter den Rechtsinstituten, die im Privatrecht eine Rechtsbindung auch ohne oder sogar gegen den Willen des Betroffenen annehmen, stehenden Rechtsgedanken des angemessenen Ausgleichs kollidierender Rechtgüter, und zwar des Schuldnerschutzes einerseits und des Schutzes des Rechtsverkehrs andererseits, auch auf die Begründung der schiedsgerichtlichen Zuständigkeit zu übertragen. Dies allerdings darf nicht dazu führen, dass ein Grundrechtsausübungsverzicht konstruiert wird, welcher seinen verfassungsrechtlichen Anforderungen nicht standhalten kann.

Das heißt nicht, dass die Rechtsgedanken, die hinter den genannten privatrechtlichen Rechtsinstituten stehen, zur Zuständigkeitsbegründung des Schiedsgerichts überhaupt nicht herangezogen werden können. Sie müssen aber dogmatisch vom Institut des Grundrechtsausübungsverzichts getrennt werden und stattdessen in das Institut des Grundrechts*eingriffs* eingeordnet werden. Es ist also vielmehr die Frage zu stellen, ob, auch in Abwesenheit eines tatsächlich erklärten Verzichts, der Justizgewähranspruch des Einzelnen in verfassungsrechtlich gerechtfertigter Weise beschränkt werden kann, und zwar zugunsten der insoweit mit dem Justizgewährungsanspruch kollidierenden Rechtgüter.[36] Wie sich im Einzelnen noch zeigen wird, ist eine solche Grundrechtsbeschränkung nicht selten zulässig, sodass die Konstruktion eines – im Zweifel unwirksamen – Grundrechtsausübungsverzichts gar nicht notwendig ist, um die schiedsgerichtliche Zuständigkeitsbegründung zu rechtfertigen. Ist,

---

strengung unternommen hat, sich einen tatsächlichen Willen zu bilden und diesen entsprechend zu äußern, mit seinem Verhalten aber gleichzeitig einen Vertrauenstatbestand geschaffen hat. Hierunter fallen neben dem allgemeinen Rechtsinstitut der Vertrauens- beziehungsweise Rechtsscheinhaftung auch die Grundsätze des kaufmännischen Bestätigungsschreibens im Handelsverkehr und im weiteren Sinne auch die vereinfachte Einbeziehung von allgemeinen Geschäftsbedingungen. Grundlegend dazu bereits *Canaris*, S. 9 ff. und 196 ff., insb. S. 217 ff.

[35] Etwa *Hesselbarth*, die einen – wenn ihrer Ansicht nach letztendlich auch unzulässigen – Grundrechtsausübungsverzicht in den Grundsätzen des kaufmännischen Bestätigungsschreibens zu finden versucht, anstatt einen insoweit möglicherweise zulässigen Grundrechtseingriff in Betracht zu ziehen, *Hesselbarth*, S. 179 f. Dazu im Einzelnen aber sogleich in Kapitel 3 – A.I.2.c).

[36] Hier ist dann eine verfassungsrechtliche Abwägung und Verhältnismäßigkeitsprüfung vorzunehmen, um die kollidierenden Grundrechte miteinander in praktische Konkordanz zu bringen, vgl. nur BVerfGE 113, 154, 162; 111, 54, 82; 108, 129, 136; 80, 109, 120; *Jarass*, in: Jarass/Pieroth, GG, Artikel 20, Rn. 112 ff. Gerade bei bereits vielfach gerichtlich überprüften und – auch verfassungsrechtlich – anerkannten Rechtsinstituten, wie etwa den Grundsätzen zum kaufmännischen Bestätigungsschreiben oder der Präklusion, spricht aber einiges dafür, dass eine solche Abwägung auch in Bezug auf die schiedsgerichtliche Zuständigkeitsbegründung zugunsten des Schutzes des Rechtsverkehrs und des Rechtsfriedens ausfällt. Dazu im Einzelnen aber sogleich in Kapitel 3 – A.I.2.c) und A.I.4.

in Abwesenheit eines freiwilligen Verzichtsakts des Betroffenen, die verfassungsrechtliche Rechtfertigung eines Grundrechtseingriffs hingegen nicht ersichtlich, so muss akzeptiert werden, dass insoweit eine Grenze der Möglichkeiten, die schiedsgerichtliche Zuständigkeit verfassungskonform zu begründen, erreicht ist.[37]

bb) Element der Freiwilligkeit als Abgrenzungskriterium

Es gilt also zu erkennen, dass die Anforderungen an einen freiwillig erklärten Verzicht auf die Ausübung des eigenen Grundrechtsschutzes nicht so weit heruntergeschraubt werden dürfen, dass auch ein mutmaßlicher oder sogar „unfreiwilliger Verzicht" als ausreichend angesehen wird. Vielmehr ist, in Abwesenheit eines tatsächlich erklärten und freiwilligen Verzichts, das Vorliegen eines verfassungskonformen Grundrechtseingriffs zu prüfen. Denn ein Grundrechtseingriff kann gerade ohne oder gegen den Willen des Betroffenen erfolgen, das Vorliegen eines Elements von Freiwilligkeit ist hier obsolet.[38]
Das Element der Freiwilligkeit kann daher als wegweisendes Abgrenzungskriterium zwischen Grundrechtsausübungsverzicht und Grundrechtseingriff dienen.[39] Zu diesem Zweck ist es notwendig, den Begriff der Freiwilligkeit näher zu definieren. Grundlage einer freiwilligen Willensbildung muss das Vorliegen eines Wissenselements sein, es bedarf also einer positiven Kenntnis von dem bevorstehenden Grundrechtsausübungsverzicht in der Person des Betroffenen.[40] Aufbauend auf diesem Wissenselement muss sich ein tatsächlicher Wille des Betroffenen dahingehend gebildet haben, in Bezug auf den zugrundeliegenden Rechtsstreit auf die Inanspruchnahme staatlicher Gerichte zur Streitbeilegung verzichten zu wollen.[41]

So definiert gilt Folgendes: Dort, wo ein tatsächlicher Wille dahingehend gebildet wurde, sich seines eigenen Rechts auf staatlichen Rechtsschutz begeben zu wollen, bedarf es keiner verfassungsrechtlichen Rechtfertigung eines Grundrechtseingriffs, denn es fehlt schlicht am Schutzbereich eines Grund-

---

[37] Diese Grenzen zu erkennen, wird gerade in Bezug auf eine subjektive Erweiterung des deutschen Schiedsverfahrensrechts noch von großer Bedeutung sein. Dazu aber im Einzelnen in Kapitel 5 und 6.

[38] Ein Grundrechtseingriff setzt in aller Regel sogar einen entgegenstehenden Willen des Betroffenen voraus, *Sauer*, in: Dreier, GG, Vorb. vor Artikel 1, Rn. 153.

[39] Aus der Perspektive des Vorliegens einer Schiedsvereinbarung zeigt etwa auch *Distler*, S. 62 das Abgrenzungskriterium der Freiwilligkeit auf, um von einem „Entzug" staatlichen Rechtsschutzes abzugrenzen: „Ein Entzug liegt niemals vor, wenn der Klageabweisung [durch ein staatliches Gericht] eine gültige Schiedsvereinbarung der Parteien vorausgegangen ist, denn eine solche muss stets freiwillig und ohne Willensmängel zustande gekommen sein."

[40] *Hesselbarth*, S. 184 f.; vgl. auch schon *Werthauer*, NJW 1953, 1416, 1417 am Beispiel des kaufmännischen Bestätigungsschreibens (es müsse ein „echter Verzicht" vorliegen).

[41] *Hesselbarth*, S. 177 ff., insb. S. 184.

rechts, in das eingegriffen werden könnte.[42] Umgekehrt ist der Staat, in Abwesenheit einer entsprechenden freiwilligen Willensbildung des Betroffenen, gemäß Artikel 20 Absatz 3 und Artikel 1 Absatz 3 GG dazu verpflichtet, die Grundrechte des Einzelnen zu wahren. Er darf den Grundrechtsschutz dann also nur beschränken oder sogar ganz versagen, wenn dies unter Abwägung mit kollidierendem Verfassungsrecht erlaubt, also verfassungsrechtlich gerechtfertigt ist.

cc) Vorgehen bei der Abgrenzung in Grenzfällen

Im Einzelfall kann es allerdings schwierig sein, genau festzustellen, ob es sich nun um den Fall eines freiwilligen Ausübungsverzichts handelt, oder aber, unabhängig vom Vorliegen eines solchen Verzichts, ein verfassungsrechtlich gerechtfertigter Grundrechtseingriff gegeben ist. Abgrenzungsfragen kommen insbesondere im Anwendungsbereich solcher Rechtsinstitute auf, in denen eine Kollision mit anderen Grundrechten vorliegt, die einen Grundrechtseingriff in jedem Fall rechtfertigen würde, etwa im Anwendungsbereich der Präklusion.[43] Denn auch hier bleibt es dem Betroffenen selbstverständlich unbenommen, einem Grundrechtseingriff zuvorzukommen, indem er den Verzicht auf seinen Grundrechtsschutz freiwillig und willentlich zum Ausdruck bringt – oder aber in den Grundrechtseingriff explizit einwilligt.[44]

Im Einzelfall sollte daher stets in einem ersten Schritt überprüft werden, ob ein freiwilliger Ausübungsverzicht des Betroffenen unzweifelhaft erkennbar

---

[42] Ein rechtswirksamer Grundrechtsausübungsverzicht führt schließlich gerade dazu, dass der Staat den betreffenden Grundrechtsschutz nicht mehr gewähren muss, da der Betroffene sich schließlich willentlich seines Grundrechtsschutzes begeben hat. Vgl. auch *Sauer*, in: Dreier, GG, Vorb. vor Artikel 1, Rn. 153 („volenti non fit iniuria").

[43] Zur verfassungsrechtlichen Zulässigkeit der Präklusion im Einzelnen sogleich in Kapitel 3 – A.I.4.

[44] Dem Willen des Betroffenen sollte insoweit auch Geltung verschafft werden und er einen Grundrechtseingriff verdrängen können, gerade im Hinblick auf den im Schiedsverfahrensrecht besonders schützenswerten Grundsatz der Privatautonomie, siehe dazu bereits oben in Kapitel 2 – A.I.1. und sogleich in Kapitel 3 – C. Beispiele für solche schwierigen Grenzfälle dürften etwa das später bestrittene Vorliegen eines bloß konkludent geäußerten Grundrechtsausübungsverzichts, bei welchem der Nachweis erschwert oder unmöglich ist, sein, aber auch das bewusste und mithin *freiwillige* Unterlassen eines Widerspruchs gegen einen anstehenden Ausschluss der staatlichen Gerichtsbarkeit in Abgrenzung zum unbewussten und damit *unfreiwilligen* Unterlassen. Wie sich zeigen wird, haben Gesetzgeber und Rechtsprechung für solche Grenzfälle bereits Vorsorge getroffen, sodass auch in Abwesenheit eines tatsächlichen oder jedenfalls nachweisbaren Grundrechtsausübungsverzichts der Ausschluss der staatlichen Gerichte zugunsten der Schiedsgerichtsbarkeit den Anforderungen an einen verfassungskonformen Grundrechtseingriff standhält, etwa im Anwendungsbereich der Einbeziehung von allgemeinen Geschäftsbedingungen oder eines kaufmännischen Bestätigungsschreibens, aber auch der Schiedsverfügung eines Dritten im Sinne des § 1066 ZPO. Dazu aber sogleich im Detail in Kapitel 3 – C.I.2.c) und A.I.3. und 4.

beziehungsweise nachweisbar ist. Ist dies nicht der Fall oder jedenfalls nicht eindeutig auszumachen, liegt aber eine Grundrechtskollision nahe, so ist zu prüfen, ob es in Abwägung der kollidierenden Grundrechte gerechtfertigt sein kann, das Recht auf staatlichen Rechtsschutz insoweit in engen Grenzen zu versagen oder jedenfalls zu beschränken. Beispielsweise immer dann, wenn man auf privatrechtliche Rechtsscheintatbestände zurückgreifen möchte, spricht einiges dafür, hier von einem verfassungsrechtlich gerechtfertigten Grundrechtseingriff auszugehen.[45] Damit kann es insbesondere in schwierigen Einzelfällen zuweilen dahinstehen, ob es sich nun noch um eine freiwillige Willensäußerung handelt, solange jedenfalls die Voraussetzungen für einen verfassungsrechtlich gerechtfertigten Grundrechtseingriff vorliegen. Sind hingegen kollidierende Grundrechte nicht erkennbar oder fällt eine Abwägung eindeutig zugunsten des Justizgewährsanspruchs aus, so muss der Ausschluss des Rechts auf staatlichen Rechtsschutz zugunsten der Schiedsgerichtsbarkeit abgelehnt werden.

c) Zusammenfassung und Ausblick für die weitere Untersuchung

Zusammenfassend gilt es zu erkennen, dass der verfassungsrechtlich wirksame Verzicht auf die konkrete Ausübung des Rechts auf staatlichen Rechtsschutz, der „Konsens" des Einzelnen, eben doch nicht, wie es bei einem ersten Blick in die schiedsverfahrensrechtliche Literatur erscheinen mag, der einzige Weg ist, um den insoweit bestehenden Grundrechtsschutz zugunsten der Schiedsgerichtsbarkeit auszuschließen oder zu beschränken.[46] Vielmehr kann es in engen Grenzen auch im deutschen Schiedsverfahrensrecht zulässig sein, zugunsten kollidierenden Verfassungsrechts in verfassungskonformer Weise in den Justizgewähranspruch einzugreifen und unter besonderen Umständen den konkreten Grundrechtsschutz sogar vollständig zu versagen. Das konstruierte Herunterschrauben der Anforderungen an einen Grundrechtsausübungsverzicht ist also gar nicht notwendig, um die prozessuale Wirkung des rechtsverbindlichen Ausschlusses staatlicher Gerichte verfassungsrechtlich legitimieren zu können.

Deutlich wird aber auch, dass über die Grenzen des freiwilligen Grundrechtsausübungsverzichts und des verfassungsrechtlich gerechtfertigten Grundrechtseingriffs hinaus ein Ausschluss staatlichen Rechtsschutzes auch zugunsten der Schiedsgerichtsbarkeit nicht zulässig und damit angreifbar ist,

---

[45] Denn in der Regel sind diejenigen Rechtsinstitute, die das Setzen eines Rechtsscheins für eine Rechtsbindung im Privatrecht ausreichen lassen, in verfassungsrechtlicher Hinsicht zu Lasten des Schuldnerschutzes zulässig, um dem verfassungsrechtlich relevanten Schutz des Rechtsverkehrs gerecht zu werden. Es gibt allerdings auch hier umstrittene Grenzfälle, wie etwa das aus richterlicher Rechtsfortbildung stammende Institut der Anscheinsvollmacht, hierzu im Einzelnen aber sogleich in Kapitel 3 – A.I.2.b).
[46] In diese Richtung aber etwa *Münch*, in: MüKo ZPO, § 1059, Rn. 17; *Gharibian/Pieper*, BB 2018, 387, 388; *Müller/Keilmann*, SchiedsVZ 2007, 113, 114.

sodass dem verfassungskonformen Ausschluss des Justizgewähranspruchs klare Grenzen gesetzt sind. Daher sollte die verbreitete Annahme der Unzulässigkeit eines „Entzugs" staatlichen Rechtsschutzes richtigstellend dahingehend konkretisiert werden, dass ein solcher jedenfalls *ohne verfassungsrechtliche Rechtfertigung* unzulässig ist.[47]

Das deutsche Schiedsverfahrensrecht muss also einfach-gesetzliche Regelungen vorsehen, welche die Anforderungen an einen verfassungsrechtlich wirksamen Grundrechtsausübungsverzicht erfüllen und zur Voraussetzung des rechtsverbindlichen Ausschlusses der staatlichen Gerichtszuständigkeit zugunsten der schiedsgerichtlichen machen. Darüber hinaus darf es zu einem Ausschluss nur kommen, wenn die engen Voraussetzungen für einen verfassungskonformen Ausschluss staatlichen Rechtsschutzes ausnahmsweise gegeben sind.[48] Im deutschen Schiedsverfahrensrecht finden sich drei Möglichkeiten wieder, wie die staatliche Gerichtszuständigkeit rechtsverbindlich ausgeschlossen werden kann. Als Grundfall ist der übereinstimmende Grundrechtsausübungsverzicht auf das Recht auf staatlichen Rechtsschutz durch gegenseitigen privatrechtlichen Vertrag vorgesehen, die Schiedsvereinbarung.[49] Als ausdrücklicher Sonderfall ist die sogenannte Schiedsverfügung, als einseitiges privatrechtliches Rechtsgeschäft, niedergelegt worden.[50] Als weiterer Sonderfall tritt die Möglichkeit des Ausschlusses der staatlichen Gerichte kraft Präklusion hinzu – ein Sonderfall deswegen, weil ein freiwilliger Verzichtsakt des Betroffenen hier regelmäßig nicht vorliegt.[51] Es gilt nun zu untersuchen, ob, beziehungsweise inwieweit diese drei Möglichkeiten mit den obigen verfassungsrechtlichen Grundsätzen im Einklang stehen.

2. Grundfall vertragliches Rechtsgeschäft: Die Schiedsvereinbarung

Im gesetzlichen Regelfall soll der Ausschluss des Rechts auf staatlichen Rechtsschutz im deutschen Schiedsverfahrensrecht über die sogenannte Schiedsvereinbarung erfolgen. In § 1029 Absatz 1 ZPO ist die Schiedsvereinbarung wie folgt definiert:

„Schiedsvereinbarung ist eine Vereinbarung der Parteien, alle oder einzelne Streitigkeiten, die zwischen ihnen in Bezug auf ein bestimmtes Rechtsverhältnis vertraglicher oder nichtvertraglicher Art entstanden sind oder künftig entstehen, der Entscheidung durch ein Schiedsgericht zu unterwerfen."

---

[47] Zu dieser Begrifflichkeit des „Entzugs" vgl. bereits die Nachweise in der vorhergehenden Fußnote.

[48] Zu den insoweit im deutschen Schiedsverfahrensrecht vorgesehenen Sonderfällen der schiedsgerichtlichen Zuständigkeitsbegründung sogleich in Kapitel 3 – A.I.2.c) und A.I.3. und 4.

[49] Dazu im Einzelnen sogleich im nachfolgenden Abschnitt in Kapitel 3 – A.I.2.

[50] Dies wird in Kapitel 3 – A.I.3. näher ausgeführt.

[51] Dazu im Einzelnen in Kapitel 3 – A.I.4.

a) Schiedsvereinbarung als unwiderruflicher Grundrechtsausübungsverzicht

Bei dieser „Vereinbarung der Parteien" handelt es sich nach allgemein herrschender Auffassung um ein Rechtsgeschäft in Form eines privatrechtlichen Vertrags, der nach den Voraussetzungen des Bürgerlichen Gesetzbuches und den besonderen Vorschriften des deutschen Schiedsverfahrensrechts zustande kommt.[52] Die Unterwerfung unter die Entscheidung durch ein Schiedsgericht erfolgt danach in rechtsgeschäftlicher Form, mittels eines privatrechtlichen Vertragsschlusses.

Bei näherer Betrachtung zeigt sich, dass die Schiedsvereinbarung dabei grundsätzlich einen jedenfalls einseitig nicht widerruflichen Grundrechtsausübungsverzicht des Einzelnen in Bezug auf sein Recht auf staatlichen Rechtsschutz zur Folge hat. Da die Schiedsvereinbarung in dem Großteil der Fälle zu einem Zeitpunkt vor dem tatsächlichen Eintritt des Streitfalls, der zu ihrer Anwendung führt, geschlossen wird, handelt es sich dabei zumeist um eine antizipierte Verzichtserklärung der Vertragsschließenden. Denn die übereinstimmenden Willenserklärungen liegen in diesem Fall zwar bereits vor, es fehlt aber noch an dem Eintritt des konkreten Streitfalls, in welchem die Verzichtserklärung auch ihre Wirkung entfaltet. Tritt nun der Streitfall ein, dem eine Schiedsvereinbarung zugrunde liegt, so müssen sich die Vertragspartner nach dem Grundsatz *pacta sunt servanda* der Vereinbarung beugen, sind mithin an ihre Verzichtserklärung gebunden – ein Abstandnehmen von der Erklärung ist damit nach Vertragsschluss jedenfalls nicht mehr einseitig möglich. Nur mit dem Vertragspartner gemeinsam kann übereinstimmend von der Verzichtserklärung wieder Abstand genommen werden.[53]

Die Schiedsvereinbarung stellt damit im Regelfall eine übereinstimmende *antizipierte* Verzichtserklärung dar – die allerdings noch des Eintritts ihres An-

---

[52] Nach allgemein herrschender Ansicht ist die Schiedsvereinbarung ein materiell-rechtlicher Vertrag über prozessuale Beziehungen. Ausführlich zum Stand der Diskussion über die Rechtsnatur der Schiedsvereinbarung *Mayr*, S. 22 ff.; *Solomon*, S. 288 ff.; *Stürmer*, S. 6 ff. sowie *Wagner*, S. 11 ff. zur Rechtsnatur von Prozessverträgen allgemein. Besonders deutlich wurde die Rechtsnatur der Schiedsvereinbarung als materiell-rechtlicher Vertrag noch in den Vorgängerfassungen des deutschen Schiedsverfahrensrechts. So enthielten etwa die Vorschriften des § 852 der CPO von 1877 und des seit der Novelle von 1898 geltenden wortgleichen § 1026 ZPO a.F. den Begriff „Schiedsvertrag" und § 853 der CPO von 1877 verwies in Bezug auf die Form der Schiedsvereinbarung sogar ausdrücklich auf „die Bestimmungen des Bürgerlichen Rechts". Mit *Massuras* Worten: „Das „Ob" der Unterwerfung unter die Zuständigkeit des Schiedsgerichts ist keine Verfahrensfrage", *Massuras*, S. 87.

[53] Denn wünschen beide Parteien, trotz des erfolgten Abschlusses einer Schiedsvereinbarung staatlichen Rechtsschutz in Anspruch zu nehmen, so ist ihnen dies möglich, indem der Anspruchsinhaber Klage vor einem staatlichen Gericht erhebt und der Anspruchsgegner von der ihm zustehenden Einrede des § 1032 Absatz 1 ZPO keinen Gebrauch macht. Es tritt dann in Bezug auf die Zuständigkeit des staatlichen Gerichts ein Fall der rügelosen Einlassung nach den §§ 282 Absatz 3, 296 Absatz 3 ZPO ein, *Ahrens*, S. 10.

wendungsfalls bedarf, mithin für sich allein genommen noch keine Verzichts-*wirkung* entfaltet.[54] Es mutet damit eine Ähnlichkeit zum Rechtsinstitut der Anwartschaft an.[55] Denn mit dem vorprozessualen Abschluss einer Schiedsvereinbarung sind bereits so viele Tatbestandsmerkmale erfüllt, dass der Eintritt der Rechtswirkung – der Ausschluss der gerichtlichen Zuständigkeit für den zugrundeliegenden Rechtsstreit – nicht mehr einseitig rückgängig gemacht oder aufgehalten werden kann. Das noch ausstehende Tatbestandsmerkmal liegt in dem Eintritt des der Schiedsvereinbarung zugrundeliegenden Streitfalls.[56]

Die vorprozessuale Schiedsvereinbarung steht mithin letztlich unter einer aufschiebenden Bedingung im Sinne des § 158 Absatz 1 BGB, dass ein streitig zu entscheidender Konflikt zwischen den Vertragsparteien entsteht.

b) *Vereinbarkeit von privatrechtlichem Rechtsgeschäft und Grundrechtsausübungsverzicht*

Da die Schiedsvereinbarung ein privatrechtlicher Vertrag ist, sind die Anforderungen des bürgerlichen Rechts an solch einen Vertragsschluss auch bei ihrem Abschluss zu berücksichtigen.[57] Problematisch ist jedoch, dass es im Privatrecht eben auch solche Rechtsinstitute gibt, die für eine rechtsgeschäftliche Bindungswirkung keinen freiwilligen Willensentschluss des Betroffenen voraussetzen.[58] Es gilt daher zu untersuchen, inwieweit sich der Abschluss einer Schiedsvereinbarung durch privatrechtliches Rechtsgeschäft tatsächlich lückenlos in das Institut des freiwilligen Grundrechtsausübungsverzichts einordnen lässt – oder ob stattdessen mitunter nicht die Annahme eines, dann verfassungsrechtlich zu rechtfertigenden, Grundrechtseingriffs notwendig ist.

---

[54] Es mag schließlich auch vorkommen, dass zwei Vertragsparteien eine Schiedsvereinbarung abschließen, es aber nie zu einer Rechtsstreitigkeit kommt. Wie *Distler*, S. 86 ff. es ausdrückt, ist der Anspruch auf staatlichen Rechtsschutz – und damit auch ein damit einhergehender Verzicht des Einzelnen – schließlich stets „akzessorisch" zum tatsächlichen Eintritt eines Streitfalls.

[55] Zum nicht unumstrittenen Rechtsinstitut des Anwartschaftsrechts *Oechsler*, in: MüKo BGB, § 929, Rn. 17 mit zahlreichen weiteren Nachweisen zu Ursprung und Hintergrund.

[56] Wobei aufgrund des § 1032 Absatz 1 ZPO irrelevant ist, ob die Klage direkt vor dem Schiedsgericht erhoben wird oder vor dem staatlichen Gericht, da der Prozessgegner im letzteren Falle die prozesshindernde Einrede des § 1032 Absatz 2 ZPO erheben kann. Vgl. dazu auch *Münch*, in: MüKo ZPO, § 1032, Rn. 2.

[57] Dazu allgemein *Wagner*, S. 278 ff., insb. S. 293 ff.

[58] Hierzu im Einzelnen bereits oben in Kapitel 3 – A.I.1.b).

aa) Grundrechtsausübungsverzicht im Falle des Vorliegens eines Freiwilligkeitselements

Solange die Elemente der Freiwilligkeit und der Einsichtsfähigkeit gewahrt sind, kann die Schiedsvereinbarung grundsätzlich auf jede nach dem Bürgerlichen Gesetzbuch vorgesehene rechtsgeschäftliche Weise zustande kommen, da sie dann einen zulässigen (antizipierten) Grundrechtsausübungsverzicht darstellt.[59] Beschränkt wird diese Freiheit lediglich durch die speziellen schiedsverfahrensrechtlichen Anforderungen, die an den Abschluss einer Schiedsvereinbarung zu stellen sind, insbesondere die Schiedsfähigkeit des Gegenstands der Schiedsvereinbarung gemäß § 1030 ZPO.[60] Unproblematisch zulässig ist damit der Grundfall eines Vertragsschlusses durch die bewusste und freiwillige Abgabe einer eigenen – wirksamen – Willenserklärung, die auf den Abschluss einer Schiedsvereinbarung mit dem Gegenüber gerichtet ist. Und auch das Rechtsinstitut der Stellvertretung dürfte im Falle des Vorliegens einer willentlich eingeräumten und wirksamen Vertretungsmacht die Anforderungen an einen unwiderruflichen und freiwilligen Ausübungsverzicht unproblematisch erfüllen. Denn auch hier ist von der Freiwilligkeit des Betroffenen bei der Erteilung der Vertretungsmacht zum Abschluss der Schiedsvereinbarung auszugehen.[61]

bb) Ausnahmsweise verfassungsrechtlich gerechtfertigter Grundrechtseingriff?

Schwierigkeiten bereiten hingegen solche Fälle, in denen das Merkmal der Freiwilligkeit nicht zweifelsfrei vorzuliegen scheint, das Vertragsrecht zum Schutz des Rechtsverkehrs aber dennoch eine Rechtsbindung annimmt. Dies ist etwa im Anwendungsbereich der Rechtsscheinvollmacht der Fall.[62] Jedenfalls im Falle der Anscheinsvollmacht, in der der Rechtsschein der Vertretungsvollmacht lediglich in zumutbarer Weise erkennbar sein muss, um zu einer Rechtsbindung zu führen, ist eine freiwillige und tatsächliche Willensbildung des Betroffenen gerade nicht erforderlich. Hier kollidiert mithin die verfassungsrechtliche Anforderung an einen wirksamen Grundrechtsausübungsverzicht mit dem auf angemessenen Ausgleich zwischen Rechtssicherheit einerseits und Schuldnerschutz andererseits angelegten Grundsatz der Rechtsscheinvollmacht. Es stellt sich die Frage, wie diese Kollision zu lösen ist – macht es hier das verfassungsrechtliche Bedürfnis nach Rechtssicherheit not-

---

[59] *Wagner*, S. 494.
[60] Dazu sogleich in Kapitel 3 – A.I.4.
[61] Zur Stellvertretung beim Abschluss einer Schiedsvereinbarung allgemein *Ahrens*, S. 54 ff.
[62] Eingehend zum rechtsdogmatischen Hintergrund der Rechtsscheinvollmacht *Canaris*, S. 9 ff. Dafür, das Rechtsinstitut vollumfassend auf den Abschluss einer Schiedsvereinbarung anzuwenden etwa *Massuras*, S. 151 f.

wendig und auch verfassungsrechtlich zulässig, dass der freiwillige Verzicht des Einzelnen auf sein Recht auf staatlichen Rechtsschutz ausnahmsweise zurückstehen muss und ein Eingriff in das Grundrecht zugunsten der Rechtssicherheit des Vertragspartners verfassungsrechtlich gerechtfertigt ist?

Im Hinblick auf die Anscheinsvollmacht ist soweit ersichtlich bisher ungeklärt, ob man in Bezug auf eine Beschränkung des Justizgewähranspruchs zugunsten der schiedsgerichtlichen Zuständigkeitsbegründung zu einer verfassungsrechtlichen Rechtfertigung kommen würde, weshalb es geboten scheint, bei der Anwendung dieses Rechtsinstituts für das Zustandekommen einer Schiedsvereinbarung Vorsicht walten zu lassen.[63] Wichtig sind diese grundlegenden Überlegungen zu den verfassungsrechtlichen Anforderungen an das Zustandekommen der Schiedsvereinbarung aber auch für die später genauer in Augenschein zu nehmende Frage, wie weit eine Schiedsvereinbarung in subjektiver Hinsicht wirken kann – insbesondere, ob sie auf nicht am Vertragsschluss Beteiligte übertragen werden kann, etwa durch eine Abtretung, oder aber, ob eine Vorschrift wie die des § 128 Satz 1 HGB zu einer Bindung des Gesellschafters an eine von der Gesellschaft abgeschlossene Schiedsvereinbarung führt.[64] Und wie sich sogleich zeigen wird, spielen diese Einzelfragen zur Abgrenzung des Grundrechtsausübungsverzichts vom zulässigen Grundrechtseingriff in den Justizgewähranspruch auch an anderen Stellen des deutschen Schiedsverfahrensrechts eine wichtige Rolle.[65]

c) Schiedsverfahrensrechtliche Anforderungen an die Schiedsvereinbarung

Neben den materiell-rechtlichen Anforderungen an den Abschluss einer Schiedsvereinbarung müssen die hierfür speziell im deutschen Schiedsverfahrensrecht vorgesehenen Regelungen berücksichtigt werden. So die Vorschrift des § 1031 ZPO, welche die Überschrift „Form der Schiedsvereinbarung" trägt.[66] Wie sich zeigen wird, sieht sie in einem komplexen Regelungsgefüge

---

[63] Und stattdessen zu versuchen, auf den ausdrücklichen Abschluss einer Schiedsvereinbarung hinzuwirken. Dies gilt insbesondere deswegen, da das aus richterlicher Rechtsfortbildung stammende Rechtsinstitut der Anscheinsvollmacht auch unabhängig von dem wirksamen Abschluss einer Schiedsvereinbarung mancherorts auf verfassungsrechtliche Bedenken stößt, so etwa bei *Schilken*, in: Staudinger, BGB, § 167, Rn. 31 mit zahlreichen weiteren Nachweisen zum Schrifttum.

[64] Diesen Fragen widmet sich im Einzelnen in Kapitel 5 – A.I.1.b) und 6 – B.2.

[65] Siehe hierzu im Einzelnen im nachfolgenden Abschnitt in Kapitel 3 – A.I.2.c). sowie in Kapitel 3 – A.I.3. und 4.

[66] Daneben ist auch die Vorschrift des § 1030 ZPO, welche die Schiedsfähigkeit des einem Schiedsverfahren zugrundeliegenden Rechtsverhältnisses regelt, zu berücksichtigen. Das Erfordernis der Schiedsfähigkeit des Streitgegenstands betrifft jedoch, wie sich noch zeigen wird, alle Möglichkeiten im deutschen Schiedsverfahrensrecht, die prozessuale Wirkung des Ausschlusses der staatlichen Gerichtszuständigkeit herbeizuführen, und damit

vor, auf welche Weise eine Schiedsvereinbarung im Einzelnen zustande kommen kann, regelt mithin weit mehr als nur die Form einer Schiedsvereinbarung – was ihre dogmatische Einordnung in nicht unerheblicher Weise erschwert. Zwar wird im Rahmen des Reformvorhabens des deutschen Bundesministeriums der Justiz derzeit diskutiert, ob im Wirtschaftsverkehr sogar eine vollständige Formfreiheit zugelassen werden sollte – was eine Rückkehr zum gesetzlichen Modell von 1877 darstellen würde. Die nachfolgenden Ausführungen, insbesondere zu der verfassungsrechtlichen Einordnung der Vorschrift, ließen sich darauf aber weitgehend entsprechend anwenden.[67]

aa) § 1031 ZPO als klassische Formvorschrift?

Fest steht, dass § 1031 ZPO eine schiedsverfahrensrechtliche Wirksamkeitsvorschrift in Bezug auf das Zustandekommen einer Schiedsvereinbarung darstellen soll. Wird eine Schiedsvereinbarung ihren Anforderungen nicht gerecht, so ist die Schiedsvereinbarung unwirksam.[68] Die Überschrift der Vorschrift lässt nun vermuten, dass es sich bei § 1031 ZPO um eine Formvorschrift handelt, die beim Abschluss einer Schiedsvereinbarung zu berücksichtigen ist.[69] Fraglich ist aber, ob § 1031 ZPO überhaupt die Regelungszwecke einer Formvorschrift verfolgt, also, zusätzlich zu einer Nachweisfunktion, insbesondere auch eine Warnfunktion zugunsten des Betroffenen innehat.[70]

Es wird die Auffassung vertreten, dass der überwiegende Regelungsgehalt des heutigen § 1031 ZPO eine reine Nachweisfunktion innehabe, und zwar da-

---

nicht lediglich die Schiedsvereinbarung, sodass ihm in Kapitel 3 – A.I.5. eine eigenständige Erläuterung gewidmet wird.

[67] Zu dem – aus verfassungsrechtlicher Sicht nicht unbedenklichen – geplanten Vorhaben siehe das Eckpunktepapier des Bundesministeriums der Justiz zur Modernisierung des deutschen Schiedsverfahrensrechts vom 18. April 2023, S. 2, Punkt III.1 sowie sogleich in Kapitel 3 – A.I.1.b)bb).

[68] So lautet die Begründung des Reformgesetzesentwurfs der Bundesregierung, BT-Drucks. 13/5274, S. 36: „Sind die Erfordernisse des § 1031 ZPO-E nicht erfüllt, ist die Schiedsvereinbarung immer ungültig"; vgl. auch *Ahrens*, S. 35.

[69] Auch das bürgerliche Recht kennt für einzelne Rechtsinstitute spezielle Formerfordernisse, wie für die Bürgschaft in § 766 BGB oder den Verbraucherdarlehensvertrag in § 492 Absatz 1 BGB, welche durch die allgemeinen Vorschriften in den §§ 125 ff. BGB ergänzt werden.

[70] So etwa *Müller/Keilmann*, SchiedsVZ 2007, 113, 114, die unter Verweis auf die Entscheidung BGHZ 36, 273, 278 die Auffassung vertreten, die Formerfordernisse in § 1031 ZPO dienten dem „Schutz der davon betroffenen Personen". Die in der Abhandlung zitierte Entscheidung des Bundesgerichtshofs bezieht sich allerdings auf die Vorgängerversion des § 1031 ZPO, also auf § 1027 ZPO a.F., die tatsächlich primär eine Warnfunktion verfolgte und etwa die Inbezugnahme auf eine Schiedsklausel in allgemeinen Geschäftsbedingungen gerade ausschließen wollte. Weite Teile der heutigen, nicht unerheblich reformierten Vorschrift des § 1031 ZPO entsprechen, wie sich sogleich im Text zeigen wird, diesem Regelungsgedanken aber gerade nicht mehr.

hingehend, dass der unwiderrufliche Grundrechtsausübungsverzicht des Einzelnen, den die Schiedsvereinbarung in der Regel abbilden soll, auch tatsächlich in rechtsgeschäftlicher Form erklärt worden ist.[71] Die Anforderungen des § 1031 ZPO dienten also insbesondere dem Staat dazu, das Vorliegen eines solchen Grundrechtsausübungsverzichts überprüfen zu können, bevor er Schiedsverfahren und Schiedsspruch verbindliche Wirkungen zuerkennt. Beim näheren Betrachten wird deutlich, dass dies in Bezug auf einen Großteil des Regelungsgehalts des § 1031 ZPO auch zutrifft. So ist zwar in der ersten Alternative des § 1031 Absatz 1 ZPO noch die Schriftform der Schiedsvereinbarung vorgesehen,[72] also ein strenges Formerfordernis, das die Anforderungen an eine Warnfunktion durchaus erfüllt. Doch dieses strenge Formerfordernis wird in den übrigen Alternativen des § 1031 Absatz 1 ZPO sowie in den Absätzen 2 und 3 der Vorschrift immer weiter abgeschwächt. So sind anstelle eines Dokuments in Schriftform auch jegliche anderen Formen der Nachrichtenübermittlung für den wirksamen Abschluss einer Schiedsvereinbarung ausreichend, solange sie „einen Nachweis der Vereinbarung sicherstellen", § 1031 Absatz 1 ZPO a.E.

Und die Vorschrift geht noch weiter. So wird in § 1031 Absatz 2 und 3 die stark vereinfachte Einbeziehung einer Schiedsklausel in allgemeinen Geschäftsbedingungen als zulässig erachtet[73] und das Rechtsinstitut des kaufmännischen Bestätigungsschreibens für anwendbar erklärt.[74] Besondere Formerfordernisse sind auch in diesen Anwendungsfällen nicht vorgesehen.[75] Eine besondere Formstrenge sieht neben dem fakultativen Schriftformerfordernis in der ersten Alternative des § 1031 Absatz 1 ZPO lediglich § 1031 Absatz 5 ZPO für die Beteiligung von Verbrauchern an der Schiedsvereinbarung vor. Hier muss neben dem Schriftformerfordernis eine vom übrigen Vertrag gesonderte und eigenhändig unterzeichnete Urkunde vorliegen, es sei denn, die Schiedsvereinbarung ist Gegenstand einer notariellen Beurkundung. In den übrigen Fällen des § 1031 ZPO ist hingegen eine Warnfunktion zugunsten des Ver-

---

[71] Vgl. *Voit* für Schiedsvereinbarungen, an deren Abschluss kein Verbraucher beteiligt ist, *Voit*, in: Musielak/Voit, ZPO, § 1031, Rn. 1 und auch *Münch*, in: MüKo ZPO, § 1031, Rn. 10.

[72] So soll die Schiedsvereinbarung in einem „von den Parteien unterzeichneten" Dokument enthalten sein, § 1031 Absatz 1 Alt. 1 ZPO.

[73] Die Gesetzesbegründung zu § 1031 Absatz 3 ZPO erklärt dies als den wichtigsten Anwendungsfall der neuen Vorschrift, vgl. Begr. RegE, BT-Drucks. 13/5274, S. 37.

[74] Vgl. die Gesetzesbegründung zu § 1031 Absatz 2 ZPO, Begr. RegE, BT-Drucks. 13/5274, S. 37 sowie *OLG Hamburg*, 9. März 2021, 6 Sch 13/20 und *KG Berlin*, 21. Juni 2021, 12 Sch 1017/21, besprochen bei *Kröll*, NJW 2022, 827, 828.

[75] Denn auch hier reicht (irgend-)ein „übermittelte[s] Dokument" im Sinne des § 1031 Absatz 1 ZPO aus, vgl. § 1031 Absatz 2 ZPO. § 1031 Absatz 3 ZPO ermöglicht sogar den Abschluss einer Schiedsvereinbarung, wenn diese in allgemeinen Geschäftsbedingungen enthalten ist, auf welche mittels eine kaufmännischen Bestätigungsschreibens Bezug genommen wird.

tragsschließenden – mit Ausnahme der fakultativen Schriftform in der ersten Alternative des § 1031 Absatz 1 ZPO – nicht erkennbar. Es scheint bei näherer Betrachtung also verfehlt, § 1031 ZPO als eine reine Formvorschrift zu bezeichnen, da eindeutig nur einzelne Teile der Vorschrift deren primären Sinn und Zweck, den Betroffenen vor dem möglicherweise übereilten Abschluss eines Rechtsgeschäfts zu warnen, erfüllen.[76]

Doch auch in einer reinen Nachweisfunktion erschöpft sich der Regelungsgehalt der Vorschrift letztlich nicht. Denn die Absätze 2 und 3 des § 1031 ZPO erklären ausdrücklich solche Rechtsinstitute für den rechtswirksamen Abschluss einer Schiedsvereinbarung für anwendbar, welche die betreffende Rechtsbindung auch ohne den tatsächlichen Willen des Betroffenen eintreten lassen. So ist es gemäß § 1031 Absatz 2 ZPO ausreichend, wenn die Schiedsvereinbarung in einem von der einen der anderen Partei übermittelten Dokument enthalten ist und „der Inhalt des Dokuments im Falle eines nicht rechtzeitig erfolgten Widerspruchs nach der Verkehrssitte als Vertragsinhalt angesehen wird". Bereits die Formulierung, dass der Inhalt des Dokuments nach der Verkehrssitte als Vertragsinhalt „angesehen" wird, zeigt das hypothetische Element dieses Anwendungsfalls. Die Schiedsvereinbarung entfaltet im Falle des § 1031 Absatz 2 ZPO also auch dann Rechtswirkung, wenn der Betroffene es versehentlich und damit *unwillentlich* versäumt hat, von der Widerspruchsmöglichkeit gegen das kaufmännische Bestätigungsschreiben rechtzeitig Gebrauch zu machen. Und auch durch die erleichterte Einbeziehungsmöglichkeit einer Schiedsklausel mittels allgemeiner Geschäftsbedingungen über § 1031 Absatz 3 ZPO ist es nicht ausgeschlossen, dass bei Abschluss des Haupt-vertrags eine der Vertragsparteien die Schiedsklausel gar nicht zur Kenntnis nimmt und sich ihr damit nicht wissentlich und willentlich beugt.[77]

bb) Verfassungsgemäßheit des § 1031 ZPO?

Die Vorschrift sieht damit, auch wenn dies aufgrund der irreführenden Überschrift „Form der Schiedsvereinbarung" nur schwer zu erkennen ist, eine Zuständigkeitsbegründung des Schiedsgerichts mittels einer Schiedsvereinbarung auch in Abwesenheit eines dadurch geäußerten freiwillig Grundrechtsausübungsverzichts vor.[78] Diese Erkenntnis führt zwangsläufig zu der Frage, ob

---

[76] Zur Warnfunktion von Formvorschriften im eigentlichen Sinne zum Schutze vor einem (übereilten) Abschluss bindender Rechtsgeschäfte, vgl. *Mansel*, in: Jauernig, BGB, § 125, Rn. 3 mit zahlreichen weiteren Nachweisen.

[77] *Hesselbarth* spricht insoweit von einer „Schiedsvertragsfiktion" gemäß § 1031 Absatz 2 und 3 ZPO, *Hesselbarth*, S. 177 ff.

[78] Es mag daher verwundern, warum die Vorschrift den Titel „Form der Schiedsvereinbarung" trägt. Dies dürfte daran liegen, dass die Vorgängerversion des § 1031 ZPO tatsächlich noch Anforderungen speziell an die Form einer Schiedsvereinbarung regelte. So war in § 1027 Absatz 1 ZPO a.F. die Schriftform der Schiedsvereinbarung vorgeschrieben sowie

die Vorschrift des § 1031 ZPO in ihrer heutigen Form überhaupt verfassungsgemäß ist – was nicht unumstritten ist.[79] Zweifel an der Verfassungsgemäßheit der so reformierten Vorschrift können in zweierlei Hinsicht vorgebracht werden. Zum einen könnte es aus verfassungsrechtlicher Sicht geboten sein, dass der Abschluss einer Schiedsvereinbarung stets eine Warnfunktion innehat und damit streng formbedürftig ist.[80] Zum anderen ist fraglich, ob die Absätze 2 und 3 der Vorschrift, die im Einzelfall auch den nicht willensgetragenen Abschluss einer Schiedsvereinbarung ermöglichen, den Anforderungen des Grundgesetzes an die Wahrung des Rechts auf staatlichen Rechtsschutz gerecht werden.[81]

(1) Verfassungsgemäßheit in Bezug auf die eingeschränkte Formstrenge?

Wie bereits dargelegt, ist grundsätzlich jedes Rechtsgeschäft dazu geeignet, einen verfassungsgemäßen Grundrechtsausübungsverzicht festzuhalten – solange es das Kriterium der willensbasierten Freiwilligkeit erfüllt.[82] Darüber hinausgehende Anforderungen an die *Form* des Rechtsgeschäft sind hingegen nicht zu stellen, und auch eine besondere Warnfunktion muss aus verfassungsrechtlicher Sicht nicht zwingend erfüllt sein. Damit würde grundsätzlich selbst ein völlig formfreies Rechtsgeschäft einem unwiderruflichen Grundrechtsausübungsverzicht genügen.[83]

Nun hatte der Gesetzgeber jedoch die Möglichkeit des mündlichen Abschlusses der Schiedsvereinbarung, wie es noch in der ursprünglichen Version

---

die Möglichkeit der Heilung durch rügelose Einlassung. In Absatz 2 der Vorschrift war eine ausdrückliche Ausnahme von diesem Formerfordernis für Handelsgeschäfte vorgesehen, welche in Absatz 3 weiter differenziert wurde. Damit handelte es sich bei § 1027 ZPO a.F. noch um eine klassische Formvorschrift, die nur Ausnahmen im Hinblick auf solche Personen vorsah, denen gegenüber die Wahrung einer Warnfunktion nicht erforderlich schien, nämlich unter Gewerbetreibenden im Handelsverkehr.

[79] *Hesselbarth*, S. 177, insb. S. 187, S. 234 f. geht von einer auf die Vorschrift des § 1031 Absatz 2 und 3 ZPO bezogenen „(Teil-)Verfassungswidrigkeit" des heutigen deutschen Schiedsverfahrensrechts aus, die nur teilweise durch verfassungskonforme Auslegung der Vorschriften beseitigt werden könne.

[80] Insoweit äußern etwa *Detterbeck*, in: Sachs, GG, Artikel 92, Rn. 29 und *Voit*, JZ 1997, 120, 121 Zweifel an der Verfassungsgemäßheit der Vorschrift.

[81] Hier setzten *Hesselbarths* Zweifel an der Verfassungsgemäßheit der § 1031 Absätze 2 und 3 ZPO an, vgl. *Hesselbarth*, S. 177, insb. S. 187.

[82] Siehe zu den Anforderungen an einen verfassungsgemäßen Grundrechtsausübungsverzicht bereits oben in Kapitel 3 – A.I.1.a) und b).

[83] Wie es im Übrigen, wenn auch noch im vorkonstitutionellen § 853 der CPO von 1877, vorgesehen war. Lediglich in praktischer Hinsicht bestehen Bedenken an einem völlig formfreien Grundrechtsausübungsverzicht, da dann naturgemäß dessen Nachweisbarkeit erschwert wird. Deswegen wurde auch die Möglichkeit des formfreien Abschlusses einer Schiedsvereinbarung, die noch in der Vorschrift des § 853 der CPO von 1877 galt, mit der Novelle von 1933 wieder abgeschafft, vgl. *Zieren*, S. 196.

des § 853 der CPO von 1877 zuließ, bereits frühzeitig eingegrenzt.[84] Doch dies hat jedenfalls heutzutage einen anderen verfassungsrechtlichen Hintergrund, und zwar die aus Artikel 1 Absatz 3 GG folgende Pflicht des Staates, prozessuale Wirkungen von Schiedsverfahren und Schiedsspruch nur dann eintreten zu lassen, wenn er sichergehen und damit *nachweisen* kann, dass ein verfassungsgemäßer Ausschluss des Rechts auf staatlichen Rechtsschutz tatsächlich vorliegt.[85] Im Falle einer mündlich geschlossenen Schiedsvereinbarung dürfte es mitunter schwerfallen, diesen Nachweis zu führen. Besondere Anforderungen an das Zustandekommen einer Schiedsvereinbarung sind damit lediglich im Hinblick auf den *Nachweis* des verfassungskonformen Ausschlusses der staatlichen Gerichtszuständigkeit zu stellen, was § 1031 ZPO auch erfüllt.[86] Es lässt sich mithin festhalten, dass besondere Anforderungen an die Form der Schiedsvereinbarung jedenfalls nicht aus Gründen der Verfassungsgemäßheit des Grundrechtsausübungsverzichts zu stellen sind.[87] Die erforderliche Nachweisfunktion hingegen erfüllt § 1031 ZPO. Insoweit bestehen aus verfassungsrechtlicher Sicht also grundsätzlich keine Bedenken. Zugleich wirkt die derzeit vom Bundesministerium der Justiz angedachte Rückkehr zur Formfreiheit der Schiedsvereinbarung im Wirtschaftsverkehr wie ein – verfassungsrechtlich nicht unbedenklicher – Rückschritt.[88]

---

[84] Mit der Novelle von 1933, durch die Neufassung des damaligen § 1027 Absatz 1 ZPO a.F. – und zwar durch eine Beschränkung auf Kaufleute, welche ein Handelsgeschäft schließen. Für Letztere ließ § 1027 Absatz 2 ZPO noch bis zur Schiedsrechtsreform im Jahr 1998 einen formfreien Abschluss der Schiedsvereinbarung zu. Zum Abschluss der Schiedsvereinbarung durch konkludentes Handeln oder Stillschweigen unter dieser Vorschrift nach altem Recht eingehend *Böckstiegel*, in: FS Bülow, S. 1, 6 ff.

[85] Vgl. nur BGHZ 36, 273, 278, wenn auch noch zu § 1027 ZPO a.F.: Die Vorschrift will „im öffentlichen Interesse die Zuständigkeitsgrenzen so genau abstecken, wie dies nach den Umständen möglich ist." Zur verfassungsrechtlichen Herleitung siehe Kapitel 2 – B.I.

[86] So fordern alle Fälle des § 1031 ZPO, dass jedenfalls ein „Nachweis der Vereinbarung" vorhanden ist. Dies gilt letztlich auch für die in § 1031 Absatz 6 ZPO vorgesehene „Heilung" in Bezug auf den „Mangel der Form" durch die Einlassung auf die schiedsgerichtliche Verhandlung zur Hauptsache. Denn hier bildet die durchgeführte Verhandlung mitsamt all ihren Beteiligten, welche im Zweifel sogar protokolliert wird, genügend Nachweismöglichkeiten.

[87] Eine Ausnahme mag zwar mit Blick auf den Verbraucherschutz gelten, der europarechtlichen Maßstäben gerecht werden muss – was in § 1031 Absatz 5 ZPO auch umgesetzt worden ist. Hierbei handelt es sich um eine bewusste Abweichung des deutschen Reformgesetzgebers von 1998 vom UNCITRAL-Modellgesetz, vgl. Begr. RegE, BT-Drucks. S. 26, dazu auch S. 73. Sie war notwendig geworden, da das deutsche Schiedsverfahrensrecht nicht wie das UNCITRAL-Modellgesetz auf die internationale Handelsschiedsgerichtsbarkeit begrenzt werden sollte, sondern auch nationale Schiedsverfahren ohne handelsrechtlichen Bezug und damit auch solche unter Privaten und Verbrauchern abdecken sollte, vgl. Begr. RegE, BT-Drucks., S. 25 und 26 sowie *Bryant*, SchiedsVZ 2021, 58, 62.

[88] Zu dem geplanten Vorhaben siehe das Eckpunktepapier des Bundesministeriums der Justiz zur Modernisierung des deutschen Schiedsverfahrensrechts vom 18. April 2023, S. 2, Punkt III.1.

(2) Verfassungsgemäßheit hinsichtlich der Ermöglichung eines Grundrechtseingriffs?

Nicht unberechtigte Zweifel werden aber im Hinblick auf die 1998 neu eingefügten Absätze 2 und 3 der Vorschrift des § 1031 ZPO erhoben, und zwar mit der Frage, ob bei einer Inbezugnahme auf eine in allgemeinen Geschäftsbedingungen enthaltene Schiedsvereinbarung das für die Freiwilligkeit erforderliche Willenselement vorhanden ist.[89] Dasselbe gilt für den nicht rechtzeitigen Widerspruch gegen ein kaufmännisches Bestätigungsschreiben.[90] So ist es schließlich vorstellbar, dass es ein Vertragsschließender versäumt, auf eine im Vertrag befindliche Inbezugnahme auf allgemeine Geschäftsbedingungen aufmerksam zu werden und daraufhin zu erkennen, dass der Vertrag Gegenstand einer in den allgemeinen Geschäftsbedingungen enthaltenden Schiedsklausel ist. Noch deutlicher wird dies bei der Anwendung der Grundsätze zum kaufmännischen Bestätigungsschreiben auf das Zustandekommen der Schiedsvereinbarung. So ist es gerade Sinn und Zweck des Rechtsinstituts, dass der Inhalt eines kaufmännischen Bestätigungsschreibens, und damit auch eine darin enthaltende Schiedsklausel, Bindungswirkung entfalten, wenn versehentlich und damit *unfreiwillig* versäumt wird, rechtzeitig Widerspruch gegen dessen Inhalt zu erheben.

In beiden Fällen ist mithin ein Ausschluss des Rechts auf staatlichen Rechtsschutz auch ohne den Willen des Betroffenen möglich – ohne also, dass er insoweit wirksam auf seinen Grundrechtsschutz verzichtet hat.[91] Doch dies muss nicht zwingend die Verfassungswidrigkeit der Vorschrift zur Folge haben. Denn, wie bereits herausgearbeitet wurde, kann, in Abwesenheit eines freiwilligen Grundrechtsausübungsverzichts, ein verfassungsgemäßer Grundrechtseingriff die Verfassungskonformität herstellen.[92] So steht hinter den Grundsätzen des kaufmännischen Bestätigungsschreibens der Rechtsgedanke des Schutzes des Rechtsverkehrs, um dem schnelllebigen Handelsverkehr mit seiner Vielzahl von Vertragsschlüssen gerecht werden zu können.[93] Wurde dem Empfänger die zumutbare Möglichkeit der Kenntnisnahme von dem kaufmännischen Bestätigungsschreiben und eines Widerspruchs gegen dessen Inhalt eingeräumt und hat er hiervon nicht (fristgemäß) Gebrauch gemacht, so hat im

---

[89] So *Hesselbarth*, S. 177 ff.
[90] *Hesselbarth*, S. 179 ff.
[91] Für die Wirksamkeit eines freiwilligen Grundrechtsausübungsverzichts ist es auch unerheblich, ob der Verzichtende, ein Kaufmann etwa, weniger schutzwürdig ist, als andere Personen – denn das Element der Freiwilligkeit muss immer vorliegen, soweit eine Grundrechtsberechtigung besteht.
[92] Das übersieht *Hesselbarth*, S. 177, insb. S. 187, die von einer auf diese Fälle des § 1031 ZPO bezogenen Verfassungswidrigkeit des heutigen deutschen Schiedsverfahrensrechts ausgeht, ohne die Möglichkeit einer verfassungsrechtlichen Rechtfertigung in Betracht zu ziehen.
[93] Vgl. nur *Schmidt*, in: MüKo HGB, § 346, Rn. 143.

Privatrecht der freie Wille des Empfängers zum Schutze seines Gegenübers zurückzustehen.[94]

Das Einräumen einer zumutbaren Widerspruchsmöglichkeit, bei deren sorgfaltswidrigem, wenn auch mitunter unfreiwilligem Nichtgebrauch eine Rechtsbindung eintritt, ist vergleichbar mit dem prozessualen Institut der Präklusion – welches unbestrittenermaßen einen verfassungsrechtlich gerechtfertigten Eingriff in das Recht auf staatlichen Rechtsschutz zulässt.[95] Es lässt sich mithin argumentieren, dass die hinter dem kaufmännischen Bestätigungsschreiben stehenden Rechtsgedanken, die im Übrigen das Ergebnis einer interessengerechten und sorgsam geprüften richterlichen Rechtsfortbildung sind,[96] auch auf den Ausschluss staatlichen Rechtsschutzes zugunsten der Schiedsgerichtsbarkeit übertragbar sind und einen etwaigen Grundrechtseingriff verfassungsrechtlich zu rechtfertigen vermögen. Dasselbe dürfte für die zumutbare Möglichkeit des Widerspruchs gegen die vereinfachte Einbeziehung einer Schiedsklausel in allgemeinen Geschäftsbedingungen gelten. Genaugenommen handelt es sich bei den Absätzen 2 und 3 des § 1031 ZPO damit zwar um die gesetzliche Anordnung von möglichen Grundrechtseingriffen im Hinblick auf das Zustandekommen einer Schiedsvereinbarung. Diese dürfte jedoch mit dem Grundgesetz im Einklang stehen, sodass auch insoweit eine (Teil-)Verfassungswidrigkeit des deutschen Schiedsverfahrensrechts abzulehnen ist.[97]

cc) Zusammenfassung

Damit steht fest, dass die Vorschrift des § 1031 ZPO sehr viel komplexer ist, als sie es auf den ersten Blick vermuten lässt. Von einer reinen Formvorschrift kann nicht gesprochen werden – was aber aus verfassungsrechtlicher Sicht unerheblich ist. Aufgrund der stets erforderlichen Inbezugnahme auf (irgend-)ein Dokument erfüllt die Vorschrift des § 1031 ZPO schließlich die aus verfas-

---

[94] Eingehend zum Inhalt dieser Rechtgrundsätze auch *Fest*, in: Joost/Strohn, HGB, § 346, Rn. 243.

[95] Dies dürfte jedenfalls in Bezug auf die Präklusion in *staatlichen* Verfahren unbestritten sein, vgl. bereits oben in Kapitel 3 – A.I.1.b).

[96] Die Grundsätze zum kaufmännischen Bestätigungsschreiben sind ständige Rechtsprechung, vgl. nur *BGH*, NJW 1994, 1288 f.; BGHZ 11, 1, 3 f.; 7, 187, 189 f., und entsprechen auch der ganz herrschenden Ansicht in der Literatur, vgl. statt vieler *Pamp*, in: Oetker, HGB, § 346, Rn. 38 mit zahlreichen weiteren Nachweisen in Fn. 225.

[97] Hier zeigt sich, warum die Abgrenzung zwischen Grundrechtsausübungsverzicht und Grundrechtseingriff im Einzelfall schwierig sein kann. Denn auch im Anwendungsbereich der § 1031 Absätze 2 und 3 ZPO hat der Betroffene schließlich grundsätzlich die Möglichkeit, sich der Schiedsvereinbarung freiwillig zu beugen, indem der Empfänger eines kaufmännisches Bestätigungsschreibens beispielsweise dessen Inhalt bewusst anerkennt – oder sich jemand bewusst dazu entscheidet, einen Vertrag in der Kenntnis abzuschließen, dass darin auf allgemeine Geschäftsbedingungen Bezug genommen wird, welche eine Schiedsklausel enthalten. Zur Abgrenzung allgemein aber bereits oben, in Kapitel 3 – A.I.1.b).

sungsrechtlicher Sicht erforderliche Nachweisfunktion. Doch Teile der Vorschrift gehen eindeutig über diese Funktion hinaus. So stellen § 1031 Absatz 2 und 3 ZPO einfach-gesetzliche Anordnungen möglicher Grundrechtseingriffe zum Schutze des Rechtsverkehrs dar. Dies ist in den dort geregelten Fällen aber ausnahmsweise zulässig, da dadurch eine Grundrechtskollision in verfassungskonformer Weise aufgelöst wird.[98]

Mit der umfassenden Gesetzesreform von 1998, die der Angleichung an das UNCITRAL-Modellgesetz dienen und den Schiedsort Deutschland international möglichst attraktiv machen sollte, wurde die Vorschrift mit den heutigen Absätzen 2[99] und 3[100] um zwei Rechtsinstitute ergänzt, die gänzlich aus dem Bild einer reinen Formvorschrift herausfallen. Ihre irreführende Verortung inmitten der („Form"-)Vorschrift des § 1031 ZPO führt dazu, dass versucht wird, sie in das übrige Regelungsgefüge der Norm einzuordnen. Dies versperrt den Blick auf den eigentlichen hinter ihnen stehenden Regelungsgedanken, und zwar die Verankerung einer ausnahmsweise verfassungskonformen Eingriffsmöglichkeit in den Justizgewähranspruch.[101] Diese Erkenntnis wird noch von großer Bedeutung für die Frage sein, inwieweit das im derzeitigen deutschen Schiedsverfahrensrecht niedergelegte System in subjektiver Hinsicht ausgeweitet werden kann.[102]

---

[98] Auch steht der Vorschrift im Hinblick auf eine internationale Vollstreckbarkeit inländischer Schiedssprüche nicht die Formstrenge des UNÜ entgegen. Denn Artikel VII Absatz 1 des UNÜ lässt im Rahmen des sogenannten Meistbegünstigungsgrundsatzes ausdrücklich die Anwendung schiedsfreundlichen nationalen Rechts zu, vgl. nur *BGH*, SchiedsVZ 2014, 151, 154.

[99] Hierbei handelt es sich um einen deutschrechtlichen Alleingang im Vergleich zum UNCITRAL-Modellgesetz von 1985, vgl. *Münch*, in: MüKo ZPO, § 1031, Rn. 1 („Nationale Eigenwege"). Das Rechtsinstitut des kaufmännischen Bestätigungsschreiben stellt zwar eine Besonderheit des deutschen Rechtssystems dar, ist allerdings auch in anderen Ländern nicht gänzlich unbekannt, etwa in Frankreich, Belgien, Luxemburg und den Niederlanden, vgl. Begr. RegE, BT-Drucks. 13/5274, S. 26 und 36.

[100] Bei § 1031 Absatz 3 ZPO handelt es sich hingegen um eine Übernahme der Modellvorschrift des Artikels 7.2. Satz 3 UNCITRAL-Modellgesetz von 1985, vgl. Begr. RegE, BT-Drucks. 13/5274, S. 37.

[101] Auch die Regierungsbegründung des Reformentwurfs von 1996 deutet dies nur teilweise an, indem in Bezug auf § 1031 Absatz 3 ZPO zwar von der Möglichkeit einer wirksamen Begründung einer Schiedsvereinbarung durch eine Bezugnahme auf allgemeine Geschäftsbedingungen gesprochen wird, im Zusammenhang mit § 1031 Absatz 2 ZPO aber weiterhin von der „Form" der Schiedsvereinbarung die Rede ist, vgl. Begr. RegE, BT-Drucks. 13/5274, S. 36 f.

[102] Dazu aber im Einzelnen in Kapitel 4 – C.I.2.

d) Konsensbasierter Ausschluss der staatlichen Gerichtsbarkeit als gesetzlicher Regelfall

Dennoch bleibt festzuhalten, dass das deutsche Schiedsverfahrensrecht eindeutig den freiwilligen Abschluss einer Schiedsvereinbarung als Regelfall vorsehen wollte. Schließlich ist einer der Grundgedanken der Schiedsgerichtsbarkeit der des Konsenses der Beteiligten.[103] Dies muss insbesondere für die Zuständigkeitsbegründung des Schiedsgerichts, die zu einem Ausschluss des Rechts auf staatlichen Rechtsschutz führen soll, gelten. Eine Zuständigkeitsbegründung des Schiedsgerichts mit all ihren prozessualen Folgen ohne oder sogar gegen den Willen des Betroffenen sollte allein vor diesem Hintergrund nur im absoluten Ausnahmefall und unter engen Voraussetzungen zulässig sein. Dies gilt es bei der Frage einer verfassungsrechtlichen Rechtfertigung eines etwaigen Grundrechtseingriffs zugunsten der Schiedsgerichtsbarkeit stets besonders zu berücksichtigen.[104] Der verfassungsrechtlich gerechtfertigte Grundrechtseingriff in den Justizgewähranspruch muss richtigerweise der Ausnahmefall bleiben.[105]

3. Sonderfall einseitiges Rechtsgeschäft: Die Schiedsverfügung

Das deutsche Schiedsverfahrensrecht sieht, im Einklang mit dem UNCITRAL-Modellgesetz und dem internationalen Standard allgemein, die vertragliche Vereinbarung über den Ausschluss des Rechts auf staatlichen Rechtsschutz zugunsten der schiedsgerichtlichen Zuständigkeit mittels einer Schiedsvereinbarung als gesetzlichen Regelfall vor. Doch im deutschen Schiedsverfahrensrecht, versteckt im hintersten Teil des Zehnten Buchs der ZPO unter der Abschnittsüberschrift „Außervertragliche Schiedsgerichte", findet sich noch eine weitere Möglichkeit, die schiedsgerichtliche Zuständigkeit zu begründen und damit den Ausschluss der staatlichen Gerichtszuständigkeit herbeizuführen: die sogenannte Schiedsverfügung[106] in § 1066 ZPO. Die Vorschrift des § 1066

---

[103] Da das privatrechtliche Streitbeilegungsinstitut seinen Ursprung schließlich in der Privatautonomie findet, dazu im Einzelnen bereits in Kapitel 2 – A.III.

[104] Was im Einzelfall auch zu gewissen Einschränkungen der gesetzlichen Regelungen durch die Rechtsprechung geführt hat. Dazu am Beispiel der verfassungskonformen Auslegung des § 1066 ZPO durch den Bundesgerichtshof sogleich in Kapitel 3 – A.I.3.b).

[105] Und nur in gesetzlich geregelten Fällen, was in manchen Fällen subjektiv notwendiger Erweiterungen des deutschen Schiedsverfahrensrechts nicht stets gewährleistet zu sein scheint, vgl. dazu eingehend in Kapitel 6 – C.II. und D.II.1.

[106] Diesen Begriff verwendet etwa *Sareika*, ZZP 90, 1977, 285, 291 f. und 299 mit weiteren Nachweisen, und auch *Münch*, in: MüKo ZPO, § 1066, Rn. 1. Dazu auch *Lange*, ZZP, 2015, 407, 409, Fn. 8, der allerdings selbst von „Schiedsklauseln" spricht – ohne darauf einzugehen, dass der Begriff der „Schiedsklausel" in § 1029 Absatz 2 ZPO als Unterfall der Schiedsvereinbarung definiert ist. Der Begriff der Schiedsverfügung macht die Abgrenzung der *Verfügung* zur *Vereinbarung* deutlich, sodass der Begriff den Ausführungen in dieser Arbeit zugrunde gelegt werden soll.

ZPO sieht vor, dass für „Schiedsgerichte, die in gesetzlich statthafter Weise durch letztwillige oder andere nicht auf Vereinbarung beruhende Verfügungen angeordnet werden", die übrigen Vorschriften des Zehnten Buches der ZPO entsprechend anzuwenden sind. Die Vorschrift stammt noch aus dem Jahr 1877, wo sie in § 872 der CPO wortgleich niedergelegt war.[107] Dem UN-CITRAL-Modellgesetz ist eine entsprechende Vorschrift fremd, sodass es sich insoweit um eine deutschrechtliche Besonderheit handelt.[108]

a) Ausnahmecharakter der Vorschrift

Systematik und Wortlaut der Vorschrift zeigen, dass es sich bei der schiedsgerichtlichen Zuständigkeitsbegründung mittels einer Schiedsverfügung im Sinne des § 1066 ZPO um eine Ausnahme vom gesetzlichen Regelfall der vertraglichen Schiedsvereinbarung handeln soll.[109] So ist die Vorschrift im letzten Abschnitt des Zehnten Buchs verortet und trägt die Überschrift „Entsprechende Anwendung der Vorschriften des Buches 10", während die Schiedsvereinbarung ganz zu Beginn des deutschen Schiedsverfahrensrechts in einem eigenen Abschnitt mitsamt Definition, Voraussetzungen und Inhalt geregelt ist.

Auch der Wortlaut des § 1066 ZPO selbst nimmt eine Abgrenzung zum Grundfall der Schiedsvereinbarung vor, indem er von „nicht auf Vereinbarung beruhende[n] Verfügungen" spricht, für welche die Vorschriften des Zehnten Buches (nur) entsprechend gelten sollen. Diese Formulierung und die abseitige Verortung der Vorschrift einerseits sowie die präsente Verortung der Schiedsvereinbarung direkt zu Beginn des Zehnten Buchs der ZPO andererseits, machen das Regel-Ausnahme-Verhältnis der beiden Möglichkeiten der schiedsgerichtlichen Zuständigkeitsbegründung deutlich, welches bereits in der Fassung der CPO von 1877 niedergelegt war.[110] Der auf rechtsgeschäftlicher Vereinbarung beruhende Verzicht auf die Ausübung des Rechts auf staatlichen Rechtsschutz bildet den Grundtatbestand und den gesetzlichen Regelfall im Zehnten Buch der ZPO, die nicht auf Vereinbarung beruhende Schiedsverfügung die Ausnahme.[111]

---

[107] Vgl. den Gesetzesentwurf der damaligen CPO von 1874, abgedruckt bei *Hahn*, S. 103.
[108] *Wolf/Eslami*, in: BeckOK ZPO, § 1066, Rn. 2.
[109] So auch *Münch*, in: MüKo ZPO, § 1029, Rn. 4 und 48; *Lange*, ZZP 2015, 407, 410. Zur Notwendigkeit der Begrenzung des Anwendungsbereichs des vorkonstitutionellen § 1066 ZPO auch aus verfassungsrechtlichen Gründen sogleich im nachfolgenden Abschnitt in Kapitel 3 – A.I.3.b).
[110] Die CPO von 1877 kannte zwar noch keine Aufteilung in Abschnitte, und die damaligen Vorschriften enthielten keine Überschriften. Dennoch machten auch dort die Verortung der Schiedsverfügung als letzte Vorschrift des Zehnten Buchs sowie ihr eindeutiger Wortlaut den Ausnahmecharakter der Vorschrift deutlich.
[111] Vgl. *Münch*, in: MüKo ZPO, § 1029, Rn. 48; zum begrenzten Anwendungsbereich des § 1066 ZPO auch bereits *Habscheid*, KTS 1955, S. 129, 131. Zum konsensbasierten Grundrechtsausübungsverzicht als gesetzlicher Regelfall auch bereits oben in Kapitel 3 – A.I.1.b).

b) Verfassungskonforme Auslegung der Vorschrift

Besonders deutlich wird der Ausnahmecharakter der Vorschrift aber vor ihrem verfassungsrechtlichen Hintergrund. Wenn es sich auch um vorkonstitutionelles Recht handelt, so muss die Vorschrift dennoch im Einklang mit dem Grundgesetz stehen, um fortgelten zu dürfen – zumindest aber muss sie sich verfassungskonform auslegen lassen.[112] Die Vorschrift kann aber nur dann einer verfassungsrechtlichen Überprüfung standhalten, wenn sie keinen verfassungswidrigen Eingriff in den Justizgewähranspruch des Subjekts der Schiedsverfügung zur Folge hat.

Bedenken bestehen dabei insofern, als der Wortlaut der Vorschrift eine Anordnung der schiedsgerichtlichen Zuständigkeit – und damit des Ausschlusses der staatlichen Gerichtszuständigkeit – auch durch einen *Dritten* ermöglicht. So ist expliziter Anwendungsfall der Vorschrift die nicht auf Vereinbarung beruhende letztwillige Verfügung, also auch das einseitige Testament.[113] Der Erblasser ist aufgrund der Anordnung in § 1066 ZPO in der Lage, die schiedsgerichtliche Zuständigkeit für etwaige Nachlassstreitigkeiten einseitig anzuordnen und seinen Erben damit, im Falle erbrechtlicher Auseinandersetzungen, insoweit ihr Recht auf staatlichen Rechtsschutz zu nehmen. Ein eigenständiger Grundrechtsausübungsverzicht der Erben oder der übrigen Subjekte einer drittbestimmten Schiedsverfügung scheint im Anwendungsbereich des § 1066 ZPO mithin nicht vorliegen zu müssen, was in verfassungsrechtlicher Hinsicht bedenklich ist. Denn auch, wenn der Erblasserwille im Erbrecht besonders hochgestellt wird und er sogar grundrechtlich geschützt ist,[114] so muss die Bestimmungsfreiheit des Erblassers jedenfalls bei intensiven Beschränkungen der

---

Das Regel-Ausnahme-Verhältnis zwischen der vertraglichen Schiedsvereinbarung und der nicht vertraglichen Schiedsverfügung wird hier bewusst hervorgehoben. Grund ist, dass die Ausnahmevorschrift des § 1066 ZPO mitunter droht, derart ausgeweitet zu werden, dass ihr selbst im Anwendungsbereich *vertraglicher* Vereinbarungen der Vorzug gegenüber der Schiedsvereinbarung eingeräumt wird – was weder dem gesetzgeberischen Willen entspricht, vgl. Begr. RegE, BT-Drucks. 13/5274, S. 66, noch dem im Schiedsverfahrensrecht so gewichtigen Grundsatz, dem Konsens der Beteiligten weitestmöglichen Vorrang einzuräumen. In diese Richtung geht aber *Offenhausen*, S. 20 ff., der für eine fast uneingeschränkte Erweiterung des Anwendungsbereichs der Vorschrift plädiert. Differenzierend hingegen *Haas*, SchiedsVZ 2007, 1 f.

[112] Zur Rechtsprechung des Bundesverfassungsgerichts zur Fortgeltung von vorkonstitutionellem Recht siehe oben in Kapitel 2 – A.

[113] Auf die Frage, ob auch der Erbvertrag unter § 1066 ZPO zu fassen ist, oder dieser als eine „auf Vereinbarung beruhende Verfügung" vielmehr unter § 1029 ZPO fällt, soll an dieser Stelle nicht weiter eingegangen werden. Dazu vertiefend aber *Dawirs*, S. 34 ff.

[114] Nämlich über Artikel 14 Absatz 1 Satz 1 GG. Zum verfassungsrechtlichen Hintergrund der grundrechtlich verankerten Testierfreiheit und mit weiteren Nachweisen *Dawirs*, S. 15, insb. in Fn. 1.

grundgesetzlich geschützten Freiheiten der Erben enden.[115] Dies muss grundsätzlich auch im Hinblick auf einen Ausschluss des Rechts auf staatlichen Rechtsschutz gelten.[116]

Eine Beschränkung des Justizgewähranspruchs mittels einer drittbestimmten privatrechtlichen Schiedsverfügung hat deswegen ein so großes Gewicht, weil sie nicht lediglich den privatrechtlichen Rechtsbereich zwischen Erblasser und Erben betrifft. Vielmehr soll der *Staat* dieser einseitigen Schiedsverfügung prozessuale Geltung zukommen lassen und auf ihrer Grundlage den Subjekten der Schiedsverfügung staatlichen Rechtsschutz versagen. Insoweit kommen die Grundrechte mithin nicht lediglich im Sinne einer mittelbaren Drittwirkung zur Geltung.[117] Die Konstellation der drittbestimmten Schiedsverfügung spielt sich vielmehr im unmittelbaren Anwendungsbereich der Grundrechte ab – und es steht ein verfassungsrechtlich bedenklicher staatlicher Grundrechtseingriff in den Justizgewähranspruch der Erben im Raum, wenn der Staat der einseitigen Schiedsverfügung ohne Weiteres nachkommt.

aa) Vom Bundesgerichtshof aufgestellte Grundsätze zur Auslegung des § 1066 ZPO

Dies macht es erforderlich, § 1066 ZPO im heutigen Recht verfassungskonform auszulegen, um zu gewährleisten, dass die Vorschrift keine verfassungswidrigen Rechtsfolgen anordnet.[118] Der Bundesgerichtshof hat hierfür, am Beispiel einer nachträglich statuarisch angeordneten Schiedsgerichtszuständigkeit in einem Tierschutzverein, nicht zu beanstandende Kriterien aufgestellt.[119] So

---

[115] Von Bedeutung sind in diesem Zusammenhang vor allem solche Klauseln, die mit der Eheschließungsfreiheit des Bedachten in Konflikt treten können, *Papier/Shirvani*, in: Herzog/Scholz/Herdegen/Klein, GG. Artikel 14, Rn. 413. Dazu eingehend auch *Führ*, S. 65 ff.

[116] Eingehend zum insoweit bestehenden Umfang der Testierfreiheit *von Bary*, ZEV 2019, 317 ff. Vor diesem Hintergrund gilt es, auch bei der vielfach geführten Diskussion über die Anwendbarkeit des § 1066 ZPO auf Gesellschaftsverträge Vorsicht walten zu lassen. Eine solche ablehnend Begr. RegE, BT-Drucks. 13/5274, S. 66, eingehend zu der Debatte aber *Haas*, SchiedsVZ 2007, 1 ff.; *Habersack*, SchiedsVZ 2003, 241 ff.

[117] Zur insoweit unmittelbaren Geltung des Grundgesetzes im Hinblick auf die Schiedsgerichtsbarkeit siehe bereits oben in Kapitel 2 – B.I.1.

[118] Wie *Münch*, in: MüKo ZPO, § 1066, Rn. 2 es formuliert, muss bei der Anwendung des § 1066 ZPO „mitunter der Fremdbestimmung der Schiedsparteien speziell Rechnung getragen werden."

[119] BGHZ 144, 146 ff. – wobei selbst umstritten ist, ob § 1066 ZPO überhaupt auf satzungsmäßige Schiedsklauseln juristischer Personen anwendbar sein soll. Mitunter wird vertreten, die Anwendbarkeit des § 1066 ergebe sich aus dem nichtvertraglichen Charakter satzungsmäßiger Schiedsklauseln, so etwa *Borris*, SchiedsVZ 2009, 299, 310. Dieser nichtvertragliche Charakter folge daraus, dass die Mitglieder regelmäßig keine Möglichkeit haben, auf den Inhalt der Satzung maßgeblichen Einfluss zu nehmen, sondern die Satzung vielmehr mit dem Eintritt automatisch Verbindlichkeit für das Mitglied erlangt, *Münch*, in: MüKo ZPO, § 1066, Rn. 12 – dies selbst auf Personengesellschaften übertragend *Habersack*,

müsse stets die Möglichkeit eines Vereinsmitglieds bestehen, sich einer gegen seinen Willen nach Vereinsbeitritt getroffenen Schiedsverfügung jedenfalls durch Vereinsaustritt eigenständig und vollständig entziehen zu können. Sei ein Vereinsaustritt hingegen unzumutbar, so könne der Schiedsverfügung keine Wirkung zukommen.[120]

Abstrahieren lässt sich diese am Beispiel des Vereinsrechts erfolgte Auslegung des § 1066 ZPO in dem Sinne, dass einem Subjekt einer drittbestimmten Schiedsverfügung stets die zumutbare Möglichkeit eingeräumt werden muss, sich deren (prozessualen) Wirkung eigenständig zu entziehen. Andernfalls ist die Schiedsverfügung als unwirksam zu erachten. Diese verfassungskonforme Auslegung gewährleistet, dass ein verfassungswidriger Eingriff in den Justizgewähranspruch vermieden wird, wenn der Staat einer drittbestimmten Schiedsverfügung prozessuale Wirkung einräumt. Denn nutzt das Subjekt der Schiedsverfügung seine Entledigungsmöglichkeit, unterwirft sich der Schiedsverfügung mithin nicht freiwillig, spricht der Staat der Schiedsverfügung auch keine prozessuale Wirkung zu. Nimmt das Subjekt hingegen seine Entledigungsmöglichkeit bewusst nicht wahr und lässt die Schiedsverfügung damit freiwillig gegen sich gelten, so handelt es sich um einen eigenständigen Grundrechtsausübungsverzicht des Verfügungssubjekts, der die Wahrung seines Justizgewähranspruchs durch den Staat entbehrlich macht.[121]

Das so vom Bundesgerichtshof aufgestellte Kriterium der zumutbaren Entledigungsmöglichkeit von der Schiedsverfügung eines Dritten stellt damit ein sicheres Mittel zur verfassungskonformen Auslegung des § 1066 ZPO dar. Bei der einseitigen letztwilligen Verfügung als ausdrücklicher Anwendungsfall des § 1066 ZPO besteht diese Möglichkeit in der gesetzlich vorgesehenen Ausschlagung des Erbes nach den §§ 1942 ff. BGB.[122] Im umstrittenen Anwendungsbereich der statuarischen Schiedsklauseln von juristischen Personen muss gelten, dass jedenfalls Vereine mit Aufnahmezwang, bei denen der Ein-

---

SchiedsVZ 2003, 241, 247. Anders sah dies aber die Reformkommission von 1998, die darauf hinwies, dass sie auf statuarische Schiedsklauseln die Anwendbarkeit der §§ 1029, 1031 ZPO für gegeben halte, Begr. RegE, BT-Drucks. 13/5274, S. 66. Der Bundesgerichtshof nimmt die Anwendbarkeit des § 1066 ZPO zwar an, vgl. BGHZ 144, 146 ff. und auch BGHZ 159, 207, 208 f., schafft mit seiner einschränkenden Auslegung aber, wie sich sogleich im Text zeigen wird, eine jedenfalls aus verfassungsrechtlicher Sicht zufriedenstellende Lösungsmöglichkeit, sodass auf diese Debatte an dieser Stelle nicht weiter eingegangen werden soll. Vertiefend hierzu aber *Haas*, SchiedsVZ 2007, 1 ff. und kritisch *Schmidt*, ZHR 1998, 264, 273 f.

[120] BGHZ 144, 146 ff. sowie *BGH*, DStR 2000, 937 ff. m. Anm. *Goette*; dem zustimmend auch *Habersack*, SchiedsVZ 2003, 241, 247 sowie *Umbeck*, SchiedsVZ 2009, 143, 145 ff.

[121] Wie bereits erläutert, sind an einen solchen Verzicht neben dem unabdingbaren Element der Freiwilligkeit grundsätzlich keine besonderen Anforderungen zu stellen, dazu bereits oben in Kapitel 3 – A.I.1.a).

[122] Zu den erbrechtlichen Anforderungen an die Ausschlagung im Einzelnen *Ivo*, in: Kroiß/Ann/Mayer, BGB-Erbrecht, § 1942, Rn. 10 ff.

tritt unfreiwillig beziehungsweise ein Austritt nicht möglich ist, ihren Mitgliedern gegenüber Schiedsverfügungen im Sinne des § 1066 ZPO nicht wirksam anordnen können.[123] In Vereinen ohne Zwangsmitgliedschaft hingegen ist eine Schiedsverfügung dann unwirksam, wenn ein Austritt aus dem Verein aus einem sonstigen Grunde unmöglich oder aber *unzumutbar* ist.[124]

bb) Im Einzelfall verfassungskonformer Grundrechtseingriff zulässig

Doch auch diese Auslegung führt im Einzelfall zur Wirksamkeit einer Schiedsverfügung in Abwesenheit eines freiwilligen Willensentschlusses des Verfügungssubjekts. Dies lässt sich am Beispiel der testamentarischen Schiedsverfügung demonstrieren. So hat ein Erbe zwar die zumutbare Möglichkeit, einer erbrechtlichen Verfügung, und damit auch der Schiedsverfügung, durch Ausschlagung zu entgehen, §§ 1942 ff. BGB. Die Ausschlagung ist jedoch fristgebunden, § 1944 BGB. Was geschieht nun, wenn der Erbe von dieser zwar zumutbaren, aber zulässigerweise fristgebundenen Entledigungsmöglichkeit unbewusst und damit unwillentlich keinen rechtzeitigen Gebrauch macht?

Die Konstellation erinnert an die bereits diskutierten Fälle eines unwillentlich unterlassenen Widerspruchs gegen die Einbeziehung eine Schiedsklausel in allgemeinen Geschäftsbedingungen oder einem kaufmännischen Bestätigungsschreiben im Anwendungsbereich des § 1031 Absätze 2 und 3 ZPO.[125] Eine solche aus einer Fristsäumnis resultierende Rechtsbindung dient dem Schutz des Rechtsverkehrs und des Rechtsfriedens, was auch Hintergrund der erbrechtlichen Ausschlagungsfrist ist.[126] Hier tritt neben die mit dem Justizgewähranspruch kollidierenden Grundrechte des Schutzes des Rechtsverkehrs und des Rechtsfriedens zudem der Erblasserwille, dem weitestmögliche Geltung verschafft werden soll. Mithin scheint es das unfreiwillige Versäumen der

---

[123] Dies ist schließlich die Folge der Rechtsprechung des Bundesgerichtshofs in BGHZ 144, 146 ff. – wenn der Austritt zumutbar sein muss, dann muss er erst recht auch faktisch *möglich* sein. So auch bereits 1970 mit eingehender Begründung *Vollmer*, S. 124 ff., S. 131; auch *Schmidt*, JZ 1989, 1077, 1082. Für eine nicht generelle Ausnahme vom Anwendungsbereich hingegen *Voit*, in: Musielak/Voit, ZPO, § 1066, Rn. 7, der dafür erhöhte Anforderungen an die Inhaltskontrolle stellen will.

[124] So die Rechtsprechung des Bundesgerichtshofs in der Entscheidung BGHZ 144, 146 ff. *Raeschke-Kessler*, SchiedsVZ 2003, 145, 153 f. will bereits in einem Vereinsbeitritt einen antizipierten Grundrechtsausübungsverzicht im weiteren Sinne sehen. Dies funktioniert aber nur in den Fällen, in denen die Schiedsverfügung im Zeitpunkt des Beitritts bereits vorgelegen hat, was in dem vom Bundesgerichtshof entschiedenen Fall gerade nicht der Fall war.

[125] Siehe oben in Kapitel 3 – A.I.

[126] Denn andere Erben oder vom Nachlass betroffene Personen, wie der Nachlassverwalter oder das Nachlassgericht, sollen schnellstmöglich Klarheit darüber erlangen können, wie sich die erbrechtliche Lage darstellt, vgl. *OLG Frankfurt am Main*, BeckRS 2012, 16164; *Najdecki*, in: Burandt/Rojahn, Erbrecht, § 1944, Rn. 1.

Ausschlagungsfrist verfassungsrechtlich zu rechtfertigen, den Erben, zum Schutze des kollidierenden Verfassungsrechts auch ohne seinen Willen einer testamentarischen Schiedsverfügung zu unterwerfen und ihm auf dieser Grundlage in Nachlassstreitigkeiten staatlichen Rechtsschutz rechtsverbindlich zu versagen. Denn auf diese Weise wird die bestehende Grundrechtskollision in angemessener Weise in Ausgleich gebracht.[127]

Notwendig ist es also, nur solche einseitigen und fremdbestimmten Verfügungen unter § 1066 ZPO zu fassen, die es dem Betroffenen in zumutbarer Weise ermöglichen, sich dieser selbst wieder zu entledigen. Ist diese Möglichkeit fristgebunden oder auf andere Weise präklusionsbedroht, um kollidierendes Verfassungsrecht zu wahren, so kann auch das Unterlassen einer (fristgerechten) Entledigung Rechtswirkung entfalten. Die Vorschrift des § 1066 ZPO lässt sich damit aber keinesfalls verallgemeinern oder beliebig über ihren Wortlaut hinaus ausdehnen, um etwa Dritte pauschal ohne oder sogar gegen ihren Willen ihres Rechts auf staatlichen Rechtsschutz zugunsten der Schiedsgerichtsbarkeit berauben zu können.[128] Vielmehr muss auch die Schiedsverfügung die Ausnahme bleiben und dem übereinstimmenden Konsens der Beteiligten der Vorzug gegeben werden.

c) Keine (entsprechende) Anwendbarkeit des § 1031 ZPO auf § 1066 ZPO

Zu berücksichtigen ist bei der Anwendung des § 1066 ZPO, dass die Vorschrift des § 1031 ZPO nicht entsprechend auf die Schiedsverfügung anzuwenden ist.[129] Auch eine entsprechende Anwendung auf § 1066 ZPO würde in diesem Falle ins Leere laufen, da im Zweifel nur der Dritte dessen Anforderungen unterworfen wäre und nicht das Subjekt der Schiedsverfügung selbst. Zudem sind

---

[127] Nicht allein ausreichend kann es in verfassungsrechtlicher Hinsicht sein, dass der Betroffene mit der Schiedsverfügung gegebenenfalls einen rechtlichen oder wirtschaftlichen Vorteil erlangt und damit auf einen freiwilligen Willensakt des Betroffenen vollständig verzichtet werden könne, da der hieraus möglicherweise erwachsende Nachteil durch das der Schiedsverfügung zugrundeliegende Rechtsgeschäft „kompensiert" werde, wie *Offenhausen*, S. 20 es annimmt. Im Übrigen ist dieses Argument nicht verallgemeinerungsfähig, da die etwa Erbenstellung nicht zwingend vorteilhaft sein muss. Vielmehr kann das durch erbrechtliche Verfügung Erlangte durchaus auch rechtlich nachteilig sein.

[128] Dies übersieht *Offenhausen*, der versucht, den Anwendungsbereich der Vorschrift so weit auszudehnen, dass Personen auch gegen ihren Willen und ohne den Abschluss einer Schiedsvereinbarung zugunsten einer schiedsgerichtlichen Zuständigkeit ihrem gesetzlichen Richter rechtsverbindlich entzogen werden können, indem er hierfür den „Leitgedanken des § 1066 ZPO" heranzieht, S. 13 ff. Er ist irrigerweise der Auffassung, „[d]ie hinter der Vorschrift des § 1066 ZPO stehenden Rechtsgedanken" ließen sich „verallgemeinern" und könnten auf die von ihm diskutierten Fallgruppen der OHG- und GbR-Gesellschafterhaftung im Innen- und selbst im Außenverhältnis übertragen werden, *Offenhausen*, S. 20.

[129] *Wagner*, S. 493 f.; *Borris*, SchiedsVZ 2009, 299, 310; *Habscheid*, KTS 1955, S. 129, 131 – wobei, wie sich in Kapitel 3 – A.I.2.c) gezeigt hat, § 1031 ZPO ohnehin nur in Teilen eine klassische Formvorschrift darstellt.

für das Zustandekommen einer, wie § 1066 ZPO es vorschreibt, „in gesetzlich statthafter Weise" anzuordnenden Schiedsverfügung die speziellen Formvorschriften der betreffenden Verfügung aus dem materiellen Recht anzuwenden, welche oftmals sogar strenger sind als die Anforderungen des § 1031 ZPO – wie etwa die strengen testamentarischen Formvorschriften oder das Erfordernis der notariellen Beurkundung.[130] Dass hingegen das Subjekt einer Schiedsverfügung selbst nicht zwingend einer Formvorschrift unterliegt, ist aus verfassungsrechtlicher Sicht grundsätzlich hinnehmbar.[131]

4. Sonderfall schiedsgerichtliche Zuständigkeitsbegründung durch Präklusion

Zuletzt eröffnen die Vorschriften des deutschen Schiedsverfahrensrechts noch eine weitere Möglichkeit, um die staatliche Gerichtszuständigkeit zugunsten der schiedsgerichtlichen rechtsverbindlich auszuschließen – und zwar die schiedsgerichtliche Zuständigkeitsbegründung kraft Präklusion.

a) Verfassungsrechtliche Zulässigkeit der Präklusion

Grundsätzlich ist das deutsche Rechtssystem, insbesondere das Verfahrensrecht, so aufgebaut, dass jeder Rechtsinhaber seine Rechte eigenständig geltend machen muss. Andernfalls gibt es, zum Schutze der weiteren Verfahrensbeteiligten, Zeitpunkte, in denen die Geltendmachung der betroffen Rechte ausgeschlossen wird, um Rechtssicherheit zu schaffen und eine etwaige willkürliche Verfahrensverschleppung zu unterbinden.[132]

---

[130] *Borris*, SchiedsVZ 2009, 299, 310 am Beispiel der GmbH-Satzung, für welche die notarielle Beurkundung in § 2 Absatz 1 GmbHG vorgesehen ist.

[131] Siehe bereits oben in Kapitel 3 – A.I.1.a). Auch, dass Verbraucher im Rahmen des § 1066 ZPO nicht zwingend durch eine besondere Formvorschrift geschützt werden, dürfte jedenfalls aus verfassungsrechtlicher Sicht unproblematisch sein, da der erhöhte Verbraucherschutz schließlich nicht dem Grundgesetz, sondern europarechtlichen Maßstäben entstammt. Nicht übersehen werden darf auch, dass der Schutz der von einer Schiedsverfügung betroffenen Personen weiterhin durch die Vorschriften der §§ 1034 ff, 1042 ff, ZPO sowie die Inhaltskontrolle nach § 242 BGB gewährleistet ist. So auch *Wagner*, S. 493, 495, der zudem darauf hinweist, dass der nie Gesetz gewordene, aber überaus einflussreiche Entwurf der damaligen ZPO aus dem Jahr 1931 in dessen § 768 ohne weiteres von der Anwendbarkeit des heutigen § 1066 ZPO auf Vereinssatzungen ausging – der Entwurf wollte die Vorschrift freilich um einen zweiten Absatz ergänzen, wonach ausdrücklich die Formvorschrift des damaligen § 1027 ZPO auf die Vorschrift anwendbar sein sollte. In der Novelle 1933 zur ZPO wurde auf die Übernahme dieses zweiten Absatzes dann jedoch bewusst verzichtet, *Wagner*, S. 491.

[132] So heißt das altbekannte Sprichwort „wo kein Kläger, da kein Richter" – diesem Grundgedanken tragen auch die Rechtsinstitute der Verjährung und der Verwirkung sowie der Präklusion, als spezieller Unterfall der Verwirkung, Rechnung, vgl. nur BVerfGE 88, 118, 124; 42, 128, 131; 41, 323, 326.

Diese Beschränkung ist mit dem Verfassungsrecht vereinbar, da sie der Auflösung einer Grundrechtskollision dient. Auf der einen Seite steht der Rechtsinhaber, der sein (Grund-)Recht möglichst uneingeschränkt geltend machen möchte. Verfassungsrechtlich steht ihm diese Möglichkeit auch zu, da Grundrechtsschutz grundsätzlich immerwährend und zeitlich unbegrenzt besteht.[133] Auf der anderen Seite steht aber das Interesse seines Gegenübers an Rechtssicherheit und Rechtsfrieden – also auch daran, dass das betreffende Recht nicht erst zu einem Zeitpunkt geltend gemacht wird, in dem damit nicht mehr zu rechnen war. Speziell im Verfahrensrecht besteht außerdem ein Bedürfnis, das staatliche Rechtsschutzsystem vor Überlastung zu schützen und eine Verfahrensverschleppung zu vermeiden. In Ausgleich gebracht wird diese Grundrechtskollision im gerichtlichen Zivilverfahren durch gewisse zeitliche Einschränkungen in der Freiheit der Geltendmachung von (Grund-)Rechten, so etwa durch die Rechtsinstitute der Verjährung und Verwirkung sowie, speziell im Verfahrensrecht, der Verfristung beziehungsweise Präklusion.[134] Letztere bewirken eine unmittelbare Einschränkung des Justizgewähranspruchs, da dieser, beispielsweise nach Ablauf der Rechtsmittelfristen oder der in den §§ 295 ff. ZPO vorgesehenen Fristen für die Geltendmachung von Verfahrensrügen und neuen Angriffs- und Verteidigungsmitteln, gänzlich ausgeschlossen oder jedenfalls erheblich beschränkt wird. Diese einfach-gesetzlichen Grundrechtseingriffe in den Justizgewähranspruch sind aber verfassungsgemäß.[135]

Eine vergleichbare Grundrechtskollision besteht auch im Hinblick auf die *schiedsgerichtliche* Zuständigkeitsbegründung, die zu einem rechtsverbindlichen Ausschluss der staatlichen Gerichtszuständigkeit führen soll. Ist eine vor einem Schiedsgericht verklagte Person der Ansicht, ein wirksamer und rechtsverbindlicher Ausschluss ihres Rechts auf staatlichen Rechtsschutz liege nicht vor und die staatliche Gerichtszuständigkeit sei daher nicht rechtswirksam aus-

---

[133] Die sogenannte Verwirkung der Grundrechte, die in Artikel 18 GG vorgesehen ist und nur im Falle des gezielten Kampfes „gegen die freiheitliche demokratische Grundordnung" zum Einsatz kommt, dürfte insoweit nur sehr selten Anwendung finden – hierzu vertiefend aber die Nachweise in Kapitel 3 – A.I.1.a). Jede anderweitige (zeitliche) Beschränkung der Geltendmachung von Grundrechten stellt infolgedessen zwangsläufig einen Grundrechtseingriff dar.

[134] Die Präklusion ist ein Unterfall der Verwirkung, die aufgrund der Nichtbeachtung von Obliegenheiten und damit des Grundsatzes von Treu und Glauben in prozessualer Hinsicht eintritt. Jede prozessuale Befugnis kann in diesem Sinne ohne Verstoß gegen Artikel 19 Absatz 4 GG beziehungsweise gegen den allgemeinen Justizgewähranspruch (auch) verwirkt werden, soweit die hierfür erforderliche gesetzliche Eingriffsgrundlage geschaffen ist, vgl. BVerfGE 32, 305, 308 f.; BVerwGE 44, 294, 298 f. Zur Förderung des Entscheidungsprozesses sind daneben auch prozessuale Ausschlussfristen im Interesse anderer Verfassungsgrundsätze, wie der Rechtssicherheit oder auch des Rechtsfriedens, zulässig und geboten, vgl. BVerfGE 88, 118, 124.

[135] Vgl. BVerfGE 88, 118, 124; 42, 128, 131; 41, 323, 326; sowie auch bereits oben in Kapitel 3 – A.I.1.b).

geschlossen worden, so liegt es an ihr, ihren Grundrechtsschutz auch geltend zu machen, mithin die fehlende Zuständigkeit des Schiedsgerichts zu rügen. Tut sie es nicht oder verspätet, so ist es dem Staat aus verfassungsrechtlicher Sicht erlaubt, ihr staatlichen Rechtsschutz zu versagen, um eine Kollision mit den Grundrechten des (Schieds-)Verfahrensgegners in angemessenen Ausgleich zu bringen – die schiedsgerichtliche Zuständigkeit also auch gegen ihren Willen rechtsverbindlich anzuordnen.

Dem einfachen Gesetzgeber ist es mithin auch im Hinblick auf die Schiedsgerichtsbarkeit möglich, die Geltendmachung des Rechts auf staatlichen Rechtsschutz in gewisse Bahnen zu lenken und von Anträgen und Fristen abhängig zu machen – wie er es in § 1032 Absatz 1 und 2 und § 1040 Absatz 2 und 3 Satz 2 ZPO auch tut.[136] Und verfassungsrechtlich zulässig ist es auch, die Möglichkeit der Geltendmachung des Justizgewähranspruchs gänzlich auszuschließen, wenn diese nicht im Rahmen der einfach-gesetzlich vorgesehenen Bahnen und Fristen erfolgt – sie mithin zu *präkludieren*.[137] Von der nicht vom Willen des Betroffenen getragenen Präklusion rechtsdogmatisch abzugrenzen ist jedoch die bewusste und damit willentliche Präklusion – man mag insoweit auch von der *rügelosen Einlassung* sprechen.[138] Anders einzuordnen ist die willensgetragene Präklusion deswegen, weil sie Ausdruck eines freiwilligen Grundrechtsausübungsverzichts des Grundrechtsträgers ist. Ob es nun durch die rügelose Einlassung des Betroffenen zum konkludenten Abschluss einer Schiedsvereinbarung mit dem Prozessgegner kommt, oder ob es sich hier um

---

[136] Siehe auch Begr. RegE, BT-Drucks. 13/5274, S. 32 f., 44. Zu diesen Kontrollmechanismen im Einzelnen noch in Kapitel 3 – A.I.6.

[137] Zur insoweit umstrittenen Rolle des § 1027 ZPO sogleich in Kapitel 3 – A.I.4.b). *Distler* weist in seiner verfassungsrechtlichen Untersuchung des Schiedsverfahrensrechts mit Verweis auf das Bedürfnis nach Rechtssicherheit darauf hin, dass es ausreichend sei, dass staatliche Kontrolle *möglich* ist, wenn sich eine der Parteien diese Kontrolle wünscht. Dabei sei es ihr verfassungsrechtlich zuzumuten, dies innerhalb von Fristen geltend zu machen und andernfalls präkludiert zu sein, *Distler*, S. 201, so auch *Münch*, in: MüKo ZPO, § 1040, Rn. 45; *Triebel/Hafner*, SchiedsVZ 2009, 313, 316. Auch sie sprechen insoweit aber nicht von dem damit einhergehenden verfassungsrechtlich gerechtfertigten Grundrechtseingriff in das Recht auf staatlichen Rechtsschutz. Die verfassungsrechtliche Zulässigkeit eines solchen Grundrechtseingriffs übersieht *Hesselbarth*, S. 181 ff., die von einer Verfassungswidrigkeit der nicht vom Willen getragenen Zuständigkeitsbegründung kraft Präklusion ausgeht, vgl. *Hesselbarth*, S. 187; *Müller/Keilmann*, SchiedsVZ 2007, 113, 119.

[138] Begrifflich lassen sich (unwillentliche) Präklusion und (willentliche) rügelose Einlassung gut abgrenzen, da eine *Einlassung* eine gewisse bewusste Willensbildung voraussetzt – auch wenn, soweit ersichtlich, nicht immer genau zwischen diesen beiden Begrifflichkeiten differenziert wird. Auch hier zeigt sich wieder, wie unabdingbar eine Trennung zwischen Grundrechtsausübungsverzicht und Grundrechtseingriff ist, um die Institute der schiedsgerichtlichen Zuständigkeitsbegründung richtig einordnen zu können. Die verfassungsrechtliche Zulässigkeit einer „Beteiligung durch Präklusion" verkennen aufgrund einer fehlenden Einordnung der Präklusion in das Rechtsinstitut des Grundrechtseingriffs beispielsweise *Hesselbarth*, S. 187; *Müller/Keilmann*, SchiedsVZ 2007, 113, 119.

einen eigenständigen Fall des Grundrechtsausübungsverzichts kraft rügeloser Einlassung handelt, kann im Einzelnen dahinstehen.[139] Fest steht jedenfalls, dass hier eine freiwillige und willentliche Verzichtsäußerung stattfindet, die den Anforderungen des Verfassungsrechts insoweit genügt.[140]

b) Schiedsverfahrensrechtliche Zulässigkeit

Damit steht das Verfassungsrecht einer schiedsgerichtlichen Zuständigkeitsbegründung kraft Präklusion grundsätzlich nicht entgegen. Fraglich ist aber, ob das deutsche Schiedsverfahrensrecht überhaupt auf eine solche ausgelegt ist.

aa) Widerspruch zu § 1027 ZPO?

Im deutschen Schiedsverfahrensrecht ist ein komplexes System aus gerichtlichen Kontrollnormen enthalten, welche Zweifel an der schiedsgerichtlichen Zuständigkeitsbegründung staatlich überprüfbar machen. So sieht die Vorschrift des § 1032 Absatz 1 ZPO eine gerichtliche Überprüfung vor, wenn ein staatliches Gericht auf Rechtsschutz in Anspruch genommen wird, obwohl eine schiedsgerichtliche Zuständigkeit im Raum steht. Bis zur Bildung des Schiedsgerichts kann eine gerichtliche Überprüfung auch dann in die Wege geleitet werden, wenn stattdessen Schiedsklage erhoben wird, § 1032 Absatz 2 ZPO. Ab dem Zeitpunkt der Bildung des Schiedsgerichts geht die Kompetenz der Erstprüfung dann auf das Schiedsgericht über, § 1040 Absatz 1 und 2 ZPO, wobei die Rüge der Unzuständigkeit des Schiedsgerichts durch eine der Parteien des Schiedsverfahrens in zeitlicher Hinsicht beschränkt ist, § 1040 Absatz 2 ZPO. Stellt das Schiedsgericht auf eine solche Rüge hin durch Zwischenentscheid seine Zuständigkeit positiv fest, so kann hiergegen, erneut fristgebunden, gerichtlich vorgegangen werden, § 1040 Absatz 3 ZPO.[141] Diese mit-

---

[139] Für den konkludenten Abschluss einer Schiedsvereinbarung durch Erhebung der Schiedsklage einerseits und die rügelose Einlassung des Verfahrensgegners andererseits *Münch*, in: MüKo ZPO, § 1040, Rn. 37 – etwaige Bedenken im Hinblick auf den wohl meist mündlichen Vertragsschluss seien jedenfalls mit der Vorschrift des § 1031 Absatz 6 ZPO ausgeräumt. Gegen solch einen „gekünstelt konstruierten Vertragsabschluss" plädieren hingegen *Triebel/Hafner*, SchiedsVZ 2009, 313, 316, denn § 1040 Absatz 2 ZPO habe „eigenständige Bedeutung", vgl. auch *Voit*, in: Musielak/Voit, ZPO, § 1031, Rn. 15.
[140] Unklar insoweit *Münch*, in: MüKo ZPO, § 1059, Rn. 17, klarstellend aber wiederum in § 1040, Rn. 39. Zutreffend auch *Triebel/Hafner*, SchiedsVZ 2009, 313, 316.
[141] Diese knappe Darstellung der Kontrollnormen, die eine staatliche Überprüfung der schiedsgerichtlichen Zuständigkeit vorsehen, soll an dieser Stelle nur als erster Überblick dienen, dazu im Einzelnen aber sogleich in Kapitel 3 – A.I.6. Zusätzlich zu den Kontrollmechanismen im laufenden Schiedsverfahren ist eine Überprüfung im Aufhebungs- und Vollstreckbarerklärungsverfahren vorgesehen, § 1059 Absatz 2 Nummer 1a und c und Nummer 2b ZPO. Dazu sowie zum Verhältnis der hier dargestellten Kontrollmechanismen zum Aufhebungs- und Vollstreckbarerklärungsverfahren im Einzelnen aber in Kapitel 3 – B.I. und B.II.2.

einander verwobenen Kontrollmechanismen bilden damit ein Regelungsgefüge, das ersichtlich ein Ziel hat: Die Rüge der Unzuständigkeit des Schiedsgerichts in gewisse Bahnen zu lenken und sie insbesondere in zeitlicher Hinsicht zu begrenzen.

Dies wiederum lässt den Schluss zu, dass eine unterlassene oder nicht fristgerechte Inanspruchnahme der im deutschen Schiedsverfahrensrecht vorgesehenen Kontrollmechanismen zu einer Präklusion der Zuständigkeitsrüge führt und damit, im Umkehrschluss, eine schiedsgerichtliche Zuständigkeitsbegründung kraft Präklusion möglich ist.[142] Dem steht auch die Vorschrift des § 1027 ZPO nicht entgegen, die den Verlust des schiedsgerichtlichen Rügerechts lediglich im Hinblick auf *nicht zwingendes* Schiedsverfahrensrecht regelt.[143] Denn wenn auch die staatlichen Kontrollnormen der §§ 1032 Absatz 1 und 2 und insbesondere des § 1040 Absatz 3 Satz 2 ZPO *zwingendes* Recht darstellen,[144] § 1027 ZPO also nicht auf sie anwendbar ist, so hat sich der Reformgesetzgeber von 1998 zum Verhältnis von § 1027 ZPO und den hier untersuchten Kontrollnormen doch eindeutig positioniert. So solle beim Unterlassen des fristgerechten Gebrauchs der im Zehnten Buch der ZPO vorgesehenen gerichtlichen Rechtsbehelfe gegen Entscheidungen des Schiedsgerichts je nach Ausgestaltung des Rechtsbehelfs durchaus auch unabhängig von der Vorschrift des § 1027 ZPO Präklusion eintreten können. Dies betreffe insbesondere den Kontrollmechanismus des § 1040 Absatz 3 ZPO, der eine Überprüfung des positiven Zwischenentscheids des Schiedsgerichts über die schiedsgerichtliche Zuständigkeit vorsieht. Werde der in § 1040 Absatz 3 Satz 2 ZPO vorgesehene Antrag an das staatliche Gericht nicht (fristgerecht) gestellt, so könne die Entscheidung des Schiedsgerichts auch nicht mehr im Aufhebungs- oder Voll-

---

[142] So auch *Triebel/Hafner*, SchiedsVZ 2009, 313, 316.

[143] Und zwar setzt § 1027 Satz 1 ZPO für seine Anwendbarkeit voraus, dass es sich um eine Bestimmung des deutschen Schiedsverfahrensrechts handelt, „von der die Parteien abweichen können". Inhaltlich regelt die Vorschrift des § 1027 ZPO die Voraussetzungen, unter denen die Rüge eines Verfahrensfehlers im deutschen Schiedsverfahrensrecht ausgeschlossen und mithin präkludiert ist, *Saenger*, in: ders., ZPO, § 1027, Rn. 1, 4. Zum Umgang des Schiedsgerichts mit Verfahrensrügen der Parteien eines Schiedsverfahrens im Einzelnen *Risse*, in: Salger/Trittmann, Internationale Schiedsverfahren, § 12, Rn. 51 f.

[144] Bereits *Schottelius* plädierte darauf, dass es sich bei § 1040 Absatz 3 um zwingendes Recht im Sinne des § 1042 Absatz 3 ZPO handeln müsse, das einer Disposition der Verfahrensbeteiligten entzogen sei, vgl. *Schottelius*, KTS 1959, 134, 138 f. *Voit*, in: Musielak/Voit, ZPO, § 1040, Rn. 1, führt in Bezug auf die Frage der wirksamen Zuständigkeitsbegründung des Schiedsgerichts an, dass mit § 1040 ZPO sichergestellt wird, „dass die Letztentscheidung über diese Frage stets dem staatlichen Gericht überlassen bleibt." Vor diesem Hintergrund wäre es nicht nur sinnwidrig, sondern aus verfassungsrechtlicher Sicht sogar bedenklich, wenn die Parteien die staatlichen Kontrollnormen einfach übereinstimmend abbedingen könnten. Mithin ist *Schottelius* zuzustimmen, dass es sich insoweit um zwingendes Verfahrensrecht handelt.

streckbarerklärungsverfahren zur Prüfung gestellt werden.[145] Sollte das Schiedsgericht also eigentlich *unzuständig* gewesen sein, so tritt auf diese Weise die Zuständigkeit des Schiedsgerichts über den (Um-)Weg der prozessualen Präklusion ein.

Ein anderes Ergebnis stünde auch im diametralen Widerspruch zu dem Regelungszweck der § 1032 Absatz 1 und 2 und § 1040 Absatz 2 und 3 ZPO, nämlich Rechtsklarheit und Rechtsfrieden herbeizuführen, indem durch die Fristgebundenheit der Verschleppung von Verfahrensrügen vorgebeugt wird.[146] Dieser Regelungsgehalt wäre ausgehöhlt, wenn auch nach Fristablauf des § 1040 Absatz 3 ZPO die Rüge der Unzuständigkeit des Schiedsgerichts weiterhin – etwa im Aufhebungs- und Vollstreckbarerklärungsverfahren – zulässig und überprüfbar wäre. Der Prozessgegner könnte sich während des Schiedsverfahrens zurücklehnen und auf eine erstmalige Überprüfung der rechtswirksamen Zuständigkeitsbegründung des Schiedsgerichts im Aufhebungs- oder Vollstreckbarerklärungsverfahren warten.

Die Vorschrift des § 1027 ZPO steht dem Eintritt der Präklusion in Bezug auf die Überprüfbarkeit der Zuständigkeit des Schiedsgerichts mithin nicht entgegen. Resultierend aus dem in § 1032 und § 1040 ZPO niedergelegten fristgebundenen Kontrollsystem ist im Falle der unterlassenen oder nicht fristgemäßen Inanspruchnahme dieser Kontrollmechanismen der Eintritt einer Präklusion vorgesehen – und damit eine schiedsgerichtliche Zuständigkeitsbegründung kraft Präklusion auch gegen den Willen des Betroffenen.[147]

bb) Erheblichkeit schiedsinterner Fristen

Damit steht fest, dass das nicht fristgemäße Einleiten einer *gerichtlichen* Überprüfung im Sinne des § 1040 Absatz 3 Satz 1 und 3 ZPO zum Eintritt der Präk-

---

[145] So eindeutig Begr. RegE, BT-Drucks. 13/5274 auf S. 44. Missverständlich aber Begr. RegE, BT-Drucks. 13/5274 auf S. 33, da die Ausführungen vermuten lassen, dass der Eintritt der Präklusion nicht die *regelmäßige* Rechtsfolge sein solle, sondern hier stets eine Einzelfallentscheidung zu treffen sei – daher entsprechend auch *Geimer*, in: Zöller, ZPO, § 1027, Rn. 1 sowie *Saenger*, in: ders., ZPO, § 1027, Rn. 1. Es zeigt sich erst auf S. 42 und S. 44 der Gesetzesbegründung, dass sich dieser Vorbehalt lediglich auf die Präklusion im Zusammenhang mit der Vorschrift des § 1037 Absatz 3 ZPO bezieht, nicht aber auf § 1040 Absatz 3 ZPO, Begr. RegE, BT-Drucks. 13/5274, S. 42. Siehe dazu auch noch unten in Kapitel 3 – B.I. und B.II.2.

[146] Denn auch für „ein funktionierendes Schiedsverfahren (Beschleunigung, Konzentration) unverzichtbar sind gewisse Grenzen, vor allem die Präklusionsregeln", Münch, in: MüKo ZPO, § 1042, Rn. 33.

[147] Dies wird noch bedeutende Auswirkungen auf die Frage nach einer Erweiterung der Wirkungen im deutschen Schiedsverfahrensrecht auf solche Personen haben, die am Schiedsverfahren nicht teilnehmen konnten – dazu aber im Einzelnen in Kapitel 6 – C.II.2. Zur Grenze der Zuständigkeitsbegründung kraft Präklusion durch das Erfordernis der Schiedsfähigkeit des Streitgegenstands sogleich in Kapitel 3 – A.I.3.c) und A.I.5.

lusion führt. Was aber gilt in Bezug auf den ihm vorgeschalteten Kontrollmechanismus des § 1040 Absatz 2 ZPO, der zunächst ein schiedsverfahrens*interner* ist? Es wäre nur konsequent, auch insoweit eine umfassende Präklusion gegenüber den staatlichen Gerichten eintreten zu lassen, allein, um eine gezielte Umgehung der Präklusion nach § 1040 Absatz 3 Satz 2 ZPO zu verhindern. Auch hier leistet ein Blick in die Gesetzesbegründung zum Reformentwurf von 1996 Abhilfe. So enthalte die Vorschrift des § 1040 Absatz 2 ZPO[148] „[s]pezialgesetzliche Ausprägungen des Präklusionsgrundsatzes", die *neben* die allgemeine Präklusionsregelung des § 1027 ZPO träten.[149] Der Verlust des Rügerechts in § 1040 Absatz 2 ZPO durch unentschuldigt nicht fristgerechte Erhebung der Rüge habe zur Folge, dass der Verfahrensverstoß als solcher auch im Aufhebungs- und Vollstreckbarerklärungsverfahren nicht mehr geltend gemacht werden könne.[150] Es kann also auch im Falle des Unterlassens der rechtzeitigen Rüge des § 1040 Absatz 2 ZPO Präklusion eintreten.[151] Damit ist das Regelungsgefüge des § 1040 Absatz 2 und 3 ZPO als ein einheitlicher Kontrollmechanismus zu betrachten, der in seiner Gesamtheit befolgt werden muss, um den Eintritt einer Präklusion der Zuständigkeitsrüge – und damit letztendlich eine schiedsgerichtliche Zuständigkeitsbegründung kraft Präklusion – zu vermeiden.[152]

---

[148] Dasselbe gelte für die Vorschrift des § 1031 Absatz 6 ZPO, die eine weitere spezialgesetzliche Präklusionsregelung darstelle, Begr. RegE, BT-Drucks. 13/5274, S. 32.

[149] Begr. RegE, BT-Drucks. 13/5274, S. 32.

[150] Begr. RegE, BT-Drucks. 13/5274, S. 33, 44. Der Kontrollmechanismus des § 1040 Absatz 2 ZPO habe eine Sonderregelung erforderlich gemacht, da die etwaige Unzuständigkeit des Schiedsgerichts das *gesamte* Schiedsverfahren betreffe und damit keinen punktuellen Verfahrensverstoß im Sinne des § 1027 ZPO darstelle, von der allgemeinen Präklusionsregelung mithin nicht umfasst sei.

[151] Insoweit missverständlich formuliert aber *Münch*, in: MüKo ZPO, § 1059, Rn. 22, das Versäumen der Rügefrist des § 1040 Absatz 3 Satz 2 präkludiere, „im dogmatischen Unterschied zu § 1040 Absatz 2 S. 1", welche nur eine „schiedsinterne Rügelast" darstelle. Eindeutig für eine umfassende Präklusion im Hinblick auf die Frist des § 1040 Absatz 2 ZPO aber *Voit*, in: Musielak/Voit, ZPO, § 1040, Rn. 13 („Wurde die Rüge im Schiedsverfahren verspätet oder gar nicht erhoben, ohne dass dies entschuldigt wird, so ist sie im Verfahren vor dem staatlichen Gericht ausgeschlossen") sowie § 1031, Rn. 15; auch *Triebel/Hafner*, SchiedsVZ 2009, 313, 316.

[152] Im Anwendungsbereich des § 1040 Absatz 2 ZPO ist zu berücksichtigen, dass eine verspätete Rüge durch das Schiedsgericht zugelassen werden kann, wenn die Verspätung genügend entschuldigt wird, § 1040 Absatz 2 Satz 4 ZPO. Im nachgelagerten staatlichen Kontrollverfahren des § 1040 Absatz 3 Satz 2 ZPO ist diese Möglichkeit hingegen nicht vorgesehen, sodass hier die Zulassung einer verspäteten Rüge ausgeschlossen ist. Die Fristen im Zehnten Buch der ZPO stellen auch keine Notfristen dar, die ein Wiedereinsetzungsverfahren ermöglichen würden, da es insoweit an einer gesetzlichen Bezeichnung der Fristen als Notfristen, wie es die Regelung des § 224 Absatz 1 Satz 2 ZPO ausdrücklich fordert, fehlt. Insoweit jedoch ungenau *Voit*, in: Musielak/Voit, ZPO, § 1042, Rn. 5 am Beispiel der Gehörsgewährung.

c) Voraussetzungen und Grenzen der Präklusion

Damit ist festzuhalten, dass die Kontrollmechanismen der §§ 1032 Absatz 1 und 2, 1040 Absatz 2 und 3 ZPO zu einer unwillentlichen schiedsgerichtlichen Zuständigkeitsbegründung kraft Präklusion führen können. Dies steht sowohl mit dem Grundgesetz als auch mit dem deutschen Schiedsverfahrensrecht im Einklang – allerdings nur, soweit auch die Voraussetzungen der schiedsverfahrensrechtlichen Präklusion gegeben sind.

aa) Beteiligung am Schiedsverfahren

Zunächst ist Voraussetzung für die Annahme einer Präklusion, dass sich der Verfahrensgegner überhaupt am Schiedsverfahren beteiligt, denn „niemand ist gehalten, sich an einem Schiedsverfahren zu beteiligen, nur um die Unzulässigkeit dieses Verfahrens rügen zu können".[153] Beteiligt sich der Schiedsbeklagte nicht am Schiedsverfahren und erhebt die Zuständigkeitsrüge aus diesem Grund nicht, tritt insoweit auch keine Präklusion zu seinen Lasten im Aufhebungs- und Vollstreckbarerklärungsverfahren ein.

bb) Fristsäumnis in der Sphäre des Betroffenen

Zusätzliche Voraussetzung für den Eintritt der Präklusion ist, dass auch der Sinn und Zweck des Rechtsinstituts erfüllt ist – also eine Verschleppung der Unzuständigkeitsrüge durch eine der Parteien des Schiedsverfahrens vermieden wird.

Dies ist dann nicht der Fall, wenn die Verzögerung nicht in die Sphäre der Partei des Schiedsverfahrens fällt, sondern in die des Schiedsgerichts, etwa, weil das Schiedsgericht nicht, wie „in der Regel" vorgesehen, einen Zwischenentscheid über die Zuständigkeitsfrage im Sinne des § 1040 Absatz 3 Satz 2 ZPO erlässt, sondern sich die Entscheidung darüber für den Endschiedsspruch vorbehält. Hier ist es nur konsequent, dass eine gerichtliche Überprüfung – dann schließlich erstmalig – im Aufhebungs- und Vollstreckbarerklärungsverfahren noch möglich ist. Aus diesem Grund ist der staatliche Kontrollmechanismus des § 1040 Absatz 3 Satz 2 ZPO auch nur „[i]n diesem Fall" statthaft, also dann, wenn das Schiedsgericht auch einen Zwischenentscheid erlässt.[154]

Erlässt das Schiedsgericht bereits im laufenden Verfahren einen entsprechenden Zwischenentscheid, so soll – aus Gründen der Verfahrensbeschleuni-

---

[153] *Voit*, in: Musielak/Voit, ZPO, § 1040, Rn. 13; zustimmend *Geimer*, in Zöller, ZPO, § 1040 Rn. 21; so auch *OLG Bremen*, OLGR Bremen 2009, 156, Rn. 23. Dies steht auch damit im Einklang, dass die Säumnis im Schiedsverfahren keine Geständnisfunktion zur Folge hat, vgl. § 1048 Absatz 2 ZPO, anders als dies gemäß § 331 Absatz 1 Satz 1 ZPO im staatlichen Zivilprozess der Fall ist. Eingehend zur Säumnis im Schiedsverfahren aber *Kessler*, in: Die Beteiligung Dritter an Schiedsverfahren, S. 235 ff.
[154] Begr. RegE, BT-Drucks. 13/5274, S. 44.

gung – dieser auch sofort staatlich kontrollierbar sein, und zwar mittels des Kontrollmechanismus des § 1040 Absatz 3 Satz 2 ZPO. Wird von dieser unmittelbaren staatlichen Kontrollmöglichkeit kein Gebrauch gemacht, so ist auch ein entsprechender Aufhebungsgrund betreffend die Unzuständigkeit des Schiedsgerichts im Aufhebungs- und Vollstreckbarerklärungsverfahren präkludiert – denn das Fristsäumnis liegt dann in der Sphäre des Betroffenen.[155]

cc) Disponibilität des betroffenen Schutzrechts

Ergänzt werden müssen die Zulässigkeitsvoraussetzungen der Präklusion zuletzt um die „Disponibilität des betroffenen Schutzrechts"[156]. Das betroffene Schutzrecht ist hier das Recht auf staatlichen Rechtsschutz, das in verfassungsrechtlicher Hinsicht präklusionsbedroht ist. So darf Präklusion ganz grundsätzlich nur gegenüber derjenigen Person eintreten, die eine fristgerechte Geltendmachung ihres eigenen Grundrechts unterlässt und zu dessen Geltendmachung sie auch faktisch in der Lage ist, etwa, indem ihr der Zwischenentscheid des Schiedsgerichts auch tatsächlich zugestellt wird.[157]

Zusätzlich muss gelten, dass in den Rechtsbereichen, in welchen sich der Staat zwingend ein Entscheidungsmonopol gegenüber der privaten Schiedsgerichtsbarkeit vorbehalten muss und er eine Zuständigkeitsbegründung mangels Disponibilität des Grundrechtsschutzes selbst im Wege eines freiwilligen Grundrechtsausübungsverzichts nicht zulassen dürfte, eine Zuständigkeitsbegründung kraft Präklusion ausgeschlossen sein muss. Dies betrifft die Fälle, in welchen die objektive Schiedsfähigkeit des Streitgegenstands im Sinne des § 1059 Absatz 2 Nummer 2a ZPO fehlt.[158] Auf eine staatliche Überprüfung der Schiedsfähigkeit des Streitgegenstands kann sich die Präklusion mithin in keinem Fall erstrecken. Sie bleibt vielmehr stets auch im Aufhebungs- und Vollstreckbarerklärungsverfahren überprüfbar.[159]

---

[155] Begr. RegE, BT-Drucks. 13/5274, S. 32 f.

[156] *Triebel/Hafner*, SchiedsVZ 2009, 313, 316.

[157] Und gegenüber denen der Kontrollmechanismus des § 1040 Absatz 2 und 3 ZPO auch tatsächlich statthaft ist. Dies wird für die Frage nach der subjektiven Erweiterung des deutschen Schiedsverfahrensrechts noch relevant, dazu aber in Kapitel 4 – B.I.2.d) und 5 – B.II.1.c).

[158] Dazu aber sogleich in Kapitel 3 – B.II.1.

[159] So auch *OLG München*, ZEV 2016, 334, 336 sowie *Triebel/Hafner*, SchiedsVZ 2009, 313, 316 und – wenn auch die Rechtskraft einer Entscheidung nach § 1040 Absatz 3 ZPO auf die Prüfung der Schiedsfähigkeit erstreckend – *OLG München*, BeckRS 2020, 2932, Rn. 21 ff. Dasselbe dürfte in Bezug auf die *ordre public*-Überprüfung im Sinne des § 1059 Absatz 2 Nummer 2b ZPO gelten, welche mit dem Kriterium der Schiedsfähigkeit auf eine Stufe gestellt wird. In diese Richtung allgemein auch *Hammer*, in: FS Schütze, S. 141, 149 sowie am Beispiel gesellschaftsrechtlicher Beschlussmängelstreitigkeiten wohl auch *Voit*, in: Musielak/Voit, ZPO, § 1040, Rn. 13. Zum Umfang der staatlichen *ordre public*-Kontrolle im Einzelnen aber in Kapitel 3 – B.III.2.

5. Grenzen des Ausschlusses staatlicher Gerichtszuständigkeit: Die Schiedsfähigkeit

Wie die vorangegangene Untersuchung gezeigt hat, stellt die konsensbasierte Schiedsvereinbarung als Ausdruck eines freiwilligen Grundrechtsausübungsverzichts mitnichten die einzige Möglichkeit im deutschen Schiedsverfahrensrecht dar, um die schiedsgerichtliche Zuständigkeit rechtswirksam und verfassungskonform begründen zu können – wenn sie auch den gesetzlichen Regelfall bildet. Sämtliche dieser Möglichkeiten müssen jedoch dann zurückstehen, wenn sich der Staat in verfassungsrechtlicher Hinsicht ausnahmsweise ein Entscheidungsmonopol vorbehalten muss, er eine private Gerichtsbarkeit also nicht streitig über den betreffenden Streitgegenstand entscheiden lassen darf.[160]

a) Inhalt der Schiedsfähigkeit in § 1030 ZPO

Hierfür sorgt die Vorschrift des § 1030 ZPO, welche die „Schiedsfähigkeit" regelt.[161] Sie soll auf einfach-gesetzlichem Wege sicherstellen, dass die Rechtsbereiche, in denen ausnahmsweise von einem Entscheidungsmonopol des Staates ausgegangen werden muss, bezüglich derer also eine Disponibilität des Rechts auf staatlichen Rechtsschutz verfassungsrechtlich ausgeschlossen ist, von der schiedsgerichtlichen Zuständigkeit ausdrücklich ausgenommen sind.[162] So ist der Ausschluss der staatlichen Gerichtsbarkeit zugunsten nichtvermögensrechtlicher Ansprüche nur zulässig, wenn diese Ansprüche auch Gegenstand eines Vergleichs sein können, § 1030 Absatz 1 Satz 2 ZPO.[163] Zudem ausdrücklich von der Schiedsfähigkeit ausgenommen worden sind Rechtsstreitigkeiten über den Bestand eines Mietverhältnisses über Wohnraum im Inland, mit Ausnahme des § 549 Absatz 2 Nummer 1 bis 3 BGB, § 1030 Absatz 2 ZPO. Seit der Gesetzesreform von 1998 sind hingegen sämtliche vermögensrechtlichen Ansprüche schiedsfähig.[164]

---

[160] Zur Notwendigkeit der Begrenzung der Schiedsfähigkeit gewisser Streitgegenstände, international als „arbitrability" bekannt, auch aus rechtsvergleichender Sicht *Niedermaier*, S. 156 ff.

[161] Zur Schiedsfähigkeit Im Einzelnen auch *Lörcher/Lörcher*, S. 11 f.

[162] BGHZ 132, 278, 283 („Schiedsfähigkeit I"); *BGH*, NJW 1991, 2215, 2216; *Wagner*, S. 584. Siehe zu diesen Rechtsbereichen und deren verfassungsrechtlichen Herleitung bereits oben in Kapitel 2 – A.III.2. sowie eingehend *Barber*, S. 140 ff.

[163] Es kommt hierbei maßgeblich auf die objektive Verfügbarkeit des Rechtsverhältnisses an. In diesem Sinne nicht schiedsfähig sind daher Ehesachen – wohl aber güterrechtliche und versorgungsrechtliche Ansprüche – und Kindschaftssachen im Sinne des § 111 Nummer 1 und 2 FamFG sowie Lebenspartnerschaftssachen nach § 111 Nummer 11 FamFG und Angelegenheiten der freiwilligen Gerichtsbarkeit mit Ausnahme der echten Streitsachen. Dazu im Einzelnen und mit weiteren Nachweisen *Saenger*, in: ders., ZPO, § 1030, Rn. 5 f. und auch *Huber*, SchiedsVZ 2004, 280, 281 ff.

[164] Auf die Debatte zur Verfassungsgemäßheit dieser Ausweitung der Schiedsfähigkeit, die nun im Hinblick auf vermögensrechtliche Ansprüche nicht mehr an die Vergleichsbe-

b) Relevanz für sämtliche Möglichkeiten der schiedsgerichtlichen Zuständigkeitsbegründung

Aufgrund der Verortung der Vorschrift des § 1030 ZPO im zweiten Abschnitt des deutschen Schiedsverfahrensrechts, der die Abschnittsüberschrift „Schiedsvereinbarung" trägt, ließe sich nun vermuten, dass die Einschränkung der Schiedsfähigkeit des schiedsgerichtlichen Streitgegenstands nur dann zur Anwendung kommen solle, wenn der Ausschluss der staatlichen Gerichtsbarkeit auch mittels einer Schiedsvereinbarung im Sinne der §§ 1029, 1031 ZPO erfolgt ist. Hierfür scheint auch der Wortlaut des § 1030 ZPO, der sich ausdrücklich auf den Inhalt der „Schiedsvereinbarung" bezieht, zu sprechen. Dasselbe gilt für die systematische Verortung der Vorschrift zwischen der Begriffsbestimmung der Schiedsvereinbarung in § 1029 ZPO und den speziellen Anforderungen an eine Schiedsvereinbarung in § 1031 ZPO. Da zudem die Vorschrift des § 1031 ZPO nicht entsprechend auf die Schiedsverfügung des § 1066 ZPO und die Zuständigkeitsbegründung des Schiedsgerichts kraft Präklusion anwendbar ist,[165] könnte ähnliches auch für die Vorschrift des § 1030 ZPO gelten.

Doch die Notwendigkeit der Schiedsfähigkeit des Streitgegenstands muss zwingend für alle Arten der schiedsgerichtlichen Zuständigkeitsbegründung gelten. Etwas anderes wäre aus verfassungsrechtlicher Hinsicht nicht zulässig, da einer über einen nicht schiedsfähigen Gegenstand getroffenen nicht-staatlichen Entscheidung keine prozessuale Wirkung zukommen darf.[166] Mithin kann auch ein Ausschluss der staatlichen Gerichtsbarkeit mittels Präklusion oder kraft Schiedsverfügung nur dann rechtswirksam erfolgen, wenn der zugrundeliegende Streitgegenstand schiedsfähig ist. Anders als § 1031 ZPO gilt die Vorschrift des § 1030 ZPO mithin entsprechend auch für diese beiden weiteren Möglichkeiten der schiedsgerichtlichen Zuständigkeitsbegründung.[167] Im Rahmen des § 1066 ZPO ergibt sich dies aus der gesetzlichen Anordnung der entsprechenden Anwendbarkeit der Vorschriften des Zehnten Buchs auf die Schiedsverfügung. Im Falle der schiedsgerichtlichen Zuständigkeitsbegründung kraft Präklusion hingegen ist ungeschriebene Voraussetzung die Dispo-

---

fugnis gekoppelt ist, soll an dieser Stelle nicht vertiefend eingegangen werden. Insoweit kritisch aber bereits *Voit*, JZ 1997, 120, 124 sowie aktuell *Voit*, in: Musielak/Voit, ZPO, § 1025, Rn. 1 mit weiteren Nachweisen.

[165] Siehe zu § 1066 ZPO bereits oben in Kapitel 3 – A.I.3.c). Dass zudem auch der *Verlust* eines Rügerechts, also die schiedsgerichtliche Zuständigkeitsbegründung kraft Präklusion, nicht formgebunden sein kann, leuchtet ein.

[166] Zum verfassungsrechtlichen Hintergrund der Schiedsfähigkeit Im Einzelnen bereits oben in Kapitel 2 – A.III.2.

[167] So in Bezug auf die Präklusion richtigerweise auch *Triebel/Hafner*, SchiedsVZ 2009, 313, 316.

nibilität des Rechts auf staatlichen Rechtsschutz in Bezug auf den betreffenden Streitgegenstand und damit auch dessen Schiedsfähigkeit.[168]

Eine entsprechend weite Auslegung der Schiedsfähigkeit des Streitgegenstands findet sich im Übrigen auch im Aufhebungs- und Vollstreckbarerklärungsverfahren wieder. So sehen die § 1059 Absatz 2 Nummer 2a ZPO beziehungsweise § 1060 Absatz 2 S. 1, 3 ZPO i.V.m. § 1059 Absatz 2 Nummer 2a ZPO eine gerichtliche Überprüfung eines Schiedsspruchs, dem prozessuale Wirkungen zukommen sollen, daraufhin vor, dass der „Gegenstand des Streits" – und nicht lediglich der Gegenstand der *Schiedsvereinbarung* – nach deutschem Recht schiedsfähig ist.[169]

6. Kontrollmechanismen im laufenden Schiedsverfahren

Es gibt im deutschen Schiedsverfahrensrecht also drei Möglichkeiten, um die schiedsgerichtliche Zuständigkeit zu begründen und damit die staatlichen Gerichte rechtsverbindlich auszuschließen: die Schiedsvereinbarung als gesetzlichen Grundfall, wobei diese im Regelfall einen freiwilligen Grundrechtsausübungsverzicht abbilden soll, und die Schiedsverfügung sowie die Zuständigkeitsbegründung kraft Präklusion als gesetzliche Sonderfälle. Diese Möglichkeiten sind einfach-gesetzlich geregelt und schreiben den privaten Akteuren des Schiedsverfahrens damit vor, auf welche Weise sie die prozessuale Wirkung des rechtsverbindlichen Ausschlusses der staatlichen Gerichtszuständigkeit herbeiführen können.

Neben diese einfach-gesetzlichen Vorgaben müssen Kontrollnormen treten, die es dem Staat erlauben, zu überprüfen, ob die privaten Akteure die Vorgaben auch tatsächlich eingehalten haben.[170] In Bezug auf den verfassungskonformen Ausschluss der staatlichen Gerichtszuständigkeit gibt es drei separate Kontrollmechanismen, die im deutschen Schiedsverfahrensrecht vorgesehen sind, und die das nachgeschaltete Aufhebungs- und Vollstreckbarerklärungsverfahren ergänzen.[171]

---

[168] Vgl. bereits die soeben gemachten Ausführungen in Kapitel 3 – A.I.4.c).

[169] Im Falle der Schiedsunfähigkeit des Streitgegenstands führt das Aufhebungs- und Vollstreckbarerklärungsverfahren zudem zur Aufhebung des Schiedsspruchs. Zu den Einzelheiten aber sogleich in Kapitel 3 – B.

[170] Denn der Staat bleibt zu einer Grenz- und Missbrauchsprüfung in Bezug auf den Ausschluss des staatlichen Rechtsschutzes verpflichtet, *Classen*, in: v. Mangoldt/Klein/Starck, GG, Artikel 92, Rn. 46; *Jarass* in Jarass/Pieroth, GG, Artikel 20, Rn. 130a und *Schmidt-Aßmann*, in: Herzog/Scholz/Herdegen/Klein, GG, Artikel 19 Absatz 4, Rn. 17; *Dütz*, S. 240. Dabei ist es sinnvoll, dass diese Kontrolle durch die staatliche Gerichtsbarkeit, die schließlich hinter die Schiedsgerichtsbarkeit zurücktreten soll, selbst erfolgt, so auch schon *Habscheid*, KTS 1959, 113, 114.

[171] Zur staatlichen Kontrolle der schiedsgerichtlichen Zuständigkeit aus rechtsvergleichender Perspektive auch *Stojiljkovic*, S. 51 ff. Zum Aufhebungs- und Vollstreckbarerklärungsverfahren im Einzelnen unten in Kapitel 3 – A.IV.

a) Gerichtliche Überprüfung bei Klage vor dem staatlichen Gericht

Die erste der Kontrollmöglichkeiten ist in § 1032 Absatz 1 ZPO niedergelegt. Sie kommt dann zum Tragen, wenn der Kläger seinen Rechtsstreit vor ein staatliches Gericht bringt, der Prozessgegner aber der Auffassung ist, dass stattdessen eine schiedsgerichtliche Zuständigkeit im Raum steht. Dies kann der Prozessgegner vor dem staatlichen Gericht rügen und damit die gerichtliche Überprüfung seiner Behauptung, die staatliche Gerichtszuständigkeit sei zugunsten der schiedsgerichtlichen rechtswirksam ausgeschlossen worden, herbeiführen. Im Rahmen dessen prüft das Gericht den behaupteten Ausschluss der staatlichen Gerichtszuständigkeit auf Bestehen, Wirksamkeit und Durchführbarkeit hin.

Anders als der Kontrollmechanismus des § 1032 Absatz 2 ZPO – dazu im Einzelnen sogleich –, ist der des § 1032 Absatz 1 ZPO nicht zeitlich begrenzt.[172] Damit ist es einem Schiedskläger grundsätzlich möglich, erst nach Einleitung eines Schiedsverfahrens und selbst in dessen fortgeschrittenem Stadium in derselben Sache parallel Klage vor einem staatlichen Gericht zu erheben.[173] Auch in dem Fall, dass während eines bereits laufenden Schiedsverfahrens parallel Klage vor einem staatlichen Gericht in derselben Sache erhoben wird, muss es dem Prozessgegner daher möglich sein, die Rüge des § 1032 Absatz 1 ZPO zu erheben und damit die Abweisung der gerichtlichen Klage als unzulässig zu erreichen.

b) Gerichtliche Überprüfung durch Feststellungsantrag an das staatliche Gericht

Erhebt der Kläger stattdessen Schiedsklage und beschreitet damit direkt den schiedsgerichtlichen Weg, kann eine Kontrolle durch das staatliche Gericht in zwei unterschiedlichen Prozessabschnitten herbeigeführt werden. Bis zu der Konstituierung des Schiedsgerichts können sowohl der Schiedskläger als auch der Schiedsbeklagte die staatlichen Gerichte um Feststellung der Zulässigkeit beziehungsweise Unzulässigkeit des schiedsgerichtlichen Verfahrens – und damit des wirksamen beziehungsweise unwirksamen Ausschlusses der staatlichen Gerichtsbarkeit – ersuchen, § 1032 Absatz 2 ZPO. Hintergrund der Vorschrift ist die Möglichkeit einer frühzeitigen Herbeiführung von Klarheit über die Zulässigkeit des schiedsrichterlichen Verfahrens, indem eine gerichtliche Kontrolle bereits ganz zu Beginn des schiedsrichterlichen Verfahrens, wenn

---

[172] Münch, in: MüKo ZPO, § 1032, Rn. 3 weist insoweit richtigerweise darauf hin, dass Ziel des § 1032 Absatz 1 ZPO ist, „die Frage der Gültigkeit der Schiedsvereinbarung möglichst bald, also beim zuerst angegangenen Gericht, zu klären".

[173] Dies zeigt die Vorschrift des § 1032 Absatz 3 ZPO, die vorsieht, dass ein Schiedsverfahren neben einem gerichtlichen Verfahren nach § 1032 Absatz 1 ZPO eingeleitet oder *fortgesetzt* werden kann. Vgl. auch *Voit*, in: Musielak/Voit, ZPO, § 1032, Rn. 15.

das Schiedsgericht noch nicht konstituiert wurde, in Anspruch genommen werden kann. Da der Rechtsbehelf beiden Parteiseiten zusteht, kann er vollumfassend für eine frühe Rechtssicherheit in Bezug auf die Wirksamkeit und Durchführbarkeit des zugrundeliegenden Ausschlussakts sorgen.[174] Diese Kontrollmöglichkeit endet jedoch mit dem Zeitpunkt der Bildung des Schiedsgerichts im Sinne der §§ 1034 ff. ZPO.

c) Gerichtliche Entscheidung über einen schiedsgerichtlichen Zwischenentscheid

Ab dem Zeitpunkt der vollständigen Bildung des Schiedsgerichts wird diesem selbst die Kompetenz einer ersten Überprüfung seiner eigenen Zuständigkeit übertragen, § 1040 Absatz 1 und 2 ZPO. Dabei hat das Schiedsgericht die Möglichkeit, von sich aus eine Zuständigkeitsentscheidung zu treffen, § 1040 Absatz 1 ZPO, es kann hierzu aber auch durch die Zuständigkeitsrüge seitens einer der Parteien des Schiedsverfahrens bewegt werden, § 1040 Absatz 2 Satz 1 und 3 ZPO. Die Entscheidung über eine Zuständigkeitsrüge kann das Schiedsgericht entweder, was prozessökonomischen Erwägungen entspricht und daher den gesetzlichen Regelfall darstellt,[175] unmittelbar treffen oder erst im verfahrensbeendenden Schiedsspruch. Wählt das Schiedsgericht den Weg der unmittelbaren Entscheidung über die eigene Zuständigkeit, so hat es eine positive Zuständigkeitsentscheidung in einem Zwischenentscheid festzuhalten, § 1040 Absatz 3 Satz 1 ZPO. Verneint es seine Zuständigkeit hingegen, hat es die Schiedsklage konsequenterweise als unzulässig abzuweisen.[176]

Der staatliche Kontrollmechanismus des § 1040 Absatz 3 Satz 1 ZPO setzt dann ein, wenn und soweit das Schiedsgericht auf die Rüge einer der Parteien des Schiedsverfahrens hin seine Zuständigkeit im Rahmen eines Zwischenentscheids bejaht hat. In diesem Fall kann jede Partei des Schiedsverfahrens eine gerichtliche Entscheidung beantragen, § 1040 Absatz 3 Satz 2 ZPO. Wird von dieser Möglichkeit Gebrauch gemacht, so wird die positive Zuständigkeitsentscheidung des Schiedsgerichts vom staatlichen Gericht dahingehend überprüft, ob tatsächlich ein rechtsverbindlicher und rechtswirksamer Ausschluss der

---

[174] Vertiefend zur Kontrolle nach § 1032 Absatz 2 ZPO *Spohnheimer*, in: FS Käfer, S. 357 ff. Sie wird auch im Zusammenhang mit der subjektiven Erweiterung des deutschen Schiedsverfahrensrechts mittels Verfahrensvereinbarung relevant, dazu aber in Kapitel 5 – B.II.2.b)aa).

[175] So lautet es in § 1040 Absatz 3 Satz 1 ZPO ausdrücklich „in der Regel".

[176] Wenn dies auch nicht ausdrücklich normiert ist. Zum Hintergrund einer solch verfahrensbeendenden Entscheidung vgl. *Eberl/Eberl*, in: Saenger/Ullrich/Siebert, ZPO- Prozessformulare, § 1055, Rn. 20 f.; *Voit*, in: FS Musielak, S. 595, 617. Kritisch zur nur begrenzten Angreifbarkeit einer solchen Entscheidung *Geimer*, in: Die Beteiligung Dritter an Schiedsverfahren, S. 147 ff.

staatlichen Gerichtszuständigkeit vorliegt.[177] Wählt das Schiedsgericht hingegen nicht den gesetzlichen Regelfall und hebt sich seine Entscheidung über die eigene Zuständigkeit für den Endschiedsspruch auf, so setzt auch der staatliche Kontrollmechanismus des § 1040 Absatz 3 Satz 1 ZPO nicht ein. Hier kann eine erstmalige Kontrolle des rechtswirksamen Ausschlusses der staatlichen Gerichtszuständigkeit mithin erst im Aufhebungs- und Vollstreckbarerklärungsverfahren erreicht werden.[178]

Oftmals wird nun im Zusammenhang mit § 1040 ZPO, insbesondere mit § 1040 Absatz 1 Satz 1 ZPO, von einer „Kompetenz-Kompetenz" des Schiedsgerichts gesprochen, da es auf Grundlage der Vorschrift schließlich über seine eigene Zuständigkeit entscheiden könne.[179] Die Begrifflichkeit ist jedoch, wie bereits *Schottelius* kritisiert hat, irreführend, da sie den Eindruck vermittelt, das Schiedsgericht habe eine echte und damit ausschließliche Entscheidungsmacht in Bezug auf die Feststellung der eigenen Zuständigkeit.[180] Dies ist jedoch, wie sich gezeigt hat, gerade nicht der Fall, steht doch hinter jeder Zuständigkeitsentscheidung des Schiedsgerichts ein *staatliches* Kontrollsystem – „das letzte Wort hat stets das staatliche Gericht", jedenfalls dann, wenn eine der Parteien des Schiedsverfahrens dies wünscht.[181]

d) Rechtsfolgen der Kontrollmechanismen im laufenden Schiedsverfahren

In jedem Schiedsverfahren bestehen mithin Möglichkeiten, die Rechtswirksamkeit des Ausschlusses der staatlichen Gerichtszuständigkeit zugunsten der

---

[177] Wird die Rügefrist versäumt, tritt Präklusion ein, vgl. dazu bereits die Ausführungen in Kapitel 3 – A.I.4.

[178] In jeder Konstellation ist somit gewährleistet, dass eine staatliche Kontrolle jedenfalls stattfinden *kann*, wenn sie auch meist antrags- und fristgebunden ist.

[179] Diesen Begriff verwendete selbst die Reformkommission von 1996, Begr. RegE, BT-Drucks. 13/5274, S. 43. Vgl. auch die Nachweise bei *Schottelius*, KTS 1959, 134, 135, Fn. 4.

[180] *Schottelius*, KTS 1959, 134, 138 f. auch mit Nachweisen zu Gegenstimmen. Differenzierend auch *Sonnauer*, S. 62 ff.

[181] *BGH*, SchiedsVZ 2006, 161, 164, Rn. 30; vgl. auch *Voit*, in: Musielak/Voit, ZPO, § 1040, Rn. 1. *Schottelius* plädiert darauf, dass eine solche „Kompetenz-Kompetenz" auch nicht rechtswirksam durch die Verfahrensbeteiligten vereinbart und die Kontrollmöglichkeit der staatlichen Gerichte damit rechtsverbindlich ausgeschlossen werden können sollte, *Schottelius*, KTS 1959, 134, 138 f. Eine rechtswirksame Abbedingung des § 1040 Absatz 3 Satz 2 ZPO im Vorhinein, etwa im Rahmen einer vorprozessualen Schiedsvereinbarung oder Schiedsverfügung, dürfte, insoweit ist *Schottelius* zuzustimmen, nach Maßgabe des § 1042 Absatz 3 ZPO nicht zulässig sein. Zu berücksichtigen ist insoweit jedoch, dass eine „Kompetenz-Kompetenz" des Schiedsgerichts aufgrund der Rüge- und Fristgebundenheit des staatlichen Kontrollmechanismus in § 1040 Absatz 3 Satz 2 ZPO letztendlich doch dadurch herbeigeführt werden kann, dass beide Parteien des Schiedsverfahrens den Mechanismus bewusst nicht (rechtzeitig) in Anspruch nehmen – und die staatliche Kontrolle so auch gezielt umgangen werden kann. Diese wohl unvermeidbare Folge antrags- und fristgebundener Kontrollmechanismen ist aber hinzunehmen.

schiedsgerichtlichen auch gerichtlich überprüfen zu lassen. Die insoweit vorgesehenen Kontrollmechanismen haben in dem Falle, dass der Ausschluss nicht rechtswirksam erfolgt ist, die Unzuständigkeit des betreffenden Schiedsgerichts zur Folge. Die gewünschte prozessuale Wirkung, der rechtsverbindliche Ausschluss der staatlichen Gerichtszuständigkeit, tritt dann also nicht ein.[182] Tritt sie hingegen deshalb ein, weil die staatlichen Kontrollmöglichkeiten nicht oder nicht rechtzeitig in Anspruch genommen worden sind, so ist auch dies verfassungsgemäß, da hier ausnahmsweise das Recht des Einzelnen auf staatlichen Rechtsschutz auch ohne dessen Willen verlustig gehen darf.[183]

Welche Rolle hingegen das Aufhebungs- und Vollstreckbarerklärungsverfahren, das die abschließende Kontrollmöglichkeit durch die staatlichen Gerichte nach Erlass eines Schiedsspruchs bildet, in diesem Gefüge von Kontrollnormen spielt, soll sogleich in einem eigenen Abschnitt begutachtet werden.[184]

II. Wahrung des Rechts auf faires Verfahren

Wie sich gezeigt hat, wird die Wahrung des Rechts auf staatlichen Rechtsschutz im deutschen Schiedsverfahrensrecht durch ein System aus einfach-gesetzlichen Verpflichtungs- und Kontrollnormen sichergestellt. Doch daneben bedürfen auch die rechtsstaatlichen Ausgestaltungsgarantien der einfach-gesetzlichen Normierung und gerichtlichen Kontrolle. Auch dem ist der Gesetzgeber nachgekommen.

1. Verankerung einer allgemeinen Gleichbehandlungspflicht

Zentrale Vorschrift in dem für die Wahrung der verfahrensbezogenen Ausgestaltungsgarantien eingerichteten Kontrollsystem ist die des § 1042 ZPO.[185] Sie beinhaltet allgemeine Verpflichtungsnormen, die das Schiedsgericht zur Wahrung des Rechts auf rechtliches Gehör und auf faires Verfahren anhalten sollen.

So lautet § 1042 Absatz 1 Satz 1 ZPO „Die Parteien sind gleich zu behandeln." Dieser allgemeine Gleichbehandlungsgrundsatz verpflichtet das

---

[182] Wie *Schwab/Walter*, Teil 1, Kapitel 7, Rn. 9 richtigerweise feststellen, ist die Überprüfung des rechtswirksamen Ausschlusses der staatlichen Gerichtsbarkeit mithin auch in diesen früheren Verfahrensstadien zwingend eine umfassende und erschöpfende. Dies ist insbesondere auch deshalb der Fall, „[d]a die Bejahung oder Verneinung der Schiedseinrede andere Staatsgerichte bindet", und zwar insbesondere im Aufhebungs- und Vollstreckbarerklärungsverfahren. Dazu aber im Einzelnen in Kapitel 3 – B.I. und B.II.2.
[183] Zur Zuständigkeitsbegründung kraft Präklusion bereits in Kapitel 3 – A.I.3.
[184] Siehe unten in Kapitel 3 – B.I.
[185] Kuhnle sieht in der Vorschrift des § 1042 Absatz 1 ZPO „die wohl wichtigste Norm für die Wahrung prozessualer Gerechtigkeitsmindestanforderungen im Recht der Schiedsgerichtsbarkeit", Kuhnle, S. 117. Münch, in: MüKo ZPO, § 1042, Rn. 3 spricht insoweit treffenderweise von der „Transponierung rechtsstaatlicher Kerngarantien auf Grund einfachen Gesetzes"; ähnlich auch Lachmann, S. 65, Rn. 171.

Schiedsgericht zur Gleichbehandlung der Parteien eines Schiedsverfahrens in Bezug auf sämtliche Verfahrensschritte. Ihm unterfallen etwa die Waffengleichheit der Parteien, die einheitliche Anwendung der Verfahrensregeln und das Willkürverbot.[186] Verdrängt wird diese allgemeine Verpflichtung von den speziellen Verpflichtungs- und Kontrollnormen, die das deutsche Schiedsverfahrensrecht im Zusammenhang mit der Konstituierung des Schiedsgerichts sowie der Unabhängigkeit und Unparteilichkeit des schiedsgerichtlichen Spruchkörpers vorsieht.[187] Eine gerichtliche Überprüfung, ob der allgemeine Gleichbehandlungsgrundsatz des § 1042 Absatz 1 Satz 1 ZPO auch in ausreichender Weise gewahrt worden ist, findet erst nach Beendigung des Schiedsverfahrens im Aufhebungs- beziehungsweise im Vollstreckbarerklärungsverfahren statt.[188]

2. Gerichtliche Kontrolle der gleichberechtigten Einflussnahme auf die Bildung des Schiedsgerichts

Eine nicht als Verpflichtungs-, sondern unmittelbar als Kontrollnorm ausgestaltete spezialgesetzliche Verankerung des Rechts auf faires Verfahren findet sich in der Vorschrift des § 1034 Absatz 2 ZPO. Sie sieht für den Fall, dass einer Partei des Schiedsverfahrens „ein Übergewicht bei der Zusammensetzung des Schiedsgerichts" zukommt, „das die andere Partei benachteiligt", eine hiervon abweichende Bestellung der Schiedsrichter durch das staatliche Gericht vor.

Diese Regelung macht eine der Besonderheiten der Schiedsgerichtsbarkeit im Vergleich zur staatlichen Gerichtsbarkeit sichtbar, da die Prozessparteien eines staatlichen Verfahrens schließlich gerade keine Einflussmöglichkeit auf die Zusammensetzung des gerichtlichen Spruchkörpers haben.[189] Hierin unterscheidet sich das Schiedsverfahren mithin fundamental vom staatlichen Verfahren.[190] Wenn nun aber schon die Möglichkeit besteht, einen Schiedsrichter

---

[186] Zu den Einzelfällen des Gleichbehandlungsgrundsatzes siehe *Wilske/Markert*, in: BeckOK ZPO, § 1042, Rn. 6 mit weiteren Nachweisen.

[187] Dazu sogleich im nachfolgenden Punkt in Kapitel 3 – A.II.2. und 3.

[188] Gemäß § 1059 Absatz 2 Nummer 1b und d Alternative 2 ZPO sowie, im Vollstreckbarerklärungsverfahren, gemäß § 1060 Absatz 2 Satz 1 i.V.m. § 1059 Absatz 2 Nummer 1b und d Alternative 2 ZPO, siehe dazu in Kapitel 3 – B. Zu der umstrittenen Frage, ob beziehungsweise inwieweit ein Verstoß gegen das Recht auf faires Verfahren im Aufhebungs- und Vollstreckbarerklärungsverfahren zusätzlich unter den Begriff des *ordre public* in § 1059 Absatz 2 Nummer 2b ZPO zu fassen ist, im Einzelnen in Kapitel 3 – B.III.2.

[189] Zur einzelfallunabhängigen gerichtlichen Geschäftsverteilung und deren verfassungsrechtlichem Hintergrund siehe im Einzelnen in Kapitel 2 – C.II.1.a).

[190] Zugleich gilt die Möglichkeit der Einflussnahme auf die Auswahl der Schiedsrichter als einer der größten Vorzüge der Schiedsgerichtsbarkeit im Vergleich zur staatlichen Gerichtsbarkeit, vgl. nur *Stumpf*, in: FS Bülow, S. 217, 221 f.; *Kreindler/Schäfer/Wolff*, S. 4, Rn. 10; So wurde im Rahmen der von der DIS40 Frankfurt am 22. Juli 2021 ausgerichteten

selbst auszuwählen, dann muss dies unter Berücksichtigung des Grundsatzes des fairen Verfahrens und speziell der verfahrensrechtlichen Gleichbehandlung erfolgen. Notwendig ist es als Folge dessen, dass grundsätzlich jedes Subjekt der prozessualen Wirkungen eines Schiedsspruchs die Möglichkeit hat, gleichberechtigt auf die Besetzung des Schiedsgerichts Einfluss zu nehmen. Diese Sicherung ist „als Kompensation für den Verlust des unabhängigen staatlichen Richters als Entscheidungsträger […] unverzichtbar".[191]

Damit handelt es sich bei der Möglichkeit der Einflussnahme auf die Zusammensetzung des entscheidenden Spruchkörpers um einen so nur in der Schiedsgerichtsbarkeit auftretenden Sonderfall des Rechts auf faires Verfahren.[192] Deswegen ist es auch notwendig, die insoweit erforderliche Gleichbehandlung der Parteien eines Schiedsverfahrens speziell zu normieren, wie es in § 1034 Absatz 2 ZPO geschehen ist. Dem staatlichen Gericht wird mit § 1034 Absatz 2 ZPO eine entsprechende Kontrollmöglichkeit eingeräumt – was insbesondere deswegen notwendig ist, da die Parteien gemäß § 1035 Absatz 1 ZPO das Verfahren zur Bestellung der Schiedsrichter auch selbst vereinbaren können. Das Gericht hat dabei zugleich die Möglichkeit, Verstöße gegen das Recht auf faires Verfahren durch eine von der Bestimmung der Parteien abweichende Bildung des Schiedsgerichts aus der Welt zu räumen.[193] Auch die staatliche Kontrollmöglichkeit des § 1034 Absatz 2 ZPO ist gemäß ihres Satzes 2 antrags- und fristgebunden – eine unterlassene oder nicht fristgerechte Inanspruchnahme muss mithin auch insoweit zur Präklusion der betreffenden Verfahrensrüge führen.[194]

Veranstaltung „Arbitration vs court proceedings – a neck-and-neck race for efficiency?" betont, dass das parteiliche Benennungsrecht gerade bei Rechtsstreitigkeiten in speziellen Industriezweigen von großem Vorteil sei, da man so gezielt Personen auswählen könne, die auf dem einschlägigen Gebiet spezialisiert seien und sich daher mit den typischen Vertragsgestaltungen sowie den technischen Gegebenheiten bereits auskennen, womit viel Zeit und Mühe eingespart werden könne.

[191] BGHZ 180, 221, 233 („Schiedsfähigkeit II").

[192] Weswegen dieses Recht noch von großer Bedeutung für eine subjektive Erweiterung des deutschen Schiedsverfahrensrechts sein wird, dazu aber in Kapitel 4 – C.I.1.b) und 5 – A.I.3.

[193] Aufgrund dieser Heilungsmöglichkeit ist es auch sinnvoll, dass die gerichtliche Kontrolle hier bereits im laufenden Schiedsverfahren stattfindet und nicht erst im nachgeordneten Aufhebungs- und Vollstreckbarerklärungsverfahren. Auf diesen Zusammenhang wird in Kapitel 3 – B.I. aber noch näher eingegangen.

[194] Auch hier muss gelten, dass § 1027 ZPO dem im Ergebnis nicht im Wege steht, auch, wenn man § 1034 Absatz 2 ZPO richtigerweise als nicht dispositives Gesetzesrecht einordnet und der Gesetzgeber hierzu nicht ausdrücklich Stellung nimmt. Zur Rolle des § 1027 ZPO in Bezug auf die Präklusion von Verfahrensrügen am Beispiel des § 1040 Absatz 2 und 3 ZPO im Einzelnen bereits in Kapitel 3 – A.I.4.

3. Verankerung und Kontrolle der Unabhängigkeit und Unparteilichkeit des Schiedsrichters

Eine weitere bedeutende Komponente des Rechts auf faires Verfahren ist, dass der Spruchkörper, in dessen Hände die verbindliche und streitige Entscheidung eines Rechtsstreits gelegt wird, unabhängig und unparteilich sein muss.[195] Dies trifft nicht nur auf den staatlichen Richter zu, sondern, als Folge des Rechtsstaatsprinzips allgemein, letztendlich auch auf den streitig entscheidenden Schiedsrichter.[196]

Da der private Schiedsrichter der Anordnung in Artikel 97 GG nicht unterfällt und an die Grundrechte selbst nicht gebunden ist, muss seine Verpflichtung zur Unabhängigkeit und Unparteilichkeit, beziehungsweise zur Offenlegung sämtlicher Umstände, die Zweifel daran wecken könnten, einfach-gesetzlich normiert werden.[197] Dies ist in § 1036 Absatz 1 ZPO geschehen. Liegen die in § 1036 Absatz 1 ZPO normierten Voraussetzungen der Unabhängigkeit und Unparteilichkeit in der Person des Schiedsrichters nicht vor, oder bestehen jedenfalls Zweifel daran, so muss es dem Staat möglich sein, dies zu kontrollieren und, sollte sich die fehlende Unabhängigkeit oder Unparteilichkeit bestätigen, den betreffenden Schiedsrichter aus seinem Amt zu entfernen. Zweifel an der Unabhängigkeit und Unparteilichkeit des Schiedsrichters eröffnen daher ein antragsgebundenes staatliches Ablehnungsverfahren gemäß § 1037 Absatz 3 Satz 1 ZPO.

Die staatliche Kontrollmöglichkeit des § 1037 Absatz 3 ZPO ist in ein Kontrollsystem eingebettet, das der staatlichen Überprüfung eine Erstkontrolle durch das Schiedsgericht selbst vorschaltet, § 1037 Absatz 2 ZPO.[198] Ist das Ablehnungsverfahren erfolgreich, so ist ein Ersatzschiedsrichter zu bestellen, § 1039 Absatz 1 ZPO. Dadurch wird sichergestellt, dass der betreffende Verfahrensfehler nicht nur überprüft, sondern auch aus der Welt geschafft wird und insoweit den Eintritt der prozessualen Wirkungen von Schiedsverfahren

---

[195] Dazu im Einzelnen bereits oben in Kapitel 2 – C.II.2.

[196] Siehe bereits oben in Kapitel 2 – C.II.2.b)bb).

[197] Hierzu im Einzelnen bereits oben, in Kapitel 2 – B.I.1. Beim staatlichen Richter bedarf es einer solch einfach-gesetzlichen Verpflichtungsnorm grundsätzlich nicht, da sich seine Pflicht zur Unparteilichkeit eben direkt aus dem Grundgesetz, speziell Artikel 97 GG, ergibt und er daran über Artikel 1 Absatz 3 GG unmittelbar gebunden ist. Dennoch ist auch hier ein spezielles einfach-gesetzliches Verfahren zur Ausschließung und Ablehnung gesetzlicher Richter in den §§ 41 ff. ZPO vorgesehen.

[198] Oder ein von den Parteien vereinbartes anderweitiges Verfahren zur Erstkontrolle, § 1037 Absatz 1 ZPO – wobei die *staatliche* Kontrollmöglichkeit in § 1037 Absatz 3 ZPO aufgrund der ausdrücklichen Anordnung in § 1037 Absatz 1 ZPO nicht abbedungen werden kann, Begr. RegE. BT-Drucks. 13/5274, S. 41 f. Ihr kann mithin nur durch eine (bewusste) Präklusion der Kontrollmöglichkeit entgangen werden. Zur Frage der Unabdingbarkeit anderer staatlicher Kontrollmöglichkeiten, so etwa des § 1040 Absatz 3 Satz 2 ZPO, bereits oben in Kapitel 3 – A.I.6.c).

und Schiedsspruch nicht mehr gefährden kann.[199] Die Kontrollmöglichkeit des § 1037 Absatz 1 und 2 ZPO ist antrags- und fristgebunden, sodass es sich auch bei § 1037 Absatz 3 ZPO um einen staatlichen Rechtsbehelf handelt, der unabhängig von der Vorschrift des § 1027 ZPO regelmäßig präklusionsbedroht ist.[200]

4. Verankerung des Rechts zur Hinzuziehung eines Prozessbevollmächtigten

Als Ausfluss des Rechts auf faires Verfahren speziell im deutschen Schiedsverfahrensrecht verankert ist auch das Recht zur Hinzuziehung eines Rechtsanwalts als Bevollmächtigten in § 1042 Absatz 2 ZPO.[201] Hierfür war wieder eine gesonderte Niederlegung erforderlich, denn andernfalls wäre es aufgrund des im privaten Schiedsverfahren geltenden Geheimhaltungsgrundsatzes[202] möglich, dass Rechtsanwälte als Bevollmächtigte vom Schiedsverfahren ausgeschlossen werden könnten. Vor diesem Hintergrund ist § 1042 Absatz 2 ZPO als allgemeine Verpflichtungsnorm ausgestaltet worden, die sich an die Parteien des Schiedsverfahrens und insbesondere auch an das Schiedsgericht richtet.

III. Wahrung des Rechts auf rechtliches Gehör

Und auch die Wahrung des Rechts auf rechtliches Gehör, eines der gewichtigsten rechtsstaatlichen Prozessgrundsätze, ist im deutschen Schiedsverfahrens-

---

[199] Auch hier ist mithin eine unmittelbare Heilungsmöglichkeit vorgesehen, wie im Falle des § 1034 Absatz 2 ZPO, siehe dazu bereits oben in Kapitel 3 – A.II.2.

[200] Hier gilt dasselbe wie im Rahmen des staatlichen Kontrollmechanismus in § 1040 Absatz 3 Satz 2 ZPO, Begr. RegE, BT-Drucks. 13/5274, S. 33 und S. 42 sowie bereits oben in Kapitel 3 – A.I.4. Im Anwendungsbereich des § 1037 Absatz 3 ZPO soll aber in besonders schwerwiegenden Situationen ausnahmsweise vom Eintritt der Präklusion abgesehen werden können und die Überprüfung im Aufhebungs- und Vollstreckbarerklärungsverfahren dennoch zugelassen werden. Diese Ausnahme soll nach der Gesetzesbegründung ausdrücklich den Extremfall betreffen, dass der eingesetzte Schiedsrichter Mitglied des Vertretungsorgans einer der Parteien des Schiedsverfahrens ist und damit in eigener Sache tätig wird, Begr. RegE, BT-Drucks. 13/5274, S. 42 mit Verweis auf die einschlägige Rechtsprechung des Bundesgerichtshofs in BGHZ 65, 59 ff.

[201] Vgl. *Schulze-Fielitz*, in: Dreier, GG, Artikel 19 Absatz 4, Rn. 105. Mitunter wird das in § 1042 Absatz 2 ZPO normierte Recht allerdings auch dem Recht auf rechtliches Gehör zugeordnet, so etwa von *Münch*, in: MüKo ZPO, § 1042, Rn. 69.

[202] Da die Vorschriften des GVG und damit der Öffentlichkeitsgrundsatz des § 196 GVG in Bezug auf das privatrechtliche Schiedsverfahren nicht gelten, hat sich der sogenannte schiedsverfahrensrechtliche Geheimhaltungsgrundsatz herausgebildet, der als einer der Vorzüge der Schiedsgerichtsbarkeit gilt, vgl. dazu *Lachmann*, S. 41, Rn. 143; *Leisinger*, S. 37 ff. mit umfassenden Nachweisen; *Schütze/Thümmel*, S. 18, Rn. 49; *Stumpf*, in: FS Bülow, S. 217, 220 f.; *Stürner*, SchiedsVZ 2013, 322, 323. Für die Notwendigkeit einer entsprechenden Vereinbarung der Geheimhaltung plädierend jedoch *Kreindler/Schäfer/Wolff*, S. 91, Rn. 299.

recht in ein System aus Verpflichtungs- und Kontrollnormen eingebettet, dass die privatrechtlichen Akteure des Schiedsverfahrens zu dessen Wahrung verpflichtet.[203]

1. Verankerung einer allgemeinen Pflicht zur Gehörsgewährung

Für das Recht auf rechtliches Gehör findet sich in § 1042 Absatz 1 Satz 2 ZPO eine allgemeine Verpflichtungsnorm. Sie lautet: „Jeder Partei ist rechtliches Gehör zu gewähren". Mit ihr wird der schiedsgerichtliche Spruchkörper auf einfach-gesetzlichem Wege dazu verpflichtet, den Parteien des Schiedsverfahrens rechtliches Gehör zu gewähren.[204] Inhalt der allgemeinen Verpflichtung zur Gewährung rechtlichen Gehörs in § 1042 Absatz 1 Satz 2 ZPO ist es, dass keine Entscheidung gefällt werden darf, bevor nicht jede Verfahrenspartei effektiv Gelegenheit hatte, sich hierzu zu äußern, und ohne dass sie auf die Verfahrensgestaltung aktiv Einfluss nehmen konnte.[205] Auf Antrag hin gerichtlich nachprüfbar ist die Wahrung des § 1042 Absatz 1 Satz 2 ZPO im Aufhebungs- sowie im Vollstreckbarerklärungsverfahren.[206]

2. Verankerung spezieller Gehörsgewährungspflichten

Verdrängt wird die allgemeine Pflicht zur Gehörsgewährung in § 1042 Absatz 1 Satz 2 ZPO durch den insoweit spezielleren § 1047 ZPO, welcher den Inhalt der Gehörsgewährung in Teilen weiter konkretisiert. So hat gemäß § 1047 Absatz 1 Satz 2 ZPO grundsätzlich jede Partei eines Schiedsverfahrens das Recht, die Durchführung einer mündlichen Verhandlung durch das Schiedsgericht zu beantragen und damit auch mündlich vom entscheidenden Spruchkörper gehört zu werden. Diese Möglichkeit können die Parteien jedoch übereinstimmend ausschließen.[207] In Abwesenheit einer entsprechenden Parteivereinbarung oder eines Parteiantrags wird die Entscheidung über die

---

[203] Das Recht auf rechtliches Gehör als „Urrecht des Menschen" bezeichnend etwa *Münch*, in: MüKo ZPO, § 1042, Rn. 3. Zur Abgrenzung des Rechts auf faires Verfahren vom Recht auf rechtliches Gehör *Spohnheimer*, S. 159 f. sowie zu den Begrifflichkeiten *Balthasar*, in: ders., Part 3, J.III.2.c, Rn. 52.

[204] Dies erneut deswegen, weil diese Pflicht nicht aus einer Bindung des Schiedsrichters an das Grundgesetz folgt, anders, als dies beim gesetzlichen Richter gemäß Artikel 103 Absatz 1 GG der Fall ist – sodass es sich insoweit um eine konstitutive Verpflichtung handelt. Zu dieser verfassungsrechtlichen Einordnung allgemein aber bereits in Kapitel 2 – C.II.2.

[205] Vgl. *Saenger*, in: ders., ZPO, § 1042, Rn. 4.

[206] Und zwar gemäß § 1059 Absatz 2 Nummer 1b und d Alternative 2 ZPO sowie nach § 1060 Absatz 2 Satz 1 i.V.m. § 1059 Absatz 2 Nummer 1b und d Alternative 2 ZPO.

[207] So enthält § 1047 Absatz 1 Satz 1 ZPO den Vorbehalt einer abweichenden Vereinbarung der Parteien, weshalb auch das Absehen von der Durchführung einer mündlichen Verhandlung vereinbart werden kann, vgl. *Voit*, in: Musielak/Voit, ZPO, § 1047, Rn. 2.

Durchführung einer mündlichen Verhandlung hingegen in die Hände des Schiedsgerichts gelegt.[208]

Für den Fall, dass eine mündliche Verhandlung beziehungsweise eine Beweisaufnahme stattfindet, ordnet § 1047 Absatz 2 ZPO die Benachrichtigung der Parteien des Schiedsverfahrens an. Darüber hinaus ist in jedem Fall sämtlicher Schriftverkehr mit den Parteien des Schiedsverfahrens zu teilen, § 1047 Absatz 3 ZPO.[209] Konnte eine der Parteien des Schiedsverfahrens an einer Beweisaufnahme nicht teilnehmen, so muss ihr das Ergebnis mitgeteilt werden. Wurde etwa festgelegt, welche Fragen in der mündlichen Verhandlung erörtert werden, so darf dieser Themenkreis im Falle der Abwesenheit einer der Parteien nicht erweitert werden.[210]

Auch in Bezug auf die Vorschrift des § 1047 ZPO ist kein spezieller Kontrollmechanismus im laufenden Schiedsverfahren vorgesehen, sodass eine erstmalige gerichtliche Kontrolle erst im Aufhebungs- und Vollstreckbarerklärungsverfahren stattfindet.

B. Das Aufhebungs- und Vollstreckbarerklärungsverfahren als abschließende Kontrollinstanz

Neben dem staatlichen Kontrollsystem, welches das laufende Schiedsverfahren abdeckt, sieht das deutsche Schiedsverfahrensrecht in den §§ 1059 ff. ZPO ein komplexes Verfahren für die Aufhebung und Vollstreckbarerklärung eines Schiedsspruchs vor – es setzt allerdings erst im Zeitpunkt seines Erlasses ein.[211] Das bringt die Frage auf, in welchem Verhältnis diese nachgeschalteten Kontrollnormen zu den bereits im laufenden Verfahren statthaften Kontrollmechanismen stehen – und was im Rahmen des Aufhebungs- und Vollstreckbarerklärungsverfahrens im Einzelnen (noch) vom Staat überprüft wird.

---

[208] Damit hat der im staatlichen Zivilprozess herrschende Mündlichkeitsgrundsatz, der Folge des Grundrechts auf rechtliches Gehör ist, im Schiedsverfahrensrecht einen geringeren Stellenwert als im staatlichen Verfahren. In der Praxis lässt sich jedoch beobachten, dass ein Großteil der Schiedsverfahren mindestens eine mündliche Verhandlung zum Gegenstand hat, die Parteien und Schiedsgerichte also nicht allzu oft von der ihnen zustehenden Möglichkeit, auf die Durchführung einer solchen zu verzichten, Gebrauch machen.

[209] Man mag die Vorschrift des § 1047 Absatz 3 ZPO vor diesem Hintergrund auch dem Grundsatz des Rechts auf faires Verfahren zuordnen, wie etwa *Wilske/Markert*, in: BeckOK ZPO, § 1042, Rn. 5 es tun.

[210] *Voit*, in: Musielak/Voit, ZPO, § 1042, Rn. 3.

[211] Also mit der Übermittlung des Schiedsspruchs an die Parteien des Schiedsverfahrens, § 1054 Absatz 4 ZPO.

I. Verhältnis zu den vorgeschalteten Kontrollmechanismen

Wie sich gezeigt hat, findet ein Teil der gerichtlichen Kontrolle im deutschen Schiedsverfahrensrecht bereits im laufenden Schiedsverfahren statt. Der übrige Teil beschränkt sich hingegen auf die erst nach Erlass des Schiedsspruchs im Aufhebungs- und Vollstreckbarerklärungsverfahren stattfindende Kontrolle.[212] Maßgeblich für den Zeitpunkt des Einsetzens der jeweiligen staatlichen Kontrolle sind, neben der Art der jeweiligen prozessualen Wirkung von Schiedsverfahren und Schiedsspruch, insbesondere prozessökonomische Erwägungen.

Die prozessuale Wirkung des rechtsverbindlichen Ausschlusses der staatlichen Gerichtszuständigkeit etwa soll bereits zu Beginn des Schiedsverfahrens eintreten können.[213] Daher müssen die Anforderungen an den Eintritt dieser prozessualen Wirkung, also des Vorliegens eines verfassungskonformen Ausschlusses des Justizgewähranspruchs in Bezug auf das streitige Rechtsverhältnis, bereits zu diesem Zeitpunkt gerichtlich kontrollierbar sein.[214] Ein Zuwarten bis zum Abschluss des Schiedsverfahrens ist hier aus prozessökonomischer Sicht auch wenig zweckmäßig. Denn sollte erst nach Erlass des verfahrensbeendenden Schiedsspruchs festgestellt werden, dass eine wirksame schiedsgerichtliche Zuständigkeitsbegründung nicht stattgefunden hat, so müsste die Sache vor dem eigentlich zuständigen (staatlichen) Gericht insgesamt neu aufgerollt werden – das Schiedsverfahren wäre im Zweifel also umsonst geführt worden. Gleichzeitig kann das Vorliegen eines rechtswirksamen Ausschlusses der staatlichen Gerichtszuständigkeit ohne Weiteres bereits zu Beginn eines Schiedsverfahrens überprüft und damit Zeit, Kosten und Mühen gespart werden.

---

[212] Mitunter wird in Bezug auf das Aufhebungs- und insbesondere das Vollstreckbarerklärungsverfahren von einer „präventiven" staatlichen Kontrolle gesprochen, da sie dem Zwangsvollstreckungsverfahren vorgeschaltet sei, so etwa *Münch*, in: MüKo ZPO, § 1060 Rn. 4. Die Kontrolle des § 1059 Absatz 2 in Verbindung mit § 1060 Absatz 2 ZPO ist aber nur teilweise präventiver Natur. Die Wirkung der prozessualen Durchsetzbarkeit eines Schiedsspruchs etwa tritt gemäß § 1055 ZPO direkt mit Erlass des Schiedsspruchs ein, wenn die Antragsfrist für das Aufhebungsverfahren gemäß § 1059 Absatz 3 ZPO also überhaupt erst zu laufen beginnt. Hier wäre es mithin verfehlt, von einer präventiven Kontrolle zu sprechen, die vor Eintritt der betreffenden prozessualen Wirkung einsetzt. Ob eine solche im Einzelnen erforderlich sein kann, um den Eintritt prozessualer Wirkungen von vorneherein verhindern zu können, wenn der Schiedsspruch nicht einmal rechtsstaatlichen Mindeststandards entspricht, ist Gegenstand des Kapitels 6 – D.III.

[213] Um etwa die Abweisung einer dennoch erhobenen gerichtlichen Klage als unzulässig erreichen zu können, vgl. § 1032 Absatz 1 ZPO.

[214] Dies sehen die Mechanismen der §§ 1032 Absatz 1 und 2 und 1040 Absatz 2 und 3 ZPO vor, dazu bereits oben in Kapitel 3 – A.I.6. Nur zweckmäßig ist eine unmittelbare gerichtliche Überprüfung zudem dann, wenn das Gericht direkt angerufen wird, obwohl eine mögliche schiedsgerichtliche Zuständigkeit im Raum steht, also im Falle des § 1032 Absatz 1 ZPO. Vgl. dazu bereits oben in Kapitel 3 – A.I.6.a).

Ob hingegen das Recht auf faires Verfahren und das Recht auf rechtliches Gehör, die das gesamte Schiedsverfahren über relevant sind, gewahrt worden sind, lässt sich in praktisch sinnvoller Weise zumeist erst nach dem vollständigen Abschluss des Schiedsverfahrens überprüfen. Hier ist es regelmäßig sinnvoll, aber auch ausreichend, wenn die Kontrolle durch das staatliche Gericht erst nach Erlass des verfahrensbeendenden Schiedsspruchs einsetzt – vorausgesetzt, dies entspricht prozessökonomischen Erwägungen. Dies ist der Fall bei solchen Verfahrensfehlern, die typischerweise nicht zu einer vollständigen Hinfälligkeit von Schiedsverfahren und Schiedsspruch führen, sondern durch eine Teilaufhebung des Schiedsspruchs oder, im Falle einer Zurückverweisung an das Schiedsgericht, durch das Nachholen gewisser Verfahrenshandlungen nachträglich behoben werden können.[215]

Anders ist dies aber bei solchen Verfahrensfehlern, die, vergleichbar mit dem Fehlen der schiedsgerichtlichen Zuständigkeit, dazu führen können, dass der Schiedsspruch vollständig aufgehoben werden und das Schiedsverfahren praktisch von Neuem geführt werden muss, sollte der betreffende Verfahrensfehler erst nach Abschluss des Schiedsverfahrens festgestellt werden. Relevant wird dies insbesondere bei Verfahrensfehlern, die den schiedsgerichtlichen Spruchkörper betreffen. Stellt sich etwa nach Beendigung eines Schiedsverfahrens heraus, dass das Schiedsgericht nicht wirksam zusammengesetzt war, so nützt auch das Instrument der Zurückverweisung der Sache gemäß § 1059 Absatz 4 ZPO wenig, da schließlich ein *anderes*, nunmehr wirksam zusammengesetztes Schiedsgericht an Stelle des ursprünglichen Schiedsgerichts – neu – entscheiden muss. Hier ist es daher aus prozessökonomischer Sicht nur sinnvoll, die staatliche Kontrolle bereits zuvor einsetzen zu lassen, um den Verfahrensfehler frühestmöglich aus der Welt schaffen zu können – also sobald er rügefähig ist. Dies erklärt, warum in Bezug auf die Bildung des Schiedsgerichts einerseits sowie die Überprüfung von Zweifeln an der Unabhängigkeit und Unparteilichkeit eines Schiedsrichters andererseits jeweils eine staatliche Kontrollmöglichkeit bereits im laufenden Schiedsverfahren vorgesehen ist.[216]

Fest steht aber, dass in einem gewissen Rahmen auch in Bezug auf die Fehler, die bereits im laufenden Schiedsverfahren staatlich kontrolliert werden

---

[215] Die Teilaufhebung eines Schiedsspruchs ist in § 1059 Absatz 2 Nummer 1c ZPO, die Rückverweisung in § 1059 Absatz 4 ZPO vorgesehen.

[216] Und zwar in § 1034 Absatz 2 ZPO und in § 1037 ZPO. Gerade im letzteren Falle zeigt sich die Zweckmäßigkeit eines frühzeitigen Handelns an der Möglichkeit der Bestellung eines Ersatzschiedsrichters gemäß § 1039 ZPO. Denn eine solche Ersatzschiedsrichterbestellung führt zu einer fehlerfreien Besetzung des schiedsgerichtlichen Spruchkörpers, welcher das Schiedsverfahren dann fortsetzen und einen jedenfalls insoweit verfahrensfehlerfreien Schiedsspruch erlassen kann. Aber auch § 1034 Absatz 2 ZPO sieht eine ersatzweise Bestellung des Schiedsgerichts vor und damit letztlich eine Heilung des Verfahrensfehlers. Dazu auch bereits oben in Kapitel 3 – A.II.2. und 3.

können,[217] eine zusätzliche nachträgliche Kontrolle durch den Staat stattfinden muss. Hier kommt es auf die Schwere des Verfahrensverstoßes – und damit letztlich auf dessen Grundrechtsrelevanz – an, ob diese nachträgliche Kontrolle nur antragsgebunden oder aber von Amts wegen stattfindet und ob sie präklusionsgefährdet ist oder nicht. Diese notwendige Differenzierung wird bei einer genaueren Betrachtung des Aufhebungs- und Vollstreckbarerklärungsverfahrens, das in den § 1059 und § 1060 ZPO niedergelegt ist, deutlich.

II. Antragsgebundene Überprüfung im Aufhebungsverfahren

Im siebten Abschnitt des deutschen Schiedsverfahrensrechts mit dem Titel „Rechtsbehelf gegen den Schiedsspruch" ist das Aufhebungsverfahren des § 1059 ZPO vorgesehen. Das schiedsverfahrensrechtliche Aufhebungsverfahren stellt im Vergleich zu den sonstigen Rechtbehelfen, die in der deutschen Zivilprozessordnung vorgesehen sind, eine Besonderheit dar. So kennt das deutsche Schiedsverfahrensrecht, anders etwa als das zivilprozessuale Erkenntnisverfahren, grundsätzlich keinen – jedenfalls keinen schiedsgerichtlichen – Instanzenzug.[218] Im Schiedsverfahrensrecht tritt Rechtskraft nach der derzeitigen Rechtslage sofort mit Erlass eines Schiedsspruchs ein.[219] Dies wiederum bedeutet, dass das Aufhebungsverfahren, das gemäß § 1059 Absatz 3 Satz 2 ZPO überhaupt erst mit Übermittlung des Schiedsspruchs beginnt, im Erfolgsfalle zu einer Durchbrechung der Rechtskraft führt – eine Rechtsfolge, die im staatlichen Zivilverfahren eine seltene Ausnahme darstellt.[220]

---

[217] Wie gezeigt, sind sämtliche gerichtlichen Kontrollmechanismen im laufenden Schiedsverfahren antragsgebunden, siehe nur oben in Kapitel 3 – A.I.6. sowie Kapitel 3 – A.II. und III.

[218] Zu berücksichtigen ist allerdings, dass das staatliche Aufhebungs- und Vollstreckbarerklärungsverfahren mit der Rechtsbeschwerde vor dem Bundesgerichtshof selbst sehr wohl eine weitere Instanz vorsieht, vgl. § 1065 Absatz 1 Satz 2 in Verbindung mit § 1062 Absatz 1 Nummer 4 ZPO, dazu auch *Lachmann*, S. 66, Rn. 227. Zu der Frage, ob auch ein schiedsverfahrensinterner Instanzenzug über § 1042 Absatz 3 ZPO rechtswirksam von den Parteien eines Schiedsverfahrens vereinbart werden kann, eingehend *Lühmann*, S. 41 f. mit zahlreichen weiteren Nachweisen sowie auch *Solomon*, S. 390 ff. und *Spohnheimer*, S. 20 ff.

[219] Also mit seiner wirksamen Übermittlung an den Schiedsbeklagten im Sinne des §§ 1054 Absatz 4, 1056 Absatz 1 ZPO. Zur Rechtskraftwirkung des Schiedsspruchs und insbesondere der Rolle des § 1055 ZPO, die für den ungeprüften Eintritt dieser prozessualen Wirkung unter den Parteien sorgt, im Einzelnen noch in Kapitel 4 – B.II. und kritisch in 6 – D.II.1.

[220] Hier hat das Einlegen eines Rechtsmittels in Bezug auf den Eintritt der Rechtskraft grundsätzlich aufschiebende Wirkung in Form eines Suspensiveffekts, sodass formelle und damit auch materielle Rechtskraft überhaupt erst eintreten, wenn die Rechtsbehelfsfristen vollständig abgelaufen und die gerichtliche Entscheidung nicht mehr mit Rechtsbehelfen angreifbar ist. Nach Eintritt der Rechtskraft ist eine Aufhebung eines gerichtlichen Urteils und damit eine Rechtskraft*durchbrechung* grundsätzlich ausgeschlossen und nur in besonderen Ausnahmefällen zulässig, und zwar im Falle der Wiederaufnahme nach den § 578 ff.

B. Abschließende Kontrollinstanz

Das Aufhebungsverfahren ist zudem der einzige Rechtsbehelf, den das deutsche Schiedsverfahrensrecht gegen einen Schiedsspruch vorsieht,[221] und die in § 1059 Absatz 2 ZPO niedergelegten Aufhebungsgründe sind enumerativ und erschöpfend.[222] Das Aufhebungsverfahren nach § 1059 ZPO ist zudem antragsgebunden, eine gerichtliche Überprüfung des Schiedsspruchs findet mithin nur auf Veranlassung der Person, die einen der Aufhebungsgründe des § 1059 Absatz 2 ZPO für gegeben hält, statt.[223] Zuletzt ist das Aufhebungsverfahren mit § 1059 Absatz 3 ZPO streng fristgebunden und eine staatliche Überprüfungsmöglichkeit damit nach Fristablauf – mit einigen wenigen, dafür aber umso relevanteren Ausnahmen[224] – grundsätzlich ausgeschlossen. Es kann aus Gründen des Rechtsfriedens auch durchaus verfassungsrechtlich zulässig sein, dass ein fehlerbehafteter Schiedsspruch nicht mehr aufhebbar und im Zweifel sogar zwangsweise durchsetzbar ist.[225] Ob jedenfalls in Bezug auf manche der Aufhebungsgründe, die rechtsstaatliche Mindeststandards sicherstellen sollen, aber etwas anderes gelten muss, soll im letzten Teil dieser Arbeit am Beispiel der schiedsverfahrensrechtlichen Rechtsnachfolge kritisch untersucht werden.[226]

ZPO sowie der nicht unumstrittenen Titelaufhebung gemäß § 826 BGB analog. Was im deutschen Zivilprozess die absolute Ausnahme darstellt, ist im Schiedsverfahrensrecht also der gesetzliche Regelfall. Eingehend zu dieser Besonderheit des § 1059 ZPO auch *Distler*, S. 44.

[221] So lautet es in § 1050 Absatz 1 ZPO, gegen einen Schiedsspruch könne „nur" Antrag auf gerichtliche Aufhebung gestellt werden. Da das Vollstreckbarerklärungsverfahren in § 1060 f. ZPO nicht zum Zwecke der staatlichen Überprüfung des Schiedsspruchs eingeleitet wird, sondern zum Zwecke seiner zwangsweisen Durchsetzung, handelt es sich hierbei nicht um einen klassischen Rechtsbehelf *gegen* den Schiedsspruch, auch, wenn auch hier im Zweifel eine Aufhebung des Schiedsspruchs durch das staatliche Gericht erfolgt. Zum Vollstreckbarerklärungsverfahren im Einzelnen aber sogleich in Kapitel 3 – B.III.

[222] *Münch*, in: MüKo ZPO, § 1059, Rn. 5 („ebenso abschließend wie erschöpfend"). So kann ein Schiedsspruch gemäß § 1059 Absatz 2 ZPO „nur" im Falle des Vorliegens eines der dort genannten Aufhebungsgründe aufgehoben werden.

[223] Zur Frage der subjektiven Reichweite der Antragsbefugnis siehe in Kapitel 4 – B.II.4.

[224] Und zwar im Rahmen des Vollstreckbarerklärungsverfahrens nach § 1060 ZPO. Zum Verhältnis der Präklusion der Aufhebungsgründe zum Vollstreckbarerklärungsverfahren aber sogleich in Kapitel 3 – B.III.1.

[225] Zu den Erwägungen der Rechtskraft von Entscheidungen BVerfGE 88, 118, 123 ff.; 60, 253, 267 ff.; 47, 146, 161 und 165; 22, 322, 329; *Jarass*, in: Jarass/Pieroth, GG, Artikel 20, Rn. 109; *Schulze-Fielitz*, in: Dreier, GG, Artikel 20, Rn. 150. Speziell in Bezug auf die Schiedsgerichtsbarkeit auch *Distler*, S. 209 („Wer von seinem Ablehnungsrecht keinen [rechtzeitigen] Gebrauch macht, der kann nicht hinterher einen Verstoß gegen das Rechtsstaatsprinzip beklagen"). Dazu im Einzelnen bereits oben in Kapitel 3 – A.I.4.

[226] Und zwar in Kapitel 6 – D.III.

1. Verhältnis der Aufhebungsgründe zueinander

Wird das Aufhebungsverfahren aber fristgerecht eingeleitet, so findet in jedem Fall eine gerichtliche Prüfung der Aufhebungsgründe des § 1059 Absatz 2 ZPO statt. Die Überprüfbarkeit der in § 1059 Absatz 2 ZPO niedergelegten Aufhebungsgründe ist dabei unterschiedlich ausgestaltet.

So sind die Aufhebungsgründe in § 1059 Absatz 2 Nummer 1 ZPO nur auf die begründete Geltendmachung des Antragstellers hin vom staatlichen Gericht zu berücksichtigen. Die Aufhebungsgründe des § 1059 Absatz 2 Nummer 2 ZPO sind hingegen vom Gericht von Amts wegen her zu prüfen[227] – allerdings vorausgesetzt, es wurde auch ein zulässiger und insbesondere fristgerechter Aufhebungsantrag gestellt. Eine nähere Betrachtung der Aufhebungsgründe zeigt den Grund für diese unterschiedliche Behandlung. So sind in § 1059 Absatz 2 Nummer 2 ZPO besonders schwerwiegende Aufhebungsgründe niedergelegt, die rechtsstaatliche Mindeststandards sicherstellen sollen. Von Amts wegen überprüft werden soll zum einen die Schiedsfähigkeit des Streitgegenstands.[228] Zum anderen zwingend gerichtlich zu kontrollieren ist, ob die „Anerkennung oder Vollstreckung des Schiedsspruchs" zu einem Ergebnis führt, das der öffentlichen Ordnung, als „ordre public" legaldefiniert, widerspricht.[229]

Beides muss zwingend zur Aufhebung des Schiedsspruchs führen. Die Überprüfung, ob einer dieser Aufhebungsgründe vorliegt, darf auch nicht von der substantiierten Geltendmachung durch den Antragsteller abhängig sein, sondern muss von Amts wegen erfolgen. Die Aufhebungsgründe, die hingegen in § 1059 Absatz 2 Nummer 1 ZPO niedergelegt sind, betreffen Verfahrensfehler, die vergleichsweise weniger gewichtig sind. Hier ist es daher angemessen, die Überprüfung des Aufhebungsgrunds von der begründeten Geltendmachung durch den Antragsteller abhängig zu machen.[230]

---

[227] Begr. RegE, BT-Drucks. 13/5274, S. 58 und 59.

[228] Der also unter das staatliche Entscheidungsmonopol fällt und nicht an eine private Gerichtsbarkeit delegiert werden darf, hierzu vertiefend bereits oben in Kapitel 2 – A.III.2.

[229] An dieser Stelle wird deutlich, dass auch der Reformgesetzgeber von 1998 erkannt hat, dass nicht der Widerspruch eines Schiedsspruchs zum inländischen *ordre public* bedenklich ist, sondern vielmehr die prozessualen und damit *öffentlich-rechtliche Wirkungen* der Anerkennung oder Vollstreckung des Schiedsspruchs relevant sind, vgl. dazu bereits Kapitel 2 – B.I. Hierbei handelt es sich um eine Abweichung zum Wortlaut in Artikel 34 2.b.*(ii)* des UNCITRAL-Modellgesetzes, wobei die Formulierung „Anerkennung", die aus der Gesetzesreform von 1930 stammt – vgl. *Zieren*, S. 287 – im Rahmen der Schiedsrechtsreform von 1998 um den Zusatz „oder Vollstreckung" ergänzt wurde.

[230] Dies umfasst überwiegend einfach-gesetzliche Ausprägungen der Ausgestaltungsgarantien, die in § 1059 Absatz 2 Nummer 1b und d ZPO niedergelegt sind. Zum Verhältnis der Aufhebungsgründe des § 1059 Absatz 2 Nummer 1b und d zueinander vgl. *Münch*, in: MüKo ZPO, § 1059, Rn. 27 und 34. Und auch die Wahrung der Zugangsgarantie durch einen rechtswirksamen Ausschluss des staatlichen Rechtsschutzes ist in § 1059 Absatz 2 Nummer 1a und c ZPO kontrollierbar. *Ahrens*, S. 44 führt insoweit zutreffend aus, aus dem Grundge-

2. Verhältnis des Aufhebungsverfahrens zu den vorgeschalteten Kontrollmechanismen

Doch der Prüfungsumfang im Aufhebungsverfahren wird auch von den ihm zeitlich vorgeschalteten Kontrollmechanismen im laufenden Schiedsverfahren beeinflusst. Zur Vermeidung einer doppelten Inanspruchnahme der staatlichen Gerichte sowie der Gefahr widersprüchlicher Entscheidungen bindet eine gerichtliche Entscheidung, die bereits im laufenden Schiedsverfahren getroffen wurde, auch das Gericht des Aufhebungsverfahrens.[231] Werden die entsprechenden Aufhebungsgründe auf derselben Grundlage im Aufhebungsverfahren erneut geltend gemacht, so muss das staatliche Gericht die bereits getroffene Entscheidung seiner Entscheidung im Aufhebungsverfahren zugrunde legen. Bindend wirkt mithin eine positive Feststellung der Zuständigkeit des Schiedsgerichts durch ein staatliches Gericht.[232] Und auch die Ablehnung eines Antrags nach § 1034 Absatz 2 Satz 1 ZPO oder § 1037 Absatz 3 Satz 1 ZPO muss Bindungswirkung entfalten.[233]

Andersherum wirkt sich aber auch eine *unterlassene* Inanspruchnahme der vorgeschalteten Kontrollmechanismen auf das Aufhebungs- und auch das Vollstreckbarerklärungsverfahren aus. So tritt, wie bereits gezeigt, in Bezug auf die Kontrollmechanismen der §§ 1040 Absatz 2 und 3 ZPO nach der eindeutigen Gesetzesbegründung des Reformgesetzgebers aus dem Jahre 1996 auch im Aufhebungs- und Vollstreckbarerklärungsverfahren Präklusion ein, eine Prüfung des einschlägigen Aufhebungsgrundes findet hier dann nicht statt.[234] Auch eine rügelose Einlassung gemäß § 1031 Absatz 6 ZPO führt zu einer für § 1059 Absatz 2 Nummer 1a Alternative 2 ZPO erheblichen Heilung.[235] Und zuletzt wirkt sich auch der Ablauf der Rügefrist des § 1037 Absatz 3 Satz 1 ZPO präkludierend aus.[236]

---

setz folge „die verfassungsrechtliche Pflicht des deutschen Gesetzgebers, Aufhebungsmöglichkeiten für Schiedssprüche vorzusehen, die einer schiedsvertraglichen Grundlage entbehren. In § 1059 ZPO ist er ihr nachgekommen."

[231] Wenn das zuständige staatliche Gericht nicht ohnehin identisch ist, was wegen § 1062 Absatz 1 ZPO ganz regelmäßig der Fall sein dürfte.

[232] Also gerichtliche Entscheidungen im Rahmen des § 1032 Absatz 1 oder 2 beziehungsweise des § 1040 Absatz 3 Satz 2 ZPO, *Münch*, in: MüKo ZPO, § 1059, Rn. 22; *Schwab/Walter*, Teil 1, Kapitel 7, Rn. 9.

[233] Siehe dazu mit entsprechenden Nachweisen bereits oben in Kapitel 3 – A.II.3. und 4.

[234] Dies betrifft damit den Aufhebungsgrund des § 1059 Absatz 2 Nummer 1a ZPO. Vgl. Begr. RegE, BT-Drucks. 13/5274, S. 32 f., S. 44 sowie im Einzelnen bereits oben in Kapitel 3 – A.I.4.

[235] Begr. RegE, BT-Drucks. 13/5274, S. 32.

[236] Und zwar in Bezug auf § 1059 Absatz 2 Nummer 1d ZPO. Begr. RegE, BT-Drucks. 13/5274, S. 33., S. 42 und im Einzelnen bereits oben in Kapitel 3 – A.II.3. Nicht eindeutig positioniert sich die Reformkommission von 1998 hingegen zur Vorschrift des § 1034 Absatz 2 ZPO. Auch hier wird in der Gesetzesbegründung zwar auf die vorgesehene

III. Obligatorische Überprüfung im Vollstreckbarerklärungsverfahren

Soll nun ein Schiedsspruch materiell und damit zwangsweise durchsetzbar sein, was die eingriffsintensivste der prozessualen Wirkungen im deutschen Schiedsverfahrensrecht darstellt, so ist eine antragsgebundene und damit *fakultative* staatliche Überprüfung von Schiedsverfahren und Schiedsspruch in jedem Fall nicht ausreichend, um sicherzustellen, dass die öffentlich-rechtliche Zwangsvollstreckung aus dem Schiedsspruch mit den rechtsstaatlichen Verfahrensgarantien im Einklang steht. Daher ist in § 1060 ZPO ein eigenes Vollstreckbarerklärungsverfahren für inländische Schiedssprüche vorgesehen, welches eine der zwangsweisen Durchsetzung eines Schiedsspruchs zwingend vorgelagerte gerichtliche Kontrolle sicherstellen soll.[237]

Der Schiedsspruch selbst stellt keinen Vollstreckungstitel dar, Titelwirkung hat vielmehr allein die gerichtliche Entscheidung, welche den Schiedsspruch für vollstreckbar erklärt, §§ 1060 Absatz 1, 794 Absatz 1 Nummer 4a ZPO.[238] Die gerichtliche Vollstreckbarerklärung ist mithin ein hoheitlicher Akt, durch welchen die zwangsweise Durchsetzbarkeit des Inhalts eines Schiedsspruchs originär ermöglicht wird.[239] Anders als dies nach der derzeitigen Rechtslage für die prozessuale Durchsetzbarkeit des Schiedsspruchs der Fall ist, darf die staatliche Gestattung der zwangsweisen Durchsetzung eines Schiedsspruchs jedoch nur dann erteilt werden, wenn er einer vorherigen gerichtlichen Kontrolle standhält. Diese erfolgt von Amts wegen, also auch dann, wenn keine der

---

Fristbindung und die damit einhergehende Verhinderung der Verfahrensverschleppung eingegangen, Begr. RegE, BT-Drucks. 13/5274, S. 39, aber nicht ausdrücklich auf die Auswirkung des Fristablaufs auf das Aufhebungs- und Vollstreckbarerklärungsverfahren. Vor dem Hintergrund der Vermeidung einer Verfahrensverschleppung darf nach der hier vertretenen Auffassung aber auch in Bezug auf § 1034 Absatz 2 ZPO nichts anderes gelten als im Rahmen der übrigen gerichtlichen Kontrollmechanismen, die im laufenden Schiedsverfahren vorgesehen sind, vgl. dazu bereits oben in Kapitel 3 – A.II.2.

[237] Vgl. *Schwab/Walter*, Teil I, Kapitel 1, Rn. 7. Da das schiedsgerichtliche Verfahren zum Zeitpunkt des Antrags auf Vollstreckbarerklärung im Sinne des § 1060 Absatz 1 ZPO bereits beendet ist, § 1056 Absatz 1 ZPO, und das Vollstreckbarerklärungsverfahren noch nicht zum Zwangsvollstreckungsverfahren gehört, wird es mitunter auch als „Erkenntnisverfahren besonderer Art" bezeichnet, vgl. etwa *Saenger*, in: ders., ZPO, § 1060, Rn. 3. Dies bedeutet auch, dass zusätzlich sämtliche Zwangsvollstreckungsvoraussetzungen gegeben sein müssen, *Münch*, in: MüKo ZPO, § 1060, Rn. 6. Die Vollstreckung ausländischer Schiedssprüche richtet sich hingegen nicht nach § 1060 ZPO, sondern nach § 1061 ZPO in Verbindung mit dem NYÜ, dazu aber im Einzelnen *Schütze/Thümmel*, S. 186 f., Rn. 37 f.

[238] So ist es nun im Wortlaut der beiden Vorschriften klargestellt. Zu den vergleichbar weniger eindeutigen Vorgängervorschriften vgl. *Münch*, in: MüKo ZPO, § 1060, Rn. 5.

[239] Ähnlich wie § 1055 ZPO als legislativer Akt dem Schiedsspruch originär die öffentlich-rechtliche Wirkung der prozessualen Durchsetzbarkeit einräumt. Dazu bereits oben in Kapitel 2 – B.II.3.; vgl. auch *Distler*, S. 198 f.

Parteien des Schiedsverfahrens sie wünscht und beantragt.[240] Dies ist aus Gründen der verfassungsrechtlichen Relevanz einer zwangsweisen Durchsetzbarkeit des privaten Schiedsspruchs auch erforderlich. Es mag sich beim Vollstreckbarerklärungsverfahren also zwar um einen Fall der „minimalen staatlichen Kontrolle"[241] handeln – aber dennoch um einen von großer Tragweite.[242]

1. Verhältnis zum Aufhebungsverfahren nach § 1059 ZPO

Möchte also jemand die zwangsweise Durchsetzung eines inländischen Schiedsspruchs einleiten, so muss er dafür zunächst das gerichtliche Vollstreckbarerklärungsverfahren des § 1060 ZPO durchlaufen, wobei eine Überprüfung des Vorliegens von Aufhebungsgründen erfolgt, § 1060 Absatz 2 ZPO. Zu berücksichtigen ist allerdings die Verflechtung des Vollstreckbarerklärungs- mit dem Aufhebungsverfahren. Denn gemeinsam bilden sie ein Regelungsgefüge, das darauf ausgelegt ist, eine mehrfache Inanspruchnahme der staatlichen Gerichte zu vermeiden und einen Entscheidungseinklang sicherzustellen.[243]

So findet eine gerichtliche Überprüfung von Aufhebungsgründen im Vollstreckbarerklärungsverfahren nicht statt, „soweit" sie vor Einleitung des Vollstreckbarerklärungsverfahrens bereits abschließend gerichtlich überprüft worden sind, mithin ein entsprechender Ablehnungsantrag rechtskräftig abgewiesen worden ist, § 1060 Absatz 2 Satz 2 ZPO.[244] Und auch die Antragsfrist des § 1059 Absatz 3 ZPO wirkt sich auf die Überprüfung des Schiedsspruchs im Vollstreckbarerklärungsverfahren aus. So tritt nach Fristablauf grundsätzlich auch im Vollstreckbarerklärungsverfahren Präklusion ein, § 1060 Absatz 2 Satz 3 ZPO. Dies gilt jedoch nur für die Aufhebungsgründe des § 1059 Ab-

---

[240] Denn § 1060 Absatz 2 sieht eine von Amts wegen erfolgende staatliche Überprüfung des Vorliegens von Aufhebungsgründen vor. Dazu auch *Distler*, S. 203.

[241] So bezeichnet es *Münch*, in: MüKo ZPO, § 1060 Rn. 4.

[242] Zur Frage der Notwendigkeit einer entsprechenden minimalen, aber dennoch zwingenden Kontrolle auch für die prozessuale Durchsetzbarkeit des Schiedsspruchs im Einzelnen noch in Kapitel 6 – D.III.

[243] Ungenau ist es daher jedenfalls in Bezug auf das deutsche Recht, insoweit von einer staatlichen „Doppelkontrolle" von Schiedssprüchen zu sprechen, so aber, jedenfalls im Hinblick auf das deutsche Schiedsverfahrensrecht vor der Schiedsrechtsreform von 1998, *von Bernuth*, S. 137 ff. und 149 ff.

[244] Wobei auch die sonstigen vorgeschalteten Kontrollmechanismen im deutschen Schiedsverfahrensrecht eine entsprechende Bindungswirkung entfalten, auch wenn dies nicht ausdrücklich in § 1060 Absatz 2 ZPO normiert ist, dazu im Einzelnen bereits oben in Kapitel 3 – B.I. Umgekehrt ist ein Aufhebungsantrag unzulässig, wenn der Schiedsspruch bereits von einem deutschen Gericht für vollstreckbar erklärt worden ist, § 1059 Absatz 3 Satz 4 ZPO.

satz 2 Nummer 1 ZPO.[245] Die von Amts wegen erfolgende Überprüfung der Schiedsfähigkeit und eines etwaigen Widerspruchs der Vollstreckung aus dem Schiedsspruch zum inländischen *ordre public* ist von der Präklusionswirkung des § 1060 Absatz 2 Satz 3 ZPO i.V.m. 1059 Absatz 3 ZPO hingegen nicht erfasst.[246]

2. Umfang der *ordre public*-Überprüfung

Die Schiedsfähigkeit des Streitgegenstands und die Vereinbarkeit der zwangsweisen Durchsetzung eines Schiedsspruchs mit dem *ordre public* sind im Rahmen des Vollstreckbarerklärungsverfahrens mithin auf jeden Fall zu überprüfen, wenn eine diesbezügliche staatliche Kontrolle nicht bereits stattgefunden hat. Nachdem die Schiedsfähigkeit von Streitgegenständen bereits definiert worden ist,[247] stellt sich nun die Frage, was unter dem Begriff des *ordre public* zu verstehen ist, insbesondere, inwieweit auch die Trias rechtsstaatlicher Verfahrensgarantien hierunter zu fassen ist.

Begrifflich angelehnt ist die Bezeichnung des *ordre public* an den internationalen Standard des Schiedsverfahrensrechts.[248] Zu definieren ist die so in § 1059 Absatz 2 Nummer 2b ZPO legaldefinierte inländische öffentliche Ordnung als jede Norm, „die in einer die Grundlagen des staatlichen oder wirtschaftlichen Lebens berührenden, zentralen Frage wegen bestimmter staats- oder wirtschaftspolitischer Anschauungen oder elementarer Gerechtigkeitsvorstellungen ergangen ist".[249] Der *ordre public* ist damit insbesondere Ausdruck der Grundrechte. So lautet es in der Regierungsbegründung des Reformentwurfs von 1996: „Daß die Grundrechte zum Kern des ordre public gehören, ist selbstverständlich und bedarf keiner ausdrücklichen Erwähnung."[250]

Gleichzeitig ist die *ordre public*-Prüfung aber auf Fälle besonders schwerwiegender Missverhältnisse zum inländischen Recht zu beschränken. Maßgeb-

---

[245] Präklusion darf schließlich nur in Bezug auf solche Aufhebungsgründe eintreten, bei denen eine antragsgebundene und fakultative staatliche Kontrolle in verfassungsrechtlicher Hinsicht ausreichend ist.

[246] So bezieht sich die entsprechende Anordnung des § 1060 Absatz 2 Satz 3 ZPO ausdrücklich nur auf die Aufhebungsgründe des § 1059 Absatz 2 Nummer 1 und nicht auf die der Nummer 2 ZPO. Zu der hier relevanten Präklusion in Bezug auf die Vollstreckung inländischer Schiedssprüche vgl. *Steger*, S. 117 ff. zum alten sowie auf S. 135 ff. zum heutigen Recht.

[247] Siehe oben in Kapitel 3 – A.I.5.

[248] Als Legaldefinition der „öffentlichen Ordnung" aufgenommen worden ist der Begriff des „ordre public" erst mit der Schiedsrechtsreform von 1998, mit der Begründung, dass der Begriff „weltweit vertraut" sei, Begr. RegE, BT-Drucks. 13/5274, S. 59. Eine Parallelregelung in Bezug auf den im Vergleichswege zustande gekommenen Schiedsspruch mit vereinbartem Wortlaut findet sich in § 1053 Absatz 1 Satz 2 Halbsatz 2 ZPO.

[249] *Münch*, in: MüKo ZPO, § 1059, Rn. 46.

[250] Begr. RegE, BT-Drucks. 13/5274, S. 59. Vgl. auch *Distler*, S. 230.

lich ist, ob der Prüfungsgegenstand zu den Grundgedanken der deutschen Regelungen und den in ihnen enthaltenen Gerechtigkeitsvorstellungen in so starkem Widerspruch steht, dass es nach inländischen Vorstellungen untragbar erscheint, ihn aufrechtzuerhalten.[251] Die Annahme eines Verstoßes gegen den *ordre public* kommt daher nur in extremen Ausnahmefällen in Betracht,[252] und die Prüfung fungiert lediglich als „Notbremse staatlicher Kontrolle".[253]

Lässt sich also festhalten, dass die Grundrechte generell unter den Begriff des *ordre public* zu fassen sind, so muss dies insbesondere für die Trias rechtsstaatlicher Verfahrensgarantien gelten, die gewahrt sein muss, wenn der Schiedsgerichtsbarkeit verbindliche Wirkungen zukommen sollen. Damit fallen der rechtswirksame Ausschluss staatlicher Gerichtsbarkeit einerseits und das Recht auf rechtliches Gehör und faires Verfahren andererseits grundsätzlich unter den Begriff des *ordre public*. Nun stellt sich aber die Frage, insbesondere unter Berücksichtigung des nur ausnahmsweisen anzunehmenden *ordre public*-Verstoßes, ob jeder Verstoß gegen die Trias rechtsstaatlicher Verfahrensgarantien auch zu einem Widerspruch zum inländischen *ordre public* führt. Die Frage ist insbesondere mit Blick auf die Aufhebungsgründe des § 1059 Absatz 2 Nummer 1 ZPO relevant, welche einzelne Verstöße gegen die Verfahrensgarantien abbilden, aber gleichzeitig der Präklusion des § 1059 Absatz 3 in Verbindung mit § 1060 Absatz 2 Satz 3 ZPO unterliegen. Es wäre widersprüchlich, bei einem nicht fristgerechten Aufhebungsantrag zwar Präklusion auch im Vollstreckbarerklärungsverfahren anzunehmen, die Überprüfung dann aber über § 1060 Absatz 2 Satz 1 i.V.m. § 1059 Absatz 2 Nummer 2b ZPO vorzunehmen.

Daher ist festzuhalten, dass nur solche Verstöße gegen die rechtsstaatlichen Verfahrensgarantien unter den Begriff des *ordre public* fallen, die nicht bereits in den antragsgebundenen Kontrollmechanismen des deutschen Schiedsverfahrensrechts überprüfbar und damit präklusionsbedroht sind. Hiervon betroffen sein dürfte das vollständige Fehlen einer jeglichen Schiedsbindung – was für eine etwaige Wirkungserstreckung des Schiedsspruchs auf Dritte noch relevant werden wird.[254] Schwieriger gestaltet sich die Abgrenzung aber in Bezug auf

---

[251] So, speziell zu § 1059 Absatz 2 Nummer 2b ZPO, *BGH*, SchiedsVZ 2014, 151, 153, Rn. 29 sowie aktuell zum Verhältnismäßigkeitsgrundsatz *BGH*, SchiedsVZ 2022, 91, 95 f. und Ls. Vgl. aber auch die Rechtsprechung des Bundesgerichtshofs zu anderen Regelungen, die eine *ordre public*-Überprüfung vorsehen, etwa BGHZ 123, 268, 270 zu Artikel 27 Nummer 1 EuGVÜ; BGHZ 118, 312, 330 zu § 328 Absatz 1 Nummer 4 ZPO und BGHZ 104, 240, 243 zu Artikel 6 EGBGB und Artikel 30 EGBGB a.F.
[252] Vgl. *BGH*, ZIP 2014, 595, Rn. 2 zu § 1059 Absatz 2 Nummer 2b ZPO.
[253] *Münch*, in: MüKo ZPO, § 1059, Rn. 46; vgl. auch *Hanefeld/Schmidt-Ahrendts*, in: Practitioner's Handbook on International Commercial Arbitration, Section IV, Rn. 9.241.
[254] Gemeint sind „extreme Fäll", so, am Beispiel ausländischer Schiedssprüche, BGHZ 55, 162, 170 sowie BGHZ 71, 131, 135; 57, 153, 158 und BGHZ 52, 184, 190. Aufhebbar wegen *ordre-public*-Verstoßes sind damit etwa Schiedssprüche ohne jeden Anhalt einer Un-

die verfahrensbezogenen Ausgestaltungsgarantien, da Verstöße gegen die Gehörsgewährung und das Recht auf faires Verfahren zu einem Großteil weitgehend bereits unter § 1059 Absatz 2 Nummer 1b und d ZPO fallen dürften.[255] Es lässt sich auch insoweit festhalten, dass solche Verstöße, die in § 1059 Absatz 2 Nummer 1 ZPO nicht abgebildet sind, aber von besonderer Schwere sind, unter den deutschen *ordre public* zu fassen sind.[256] Denn diese Einordnung steht im Einklang mit dem Ausnahmecharakter des *ordre public*-Verstoßes einerseits sowie mit der Notwendigkeit der Wahrung der rechtsstaatlichen Verfahrensgarantien andererseits.[257]

Es lässt sich festhalten, dass eine staatliche Kontrolle dort fakultativer Natur und somit auch im Vollstreckbarerklärungsverfahren präklusionsbedroht sein darf, wo ein etwaiger Eingriff in das betreffende Grundrecht zum Ausgleich einer Grundrechtskollision verfassungsrechtlich zu rechtfertigen wäre. Solche Rechtsbereiche aber, die der Staat unter allen Umständen unberührt zu lassen hat, wie etwa den Justizgewähranspruch für nicht „schiedsfähige" Streitgegenstände, oder in welchen ein Eingriff im Einzelfall nicht zu rechtfertigen ist, weil die fundamentalsten Grundsätze des Verfassungsrechts und des Rechtsstaats berührt sind, die also *ordre public*-widrig wären, müssen hiervon ausgenommen bleiben. Sie dürfen mithin nicht präklusionsbedroht sein und müssen jedenfalls vor einer zwangsweisen Durchsetzung zwingend staatlich überprüfbar sein.[258] Diesen Anforderungen wird das Regelungsgefüge der staatlichen Kontrollnormen im deutschen Schiedsverfahrensrecht gerecht.

---

terwerfung des Betroffenen unter die Schiedsgerichtsbarkeit, wie im Falle einer Verurteilung der Gesellschafter einer verklagten GbR anstelle der Gesellschaft, vgl. *OLG München*, NJW 2007, 2129 ff.

[255] Unklar insoweit *Münch*, in: MüKo ZPO, § 1042, Rn. 3, der Verstöße gegen die Ausgestaltungsgarantien ohne weitere Differenzierung sowohl unter § 1059 Absatz 2 Nummer 1b beziehungsweise Nummer 1d als auch 2b ZPO fasst, *Münch*, in: MüKo ZPO, § 1042, Rn. 64.

[256] Dafür in Bezug auf die Verletzung rechtlichen Gehörs auch *Voit*, in: Musielak/Voit, ZPO, § 1042, Rn. 6 („in gravierenden Fällen") und § 1059 Rn. 27 sowie *Münch*, in: MüKo ZPO, § 1059, Rn. 50. Für die grundsätzliche Aufnahme des Rechts auf faires Verfahren in die *ordre public*-Prüfung aktuell auch *BGH*, SchiedsVZ 2021, 46, 48 und Ls. sowie *Greger*, in: Greger/Unberath/Steffek, Recht der alternativen Konfliktlösung, D.II.7.a, Rn. 191.

[257] Davon, dass auch Verstöße gegen die Verpflichtungsnormen in § 1042 Absatz 1 ZPO unter den *ordre public* fallen können, geht, ohne aber weiter zu differenzieren, auch die Regierungsbegründung zum Reformentwurf von 1996 aus, vgl. Begr. RegE, BT-Drucks. 13/5274, S. 46: „Ihre Verletzung stellt im Hinblick auf den Schiedsspruch einen Aufhebungsgrund nach § 1059 Abs. 2 [...] Nummer 2 Buchstabe b ZPO-E (ordre public) und damit auch einen Grund für die Versagung der Anerkennung und Vollstreckung dar."

[258] Inwieweit dies auch für die Rechtskraftwirkung des Schiedsspruchs gelten muss, wird in Kapitel 6 – D.III. kritisch untersucht.

C. Ergebnis: Grundsätzlich ausgewogenes staatliches Kontrollsystem vorhanden

Die Untersuchung des heutigen deutschen Schiedsverfahrensrechts, das in Teilen noch vorkonstitutioneller Natur ist, mittlerweile aber auch von zahlreichen internationalen Einflüssen gefärbt ist, hat gezeigt, dass das notwendige staatliche Kontrollsystem zur Wahrung der Trias rechtsstaatlicher Verfahrensgarantien durch den Staat grundsätzlich geschaffen worden ist. Es legt den privaten Akteuren des Schiedsverfahrens einfach-gesetzliche Verpflichtungen auf, wie sie das Schiedsverfahren durchzuführen haben und wie ein Schiedsspruch zustande zu kommen hat. Diesen Verpflichtungen stellt es gewisse staatliche Kontrollmöglichkeiten zur Seite, die überwiegend in die Hände der Parteien eines Schiedsverfahrens gelegt werden, in Bezug auf gewisse Teilbereiche aber auch zum Gegenstand einer zwingenden staatlichen Überprüfung gemacht wurden.

Dieses aus verfassungsrechtlicher Sicht zwingend notwendige Kontrollsystem scheint zwar mit dem Bedürfnis der privaten Akteure des Schiedsverfahrens, insbesondere der Parteien, ihr privatrechtliches Verfahren selbst und frei von Beschränkungen zu gestalten, zu kollidieren. Doch es handelt sich um einen verfassungsrechtlich notwendigen und auch gerechtfertigten Eingriff in das Grundrecht auf Privatautonomie der Parteien eines Schiedsverfahrens, wenn der Staat zur Wahrung der Verfahrensgarantien dem Schiedsverfahren Beschränkungen auferlegt, um den Eintritt prozessualer Wirkungen in verfassungsrechtlich konformer Weise zu ermöglichen.[259] Die zentrale einfach-gesetzliche Umsetzung dieser Beschränkung findet sich in der Vorschrift des § 1042 ZPO.[260] Sie sieht in ihrem dritten Absatz vor, dass die Parteien eines Schiedsverfahrens nur „[i]m Übrigen" und vorbehaltlich der zwingenden Vorschriften des Zehnten Buchs der ZPO das Verfahren selbst oder abweichend regeln können.[261] Der freien, privatautonomen Verfahrensgestaltung entzogen ist damit zum einen die Verpflichtung des Schiedsgerichts, die Parteien des Schiedsverfahrens fair zu behandeln und ihnen rechtliches Gehör zu gewähren sowie Rechtsanwälte als Bevollmächtigte zuzulassen.

Daneben treten „die zwingenden Vorschriften dieses Buches", § 1042 Absatz 3 ZPO. In diesem Sinne unabdingbar sind zunächst sämtliche staatliche Kontrollmechanismen, da sie der Wahrung der Trias rechtsstaatlicher Verfahrensgarantien dienen. Daneben treten müssen die mit den Kontrollnormen kor-

---

[259] Siehe im Einzelnen bereits oben in Kapitel 2 – C.I.3.c).
[260] So auch Lühmann, S. 66 f. Spohnheimer, S. 137 ff., spricht insoweit von den „fundamentalen Verfahrensprinzipien als Grenze prozessualer Gestaltungsfreiheit".
[261] Wobei sich „[i]m Übrigen" auf die Absätze 1 und 2 der Vorschrift bezieht, welche die Ausgestaltungsgarantien des Rechts auf faires Verfahren und auf rechtliches Gehör in einfach-gesetzliche Verpflichtungsnormen gießen.

relierenden Verpflichtungsnormen, welche den privaten Akteuren des Schiedsverfahrens vorschreiben, wie sie zu agieren haben, damit die Verfahrensgarantien gewahrt sind, wenn Schiedsverfahren und Schiedsspruch prozessuale Wirkungen zuerkannt werden sollen. Diese zwingenden Regelungen, welche die privatautonome Gestaltungsfreiheit beschränken, sind abschließender Natur, und die gerichtlichen Eingriffe bleiben durch § 1026 ZPO auf das verfassungsrechtlich notwendige Minimum beschränkt.[262] Auch die Formulierung des § 1042 Absatz 3 ZPO zeigt, dass der Gesetzgeber bewusst die grundgesetzlich geschützte Freiheit der Verfahrensgestaltung weitestmöglich zulassen möchte und sie lediglich in Bezug auf kollidierendes Verfassungsrecht einschränkt. Dies gewährleistet die verfassungsrechtliche Rechtfertigung der Grundrechtsbeschränkung des Rechts auf Privatautonome.

Nur aber, wenn in Bezug auf diejenigen Personen, die den prozessualen Wirkungen der Schiedsgerichtsbarkeit unterliegen sollen, die rechtsstaatlichen Verfahrensgarantien auch gewahrt sind, kann der Gesetzgeber den privaten Akteuren des Schiedsverfahrens freie Hand lassen. Diese Erkenntnis ist eine unabdingbare, möchte man eine etwaige – subjektive – *Erweiterung* des deutschen Schiedsverfahrensrechts in den Blick nehmen. Eine solche Erweiterung des gesetzlichen Regelwerks ist auch notwendig, da das deutsche Schiedsverfahrensrecht gerade deswegen mit seinen verfassungsrechtlichen Vorgaben im Einklang steht, weil es in seinem subjektiven Anwendungsbereich begrenzt ist und darüberhinausgehende Situationen gesetzlich grundsätzlich nicht vorgesehen sind. Diese These und ihre praktischen Folgen sollen Gegenstand des nachfolgenden Kapitels sein.

---

[262] Der Staat wahrt über dieses staatliche Kontrollsystem hinaus mithin bewusst äußerste Zurückhaltung. Vgl. auch *Lachmann*, S. 3, Rn. 12.

Kapitel 4

Subjektive Begrenzung des deutschen Schiedsverfahrensrechts? Zur Erweiterbarkeit des Zehnten Buchs der ZPO

Die beiden vorangegangenen Kapitel haben die Grundlage für die in dieser Arbeit niedergelegte Leitthese geschaffen, dass das deutsche Schiedsverfahrensrecht in seiner heutigen Form gerade deswegen seinen verfassungsrechtlichen Anforderungen genügt, weil sein subjektiver Anwendungsbereich begrenzt ist und Schiedsverfahren und Schiedsspruch darüber hinaus auf der Grundlage gesetzlicher Anordnung grundsätzlich keine prozessualen Wirkungen entfalten. Hintergrund dieser Einschränkung im Anwendungsbereich des Zehnten Buchs der ZPO ist, dass nur die Möglichkeit der Verfahrensbeteiligung und das Vorliegen eines Ausschlussakts gemeinsam die Grundlage für den verfassungskonformen Eintritt der prozessualen Wirkungen bilden können.

Die vom Gesetzgeber gewählte Vorgehensweise zur Umsetzung dieser verfassungsrechtlichen Anforderungen an das Schiedsverfahrensrecht lag bislang darin, die Ermöglichung von Mehrparteien- und Drittbeteiligungskonstellationen der Rechtsprechung und dem Rechtsanwender zu überlassen. Im Rahmen der geplanten Reform des deutschen Schiedsverfahrensrechts soll zwar nun eine Vorschrift für Mehrparteienschiedsverfahren geschaffen werden – auf einen Parteienrechtsstreit bleibt das Zehnte Buch der ZPO aber weiterhin begrenzt. Es ist also notwendig, die Bestimmungen des Zehnten Buchs der ZPO zu erweitern, möchte man auch Drittbeteiligungskonstellationen im Schiedsverfahren abdecken. Bis das geplante Reformvorhaben umgesetzt ist, bedarf es einer entsprechenden Erweiterung zudem auch für Mehrparteienschiedsverfahren.

Als selbst verfassungskonformes Regelwerk kann das Zehnte Buch der ZPO die Grundlage für diese Erweiterungen bilden, indem die hinter ihm stehenden Regelungsgedanken weitestmöglich abstrahiert werden. Das Ergebnis lässt sich dann in Leitlinien gießen, die eine verfassungsgemäße und damit rechtssichere Erweiterung des deutschen Schiedsverfahrensrechts ermöglichen und gleichzeitig die Grenzen einer solchen Erweiterung sichtbar machen.

A. Subjektive Begrenzung des Zehnten Buchs der ZPO

Der erste Teil dieser Arbeit hat gezeigt, dass die Wahrung der Trias der rechtsstaatlichen Verfahrensgarantien in dem Subjekt der prozessualen Wirkungen von Schiedsverfahren und Schiedsspruch zusammenfallen muss, damit die prozessualen Wirkungen Bestand haben können.[1] Der zweite Teil hat deutlich gemacht, wie dies im deutschen Schiedsverfahrensrecht umgesetzt wird – indem ein ganz maßgeblich auf Freiwilligkeit und Eigenverantwortlichkeit beruhendes System geschaffen worden ist, dass es den privaten Akteuren des Schiedsverfahrens ermöglichen soll, den verfassungsrechtlichen Anforderungen an den Eintritt prozessualer Wirkungen von Schiedsverfahren und Schiedsspruch selbst gerecht zu werden. Dabei sind zwei Elemente maßgeblich, die eine positive Wahrung der Trias rechtsstaatlicher Verfahrensgarantien sicherstellen: die Möglichkeiten der Verfahrensbeteiligung einerseits und das Vorliegen eines Ausschlussakts andererseits. Dies aber führt dazu, dass das deutsche Schiedsverfahrensrecht in seinem subjektiven Anwendungsbereich begrenzt ist, da es, neben dem Vorliegen eines Ausschlussakts, eine Verfahrensparteistellung voraussetzt, und daher lediglich einen Parteienrechtsstreit abdeckt.

Der Reformgesetzgeber von 1998 hat deutlich gemacht, dass der derzeitige Anwendungsbereich des deutschen Schiedsverfahrensrechts aber noch weiter beschränkt sei, und zwar auf einen *Zweipersonen*rechtsstreit.[2] Das wird sich mit der geplanten Aufnahme einer Regelung zur Bildung des Schiedsgerichts in Mehrparteienschiedsverfahren zwar – jedenfalls zum Teil[3] – ändern.[4] Bis das Reformvorhaben entsprechend umgesetzt ist, sind jegliche über den Zweipersonenrechtsstreit hinausgehenden Konstellationen jedoch nicht vom gesetzlichen Regelungsmodell umfasst und bedürfen – soweit dies umsetzbar ist – der kautelarjuristischen Regelung.[5]

I. Zugangsgarantie versus Ausgestaltungsgarantien

Es hat sich gezeigt, dass sich die drei rechtsstaatlichen Verfahrensgarantien, die von den prozessualen Wirkungen der Schiedsgerichtsbarkeit berührt wer-

---

[1] Dies muss auch der Maßstab für eine subjektive *Erweiterung* des deutschen Schiedsverfahrensrechts sein – dazu aber im Einzelnen sogleich in Kapitel 4 – C.I.

[2] Dazu sogleich in Kapitel 4 – A.IV.

[3] Zu der Frage, ob das geplante Reformvorhaben des Bundesministeriums für Justiz tatsächlich jeglichen weiteren Regelungsbedarf für die rechtssichere Durchführung von Mehrparteienschiedsverfahren entfallen lässt, eingehend noch in Kapitel 4 – B.II.2. und 3. sowie Kapitel 5 – A.I.1.

[4] Vgl. das Eckpunktepapier des Bundesministeriums für Justiz zur Modernisierung des deutschen Schiedsverfahrensrechts vom 18. April 2023, S. 2, Punkt III.1.

[5] Die Grenzen dieser Folge des engen subjektiven Anwendungsbereichs des deutschen Schiedsverfahrensrechts wird noch in Kapitel 4 – B.II.2.b) und im Einzelnen in Kapitel 6 am Beispiel der Rechtsnachfolge aufgezeigt.

A. Subjektive Begrenzung des Zehnten Buchs

den, aufteilen lassen in die Zugangsgarantie einerseits, also in den garantierten Zugang zu staatlichem Rechtsschutz, und die Ausgestaltunggarantien andererseits, bestehend aus dem Recht auf rechtliches Gehör und dem Recht auf faires Verfahren.[6] Damit steht auf der einen Seite die Zugangsgarantie, also das vom Staat zu gewährleistende Recht auf staatlichen Rechtsschutz. Eine Wahrung des Verfassungsrechts im Zusammenhang mit dem rechtsverbindlichen Ausschluss der staatlichen Gerichtszuständigkeit zugunsten der schiedsgerichtlichen kann hier nur erfolgen, indem der Einzelne seines Rechts in verfassungskonformer Weise durch einen in seiner Person liegenden Akt verlustig geht.[7]

Im Vordergrund steht hier mithin der Ausschluss des Rechts des Einzelnen zum Zwecke der Wahrung der Verfassung. Auf der anderen Seite stehen hingegen die Ausgestaltungsgarantien, das Recht auf rechtliches Gehör und auf faires Verfahren. Das Rechtsstaatsprinzip hat zur Folge, dass eine kontradiktorische und damit fremdbestimmte Entscheidung, welcher prozessuale Wirkungen zukommen sollen, unter Einräumung rechtlichen Gehörs und einer prozessualen Gleichbehandlung zustande gekommen sein muss – unabhängig davon, ob das Verfahren staatlich oder privatrechtlich ausgestaltet ist.[8] Anders als in Bezug auf die Zugangsgarantie steht hier also kein *Ausschluss* der Rechte des Einzelnen im Vordergrund, sondern deren positive *Gewährung* durch den mit dem Rechtsstreit betrauten Spruchkörper.[9]

Da die Zugangsgarantie unmittelbar an die Person des Betroffenen geknüpft ist, muss der Akt, der zum verfassungskonformen Verlust des eigenen Rechts auf staatlichen Rechtsschutz führt, auch *in der Person des Betroffenen* selbst liegen. Fehlt der in seiner Person liegende Ausschlussakt, so ist er in seinem Justizgewähranspruch verletzt, wenn der Staat ihm gegenüber dennoch prozessuale Wirkungen eintreten lässt. Anders gestaltet sich die Wahrung der Ausgestaltungsgarantien. Sie bestehen schließlich gerade vor dem Hintergrund der verbindlichen Streitbeilegung durch einen Dritten. Die Gewährung rechtlichen Gehörs und die Durchführung eines fairen Verfahrens kann regelmäßig nur dieser Dritte selbst, der entscheidende Spruchkörper, vornehmen. Ein Verfahrensbeteiligter kann sich nicht selbst rechtliches Gehör gewähren und er kann regelmäßig auch nicht beeinflussen, ob er fair behandelt wird oder nicht.[10] Der

---

[6] Dazu im Einzelnen in Kapitel 2 – C.II. und D.

[7] Im Einzelnen dazu bereits oben in Kapitel 2 – C.II.1.

[8] Begründet liegt dies, in Abgrenzung zur einvernehmlichen Konfliktlösung, in dem kontradiktorischen Charakter der schiedsgerichtlichen Streitbeilegung – siehe dazu im Einzelnen bereits oben in Kapitel 2 – C.II.2.

[9] Wenn auch nur die zumutbare *Möglichkeit* der Erlangung rechtlichen Gehörs und der Durchführung eines fairen Verfahrens bestehen muss, um den Grundrechtsschutz zu wahren. Und selbstverständlich ist auch hier grundsätzlich ein Grundrechtsausübungsverzicht vorstellbar. Dazu aber im Einzelnen in Kapitel 4 – C.I.1.

[10] Wie sich gezeigt hat, gibt es eine Ausnahme, und zwar betreffend die prozessuale Gleichbehandlung bei der Bildung des Schiedsgerichts, § 1034 Absatz 2 ZPO. Hier liegt die

Akt, der zur Wahrung der Ausgestaltungsgarantien führt, muss mithin *in der Person des Spruchkörpers* liegen, der das betreffende Verfahren leitet und es einer kontradiktorischen Entscheidung zuführt. Damit knüpfen die Ausgestaltungsgarantien unmittelbar an das Verfahren an – sodass die Möglichkeit der Beteiligung am Schiedsverfahren notwendig ist, damit das Schiedsgericht seiner Pflicht auch nachkommen kann.

II. Begrenzung des Zehnten Buchs der ZPO auf einen Parteienrechtsstreit

Die Möglichkeit der Verfahrensbeteiligung und das Vorliegen eines Ausschlussakts bilden also gemeinsam die Grundlage für den verfassungskonformen Eintritt der prozessualen Wirkungen von Schiedsverfahren und Schiedsspruch. Davon ausgehend gilt es nun die These, dass das deutsche Schiedsverfahrensrecht auf einen *Parteien*rechtsstreit begrenzt ist, anhand der Systematik und Konzeption des Zehnten Buchs der ZPO zu belegen.

1. Anknüpfung der Vorschriften des Zehnten Buchs der ZPO an die Verfahrensparteistellung

Um es dem Schiedsgericht zu ermöglichen, seinen einfach-gesetzlichen Pflichten, die zur Wahrung der Ausgestaltungsgarantien führen, nachzukommen, knüpft das deutsche Schiedsverfahrensrecht für seine Anwendbarkeit an die Verfahrensparteistellung an. Denn dadurch werden das Schiedsgericht und diejenigen Personen, die Subjekte der prozessualen Wirkungen von Schiedsverfahren und Schiedsspruch sein sollen, in das hierfür erforderliche Verhältnis zueinander gesetzt.

a) Der (Verfahrens-)Parteibegriff im deutschen Schiedsverfahrensrecht

So enthalten fast alle Vorschriften des Zehnten Buchs der ZPO die Begriffe „Partei" oder „Parteien".[11] Dass hiermit ein einheitlicher verfahrensbezogener

---

Verletzung des Rechts auf faires Verfahren in der Person der Verfahrenspartei, welche sich eine Bevorzugung bei der Bildung des Schiedsgerichts ausgehandelt hat, dazu im Einzelnen aber bereits oben in Kapitel 3 – A.II.2.

[11] Bestes Beispiel ist etwa § 1034 Absatz 2 Satz 1 ZPO, wo konkret von „einer Partei" und der „andere[n] Partei" die Rede ist, vgl. aber unter anderem auch die Regelungen der §§ 1032 Absatz 2, 1035 Absatz 2 und 3 Satz 3, 1046 Absatz 1 Satz 1, 1047 Absatz 3, 1048 Absatz 1 und 2, 1056 Absatz 2 Nummer 1b ZPO. Diese im Zehnten Buch der ZPO verwendete Terminologie zeigt auch *Geimer*, in: LA Hay, S. 163, 164, Fn. 10 auf und zieht daraus, wie es auch hier vertreten wird, den Schluss, dass mithin lediglich ein Zweiparteienprozess abgebildet ist – im Übrigen gilt dasselbe für die Terminologie und den Anwendungsbereich des UNCITRAL-Modellgesetzes.

A. Subjektive Begrenzung des Zehnten Buchs

Parteibegriff gemeint ist – und nicht etwa ein materiell-rechtlicher[12] – zeigt sich bereits daran, dass das Zehnte Buchs der ZPO mit dem Titel „Schiedsrichterliches Verfahren" überschrieben ist und das deutsche Schiedsverfahrensrecht in der deutschen Zivilprozessordnung verortet ist, in der ausschließlich Verfahrensrecht geregelt ist.[13] Deutlich wird dies aber auch durch die Verwendung der Begriffe „Kläger" und „Beklagter" in einer Reihe der Vorschriften im deutschen Schiedsverfahrensrecht.[14]

Dass sich der Parteibegriff in den Vorschriften des Zehnten Buchs der ZPO auf die Verfahrensparteien bezieht, wird auch sichtbar, wenn man einen Blick auf die Vorschrift des § 1042 Absatz 1 Satz 1 und 2 ZPO wirft. Dort heißt es, dass „die Parteien" gleich zu behandeln sind und jeder „Partei" rechtliches Gehör zu gewähren ist. Auf die Parteien einer Schieds*vereinbarung* kann sich diese Pflicht des Schiedsgerichts nicht beziehen, da überhaupt erst die Einleitung eines Schiedsverfahrens und die daraufhin vorgenommene Bildung des Schiedsgerichts diese Pflicht ins Leben ruft. Auch sind beide Pflichten eindeutig verfahrensbezogene, die, genau wie im staatlichen Verfahren, der Spruchkörper gegenüber den Parteien des betreffenden Verfahrens zu wahren hat. Dasselbe gilt für die spezialgesetzlichen Vorschriften im Zehnten Buch der ZPO, die dem Schiedsgericht eine Pflicht zur Gewährung rechtlichen Gehörs und zur verfahrensrechtlichen Gleichbehandlung auferlegen.[15] Sie sind schließlich allesamt einfach-gesetzliche Ausformungen der verfahrensbezogenen Ausgestaltungsgarantien, die in einem kontradiktorischen Verfahren zur Streitbeilegung zu berücksichtigen sind.

Damit lässt sich festhalten, dass der in den Vorschriften des deutschen Schiedsverfahrensrechts verwendete Parteibegriff sich auf die Parteien eines Schieds*verfahrens* bezieht.[16] Es besteht insoweit also ein begrifflicher Gleichklang zwischen den Parteibegriffen des Schiedsverfahrensrechts und des staatlichen Verfahrensrechts.[17]

---

[12] Mithin nicht an die (Vertrags-)Parteien einer Schiedsvereinbarung anknüpft, was jedenfalls in Bezug auf die Vorschrift des § 1055 ZPO nicht selten irrigerweise angenommen zu werden scheint. Dazu aber sogleich in Kapitel 4 – B.II.1.a).

[13] Und nicht etwa im Bürgerlichen Gesetzbuch, wo materiell-rechtliche Beziehungen geregelt sind.

[14] § 1044 Satz 1 ZPO etwa spricht davon, dass „der Beklagte" den Klageantrags zu empfangen hat, § 1048 Absatz 1 und 2 ZPO regelt den Fall, dass „der Kläger" oder „der Beklagte" säumig ist.

[15] Also neben den allgemeinen Verpflichtungsnormen des § 1042 Absatz 1 Satz 1 und 2 ZPO zudem die des § 1036 und des § 1047 ZPO.

[16] Insoweit richtig auch *Bosch*, S. 122; *Spohnheimer*, S. 198 f.; *Geimer*, in: LA Hay, S. 163, 164, Fn. 10. Hiervon ist auch die Vorschrift des § 1055 ZPO nicht ausgenommen – wenn dies auch nicht selten (irrigerweise) anders gesehen wird. Dieses scheinbar so offensichtliche Ergebnis ist also nicht unumstritten. Dazu aber sogleich in Kapitel 4 – A.II.1.

[17] Denn auch in den Büchern der ZPO, die das staatliche Erkenntnisverfahren regeln, ist durchweg von der „Partei" oder „Parteien" beziehungsweise dem „Kläger" und dem „Be-

b) Begrenzung des Anwendungsbereichs auf die Verfahrensparteien

Das Zehnte Buch der ZPO ist zugleich so konzipiert, dass die Verfahrensparteistellung stets gesichert ist, wenn einer Person gegenüber prozessuale Wirkungen von Schiedsverfahren und Schiedsspruch eintreten sollen.[18] So beginnt ein schiedsgerichtliches Verfahren überhaupt nur, wenn eine Schiedsklage erhoben wird, § 1044 Satz 2 ZPO. Die Erhebung der Schiedsklage führt dann zur Verfahrensparteistellung der in der Schiedsklage als Parteien des Schiedsverfahrens benannten Personen.[19] Infolgedessen aber bildet das deutsche Schiedsverfahrensrecht nur einen *Parteienrechtsstreit* ab. Dies wiederum bedeutet, dass andere Personen als die Verfahrensparteien, also sonstige Verfahrensbeteiligte oder sogar gar nicht am Schiedsverfahren beteiligte Personen, auf der gesetzlichen Grundlage des deutschen Schiedsverfahrensrechts auch nicht Subjekt prozessualer Wirkungen von Schiedsverfahren und Schiedsspruch sind.[20]

2. Hinzutreten eines Ausschlussakts in Bezug auf die Zugangsgarantie

Was die Verfahrensparteistellung des Betroffenen jedoch nicht leisten kann, ist die Sicherung des verfassungskonformen Ausschlusses des Rechts auf staatlichen Rechtsschutz. Auf Schiedsklägerseite mag dies zwar regelmäßig dadurch der Fall sein, dass bereits in der Erhebung einer Schiedsklage ein freiwilliger Wille zum Ausschluss der Ausübung des eigenen Rechts auf staatlichen Rechtsschutz zu sehen sein dürfte.[21] Keineswegs gilt dies auch für den Prozessgegner, der im Zweifel schließlich ohne oder sogar gegen seinen Willen in das

---

klagter" die Rede, vgl. nur den zweiten Abschnitt des ersten Buchs der ZPO mit der Überschrift „Parteien" oder die Vorschriften zum gerichtlichen Verfahren im ersten Rechtszug, wie etwa § 253 Absatz 2 Nummer 1 oder § 269 ZPO. So richtigerweise auch *Spohnheimer*, S. 198 f.: „Der Begriff der Partei dürfte dabei identisch sein mit der im Zivilprozess vor staatlichen Gerichten [...]. Gründe, für das Schiedsverfahren etwa anderes anzunehmen, sind nicht ersichtlich", sowie insoweit zutreffend auch *Bosch*, S. 122.

[18] Zur Rolle des §§ 794 Absatz 1 Nummer 4a, 795, 727 ZPO in diesem Zusammenhang im Einzelnen in Kapitel 6 – D.II.2.

[19] So richtigerweise auch *Spohnheimer*, S. 198 f.: „Wer Partei des Schiedsverfahrens ist, bestimmt [...] grundsätzlich der Schiedskläger durch seinen Antrag, ein Schiedsverfahren durchzuführen, in dem er gem. § 1044 S. 2 ZPO die Parteien zu bezeichnen hat"; insoweit zutreffend auch *Bosch*, S. 122.

[20] Dazu, dass die Drittbeteiligungsmodelle der ZPO für das staatliche Gerichtsverfahren auch nicht ohne Weiteres analog auf das deutsche Schiedsverfahrensrecht anwendbar sind, sogleich in Kapitel 4 – B.IV.

[21] Insoweit dürfte jedenfalls die konkludente Erklärung des Schiedsklägers zu sehen sein, auf sein Recht auf staatlichen Rechtsschutz verzichten zu wollen. Ein etwaiger „Formmangel" wäre dann jedenfalls über § 1031 Absatz 6 ZPO heilbar – dazu, insbesondere zu der kontroversen Frage, ob § 1031 ZPO tatsächlich eine klassische Formvorschrift darstellt, aber im Einzelnen bereits oben in Kapitel 3 – A.I.2.c).

Schiedsverfahren „hineingezogen" wird.[22] *Neben* die Stellung als Verfahrenspartei, besser noch *unabhängig* von ihr, müssen also die Voraussetzungen für den verfassungskonformen Ausschluss staatlichen Rechtsschutzes treten, in Form eines eigenständigen Ausschlussakts in der Person des Betroffenen. Dies zeigt, dass nur das *Zusammenfallen* beider Anknüpfungspunkte, also der Verfahrensparteistellung und des Ausschlussakts, die Grundlage für den Eintritt der prozessualen Wirkungen von Schiedsverfahren und Schiedsspruch bilden können.[23]

3. Notwendige Differenzierung zwischen Ausschlussakt und Verfahrensparteistellung

Im weiteren Sinne vergleichbar zum sachenrechtlichen Trennungs- und Abstraktionsprinzip[24] muss man allerdings Vorliegen – und, soweit einschlägig, Wirksamkeit – beider Elemente getrennt und unabhängig voneinander betrachten. Denn auch wenn es letztlich erforderlich ist, dass beide Elemente vorliegen und damit zusammenfallen, so existieren sie grundsätzlich unabhängig voneinander und können, was dann rechtlich bedenklich ist, auch auseinanderfallen. Die Folge dessen lässt sich aber nur dann richtig einordnen, wenn die Unterscheidung zwischen den beiden Elementen richtig vorgenommen wird – was nicht immer der Fall zu sein scheint.

a) Die Problematik des dualistischen Parteibegriffs

Hintergrund einer fehlenden Differenzierung beider Anknüpfungspunkte ist oftmals, dass der für die Wahrung der Zugangsgarantie erforderlich Ausschlussakt allein auf die Schiedsvereinbarung reduziert wird. Dies führt wiederum zu der Vermischung zweier Parteibegriffe, dem der Schieds*verfahrens*partei und der Schieds*vereinbarungs*partei. Denn wird eine Schiedsvereinbarung abgeschlossen, so werden die Vertragspartner der Schiedsvereinbarung zu Parteien der Schiedsvereinbarung, also zu Vereinbarungsparteien.[25] Kommt es nun zum Rechtsstreit und wird von der Schiedsvereinbarung Gebrauch gemacht, mithin ein Schiedsgericht zur Entscheidung über den Rechtsstreit ange-

---

[22] Diese Terminologie verwenden etwa *Gharibian/Pieper*, BB 2018, 387, 390; vgl. auch *Müller/Keilmann*, SchiedsVZ 2007, 113, 114 ff. Kritisch zu solch missverständlichen Formulierung sogleich in Kapitel 4 – B.I.3.c).

[23] So ist das deutsche Schiedsverfahrensrecht auch konzipiert, vgl. zur Sicherung des Vorliegens eines wirksamen Ausschlussakts im Einzelnen bereits Kapitel 3 – A.I.

[24] Im Rahmen dessen das Verfügung- und das Verpflichtungsgeschäft zwingend getrennt und abstrakt voneinander auf Vorliegen und Wirksamkeit hin zu überprüfen sind, vertiefend dazu *Oechsler*, in: MüKo BGB, § 929, Rn. 5 und 8 ff.

[25] Der hier verwendete Begriff der Vereinbarungspartei beschreibt mithin die materiellrechtliche Vertragsparteistellung einer Person in Bezug auf eine Schiedsvereinbarung im Sinne des § 1029 Absatz 1 ZPO.

rufen, wird die Partei der Schiedsvereinbarung zusätzlich – mit Erhebung der Schiedsklage – Partei des Schiedsverfahrens. Damit ist das Subjekt eines Schiedsverfahrens und eines späteren Schiedsspruchs, dem prozessuale Wirkungen zukommen sollen, im gesetzlichen Regelfall eine Person, die sowohl Vereinbarungspartei als auch Verfahrenspartei ist. Es besteht also eine Personenidentität in Bezug auf beide Parteibegriffe, sodass sich insoweit auch von einem *dualistischen Parteibegriff* sprechen lässt.[26] Fehleranfällig ist dieses Zusammenfallen allerdings dann, wenn die beiden Parteibegriffe inhaltlich miteinander vermischt werden.

b) Keine „Beteiligung am Schiedsverfahren wider Willen"?

Hat man erkannt, dass die Begriffe der Vereinbarungspartei und der Verfahrenspartei keine Synonyme sind, so wird zugleich deutlich, dass die Stellung als Verfahrenspartei zwingend von der Frage zu trennen ist, ob in deren Person auch ein (wirksamer) Ausschlussakt vorliegt. Dennoch ist es eine weit verbreitete Aussage, dass niemand gegen seinen Willen in ein Schiedsverfahren „hineingezogen" werden dürfe.[27] Diese Aussage ist jedoch ungenau. Selbstverständlich darf jemand gegen seinen Willen in ein Schiedsverfahren „hineingezogen" werden, denn dies geschieht schlicht durch die (wirksame) Zustellung einer Schiedsklage im Sinne des § 1044 ZPO.[28] Mehr Anforderungen sind an das Vorliegen einer Verfahrenspartei nicht zu stellen – es ist nicht einmal notwendig, dass die betreffende Person tatsächlich an dem Schiedsverfahren partizipiert.[29]

---

[26] Mitunter wird von einem „Identitätsgebot" gesprochen, *Münch*, in: MüKo ZPO, § 1029, Rn. 48. Von einer stets vorgesehenen „Identität" der Parteien des Schiedsverfahrens mit denjenigen der Schiedsvereinbarung spricht auch der Bundesgerichtshof in seiner Entscheidung BGHZ 132, 278, 284 („Schiedsfähigkeit I").

[27] So insbesondere *Müller/Keilmann*, SchiedsVZ 2007, 113, 114 ff. in ihrem Beitrag mit dem Titel „Beteiligung am Schiedsverfahren wider Willen"?; aber auch *Gharibian/Pieper*, BB 2018, 387, 390.

[28] Wie bereits in Kapitel 4 – B.I.1. aufgezeigt wurde.

[29] Vgl. § 1048 ZPO. Aus diesem Grund schlägt auch die Sichtweise nicht durch, dass Partei eines Schiedsverfahrens entgegen der klaren Regelung des § 1044 S. 2 ZPO nur werde, wer an der Zusammensetzung des Schiedsgerichts mitgewirkt hat, vgl. *Müller/Keilmann*, SchiedsVZ 2007, 113, 120, beziehungsweise sich diesem wenigstens freiwillig unterworfen hat, vgl. *Markfort*, S. 117. Denn dies ist keine Frage der Verfahrensparteistellung, sondern vielmehr des Vorliegens eines *Aufhebungsgrundes*. So ist es durchaus vorstellbar, dass eine in der Schiedsklage benannte Person nicht an dem betreffenden Schiedsverfahren und damit auch nicht an der Bildung des Schiedsgerichts partizipiert. § 1035 Absatz 4 ZPO sieht für diesen Fall sogar eine eigenständige Regelung für den weiteren Verfahrensverlauf vor. Fehlt es an der erforderlichen Gleichbehandlung in Bezug auf die Bildung des Schiedsgerichts, so ergibt sich hieraus lediglich ein Aufhebungsgrund im Sinne des § 1059 Absatz 2 Nummer 1b und insbesondere 1d sowie im Zweifel Nummer 2b ZPO, sodass ein dennoch ergehender Schiedsspruch im Aufhebungs- und im Vollstreckbarerklärungsverfahren der

Während nun aber eine Klageerhebung ausreichend ist, um eine Person nicht nur zur Partei eines staatlichen Zivilverfahrens zu machen, sondern letztendlich auch zum Subjekt eines gerichtlichen Urteils und dessen prozessualen Wirkungen, ist dies im Schiedsverfahrensrecht eben nicht hinreichend, um einen unangreifbaren und rechtsverbindlichen Schiedsspruch erlangen zu können. Erforderlich ist hier *zusätzlich*, dass die Schiedsverfahrenspartei ihres Rechts auf staatlichen Rechtsschutz wirksam entledigt ist. Dieses Erfordernis kann die Erhebung der Schiedsklage allein nicht erfüllen – es bedarf zusätzlich eines eigenständigen Ausschlussakts.[30]

III. Überprüfung der eigenen These anhand der Vorschrift des § 1055 ZPO

Die Untersuchung von Konzeption und Systematik des deutschen Schiedsverfahrensrechts hat gezeigt, dass die Vorschriften des Zehnten Buchs der ZPO an die Parteien des Schiedsverfahrens anknüpfen. Dies wiederum bedeutet, dass auch die prozessualen Wirkungen, die das deutsche Schiedsverfahrensrecht anordnet, grundsätzlich auf sie beschränkt sind. Doch es gibt nicht wenige Stimmen, die dies anders sehen – im Rahmen einer Diskussion, die sich um Wortlaut und Geltungsumfang des § 1055 ZPO dreht. Die Vorschrift soll daher nachfolgend die Grundlage dafür bilden, die hier aufgestellte These auf ihre Tragfähigkeit hin zu überprüfen.

Der Wortlaut des § 1055 ZPO stammt noch aus der ursprünglichen Fassung des deutschen Schiedsverfahrensrechts in der CPO von 1877 und lautet wie folgt: „Der Schiedsspruch hat unter den Parteien die Wirkungen eines rechtskräftigen gerichtlichen Urteils."

Zunächst gilt es, was insoweit unstreitig ist, klarzustellen, dass mit Wirkungen eines rechtskräftigen gerichtlichen Urteils nur die Rechtskraftwirkung im weiteren Sinne gemeint sein, Titelwirkung hat ein Schiedsspruch schließlich gerade nicht.[31] Die Vorschrift regelt mithin die *prozessuale Durchsetzbarkeit*

Aufhebung unterliegen wird. Zudem sieht § 1044 Satz 1 ZPO vor, dass ein Schiedsverfahren bereits mit Übermittlung der Schiedsklage beginnt und eben nicht erst im Zeitpunkt der vollständigen Konstituierung des Schiedsgerichts – und daher bereits vorher eine Verfahrensparteistellung gegeben sein muss.

[30] Hintergrund der nicht selten zu beobachtenden Vermischung der beiden Parteibegriffe dürfte sein, dass der dualistische Parteibegriff eine Besonderheit des deutschen Schiedsverfahrensrechts darstellt, die sonst in keinem anderen deutschen Verfahrensrecht bekannt ist. Das deutsche Verfahrensrecht kennt sonst schließlich nur den *Verfahrens*parteibegriff – einer zugrundeliegenden Vereinbarung bedarf es hier gerade nicht, um in ein rechtsverbindliches Verfahrensverhältnis treten zu können, die Klageerhebung reicht dafür aus.

[31] Erst die staatliche Vollstreckbarerklärung des Schiedsspruchs in Form eines gerichtlichen Beschlusses im Sinne der § 1060 Absatz 1, § 704 Absatz 1 Nummer 4a ZPO hat Titelwirkung. Dies war auch bereits zur Einführung des Wortlauts des heutigen § 1055 ZPO der Fall, wenn es sich auch damals noch um ein Vollstreckungsurteil handelte, vgl. § 868 der CPO von 1877, abgedruckt bei *Hahn*, S. 103.

des Schiedsspruchs auch in staatlichen Folgeverfahren.[32] Es geht daher bei der Anwendung und Auslegung des § 1055 ZPO um die Frage, in welchem Umfang § 1055 ZPO diese Wirkung eines rechtskräftigen gerichtlichen Urteils auch auf den Schiedsspruch übertragen soll.
Aufhängepunkt ist dabei die Formulierung des § 1055 ZPO, diese Wirkung trete „unter den Parteien" ein – was auf den ersten Blick die hier aufgestellte These der Begrenzung des deutschen Schiedsverfahrensrechts auf einen Parteienrechtsstreit nur zu belegen scheint. Denn wie bereits gezeigt, knüpft der in den übrigen Vorschriften des deutschen Schiedsverfahrensrechts verwendete Parteibegriff an die Parteien des Schiedsverfahrens an.[33] Es ist daher nur konsequent, dass sich der verfahrensbezogene Parteibegriff auch in der Vorschrift des § 1055 ZPO wiederfindet – und damit die prozessuale Wirkung des § 1055 ZPO nur unter den Parteien eines Schiedsverfahrens eintritt. So ist zum einen gewährleistet, dass nur diejenigen Personen, denen gegenüber der schiedsgerichtliche Spruchkörper die einfach-gesetzliche Pflicht zur Wahrung der Ausgestaltungsgarantien innehatte, Subjekt der prozessualen Durchsetzbarkeit eines Schiedsspruchs sind und sie eine Verletzung dieser Pflicht des Schiedsgerichts auch rügen können.[34] Zum anderen lässt sich aufgrund der Konzeption der Vorschriften des Zehnten Buchs der ZPO sicherstellen, dass die Verfahrensparteien Subjekte eines in ihrer Person liegenden Ausschlussakts sind, und, wenn dem nicht der Fall ist, der Schiedsspruch aufhebbar ist und die prozessuale Wirkung des § 1055 ZPO ab dem Zeitpunkt seiner Wirkungsentfaltung[35] beseitigt werden kann.[36]

---

[32] In Form der Klageabweisung wegen rechtskräftigen Schiedsspruchs bei identischem Streitgegenstand beziehungsweise der Zugrundelegung des sogenannten Urteilsdispositivs aus dem Erstverfahrens, wenn dieses in einem Folgeverfahren mit nicht identischem Streitgegenstand präjudiziell wirkt, also die Entscheidung im Folgeprozess von einem Element abhängt, das im Erstprozess bereits rechtskräftig beschieden worden ist, vgl. dazu auch *Wagner*, in: Die Beteiligung Dritter an Schiedsverfahren, S. 7, 9 und zur Begrifflichkeit bereits oben in Kapitel 2 – B.I.3. Die materielle Rechtskraftwirkung des Schiedsspruchs soll in gerichtlichen Folgeverfahren jedoch nur auf Einrede hin gelten, Begr. RegE BT-Drucks. 13/5274, S. 56 f.

[33] Siehe dazu bereits oben in Kapitel 4 – B.I.1.

[34] Und eine entsprechende Rüge zur Aufhebbarkeit des Schiedsspruchs nach §§ 1059 und 1060 Absatz 2 ZPO führen kann.

[35] Also mit Übermittlung des Schiedsspruchs im Sinne des § 1054 Absatz 4 ZPO, denn dann setzen zeitgleich die Wirkung des § 1055 ZPO und die Antragsfrist des Aufhebungsverfahrens nach § 1059 Absatz 3 Satz 1 und 2 ZPO ein.

[36] Dass die prozessuale Wirkung des § 1055 ZPO zunächst auch eintreten kann, ohne dass zwingend sichergestellt ist, dass die rechtsstaatlichen Verfahrensgarantien gewahrt worden sind, ist eine schiedsverfahrensrechtliche Besonderheit, die in Bezug auf die Frage der Rechtsnachfolge nach Abschluss eines Schiedsverfahrens noch erhebliche Schwierigkeiten bereiten wird. Dazu aber eingehend in Kapitel 6. Zur Besonderheit der Rechtskraftdurchbrechung im Schiedsverfahrensrecht siehe bereits oben in Kapitel 3 – B.II.1.; zu dem „Vertrau-

Auf den zweiten Blick aber, nach einer Sichtung der einschlägigen Literatur nämlich, gerät diese Annahme trotz des eigentlich eindeutigen Wortlauts des § 1055 ZPO, der zahlreiche Reformen des deutschen Schiedsverfahrensrechts unverändert überstanden hat, ins Wanken. Denn es ist es gerade dieser Wortlaut, der den Kern der schiedsgerichtlichen Debatte zum Umfang der prozessualen Durchsetzbarkeit eines Schiedsspruchs und damit letztlich auch zur subjektiven Reichweite des deutschen Schiedsverfahrensrechts insgesamt bildet.

1. Vorherrschende Ansichten zur Auslegung des § 1055 ZPO

So dreht sich eine hitzige Debatte um die Frage, ob der Formulierung „unter den Parteien" tatsächlich ihre auf den ersten Blick so offensichtliche Bedeutung zukommen soll oder nicht. „Die Antworten sind unklar bis vielstimmig", wie *Wagner* das Meinungsbild beschreibt.[37] Maßgeblich lassen sich jedoch zwei Auffassungen unterscheiden, die beide die hier vertretene Auffassung, der Wortlaut des § 1055 ZPO beschränke die Wirkung eines Schiedsspruchs auf die Parteien des ihm zugrundeliegenden Schiedsverfahrens, ablehnen.[38] Die Tragfähigkeit der eigenen These soll daher anhand dieser divergierenden Auffassungen zu Umfang und Rolle des § 1055 ZPO überprüft werden.

a) Erstes Lager: Formulierung „unter den Parteien" sei bedeutungslos

So vertritt eine Auffassung zum Geltungsumfang des § 1055 ZPO, dass der Wortlaut „unter den Parteien" vollkommen bedeutungslos sei.[39] Diese Ansicht stützt sich primär auf eine rechtshistorische Argumentation. So habe die erste deutsche CPO im Jahre 1877 noch keine Rechtskrafterstreckung über die Parteien eines Gerichtsverfahrens hinaus gekannt, der heutige § 325 ZPO sei schließlich erst mit der Gesetzesreform von 1898 eingeführt worden.[40] Bis dahin sei die Rechtskrafterstreckung dem materiellen Recht überlassen worden.[41] Der Wortlaut „unter den Parteien" in § 866 der CPO von 1877, der gleichlau-

---

ensvorschuss", den der Gesetzgeber dem Schiedsgericht mit § 1055 ZPO einräumt siehe Kapitel 2 – B.I.3.

[37] *Wagner*, in: Die Beteiligung Dritter an Schiedsverfahren, S. 7, 21.

[38] Zu denjenigen – gewichtigen – Stimmen, die mit der hier vertretenen Auffassung übereinstimmen, sogleich in Kapitel 4 – B.II.5.

[39] Der Begründer dieser These scheint *Bosch* in seiner Arbeit zu Rechtshängigkeit und Rechtskraft des Schiedsspruchs aus dem Jahre 1991 zu sein, auf den sich die Stimmen in der Debatte um die Bedeutung des § 1055 ZPO regelmäßig beziehen. Im Einzelnen aber *Bosch*, S. 124 ff.; *Lühmann*, S. 164 f., *Wagner*, in: Die Beteiligung Dritter an Schiedsverfahren, S, 7, 31.

[40] *Bosch*, S. 124 und *Wagner*, in: Die Beteiligung Dritter an Schiedsverfahren, S, 7, 31; vgl. auch *Münch*, in: MüKo ZPO, § 1055, Rn. 23; *Schwab/Walter* Kapitel 21, Rn. 2; *Lühmann*, S. 164 f.; *Gaul*, in: FS Sandrock, S. 285, 298; jeweils mit weiteren Nachweisen.

[41] *Bosch*, S. 124, mit Verweis auf *Blomeyer*, Zivilprozessrecht, § 91, S. 503.

tenden Vorgängerversion des heutigen § 1055 ZPO, sei mithin eine unnötige Formulierung gewesen – dem „Wortlautargument kann also keinerlei Bedeutung zugemessen werden", wie es *Bosch* formuliert.[42] Dass die nachfolgenden Reformgesetzgeber[43] den Wortlaut bis heute nicht abgeändert haben, habe wiederum auf einem Redaktionsversehen der jeweiligen Gesetzgeber beruht.[44]

Eine so begründete Bedeutungslosigkeit des Wortlauts „unter den Parteien" wiederum macht die Annahme eines weiten subjektiven Anwendungsbereichs des deutschen Schiedsverfahrensrechts leicht. Denn so lässt sich ohne Weiteres argumentieren, dass ein Schiedsspruch eben in unbegrenztem Maße die Wirkungen eines rechtskräftigen gerichtlichen Urteils innehabe – und diese Wirkungen gerade nicht in subjektiver Weise beschränkt seien. Die Vorschrift des § 1055 ZPO enthielte damit einen unmittelbaren Verweis auf sämtliche Vorschriften der Zivilprozessordnung, welche die Wirkungen eines rechtskräftigen gerichtlichen Urteils beschreiben.[45] Dann aber wären das deutsche Schiedsverfahrensrecht und sein Wirkbereich mitnichten auf einen Parteienrechtsstreit be-

---

[42] *Bosch*, S. 124. Verwiesen wird zur Begründung dieses rechtshistorischen Arguments zwar teils auch auf die Gesetzesbegründung zum Entwurf der CPO von 1874, abgedruckt bei *Hahn*, S. 496. Die Begründung des Gesetzesentwurfs lautet aber, unter Aufgreifen der Formulierung „unter den Parteien", wie folgt: „Der Schiedsspruch erledigt materiell den Rechtsstreit in ähnlicher Weise wie ein von einem Gerichte erlassenes, rechtskräftig erworbenes Urtheil" und die Vorschrift „legt daher unter den Parteien die Wirkungen eines Rechtskräftigen gerichtlichen Urtheils bei" – auf eine Unbedeutsamkeit des Wortlauts lässt sich hieraus also nicht schließen, sodass die Gesetzesbegründung des ersten ZPO-Gesetzgebers insoweit nicht weiterführt.

[43] Immerhin waren es fünf an der Zahl, die das deutsche Schiedsverfahrensrecht zumindest teilweise überarbeitet haben, und zwar in den Jahren 1898, 1924, 1930, 1933 und 1998. Vgl. zu den Novellen im Einzelnen *Zieren*, S. 281 ff.

[44] *Lühmann*, S. 165 f., wenn auch nicht darauf eingegangen wird, dass sich jedenfalls mit Inkrafttreten des Grundgesetzes womöglich etwas an dieser Sichtweise hätte ändern müssen – dazu aber sogleich in Kapitel 4 – B.II.4.

[45] Zu berücksichtigen bleibt jedoch selbst bei einer entsprechend weiten Auslegung des § 1055 ZPO, dass die Vorschrift dann dennoch lediglich einen eingeschränktem Verweis auf die Vorschriften für das allgemeine Erkenntnisverfahren enthielte, und zwar eben nur auf diejenigen, die die „Wirkungen eines rechtskräftigen gerichtlichen Urteils" anordnen – nicht hingegen auf die dahinterstehenden Rechtsinstitute selbst, wie etwa auf § 265 ZPO, der das laufende Gerichtsverfahren regelt, nicht aber die Wirkung eines rechtskräftigen gerichtlichen Urteils. Die Anwendbarkeit des § 265 ZPO daher ablehnend *Schlosser*, in: Stein/Jonas, ZPO, § 1055, Rn. 18. Richtigerweise erkennt *Lühmann*, S. 165, infolgedessen könne „dem Wortlaut des § 1055 ZPO auch für eine entsprechende Anwendung des § 325 ZPO nicht viel entnommen werden, da § 325 ZPO in engem Zusammenhang mit § 265 ZPO steht, dessen Geltung durch § 1055 ZPO jedoch nicht angeordnet wird." *Bosch* hingegen will dahingehend differenzieren, dass die Wirkungserstreckung des Schiedsspruchs in Bezug auf die Gesamtrechtsnachfolge ohne Weiteres gelte, *Bosch*, S. 124 ff. S. 141. In Bezug auf die Einzelrechtsnachfolge sei hingegen nach dem Zeitpunkt des Eintritts der Rechtsnachfolge zu unterscheiden – nach Erlass des Schiedsspruchs trete eine Wirkungserstreckung ein, im laufenden Schiedsverfahren jedoch nicht, *Bosch*, S. 129 ff., 141.

grenzt, sondern es ließe prozessuale Wirkungen von Schiedsverfahren und Schiedsspruch auch auf Nicht-Verfahrensparteien zu. Die hier aufgestellte These wäre mithin widerlegt.

Diese Argumentationslinie kann jedoch aus mehreren Gründen, insbesondere aus heutiger Sicht, nicht überzeugen. Dies soll sogleich im Einzelnen begründet werden.[46]

b) Zweites Lager: Formulierung „unter den Parteien" meine die Parteien der Schiedsvereinbarung

Ausgehend von der Auffassung, dass die Formulierung „unter den Parteien" aufgrund ihres rechtshistorischen Hintergrunds bedeutungslos sei, hat sich ein zweiter Ansatz herausgebildet, der heute mitunter als der herrschende zur Auslegung des § 1055 ZPO angegeben wird.[47] Hierbei wird vertreten, dass in der Formulierung „unter den Parteien" nicht die Parteien des Schiedsverfahrens, sondern die Parteien einer *Schiedsvereinbarung* wiederzufinden seien.[48]

Begründet wird diese Auslegung des § 1055 ZPO damit, dass eine vollkommene Bedeutungslosigkeit der Formulierung im Jahre 1877 fernliegend sei. Es müsse aber etwas anderes mit ihr gemeint gewesen sein als die Parteien des Schiedsverfahrens. Daraus wiederum wird geschlussfolgert, dass sich die Formulierung stattdessen auf die Parteien einer Schiedsvereinbarung beziehen solle.[49] Maßgeblich für den Eintritt der Wirkung des § 1055 ZPO sei daher die

---

[46] Und zwar in Kapitel 4 – B.II.2-6.

[47] So jedenfalls von *Münch*, in: MüKo ZPO, § 1055, Rn. 23. Zur selbst mit Blick auf die Frage nach der herrschenden Auffassung bestehenden Unsicherheit zum Meinungsbild aber *Wagner*, in: Die Beteiligung Dritter an Schiedsverfahren, S. 7, 21.

[48] *Münch*, in: MüKo ZPO, § 1055, Rn. 23 f. unter Zitierung der Rechtsprechung des Bundesgerichtshofs BGHZ 132, 278, 285 ff., 286 („Schiedsfähigkeit I"), in der aber von dem in § 1055 ZPO abgebildeten gesetzlichen „Regelfall (Rechtskraft inter partes)" des § 325 Absatz 1 Alternative 1 ZPO die Rede ist, der sich auf die *Verfahrens*parteien und nicht auf *Vertrags*parteien bezieht, und gerade betont wird, dass ein Abstellen allein auf die Partei der zugrundeliegenden Schiedsvereinbarung nicht bedenkenfrei sei, BGHZ 132, 278, 284 („Schiedsfähigkeit I"), sodass die Entscheidung eine Auslegung zugunsten der Parteien der Schiedsvereinbarung nicht belegt, sondern ihr vielmehr sogar entgegensieht; *Wilske/Markert*, in: BeckOK ZPO, § 1055, Rn. 7; *Seiler*, in: Thomas/Putzo, ZPO, § 1055, Rn. 3; *Schwab/Walter* Kapitel 21 Rn. 2 f.; *Massuras*, S. 451 f. So wohl auch noch BGHZ 64, 122, 128, allerdings ohne entsprechende Begründung, anders dann aber in den Entscheidungen *BGH*, SchiedsVZ 2022, 86, 88, Rn. 19 („Schiedsfähigkeit IV"); BGHZ 180, 221, 228 f. („Schiedsfähigkeit II"); 132, 278, 284, 286 („Schiedsfähigkeit I") – dazu aber im Einzelnen sogleich in Kapitel 4 – B.II.5. Dagegen *Spohnheimer*, S. 16, der die Auffassung vertritt, der unmittelbare Geltungsgrund des Schiedsspruchs liege „nicht in der Schiedsvereinbarung, sondern vielmehr im antezipierten Legalanerkenntnis des § 1055 ZPO."

[49] So *Massuras*, S. 451 f.

„Schiedsbindung"[50] der betroffenen Person. Solange eine Unterwerfung unter die Schiedsgerichtsbarkeit in Form einer wirksamen Schiedsvereinbarung vorliege, sei es also gleichgültig, inwieweit und selbst, *ob* die betreffende Person überhaupt am Schiedsverfahren beteiligt worden ist, die prozessualen Wirkungen des Schiedsspruchs träten ihr gegenüber in jedem Fall ein.[51] Der Schiedsspruch sei also letztlich nur eine „Verlängerung" der Schiedsvereinbarung, dem man sich bereits mit Abschluss einer Schiedsvereinbarung unterwerfe.[52]

Ausgehend von diesem Ansatz teilen sich die Meinungen dann, ob dies zu einer entsprechenden Anwendbarkeit der zivilprozessualen Drittbeteiligungs- und Rechtskrafterstreckungsinstitute auf die Parteien der zugrundeliegenden Schiedsvereinbarung führt oder nicht.[53] Jedenfalls aber lehnt diese Auffassung zur Auslegung des § 1055 ZPO die hier vertretene Beschränkung der Wirkungen eines Schiedsspruchs auf die Parteien des Schieds*verfahrens* ab. Damit steht auch sie im Widerspruch zu der hier aufgestellten These.

2. Rechtshistorischer Anknüpfungspunkt der vorherrschenden Ansichten widerlegbar

Die rechtshistorische Argumentation zum Regelungsumfang der CPO von 1877, die den Ausgangspunkt der beiden oben beschriebenen Auffassungen zum Wirkungsumfang des Schiedsspruchs auf Grundlage des § 1055 ZPO bildet, scheint auf den ersten Blick ein nur schwer zu entkräftendes zu sein. Überzeugen kann es aber nur dann, wenn es inhaltlich auch zutreffend ist, die CPO von 1877 also tatsächlich noch keine Erstreckung der Wirkung eines rechtskräftigen gerichtlichen Urteils über die Parteien eines Gerichtsverfahrens hinaus kannte.

---

[50] Diesen Begriff verwenden unter anderem etwa *Münch*, in: MüKo ZPO, Vor § 1025, Rn. 16; § 1029, Rn. 5 und 11a; § 1055, Rn. 23 und 24. Kritisch hierzu sogleich in Kapitel 4 – B.II.5.

[51] Vgl. *Münch*, in: MüKo ZPO, § 1055, Rn. 23 f., wenn nunmehr auch teils relativierend in Rn. 25; *Massuras*, S. 452.

[52] *Münch*, in: MüKo ZPO, § 1055, Rn. 23 f.

[53] Für eine direkte Anwendbarkeit des § 325 ZPO auf die an eine Schiedsvereinbarung „gebundenen" *Schwab/Walter* Kapitel 21 Rn. 2 f.; wohl auch *Seiler*, in: Thomas/Putzo, ZPO, § 1055, Rn. 3. *Münch* hingegen lehnt dies im „Umkehrschluss" ab, *Münch*, in: MüKo ZPO, § 1055, Rn. 23, mit der Begründung, die Bindung von Rechtsnachfolgern ergebe sich einzig und allein aus einer materiell-rechtlichen Bindung an die Schiedsvereinbarung – wobei jedoch nicht auf den Umstand eingegangen wird, dass sich eine Schiedsvereinbarung im Umkehrschlusses zu § 1059 Absatz 5 ZPO mit Erlass des Schiedsspruchs erledigt und damit seine Rechtswirkung verliert, sie ab diesem Zeitpunkt mithin auch keine Bindungswirkung gegenüber etwaigen Rechtsnachfolgern entfalten kann, siehe dazu im Einzelnen noch in Kapitel 6 – D.II.1.a)dd). So aber auch noch BGHZ 64, 122, 128 sowie *Wilske/Markert*, in: BeckOK ZPO, § 1055, Rn. 7.

A. Subjektive Begrenzung des Zehnten Buchs

Die maßgebliche Aussage der angeführten rechtshistorischen Begründung zur Auslegung des § 1055 ZPO ist, dass der heutige § 325 ZPO erst mit der Gesetzesreform von 1898 eingeführt worden sei und die CPO von 1877 daher noch keine subjektive Rechtkrafterstreckung auf die Rechtsnachfolger der Parteien eines Gerichtsverfahrens gekannt habe.[54] Allerdings stellt im heutigen Zivilverfahrensrecht die Erstreckung der Rechtskraft eines Gerichtsurteils auf die Rechtsnachfolger der Parteien eines Gerichtsverfahrens mitnichten die einzige Urteilswirkung dar, welche die ZPO in subjektiver Hinsicht über die Parteien eines Gerichtsverfahrens hinaus vorsieht. Was etwa ist mit den Rechtsinstituten zur Drittbeteiligung, also der Nebenintervention und der Streitverkündung? Diese Institute sind schließlich selbst für ihre Anordnung einer Wirkung von rechtskräftigen gerichtlichen Urteilen über die bloße Rechtskraftwirkung unter den Parteien eines Gerichtsverfahrens hinaus bekannt, und zwar für die der Interventionswirkung der heutigen §§ 68 und 74 ZPO.[55] Und neben der Rechtsnachfolge nach Abschluss eines gerichtlichen Verfahrens durch Endurteil kennt die heutige ZPO auch die Rechtskrafterstreckung im Falle der Veräußerung der streitbefangenen Sache im laufenden Verfahren, §§ 265, 325 Absatz 1 Alternative 3 ZPO. Wie im Folgenden aufgezeigt werden soll, kannte die CPO von 1877 diese Rechtsinstitute bereits, weshalb die Aussage, dieser ersten Fassung der deutschen Zivilprozessordnung sei eine Wirkung gerichtlicher Urteile über die Parteien eines Gerichtsverfahrens hinaus fremd gewesen, nicht zutreffend ist.

a) Interventionswirkung eines gerichtlichen Urteils in der CPO von 1877 vorgesehen

So kannte die CPO von 1877 etwa bereits die genannten Drittbeteiligungsinstitute der Nebenintervention und Streitverkündung und damit auch die Interventionswirkung rechtskräftiger gerichtlicher Urteile für Nebenintervenienten und Streitverkündete. So war im Ersten Buch der CPO von 1877 mit dem Titel „Allgemeine Bestimmungen" im dritten Titel die „Beteiligung Dritter am Rechtsstreite" geregelt. In § 65 der CPO von 1877 lautete es vollständig inhaltsgleich zur heute in § 68 ZPO geregelten Interventionswirkung rechtskräftiger gerichtlicher Urteile:

„Der Nebenintervenient wird im Verhältnisse zu der Hauptpartei mit der Behauptung nicht gehört, daß der Rechtsstreit, wie derselbe dem Richter vorgelegen habe, unrichtig entschie-

---

[54] *Bosch*, S. 124 und auch *Münch*, in: MüKo ZPO, § 1055, Rn. 23 sowie die weiteren Nachweise in Kapitel 4 – B.II.1.a).

[55] Zu Inhalt und Umfang der Interventionswirkung, die eine Bindung des Nebenintervenienten beziehungsweise des Streitverkündungsempfängers an die Feststellungen im Urteil und die darauf basierende rechtliche Würdigung des Erstgerichts im Folgeverfahren zur Folge hat, im Einzelnen *Schultes*, in: MüKo ZPO, § 68, Rn. 15; *Weth*, in: Musielak/Voit, ZPO, § 68, Rn. 3 ff.

den sei; er wird mit der Behauptung, daß die Hauptpartei den Rechtsstreit mangelhaft geführt habe, nur insoweit gehört, als er durch die Lage des Rechtsstreits zur Zeit seines Beitritts oder durch Erklärungen und Handlungen der Hauptpartei verhindert worden ist, Angriffs- oder Vertheidigungsmittel geltend zu machen, oder als Angriffs- oder Vertheidigungsmittel, welche ihm unbekannt waren, von der Hauptpartei absichtlich oder durch grobes Verschulden nicht geltend gemacht sind."[56]

Und in § 71 der CPO von 1877 lautete es inhaltgleich zur heutigen Anordnung der Interventionswirkung auf Streitverkündungsempfänger in § 74 ZPO:

„Wenn der Dritte dem Streitverkünder beitritt, so bestimmt sich sein Verhältniß zu den Parteien nach den Grundsätzen über die Nebenintervention.

Lehnt der Dritte den Beitritt ab, oder erklärt er sich nicht, so wird der Rechtsstreit ohne Rücksicht auf ihn fortgesetzt.

In allen Fällen dieses Paragrafen kommen gegen den Dritten die Vorschriften des § 65 mit der Abweichung zur Anwendung, daß statt der Zeit des Beitritts diejenige Zeit entscheidet, zu welcher der Beitritt in Folge der Streitverkündung möglich war."[57]

Damit war die Interventionswirkung rechtskräftiger gerichtlicher Urteile nicht nur bereits 1877 geregelt, ihre Regelungsgrundlage ist auch bis heute unverändert geblieben. Der Formulierung „unter den Parteien" im ursprünglichen § 1055 ZPO in § 866 der CPO von 1877 konnte damit sehr wohl die Bedeutung zugemessen werden, dass dem Schiedsspruch eben nur die Wirkungen gerichtlicher Urteile, welche die CPO „unter den Parteien" vorsah, zukommen sollte, und eben nicht diejenigen Wirkungen, die auch über die Parteien eines Verfahrens hinausgingen, wie die Interventionswirkung gegenüber Nicht-Parteien.

b) Rechtskrafterstreckung gerichtlicher Urteile auf den Einzelrechtsnachfolger in der CPO von 1877 vorgesehen

Die rechtshistorische Argumentation der insoweit herrschenden Auffassungen zur Bedeutung des § 1055 ZPO wäre jedoch spätestens dann entkräftet, wenn sich nun zeigen würde, dass die CPO von 1877 neben der Interventionswirkung auch bereits eine Erstreckung der *Rechtskraft* gerichtlicher Urteile auf Nicht-Verfahrensparteien kannte. Und so war es. Wenn die CPO von 1877 auch eine sehr viel geringere Regelungsdichte aufwies als die heutige deutsche Zivilprozessordnung, und sie teils erheblich anders strukturiert war, so kannte die damalige CPO dennoch bereits das Rechtsinstitut der Veräußerung der streitbefangenen Sache, die heute in den §§ 265 und 325 ZPO geregelt ist. Im zweiten Buch „Verfahren in erster Instanz" lautete es in § 236 der CPO von 1877 wie folgt:

---

[56] Abgedruckt bei *Hahn*, S. 11 sowie die Gesetzesbegründung des CPO-Gesetzgebers auf S. 178.
[57] Ebenda.

A. Subjektive Begrenzung des Zehnten Buchs 143

„Die Rechtshängigkeit schließt das Recht der einen oder der andern Partei nicht aus, die in Streit befangene Sache zu veräußern oder den geltend gemachten Anspruch zu zedieren.
Die Veräußerung oder Zession hat auf den Prozeß keinen Einfluß. Der Rechtsnachfolger ist nicht berechtigt, ohne Zustimmung des Gegners den Prozeß als Hauptpartei an Stelle des Rechtsvorgängers zu übernehmen oder eine Hauptintervention zu erheben. Tritt der Rechtsnachfolger als Nebenintervenient auf, so findet der § 66 keine Anwendung.
Die Entscheidung ist in Ansehung der Sache selbst auch gegen den Rechtsnachfolger wirksam und vollstreckbar." (Hervorhebung der Verfasserin)[58]

Versteckt im letzten Absatz der Vorschrift lautet die gesetzliche Anordnung also, dass das gerichtliche Urteil auch gegen den nicht am Verfahren beteiligten Rechtsnachfolger *wirksam* ist und der Dritte es damit gegen sich gelten lassen musste. Damit aber war sehr wohl eine subjektive Rechtskrafterstreckung des rechtskräftigen gerichtlichen Urteils auf den Einzelrechtsnachfolger im Falle der Veräußerung der streitbefangenen Sache bereits in der ersten Fassung der deutschen Zivilprozessordnung vorgesehen.[59]

Die Vorschrift des § 236 der CPO von 1877 hatte schließlich denselben Regelungszweck wie der heutige § 325 Absatz 1 Alternative 3 ZPO, und zwar die Erstreckung der Rechtskraft des gerichtlichen Urteils, das Gegenstand einer Veräußerung der streitbefangenen Sache im laufenden Gerichtsverfahren war, auch auf den Einzelrechtsnachfolger sicherzustellen.[60] Wie es *Lühmann* in seiner Abhandlung so treffend formuliert, ist die Zulassung der Veräußerung der streitbefangenen Sache schließlich auch nur dann sinnvoll, wenn sie eine solche Rechtswirkung auch tatsächlich zur Folge hat.[61] Denn andernfalls würde der Prozess zwar zwischen den Ursprungsparteien fortgesetzt, der Rechtsnachfolger bliebe von dem darin ergehenden gerichtlichen Urteil aber vollständig unberührt – das Urteil wäre letztlich wertlos. Der Prozessgegner müsste, um seine Rechtsposition auch dem Einzelrechtsnachfolger gegenüber prozessual und materiell durchsetzen zu können, gegen ihn ein eigenständiges Urteil erstreiten, was mit den Rechtsunsicherheiten eines jedes Gerichtsverfahrens ohne eine entsprechende Bindungswirkung bereits ergangener gerichtlicher Urteile einherginge. Es bestünde mithin eine erhebliche Gefahr widersprüchlicher Entscheidungen sowie einer doppelten Inanspruchnahme der staatlichen Gerichte.

Die einzige sinnvolle Alternative zur Zulassung der Veräußerung der streitbefangenen Sache unter Anordnung einer subjektiven Rechtskrafterstreckung auf den Einzelrechtsnachfolger stellt daher das Verbot der Veräußerung der streitbefangenen Sache im laufenden Prozess dar, wie es noch im römischen und gemeinen Recht vorgesehen war[62] – das aber mit der Einführung der CPO

---

[58] Abgedruckt bei *Hahn*, S. 31.
[59] Damit steht auch die Begründung des damaligen Gesetzesentwurfs von 1874 im Einklang, abgedruckt bei *Hahn*, S. 261.
[60] Abgedruckt bei *Hahn*, S. 261.
[61] *Lühmann*, S. 161 f.
[62] *Bosch*, S. 125, mit weiteren Nachweisen.

von 1877 bewusst nicht übernommen wurde.[63] Wenn auch die Vorschrift des § 325 ZPO in ihrem heute bekannten Aufbau und ihrer Verortung also tatsächlich erst 1898 in die CPO aufgenommen wurde, so fanden sich dennoch Teile der Vorschriften an anderer Stelle in der CPO wieder, die sehr wohl eine – wenn auch begrenztere als heute[64] – subjektive Rechtskrafterstreckung regelten.

So war auch der gutgläubige lastenfreie Erwerb in Bezug auf die Streitbefangenheit des Gegenstands, der seit 1898 in § 265 Absatz 3, § 266 Absatz 2 und § 325 Absatz 2 ZPO niedergelegt ist, bereits in der ersten Fassung der deutschen Zivilprozessordnung vorgesehen, und zwar in § 238 der CPO von 1877:

„Die Bestimmungen des § 236 Absatz 3 und des § 237 kommen insoweit nicht zur Anwendung, als ihnen Vorschriften des bürgerlichen Rechts über den Erwerb beweglicher Sachen, über den Erwerb auf Grund des Grund- oder Hypothekenbuchs und über den Erwerb in gutem Glauben entgegenstehen. In einem solchen Falle kann dem Kläger, welcher veräußert oder zediert hat, der Einwand der nunmehr mangelnden Sachlegitimation entgegengesetzt werden."[65]

So fasst auch *Henckel* den Rechtszustand vor der Novelle von 1898 wie folgt zusammen:

„Zwar ist der § 325 ZPO in seiner heutigen Fassung erst durch die Novelle des Jahres 1898 in das Gesetz aufgenommen worden. Soweit er aber die Rechtsnachfolge während des Prozesses betrifft, stimmt er im wesentlichen mit dem § 263 Abs. 3 ZPO der Zivilprozeßordnung vom 30. Januar 1877 überein, und *die Rechtskrafterstreckung auf den Rechtsnachfolger, der nach Schluß der letzten Tatsachenverhandlung den streitbefangenen Gegenstand*

---

[63] Vgl. die Gesetzesbegründung des CPO-Gesetzgebers von 1874, abgedruckt bei *Hahn*, S. 261 und eingehend zur Entstehungsgeschichte des heutigen § 265 ZPO *Henckel*, ZZP 1957, 448, 448, 452 ff.

[64] Was die CPO von 1877 tatsächlich noch nicht kannte, ist eine umfangreiche subjektive Rechtskrafterstreckung wie § 325 Absatz 1 ZPO sie vorsieht, also nicht nur auf den Rechtsnachfolger im Zusammenhang mit der Veräußerung der streitbefangenen Sache, sondern auf *jeden* Rechtsnachfolger der Parteien nach Eintritt der Rechtshängigkeit, etwa auch auf den Gesamtrechtsnachfolger. Diese wurde bis zur Reform von 1898 tatsächlich noch aus dem materiellen Recht hergeleitet. Dass dies jedoch im Ergebnis für die Beschränkung der prozessualen Durchsetzbarkeit des Schiedsspruchs keinen Unterschied macht, wird im Einzelnen noch in Kapitel 6 – D.II.1.a) aufgezeigt.

[65] Abgedruckt bei *Hahn*, S. 31. Die dem damaligen § 236 der CPO von 1877 nachfolgende Vorschrift des § 237 der CPO von 1877, die mit dem heutigen § 266 ZPO übereinstimmt, lautete wie folgt: „Ist über das Bestehen oder Nichtbestehen eines Rechts, welches für ein Grundstück in Anspruch genommen wird, oder einer Verpflichtung, welche auf einem Grundstücke ruhen soll, zwischen dem Besitzer und einem Dritten ein Rechtsstreit anhängig, so ist im Falle der Veräußerung des Grundstücks der Rechtsnachfolger berechtigt und auf Antrag des Gegners verpflichtet, den Rechtsstreit in der Lage, in welcher er sich befindet, als Hauptpartei zu übernehmen", vgl. auch die Entwurfsversion aus dem Jahr 1874, abgedruckt bei *Hahn*, 31.

erwirbt, war auch schon vor der Novelle 1898 selbstverständlich." (Hervorhebung der Verfasserin)[66]

c) Zusammenfassung

Es lässt sich mithin zusammenfassen, dass die CPO von 1877 subjektive Wirkungen rechtskräftiger gerichtlicher Urteile über die Rechtskraft unter den Parteien eines Gerichtsverfahrens hinaus sehr wohl bereits kannte. In Bezug auf die subjektive Rechtskrafterstreckung rechtskräftiger gerichtlicher Urteile auf die Rechtsnachfolger der Parteien des gerichtlichen Verfahrens war zwar der Umfang des Rechtsinstituts im Vergleich zu heute eingeschränkter, da lediglich die Rechtskrafterstreckung im Zusammenhang mit der Veräußerung der streitbefangenen Sache bereits im Jahr 1877 in der deutschen Zivilprozessordnung selbst niedergelegt war. Jedenfalls dieser Fall der subjektiven Rechtskrafterstreckung war aber bereits vorgesehen.[67] Und auch die Interventionswirkung gerichtlicher Urteile war der CPO von 1877 bereits bekannt.

Damit kann der Aussage, der CPO von 1877 sei eine Wirkungserstreckung rechtskräftiger gerichtlicher Urteile über die Parteien eines gerichtlichen Verfahrens hinaus vollständig fremd gewesen, nicht zugestimmt werden. Das so richtiggestellte rechtshistorische Argument stützt vielmehr die hier vertretene These. Denn wenn der Gesetzgeber von 1877 eine weitergehende Wirkung gerichtlicher Urteile als unter den Parteien eines gerichtlichen Verfahrens sehr wohl kannte, so lässt sich daraus folgen, dass der nur in Bezug auf den Schiedsspruch vorgesehene zusätzliche Wortlaut „unter den Parteien" eindeutig eine beschränkende Funktion innehaben sollte. Diejenigen Rechtsinstitute, die im Jahre 1877 eine Wirkung rechtskräftiger gerichtlicher Urteile über die Parteien eines Gerichtsverfahrens hinaus kannte, sollten für den Schiedsspruch nicht gelten.[68]

Damit aber lässt sich auch das daran anknüpfende Argument zur Intention der späteren Reformgesetzgeber für die eigenen Zwecke nutzen.[69] Denn der beschränkende Wortlaut „unter den Parteien" ist auch bei der Neuordnung und Ergänzung der subjektiven Rechtskraftregelungen der Zivilprozessordnung im Jahre 1898 beibehalten worden – sodass davon ausgegangen werden kann, dass die Intention des ursprünglichen CPO-Gesetzgebers von 1874, also die Wir-

---

[66] *Henckel*, ZZP, 1957, 448.

[67] Die Rechtskrafterstreckung wurde also nicht *vollständig* dem materiellen Landesrecht überlassen, wie es *Blomeyer*, Zivilprozessrecht, § 91, S. 503 vermuten lässt.

[68] Auch die Gesetzesbegründung des damaligen Gesetzgebers lässt keinen gegenteiligen Schluss zu – denn auch dort heißt es eindeutig, die Vorschrift lege dem Schiedsspruch „unter den Parteien die Wirkungen eines Rechtskräftigen gerichtlichen Urtheils bei", abgedruckt bei *Hahn*, S. 496. Dass auch in Bezug auf die Rechtskrafterstreckung des Schiedsspruchs auf den Gesamtrechtsnachfolger grundsätzlich nichts anderes gelten kann, ist Gegenstand des Kapitels 6 – D.II.1.a).

[69] Vgl. oben in Kapitel 4 – B.II.1.a).

kung des Schiedsspruchs auf die Parteien des Schiedsverfahrens zu beschränken, übernommen werden sollte. Denn andernfalls wäre nur eine Änderung des Wortlauts des § 1055 ZPO sinnvoll gewesen, die aber – bis heute – nicht erfolgt ist.[70]

3. Gesetzessystematik der CPO von 1877 streitet für Anknüpfung an die Verfahrensparteien

Es lassen sich, nachdem sich gezeigt hat, dass der Wortlaut des damaligen § 866 CPO und damit auch des heutigen § 1055 ZPO keineswegs bedeutungslos ist, aber auch keine Hinweise dafür finden, dass mit der Formulierung „unter den Parteien" die Parteien einer Schiedsvereinbarung im materiell-rechtlichen Sinne gemeint sein sollten, also von dem in den anderen Vorschriften der Zivilprozessordnung verwendeten *verfahrensbezogenen* Parteibegriff abgewichen werden sollte. Bereits im ursprünglichen deutschen Schiedsverfahrensrecht war der dort verwendete Parteibegriff parallel zum Parteibegriff in den damaligen Vorschriften für das staatliche Erkenntnisverfahren.[71] Hier gelten dieselben Ausführungen zu Wortlaut und Systematik der Vorschriften der damaligen Zivilprozessordnung, welche Prozessrechtsverhältnisse zwischen Parteien eines Gerichtsverfahrens und, in ihrem Zehnten Buch, zwischen Parteien eines Schiedsverfahrens regelte, wie in Bezug auf die heutige ZPO.[72]

Bereits der Parteibegriff in der Ursprungsversion des heutigen § 1055 ZPO sowie in der Gesetzesbegründung von 1874 adressierte mithin die Parteien des Schiedsverfahrens.[73] Ein von der in den übrigen Vorschriften der Zivilprozessordnung abweichender Parteibegriff hätte der ausdrücklichen Klarstellung bedurft, wofür sich aber keine Hinweise finden lassen. Damit lässt sich eine Erstreckung der Wirkung des Schiedsspruchs auf all diejenigen Personen, die zwar Subjekt eines Schiedsvertrags beziehungsweise einer Schiedsvereinbarung sind, aber nicht zwingend am Schiedsverfahren beteiligt waren, rechtshistorisch nicht begründen – ganz unabhängig von der damit einhergehenden Problematik der verfassungsrechtlichen Legitimation einer solchen Auslegung.[74]

---

[70] So argumentiert auch der Bundesgerichtshof in seiner Entscheidung BGHZ 132, 278, 282 f. („Schiedsfähigkeit I").

[71] Vgl. nur den Gesetzesentwurf zum Zehnten Buch der damaligen CPO von 1874, abgedruckt bei *Hahn*, S. 101 ff.

[72] Insoweit richtigerweise auch Bosch, S. 122: „Der Parteibegriff bestimmt sich – wie im staatlichen Zivilprozeß – formell, also danach, wer im Schiedsverfahren als Kläger und Beklagter auftritt. Dagegen kommt dem Schiedsvertrag bei der Bestimmung der Parteien keine gesonderte Bedeutung zu."

[73] Abgedruckt bei *Hahn*, S. 101 f. sowie die Gesetzesbegründung auf S. 496.

[74] Dazu sogleich in Kapitel 4 – B.II.4. aufgezeigt.

4. Verfassungskonforme Auslegung streitet für Anknüpfung an die Verfahrensparteien

Jedenfalls seit dem Inkrafttreten des Grundgesetzes im Jahr 1949 ist jeder Zweifel daran ausgeräumt, dass der Beschränkung der Wirkung des Schiedsspruchs auf die Parteien des Schiedsverfahrens in § 1055 ZPO Geltung zukommen muss. Denn wie sich gezeigt hat, trat mit Inkrafttreten des Grundgesetzes auch eine verfassungsrechtliche Dimension der Schiedsgerichtsbarkeit auf den Plan, die eine Legitimation derselben nur unter Wahrung der Trias der rechtsstaatlichen Verfahrensgarantien erlaubt.[75] Wie das Bundesverfassungsgericht richtiggestellt hat, ist vorkonstitutionelles einfaches Recht im Lichte des Grundgesetzes auszulegen, einen Bestandsschutz hinsichtlich verfassungswidriger Regelungen gibt es nicht.[76] Die gesetzliche Anordnung des § 1055 ZPO als staatlicher Akt der Legislative wäre aber verfassungswidrig, würde er nicht sicherstellen, dass die Gleichstellung des Schiedsspruchs mit dem rechtskräftigen Urteil und damit die Anerkennung der materiellen Rechtskraftwirkung des Schiedsspruchs nur dann erfolgt, wenn der Schiedsspruch unter Wahrung der verfassungsrechtlich verbürgten Verfahrensgarantien zustande gekommen ist. Die Auslegung des § 1055 ZPO muss also verfassungskonform erfolgen.

Die beiden herrschenden Auffassungen zur Auslegung des § 1055 ZPO werden dem jedoch nicht gerecht. Denn selbst wenn man zu dem Schluss kommen wollte, dass die Formulierung „unter den Parteien" in der Vorschrift des § 1055 ZPO bedeutungslos und der Schiedsspruch dem gerichtlichen Urteil in seinen subjektiven Wirkungen vollkommen gleichgestellt sei, so würde dies jedenfalls einer verfassungsrechtlichen Überprüfung nicht standhalten. Einerseits wäre nicht sichergestellt, dass das Subjekt des Schiedsspruchs auch Subjekt eines in seiner Person liegenden wirksamen Ausschlussakts ist.[77] Andererseits wäre die Möglichkeit der Einflussnahme auf die Zusammensetzung des Schiedsgerichts nicht gesichert, was im Schiedsverfahrensrecht aber einen besonderen Anwendungsfall des Rechts auf faires Verfahren darstellt.[78] Aber auch eine Beschränkung der Wirkung des Schiedsspruchs auf den materiell-rechtlichen Parteibegriff, also auf die Parteien einer Schiedsvereinbarung, wird dem Grundgesetz nicht vollständig gerecht. Denn sie lässt die auch im Schiedsverfahren beste-

---

[75] Siehe Kapitel 2 – B.I.
[76] Vgl. Kapitel 2 – A.
[77] Denn Interventionswirkung und subjektive Rechtskrafterstreckung träten unabhängig davon ein, die Vorschriften der §§ 68, 74 ZPO und § 325 ZPO sehen eine „Schiedsbindung" schließlich gerade nicht vor.
[78] Eine Einflussnahme auf die Zusammensetzung des schiedsgerichtlichen Spruchkörpers ist in den genannten Rechtsinstituten, die auf den staatlichen Zivilprozess zugeschnitten sind, schließlich nicht vorgesehen. Was dies für Folgen in Bezug auf die Frage nach der schiedsverfahrensrechtlichen Rechtsnachfolge hat, wird in Kapitel 6 – C. und D. noch im Einzelnen untersucht.

hende Notwendigkeit der Gewährung rechtlichen Gehörs und der Durchführung eines fairen Verfahrens gegenüber denjenigen Personen, die Subjekt prozessualer Wirkungen des Schiedsspruchs sein sollen, völlig außer Betracht.[79]

5. Bundesgerichtshof und Reformgesetzgeber von 1998 streiten für Anknüpfung an die Verfahrensparteien

Aber auch die nachkonstitutionellen staatlichen Organe, welche mit dem deutschen Schiedsverfahrensrecht betraut sind und waren, plädieren letztlich für eine Auslegung des § 1055 ZPO zugunsten des verfahrensbezogenen Parteibegriffs und damit für eine Beschränkung seines Wirkungsbereichs auf die Parteien des Schiedsverfahrens. Den Grundstein hierfür legte der Bundesgerichtshof in seiner „Schiedsfähigkeit I"-Rechtsprechung, in welcher er sich mit der Durchführbarkeit von gesellschaftsrechtlichen Beschlussmängelstreitigkeiten im Rahmen eines privatrechtlichen Schiedsverfahrens befasste. Hier machte der Bundesgerichtshof deutlich, dass die Rechtskraftwirkung eines Schiedsspruchs auf die Rechtkraft *inter partes*, also auf die Wirkung unter den Parteien des zugrundeliegenden Verfahrens, beschränkt sei,[80] so, wie es auch der gesetzliche Regelfall der deutschen ZPO allgemein in der ersten Alternative des § 325 Absatz 1 ZPO vorsieht:

„Wie § 1040 ZPO[81] zeigt, hat der Schiedsspruch des privaten Schiedsgerichts die Wirkung eines rechtskräftigen Urteils nur unter den Parteien. [...] Besonderer gesetzlicher Anordnung hätte nicht die Beschränkung auf den Regelfall (Rechtskraft inter partes), sondern die Erstreckung auch auf den Sonderfall [...] bedurft. Zu einer solchen Anordnung hat sich auch der Entwurf eines Gesetzes zur Neuregelung des Schiedsverfahrensgesetzes wegen der damit verbundenen Problematik nicht entschließ[en] können."[82]

Auch eine analoge Anwendbarkeit derjenigen Rechtsinstitute, die eine Rechtskraftwirkung eines gerichtlichen Urteils über die *inter partes*-Wirkung hinaus anordnen, auf das deutsche Schiedsverfahrensrecht sei nicht möglich, da es insoweit an einer tragfähigen gesetzlichen Grundlage fehle.[83] Im staatlichen Ver-

---

[79] Dies wird in Kapitel 5 – A.I.2. am Beispiel einer mehrseitigen Schiedsvereinbarung noch besonders deutlich.

[80] Lühmann, S. 113 f. beschreibt den gesetzlichen Regelfall der inter partes-Wirkung zutreffender Weise wie folgt: „Im deutschen Recht gilt der inter partes-Grundsatz, das Urteil gilt also grundsätzlich nur zwischen den Parteien des Prozesses. Diese Beschränkung ist vor allem verfassungsrechtlichen Verbürgungen geschuldet, die einem am Verfahren nicht beteiligten Dritten rechtliches Gehör und Zugang zu den staatlichen Gerichten garantieren." Eingehend zu diesen rechtlichen Erwägungen zur inter partes-Wirkung auch Schack, NJW 1988, 865 ff.

[81] Entspricht dem heutigen § 1055 ZPO.

[82] BGHZ 132, 278, 286 („Schiedsfähigkeit I"). Hierbei handelt es sich mithin um eine Abkehr von der oben genannten Entscheidung BGHZ 64, 122, 128, siehe Kapitel 4 – B.II.1.b).

[83] BGHZ 132, 278, 285 ff., insb. 287 („Schiedsfähigkeit I").

fahren könne eine Bindungswirkung von Entscheidungen auf Nichtverfahrensbeteiligte, die aber subjektiv betroffen sind, hingenommen werden, „weil die Entscheidung durch von den Parteien unabhängige, unparteiliche staatliche Richter in einem streng förmlichen, öffentlichen Verfahren ausschließlich nach Gesichtspunkten objektiver Rechtmäßigkeit [...] getroffen wird."[84] Im privatrechtlichen Schiedsverfahren hingegen sei auf Grundlage der gesetzlichen Regelungen nicht sichergestellt, dass ein dem vor staatlichen Gerichten entsprechender Rechtsschutz zugunsten von Nichtverfahrensbeteiligten gelte. Dies betreffe insbesondere die schiedsgerichtliche Besonderheit, auf die Zusammensetzung des Schiedsgerichts Einfluss nehmen zu dürfen, das den Rechtsstreit rechtsverbindlich entscheiden soll. Diese „grundlegend verschiedenen Gegebenheiten" von staatlichen und schiedsgerichtlichen Verfahren stünden einer analogen Anwendbarkeit von solchen Rechtsinstituten, wie die §§ 248 Absatz 1, 249 Absatz 1 AktG, die im Rahmen gesellschaftsrechtlicher Beschlussmängelstreitigkeiten eine subjektive Rechtskrafterstreckung auf sämtliche Gesellschafter unabhängig von deren tatsächlichen Verfahrensbeteiligung anordnet, auf das deutsche Schiedsverfahrensrecht entgegen.[85]

Dieser Sichtweise hat sich auch der Reformgesetzgeber von 1998 angeschlossen. Die Bundesregierung hat in ihrer Begründung des Gesetzesentwurfs deutlich gemacht, dass sie die Lösung einer *Erweiterung* der Wirkung des Schiedsspruchs über die gesetzlich angeordnete *inter partes*-Wirkung hinaus aufgrund seiner Vielschichtigkeit der Rechtsprechung überlassen wolle[86] – wobei der Rechtsausschuss des Bundestags diese Aussage in seiner Stellungnahme dahingehend konkretisierte, dass die gewünschte Wirkung über die *inter partes* Wirkung eines Schiedsspruchs hinaus durch eine entsprechende kautelarjuristische Vereinbarung herbeigeführt werden müsse, deren Wirksamkeit dann von den staatlichen Gerichten zu überprüfen sei.[87]

Dieser gesetzgeberischen Aufforderung zum Tätigwerden an die Rechtsprechung hat sich der Bundesgerichtshof in seiner sogenannten „Schiedsfähigkeit II"-Rechtsprechung gebeugt und einen kautelarjuristischen Versuch, eine gesellschaftsrechtliche Beschlussmängelstreitigkeit im Rahmen eines Schiedsverfahrens beilegen zu lassen, auf seine Wirksamkeit hin überprüft.[88] Im Rah-

---

[84] BGHZ 132, 278, 286 („Schiedsfähigkeit I").
[85] BGHZ 132, 278, 289 („Schiedsfähigkeit I").
[86] Begr. RegE, BT-Drucks. 13/5274, S. 35. Auch mit der dort verwendeten Formulierung der Wirkung „für und gegen Dritte" kommt eindeutig zum Ausdruck, dass der Reformgesetzgeber von 1998 von einer Wirkung des Schiedsspruchs nur „unter den Parteien" im wörtlichen Sinne des § 1055 ZPO ausgeht.
[87] Stn. RA BT, BT-Drucks. 13-9124, S. 44.
[88] Nachdem er in der Entscheidung „Schiedsfähigkeit I" noch davon ausgegangen war, dass es sich bei entsprechenden Versuchen um eine Überschreitung der Grenzen zulässiger rechtlicher Rechtsfortbildung handelte und es daher zwingend eines *gesetzgeberischen* Tätigwerdens bedürfe, BGHZ 132, 278, 281, 289 f. („Schiedsfähigkeit I"), hat er diese Sicht-

men dieser wegweisenden Entscheidung hat der Bundesgerichtshof deutlich gemacht, dass die positive Wahrung der aus dem Rechtsstaatsprinzip folgenden Verfahrensgarantien, die schließlich auch im privatrechtlichen Schiedsverfahren relevant seien,[89] mittels kautelarjuristischer Bestimmungen auch auf diejenigen Personen erstreckt werden müsse, die nicht unter den Anwendungsbereich des Zehnten Buchs der ZPO fallen. Nur auf dieser Grundlage sei der Weg für die kautelarjuristische Herbeiführung einer analogen Anwendbarkeit von solchen Rechtsinstituten, die eine über die *inter partes*-Wirkung von Gerichtsurteilen hinausgehende Rechtskraftwirkung anordnen, geebnet.[90]

Diese Verfahrensgarantien umfassten aber nicht lediglich das Erfordernis eines Ausschlussakts aller in Bezug auf das Recht auf Zugang zu staatlichem Rechtsschutz, sondern zusätzlich die Möglichkeit der Beteiligung am Schiedsverfahren und insbesondere – „als Kompensation für den Verlust des unabhängigen staatlichen Richters als Entscheidungsträger" – die Möglichkeit der Einflussnahme aller von der Wirkung eines Schiedsspruchs potenziell Betroffener auf die Besetzung des Schiedsgerichts.[91]

Ohne entsprechende kautelarjuristische Bestimmungen kommt mithin auch nach der einhelligen Auffassung von nachkonstitutionellem Reformgesetzgeber und höchstrichterlicher Rechtsprechung einem Schiedsspruch keine über die Parteien eines Schiedsverfahrens hinausgehende Wirkung zu.[92]

---

weite in der nachfolgenden Entscheidung aufgegeben und die ihm vom Reformgesetzgeber von 1998 übertragene Aufgabe angenommen, BGHZ 180, 221, 225 f. („Schiedsfähigkeit II").

[89] Siehe hierzu bereits eingehend in Kapitel 2 – C.II.

[90] BGHZ 180, 221, 224, 227 ff. sowie Ls. („Schiedsfähigkeit II") und die Anmerkungen dazu von *Duve/Keller*, in: NJW 2009, 1962, 1964 ff.

[91] BGHZ 180, 221, 233 („Schiedsfähigkeit II") sowie die Anmerkungen von *Duve/Keller*, in: NJW 2009, 1962, 1965 und insbesondere 1966. Bestätigt wurde dies überdies in den Entscheidungen *BGH*, SchiedsVZ 2022, 86, 88, Rn. 15 („Schiedsfähigkeit IV"); NJW 2018, 3014, 3015, Rn. 15 ff.; SchiedsVZ 2017, 197, 199, Rn. 22 („Schiedsfähigkeit III"); *OLG Frankfurt*, Beschluss vom 24. Januar 2022 – 26 Sch 14/21, juris, Rn. 82 ff. Die Auffassung, die von einem materiell-rechtlichen Parteibegriff in § 1055 ZPO ausgeht, steht damit mit der Schiedsfähigkeitsrechtsprechung des Bundesgerichtshofs im eindeutigen Widerspruch.

[92] Dies gilt selbst dann, wenn es sich um keine „echte" prozessuale, sondern um eine auf schuldrechtlichem Wege herbeigeführte und damit lediglich quasi-prozessuale Wirkungserstreckung des Schiedsspruchs handelt, *BGH*, SchiedsVZ 2022, 86, Rn. 15, 18 ff. („Schiedsfähigkeit IV"), dazu im Einzelnen aber noch in Kapitel 5 – B.II.1.b)bb). Eine Nichtachtung dieser Anforderungen des Bundesgerichtshofs hat auch schwere Folgen, denn sie führt zur Unwirksamkeit der entsprechenden Bestimmungen, dazu sogleich in Kapitel 4 – B.II.5.b). Mitunter wird zwar argumentiert, so etwa von *Lühmann*, S. 164 f., der Reformgesetzgeber von 1998 selbst habe deutlich gemacht, dass er von einem absoluten Gleichlauf zwischen der materiellen Rechtskraft von Schiedssprüchen mit der von rechtskräftigen gerichtlichen Urteilen ausgehe – unter Zitierung des folgenden Ausschnitts aus der Gesetzesbegründung: „Hinsichtlich der materiellen Rechtskraft unterscheidet sich die Wirkung eines Schieds-

IV. Derzeitige Begrenzung des Zehnten Buchs der ZPO auf einen Zweipersonenrechtsstreit

Die eingehende Untersuchung der Entwicklung und des Hintergrunds der Vorschrift des § 1055 ZPO hat gezeigt, dass sie die hier aufgestellte These, dass das deutsche Schiedsverfahrensrecht von seinem gesetzlichen Anwendungsbereich her auf einen Parteienrechtsstreit begrenzt ist, sogar stützt.

Nun aber hat der Reformgesetzgeber von 1998 darüber hinaus deutlich gemacht, dass er den Anwendungsbereich des deutschen Schiedsverfahrensrecht noch enger fassen will als den eines binären Zweiparteienrechtsstreits. So haben sowohl die Reformkommission der Bundesregierung, die den Reformentwurf 1986 eingebracht hat, als auch der Rechtsausschuss des Bundestags in seiner Stellungnahme zum Reformentwurf zu der sogenannten Mehrparteienschiedsgerichtsbarkeit, also dem Fall, dass auf der Kläger- oder Beklagtenseite mehrere Personen stehen,[93] Stellung genommen. Von einer gesetzlichen Regelung der Mehrparteienschiedsgerichtsbarkeit haben beide Gremien, trotz des vielfach geäußerten Wunsches danach, bewusst abgesehen und dies „der Konturierung durch die Rechtsprechung überlassen"[94] – also genaugenommen der kautelarjuristischen Praxis unter Aufsicht der staatlichen Gerichte.[95] Begründet haben die mit der damaligen Gesetzesreform befassten Gremien diese Einschränkung mit den Schwierigkeiten, die sich immer dann ergeben, wenn vom gesetzlich vorgesehenen Regelfall des binären Zweipersonenrechtsstreits im Schiedsverfahrensrecht abgewichen wird, insbesondere im Hinblick auf die gleichberechtigte Möglichkeit der Einflussnahme auf die Bildung des Schiedsgerichts.[96] Infolgedessen sind das Zehnte Buch der ZPO und speziell die dorti-

---

spruchs von der eines rechtskräftigen Urteils lediglich dadurch, daß die Rechtskraft nicht von Amts wegen, sondern nur auf Einrede berücksichtigt wird", Begr. RegE BT-Drucks. 13/5274, S. 56 f. Setzt man das Zitat jedoch in das Gesamtbild der Gesetzesbegründung, wird seine Aussagekraft in Bezug auf die hier untersuchte Fragestellung weitgehend relativiert, siehe dazu bereits oben im Text – die zitierte Aussage kann sich mithin nur auf den Gleichlauf der *objektiven* materiellen Rechtskraftwirkung von Gerichtsurteil und Schiedsspruch beziehen. Zu den Zweifeln an einer anderweitigen Bedeutung dieser Aussage auch *Gaul*, in: FS Sandrock, S. 285, 298.

[93] So die entsprechende Präzisierung durch den Rechtsausschuss des Bundestags, Stn. RA BT, BT-Drucks. 13-9124, S. 44

[94] Begr. RegE, BT-Drucks. 13/5274, S. 26.

[95] So die richtigstellende Konkretisierung des Rechtsausschusses, Stn. RA BT, BT-Drucks. 13-9124, S. 44; vgl auch *Sessler*, in: LA Weber, S. 527, 537.

[96] Stn. RA BT, BT-Drucks. 13-9124, S. 44. Eine weitere Problematik ist die des Vorliegens eines umfassenden Ausschlussakts, der die schiedsgerichtliche Zuständigkeit rechtswirksam begründen kann, und der erforderlichen Zustimmung zur Beteiligung weiterer Personen am ansonsten vertraulichen Schiedsverfahren. Hierauf geht der Gesetzgeber zwar nicht ausdrücklich ein, dies ist aber eine in der schiedsverfahrensrechtlichen Debatte zur Mehrparteienschiedsgerichtsbarkeit anerkannte und vielfach diskutierte Problematik, die

gen Regelungen zur Bildung des Schiedsgerichts[97] derzeit sogar nur auf einen *Zweipersonen*rechtsstreit ausgelegt.[98]

In seinem aktuellen Eckpunktepapier zur Modernisierung des deutschen Schiedsverfahrensrechts hat das Bundesministerium der Justiz nun den Willen geäußert, eine spezielle Regelung für die Bildung des Schiedsgerichts in Mehrparteienschiedsverfahren schaffen zu wollen – wobei er hinsichtlich der genauen Ausgestaltung der Vorschrift allerdings äußerst vage geblieben ist.[99] In dem Eckpunktepapier bislang nicht berücksichtigt wird zudem die Frage, ob es daneben besondere Zustimmungserfordernisse der Verfahrensbeteiligten gibt, soll ein rechtssicheres Mehrparteienschiedsverfahren durchgeführt werden.[100]

Wann die tatsächliche Umsetzung des Reformvorhabens stattfinden wird, kann aufgrund der Fülle möglicher Regelungspunkte noch nicht abgesehen werden. Jedenfalls bis die geplante Vorschrift in Kraft getreten ist, gilt also der Stand von 1998 – es fehlt an einer speziellen Regelung für Mehrparteienschiedsverfahren im Zehnten Buch der ZPO. Das macht es jedenfalls derzeit noch notwendig, die erforderlichen Bestimmungen selbst zu treffen, um Konstellationen, die über einen Zweipersonenrechtsstreit hinausgehen, im Schiedsverfahren zu ermöglichen. Dies soll zum Anlass genommen werden, neben Drittbeteiligungsmodellen im Schiedsverfahren zudem zu untersuchen, wie in Abwesenheit einer entsprechenden gesetzlichen Regelung im Zehnten Buch der ZPO auch Mehrparteienschiedsverfahren auf seiner Grundlage geführt werden können. Zugleich soll die Untersuchung einen Beitrag zu der Diskussion über das aktuelle Reformvorhaben darstellen, zu der das Bundesministerium der Justiz in seinem Eckpunktepapier aufgerufen hat – insbesondere dahingehend, ob es weiterer Bestimmungen als der derzeit geplanten Regelung zur Bildung des Schiedsgerichts in Mehrparteienschiedsverfahren bedarf.

---

auch bereits viele zufriedenstellende Lösungsansätze erfahren hat – dazu aber im Einzelnen in Kapitel 5 – A.I.1.

[97] Also insbesondere die Regelung des § 1035 ZPO; vgl. auch *Offenhausen*, S. 115; *Hantke*, SchiedsVZ 2003, 269, 272 sowie kritisch zum Absehen von einer entsprechenden gesetzlichen Regelung *Raeschke-Kessler*, in: FS Elsing, S. 433, 438 f.

[98] Hierbei handelt es sich um eine bewusste Abweichung vom gesetzlichen Modell im staatlichen Zivilprozess, wo grundsätzlich zwar auch eine Zweiparteienstruktur vorgesehen ist, diese aber im Sinne eines Zweilagerverhältnisses auf jeder Parteiseite mehrere Personen zulässt, und zwar im Falle der Streitgenossenschaft gemäß der §§ 59 ff. ZPO, dazu *Diesselhorst*, S. 52 und auch *Hüßtenge*, in: Thomas/Putzo, Vorb. § 50, Rn. 1. Im Übrigen haben auch die Erschaffer des UNCITRAL-Modellgesetzes von einer Regelung von Mehrparteienschiedsverfahren abgesehen, vgl. dazu mit weiteren Nachweisen auch *Zerhusen*, in: FS Thode, S. 355, 365; *Geimer*, in: LA Hay, S. 163, 164.

[99] Siehe das Eckpunktepapier des Bundesministeriums der Justiz zur Modernisierung des deutschen Schiedsverfahrensrechts vom 18. April 2023, S. 2, Punkt III.1.

[100] Dazu im Einzelnen noch in Kapitel 4 – B.I.2. und 3. sowie in Kapitel 5 – A.I.1.

V. Notwendigkeit eigener Bestimmungen für eine subjektive Erweiterung

Vor diesem Hintergrund ist nun eine schlichte Analogiebildung zu den gesetzlichen Rechtsinstituten des staatlichen Zivilprozesses zu kurz gegriffen.[101] Denn die staatliche Gerichtsbarkeit kennt, ist sie doch selbst Ausdruck der Garantie des Zugangs zu staatlichem Rechtsschutz, kein Erfordernis eines kompatiblen Ausschlussakts, der den zugrundeliegenden Streitgegenstand abdecken muss, und auch keine Möglichkeit der Parteien, auf die Zusammensetzung des Spruchkörpers aktiv Einfluss zu nehmen – und sie setzt Spruchkörper ein, die unmittelbar an das Grundgesetz und die dort verankerten Grundrechte gebunden sind.[102]

Die Schiedsgerichtsbarkeit ist in einigen fundamentalen Kernpunkten so diametral anders als die staatliche Gerichtsbarkeit, dass die beiden Rechtsinstitute weitestgehend unabhängig voneinander existieren und nicht entsprechend aufeinander anwendbar sind.[103] Daher aber scheitert, wie es auch der Reformgesetzgeber von 1998 und die höchstrichterliche Rechtsprechung am Beispiel der *inter omnes*-Wirkung gesellschaftsrechtlicher Beschlussmängelentscheidungen deutlich gemacht haben, eine ohne zusätzliche Bestimmungen konstru-

---

[101] So wird auch unabhängig von der Bedeutsamkeit des Wortlauts des § 1055 ZPO nicht selten argumentiert, die Drittbeteiligungsmodelle und Modelle zur subjektiven Rechtskrafterstreckung seien auch im Schiedsverfahren anwendbar. Vgl. nur am Beispiel der Regelungen zur Streitverkündung im Schiedsverfahren etwa *OLG Hamburg*, MDR 1950, 295, 296; *Anders*, in: Anders/Gehle, ZPO, § 1042 Rn. 14; *Maier*, Rn. 90 und 244; *Markfort*, S. 75 ff., S. 82 f.; *Massuras*, S. 495 ff, S. 505, mit zahlreichen weiteren Nachweisen; *Melis*, in: Der komplexe Langzeitvertrag, S. 569, 575; *von Beringe*, DB 1954, 776, 777. Aufgrund eines Vergleichs zum selbstständigen Beweisverfahren sogar für eine unmittelbare Anwendbarkeit plädierend *Heiliger*, S. 290. Richtigerweise eine sowohl direkte als auch eine analoge Anwendbarkeit der Regelungen der übrigen Bücher der ZPO auf das Zehnte Buch der ZPO am Beispiel der Streitverkündungsregeln ablehnend hingegen *Lachmann*, S. 669, Rn. 2830 (der Versuch einer entsprechenden Anwendbarkeit auf das Schiedsverfahrensrecht sei „schon im Ansatz verfehlt."); *Elsing*, SchiedsVZ 2004, 88, 91 f.; *Gharibian/Pieper*, BB 2018, 387, 388; richtigerweise ganz allgemein auch *Triebel/Hafner*, SchiedsVZ 2009, 313 („Der Leser muss sich bei Lektüre und Auslegung des Zehnten Buches weitgehend von deutschen zivilprozessualen Vorstellungen lösen und den Rückgriff auf die ersten Bücher der ZPO meiden"). Zur „umgekehrten" Interventionswirkung einer Streitverkündung im gerichtlichen Erstverfahren für das schiedsgerichtliche Zweitverfahren *Bartels*, BB 2001, Beilage 7, 20, 20 ff.; *Stretz*, SchiedsVZ 2013, 193, 193 ff.

[102] Vgl. dazu bereits oben in Kapitel 2 – A.II.

[103] Andernfalls wäre eine gesonderte Regelung des deutschen Schiedsverfahrensrechts auch überhaupt nicht notwendig gewesen, sondern es hätten entsprechende Verweisungsnormen auf die Vorschriften für das gerichtliche Erkenntnisverfahren genügt. Solche finden sich im Zehnten Buch der ZPO jedoch gerade nicht, vgl. richtigerweise auch *Elsing*, SchiedsVZ 2004, 88, 91 f. sowie bereits RGZ 55, 14, 16 mit Verweis auf die damalige Vorschrift des Artikel 1009 des *Code de procédure civile* in Frankreich, wonach sich das schiedsrichterliche Verfahren nach den Vorschriften der französischen Zivilprozessordnung richtete.

ierte Analogie zu den Rechtsinstituten des staatliche Rechtssystems ganz regelmäßig bereits an der fehlenden Übertragbarkeit auf das schiedsgerichtliche Streitbeilegungssystem.[104]

Das deutsche Schiedsverfahrensrecht ist ein notwendigerweise in sich geschlossenes und abschließendes System, das lediglich über § 1042 Absatz 3 ZPO im gesetzlich erlaubten Umfang per Parteivereinbarung erweitert werden kann.[105] Einer ohne zusätzliche Bestimmungen konstruierten Analogie der staatlichen Drittbeteiligungs- und Mehrpersonenmodelle ist das deutsche Schiedsverfahrensrecht mithin nicht zugänglich.[106] Es muss vielmehr eine entsprechende kautelarjuristische Grundlage geschaffen werden, welche die Rechtsprechung und damit der Staat als Garant der verbindlichen Wirkungen von Schiedsverfahren und Schiedsspruch akzeptieren. Dies wird wiederum nur dann der Fall sein, wenn die jeweilige subjektive Erweiterung auch mit dem Grundgesetz und den dort verankerten rechtsstaatlichen Verfahrensgarantien im Einklang steht.

B. Aufstellen von Anforderungen an eine subjektive Erweiterung mittels Verfahrensvereinbarung

Der Gesetzgeber hat es also – ob berechtigterweise oder nicht wird sich im Einzelnen noch zeigen[107] – bislang unterlassen, gesetzliche Regelungen, die über das Regelungsmodell des Zweipersonenrechtsstreits hinausgehen, zu

---

[104] Siehe dazu oben in Kapitel 4 – A.II.5. Richtig auch *Martens*, S. 229 („eine einfache Übertragung der für den Zivilprozeß konzipierten Regelungen auf das Schiedsverfahren scheitert an der konzeptionellen Verschiedenheit der beiden Streitbeilegungssysteme") sowie, am Beispiel der Streitverkündung, *Thomas*, in: FS Geimer, S. 735, 738.

[105] So richtigerweise auch *Lachmann*, S. 669, Rn. 2830 ff.; *Elsing*, SchiedsVZ 2004, 88, 91; *Stretz*, SchiedsVZ 2013, 193, 198.

[106] Vgl. bereits das Reichsgericht, RGZ 55, 14, 16, welches ausführt, dass nach den Bestimmungen der Zivilprozessordnung der „Schiedsrichter, soweit die Parteien nichts Abweichendes vereinbart haben, an die Vorschriften der Civilprozeßordnung grundsätzlich nicht gebunden" ist. So erkennen auch die meisten Vertreter der Ansicht, dass die Vorschriften zur Streitverkündung im Schiedsverfahrensrecht anwendbar seien, dass jedenfalls eine Interventionswirkung ohne eine damit einhergehende Zustimmung des Dritten nicht eintreten könne, mithin zusätzliche Bestimmungen erforderlich seien, vgl. nur BGH, ZZP 1966, 121; RGZ 55, 14, 16; *Münch*, in: MüKo ZPO, § 1029 ZPO, Rn. 73; *Habscheid*, ZZP 1966, 124, 125. Richtig auch *Kleinschmidt*, SchiedsVZ 2006, 142, 144 („Wenn sich aber eine einfache Übertragung der vor staatlichen Gerichten geltenden nationalen und transnationalen Regeln verbietet, ist im Folgenden nach einer genuin schiedsverfahrensrechtlichen Lösung zu suchen, die die Autonomie der Parteien in den Vordergrund rückt").

[107] Es wird schnell sichtbar werden, dass eine kautelarjuristische Regelung jedenfalls in manchen Anwendungsfällen einer subjektiven Erweiterung des gesetzlichen Regelungsmodells an ihre Grenzen stößt, dazu sogleich in Kapitel 4 – C.II.3. und C.III.3.

schaffen und diese Aufgabe „an die ‚kautelarjuristische' Vertragspraxis" unter der Aufsicht durch die Rechtsprechung „weitergespielt".[108] Doch die geringe Regelungsdichte des Zehnten Buchs der ZPO gibt Rechtsanwender und richterlicher Rechtsprechung keineswegs einen Freifahrtschein, abseits verfassungsrechtlicher Grundsätze agieren zu können.[109] Selbstverständlich haben verbindliche Wirkungen von Schiedsverfahren und Schiedsspruch auch, beziehungsweise *gerade* über eine Anwendung des gesetzlichen Regelungsmodells hinaus verfassungsrechtliche Folgen, die es zu berücksichtigen gilt – was nach der Rechtsprechung des Bundesgerichtshofs für jeden Fall einer erweiterten subjektiven Wirkungserstreckung des Schiedsspruchs gilt, also unabhängig davon, ob diese in einer prozessualen oder rein schuldrechtlich herbeigeführten und damit lediglich quasi-prozessualen Wirkungserstreckung liegt.[110]

Es gilt daher zu untersuchen, ob und inwieweit dieser Auftrag des Gesetzgebers praktisch umsetzbar ist. Dafür bedarf es in einem ersten Schritt einer Untersuchung dahingehend, wie die Regelungsgedanken im Zehnten Buch der ZPO, welche eine Wahrung der verfassungsrechtlichen Verfahrensgarantien sicherstellen sollen, derart abstrahiert werden können, dass sie sich auch für eine subjektive Erweiterung des Regelwerks heranziehen lassen. Dabei lassen sich die Grundsätze, die der Bundesgerichtshof in seiner Rechtsprechung zur Durchführung von Beschlussmängelstreitigkeiten im Schiedsverfahren aufgestellt hat, unterstützend heranziehen. Darauf aufbauend muss das zur Verfügung stehende Werkzeug, die Verfahrensvereinbarung, näher in Augenschein genommen, indem überprüft wird, inwieweit sie tatsächlich das geeignete Mittel zum Zweck für subjektive Erweiterungen des deutschen Schiedsverfahrensrechts darstellen kann. Die Möglichkeiten und Grenzen dieses Werkzeugs werden dabei schnell sichtbar, wenn man die unterschiedlichen Fallgruppen subjektiver Erweiterungen des deutschen Schiedsverfahrensrechts, an denen ein praktischer Bedarf besteht, in den Blick nimmt.

I. Abstraktion der Regelungsgedanken im Zehnten Buch der ZPO

Das gesetzliche Regelungsmodell des deutschen Schiedsverfahrensrechts, das der Bundesgerichtshof auch zur Grundlage für eine subjektive Erweiterung

---

[108] *Borris*, NZG 2010, 481, 483; *ders.*, SchiedsVZ 2009, 299, 301 und 302.

[109] Das Fehlen einer gesetzlichen Regelung bedeutet nicht, dass insoweit ein „verfassungsleerer Raum" besteht, der beliebig ausgefüllt werden kann. Dazu bereits kritisch in Kapitel 3 – A.I.3.

[110] *BGH*, SchiedsVZ 2022, 86, Rn. 15, 18 ff. („Schiedsfähigkeit IV"); zustimmend *Baumann/Wagner*, BB 2017, 1993, 1997; *Borris/Schenk-Busch*, NZG 2022, 259, 261 f.; *Borris*, NZG 2017, 761, 765; *Bryant*, SchiedsVZ 2017, 197; *Göz/Peitsmeyer*, SchiedsVZ 2018, 7, 12 f.; *von Hase*, BB 2011, 1993, 1995 f.; *Hauschild/Böttcher*, DNotZ 2012, 577, 588; *Heinrich*, ZIP 2018, 411, 414; *Lieder*, NZG 2018, 1321, 1331; *Sackmann*, NZG 2016, 1041, 1043 ff.; *Schlüter*, DZWIR 2018, 251, 256 f.; *Werner*, jM 2018, 134, 135.

dieses Regelungsmodells macht, setzt folgende Elemente voraus: Es bedarf zum einen der Möglichkeit der Verfahrensbeteiligung einschließlich des Rechts, auf die Zusammensetzung des Schiedsgerichts Einfluss zu nehmen und rechtliches Gehör zu erlangen, und zum anderen eines Ausschlussakts in der Person eines jeden von den Wirkungen des Schiedsverfahrens und Schiedsspruchs Betroffenen.[111]

1. Möglichkeit der Verfahrensbeteiligung zur Wahrung der Ausgestaltungsgarantien

Damit ist es in einem ersten Schritt erforderlich, dass jede Person, die Subjekt prozessualer Wirkungen von Schiedsverfahren und Schiedsspruch sein soll, die Möglichkeit bekommt, an dem betreffenden schiedsrichterlichen Verfahren auch teilzunehmen. Denn nur so tritt die Person in ein Verhältnis zu dem schiedsrichterlichen Spruchkörper, das Letzteren die Wahrung des Rechts auf rechtliches Gehör und faires Verfahren ermöglicht.

a) Bloße Möglichkeit der Verfahrensbeteiligung ausreichend

Nun bewirkt es eine Stellung der betreffenden Person als Partei des Schiedsverfahrens, dass sie auch unter den Parteibegriff des Zehnten Buchs der ZPO fällt und sie damit auch – zumindest grundsätzlich[112] – dem Geflecht aus Verpflichtungs- und Kontrollnormen des deutschen Schiedsverfahrensrechts unterfällt.

aa) Verfahrensbeteiligung auch ohne Verfahrensparteistellung ausreichend

Nun kann aber ein praktisches Bedürfnis daran bestehen, eine Person den Wirkungen von Schiedsverfahren und Schiedsspruch auszusetzen, ohne sie als *Partei* am Verfahren teilhaben lassen zu müssen. Denn eine Verfahrensparteistellung hat regelmäßig einen nicht unerheblichen Eingriff in Verfahrensablauf und Streitgegenstand zur Folge. So stehen einer Verfahrenspartei sämtliche Verfahrensparteirechte uneingeschränkt zu und es wird mit ihr ein weiteres Prozessrechtsverhältnis geschaffen. Es stellt sich daher die Frage, ob nicht der

---

[111] Vgl. die Leitentscheidung BGHZ 180, 221, 224 ff., 228 f. („Schiedsfähigkeit II") sowie *BGH*, SchiedsVZ 2022, 86, 88, Rn. 15 („Schiedsfähigkeit IV"); NJW 2018, 3014, 3015, Rn. 15 ff.; SchiedsVZ 2017, 197, 199, Rn. 22 („Schiedsfähigkeit III") und BGHZ 132, 278, 282 ff., 287 ff. („Schiedsfähigkeit I"); *OLG Frankfurt*, Beschluss vom 24. Januar 2022 – 26 Sch 14/21, juris, Rn. 82 ff.

[112] Wie bereits aufgezeigt wurde, gilt dies nur im Falle eines Zweipersonenrechtsstreits uneingeschränkt. Im Falle einer Parteienmehrheit sind die Vorschriften des Zehnten Buchs derzeit zumindest teilweise nicht anwendbar, und zwar diejenigen, die das Verfahren zur Bestellung des Schiedsgerichts regeln, also insbesondere § 1035 ZPO. Dazu aber bereits oben in Kapitel 4 – C.I.1.b).

mit der Verfahrensparteistellung verbundene Regelungsgedanke im Zehnten Buch der ZPO, und zwar die Person auf diese Weise in ein Verhältnis zum schiedsgerichtlichen Spruchkörper zu bringen, das eine Wahrung der verfahrensbezogenen Ausgestaltungsgarantien ermöglicht, derart abstrahiert werden kann, dass auch eine bloße Verfahrens*beteiligung*, ohne Parteistellung, ausreicht.[113]

Eine Verfahrensbeteiligung ohne gleichzeitige Verfahrensparteistellung zieht zwar erhöhten Regelungsaufwand nach sich, da dann die an den Parteibegriff gebundenen einfach-gesetzlichen und konstitutiven Verpflichtungsnormen und die damit einhergehenden Kontrollnormen im laufenden Schiedsverfahren diesen Personen gegenüber keine Anwendung finden. Es bedarf also zwingend zusätzlicher kautelarjuristischer Bestimmungen, welche die Einhaltung der Verfahrensgarantien auch bloß am Verfahren Beteiligten gegenüber anordnen.[114] Ein Mindestmaß staatlicher Kontrolle ist hingegen auch ohne die Anwendbarkeit der auf die Verfahrensparteien begrenzten staatlichen Kontrollmechanismen im laufenden Schiedsverfahren[115] sichergestellt, da jedenfalls die *nachträglichen* Kontrollmechanismen des Aufhebungs- und Vollstreckbarerklärungsverfahrens so weit gefasst sind, dass ihre Antragsbefugnis nicht auf die Verfahrensparteien beschränkt ist.[116]

Eine Verfahrensparteistellung ist mithin nicht zwingend notwendig, um das deutsche Schiedsverfahrensrecht erweitern zu können, solange jedenfalls die Möglichkeit der Verfahrensbeteiligung vorgesehen ist.

bb) Möglichkeit der Verfahrensbeteiligung ausreichend

Ausreichend ist es dabei auch, dass dem Betroffenen die bloße *Möglichkeit* der Verfahrensbeteiligung eingeräumt wird. Nicht erforderlich ist es, dass von dieser Möglichkeit auch tatsächlich Gebrauch gemacht wird. Die verfahrensbezogenen Ausgestaltungsgarantien sind im Unterschied zur Zugangsgarantie regelmäßig bereits dadurch gewahrt, dass dem Betroffenen die *Möglichkeit* eingeräumt wird, rechtliches Gehör zu erlangen und fair behandelt zu werden.[117]

---

[113] Es handelt sich hierbei um die Fälle der Drittbeteiligung, die das deutsche Gerichtsverfahren vorsieht, wie etwa die Nebenintervention und die Streitverkündung, §§ 66 ff. ZPO.

[114] Da sich die Verfahrensgestaltung durch das Schiedsgericht im Einzelnen nach den Bestimmungen der Parteien des Schiedsverfahrens richtet, kann die konstitutive schiedsrichterliche Verpfichtung zur Wahrung der einschlägigen Verfahrensgarantien auf diesem Wege rechtsverbindlich herbeigeführt werden, vgl. nur § 1042 Absatz 3 ZPO sowie *Münch*, in: MüKo ZPO, § 1042, Rn. 6.

[115] Die nicht mittels Verfahrensvereinbarung erweitert werden können, wie sich in Kapitel 4 – C.II.4.a) im Einzelnen noch zeigen wird.

[116] Dazu im Einzelnen noch in Kapitel 4 – C.II.4.b).

[117] Die Verfahrensbeteiligten und Betroffenen müssen auch im Sinne des für die staatlichen Gerichte geltenden Artikels 103 GG lediglich die *Gelegenheit* erhalten, sich dem Ge-

Auch das deutsche Schiedsverfahrensrecht selbst zwingt deswegen nicht zur Verfahrensbeteiligung, wie es etwa § 1048 Absatz 2 ZPO zeigt.

Daher ist es auch bei einer Erweiterung des deutschen Schiedsverfahrensrechts in subjektiver Hinsicht ausreichend, dass dem Betroffenen die bloße *Möglichkeit einer Verfahrensbeteiligung* eingeräumt wird, welche ihn in die Lage versetzt, rechtliches Gehör eingeräumt zu bekommen und in den Genuss des Rechts auf faires Verfahren zu kommen.[118]

b) Recht der Einflussnahme auf die Bildung des Schiedsgerichts

Zusätzlich zur Möglichkeit der Verfahrensbeteiligung muss sichergestellt sein, dass die einfach-gesetzlichen Mechanismen, die Ausfluss der verfahrensbezogenen Ausgestaltungsgarantien speziell im deutschen Schiedsverfahrensrecht sind, auch den von einer subjektiven Erweiterung des deutschen Schiedsverfahrensrecht betroffenen Personen zugutekommen. Dies betrifft insbesondere die Möglichkeit der Einflussnahme auf die Zusammensetzung des Schiedsgerichts.

Anders als mitunter gemeint wird,[119] ist die schiedsverfahrensrechtliche Besonderheit der Möglichkeit der Einflussnahme auf die Bildung des Schiedsgerichts eine verfassungsrechtlich relevante, denn es handelt sich bei ihr um einen Sonderfall des verfassungsrechtlich geschützten Rechts auf faires Verfahren.[120] Die Möglichkeit der Einflussnahme auf das Schiedsgericht rechtfertigt die Spruchgewalt desselben und ist für die Wahrung der verfassungsrechtlichen Verfahrensgarantien unabdingbar.[121] An ihr führt mithin kein Weg vorbei, soll

---

richt gegenüber zum Verfahrensstoff vollständig äußern zu können, es muss für die Wahrung des Rechts auf rechtliches Gehör aber kein tatsächlicher Gebrauch von ihr gemacht werden. „Nimmt der Berechtigte sein Äußerungsrecht ihm zurechenbar nicht wahr, so hat er damit sein Äußerungsrecht für dieses Verfahren ausgeschöpft und muss die prozessualen Nachteile hinnehmen, die daran anknüpfen, selbst wenn er nicht ausdrücklich den Verzicht auf sein Äußerungsrecht erklärt", *Schulze-Fielitz*, in: Dreier, GG, Artikel 103 Absatz 1, Rn. 20 und Rn. 57. Das gleiche gilt für den allgemeinen, aus dem Rechtsstaatsprinzip folgenden Gehörsanspruch. Dies zeigt etwa die verwaltungsrechtliche Anhörung, definiert als die „Gelegenheit", sich zum Sachverhalt zu äußern, von der gerade nicht zwingend Gebrauch gemacht werden muss, *Herrmann*, in: BeckOK VwVfG, § 28, Rn. 1 und 17. Zur im Unterschied dazu bestehenden Notwendigkeit des tatsächlichen Vorliegens eines Ausschlussakts in Bezug auf die Zugangsgarantie sogleich in Kapitel 4 – B.I.2. und der Unabhängigkeit und Unparteilichkeit des Spruchkörpers in Kapitel 4 – B.I.1.c).

[118] Fälle, in denen eine Verfahrensbeteiligung faktisch gar nicht möglich ist, müssen an dieser Stelle ausgeklammert werden, zu den einschlägigen Fallgruppen und ihren Folgen aber in Kapitel 4 – C.II.3. und C.III.3. sowie in Kapitel 6.

[119] Zu den Gegenstimmen eingehend noch in Kapitel 5 – B.I.3. und B.II.2.b).

[120] Vgl. dazu bereits oben in Kapitel 3 – A.II.2.

[121] So ausdrücklich BGHZ 180, 221, 233 f. („Schiedsfähigkeit II"); vgl. auch BGHZ 132, 278, 287 f. („Schiedsfähigkeit I").

B. Anforderungen an Verfahrensvereinbarung   159

der Schiedsspruch nicht einer späteren Aufhebung unterliegen.[122] Nun sieht § 1035 ZPO zwar ein eigenes Verfahren zur Bildung des Schiedsgerichts vor, jedoch hat der Gesetzgeber von 1998 noch deutlich gemacht, dass diese gesetzliche Regelung auf einen Zweipersonenrechtsstreit zugeschnitten und damit nicht auf Mehrpersonenkonstellationen anwendbar sei.[123] Das Bundesministerium der Justiz möchte zwar nun eine spezielle Bestimmung zur Bildung des Schiedsgerichts in Mehrparteienschiedsverfahren schaffen. Wann und in welcher konkreten Form eine solche Vorschrift in Kraft treten wird, ist derzeit aber nicht absehbar.[124] Bis dahin bedarf es daher, möchte man eine Mehrpersonenkonstellation im deutschen Schiedsverfahrensrecht abdecken, stets einer gesonderten kautelarjuristischen Regelung zur Bildung des Schiedsgerichts[125] – unabhängig davon, ob es sich um eine Mehrparteien- oder Drittbeteiligungskonstellation handelt.[126] Dabei kann man sich an dem gesetzlichen Regelungsmodell orientieren, muss aber die Besonderheit des Mehrpersonenverhältnisses berücksichtigen.[127]

c) Pflicht des Schiedsgerichts zur Unabhängigkeit und Unparteilichkeit

Als weitere Folge des Rechts auf faires Verfahren muss jedes Subjekt der prozessualen Wirkungen von Schiedsverfahren und Schiedsspruch einem unabhängigen und unparteilichen Spruchkörper gegenüberstehen. Anders als die Vorschrift des § 1035 ZPO sind die hierfür im Zehnten Buch der ZPO vorgesehenen Regelungen in den §§ 1036 ff. ZPO auf Konstellationen mit mehreren

---

[122] Oder das Schiedsverfahren mitunter bereits vorher an der Prüfung der dem Schiedsverfahren zugrundeliegenden Bestimmungen scheitert, dazu sogleich in Kapitel 4 – B.II.5.

[123] Begr. RegE, BT-Drucks. 13/5274, S. 26 und Stn. RA BT, BT-Drucks. 13-9124, S. 44. Denn er selbst hat erkannt, dass die Wahrung des Rechts auf faires Verfahren bei der Bildung eines Schiedsgerichts in einem Mehrparteienschiedsverfahren besonders hohe Anforderungen mit sich zieht.

[124] Zum derzeit inhaltlich noch vage gehaltenen Reformvorhaben siehe das Eckpunktepapier des Bundesministeriums der Justiz zur Modernisierung des deutschen Schiedsverfahrensrechts vom 18. April 2023, S. 2, Punkt III.1.

[125] Wie es § 1035 Absatz 1 ZPO ermöglicht, allerdings unter dem Vorbehalt, dass diese Regelung auch dem Recht auf faires Verfahren gerecht wird, vgl. § 1034 Absatz 2 ZPO. Wie sich das Verfahren zur Bildung des Schiedsgerichts in Mehrpersonenkonstellationen im Einzelnen gestalten muss, damit es dem Recht auf faires Verfahren gerecht wird, ist Gegenstand des Kapitels 5 – A.I.3.

[126] Denn der Bundesgerichtshof hat deutlich gemacht, dass auch im Falle einer Beteiligung am Schiedsverfahren als bloßer Nebenintervenient die Möglichkeit bestehen muss, auf die Zusammensetzung des Schiedsgerichts Einfluss zu nehmen, damit die Wirkung eines Schiedsspruchs auf ihn erstreckt werden kann, vgl. BGHZ 180, 221, 228 f., 233 f. („Schiedsfähigkeit II") sowie *BGH*, SchiedsVZ 2022, 86, 88, Rn. 15 („Schiedsfähigkeit IV"); NJW 2018, 3014, 3015, Rn. 15 ff.; SchiedsVZ 2017, 197, 199, Rn. 22 („Schiedsfähigkeit III"); *OLG Frankfurt*, Beschluss vom 24. Januar 2022 – 26 Sch 14/21, juris, Rn. 82 ff.

[127] Dazu im Einzelnen noch in Kapitel 5 – A.I.3.

Verfahrensparteien anwendbar, sodass Mehr*parteien*konstellationen insoweit keinen besonderen Regelungsbedarf mit sich ziehen. Auch die Gesetzessystematik sowie die Gesetzesbegründung des Reformgesetzgebers lassen keinen anderweitigen Schluss zu.[128] Probleme stellen sich aber dann, wenn von einer Verfahrensparteistellung abgesehen werden soll, mithin eine bloße Verfahrens*beteiligung* gewünscht ist. Denn der gerichtliche Kontrollmechanismus des § 1037 ZPO ist auf diese Fälle mangels Parteistellung der betroffenen Person nicht anwendbar.[129]

d) Recht auf Erlangung rechtlichen Gehörs

Zuletzt muss derjenigen Person, die über einen Zweipersonenrechtsstreit hinaus am Schiedsverfahren beteiligt werden sein soll, die Möglichkeit der Erlangung rechtlichen Gehörs eingeräumt werden. Keine Schwierigkeiten bereitet erneut eine Parteienmehrheit, da die entsprechenden Vorschriften der ZPO, die eine Gehörsgewährung vorsehen, an den Verfahrensparteibegriff anknüpfen und ihrer Anwendbarkeit auch auf Mehrparteienkonstellationen nichts entgegensteht. Bei einer fehlenden Verfahrensparteistellung hingegen muss das Schiedsgericht mittels gesonderter Bestimmungen zur Gewährung rechtlichen Gehörs verpflichtet werden, da die gesetzlichen Regelungen des § 1042 Absatz 1 ZPO und des § 1047 ZPO insoweit nicht greifen.

2. Vorliegen eines Ausschlussaktes zur Wahrung der Zugangsgarantie

Unabdingbar für eine verfassungskonforme subjektive Erweiterung des deutschen Schiedsverfahrensrechts ist zudem das Vorliegen eines Ausschlussakts in Bezug auf das Recht auf staatlichen Rechtsschutz.

a) Notwendige Reichweite des Ausschlussakts

Dafür ist zunächst die Frage relevant, wie weitreichend der jeweilige Ausschlussakt sein muss, um die staatliche Gerichtszuständigkeit für den zugrundeliegenden Streitgegenstand auch vollumfassend ausschließen zu können. Unbestrittenermaßen erforderlich ist der Ausschluss der staatlichen Gerichtsbarkeit in Bezug auf das eigene Prozessrechtsverhältnis, denn *insoweit* werden das Schiedsverfahren und insbesondere der Schiedsspruch dem Subjekt des Ausschlussakts gegenüber prozessuale Wirkungen entfalten: Dieses Prozessrechtsverhältnis kann er nicht mehr einseitig vor die staatlichen Gerichte brin-

---

[128] Die Gesetzesbegründung des Reformgesetzgebers bezieht sich bei der Frage der Mehrparteienschiedsgerichtsbarkeit vielmehr ausschließlich auf die Besonderheiten bei der Bildung des Schiedsgerichts, Stn. RA BT, BT-Drucks. 13-9124, S. 44.

[129] Dazu, insbesondere zu den Schwierigkeiten, die mit einer fehlenden Anwendbarkeit der Kontrollmechanismen im laufenden Schiedsverfahren einhergehen, im Einzelnen noch in Kapitel 5 – B.I.4.

gen, die Entscheidung darüber mittels Schiedsspruchs muss er sich in etwaigen Folgeverfahren und im Zwangsvollstreckung entgegenhalten lassen. Dies bedeutet, dass der Justizgewähranspruch in jedem Fall in dem Verhältnis ausgeschlossen werden muss, in dem die prozessualen Wirkungen auch eintreten, und damit innerhalb des eigenen Prozessrechtsverhältnisses, also gegenüber dem Prozessgegner beziehungsweise den Prozessgegnern.

Wie aber verhält es sich mit dem Verhältnis zu den Personen im eigenen Parteilager? Will man auch im Schiedsverfahren das im deutschen Prozessrecht geltende Verständnis des Zweilagerrechtsstreits aufrechterhalten, wofür mit einem Blick auf den auch international herrschenden Ansatz zur Zusammenfassung von Parteilagern zur gemeinsamen Schiedsrichterbenennung einiges spricht, so stellt sich die Frage, ob es auch hier einen Ausschluss des Justizgewähranspruchs bedarf.[130] Fest steht, dass sobald das eigene Prozessrechtsverhältnis und damit die prozessualen Wirkungen, die einem gegenüber eintreten, von einer anderen Person als einem selbst oder dem Prozessgegner rechtsverbindlich beeinflusst werden können, der Justizgewähranspruch grundsätzlich berührt ist. In diesen Fällen muss der Ausschlussakt mithin in jedem Fall auch diese weitere Person umfassen.[131] Andersherum müssen Ausnahmen jedenfalls dort gelten, wo keinerlei Einfluss auf die prozessualen Wirkungen im eigenen Prozessrechtsverhältnis zu erwarten sind.[132] Möchte man das Gebot des sichersten Weges befolgen, so sollte jedoch auch in diesen Fällen eine Zustimmung eines jeden Verfahrensbeteiligten zur Durchführung eines gemeinsamen Schiedsverfahrens, die den strengen Anforderungen eines Ausschlussakts gerecht wird, eingeholt werden.

Zusammengefasst ist es stets notwendig, dass in Bezug auf das eigene Prozessrechtsverhältnis der Justizgewähranspruch ausgeschlossen ist. In Bezug auf weitere Personen und Prozessrechtsverhältnisse, die an dem eigenen Schiedsverfahren beteiligt und in ihm mitbeschieden werden sollen, gilt zu differenzieren zwischen solchen Personen und Prozessrechtsverhältnissen, die auf das eigene einen Einfluss haben und damit die prozessualen Wirkungen, denen man selbst ausgesetzt sind, beeinflussen können. Auch hier ist der Justizgewähranspruch berührt und damit rechtskonform auszuschließen. Die Beteili-

---

[130] Ob es einer Zustimmung zur Einbeziehung weiterer Personen in das vertrauliche Schiedsverfahren bedarf, ist eine andere Frage, in die sogleich in Kapitel 4 – B.I.3. behandelt wird.

[131] Ersichtlich der Fall sein muss dies im Falle der notwendigen Streitgenossenschaft, in denen das eigene Prozessrechtsverhältnis auch von den anderen Streitgenossen beeinflusst wird, dazu im Einzelnen aber noch in Kapitel 5 – A.II.2. und B.II.1. Zu weiteren Grenzfällen siehe Kapitel 5 – B.I.1.

[132] So besteht im Schiedsverfahren, das schließlich nicht den Voraussetzungen der §§ 59 f. ZPO unterliegt, grundsätzlich auch die Möglichkeit, völlig voneinander unabhängige Prozessrechtsverhältnisse in einem Schiedsverfahren zu bündeln, vgl. dazu im Einzelnen noch in Kapitel 5 – A.II.1.

gung solcher Personen und Prozessrechtsverhältnisse, die auf das eigene keinerlei Einfluss haben, berühren den Justizgewähranspruch hingegen nicht, sodass insoweit strenggenommen kein Ausschlussakt notwendig ist. Aus Gründen der Rechtssicherheit bietet es sich aber auch hier an, den erforderlichen Ausschluss des Rechts auf staatlichen Rechtsschutz mit dem Einverständnis zur Beteiligung Weiterer an dem Schiedsverfahren zu verbinden und die strengeren Maßstäbe auch hier anzusetzen.[133] Das sollte auch bei der geplanten Aufnahme von Bestimmungen für Mehrparteienschiedsverfahren in das Zehnte Buch der ZPO berücksichtigt werden.[134]

b) Subjekt eines Grundrechtsausübungsverzichts

Der einfachste und rechtssicherste Weg zur Wahrung der Zugangsgarantie ist es auch im Falle einer subjektiven Erweiterung des deutschen Schiedsverfahrensrechts, einen verfassungskonformen Grundrechtsausübungsverzicht herbeizuführen.[135] Dabei kann man das auch international als Regelfall vorgesehene Regelungsmodell des § 1029 ZPO zum Vorbild nehmen, indem der Grundrechtsausübungsverzicht in Form einer Unterwerfung unter die Zuständigkeit des Schiedsgerichts in eine vertragliche Form gegossen wird.

Doch auch dann, wenn die Person bloß am Verfahren beteiligt sein soll, bedarf es eines wirksamen Ausschlussakts in Bezug auf die Zugangsgarantie, soll die von einem privaten Spruchkörper anstelle eines staatlichen Richters getroffene Entscheidung auch ihr gegenüber prozessuale Wirkung entfalten, etwa in Form einer Interventionswirkung im Folgeverfahren.[136] Auch hier ist der zielführendste Weg ein freiwilliger und nachweisbarer, möglichst im Vorhinein und in vertraglicher Form erklärter Grundrechtsausübungsverzicht des Betroffenen.

c) Subjekt einer wirksamen Schiedsverfügung

Angeknüpft werden kann aber auch an das schiedsverfahrensrechtliche Institut der Schiedsverfügung in § 1066 ZPO. Denn gerade am Beispiel der erbrechtlichen Auseinandersetzung im Falle des Vorliegens einer Schiedsverfügung kraft letztwilliger Verfügung ist es gut vorstellbar, dass mehrere Personen im Rechtsstreit aufeinandertreffen, die allesamt Subjekte der Schiedsverfügung sind. Und auch im Falle der gesellschaftsrechtlichen Beschlussmängelstreitig-

---

[133] Die weiteren Zustimmungen, die in diesen Fällen sowieso notwendig sind, sind Gegenstand des Kapitels 4 – B.I.3.

[134] Was im aktuellen Eckpunktepapier des Bundesministeriums der Justiz noch nicht der Fall zu sein scheint, wo lediglich von einer Regelung zur Bildung des Schiedsgerichts die Rede ist, vgl. das Eckpunktepapier des Bundesministeriums der Justiz zur Modernisierung des deutschen Schiedsverfahrensrechts vom 18. April 2023, S. 2, Punkt III.1.

[135] Siehe dazu im Einzelnen bereits oben in Kapitel 3 – A.I.1.

[136] Dazu im Einzelnen noch in Kapitel 5 – B.I.1.

keiten, in denen die wohl überwiegende Ansicht den zugrundeliegenden Ausschlussakt aus der Gesellschaftssatzung über § 1066 ZPO herleitet, die sämtliche Gesellschafter bindet, kommt, wenn man der herrschenden Auffassung folgen will, die Schiedsverfügung in einer potenziellen Mehrpersonenkonstellation zum Einsatz.[137]

Damit kann auch bei einer subjektiven Erweiterung des deutschen Schiedsverfahrensrecht der erforderliche Ausschlussakt grundsätzlich in einer Schiedsverfügung im Sinne des § 1066 ZPO liegen, um die verfassungsrechtlichen Anforderungen an eine solche Erweiterung insoweit zu erfüllen.[138]

d) Erweiterbarkeit der schiedsgerichtlichen Zuständigkeitsbegründung kraft Präklusion?

Schwieriger zu beantworten ist jedoch die Frage, ob auch die Zuständigkeitsbegründung kraft Präklusion bei einer Erweiterung des Anwendungsbereichs des deutschen Schiedsverfahrensrechts eine Rolle spielen kann. Denn die Besonderheit besteht hier darin, dass jedenfalls die unwillentliche Präklusion einen unvermeidbaren – dann verfassungsrechtlich zu rechtfertigenden – Grundrechtseingriff darstellt. Hier muss aufgrund der Anknüpfung der im Zehnten Buch vorgesehenen Kontrollmechanismen im laufenden Schiedsverfahren an den Parteibegriff, die nur den Verfahrensparteien gegenüber statthaft sind, unterschieden werden zwischen solchen Fallgruppen, in denen eine Verfahrensparteistellung vorliegt und zwischen solchen, in denen die Verfahrensparteistellung fehlt und eine bloße Verfahrensbeteiligung gewünscht ist.

Im ersteren Falle sind die Kontrollmechanismen des § 1040 Absatz 2 und 3 ZPO ohne Weiteres auf die Verfahrensparteien anwendbar und damit statthaft, sodass ein Unterlassen der fristgerechten Inanspruchnahme jedenfalls in Bezug auf das jeweilige Subjekt zu einer Zuständigkeitsbegründung des Schiedsgerichts kraft Präklusion führt. Schwieriger wird es jedoch dann, wenn aufgrund einer fehlenden Verfahrensparteistellung auch keine Antragsbefugnis in Bezug auf die Kontrollmechanismen des Zehnten Buchs der ZPO besteht.[139] Eine auf Grundlage der Vorschriften des Zehnten Buchs herbeigeführte Präklusion im

---

[137] Wenn hierbei auch hoch umstritten ist, ob die Gesellschaftssatzung unter die nicht vertragliche Verfügung im Sinne des § 1066 ZPO oder doch unter die vertragliche Schiedsvereinbarung im Sinne des § 1029 ZPO fällt, vgl. Kapitel 3 – A.I.3.b)aa).

[138] Insbesondere ist die Vorschrift des § 1066 ZPO von ihrem Wortlaut her nicht auf die Parteien des Schiedsverfahrens beschränkt. Damit dürfte sie auch bei einer bloßen Verfahrensbeteiligung ohne Verfahrensparteistellung zur Anwendung kommen können. Zu der einschränkenden verfassungskonformen Auslegung des § 1066 ZPO im Einzelnen aber bereits in Kapitel 3 – A.I.3.

[139] Einer Erweiterung der Kontrollmechanismen im deutschen Schiedsverfahrensrecht steht die klare Anordnung des § 1026 ZPO entgegen, wonach staatliche Gerichte im Zusammenhang mit der Schiedsgerichtsbarkeit nur tätig werden dürfen, soweit die Vorschriften des Zehnten Buchs der ZPO dies ausdrücklich vorsehen.

Aufhebungs- und Vollstreckbarerklärungsverfahren dürfte hier mithin nicht möglich sein.[140]

3. Vorliegen der erforderlichen Zustimmungen zur Durchführung des Schiedsverfahrens

Wenn mit dem Vorliegen des erforderlichen Ausschlussakts und einer mit der Wahrung der verfahrensbezogenen Ausgestaltungsgarantien einhergehenden Beteiligungsmöglichkeit nun auch die verfassungsrechtlich notwendigen Elemente einer wirksamen subjektiven Erweiterung des deutschen Schiedsverfahrensrechts mittels Verfahrensvereinbarung erfüllt sind, so stellen sich im Einzelnen noch weitere Anforderungen an die Verfahrensvereinbarung, die den schiedsverfahrensrechtlichen Besonderheiten geschuldet sind.

a) Parteiliche Zustimmung aus Vertraulichkeitsgründen

Nun hat sich im Zusammenhang mit der Untersuchung nach der erforderlichen Reichweite des jeweiligen Ausschlussakts gezeigt, dass das Recht auf staatlichen Rechtsschutz im Zweifel nur im Verhältnis des eigenen Prozessrechtsverhältnisses ausgeschlossen werden muss. Ausnahmen gelten nur dort, wo auch Personen außerhalb des eigenen Prozessrechtsverhältnisses Einfluss auf den Eintritt der prozessualen Wirkungen im eigenen Prozessrechtsverhältnis nehmen können.

Doch auch wenn damit *insoweit* im Einzelfall keine Notwendigkeit der Zustimmung des Einzelnen zur Durchführung eines einzigen Schiedsverfahrens mit mehreren Beteiligten bestehen sollte, so gilt es dennoch den im Schiedsverfahren herrschenden Grundsatz der Vertraulichkeit zu berücksichtigen.[141] Danach bedarf es grundsätzlich einer freiwillig zu erteilenden Zustimmung dazu, dass weitere Personen als diejenigen, die vom Ausschluss des eigenen Justizgewähranspruchs umfasst sind, an dem Schiedsverfahren teilhaben dürfen.[142] Dies betrifft mithin jede Person, die potentiell eine weitere Partei des Schiedsverfahren werden könnte, aber auch jene, die als bloße sonstige Beteiligte am Schiedsverfahren teilhaben und Einblicke in den vertraulichen Prozessstoff erhalten.

---

[140] Zu den Folgeproblemen im Einzelnen noch in Kapitel 5 – B.II.1.c). Zu den Voraussetzungen der schiedsgerichtlichen Zuständigkeitsbegründung kraft Präklusion – insbesondere der Notwendigkeit des Vorliegens eines Säumnisses in der Sphäre des Betroffenen, was eine Statthaftigkeit des betreffenden Kontrollmechanismus voraussetzt – siehe bereits oben in Kapitel 3 – A.I.3.c).

[141] Denn anders als im staatlichen Verfahren gilt im Schiedsverfahren der Öffentlichkeitsgrundsatz des § 169 GVG nicht, siehe bereits oben in Kapitel 3 – A.II.4.

[142] Vor diesem Hintergrund bedurfte es auch der Regelung des § 1042 Absatz 2 ZPO, damit jedenfalls Prozessbevollmächtigte der Parteien des Schiedsverfahrens nicht wirksam ausgeschlossen werden können, vgl. Kapitel 3 – A.II.4.

Um dem Gebot des sichersten Weges zu folgen, bietet es sich an, auch diese Zustimmung den strengen Anforderungen eines Grundrechtsausübungsverzichts genügen zu lassen und sie insbesondere auf nachweisbare Weise festzuhalten. Der üblichste Weg dürfte aber ohnehin sein, die Möglichkeit eines Mehrparteienschiedsverfahrens oder einer Drittbeteiligungsmöglichkeit bereits im zugrundeliegenden Ausschlussakt vorzusehen, und diesem Erfordernis so gerecht zu werden.[143]

b) Zustimmung des Schiedsgerichts?

Zuletzt stellt sich die Frage, inwieweit auch das Schiedsgericht der Beteiligung mehrerer Personen an einem Schiedsverfahren zustimmen muss – schließlich mag dies im Zweifel einen erhöhten Arbeitsaufwand zur Folge haben und damit aber auch eine Erhöhung seines Vergütungsanspruchs rechtfertigen. Handelt es sich bei der dem Schiedsverfahren zugrundeliegenden Verfahrensvereinbarung um eine vorprozessuale, so bedarf es keiner zusätzliche Zustimmung seitens des Schiedsgerichts, richtet sich in diesem Fall doch der Schiedsrichtervertrag grundsätzlich nach deren Inhalt, wenn der Schiedsrichter sein Mandat annimmt.[144] Eine Ausnahme muss mithin nur dann gelten, wenn die Beteiligung weiterer Personen am Schiedsverfahren erst nach der Bestellung des Schiedsrichters erstmalig ins Spiel kommt und die zugrundeliegende Verfahrensvereinbarung bisher keine entsprechenden Bestimmungen enthielt.

Ganz regelmäßig bedarf es mithin einer Zustimmung einer jeden Verfahrenspartei dazu, dass außerhalb des eigenen Prozessrechtsverhältnisses weitere Personen an dem Schiedsverfahren beteiligt werden. Einer gesonderten Zustimmung des Schiedsgerichts bedarf es nur dann, wenn die Beteiligung weiterer Personen an dem Schiedsverfahren nicht von vorneherein feststand.

4. Zusammenfassung: Notwendige Elemente für eine verfassungskonforme Erweiterung des deutschen Schiedsverfahrensrechts

Der Versuch einer Abstraktion der Regelungsgedanken, die sich im Zehnten Buch der ZPO wiederfinden, zu einer Formel, die eine verfassungskonforme subjektive Erweiterung des deutschen Schiedsverfahrensrecht mittels Verfahrensvereinbarung ermöglichen soll, hat gezeigt, dass im Einzelnen unterschieden werden muss zwischen dem Wunsch nach einer Verfahrensparteistellung einerseits und einer bloßen Verfahrensbeteiligung andererseits, da die beiden Formen der Verfahrensbeteiligung unterschiedliche Anforderungen an den Umfang der betreffenden kautelarjuristischen Regelung mit sich bringen. Abgebildet werden muss in beiden Fällen das Vorliegen eines Ausschlussakts in Bezug auf den Zugang zu staatlichem Rechtsschutz und die Möglichkeit der

---

[143] Dazu im Einzelnen aber in Kapitel 5 – A.I.1. und B.I.1.
[144] Vgl. *Henn*, S. 58, Rn. 136; *Wolff*, SchiedsVZ 2008, 59, 60 f.

Verfahrensbeteiligung, die mit der Wahrung der verfahrensbezogenen Ausgestaltungsgarantieren einhergeht. Zudem bedarf es der Zustimmung zur Beteiligung weiterer Personen am vertraulichen Schiedsverfahren. Es gilt daher nun zu untersuchen, inwieweit die Verfahrensvereinbarung hierfür das geeignete Mittel darstellen kann.

II. Die Verfahrensvereinbarung als Mittel zum Zweck?

Steht nun fest, welche Grundanforderungen eine subjektive Erweiterung des deutschen Schiedsverfahrensrechts grundsätzlich erfüllen muss, so stellt sich die Frage nach der praktischen Umsetzbarkeit einer solchen Erweiterung. Da es – im Hinblick auf Mehrparteienschiedsverfahren jedenfalls derzeit noch[145] – an gesetzlichen Regelungen fehlt, ist es Aufgabe der Nutzer der Schiedsgerichtsbarkeit einerseits und die der etablierten Schiedsinstitutionen andererseits, hier tätig zu werden und eigene Bestimmungen aufzustellen, welche die gewünschten Erweiterungen des gesetzlichen Regelwerks zum Gegenstand haben.[146]

1. Das Rechtskonstrukt der Verfahrensvereinbarung im Schiedsverfahrensrecht

Die Verantwortung zur Herbeiführung einer subjektiven Erweiterung des deutschen Schiedsverfahrensrechts liegt also in der Hand der Schiedsinstitutionen und der Nutzer der Schiedsgerichtsbarkeit. Es liegt an ihnen, Bestimmungen zu schaffen, die der Staat akzeptieren kann, um auf ihrer Grundlage Schiedsverfahren und Schiedsspruch weitergehende Wirkungen zukommen zu lassen, als gesetzlich vorgesehen. Damit ist Mittel zum Zweck die Verfahrensvereinbarung.[147] Als Prozessverträge[148] werden solche Vereinbarungen gewertet, deren unmittelbare Hauptwirkung im Prozessrecht liegt, was sie als Parteiprozesshandlungen ausweist.[149] Sie stellen ein Zwitterwesen aus materiell-rechtli-

---

[145] Vgl. zum entsprechenden Reformvorhaben das Eckpunktepapier des Bundesministeriums der Justiz zur Modernisierung des deutschen Schiedsverfahrensrechts vom 18. April 2023, S. 2, Punkt III.1.

[146] Stn. RA BT, BT-Drucks. 13-9124, S. 44.

[147] In aller Regel wird es sich bei dieser Verfahrensvereinbarung um eine Schiedsvereinbarung als Verfahrensvereinbarung im engeren Sinne handeln. Da sich allerdings gezeigt hat, dass es auch andere Möglichkeiten als den Abschluss einer Schiedsvereinbarung gibt, um die schiedsgerichtliche Zuständigkeit begründen zu können, vgl. nur Kapitel 3 – A.I.3. und 4., wird hier bewusst der neutrale Oberbegriff der Verfahrensvereinbarung gewählt.

[148] Der gängige Begriff ist in der einschlägigen Literatur der des Prozessvertrags, vgl. nur *Wagner*. Aufgrund der Beziehung zur Schiedsvereinbarung soll im Folgenden aber von Verfahrensvereinbarung gesprochen werden.

[149] *Musielak*, in: Musielak/Voit, ZPO, Vor § 1, Rn. 66 – weswegen sie grundsätzlich selbst eine jedenfalls spätere Prozessparteistellung der Betroffenen denklogisch voraussetzen, dazu im Einzelnen aber sogleich in Kapitel 4 – C.II.2.

chen und prozessrechtlichen Komponenten dar und sind nicht nur in der Schiedsgerichtsbarkeit ein anerkanntes Instrument für Verfahrensparteien, um ein Verfahren in gewisse Bahnen zu lenken und zu gestalten, sondern auch in staatlichen Gerichtsverfahren.[150] Anders nur als im Rahmen des staatlichen Gerichtsverfahrens besteht im Zusammenhang mit der Schiedsgerichtsbarkeit ein sehr viel größerer Gestaltungsspielraum, da sie ihrem Wesen nach schließlich primär Ausfluss des Grundrechts auf Privatautonomie ist und der Staat sie in weitaus weniger Schranken weist als die staatliche Gerichtsbarkeit.[151]

Die Verfahrensvereinbarung kann auf unterschiedliche Weise ausgestaltet sein. So kann sie in Form einer Schiedsvereinbarung getroffen werden, mit über den in § 1029 Absatz 1 ZPO vorgesehenen Inhalt hinausgehenden Bestimmungen zur Durchführung des Schiedsverfahrens, wie es § 1042 Absatz 3 Alternative 1 ZPO vorsieht. Auch vom Gesetzgeber vorgesehen und allgemein anerkannt ist aber die Möglichkeit der Nutzer der Schiedsgerichtsbarkeit, auf eine schiedsrichterliche Verfahrensordnung Bezug zu nehmen, § 1042 Absatz 3 Alternative 2 ZPO, wobei hier den Regelfall die Verfahrensordnung einer etablierten Schiedsinstitution bilden dürfte. Damit stellt die Verfahrensvereinbarung grundsätzlich das geeignete Werkzeug für eine subjektive Erweiterung des deutschen Schiedsverfahrensrechts dar.[152]

---

[150] Ein Zwitterwesen ist die Verfahrensvereinbarung deswegen, weil sich ihre Zulässigkeit und Wirkung zwar grundsätzlich nach dem Prozessrecht richtet, sich ihr Zustandekommen aber nach den Vorschriften des BGB bestimmt, vgl. *Musielak*, in: Musielak/Voit, ZPO, Vor § 1, Rn. 66.

[151] Dies zeigt auch die eindeutige Vorschrift des § 1042 Absatz 3 ZPO, wonach der Gestaltungsfreiheit der privaten Akteure nur die zwingenden Vorschriften des Zehnten Buchs der ZPO entgegenstehen, dazu auch bereits oben in Kapitel 3 – C.

[152] Die Anforderungen, die an eine Parteivereinbarung im Sinne einer kautelarjuristischen Regelung einerseits und an eine Schiedsverfahrensordnung einer Schiedsinstitution andererseits zu stellen sind, unterscheiden sich insoweit nicht, sodass es im Weiteren unerheblich ist, ob die eine oder die andere Alternative in der Umsetzung gewählt wird. Beide Instrumente haben ihre Vor- und Nachteile. So kann eine kautelarjuristische Bestimmung vollständig auf den betreffenden Rechtsstreit und die beteiligten Akteure zugeschnitten werden, während die Verfahrensordnung einer Schiedsinstitution in der Regel dadurch Rechtssicherheit bietet, dass sie von Expertenkommissionen, oftmals auch in Zusammenarbeit mit staatlichen Einrichtungen, ausgearbeitet werden, wie etwa die DIS-Schiedsgerichtsordnung von 2018, die von namhaften Schiedsexperten sowie Unternehmensvertretern und Wissenschaftlern mit langjähriger Erfahrung mit Schiedsverfahren aus dem In- und Ausland entwickelt wurde, vgl. *Theune*, in: Schütze, Institutionelle Schiedsgerichtsbarkeit, S. 246, Rn. 7, und durch ihre vielfache Anwendung im Zweifel bereits gerichtlich auf ihre Wirksamkeit hin überprüft worden sind. Möglich ist aber auch eine Kombination aus beiden Instrumenten, um größtmögliche Rechtssicherheit zu gewährleisten aber zugleich den Besonderheiten des Einzelfalls Rechnung tragen zu können.

2. Möglichkeiten und Grenzen der privatautonomen Gestaltungsfreiheit

Dies wirft die Frage auf, welche Drittbeteiligungs- und Mehrpersonenmodelle die Verfahrensvereinbarung im Einzelnen abzubilden vermag – und wo sie möglicherweise an ihre Grenzen stößt.

a) Vorprozessual absehbare Mehrparteien- und Drittbeteiligungsmodelle

Als verfahrensgestaltende Vereinbarung ist die Verfahrensvereinbarung immer dann als geeignetes Werkzeug für eine subjektive Erweiterung des deutschen Schiedsverfahrensrechts einsetzbar, wenn sie Konstellationen abdecken soll, die bereits vor Beginn des Schiedsverfahrens, besser noch vor Entstehen des Streitfalls, abzusehen sind und in denen die erforderlichen Zustimmungen zu der Verfahrensvereinbarung bereits zu diesem Zeitpunkt auf verbindliche Weise eingeholt werden kann. Denn so kann einerseits sichergestellt werden, dass die vom Streitfall betroffenen Personen von Beginn an am Verfahren teilhaben können und das Schiedsgericht ihnen gegenüber so zur Wahrung ihrer verfahrensbezogenen Ausgestaltungsgarantien angehalten wird und sie andererseits Subjekte eines wirksamen Ausschlussakts sind – kurzum, das Grundkonzept des deutschen Schiedsverfahrensrechts, das Freiwilligkeit und positive Grundrechtswahrung in den Vordergrund stellt, vollständig bewahrt wird. Jedes spätere Auftreten der entsprechenden Konstellation ist hingegen stets mit erhöhtem Regelungsaufwand und insbesondere mit größerer Rechtsunsicherheit behaftet.[153] Besonders deutlich wird dies im Falle des Auftretens der betreffenden Konstellation erst nach der vollständigen Bildung des Schiedsgerichts, wenn das Recht des Betroffenen auf Teilnahme an der Zusammensetzung des Schiedsgerichts rein faktisch nicht mehr möglich ist.[154]

Die Konstellationen, die im Rahmen von Mehrpersonen- und Drittbeteiligungsmodellen im Schiedsverfahren mittels Verfahrensvereinbarung abgedeckt werden können, sind mithin insbesondere solche, in denen von vorneherein, also jedenfalls vor der finalen Konstituierung des Schiedsgerichts, feststeht, wer über den gesetzlich abgesteckten Rahmen hinaus am Schiedsverfahren beteiligt und auf wen die Wirkungen von Schiedsverfahren und Schiedsspruch über den Anwendungsbereich des Zehnten Buchs hinaus erstreckt werden sollen. Dies betrifft damit sämtliche Fälle der Mehrparteienschiedsgerichtsbarkeit sowie der Drittbeteiligung im laufenden Schiedsverfahren, in de-

---

[153] Im Zusammenhang mit der Herbeiführung einer *inter omnes*-artigen Wirkungserstreckung eines Schiedsspruchs macht der Bundesgerichtshof deutlich, dass die entsprechende Verfahrensvereinbarung dort sogar zwingend bereits vorprozessual getroffen werden müsse, BGHZ 180, 221, 227 („Schiedsfähigkeit II").

[154] Siehe dazu im Einzelnen noch in Kapitel 5 – A.I.3.a) sowie als eigener Problemkreis die Rechtsnachfolge in Kapitel 6 – C. und D.

nen eine entsprechende Beteiligung bereits zu Beginn abzusehen ist und die damit bereits vorprozessual geregelt werden kann.[155]

b) Fälle der schiedsverfahrensrechtlichen Rechtsnachfolge

Doch wenn die Verfahrensvereinbarung damit auch einen großen Teil der Konstellationen, die über einen Zweipersonenrechtsstreit hinausgehen, abzudecken vermag, so stößt sie in manchen Konstellationen doch an ihre Grenzen. Dies gilt immer dann, wenn das Auftreten des Dritten im Zweifel unvorhersehbar, aber zugleich unabwendbar ist, es aber dennoch zwingend notwendig ist, dass der Erfolg des bisherigen und weiteren Verfahrensverlaufs nicht in das Gutdünken des Dritten gestellt wird – kurzum eine Wirkungserstreckung von Schiedsvereinbarung, Schiedsverfahren und Schiedsspruch auch ohne oder sogar gegen den Willen des Dritten erforderlich ist: die Rechtsnachfolge.[156]

So ist, jedenfalls sobald das Schiedsgericht vollständig konstituiert ist, rein faktisch eine Beteiligung der betroffenen Person an der Bildung des Schiedsgerichts nicht mehr möglich, möchte man den Konstituierungsprozess nicht von Neuem beginnen. Eine entsprechende Verfahrensvereinbarung ließe sich zugleich nur mit der Zustimmung des Rechtsnachfolgers selbst schließen, weswegen er es grundsätzlich in der Hand hätte, über den Erfolg des bisherigen und auch des weiteren Verfahrens zu bestimmen – was mit dem Bedürfnis des Prozessgegners nach Rechtssicherheit und insbesondere nach Rechtsfrieden aber eindeutig nicht vereinbar ist. Hier gelangt die Verfahrensvereinbarung, die sich stets am Verbot von Verträgen zulasten Dritter messen lassen muss, eindeutig an ihre Grenzen. Denn es handelt sich rechtsdogmatisch um eine Grundrechtskollision, im Rahmen derer der Wille des Rechtsnachfolgers im Einzelnen zurückstehen soll – und zu deren entsprechenden Auflösung daher nur der Gesetzgeber berufen ist.[157]

Noch deutlicher werden die Grenzen der Verfahrensvereinbarung aber im Falle einer gewünschten Erstreckung der Wirkungen eines Schiedsspruchs auf eine Person, die überhaupt erst nach Abschluss des Schiedsverfahrens und nach Erlass des Schiedsspruchs auftritt, also in einem Zeitpunkt, wo eine Beteiligung des Betroffenen am Verfahren und damit auch eine Gewährung rechtlichen Gehörs und die Durchführung eines fairen Verfahrens in Bezug auf diese Person allein faktisch nicht mehr möglich ist – es sei denn, das betreffende Verfahren würde gänzlich von neuem geführt. Dass einer erneuten Durchführung des Verfahrens das verfassungsrechtlich geschützte Bedürfnis nach

---

[155] Dazu im Einzelnen in Kapitel 5.

[156] Denn auch der Rechtsnachfolger ist – jedenfalls zunächst – nicht Verfahrenspartei und fällt, wie sich in Kapitel 6 noch im Einzelnen zeigen wird, aus dem engen Anwendungsbereich der Vorschriften des Zehnten Buchs der ZPO heraus.

[157] So der Gesetzesvorbehalt in Artikel 20 Absatz 3 GG, vertiefend dazu *Jarass*, in: Jarass/Pieroth, GG, Artikel 20, Rn. 51 f. mit zahlreichen weiteren Nachweisen.

Rechtsfrieden seitens des Prozessgegners entgegensteht, wird in dieser Konstellation ganz besonders deutlich. Doch was geschieht in Abwesenheit einer freiwilligen Unterwerfung einer erst nach Abschluss des Rechtsstreits auftretenden Person unter den vorhandenen Schiedsspruch als Ausdruck eines Grundrechtsverzichts in Bezug auf ihre rechtsstaatlich geschützten Verfahrensgarantien? Auch insoweit kann der Ball nicht erfolgreich in das Feld des Rechtsanwenders gespielt werden.

Damit ist die Verfahrensvereinbarung immer dann limitiert, wenn die Personen, auf welche die prozessualen Wirkungen von Schiedsverfahren und Schiedsspruch erstreckt werden sollen, entweder gar nicht bekannt sind und daher eine vorprozessuale Vereinbarung gar nicht möglich ist, oder, wenn die Person überhaupt erst nach Abschluss des Schiedsverfahrens und damit nach Erlass des Schiedsspruchs auf den Plan tritt. Denn dann gelangt das vom Bundesgerichtshof auf Grundlage des deutschen Schiedsverfahrensrechts aufgestellte Grundkonzept der Freiwilligkeit und positiven Grundrechtswahrung als Voraussetzung für eine Erstreckung der Schiedsspruchwirkungen an seine Grenzen. Die Rechtsnachfolge muss mithin von den hier aufzustellenden Leitlinien zur subjektiven Erweiterung des deutschen Schiedsverfahrensrechts mittels Verfahrensvereinbarung ausgeklammert werden und in einem eigenen Kapitel daraufhin untersucht werden, ob der Gesetzgeber insoweit berechtigterweise davon abgesehen hat, entsprechende spezielle Regelungen in das deutsche Schiedsverfahrensrecht aufzunehmen.[158]

3. Erweiterbarkeit der Wirkungen eines Schiedsspruchs mittels Verfahrensvereinbarung

Soll nun eine Durchsetzbarkeit des Schiedsspruchs auch gegenüber Nicht-Verfahrensparteien ermöglicht werden, bedarf es neben der Erweiterung der einfach-gesetzlichen Verpflichtungsnormen im Zehnten Buch der ZPO zusätzlich einer Erweiterung der in § 1055 ZPO gesetzlich angeordneten Wirkung des Schiedsspruchs, die sich schließlich allein auf die Parteien des Schiedsverfahrens beschränkt.[159] Fraglich ist jedoch, ob eine solche erweiterte Wirkungserstreckung überhaupt Gegenstand einer Verfahrensvereinbarung sein kann, also insbesondere, ob eine Verfahrensvereinbarung auch eine *prozessual* relevante Wirkungserstreckung des Schiedsspruchs herbeiführen kann.[160]

---

[158] Und zwar in Kapitel 6.
[159] *BGH*, SchiedsVZ 2022, 86, 88, Rn. 19 ff. („Schiedsfähigkeit IV"); BGHZ 132, 278, 286 („Schiedsfähigkeit I"). Eine Unterwerfung unter die *zwangsweise* Durchsetzbarkeit des Schiedsspruchs bedarf es in Fällen der bloßen Drittbeteiligung regelmäßig meist nicht. Zur subjektiven Reichweite der zwangsweisen Durchsetzung aber noch in Kapitel 6 – D.II.2.
[160] Oder aber lediglich eine materiell-rechtliche Unterwerfung des Betroffenen unter den Schiedsspruch in Frage kommt, die im Falle des Zuwiderhandelns erst einmal nur schuld-

B. Anforderungen an Verfahrensvereinbarung

Angesetzt werden kann dafür bei der Frage, ob und inwieweit die Rechtskraftwirkung eines staatlichen Gerichtsurteils erweitert werden kann. Verständlich ist es zunächst, eine *Beschränkung* der Rechtskraftwirkung gerichtlicher Urteile kritisch zu betrachten, da jedenfalls im staatlichen Gerichtsverfahren neben dem Bedürfnis nach Rechtsfrieden insbesondere auch staatliche und damit allgemeine Interessen berührt sind, etwa die Vermeidung einer Überlastung des staatlichen Gerichtssystems durch mehrfache Inanspruchnahme der Gerichte in derselben Sache.[161] Zum Teil wird aber auch eine *Erweiterung* der Rechtskraftwirkung im staatlichen Verfahren abgelehnt, mit dem Argument, die Rechtskraft sei Ausdruck staatlicher Autorität, die nicht mittels Parteivereinbarung erweitert werden könne.[162] Dieser Annahme steht jedoch das Rechtsinstitut der gewillkürten Prozessstandschaft im staatlichen Gerichtsverfahren entgegen, das schließlich eine anerkannte Möglichkeit der Erweiterung der Rechtskraft gerichtlicher Urteile mittels Parteivereinbarung darstellt.[163] Mithin ist festzuhalten, dass die Rechtskraftwirkung eines gerichtlichen Urteils durchaus mittels Verfahrensvereinbarung erweitert werden kann.[164]

Wenn nun aber bereits die Rechtskraftwirkung eines Gerichtsurteils mittels Verfahrensvereinbarung erweitert werden kann, so muss dies erst recht im Schiedsverfahren gelten, wo die Gestaltungsfreiheit der privaten Akteure viel weitreichender ist als im staatlichen Verfahren. Auch spielen hier die öffentlichen Belange, wie die Vermeidung einer mehrfachen Inanspruchnahme der staatlichen Gerichte, kaum eine Rolle.[165] Daher kann die Wirkung des Schieds-

---

rechtliche Schadensersatzansprüche auslöst. Dazu aber im Einzelnen noch in Kapitel 5 – B.II.2.c)aa).

[161] „Mangels Disponibilität des öffentlichen Interesses an § 322 ZPO kann diese Vorschrift im Zivilprozess nicht abbedungen werden", Wagner, in: Die Beteiligung Dritter an Schiedsverfahren, S. 7, 49. Zum Schutzzweck der Rechtskraft vgl. nur BVerfGE 88, 118, 123 ff.; 60, 253, 267 ff.; 47, 146, 161 und 165; 22, 322, 329; Jarass, in: Jarass/Pieroth, GG, Artikel 20, Rn. 109; Schulze-Fielitz, in: Dreier, GG, Artikel 20, Rn. 150;

[162] *Bosch*, S. 122.

[163] Ganz herrschende Ansicht, vgl. nur BGHZ 78, 1, 7 f.; *Gottwald*, in: MüKo ZPO, § 325, Rn. 61; *Rosenberg/Schwab/Gottwald*, ZPO, § 46, Rn. 33 f.; *Wagner*, in: Die Beteiligung Dritter an Schiedsverfahren, S. 7, 49. *Lühmann*, S. 328 verweist außerdem auf den Musterprozess, in welchem die Parteien einem dort ergehenden Urteil weitergehende Wirkungen verleihen können, welche das Gericht im Folgeverfahren berücksichtigen muss, dazu auch *Wagner*, S. 238 ff. Anders verhält es sich aber mit einer Erweiterung der Fallgruppen der notwendigen Streitgenossenschaft. Hier sei die gesetzliche Regelung des § 62 ZPO „abschließend und zwingend; eine Erweiterung der Fälle im Wege der Parteivereinbarung oder durch Tarifvertrag ist nicht möglich", *Bendtsen*, in: Saenger, ZPO, § 62, Rn. 2 mit weiteren Nachweisen.

[164] Vertiefend zu der aus Gründen des Drittschutzes notwendigen Beschränkung der Möglichkeiten einer Erweiterung der gesetzlichen Rechtskraftwirkungen im staatlichen Gerichtsverfahren allerdings *Schack*, NJW 1988, 865, 869 ff.

[165] *Wagner*, in: Die Beteiligung Dritter an Schiedsverfahren, S. 7, 49 – höchstens im sehr beschränkten Aufhebungs- und Vollstreckbarerklärungsverfahren.

spruchs, die in § 1055 ZPO auf die Parteien eines Schiedsverfahrens beschränkt ist, zulässigerweise mittels Verfahrensvereinbarung erweitert werden.[166] Damit im Einklang steht auch die vom Reformgesetzgeber von 1998 bestätigte Rechtsprechung des Bundesgerichtshofs zur „Schiedsfähigkeit" von gesellschaftsrechtlichen Beschlussmängelstreitigkeiten, welche auf die Zulässigkeit der Herbeiführung einer *prozessual* relevanten *inter omnes*-Wirkung des Schiedsspruchs mittels Verfahrensvereinbarung eingeht.[167]

Daneben bleibt es den Akteuren selbstverständlich unbenommen, zusätzlich oder alternativ eine *schuldrechtliche* Unterwerfungsverpflichtung unter den Schiedsspruch in die Verfahrensvereinbarung aufzunehmen, wie es etwa auch in Bezug auf die Wirkungserstreckung gerichtlicher Urteile in personengesellschaftsrechtlichen Beschlussmängelstreitigkeiten derzeit oftmals noch gehandhabt wird.[168]

4. *Erweiterbarkeit der gerichtlichen Kontrollmechanismen im Zehnten Buch der ZPO?*

Zuletzt haben der Bundesgerichtshof und der Reformgesetzgeber von 1998 klargestellt, dass die subjektive Erweiterung des deutschen Schiedsverfahrens-

---

[166] So auch *Wagner*, in: Die Beteiligung Dritter an Schiedsverfahren, S. 7, 49 ff.; *Pika*, ZZP 2018, 225, 255 f. *Lühmann* hingegen will so weit gehen, die Beschränkung der Wirkung der Rechtskraft eines Schiedsspruchs, wie sie in § 1055 ZPO erfolgt, gänzlich abschaffen zu wollen und sie vollständig in das Gutdünken der Parteien zu stellen, *Lühmann*, S. 348 ff. Dagegen einzuwenden ist jedoch, dass zumindest für den Fall, dass die Parteien es unterlassen haben, eine eigene Bestimmung zur Rechtskraftwirkung zu treffen, eine gesetzliche Auffangregelung vorhanden sein muss.
[167] BGHZ 180, 221, 224 und Ls. („Schiedsfähigkeit II"); und damit übereinstimmend Begr. RegE, BT-Drucks. 13/5274, S. 35 und Stn. RA BT, BT-Drucks. 13-9124, S. 44 – schließlich soll nach der Rechtsprechung des Bundesgerichtshofs eine tatsächliche Analogiebildung zu den prozessual wirksamen Rechtsinstituten des staatlichen Verfahrens mittels Verfahrensvereinbarung herbeigeführt werden können.
[168] Zur Nachbildung eines solchen Konstrukts im privaten Schiedsverfahren im Einzelnen aber noch in Kapitel 5 – B.II.1.b)bb). Einen rein schuldrechtlichen Ansatzpunkt wählen im Hinblick auf eine schiedsverfahrensrechtliche Streitverkündung auch die Munich Rules, zweigleisig fährt hingegen der Diskussionsentwurf der DIS-ERS, dazu eingehend in Kapitel 5 B.II.2.c). Einen materiell-rechtlich verwurzelten Ansatz wählt auch *Zerhusen*, der davon ausgeht, dass das Schiedsgericht gemäß § 317 BGB mit der Festlegung der maßgeblichen Tatsachen belegt werde, sodass die Entscheidung des Schiedsgerichts im Folgeverfahren unter Anwendung des materiellen Rechts bindend sei, *Zerhusen*, in: FS Thode, S. 355, 364. Wie der Bundesgerichtshof richtigerweise deutlich gemacht hat, lassen sich seine Anforderungen an eine Wirkungserstreckung des Schiedsspruchs aber auch durch eine rein materiell-rechtliche Anknüpfung nicht umgehen, *BGH*, SchiedsVZ 2022, 86, 88 Rn. 15, 18 ff. („Schiedsfähigkeit IV").

rechts unter der Aufsicht der staatlichen Gerichte zu erfolgen hat.[169] Die Frage ist allerdings, an welcher Stelle diese gerichtliche Kontrolle einsetzt – und ob sie ausreichend ist.

a) Beschränkung der Kontrollmechanismen im laufenden Schiedsverfahren auf die Verfahrensparteien

Betrachtet man die Kontrollmechanismen, die im Zehnten Buch der ZPO im laufenden Schiedsverfahren vorgesehen sind, so sind sie ausnahmslos an den Verfahrensparteibegriff geknüpft – und damit auch nur dann einschlägig, wenn eine *Verfahrenspartei* von ihnen Gebrauch macht.[170] Darüber hinaus sind auch die Verpflichtungsnormen, deren Einhaltung in den laufenden Kontrollmechanismen überprüft wird, selbst an die Parteien des Schiedsverfahrens geknüpft, sodass, sollte es an der Stellung der Verfahrenspartei fehlen, die staatliche Kontrolle bereits aus diesem Grund ins Leere ginge.[171] Fehlt es an der Verfahrensparteistellung, fehlt es mithin sowohl an der Statthaftigkeit als auch der Antragsbefugnis der betroffenen Person.

Mithin sind die staatlichen Kontrollmechanismen, die in einem laufenden Schiedsverfahren vorgesehen sind, im Rahmen einer subjektiven Erweiterung des deutschen Schiedsverfahrensrechts dann einschlägig, wenn die gewünschte Erweiterung eine Stellung der betroffenen Person als Verfahrenspartei vorsieht, also insbesondere im Falle der Mehrparteienschiedsgerichtsbarkeit. In allen Fällen, in denen eine solche Verfahrensparteistellung nicht vorliegt, steht der betroffenen Person daher jedenfalls diese Ebene staatlicher Kontrolle nicht zur Verfügung. Einer erweiterten Anwendbarkeit der im laufenden Schiedsverfahren vorgesehenen Kontrollmechanismen steht zugleich die eindeutige Anordnung des § 1026 ZPO entgegen, welche die staatlichen Kompetenzen im deutschen Schiedsverfahrensrecht ausdrücklich auf die im Zehnten Buch der ZPO gesetzlich vorgesehenen beschränkt.[172] Und auch können neue staatliche Zuständigkeiten nicht einfach mittels Verfahrensvereinbarung geschaffen werden, ist dies doch ausschließlich dem Staat selbst vorbehalten.

---

[169] So werde die Zulässigkeit entsprechender kautelarjuristischer Bestimmungen „weiterhin der Lösung durch die Rechtsprechung unter Berücksichtigung der konkreten Umstände des Einzelfalles überlassen", Begr. RegE, BT-Drucks. 13/5274, S. 35.

[170] Vgl. § 1032, § 1034, § 1040 und § 1037 ZPO sowie zum Verfahrensparteibegriff im Zehnten Buch der ZPO in Kapitel 4 – B.I.1.

[171] Vgl. dazu bereits die Ausführungen in Kapitel 4 – B.I.1.

[172] Es fehlt für eine analoge Anwendbarkeit mithin bereits an der Planwidrigkeit der Regelungslücke.

b) Aber Anwendbarkeit der §§ 1059, 1060 ZPO unabhängig von der Verfahrensparteistellung

Doch eine Person ist auch ohne Verfahrensparteistellung nicht vollständig von der im deutschen Schiedsverfahrensrecht gesetzlich vorgesehenen staatlichen Kontrolle abgeschnitten. Denn die nachträglichen Kontrollmechanismen des Aufhebungs- und Vollstreckbarerklärungsverfahrens der §§ 1059, 1060 ZPO sind, anders als die Kontrollmechanismen im laufenden Schiedsverfahren, nicht an den Begriff der Verfahrenspartei geknüpft, sondern offen formuliert. So kann allgemein „der Antragsteller" Aufhebung verlangen, wenn er von der Bestellung eines Schiedsrichters nicht gehörig in Kenntnis gesetzt worden ist, § 1059 Absatz 2 Nummer 1b ZPO, oder eben, die Anerkennung oder Vollstreckung des Schiedsspruchs allgemein dem *ordre public* widerspricht, § 1050 Absatz 2 Nummer 2b ZPO. Und auch die Aufhebungsfrist beginnt erst dann, wenn „der Antragsteller" den Schiedsspruch empfangen hat. Im Rahmen des § 1059 Absatz 1 ZPO antragsbefugt ist mithin grundsätzlich jedermann, der von den Wirkungen eines Schiedsspruchs betroffen ist beziehungsweise betroffen sein soll.[173] Dasselbe gilt für die zwangsweise Durchsetzung, da auch die Vorschrift des § 1060 ZPO in ihrem Wortlaut keine subjektiv einschrän-

---

[173] Dies ist eine – ob bewusste oder unbewusste geht aus der Gesetzesbegründung des Reformgesetzgebers nicht hervor – Abweichung vom Wortlaut des UNCITRAL-Modellgesetzes, wo auch das Aufhebungsverfahren auf die Parteien des Schiedsverfahrens beschränkt ist, vgl. Artikel 34 (2) und (3) und auch Artikel 35 (2) und 36 (1) (a) und (2) UNCITRAL-Modellgesetz. Auch vor der Gesetzesreform von 1998 war die Antragsberechtigung im Aufhebungsverfahren des Zehnten Buchs der ZPO nicht besonders eingegrenzt, vgl. § 1041 ZPO a.F. sowie bereits § 867 der CPO von 1877 („Die Aufhebung des Schiedsspruchs kann beantragt werden"). Nach der herrschenden Ansicht ist die Antragsbefugnis im Aufhebungsverfahren daher – wortlautgetreu – nicht auf die Parteien des Schiedsverfahrens beschränkt, vgl. *OLG Stuttgart*, SchiedsVZ 2003, 84, 86 ff. sowie *Saenger*, in: ders., ZPO, § 1059, Rn. 35; *Voit*, in: Musielak/Voit, ZPO, § 1059, Rn. 1; *Wilske/Markert*, in: BeckOK ZPO, § 1059, Rn. 18. Nicht ganz eindeutig *Schlosser*, in: Stein/Jonas, ZPO, § 1059, Rn. 9, der zwar klarstellt, dass antragsberechtigt jeder sei, „der durch die prozessualen Wirkungen des Schiedsspruchs beschwert ist, auch wenn er im Verfahren weder Kläger noch Beklagter war", dann aber ohne weitere Begründung anmerkt „[v]on dritter Seite" könne „die Unwirksamkeit des Schiedsspruchs nicht geltend gemacht werden" – obwohl auch ein Dritter sehr wohl durch die prozessualen Wirkungen des Schiedsspruchs beschwert sein kann. Einem Schiedsgericht ist es schließlich auch abseits einer wirksamen Vereinbarung der Parteien grundsätzlich unbenommen, irgendeine Person in seinem Schiedsspruch zu verurteilen, sodass sich diese Person gegen die prozessualen Wirkungen eines solchen Schiedsspruchs wehren können muss. Hier muss den staatlichen Gerichten mithin eine Kontroll- und Aufhebungsmöglichkeit eingeräumt werden. Welche Probleme sich trotz der weiten Antragsbefugnis in Bezug auf den Fristablauf im Falle der Rechtsnachfolge stellen, ist Gegenstand des Kapitels 6 – D.II.1.b).

kende Bezugnahme enthält. Damit können sehr wohl auch Nicht-Verfahrensparteien im Sinne der §§ 1059 f. ZPO antragsbefugt sein.[174]

Aus verfassungsrechtlicher Sicht mag es nun grundsätzlich noch ausreichend sein, die Nicht-Verfahrensparteien auf eine erst nachträgliche gerichtliche Kontrolle zu „vertrösten".[175] Es wird sich im Einzelnen jedoch noch zeigen, dass die Verschleppung der gerichtlichen Überprüfung von Verfahrensrügen in das Aufhebungs- und Vollstreckbarerklärungsverfahren auch unübersehbare Nachteile hat, denen mit der im deutschen Schiedsverfahrensrecht vorgesehenen vorgeschalteten gerichtlichen Überprüfung gerade vorgebeugt werden soll.[176]

III. Prüfungsmaßstab der staatlichen Gerichte

Zuletzt stellt sich jedoch ganz allgemein die Frage, welchen Prüfungsmaßstab die staatlichen Gerichte im Hinblick auf die Wirksamkeit einer Verfahrensvereinbarung, mit der die Wirkungserstreckung herbeigeführt werden soll, anlegen werden. Hier bedarf es erneut einer Unterscheidung zwischen Mehrparteien- und Drittbeteiligungskonstellationen.

1. Mehrparteienmodelle

Im Falle der Mehrparteienrechtsstreitigkeiten spricht vieles dafür, dass der Prüfungsmaßstab der Verfahrensvereinbarung, die oftmals in Form einer Schiedsvereinbarung vorliegen dürfte, kein anderer ist als in einem Zweipersonenrechtsstreit. Denn hier bedarf es – jedenfalls derzeit[177] – zwar einer gesonderten Regelung zur Bildung des Schiedsgerichts, da § 1035 ZPO keine Anwendung findet. Wenn diese Regelung aber unwirksam ist, muss damit nicht die gesamte Verfahrensvereinbarung, mitsamt dem Ausschluss der staatlichen Gerichtszuständigkeit für den betreffenden Rechtsstreit, scheitern. Denn für diejenigen Fälle, in denen das vereinbarte Verfahren zur Bildung des Schiedsgerichts ein unzulässiges ist, weil es der einen oder anderen Verfahrenspartei ein Übergewicht bei der Bestellung der Schiedsrichter einräumt, ist die gerichtliche Überprüfungs- und Heilungsmöglichkeit des § 1034 Absatz 2 ZPO vorgesehen. Soweit es sich um einen Parteienrechtsstreit handelt, wenn auch bestehend aus

---

[174] So am Beispiel eines Nebenintervenienten im Schiedsverfahren *OLG Stuttgart*, SchiedsVZ 2003, 84, 86 ff. sowie *Saenger*, in: ders., ZPO, § 1059, Rn. 35; *Voit*, in: Musielak/Voit, ZPO, § 1042, Rn. 11 und § 1059, Rn. 1; *Wilske/Markert*, in: BeckOK ZPO, § 1059, Rn. 18.

[175] Wenn auch die verfassungsrechtlichen Zweifel an einer so späten gerichtlichen Kontrolle noch in Kapitel 6 – D.III. im Einzelnen relevant werden.

[176] Dazu im Einzelnen noch in Kapitel 5 – B.I.4. und B.II.1.c).

[177] Zum entsprechenden Reformvorhaben des Bundesministeriums der Justiz vgl. das Eckpunktepapier des Bundesministeriums der Justiz zur Modernisierung des deutschen Schiedsverfahrensrechts vom 18. April 2023, S. 2, Punkt III.1.

mehr als zwei Parteien, spricht vieles dafür, dass die Vorschrift des § 1034 Absatz 2 ZPO unverändert Anwendung findet.[178] Dann aber muss die Verfahrensvereinbarung und damit das Schiedsverfahren auch nicht von Beginn an scheitern, wenn die Bestimmung zur Bildung des Schiedsgerichts eine unzulässige sein sollte.[179]

2. Drittbeteiligungsmodelle

Schwieriger gestaltet sich die Frage im Falle einer bloßen Drittbeteiligung sowie in den Fällen, in denen es den Betroffenen freigestellt ist, ob sie als Verfahrensparteien oder als bloße Verfahrensbeteiligte beitreten wollen.

a) Prüfungsmaßstab des Bundesgerichtshofs: § 138 Absatz 1 BGB

Hier hat der Bundesgerichtshof einen vom Prüfungsmaßstab für reine Parteienrechtstreitigkeiten abweichenden Maßstab angelegt, der im Einzelnen auf Kritik gestoßen ist. Dafür bedarf es zunächst einer genaueren Betrachtung der prozessualen Situation, in welcher der Bundesgerichtshof jeweils über Versuche der subjektiven Erweiterung des deutschen Schiedsverfahrensrechts mittels Verfahrensvereinbarung, hier jeweils in Form gesellschaftsrechtlicher Beschlussmängelstreitigkeiten, zu entscheiden hatte. So gelangten sowohl die Rechtssache „Schiedsfähigkeit I" als auch „Schiedsfähigkeit II" über die Schiedseinrede gemäß § 1032 Absatz 1 ZPO zu ihm, weil die Beschlussmängelstreitigkeit trotz des Vorliegens einer Schiedsvereinbarung beziehungsweise statuarischen Schiedsklausel vor die staatlichen Gerichte gebracht worden war.[180]

Diese prozessuale Ausgangslage nutzte der Bundesgerichtshof, um weitreichende Anforderungen an die Wirksamkeit einer entsprechenden Verfahrensvereinbarung im Sinne rechtsstaatlicher „Gleichwertigkeitskautelen" aufzu-

---

[178] Für eine Anwendbarkeit des § 1034 Absatz 2 ZPO auch in Mehrparteienschiedsverfahren *KG Berlin*, NJW 2008, 2719 ff.; *OLG Frankfurt*, SchiedsVZ 2006, 2019, 221 f., 222; *Münch*, in: MüKo ZPO, § 1034, Rn. 8; *Schwab/Walter*, Teil I, Kapitel 9, Rn. 13; *Sessler*, in: LA Weber, S. 527, 536; *Wolff*, SchiedsVZ 2016, 293, 299; differenzierend *Berger*, RIW 2001, 7, 13 mit weiteren Nachweisen.

[179] So der Regelungszweck des § 1034 Absatz 2 ZPO, vgl. nur Voit, in: Musielak/Voit, ZPO, § 1029, Rn. 10 („Wird die Überlegenheit dazu verwendet, sich maßgebenden Einfluss auf die Besetzung des Schiedsgerichts zu sichern, so ist wegen § 1034 Abs. 2 der Besetzungsmodus zu ändern. Die Schiedsvereinbarung bleibt in diesem Fall also bestehen."); § 1035, Rn. 7 („Da sich bei Beginn des Schiedsverfahrens die Frage, ob sich der Streit zu einem mehrseitigen Konflikt entwickeln wird, kaum abschließend beurteilen lässt, kann eine Schiedsklausel, die auf einer solchen Gruppenbildung aufbaut, zu Schwierigkeiten führen. Unwirksam ist sie aber nicht.").

[180] BGHZ 180, 221, 222 („Schiedsfähigkeit II"); 132, 278, 279 („Schiedsfähigkeit I").

stellen.¹⁸¹ So müsse in der Verfahrensvereinbarung *neben* dem Erfordernis eines wirksamen Ausschlussakts in jeder Person der von den gewünschten erweiterten prozessualen Wirkungen des Schiedsspruchs Betroffenen zusätzlich eine Verfahrensbeteiligungsmöglichkeit aller vorgesehen sein, die auch ein Recht zur Einflussnahme auf die Zusammensetzung des Schiedsgerichts und zur Erlangung rechtlichen Gehörs mitumfasste. Diese Anforderungen machte der Bundesgerichtshof wiederum in ihrer Gesamtheit zur Wirksamkeitsvoraussetzung für eine entsprechende Verfahrensvereinbarung, indem er sie zum Prüfungsmaßstab der Sittenwidrigkeit gemäß § 138 Absatz 1 BGB erklärte.¹⁸²

b) Kritik an der Vorgehensweise des Bundesgerichtshofs und eigene Stellungnahme

Dieser Ansatz des Bundesgerichtshofs wurde nicht selten kritisiert. Denn auch, wenn man den Prüfungsmaßstab des § 1032 Absatz 1 ZPO als einen umfassenden betrachten möchte, der denjenigen des § 138 Absatz 1 BGB grundsätzlich mitumfasst, stellt sich doch die Frage, ob Gegenstand *dieser* gerichtlichen Prüfung, die sich eigentlich auf die Wirksamkeit des Ausschlusses der staatlichen Gerichtszuständigkeit beschränken soll, tatsächlich schon solche Bestimmungen sein sollten, die erst das potentielle Schiedsverfahren selbst betreffen würden, wie etwa die Bildung des Schiedsgerichts.

Voit kritisiert, auf diese Weise werde „der Standard des ordre public aus dem Aufhebungsverfahren in die Wirksamkeit der Schiedsabrede übertragen".¹⁸³ Bestimmungen zur Bildung des Schiedsgerichts seien nicht Gegen-

---

¹⁸¹ Der Begriff stammt aus BGHZ 180, 221, 227 („Schiedsfähigkeit II"). Vgl. zu diesen Anforderungen an die Ausgestaltung des schiedsrichterlichen Verfahrens aber auch bereits BGHZ 132, 278, 282 ff., 287 ff. („Schiedsfähigkeit I") sowie *BGH*, SchiedsVZ 2022, 86, 88, Rn. 15 („Schiedsfähigkeit IV"); NJW 2018, 3014, 3015, Rn. 15 ff.; SchiedsVZ 2017, 197, 199, Rn. 22 („Schiedsfähigkeit III"); *OLG Frankfurt*, Beschluss vom 24. Januar 2022 – 26 Sch 14/21, juris, Rn. 82 ff.

¹⁸² Weil das Rechtsstaatsprinzip, aus dem die „Gleichwertigkeitskautelen" folgen, Teil des Prüfungsumfangs des § 138 Absatz 1 BGB sei, BGHZ 180, 221, 227 ff. („Schiedsfähigkeit II"); vgl. auch NJW 2018, 3014, 3015, Rn. 15 ff.; *OLG Frankfurt*, Beschluss vom 24. Januar 2022 – 26 Sch 14/21, juris, Rn. 82 ff. Maßgeblicher Beurteilungszeitpunkt sei dabei nicht die Einleitung des Verfahrens, sondern vielmehr der Vertragsschluss selbst, denn die Entscheidung über die Wahrung rechtsstaatlicher Mindeststandards dürfte „nicht von Zufallskriterien abhängen", BGHZ 180, 221, 231 („Schiedsfähigkeit II"). Auch sei die Nichtigkeit der Verfahrensvereinbarung nicht davon abhängig, ob bei ihrem Abschluss verwerflich gehandelt worden sei, BGHZ 180, 221, 234 („Schiedsfähigkeit II").

¹⁸³ *Voit*, in: Musielak/Voit, ZPO, § 1029, Rn. 10; kritisch auch *Borris*, NZG 2017, 761, 763 ff. ("Verfahrensrechtsverletzungen im Schiedsverfahren stellen grundsätzlich nicht die Rechtswirksamkeit der Schiedsvereinbarung in Frage"); *Nolting*, EWiR 2022, 101, 102 (eine Schiedsvereinbarung ist „keine Schiedsverfahrensvereinbarung"); *K. Schmidt*, NZG 2018, 124. Interessanterweise scheint der Bundesgerichtshof dies in seiner Entscheidung „Schiedsfähigkeit I" selbst noch so gesehen zu haben, denn dort heißt es, die *ordre public*-Überprü-

stand der gerichtlichen Überprüfung in § 1032 oder § 1040 Absatz 3 ZPO, sondern vielmehr der bewusst mit einer Heilungsmöglichkeit versehenen Vorschrift des § 1034 Absatz 2 ZPO zuzuordnen – sie führten nicht zur Unwirksamkeit der Schiedsvereinbarung, sondern zur Ersatzbestellung des Schiedsgerichts durch das staatliche Gericht.[184] Andere gehen nun statt von einer Nichtigkeit gemäß § 138 Absatz 1 BGB von einer Undurchführbarkeit der Schiedsvereinbarung im Sinne des § 1032 Absatz 1 ZPO aus[185] – was an der Folge, dass eine unzulässige Bestimmung zur Bildung des Schiedsgerichts das gesamte Schiedsverfahren zunichtemachen kann, allerdings nichts ändert.

Auch wenn dem Einwand *Voits* dahingehend zuzustimmen ist, dass das 1998 reformierte deutsche Schiedsverfahrensrecht mit der Bestimmung des § 1034 Absatz 2 ZPO die Bildung des Schiedsgerichts grundsätzlich von der Wirksamkeit des zugrundeliegenden Ausschlussakts ablösen wollte, so stellt sich im Falle einer subjektiven Erweiterung des dort vorgesehenen Parteienrechtsstreits hin zu einem Rechtsstreit mit Nicht-Verfahrensparteien doch die Frage, inwieweit dieser Regelungsgedanke hier fortgelten kann. Denn wie sich gezeigt hat, ist vor dem Hintergrund der Verwendung des Verfahrensparteibegriffs in der Vorschrift des § 1034 Absatz 2 ZPO und der klaren Begrenzung der gerichtlichen Zuständigkeiten über § 1026 ZPO höchst zweifelhaft, ob sie auch gegenüber bloß am Verfahren *Beteiligten* Anwendung findet.[186] Ist dies zu verneinen, wäre die Heilungsmöglichkeit einer unzulässigen Bestimmung zur Zusammensetzung des Schiedsgerichts im laufenden Schiedsverfahren aber nicht gesichert. Zugleich aber würde eine erst im Aufhebungs- und Vollstreckbarerklärungsverfahren festgestellte Unwirksamkeit der Bestimmung

---

fung eines Schiedsspruchs im Aufhebungsverfahren wäre überflüssig, wenn im Falle der Betroffenheit zwingenden Rechts bereits ein wirksamer Schiedsvertrag fehlen würde, BGHZ 132, 278, 283 („Schiedsfähigkeit I"). Die erheblichen Probleme, die sich außerdem im Hinblick auf die Frage einer schiedsgerichtlichen Zuständigkeitsbegründung kraft Präklusion stellen, werden in Kapitel 5 – B.II.1.c) noch sichtbar werden.

[184] So handele es sich um eine bewusste Abweichung vom alten Recht, das in § 1025 Absatz 2 ZPO a.F. noch eine Bestimmung vorsah, die § 1034 ZPO zum Teil des Prüfungsmaßstabs einer Schiedsvereinbarung machte, *Voit*, in: Musielak/Voit, ZPO, § 1029, Rn. 10 und § 1030, Rn. 2. Kritisch auch *Münch*, in: MüKo ZPO, § 1030, Rn. 40 („Dieser (repressive) Weg bleibt fragwürdig"); Wolff, NJW 2009, 2021 f.; offen gelassen bei Schwab/Walter, Teil 1, Kapitel 4 Rn. 14 f. („Nachdem indessen § 1025 II ZPO a. f. entfallen ist, könnte § 138 BGB durchaus wieder Bedeutung erlangen."). Der Bundesgerichtshof macht hingegen deutlich, dass seiner Auffassung nach die Vorschrift des § 138 Absatz 1 BGB „*neben § 1025 Abs. 2 ZPO a.F. Anwendung findet*", BGHZ 180, 221, 228 („Schiedsfähigkeit II").

[185] *Wolff*, NJW 2009, 2021, 2022 etwa plädiert für eine „Undurchführbarkeit aus Rechtsgründen" und zieht eine Parallele zur fehlenden Schiedsbindung eines OHG-Gesellschafters im Rahmen einer Auflösungsklage nach § 133 HGB. Vgl. auch *Münch*, in: MüKo ZPO, § 1029, Rn. 79 sowie wohl auch *Voit*, in: Musielak/Voit, ZPO, § 1029, Rn. 10 und 12. Zurecht kritisch aber *Emmert*, S. 55 f.

[186] Siehe bereits Kapitel 4 – B.II.4.

B. *Anforderungen an Verfahrensvereinbarung* 179

den Erfolg des gesamten Schiedsverfahrens zunichtemachen. Hier hätte die vorgelagerte Prüfung im Rahmen des § 1032 ZPO oder § 1040 Absatz 3 ZPO mithin ungemeine Vorteile.[187]

c) Fazit: Umsichtige Regelung von Drittbeteiligungsmodellen geboten

Wenn mithin auch Zweifel an der Auffassung des Bundesgerichtshofs erhoben werden, so ist ein Abweichen von seiner bisherigen Vorgehensweise doch nicht zu erwarten.[188] Dies aber macht die Wahrung der Anforderungen an die Verfahrensvereinbarung umso bedeutsamer, da bereits ein einziger Widerspruch zu den vom Bundesgerichtshof aufgestellten Anforderungen an die subjektive Erweiterung mittels Verfahrensvereinbarung dazu führt, dass der Weg zu den Schiedsgerichten unzulässig und damit – ohne das Treffen neuer, wirksamer Bestimmungen – versperrt ist.[189] Dabei ist es zugleich nicht ausgeschlossen, dass die betreffenden Bestimmungen sogar zu einer Gesamtnichtigkeit der Verfahrensvereinbarung führen, auf ihrer Grundlage mithin auch im anderen Zusammenhang der Weg zu den Schiedsgerichten versperrt wird.[190] Vor diesem Hintergrund sollte mit allen Mitteln darauf hingewirkt werden, die Verfahrensvereinbarung im Einklang mit den Anforderungen des Rechtsstaatsprinzips an ein rechtsstaatliches Verfahren zu treffen, um ein Scheitern derselben zu verhindern.

---

[187] So im Ergebnis auch *Emmert*, S. 73 ff., die für eine Anknüpfung an § 138 Absatz 1 BGB plädiert – wenn auch eine Heilungsmöglichkeit entsprechend dem § 1034 Absatz 2 ZPO noch begrüßenswerter wäre. Zu dieser Grenze der subjektiven Erweiterbarkeit des deutschen Schiedsverfahrensrechts im Einzelnen aber noch in Kapitel 5 – B.I.4.

[188] Angesichts der Entscheidungen *BGH*, SchiedsVZ 2022, 86, 88, Rn. 15 („Schiedsfähigkeit IV"); NJW 2018, 3014, 3015, Rn. 15 bis 18; SchiedsVZ 2017, 197, 199, Rn. 22 („Schiedsfähigkeit III"), in denen der Bundesgerichtshof an seiner Vorgehensweise festhielt.

[189] Was entweder über die Kontrollmechanismen der § 1032 ZPO, § 1040 Absatz 3 ZPO oder, im schlimmsten Fall, auch erst im Aufhebungs- und Vollstreckbarerklärungsverfahren festgestellt werden kann.

[190] So gelangte etwa die Frage nach der Wirksamkeit der Bestimmungen zur subjektiven Erweiterung in der Entscheidung *BGH*, SchiedsVZ 2022, 86 ff.(„Schiedsfähigkeit IV") über eine Streitigkeit zum Bundesgerichtshof, die gar keine Beschlussmängelstreitigkeit zum Gegenstand hatte. Zumindest hat der Bundesgerichtshof in seiner Entscheidung deutlich gemacht, dass nicht automatisch eine Gesamtnichtigkeit der Verfahrensvereinbarung anzunehmen sei, sondern, sind die Bestimmungen zur subjektiven Erweiterung auf am Schiedsverfahren Unbeteiligte eindeutig abgrenzbar, nur diese gemäß § 138 Absatz 1 BGB ihre Wirksamkeit verlieren und die übrigen Bestimmungen gemäß § 139 BGB fortgelten, *BGH*, SchiedsVZ 2022, 86, 89, Rn. 30 ff. („Schiedsfähigkeit IV"). Hierfür plädierend auch *Emmert*, S. 84 ff.; *Gentzsch/Hauser/Kapoor*, SchiedsVZ 2019, 64, 67 ff. Es bietet sich daher bei der Vertragsgestaltung an, die Bestimmungen zur subjektiven Erweiterung der Schiedsspruchwirkungen von den übrigen Bestimmungen so abzugrenzen, dass sie unter die Voraussetzungen des § 139 BGB fallen und damit jedenfalls nicht die gesamte Verfahrensvereinbarung zum Scheitern bringen können.

IV. Zusammenfassen von Fallgruppen praktisch notwendiger subjektiver Erweiterungen

Es hat sich gezeigt, dass der Auftrag des Gesetzgebers an den Rechtsanwender, die praktisch relevanten und gewünschten subjektiven Erweiterungen des deutschen Schiedsverfahrensrechts unter der Aufsicht der staatlichen Gerichte selbst zu regeln, in weiten Teilen umsetzbar ist. Es wurde bei einer näheren Betrachtung der für eine verfassungskonforme und damit wirksame Erweiterung notwendigen Kautelen aber auch deutlich, dass je nach Konstellation unterschiedliche Anforderungen an die hierfür zu treffenden Bestimmungen zu stellen sind und die Verfahrensvereinbarung jedenfalls in manchen Konstellationen auch an ihre Grenzen stößt.

Daher ist es nur sinnvoll, diejenigen im Zusammenhang mit einer subjektiven Erweiterung des deutschen Schiedsverfahrensrechts praktisch relevanten Konstellationen, die jeweils dieselben oder zumindest ähnliche Anforderungen an ihre Umsetzung stellen, zu Fallgruppen zusammenzufassen. Die in den einzelnen Fallgruppen zusammengefassten Konstellationen können so gemeinsam daraufhin untersucht werden, auf welche Weise sich die abstrahierten Regelungsgedanken des Zehnten Buchs der ZPO in Bestimmungen umwandeln lassen, um die jeweiligen Konstellation auch im deutschen Schiedsverfahrensrecht zu ermöglichen – und was an die Stelle einer kautelarjuristischen Regelung treten muss, wenn diese an ihre Grenzen stößt.

Die im Rahmen einer subjektiven Erweiterung des deutschen Schiedsverfahrensrechts relevanten Konstellationen müssen aber zugleich nicht auf die im deutschen Zivilprozessrecht bekannten Rechtsinstitute beschränkt werden. Denn es gilt die Möglichkeiten zu erkennen und auszuschöpfen, die der Weg einer kautelarjuristischen Erweiterung des grundsätzlich liberalen deutschen Schiedsverfahrensrechts bieten kann, welcher auch einen Blick in andere Rechtsordnungen zulässt, um etwaige weitere oder sogar attraktivere Modelle zur Beteiligung Mehrerer und Dritter mit abzudecken.

1. Erste Fallgruppe: Mehrparteienmodelle

Die erste und vergleichsweise am leichtesten abzubildende subjektive Erweiterung des derzeit noch im deutschen Schiedsverfahrensrecht vorgesehenen Zweipersonenmodells ist die Durchführung eines Mehrparteienrechtsstreits. Wie bereits der Reformgesetzgeber von 1998 selbst erkannt hat, besteht ein unbestreitbares praktisches Bedürfnis daran, auch in einem Schiedsverfahren mehrere Personen in einem Parteilager, also auf Kläger- und Beklagtenseite, vorsehen zu können, da ein Großteil der schiedsgerichtlichen Streitigkeiten dies in rein praktischer Hinsicht erfordert.[191] Bis der Gesetzgeber entsprechend

---

[191] Vgl. Begr. RegE, BT-Drucks. 13/5274, S. 26; Stn. RA BT, BT-Drucks. 13-9124, S. 44. Im Rahmen der DIS-Veranstaltung „Ergänzende Regeln für Streitverkündungen an

des aktuellen Vorhabens des Bundesministeriums der Justiz die entsprechenden gesetzlichen Bestimmungen geschaffen hat, ist es, wie in anderen Rechtsordnungen auch, notwendig, die Durchführung eines Mehrparteienschiedsverfahrens selbst oder durch eine Bezugnahme auf die Schiedsgerichtsordnung einer Schiedsinstitution zu regeln.[192]

Das im internationalen Kontext als Mehrparteienschiedsgerichtsbarkeit[193] bezeichnete Modell ist im deutschen Verfahrensrecht als die – im Ausgangsfall einfache – Streitgenossenschaft bekannt, die in den §§ 59 ff. ZPO niedergelegt ist. Doch auch die Verfahrensverbindung fällt unter den Begriff der Mehrparteienschiedsgerichtsbarkeit, da auch sie dazu führen kann, dass durch die Verbindung mehrerer Verfahren auf einer Parteiseite mehrere Personen stehen,[194] sowie durch den nachträglichen Parteibeitritt, wie er im staatlichen Zivilprozess über § 263 ff. ZPO erfolgen kann. Und auch die Widerklage kann, im Falle der Drittwiderklage, zu einer Parteienmehrheit führen.[195] Zuletzt sollte auch

---

Dritte' – braucht die DIS ein neues Regelwerk?" am 3. März 2021 berichteten Praktiker davon, dass jedenfalls in zivilprozessualen Handelsrechtsstreitigkeiten rund die Hälfte der Fälle eine Einbeziehung Dritter, etwa im Wege der Streitverkündung, zum Gegenstand hätten. Auch die Statistik der DIS aus dem Jahr 2022 zeigt, dass an 24 % der durch die DIS administrierten Schiedsverfahren mehr als zwei Personen beteiligt waren, abrufbar unter https://www.disarb.org/ueber-uns/unsere-arbeit-in-zahlen (zuletzt aufgerufen am 4. Dezember 2023).

[192] So sind Regelungen in Schiedsgerichtsordnungen zu Mehrparteienschiedsverfahren heutzutage die Regel, vgl. nur die Regelungen der ICC in Artikel 7 ff. ICC-Schiedsgerichtsordnung 2021, der DIS in den Artikeln 18 f. DIS-Schiedsgerichtsordnung 2018 und des Swiss Arbitration Centre in Artikel 11.3–5 Swiss-Rules 2021.

[193] Nicht selten sollen hierunter alle denkbaren Konstellationen einer Mehrpersonen- und auch Drittbeteiligung gefasst werden, also etwa auch die Rechtsnachfolge oder die Nebenintervention und Streitverkündung, vgl. etwa *Lachmann*, S. 665, S. 668 ff. und *Markfort*, S. 17; *Massuras*, S. 70 ff., 74 f. mit zahlreichen weiteren Nachweisen; dies ablehnend aber *Oswald*, S. 9 und zurecht kritisch auch *Habscheid*, in: Schweizer Beiträge, S. 173, 177 f., eine solche weite Auslegung des Begriffs stoße an „prozessuale Grundkonzeptionen". Nach der hier vertretenen Auffassung ist eine solch weite Auslegung des Begriffs der Mehrparteienschiedsgerichtsbarkeit auch fehleranfällig, da gerade in den letzteren Fällen eine Stellung des Betroffenen als Verfahrens*partei* gerade nicht gewollt ist. Insbesondere aber suggeriert eine entsprechend weite Auslegung des Begriffs der Mehrparteienschiedsgerichtsbarkeit, dass sämtliche dieser Konstellationen die gleichen Voraussetzungen für eine entsprechende subjektive Erweiterung haben – was, wie sich gezeigt hat, gerade nicht der Fall ist, da der Grad der Verfahrensbeteiligung unterschiedliche Anforderungen an deren praktische Umsetzung mit sich bringen, fallen doch Nicht-Verfahrensparteien aus dem Anwendungsbereich fast aller Vorschriften des Zehnten Buchs der ZPO heraus, vgl. Kapitel 4 – C.I.1. In der vorliegenden Arbeit meint der Begriff der Mehrparteienschiedsgerichtsbarkeit daher lediglich *Mehrparteien*modelle im engeren Sinne – die sogleich im Einzelnen dargestellt und in Kapitel 5 – A. näher untersucht werden – in Abgrenzung zu *Drittbeteiligungs*modellen – dazu in Kapitel 5 – B. – und Fällen der Rechtnachfolge – dazu in Kapitel 6.

[194] Dazu im Einzelnen in Kapitel 5 – A.II.3.

[195] Vgl. Kapitel 5 – A.II.5.

die im deutschen Recht vorgesehene notwendige Streitgenossenschaft aus materiell-rechtlichen Gründen[196] nicht unterwähnt gelassen werden, wie sie in § 62 ZPO niedergelegt ist, die schließlich eine notwendige Beteiligung aller vom Rechtsverhältnis Betroffener als Parteien an dem zugrundeliegenden Verfahren vorsieht, damit keine Klageabweisung wegen fehlender Sachbefugnis ergeht.[197]

Doch eine Parteienmehrheit ist auch außerhalb Deutschlands kaum einem Rechtssystem fremd und auch in der internationalen Schiedsgerichtsbarkeit ein viel diskutiertes Thema. Da die Möglichkeiten, die eine – wirksame – Verfahrensvereinbarung zur Erweiterung des deutschen Schiedsverfahrensrechts bieten kann, nicht auf die Mehrparteienmodelle des deutschen Prozessrechts begrenzt sind, können daher auch in anderen Rechtsordnungen bewährte Rechtsinstitute, wie etwa der *Joinder*[198] oder der französische *Appel en Garantie*, in den Blick genommen werden.[199]

All diese Fälle haben gemeinsam, dass sie eine Verfahrens*partei*stellung der betroffenen Personen zum Gegenstand haben, was eine subjektive Erweiterung des deutschen Schiedsverfahrensrechts, dass auf einen Parteienrechtsstreit ausgelegt ist, enorm erleichtert. Das Regelungsmodell muss hier zum einen ergänzt werden um ein verfassungskonformes Verfahren zur Bildung des Schiedsgerichts, das dem Recht auf faires Verfahren genügt.[200] Zum anderen bedarf es aber eines für das Mehrparteienschiedsverfahren kompatiblen Ausschlussakts, insbesondere in Mehrvertragskonstellationen, der den zugrundeliegenden Streitgegenstand in hinreichender Weise abdeckt, um der Zugangsgarantie gerecht zu werden, und die notwendigen Zustimmungen zur Durchführung des Mehrparteienschiedsverfahrens enthält.[201] Beides kann auch in Abwesenheit einer gesetzlichen Regelung ohne Weiteres mittels Verfahrens-

---

[196] Anders als bei der prozessual notwendigen Streitgenossenschaft ist hier eine Verfahrensparteistellung der Betroffenen zwingend notwendig, sodass sie unter die materiell-rechtlich notwendige Streitgenossenschaft auch unter diese erste Fallgruppe der Mehrparteienrechtsstreitigkeiten zu fassen ist. Bei der prozessual notwendigen Streitgenossenschaft kann im staatlichen Verfahren auch ein Urteil ergehen, wenn nicht alle Betroffenen als Parteien am Verfahren beteiligt waren, sodass dieser Fall der Streitgenossenschaft unter die zweite Fallgruppe gefasst werden soll. Dazu aber sogleich in Kapitel 4 – C.III.2.

[197] Dazu im Einzelnen noch in Kapitel 5 – A.II.2.

[198] Vgl. Kapitel 5 – A.II.4.

[199] Dazu im Einzelnen aber jeweils noch in Kapitel 5.

[200] Vgl. bereits die Stn. RA BT, BT-Drucks. 13-9124, S. 44. Eine solche Regelung plant das Bundesministerium der Justiz auch zu schaffen, vgl. das Eckpunktepapier des Bundesministeriums der Justiz zur Modernisierung des deutschen Schiedsverfahrensrechts vom 18. April 2023, S. 2, Punkt III.1.

[201] Vgl. Kapitel 4 – B.I.2. und 3. – wenn auch das Bundesministerium der Justiz dies selbst bislang nicht deutlich macht, führt an einer insoweit gesonderten Bestimmung, die eine Kompatibilität der Ausschlussakte in Mehrparteienkonstellationen vorsieht, kein Weg vorbei, vgl. dazu bereits oben in Kapitel 4 – C.I.1.a).

vereinbarung umgesetzt werden. Daher lassen sich diejenigen Mehrpersonenkonstellationen, in denen eine Verfahrensparteistellung aller Betroffener herbeigeführt werden soll, zu einer Fallgruppe zusammenfassen.[202]

2. Zweite Fallgruppe: Drittbeteiligungsmodelle

Schwieriger wird die Umsetzung der subjektiven Erweiterung des deutschen Schiedsverfahrensrechts dann, wenn eine Verfahrensparteistellung, wie sie im Zehnten Buch vorgesehen ist und an welche die Verpflichtungsnormen und laufenden Kontrollnormen im deutschen Schiedsverfahrensrecht geknüpft sind, nicht gewünscht ist.

Es entsteht naturgemäß ein erhöhter Regelungsaufwand, möchte man Nicht-Verfahrensparteien dennoch zum wirksamen Subjekt prozessualer Wirkungen von Schiedsverfahren und Schiedsspruch machen. So muss gewährleistet sein, dass auch der Nicht-Verfahrenspartei gegenüber die rechtsstaatlichen Verfahrensgarantien gewahrt werden, indem ihr die Möglichkeit einer Verfahrensbeteiligung eingeräumt wird, die Möglichkeit der Einflussnahme auf die Zusammensetzung des Schiedsgerichts, eine Rügemöglichkeit im Hinblick auf die Unabhängigkeit und Unparteilichkeit des Schiedsrichters auch in Bezug auf die eigene Person sowie die Möglichkeit der Erlangung rechtlichen Gehörs. Und auch hier ist der in Bezug auf die Zugangsgarantie erforderliche Ausschlussakt unabdingbar.[203] Zudem ist es, anders als in der Fallgruppe der Mehrparteienrechtsstreitigkeiten, notwendig, die Wirkung des Schiedsspruchs über die in § 1055 ZPO vorgesehene Wirkung hinaus entsprechend zu erweitern, also hin zu einer (quasi-) Interventionswirkung beziehungsweise *inter omnes*-Wirkung.[204]

Unter diese Fallgruppe der Drittbeteiligungsmöglichkeit, in der eine Verfahrensparteistellung regelmäßig nicht gewünscht oder jedenfalls nicht zwingend vorgesehen ist, fallen die insbesondere aus dem deutschen Recht bekannten Rechtsinstitute der Nebenintervention und der Streitverkündung in den §§ 66 ff. ZPO. Jedenfalls im deutschen Rechtskreis werden immer wieder Rufe nach einer Nachbildung dieser Rechtsinstitute auch im Schiedsverfahren laut, sodass es ein unbestreitbares praktisches Bedürfnis nach entsprechenden, dann kautelarjustischen, Regelungen im Schiedsverfahrensrecht gibt.[205]

Aber auch die notwendige Streitgenossenschaft aus prozessualen Gründen lässt sich unter diese Fallgruppe fassen, da eine Verfahrensparteistellung der vom Streitgegenstand betroffenen Personen hier schließlich nicht zwingend notwendig ist, um eine Rechtskrafterstreckung herbeiführen zu können. Dabei soll sie, um auch solche Fälle umfassen zu können, die keine „echte" Rechts-

---

[202] Die im Einzelnen in Kapitel 5 – A. untersucht werden wird.
[203] Zu diesen Voraussetzungen im Einzelnen bereits oben in Kapitel 4 – A.I.1. und 2.
[204] Dazu im Einzelnen noch in Kapitel 5 – A.I.5.
[205] Vgl. Kapitel 5 – B.II.

krafterstreckung, sondern ein schuldrechtliches Pendant zum Gegenstand haben, unter dem allgemeinen Begriff der rechtskraftartigen beziehungsweise *inter omnes-artigen Wirkungserstreckung auf Dritte* untersucht werden.[206] Hierunter fallen insbesondere gesellschaftsrechtliche Beschlussmängelstreitigkeiten mit (quasi) *inter omnes*-Wirkung, im Rahmen derer die einschlägige Rechtsprechung des Bundesgerichtshofs gezeigt hat, dass die bloße *Möglichkeit* einer Verfahrens*beteiligung* ohne Verfahrensparteistellung für eine entsprechende Wirkungserstreckung des Schiedsspruchs zwar ausreicht, zugleich aber zwingend erforderlich ist.[207] Daher sollen diese Fälle der Wirkungserstreckung eines Schiedsspruchs in der Fallgruppe der Drittbeteiligungsmodelle verortet werden, wenn sie letztlich auch ein Zwitterwesen zwischen dieser und der Fallgruppe der Mehrparteienrechtsstreitigkeiten darstellen.

3. Sonderfall: Schiedsverfahrensrechtliche Rechtsnachfolge

Wie die Untersuchung gezeigt hat, ist die mit Abstand schwierigste Fallgruppe jedoch die der Rechtsnachfolge. Denn hier sind die Möglichkeiten dessen, was im Rahmen einer Verfahrensvereinbarung geregelt werden kann, mitunter ausgeschöpft – sodass der Auftrag des Gesetzgebers an den Rechtsanwender hier an seine Grenzen stößt. Dennoch besteht ein unbestreitbares Bedürfnis daran, die Wirkungen einer Schiedsvereinbarung, eines laufenden Schiedsverfahrens und auch eines bereits erlassenen Schiedsspruchs auf Rechtsnachfolger erstrecken zu können, um den Rechtsfrieden wahren zu können. Die schiedsverfahrensrechtliche Rechtsnachfolge muss daher in einem eigenen Kapitel gesondert untersucht werden.[208]

C. Eigener Lösungsansatz: Leitlinien für eine subjektive Erweiterung des gesetzlichen Regelungsmodells mittels Verfahrensvereinbarung

Abstrahiert man den im Zehnten Buch der ZPO niedergelegten Regelungsgedanken, dass die Wahrung der Trias der rechtsstaatlichen Verfahrensgarantien in dem Subjekt der prozessualen Wirkungen von Schiedsverfahren und Schiedsspruch zusammenfallen muss, und erkennt man darin das Grundkonzept, das auch einer subjektiven Erweiterung des deutschen Schiedsverfahrensrechts mittels Verfahrensvereinbarung zugrunde liegen muss, so lässt sich dies zu Leitlinien zusammenfassen, die eine verfassungskonforme und damit mög-

---

[206] Sie wird in Kapitel 5 – B.II.1. näher untersucht.
[207] Vgl. dazu im Einzelnen bereits oben in Kapitel 4 – C.I.1.a).
[208] Und zwar in Kapitel 6 dieser Arbeit.

lichst rechtssichere Erweiterung des deutschen Schiedsverfahrensrechts ermöglichen.

Eine vorprozessuale Verfahrensvereinbarung zur subjektiven Erweiterung des deutschen Schiedsverfahrensrechts muss, je nachdem, ob eine Verfahrensparteistellung vorgesehen ist oder aber nur eine bloße Verfahrensbeteiligung, folgende Elemente abdecken:

A. Wahrung der verfahrensbezogenen Ausgestaltungsgarantien
　I. Möglichkeit der Verfahrensbeteiligung
　II. Soweit erforderlich: Erweiterung beziehungsweise Nachbildung der einfach-gesetzlichen Verpflichtungsnormen zur Wahrung der verfahrensbezogenen Ausgestaltungsgarantien
　　1. In jedem Fall: Möglichkeit der Einflussnahme auf die Zusammensetzung des Schiedsgerichts.
　　2. Nur bei fehlender Verfahrensparteistellung
　　　a. Unabhängigkeit und Unparteilichkeit des Spruchkörpers und
　　　b. Gewährung rechtlichen Gehörs
B. Wahrung der Zugangsgarantie
　I. Ausschlussakt in der Person des Betroffenen
　　– Subjekt eines nachweisbaren Grundrechtsausübungsverzichts oder
　　– Subjekt einer Schiedsverfügung oder
　　– Soweit wegen Verfahrensparteistellung einschlägig: Subjekt der schiedsgerichtlichen Zuständigkeitsbegründung kraft Präklusion
　I. Wirksamkeit des Ausschlussakts
　II. Hinreichende Reichweite des Ausschlussakts
　　– Umfasst die eigenen Prozessrechtsverhältnisse und
　　– Soweit aufgrund von Einwirkungsmöglichkeiten auf das eigene Prozessrechtsverhältnis erforderlich: umfasst die anderen Personen, die am Schiedsverfahren beteiligt sind
C. Wahrung sonstiger Zustimmungserfordernisse
　I. Zustimmung zur Verfahrensbeteiligung am vertraulichen Schiedsverfahren und
　II. Soweit wegen erst späteren Auftretens der subjektiven Erweiterung erforderlich: Zustimmung des Schiedsgerichts zur Verfahrensbeteiligung
D. Soweit erforderlich: Erweiterung der Wirkung des Schiedsspruchs
　　– In Form einer der *inter omnes*-Wirkung entsprechenden prozessualen Wirkung und/oder
　　– In Form einer der Interventionswirkung entsprechenden prozessualen Wirkung und/oder
　　– In Form einer schuldrechtlichen Wirkungserstreckung

Die praktische Einsetzbarkeit dieser Formel in Mehrparteienrechtsstreitigkeiten und Drittbeteiligungsmodellen ist Gegenstand des nachfolgenden Kapitels. Im letzten Kapitel dieser Arbeit bedarf es dann einer genauen Untersuchung der schiedsgerichtlichen Rechtsnachfolge, die aus dem engen subjektiven Anwendungsbereich des deutschen Schiedsverfahrensrechts herausfällt, zugleich aber einer Verfahrensvereinbarung nur begrenzt zugänglich ist.

Kapitel 5

Möglichkeiten einer subjektiven Erweiterung des deutschen Schiedsverfahrensrechts mittels Verfahrensvereinbarung

In diesem Kapitel soll der Versuch unternommen werden, die zuvor aufgestellten Leitlinien zur subjektiven Erweiterung des deutschen Schiedsverfahrensrechts mittels Verfahrensvereinbarung auf ihre praktische Umsetzbarkeit hin zu überprüfen – um so aufzeigen zu können, ob und inwieweit der Auftrag des Gesetzgebers an die privaten Akteure des Schiedsverfahrens, unter der Aufsicht der staatlichen Gerichte die Grundlage für eine subjektive Erweiterung der prozessualen Wirkungen von Schiedsverfahren und Schiedsspruch selbst zu schaffen, auch umsetzbar ist. Bei der Umsetzung der Leitlinien soll der jeweils rechtssicherste Weg zur Herbeiführung der subjektiven Erweiterung aufgezeigt werden. Denn Hauptziel der zu treffenden Verfahrensvereinbarung sollte ein unangreifbarer Schiedsspruch sein, der weder im Aufhebungs- noch im Vollstreckbarerklärungsverfahren an einer unzulässigen subjektiven Erweiterung der gesetzlichen Bestimmungen des deutschen Schiedsverfahrensrechts scheitert.

Zunächst wird die Fallgruppe der Mehrparteienmodelle, in denen eine Verfahrensparteistellung aller Beteiligten gewünscht ist, untersucht. Anschließend wird die Fallgruppe der Drittbeteiligungsmodelle, in denen eine Beteiligung auch ohne Verfahrensparteistellung ermöglicht werden soll, näher in Augenschein genommen. Die Untersuchung wird zeigen, dass sowohl Mehrparteien- als auch Drittbeteiligungsmodelle mithilfe entsprechender Bestimmungen auch im Schiedsverfahren rechtskonform abgedeckt werden können – es aber zugleich vom Einzelfall abhängt, ob dies auch zielführend ist.

A. Mehrparteienmodelle im Sinne der ersten Fallgruppe

Ein bis heute auch in der internationalen Schiedsgerichtsbarkeit viel diskutiertes Thema sind Mehrparteienschiedsverfahren. Denn gerade in der (internationalen) Handelsschiedsgerichtsbarkeit[1] ergeben sich allzu häufig Situationen, in

---

[1] Zur Begrifflichkeit der internationalen Handelsschiedsgerichtsbarkeit und zur Abgrenzung zum objektiven Anwendungsbereich des deutschen Schiedsverfahrensrechts, das so-

denen mehr als zwei Personen auf eine Weise in einen Rechtsstreit involviert sind, dass eine Beteiligung von nur zwei der betroffenen Personen als Verfahrensparteien des Schiedsverfahrens nicht sinnvoll erscheint. So kann sich die praktische oder sogar rechtliche[2] Notwendigkeit der Durchführung eines Mehrparteienschiedsverfahrens unter anderem ergeben bei Rechtsstreitigkeiten im Rahmen von Gesellschaftsverträgen, bei Kauf-, Werk- und Lieferverträgen, in denen dem Auftraggeber eine Mehrzahl von Auftragnehmern gegenübersteht, oder auch bei Konsortial- sowie Gemeinschafts- und Poolverträgen.[3] Auch in der Schiedsgerichtsbarkeit ist die Möglichkeit der Durchführung von Mehrparteienverfahren daher von höchster Relevanz und die Diskussion um die sogenannte Mehrparteienschiedsgerichtsbarkeit[4] bis heute nicht abgeklungen.

In der internationalen Handelsschiedsgerichtsbarkeit haben sich Grundätze zur Durchführung von Mehrparteienschiedsverfahren herausgebildet, die mittlerweile weitestgehend international anerkannt sind und sich auch in den Schiedsverfahrensordnungen der meisten Schiedsinstitutionen wiederfinden.[5] Dabei wurde weit überwiegend erkannt, dass es hierfür in zweierlei Hinsicht gesonderter Bestimmungen bedarf, und zwar in Bezug auf die notwendige Zustimmung zur Durchführung des Mehrparteienschiedsverfahrens einerseits und in Bezug auf die prozessuale Gleichbehandlung bei der Bildung des Schiedsgerichts andererseits.[6]

I. Konkreter Regelungsbedarf für die Verfahrensvereinbarung

Dennoch lassen sich bei der Regelung von Mehrparteienschiedsverfahren im Einzelfall weiterhin Fragen aufwerfen, die der näheren Betrachtung bedürfen. Um diesen Fragestellungen näher auf den Grund gehen zu können, sollen die hier aufgestellten Leitlinien zunächst auf die Fallgruppe der Mehrparteienmodelle konkretisiert und anschließend auf ihre einzelnen Anwendungsfälle angewendet werden.

---

wohl nationale als auch Verbraucherstreitigkeiten abdeckt, siehe bereits oben in Kapitel 3 – A.I.2.

[2] Dazu sogleich in Kapitel 5 – A.II.2.

[3] So auch die beispielhafte Aufzählung bei *Schwab/Walter*, Teil I, Kapitel 10, Rn. 14.

[4] Zur engen Auslegung dieses Begriffs zugunsten einer *Parteien*mehrheit siehe bereits oben in Kapitel 4 – C.III.1.

[5] Dies wird nachfolgend anhand der Schiedsgerichtsordnungen der ICC, der DIS und des Swiss Arbitration Centre veranschaulicht werden.

[6] So fasste bereits *Fouchard* die Zulässigkeitsvoraussetzungen für ein Mehrparteienschiedsverfahren im internationalen Kontext zusammen, *Fouchard*, ICC Publication No. 359, S. 59; vgl. auch *Baumann/Pfitzner*, in: Weigand/Baumann, International Commercial Arbitration, Rn. 1.237 f.

1. Ausschlussakt und allseitige Zustimmung zum Mehrparteienschiedsverfahren

So bedarf es neben dem erforderlichen Ausschlussakt einer jeden Verfahrenspartei im Hinblick auf den eigenen Justizgewähranspruch zusätzlich – was im derzeitigen Reformvorhaben des Bundesministeriums der Justiz zwar nicht geäußert wird, im internationalen Kontext aber unumstritten ist[7] – einer Zustimmung zu der Durchführung des Mehrparteienschiedsverfahrens, die jeweils weitreichend genug ist, um sämtliche Prozessrechtsverhältnisse des betreffenden Schiedsverfahrens vollumfänglich abdecken zu können.[8] Beides kann aber auch in eine einzige Vereinbarung gegossen werden, was in der Praxis meist in Form einer Schiedsvereinbarung geschieht.[9]

a) Mehrseitige Schiedsvereinbarung

Auch im Rahmen der Mehrparteienschiedsgerichtsbarkeit bildet die Schiedsvereinbarung den absoluten Regelfall, stellt sie doch den rechtssichersten Weg dar, um das Recht auf staatlichen Rechtsschutz in verfassungskonformer Weise auszuschließen.[10] Im Bereich der Mehrparteienschiedsgerichtsbarkeit hat sich hierbei der Begriff der mehrseitigen Schiedsvereinbarung herausgebildet. So verbieten es im Grundsatz weder das Vertrags- noch das Verfassungsrecht, dass mehrere Personen einen Vertrag schließen, der einen wirksamen Grundrechtsausübungsverzicht aller Betroffenen zum Gegenstand hat, solange die hierfür erforderlichen Voraussetzungen gegeben sind.[11] Zugleich lassen sich in einer Schiedsvereinbarung auch die erforderlichen Zustimmungen zur Durchführung des Mehrparteienschiedsverfahrens leicht abdecken.

Komplexer wird es nun, wenn Gegenstand eines Schiedsverfahrens nicht nur ein Hauptvertrag sein soll, sondern mehrere Hauptverträge, es sich also um

---

[7] Vgl. das Eckpunktepapier des Bundesministeriums der Justiz zur Modernisierung des deutschen Schiedsverfahrensrechts vom 18. April 2023, S. 2, Punkt III.1., wo lediglich die Problematik der Bildung des Schiedsgerichts in Mehrparteienkonstellationen angesprochen wird. Zu diesem international anerkannten Erfordernis der notwendigen Zustimmungen statt vieler aber *Fouchard*, ICC Publication No. 359, S. 59; vgl. auch *Schwab/Walter*, Teil I, Kapitel 7, Rn. 29.

[8] Zur Abgrenzung des Erfordernisses eines Ausschlussakts in Bezug auf das Recht auf staatlichen Rechtsschutz zur bloßen Zustimmung zu der Einbeziehung weiterer Personen in das ansonsten vertrauliche Schiedsverfahren siehe bereits oben in Kapitel 4 – B.I.2.a).

[9] Und zwar regelmäßig unter Bezugnahme auf eine Schiedsverfahrensordnung einer Schiedsinstitution, die Regelungen für ein Mehrparteienschiedsverfahren enthalten.

[10] Dafür plädiert – unter anderem – auch *Nöcker*, in: FS Sandrock, S. 193, 202. Zum Regel-Ausnahmeverhältnis zwischen der Schiedsvereinbarung und den weiteren Möglichkeiten der Herbeiführung eines wirksamen Ausschlussakts siehe bereits oben in Kapitel 3 – A.I.

[11] Und auch § 1029 ZPO steht dem grundsätzlich nicht entgegen. Zu den Anforderungen an eine Schiedsvereinbarung siehe im Einzelnen bereits oben in Kapitel 3 – A.I.2.

ein Mehr*vertrags*schiedsverfahren handelt. Sofern diese in hinreichender Weise mit einer oder mehrerer miteinander kompatibler Schiedsvereinbarungen verbunden sind, steht einer schiedsgerichtlichen Zuständigkeitsbegründung in einem solchen Mehrvertragsverfahren grundsätzlich nichts entgegen. Soll in einer solchen Mehrvertragskonstellation nun aber zudem ein Mehrparteienschiedsverfahren durchgeführt werden, weil den Hauptverträgen zudem unterschiedliche Personen unterliegen, so ist hierfür zusätzlich erforderlich, dass die Zustimmung aller Beteiligten zu der Durchführung des Schiedsverfahrens vorliegt.[12] Liegt diese Zustimmung aller vor, kann jedoch selbst in einer Mehrvertragskonstellation mit unterschiedlichen Beteiligten grundsätzlich ohne Weiteres ein Mehrparteienschiedsverfahren geführt werden. Denn mit dem Einverständnis aller Parteien ist „nahezu alles möglich."[13]

Soweit sich die Zustimmung lediglich auf die Durchführung eines Mehrparteienschiedsverfahrens bezieht und damit nur der Vertraulichkeit des privaten Schiedsverfahrens gerecht werden soll, bedarf es weniger strenger Anforderungen an deren Zustandekommen als an den Ausschluss des Rechts auf staatlichen Rechtsschutz.[14] Manche wollen die Anforderungen an diese Zustimmung mit der bloßen Bezugnahme auf eine Schiedsgerichtsordnung, welche Bestimmungen zur Durchführung eines Mehrparteienschiedsverfahrens enthält, erfüllt sehen. Andere unterstellen sogar im Wege ergänzender Vertragsauslegung einen mutmaßlichen Willen zur Durchführung eines Mehrparteienschiedsverfahrens, wenn ein solches bei Vertragsschluss absehbar war.[15]

Zweifellos stellt jedoch die ausdrückliche und nachweisbare Vereinbarung, aus welcher hinreichend ersichtlich wird, dass im Streitfalle, gegebenenfalls auch in einer Mehrvertragskonstellation, mit den betroffenen Personen ein einziges Mehrparteienschiedsverfahren durchgeführt werden kann, den vergleichsweise rechtssicheren Weg dar. Die allseitige Unterzeichnung dieser

---

[12] Allgemein zum Erfordernis eines allseitigen Konsenses auch bereits *Schlosser*, Recht der Schiedsgerichtsbarkeit, S. 441, Rn. 578 sowie *Benedict*, SchiedsVZ 2018, 306, 307 ff. Zu den Hürden beim Fehlen einer ausdrücklichen Vereinbarung zur Durchführung eines gemeinsamen Mehrparteienschiedsverfahrens in dieser Konstellation eingehend *Mustill*, Arb. Int. 1991, Issue 4, 393, 396 f.

[13] *Oswald*, S. 152.

[14] Deswegen erlaubt etwa die DIS-Schiedsgerichtsordnung eine „sonstige Vereinbarung" für die Durchführung eines entsprechenden Mehrparteienschiedsverfahrens, vgl. Artikel 18.1 Satz 1 DIS-Schiedsgerichtsordnung.

[15] Etwa *Markfort*, der meint, es sei ausreichend, dass alle Parteien die Durchführung eines Mehrparteienschiedsverfahrens gewollt haben „beziehungsweise gewollt hätten, wenn sie sich bei Abschluß der Schiedsklausel darüber Gedanken gemacht hätten", *Markfort*, S. 110 f. Es bestehe aber zugleich eine „Vermutung zugunsten eines übereinstimmenden Willens" zur Durchführung eines solchen Schiedsverfahrens bei identischen Schiedsklauseln, *Markfort*, S. 113; so auch *Massuras*, S. 303 ff. Eine derart „extensive Auslegung" kritisierend aber *Offenhausen*, S. 110; auch *Schwab/Walter*, Teil I, Kapitel 16, Rn. 20 sowie *Nicklisch*, in: FS Glossner, S. 221, 238.

Vereinbarung beseitigt dabei jeden Zweifel an dem entsprechenden Willen der Verfahrensparteien. Ist mithin bereits vorprozessual absehbar, dass es – sei es in einer Mehrvertragskonstellation oder nicht – zu einer Rechtsstreitigkeit kommen kann, an der mehrere Personen beteiligt werden könnten, so ist es nur sinnvoll, möglichst bereits dann eine entsprechende explizite Bestimmung zu treffen und von allen Beteiligten unterzeichnen zu lassen.

Dieses besonders hohe Maß an Rechtssicherheit lässt sich in der Praxis dadurch erreichen, dass beim Vorliegen eines einzigen Hauptvertrags mit mehreren Beteiligten eine schriftliche Schiedsvereinbarung – sei es in Form einer Schiedsklausel im Hauptvertrag selbst oder aber als gesonderte Schiedsabrede, auf die im Hauptvertrag Bezug genommen wird – abgeschlossen wird, die auf das Regelwerk einer Schiedsinstitution Bezug nimmt, welches die Durchführung eines Mehrparteienschiedsverfahrens vorsieht, und zusätzlich die *ausdrückliche* Regelung enthält, dass im Falle von Streitigkeiten aus oder im Zusammenhang mit dem Hauptvertrag auch ein Mehrparteienschiedsverfahren geführt werden kann.[16] Im Falle mehrerer einzelner Hauptverträge mit unterschiedlichen Beteiligten bietet es sich hingegen an, die entsprechenden Bestimmungen in eine gesonderte Schiedsabrede auszugliedern, auf welche dann in sämtlichen betroffenen Hauptverträgen Bezug genommen wird. Auch in dieser Schiedsabrede sollte neben der Bezugnahme auf eine Schiedsgerichtsordnung, welche die Durchführung eines Mehrparteienschiedsverfahrens vorsieht, zum Ausdruck kommen, dass im Falle von Streitigkeiten aus oder im Zusammenhang mit den Hauptverträgen auch ein Mehrparteienschiedsverfahren geführt werden kann.

b) Reichweite einer Schiedsvereinbarung im Falle der Mehrheit von Verfahrensparteien?

Nun wird im Zusammenhang mit der Mehrparteienschiedsgerichtsbarkeit jedoch vielfach diskutiert, ob tatsächlich in jeder einzelnen Person der Verfahrensbeteiligten eine eigenständige Schiedsvereinbarung vorliegen muss, oder vielmehr im Einzelfall der Ausschlussakt einer Person weitere Personen „binden" kann. Die Diskussion zu dieser „Bindungswirkung" des Ausschlussakts macht sich in den weit überwiegenden Fällen an der sogenannten subjektiven Reichweite der Schiedsvereinbarung fest. Vorangestellt werden soll der Darstellung und Bewertung der Diskussionen um die – zumeist möglichst weite – subjektive Auslegung von Schiedsvereinbarungen beim Bestehen gewisser materiell-rechtlicher Rechtsbeziehungen erneut die bereits getroffene Feststellung, dass es sich bei einer Schiedsvereinbarung regelmäßig um die Verkörperung des Ausschlusses des Justizgewähranspruchs der betroffenen Personen in

---

[16] Für eine ausdrückliche Niederlegung des Willens zur Durchführung eines Mehrparteienschiedsverfahrens plädiert auch *Schwartz*, J. Int. Arb. 1993, Vol. 10, No. 3, 5, 19.

Bezug auf den zugrundeliegenden Streitgegenstand handelt, mithin um ein verfassungsrechtlich relevantes Konstrukt.[17]

Dieses Konstrukt kann einer rechtlichen Überprüfung nur dann standhalten, wenn seine verfassungsrechtlichen Anforderungen erfüllt sind, mithin entweder die Voraussetzungen eines freiwilligen Grundrechtsverzichts, oder aber im Einzelfall die eines verfassungsrechtlich gerechtfertigten Grundrechtseingriffs vorliegen – wobei an einen Eingriff in den Justizgewähranspruch jedoch hohe Anforderungen zu stellen sind. Die kollidierenden Interessen müssen hierfür das hoch schützenswerte Recht des Einzelnen auf Zugang zu staatlichem Rechtsschutz überwiegen, um den Ausschluss des Justizgewähranspruchs legitimieren zu können.[18]

Im Rahmen der Debatte um die sogenannte subjektive Reichweite der Schiedsvereinbarung ist zu beobachten, dass ganz überwiegend die Grenzen zwischen einer vertraglichen Rechtsbindung und den Vorgaben für einen verfassungskonformen Ausschluss staatlichen Rechtsschutzes verwischt werden – oder Letztere gar gänzlich außer Acht gelassen werden.[19] Deswegen soll die geführten Diskussionen zur „Bindungswirkung" der Schiedsvereinbarung im Nachfolgenden um eine verfassungsrechtliche Sichtweise ergänzt werden.

aa) „Bindung" von Personengesellschaftern mittels § 128 Satz 1 HGB?

Die wohl am hitzigsten geführte Debatte ist diejenige, ob bei der Haftung einer Personengesellschaft im Außenverhältnis das Vorliegen einer eigenständigen Schiedsvereinbarung in der Person der Gesellschafter, die schließlich gemäß § 128 Satz 1 HGB kraft Gesetzes akzessorisch für die Gesellschaftsschuld mithaften,[20] überhaupt notwendig ist oder aber das Vorliegen einer Schiedsvereinbarung allein im Verhältnis des Gläubigers zur Gesellschaft ausreichend ist, um auch die Personengesellschafter im Streitfalle vor dem Schiedsgericht wirksam mitverklagen zu können.[21] Dies soll an einem Beispiel veranschaulicht werden:

---

[17] Vgl. Kapitel 3 – A.I.1.
[18] Siehe bereits oben, Kapitel 3 – A.I.1.a).
[19] Dies zeigt sich sogleich im Text.
[20] Was für Gesellschafter einer GbR gemäß § 128 Satz 1 HGB analog gelten würde. Gerade hier ist die Frage deswegen von besonderer Tragweite, da die GbR-Gesellschafter im Zweifel als Verbraucher anzusehen sind, die, wie allein § 1031 Absatz 5 ZPO zeigt, besonders schützenswert sind. Eingehend zum Verbraucherbegriff im Gesellschaftsrecht *Voit*, in: Musielak/Voit, ZPO, § 1031, Rn. 8 f.; *Lachmann*, S. 92 ff., Rn. 326 ff.; zur Verbraucherstellung von Gesellschaftern auch einer OHG oder KG *Schmidt*, DB 1989, S. 2315.
[21] Wobei nicht außer Acht gelassen werden darf, dass selbst in Abwesenheit einer wirksamen „Bindung" der Gesellschafter an die Schiedsvereinbarung im Falle der Schiedsklageerhebung sehr wohl noch eine Zuständigkeitsbegründung kraft Präklusion eintreten kann, vgl. dazu bereits oben in Kapitel 3 – A.I.4.

Die A-OHG hat drei Gesellschafter, X, Y und Z. Die A-OHG schließt mit der B-KG einen Vertrag über den Bezug von Rohstoffen und nimmt in den Vertrag eine Schiedsvereinbarung auf. Der Vertrag samt Schiedsvereinbarung wird von Gesellschafter X als Vertreter der A-OHG unterzeichnet.

Als die Zahlung offener Rechnungen seitens der A-OHG ausbleibt, erhebt die B-KG Schiedsklage gegen die A-OHG und deren drei Gesellschafter X, Y und Z. Die drei Gesellschafter X, Y und Z rügen nach der Bildung des Schiedsgerichts dessen Zuständigkeit gemäß § 1040 Absatz 2 und anschließend gemäß § 1040 Absatz 3 ZPO.

Die herrschende Meinung, die auch vom Bundesgerichtshof mitgetragen wird, vertritt die Auffassung, dass Personengesellschafter über die in § 128 Satz 1 HGB vorgesehene akzessorische Haftung auch an die im Außenverhältnis abgeschlossen Schiedsvereinbarung der Gesellschaft gebunden sind.[22] Der Bundesgerichtshof begründet seine Auffassung wie folgt:

„[D]ie Erstreckung der von der Gesellschaft getroffenen Schiedsabrede auf den persönlich haftenden Gesellschafter stellt eine Ausnahme von dem Grundsatz dar, daß nur derjenige eine Schiedsvereinbarung gegen sich gelten lassen muß, der an ihrem Abschluß beteiligt war; sie findet ihre Rechtfertigung allein in der besonderen Haftungsvorschrift des § 128 S. 1 HGB und wird begrenzt durch die besondere Situation, in der sich der persönlich haftende Gesellschafter befindet."[23]

Möchte man die Frage zum rechtswirksamen Ausschluss des Justizgewähranspruchs im Zusammenhang mit der Vorschrift des § 128 Satz 1 HGB nun nicht allein ergebnisorientiert[24], sondern rechtsdogmatisch betrachten, so muss man sich zunächst die Frage stellen, ob die Konstruktion der Bindung von Gesellschaftern an eine Schiedsvereinbarung der Gesellschaft mittels § 128 Satz 1 HGB noch in den Anwendungsbereich eines freiwilligen Grundrechtsausübungsverzichts der betroffenen Gesellschafter fällt. Dies ist eindeutig zu verneinen, da es auf eine freiwillige Unterwerfung der Gesellschafter selbst gerade

---

[22] *BGH*, NJW-RR 1991, 423, 424; NJW 1981, 2644, 2646. Für die Bindung der Schiedsvereinbarung über § 128 Satz 1 HGB bereits *LG Berlin*, KTS 1965, 176; *OLG Köln*, NJW 1961, 1312; so auch *Münch*, in: MüKo ZPO, § 1029 ZPO, Rn. 55; *Niklas*, S. 279. Aufgrund eines „mutmaßlichen Willens" der Beteiligten die Bindung annehmend *Müller/Keilmann*, SchiedsVZ 2007, 113, 115 f.; wegen einer zwingenden Identität von Gesellschafts- und Gesellschafterprozess *Wagner*, in: Die Beteiligung Dritter am Schiedsverfahren, S. 38 f. Andere wiederum leiten die Bindung des Gesellschafters unmittelbar aus der Erfüllungstheorie her, weil es sich auch bei der Schiedsvereinbarung um eine Verbindlichkeit in deren Sinne handele, vgl. etwa *Wiegand*, SchiedsVZ 2003, 52, 57 f. Für eine Wirkungserstreckung aufgrund der Haftung des Personengesellschafters für eine eigene Schuld, im Gegensatz etwa zur Bürgschaft, bei der für eine fremde Schuld gehaftet werde, *Schütze*, SchiedsVZ 2014, 274, 277. Eingehend zum alten Recht wiederum *Weber/Schlabrendorff*, in: FS Glossner, S. 477, 478 ff.

[23] *BGH*, NJW-RR 1991, 423, 424.

[24] In diese Richtung etwa Offenhausen, S. 51 („Die folgende Untersuchung geht von der feststehenden Zielsetzung aus, dass eine Schiedsvereinbarung der GbR mit Dritten auch die Gesellschafter binden muss").

nicht ankommen, sondern vielmehr die freiwillige Unterwerfung der Gesellschaft auch für die Gesellschafter Bindungswirkung entfalten soll. Solange die gesetzlichen Vertretungsregelungen, die wiederum auf einen freiwilligen Grundrechtsausübungsverzicht der Gesellschafter zurückgehen würden, nicht einschlägig sind, lässt sich ein Verzicht der Gesellschafter hier mithin nicht konstruieren.[25]

Dann aber kommt für die Wahrung des Rechts auf Zugang zu staatlichem Rechtsschutz, das den betroffenen Gesellschaftern schließlich grundsätzlich zusteht, nur ein verfassungsrechtlich gerechtfertigter Grundrechtseingriff in Betracht.[26] Die erforderliche Rechtsgrundlage hierfür könnte in der Vorschrift des § 128 Satz 1 HGB liegen. Die Regelung sieht eine gleichgeordnete, akzessorische Haftung der Gesellschafter für Gesellschaftsschulden im Außenverhältnis vor und soll Gläubiger von Personengesellschaften schützen, indem sie mit den für die Gesellschaftsschulden persönlich haftenden Gesellschaftern weitere Schuldner zur Seite gestellt bekommen.[27] Grundsätzlich handelt es sich bei der Vorschrift des § 128 Satz 1 HGB um eine materiell-rechtliche Haftungsnorm.[28] Es ist daher fraglich, ob dieser Schutz so weit führt, dass er das Interesse der Gesellschafter daran, staatlichen Rechtsschutz in der betreffenden Angelegenheit erlangen zu können, überwiegen und einen entsprechend tiefgreifenden Grundrechtseingriff in den Justizgewähranspruch des Gesellschafters rechtfertigen kann.[29] Es lässt sich bezweifeln, ob allein die Vermeidung einer „Aufspaltung der Gerichtswege" und der Erhalt der „Vorteile des schnel-

---

[25] Spätestens seit der Anerkennung der eigenen Rechtsfähigkeit von Personengesellschaften ist von einer Vertretung der einzelnen Gesellschafter beim Abschluss eines Vertrags für die Gesellschaft gerade nicht mehr ohne Weiteres auszugehen. Auch im oben genannten Beispiel handelte X, der Vertreter der A-OHG beim Vertragsschluss mit der B-KG, in offenkundiger Weise im Namen der A-OHG und nicht im eigenen – dies ergäbe sich selbst bei einer fehlenden ausdrücklichen Offenlegung der Vertretung aus den Grundsätzen des unternehmensbezogenen Geschäfts, zu diesen Grundsätzen eingehend *Schubert*, in: MüKo BGB, § 164, Rn. 130 ff.

[26] Siehe zur teils schwierigen Abgrenzung von Grundrechtsausübungsverzicht und Grundrechtseingriff im Zusammenhang mit der Schiedsgerichtsbarkeit bereits oben in Kapitel 3 – A.I.1.

[27] Hintergrund dieser persönlichen Haftung von Personengesellschaftern für Gesellschaftsschulden ist, dass, anders als bei Kapitalgesellschaften, bei einer Personengesellschaft keine feste gesetzliche Einlage im Interesse der Gesellschaftsgläubiger eingezahlt werden muss. Zudem existieren keine Regelungen zur Erhaltung des Gesellschaftsvermögens. Vertiefend zum Regelungsgedanken des § 128 Satz 1 HGB *Boesche*, in: Oetker, HGB, § 128, Rn. 2.

[28] Zur Entwicklung der Einordnung des § 128 HGB im Einzelnen *Schmidt*, ZHR 1998, 265, 273 ff.

[29] Der Bundesgerichtshof sieht in Schieds- und Gerichtsstandsvereinbarungen eine Modalität des § 128 Satz 1 HGB unterliegenden Anspruchs, die sich mithin auch auf den Gesellschafter auswirke, *BGH*, NJW 1981, 2644, 2646.

len und regelmäßig kostengünstigen Schiedsgerichtsverfahrens" zugunsten aller Beteiligten dieses Recht aufwiegen kann.[30]

Unabhängig von der Frage, ob § 128 Satz 1 HGB überhaupt die einschlägige Rechtsgrundlage für die Wirkungserstreckung einer Schiedsvereinbarung darstellt – auch dies ist hoch umstritten[31] –, kann jedenfalls nicht ohne Weiteres davon ausgegangen werden, dass § 128 Satz 1 HGB die hinreichende Grundlage für einen verfassungskonformen Ausschluss des Justizgewähranspruchs eines Gesellschafters bietet.[32] Dies gilt erst Recht für das ungeschriebene Rechtsinstitut der Rechtsscheinvollmacht, mittels derer manche Stimmen, welche die Anwendbarkeit des § 128 Satz 1 HGB ablehnen, alternativ eine Bindung der Gesellschafter an die Schiedsvereinbarung einer Personengesellschaft herleiten wollen.[33] Möchte man das Gebot des sichersten Weges befolgen und sich nicht auf die Rechtsunsicherheit der umstrittenen Herleitung einer „Schiedsbindung" über die Haftungsnorm des § 128 Satz 1 HGB oder auf Rechtsscheingrundsätze verlassen, so ist es angezeigt, im Falle von Geschäften

---

[30] Diese Argumentation zieht der Bundesgerichtshof in seiner Entscheidung *BGH*, NJW-RR 1991, 423, 424 heran.

[31] Dagegen etwa *Hopt*, in: Baumbach/Hopt, HGB, § 128, Rn. 40; *Schlosser*, in: Stein/Jonas, ZPO, § 1029, Rn. 34, die allerdings eine entsprechende Bindung aus der Auslegung der Schiedsvereinbarung herleiten wollen. Ähnlich auch *Schmidt*, ZHR 1998, 265, 273, wonach die Anwendung des § 128 Satz 1 HGB auf eine Schiedsvereinbarung daran scheitere, dass die Haftungsanordnung von § 128 Satz 1 HGB sich zwar auf alle Verpflichtungen der Gesellschaft beziehe, aber auf materiellrechtliche Verbindlichkeiten beschränkt sei. Die Anwendbarkeit des § 128 Satz 1 HGB ablehnend, aber noch nach altem Recht eine konkludente Unterwerfung der Gesellschafter annehmend *Massuras*, S. 148, 150 ff.; in diese Richtung auch *Habscheid*, KTS 1966, 1, 2 f. sowie *Schmidt*, DB 1989, 2315, 2318. Allgemein gegen die Bindung von Personengesellschaftern an eine von der Gesellschaft abgeschlossene Schiedsvereinbarung aber *Habersack*, SchiedsVZ 2003, 241, 246 f.; kritisch auch *Sessler*, BB 1998, Beilage 9, 21.

[32] *Habersack*, SchiedsVZ 2003, 241, 246; vgl. auch *Sessler*, BB 1998, Beilage 9, 21. In diese Richtung auch *Massuras*, S. 148, der darauf hinweist, dass „allein die Gefahr einer Umgehung der mit der Gesellschaft abgeschlossenen Schiedsvereinbarung durch Inanspruchnahme der Gesellschafter vor dem staatlichen Gericht die Bindung der Gesellschafter an die Schiedsvereinbarung nicht zu begründen" vermag, insbesondere, weil „es die Parteien in der Hand [haben], durch ausdrückliche Unterwerfung der Gesellschafter unter die Schiedsvereinbarung der befürchteten Umgehung derselben den Boden zu entziehen." Erst echt lässt sich insoweit nicht auf „den Rechtsgedanken des § 1066 ZPO" zurückgreifen und ohne jegliche weitere Grundlage auf diese Weise eine „Bindung" der Gesellschafter im Außenverhältnis konstruieren, wie Offenhausen, S. 20 ff. es versucht. Dazu kritisch aber bereits oben in Kapitel 3 – A.I.3.

[33] So wie es *Massuras*, S. 151 f. noch vertrat. Eine solche Konstruktion dürfte spätestens seit der Anerkennung der Rechtsfähigkeit der Gesellschaft bürgerlichen Rechts, die für Personengesellschaften des HGB sowieso gilt, kaum mehr vertretbar sein, vgl. dazu allgemein *Schäfer*, in: MüKo BGB, Vor § 705, Rn. 10 ff. Wie in Kapitel 3 – A.I.2.c) bereits gezeigt, ist es zudem fraglich, inwieweit die Rechtsscheinvollmacht zu einem rechtswirksamen Ausschluss des Justizgewähranspruchs führen kann.

mit Personengesellschaften eine zugrundeliegende Schiedsvereinbarung möglichst auch mit den Gesellschaftern abzuschließen, um so eine unangreifbare Grundlage für ein Mehrparteienschiedsverfahren zu schaffen.[34] Im oben aufgeführten Beispiel wäre es mithin nur sinnvoll gewesen, dass die Gesellschafter der A-OHG die mit der B-KG abgeschlossenen Schiedsvereinbarung mitunterzeichnen.

bb) „Bindung" von Konzernunternehmen mittels einer Group of Companies Doctrine?

Noch weniger verlassen sollte man sich auf Versuche, die Bindungswirkung einer Schiedsvereinbarung allein an von nationalem Recht unabhängigen, allgemeinen Grundsätzen wie der sogenannten *Group of Companies Doctrine* festzumachen.[35] Dieser rein pragmatische Ansatz wird zurecht sowohl national als auch international höchst kritisch betrachtet – und er bietet nur wenig Rechtssicherheit, möchte man ein Scheitern der Rechtsdurchsetzung verhindern.[36] Ist abzusehen, dass im Rahmen etwaiger Streitigkeiten mehrere Personen, seien es juristische oder natürliche, in den Streitgegenstand involviert sein werden, so ist es nur sinnvoll, da der rechtssicherste Weg, sie die zugrundeliegende Schiedsvereinbarung und die dazugehörigen zusätzlichen Bestimmungen zur Durchführung eines Mehrparteienschiedsverfahrens von Beginn an mit unterzeichnen zu lassen, um die rechtswirksame Grundlage für ein etwaiges Schiedsverfahren von Beginn an zu schaffen.[37]

---

[34] So auch *Habersack*, SchiedsVZ 2003, 241, 246. Was im Falle des Gesellschafterwechsels im Sinne der Rechtsnachfolge mit einer solchen Schiedsvereinbarung geschieht, wird in Kapitel 6 – B.II.2.c) im Einzelnen untersucht.

[35] Ablehnend zuletzt *BGH*, SchiedsVZ 2023, 228, 234, Rn. 66 ff. Hierzu allgemein sowie zur Frage des anwendbaren Rechts bei der Auslegung einer Schiedsvereinbarung *Sachs/Niedermaier*, in: FS für Elsing, S. 491 ff. Für eine Bindung an die Schiedsvereinbarung kraft eines „Rechtsscheins der Einheit" hingegen *Ahrens*, S. 203 ff., S. 221; *Massuras*, S. 201.

[36] Dies hat auch aktuell der Bundesgerichtshof in seiner Entscheidung BGH, MDR 2023, 725 ff. deutlich gemacht, in der er den Antrag, einen Schiedsspruch in Deutschland für vollstreckbar zu erklären, unter anderem mit der Begründung abgelehnt hat, die dem Schiedsverfahren zugrundeliegende Schiedsvereinbarung sei nur von einer der Antragsgegnerinnen, die alle Teil derselben Unternehmensgruppe sind, formwirksam vereinbart worden, sodass sie die weiteren selbstständigen Unternehmen innerhalb der Unternehmensgruppe nicht habe binden können. Jedenfalls im deutschen Rechtskreis ist es daher dringend anzuraten, von entsprechenden Versuchen Abstand zu nehmen, so auch *Frank*; S. 306 f.; *Holeweg*, S. 232; *Massuras*, S. 52 ff. S. und 192; *Busse*, SchiedsVZ 2005, 118; *Müller/Keilmann*, SchiedsVZ 2007, 113, 118 („Diese Doktrin hat im deutschen Recht keine Grundlage"); *Sandrock*, SchiedsVZ 2005, 1, 7.

[37] Siehe dazu bereits oben, Kapitel 3 – A.I.2.b). Eine schwierige Frage ist zudem diejenige, wie mit rechtsmissbräuchlichem Verhalten, wie im Falle des Einsatzes von Strohmanngesellschaften, zu verfahren ist. Erneut ist fraglich, ob ein materiell-rechtliches Haftungsinstitut, wie etwa die ungeschriebene Durchgriffshaftung, hierfür die einschlägige und hin-

Um *Lühmann* zu zitieren, „kann der Grundsatz aufgestellt werden, dass die Erwartung, ein Dritter werde an das Ergebnis eines Schiedsverfahrens gebunden, obwohl er die Vorteile der privaten Schiedsgerichtsbarkeit für sich nicht Anspruch nehmen will, schlechterdings illegitim und nicht schützenswert ist."[38] Daher „sind die Parteien aufgerufen, im Voraus Vorkehrungen zu treffen, materiellrechtlichen Sinnzusammenhängen in abhängigen Rechtsbeziehungen Rechnung zu tragen. Gelingt dies nicht, sind die Grenzen des Systems der privaten Streitbeilegung erreicht und die jeweiligen Akteure gezwungen, die notwendigen Konsequenzen zu ziehen."[39] Der rechtssicherste Weg zur Sicherung einer zulässigen Zuständigkeitsbegründung des Schiedsgerichts in einem Mehrparteienschiedsverfahren ist dabei zweifellos die schriftliche Unterwerfung aller Beteiligter unter die Schiedsgerichtsbarkeit unter expliziter Zustimmung zu der Möglichkeit der Durchführung eines Mehrparteienschiedsverfahrens.

c) *Weitere Möglichkeiten der wirksamen schiedsgerichtlichen Zuständigkeitsbegründung*

Der erforderliche Ausschlussakt kann aber grundsätzlich auch in einem Mehrparteienschiedsverfahren in einer Schiedsverfügung im Sinne des § 1066 ZPO liegen, etwa im Rahmen erbrechtlicher Streitigkeiten.[40] Sieht man eine Gesellschaftersatzung als eine statuarische Schiedsverfügung im Sinne des § 1066 ZPO und nicht als Unterfall der Schiedsvereinbarung an,[41] so gilt dies auch für Gesellschafterstreitigkeiten.

Auch bei der Beteiligung von mehr als zwei Parteien besteht zudem die Möglichkeit der schiedsgerichtlichen Zuständigkeitsbegründung kraft Präklusion.[42] Im Rahmen eines Mehrparteienschiedsverfahrens ist dabei allerdings zu

---

reichende Grundlage, etwa in Form eines „funktionellen Durchgriffs", bieten kann. Dafür *Holeweg*, S. 230 ff.; *Gross*, SchiedsVZ 2006, 194, 195 ff. Ablehnend hingegen aktuell *BGH*, SchiedsVZ 2023, 228, 234, Rn. 66 ff.; *Müller/Keilmann*, SchiedsVZ 2007, 113, 116 f.; sowie in Bezug auf die Durchgriffshaftung, bei der für eine fremde Schuld gehaftet werde, auch *Schütze/Thümmel*, S. 74, Rn. 16, im Unterschied zur Strohmanngesellschaft, im Rahmen derer für eine eigene Schuld gehaftet werde, *dies.*, S. 74, Rn. 17 f. Kritisch auch *Ahrens*, S. 193 („Die Konnexität objektiv von der Schiedsvereinbarung erfaßter Ansprüche kann ihre subjektive Reichweite indes nicht modifizieren") und *Frank*, S. 289 ff., 309; *Müller/Keilmann*, SchiedsVZ 2007, 113, 116 f.

[38] *Lühmann*, S. 346.
[39] *Lühmann*, S. 346 f.
[40] Zur Dogmatik des § 1066 ZPO im Einzelnen bereits in Kapitel 3 – A.I.3.
[41] Kritisch hierzu bereits in Kapitel 3 – A.I.3.a).
[42] Denn wie sich gezeigt hat, sind die Vorschriften des Zehnten Buchs der ZPO auch auf mehrere Verfahrensparteien grundsätzlich anwendbar, vgl. oben in Kapitel 4 – C.I.1.a). Zu den Voraussetzungen der schiedsgerichtlichen Zuständigkeitsbegründung kraft Präklusion im Einzelnen bereits oben in Kapitel 3 – A.I.4.c).

berücksichtigen, dass in *jeder einzelnen Person* ein wirksamer Ausschlussakt vorliegen muss. Versäumt es etwa eine Partei, die Zuständigkeit des Schiedsgerichts im Hinblick auf das eigene Prozessrechtsverhältnis rechtzeitig zu rügen, so hat dies grundsätzlich keine Auswirkung auf die anderen Parteien des Schiedsverfahrens.[43]

Damit aber können in einem einzigen Schiedsverfahren auch mehrere unterschiedliche Ausschlussakte zusammentreffen, wie an einem kurzen Beispiel veranschaulicht werden soll:

Die A-GmbH schließt durch ihren Geschäftsführer X mit der B-OHG einen Vertrag über die Lieferung von Rohstoffen und nimmt eine Schiedsvereinbarung in den Vertrag auf.

Nachdem die Kaufpreiszahlung ausgeblieben ist, erhebt die A-GmbH Schiedsklage gegen die B-OHG. Nach der Konstituierung des Schiedsgerichts erhebt die B-OHG Widerklage sowohl gegen die A-GmbH als auch gegen deren Geschäftsführer X. Nach Übermittlung der Widerklage erheben weder X selbst noch die A-GmbH die Zuständigkeitsrüge gemäß § 1040 Absatz 2 ZPO, obwohl sich beide aktiv am Schiedsverfahren beteiligen.

Im Beispielfall beruht die schiedsgerichtliche Zuständigkeit in Bezug auf das Prozessrechtsverhältnis zwischen der A-GmbH und der B-OHG auf der zwischen ihnen geschlossenen Schiedsvereinbarung. Da X bei deren Abschluss lediglich als Vertreter der A-GmbH aufgetreten ist, ist er selbst allerdings nicht Partei dieser Schiedsvereinbarung. In Bezug auf das Prozessrechtsverhältnis zwischen ihm und der B-OHG beruht die Zuständigkeit des Schiedsgerichts somit nicht auf der Schiedsvereinbarung. Da X aufgrund der Erhebung der auch gegen ihn gerichteten Widerklage durch die B-OHG selbst allerdings Partei des Schiedsverfahrens geworden ist und er es dennoch versäumt hat, die fehlende Zuständigkeit des Schiedsgerichts fristgerecht gemäß § 1040 Absatz 2 ZPO zu rügen, ergibt sich die schiedsgerichtliche Zuständigkeit in Bezug auf dieses Prozessrechtsverhältnis aus der Präklusion der Zuständigkeitsrüge.[44] Auf diese Weise können mithin unterschiedliche Ausschlussakte in einem Mehrparteienschiedsverfahren aufeinandertreffen – auch wenn die rechtssi-

---

[43] Nur weil etwa eine Partei des Schiedsverfahrens es in Bezug auf ihr eigenes Prozessrechtsverhältnis versäumt, die Rüge des § 1040 Absatz 2 oder 3 ZPO fristgerecht zu erheben, ist eine andere Partei des Schiedsverfahrens nicht daran gehindert, die betreffende Rüge in Bezug auf das eigene Prozessrechtsverhältnis zu erheben und so, sollte die Rüge Erfolg haben, mittels Teilklageabweisung aus dem Schiedsverfahren auszuscheiden.

[44] Ähnlich spielte es sich auch in dem der Entscheidung des *OLG Bremen*, 10. November 2005, 2 Sch 2/2005, juris, Rn. 12 und Ls. zugrundeliegenden Schiedsverfahren ab, in welchem zwar eine Schiedsvereinbarung zwischen der klagenden GmbH und dem schiedsbeklagten Vertragspartner vorlag, der GmbH-Geschäftsführer, der wiederum vom Schiedsbeklagten widerklagend mitverklagt wurde, diese jedoch nur für die GmbH unterzeichnet hatte. Weil der GmbH-Geschäftsführer keine – rechtzeitige – Rüge der Unzuständigkeit nach § 1040 Absatz 2 und 3 ZPO erhob, war er damit im Vollstreckbarerklärungsverfahren präkludiert. Zur Verfahrensparteistellung dieses widerbeklagten Geschäftsführers aber bereits oben in Kapitel 4 – A.II.3.b).

cherste Vorgehensweise ohne Zweifel die allseits unterzeichnete, mehrseitige Schiedsvereinbarung ist.[45]

2. Möglichkeit der Verfahrensbeteiligung als Verfahrenspartei

Nun kann jedoch das Vorliegen einer mehrseitigen Schiedsvereinbarung nicht die tatsächliche Möglichkeit der Einflussnahme auf ein Schiedsverfahren, an dessen Ende ein verbindlicher und durchsetzbarer Schiedsspruch stehen soll, ersetzen.

Denn der in einer Schiedsvereinbarung regelmäßig verkörpere Grundrechtsausübungsverzicht reicht nur so weit, die Zuständigkeit der staatlichen Gerichte in Bezug auf den Streitgegenstand auszuschließen und sie in die Hände eines privaten Schiedsgerichts zu legen.[46] Nicht aber wird der potenzielle Rechtsstreit derart aus der Hand gegeben, dass auch die Möglichkeit der Einflussnahme auf das Schiedsverfahren und das Zustandekommen das an seinem Ende stehenden Schiedsspruchs aufgegeben werden. Ein derart umfassender Verzicht, der einen vollständigen Grundrechtsausübungsverzicht auch in Bezug auf das Recht auf rechtliches Gehör und faires Verfahren zur Folge hätte, ist der Unterwerfung unter ein privates Schiedsgericht nicht zu entnehmen – und es ist höchst zweifelhaft, ob eine entsprechend weitreichende Unterwerfung einer gerichtlichen Wirksamkeitskontrolle standhalten würde.[47]

Diejenigen Auffassungen, welche die Wirkungen eines Schiedsspruchs auf jede Partei der dem Schiedsverfahren zugrundeliegenden Schiedsvereinbarung erstrecken möchten, unabhängig von deren tatsächlichen Möglichkeit der Verfahrensbeteiligung, sind mit den vom Bundesgerichtshof aufgestellten und mit dem Grundgesetzes im Einklang stehenden Anforderungen an eine solche Wirkungserstreckung nicht vereinbar.[48] Und auch in der Praxis hätte eine entspre-

---

[45] Vgl. dazu bereits in Kapitel 5 – A.I.1.a).

[46] Siehe zum Inhalt einer Schiedsvereinbarung im Einzelnen in Kapitel 3 – A.I.2.

[47] Vgl. nur die vom Bundesgerichtshof aufgestellten Anforderungen der nicht im Vorhinein ausschließbaren Möglichkeit der Einflussnahme auf das Schiedsverfahren und die Zusammensetzung des Schiedsgerichts, BGHZ 132, 278, 288 („Schiedsfähigkeit I").

[48] *Neben* dem Erfordernis eines kompatiblen Ausschlussakts bedarf es schließlich *zusätzlich* der Möglichkeit der Beteiligung am betreffenden Schiedsverfahren, um rechtliches Gehör erlangen und fair behandelt werden zu können, BGHZ 180, 221, 224 ff., insb. 228 f. („Schiedsfähigkeit II") sowie *BGH*, SchiedsVZ 2022, 86, 88, Rn. 15 („Schiedsfähigkeit IV"); NJW 2018, 3014, 3015, Rn. 15 ff.; SchiedsVZ 2017, 197, 199, Rn. 22 („Schiedsfähigkeit III"); BGHZ 132, 278, 287 ff. („Schiedsfähigkeit I"); *OLG Frankfurt*, Beschluss vom 24. Januar 2022 – 26 Sch 14/21, juris, Rn. 82 ff. und ganz allgemein bereits in Kapitel 2 – C.II. und 4 – B.I. In diese Richtung gehen aber *Massuras*, S. 455 ff. und *Münch*, welche die Auffassung vertreten, dass sich jedenfalls die in § 1055 ZPO normierte Wirkung kraft Gesetzes auf die Parteien einer Schieds*vereinbarung* erstreckten, vgl. nur *Münch*, in: MüKo ZPO, § 1055, Rn. 24 (Die „Bindung an die Schiedsvereinbarung bewirkt implizite Bindung

chende Handhabung ein derart hohes Risiko zur Folge, sich einem Schiedsspruch ausgesetzt sehen zu müssen, auf dessen Zustandekommen man im Zweifel keinerlei Einfluss nehmen konnte, dass vom Abschluss einer irgendwie gearteten mehrseitigen Schiedsvereinbarung dringend abzuraten wäre.[49] All diejenigen Personen, auf welche die Wirkungen eines Schiedsspruchs erstreckt werden sollen, müssen mithin, unabhängig davon, ob sie bereits Parteien einer dem Schiedsverfahren zugrundeliegenden Schiedsvereinbarung sind oder nicht, in das Schiedsverfahren einbezogen werden. Sollen die *gesetzlich* angeordneten Wirkungen im deutschen Schiedsverfahrensrecht eintreten, bedarf es dabei sogar einer Einbeziehung als Partei des Schiedsverfahrens, was dann zu einem Mehrparteienschiedsverfahren führt.[50]

3. Recht der Einflussnahme auf die Bildung des Schiedsgerichts

Zusätzlich zu der faktischen Einbeziehung aller Betroffenen als Verfahrensparteien bedarf es einer gesonderten Bestimmung zur Bildung des Schieds-gerichts, die dem Recht der Verfahrensparteien auf faires Verfahren und damit

---

an den Schiedsspruch als natürliches Endresultat der Schiedsbindung, sie setzt sich daran ganz nahtlos fort").

[49] *Massuras*, S. 455 will zwar den nicht mitverklagten Vertragspartnern die Möglichkeit einräumen, jedenfalls als Nebenintervenienten dem Schiedsverfahren beitreten zu können und in „notwendigerweise" analoger Anwendung des § 66 ZPO rechtliches Gehör zu erlangen. Rein praktische Bedenken, wie die Vertraulichkeit von Schiedsverfahren, die eine Kenntniserlangung des nicht mitverklagten Vertragspartners von dem Schiedsverfahren erheblich erschweren dürften, will man nicht eine entsprechende Informationspflicht der Verfahrensparteien konstruieren, wiegen hierbei nicht nahezu so schwer, wie der Umstand, dass das Instrument der Nebenintervention, wie auch *Martens*, S. 270 richtigerweise feststellt, „kein geeignetes Instrument zur verfassungsrechtlich erforderlichen Gewährung rechtlichen Gehörs" darstellt – insbesondere nach *Massuras* Auffassung aber dem Nebenintervenienten auch keine Möglichkeit der Einflussnahme auf die Zusammensetzung des Schiedsgerichts gegeben wird, S. 478. Und außer Acht gelassen wird auch die Frage der Herleitung und der Folgen einer Analogiebildung zu §§ 66 ff. ZPO im Schiedsverfahrensrecht. Diese Problemfelder erkennt auch *Massuras*, äußert er doch an anderer Stelle selbst, die Nebenintervention sei ein im Schiedsverfahren nur selten zu erwartendes Institut, wegen der für den Dritten „höchst nachteilige[n]" Interventionswirkung und der fehlenden Einflussnahmemöglichkeit auf die Zusammensetzung des Schiedsgerichts, *Massuras*, S. 525. Wohl auch deswegen äußert er an anderer Stelle, „der Kläger hat wohl ein Interesse, die Klage gegen alle in den Streit verwickelten Schiedsverfahrensparteien zu erheben, um sie an die Rechtskraft des erstrebten Schiedsspruchs zu binden", *Massuras*, S. 467, womit er letztendlich doch die auch hier vertretene Auffassung zur Auslegung des § 1055 ZPO zu teilen scheint.

[50] Zur Bedeutsamkeit der Formulierung „unter den Parteien" in der Vorschrift des § 1055 ZPO, welche die Wirkungen des Schiedsspruchs auf die Parteien des Schiedsverfahrens beschränkt, siehe auch bereits oben in Kapitel 4 – A.II. und III. Zu den Möglichkeiten einer Einbeziehung als bloße Verfahrensbeteiligte, was dann allerdings zusätzlichen Regelungsbedarf in Bezug auf die Wirkungen des Schiedsspruchs mit sich zieht, im Einzelnen in Kapitel 5 – B.

auf prozessuale Gleichbehandlung unter Berücksichtigung der Besonderheiten der Mehrparteienschiedsgerichtsbarkeit gerecht wird – jedenfalls solange der Gesetzgeber eine solche Regelung nicht selbst schafft.[51]

a) Inhaltliche Anforderungen

Wie *Berger* bereits 1993 feststellte, handelt es sich bei der Bildung des Schiedsgerichts in Mehrparteiensituationen um „eines der schwierigsten Probleme der internationalen Wirtschaftsschiedsgerichtsbarkeit."[52] Allerdings lässt sich auf die in der internationalen Schiedsgerichtsbarkeit geführte Diskussion zur prozessualen Gleichbehandlung bei der Bildung eines Schiedsgerichts in Mehrparteienschiedsverfahren zurückgreifen, um eine auch dem deutschen Recht genügende Bestimmung herauszuarbeiten. Die Rechtsprechung der französischen *Cour de Cassation* in der sogenannten *Dutco*-Entscheidung hat hier Wegweisendes geleistet, indem sie das für das Thema erforderliche Problembewusstsein geschaffen hat.[53] In dem der Entscheidung zugrundeliegenden Fall waren alle Konsorten und das auftraggebende Unternehmen im Oman sowie die deutsche Anlagenbaufirma Parteien desselben Vertrags und damit derselben Schiedsvereinbarung. Umstritten war allerdings das Verfahren betreffend die Bildung des Schiedsgerichts, da die Standardschiedsvereinbarung auf ein Zweipersonenverfahren zugeschnitten war, die Schiedsbeklagten aber zugleich keine gleichläufigen Interessen hatten, da die gegen sie erhobenen Ansprüche in keinem inneren Zusammenhang zueinanderstanden. Die getroffene Entscheidung der *Cour de Cassation* mag zwar in gewisser Hinsicht über das Ziel hinausgeschossen sein,[54] ihr Kern ist aber international akzeptiert worden: Das Recht einer jeden Verfahrenspartei, auf die Benennung eines Schiedsrichters Einfluss zu nehmen, gehört zum *ordre public* und es kann erst nach Entstehen des Streitfalls – vollständig – hierauf verzichtet werden.[55]

Ausgehend von diesem sehr strengen Grundsatz hat sich in den überwiegenden Schiedsgerichtsordnungen der bekannten Schiedsinstitutionen ein zweiaktiger Mechanismus für Mehrparteienschiedsverfahren herausgebildet, der

---

[51] Siehe zum Erfordernis einer eigenständigen Bestimmung zur Bildung des Schiedsgerichts in Mehrparteienschiedsverfahren bereits oben in Kapitel 4 – C.I.1.b).

[52] *Berger*, RIW 1993, 702, 703. Wie auch *Hohner*, DB 1979, 581 erkennt, handelt es sich hierbei zudem um ein speziell schiedsverfahrensrechtliches Problem – vor den staatlichen Gerichten gibt es schließlich keine Einflussmöglichkeit der Verfahrensparteien auf die Besetzung der Richterbank. Vgl. dazu auch bereits in Kapitel 2 – C.II.1.

[53] *Raeschke-Kessler*, SchiedsVZ 2003, 145, 151.

[54] So *Raeschke-Kessler*, SchiedsVZ 2003, 145, 151 und auch *Oswald*, S. 96.

[55] *Cour de Cassation*, Chambre Civile 1, 7. Januar 1992, 89-18.708 89-18.726, BKMI et autres c/ Dutco, vgl. die deutsche Übersetzung der Entscheidung in BB 1992, Beilage 15, 27; kommentiert auch von *Schlosser*, in: 50 Jahre Bundesgerichtshof, S. 399, 429 f. Ausführlich zu der Entscheidung *Berger*, RIW 1993, 702, 74 ff.; *Raeschke-Kessler*, SchiedsVZ 2003, 145, 151.

primär eine Beteiligungsmöglichkeit aller Verfahrensparteien, unter einem Einigungserfordernis der jeweiligen Parteiseiten, vorsieht, und sekundär eine Auswahl und Bestellung durch ein neutrales Gremium, wobei im Einzelnen unterschiedlich gehandhabt wird, ob diese dann für beide Parteiseiten zu erfolgen hat oder aber nur für eine. Können sich die Parteien in einem Parteilager nicht auf einen Schiedsrichter einigen, werden entweder dieser Schiedsrichter oder aber beide von den Parteien zu benennenden Schiedsrichter von der Institution ausgewählt und bestellt – Artikel 20.3 der DIS-Schiedsgerichtsordnung etwa stellt dies in das Ermessen des DIS-Rats für Schiedsgerichtsbarkeit mit einer Sonderregelung für den Beitritt zusätzlicher Parteien in Artikel 20.5 DIS-Schiedsgerichtsordnung, die derjenigen des Artikel 11.5 Swiss-Rules für Mehrparteienschiedsverfahren ähnelt – oder es werden in diesem Fall sogar alle drei Schiedsrichter, einschließlich des Vorsitzenden, von der Institution bestellt, vgl. Artikel 12.8 der ICC-Schiedsgerichtsordnung; Artikel 8.1 LCIA-Schiedsgerichtsordnung sowie, wenn dies hier auch den Ausnahmefall darstellen soll, Artikel 18.4 der VIAC-Schiedsgerichtordnung.

Dem Recht auf faires Verfahren ist mit einem Einigungserfordernis der jeweiligen Parteilager Genüge getan, solange dadurch weiterhin die *Möglichkeit* der Einflussnahme auf die Zusammensetzung des Schiedsgerichts besteht und diese vorprozessual nicht vollständig ausgeschlossen wird.[56] Mit der Vereinbarung eines Mehrparteienschiedsverfahrens und der Bezugnahme auf Regelungen einer Schiedsgerichtsordnung, die ein Einigungserfordernis der Personen auf einer Parteiseite vorsehen, ist zudem von dem Einverständnis mit dem Verfahren zur Schiedsrichterbestellung auszugehen.[57]

---

[56] Das Einigungserfordernis wird primär aus einer Verfahrensförderungspflicht der Parteien, insbesondere auf Schiedsklägerseite, hergeleitet, vgl. nur *Weber*, in: FS Schlosser, S. 1963, 1065 f., der auch für eine entsprechende Pflicht auf Beklagtenseite einsteht, S. 1072 ff. Aus internationaler Sicht für eine entsprechende Verfahrensförderungspflicht der Parteien einstehend auch *Hanotiau*, Arb. Int. 1998, Issue 4, 369, 371. *Habscheid*, in: Schweizer Beiträge, S. 173, 187 geht sogar von einem einklagbaren *Anspruch* auf Bestellung eines gemeinsamen Schiedsrichters aus. Herleiten tut er diesen Anspruch zum einen aus einer materiellrechtlichen Bindung aus der zugrundeliegenden Rechtsgemeinschaft der Parteien und zum anderen aus der gemeinsamen Schiedsvereinbarung. Nicht erforderlich ist es hingegen, sich zwingend seinen eigenen Schiedsrichter aussuchen zu dürfen, vgl. zum Schutzumfang des Rechts auf faires Verfahren bereits in Kapitel 4 – C.I.1.b). Für eine Bewahrung des parteieigenen Benennungsrechts zwar *Oswald*, S. 95 f.; auch *Schwab*, in: FS Habscheid, S. 285, 293; aufgrund der international anerkannten Möglichkeit, die Schiedsrichterbenennung auch auf einen neutralen Dritten zu übertragen, kritisch aber wiederum *Markfort*, S. 98 ff., S. 109.

[57] So auch *Schwab/Walter*, Kapitel 10, Rn. 15; *Kleinschmidt*, SchiedsVZ 2006, 142, 149, dort Fn. 105 – weswegen es erneut anzuraten ist, den entsprechenden Willen zur Durchführung eines Mehrparteienschiedsverfahrens explizit und nachweisbar niederzulegen, vgl. dazu bereits oben in Kapitel 5 – A.I.1.a). Hierfür plädiert auch *Schwartz*, J. Int. Arb. 1993, Vol. 10, No. 3, 5, 19.

Ein solches Einigungserfordernis der Personen in jeweiligen Parteilager ist auch zumutbar, jedenfalls solange die Personen, die in einem Parteilager zusammenkommen, gleichläufige Interessen haben.[58] Dann stehen auch einer gemeinsamen Benennung eines Schiedsrichters regelmäßig keine gegenläufigen Interessen entgegen. Möchte man die Gefahr widerstreitender Interessen in einem Parteilager unbedingt vermeiden, so kann es sich anbieten, die schiedsverfahrensrechtliche Parteienmehrheit in sachlicher Hinsicht zu beschränken, etwa orientiert an den gesetzlichen Voraussetzungen einer einfachen Streitgenossenschaft in den § 59 f. ZPO oder der Konnexität im Sinne des § 33 ZPO.[59] Da ein Mehrparteienschiedsverfahren aber sowieso einen kompatiblen Ausschlussakt in der Person aller Betroffenen erfordert, der regelmäßig in einer mehrseitigen Schiedsvereinbarung liegen dürfte, ist eine natürliche Beschränkung des Personenkreises bereits auf diesem Wege zu erwarten, sodass eine entsprechende zusätzliche Regelung regelmäßig nicht erforderlich ist.[60]

Zwar könnte man stattdessen auch erwägen, von Beginn an einen neutralen Dritten für die Auswahl der Schiedsrichter vorzusehen, um Schwierigkeiten bei der späteren Einbeziehung weiterer Parteien zu vermeiden.[61] Wie im Rahmen der Veranstaltung „Arbitration vs court proceedings – a neck-and-neck

---

[58] Aus den gleichläufigen Interessen folgt dann auch die entsprechende Verfahrensförderungspflicht der Einzelparteien, die zu einem Einigungserfordernis führt, vgl. *Weber*, in: FS Schlosser, S. 1063, 1072. So auch *OLG Frankfurt*, SchiedsVZ 2006, 219, 222, und zwar selbst dann, wenn keine Bestimmung zur Bildung des Schiedsgerichts vereinbart worden, die Durchführung eines Mehrparteienschiedsverfahrens aber absehbar gewesen sei, dazu auch *Sessler*, in: LA Weber, S. 527, 536; *Labes*, S. 156 f. Kritisch *Nicklisch*, in: FS Glossner, S. 221, 228 f., der letztendlich aber auch von einem Einigungserfordernis bei gleichgelagerten Interessen ausgeht, S. 238. *Schwab*, in: FS Habscheid, S. 285, 293 hingegen will eine derartige Pflicht nur in Fällen notwendiger Streitgenossenschaft anerkennen, wobei er dies als Konsequenz aus der Dutco-Entscheidung der *Cour de Cassation* zieht, *Schwab*, BB Beilage 15, 1992, 17, 18; so auch *Oswald*, S. 96 sowie *Koussoulis*, ZZP 1994, 195, 203 und 206 f. Ausgenommen werden müssen jedenfalls alternativ haftende Beklagte, die eindeutig gegenläufige Interessen verfolgen, *Voit*, in: Musielak/Voit, ZPO, § 1035, Rn. 7. Zur Frage gleichläufiger Interessen in diesem Zusammenhang auch BGHZ 132, 278, 289 („Schiedsfähigkeit I").

[59] Eine entsprechende Regelung wäre auch notwendig, denn die Voraussetzungen der §§ 59 ff. ZPO finden im Schiedsverfahrensrecht *per se* keine Anwendung – dazu allgemein bereits oben in Kapitel 4 – B.IV. Anders *Habscheid*, in: Schweizer Beiträge, S. 173, 181, der ein Mehrparteienschiedsverfahren generell nur unter den Voraussetzungen der Streitgenossenschaft zulassen will.

[60] Anders allerdings im Fall *Dutco*, vgl. *Cour de Cassation*, Chambre Civile 1, 7. Januar 1992, 89-18.708 89-18.726, BKMI et autres c/ Dutco und die deutsche Übersetzung der Entscheidung in BB 1992, Beilage 15, 27.

[61] *Massuras*, S. 319; *Oswald*, S. 95 ff. Hierfür plädiert auch *Luther*, in: FS Caemmerer, S. 571, 579 f., insb. S. 582, insbesondere in Fällen divergierender Interessenlagen innerhalb desselben Lagers sowie, im Sinne eines zumindest denkbaren Lösungswegs, BGHZ 132, 278, 288 („Schiedsfähigkeit I").

race for efficiency?" der DIS40 Frankfurt am Main am 22. Juli 2021 betont wurde, würde die Schiedsgerichtsbarkeit dadurch aber erheblich an Attraktivität verlieren, gilt doch die Möglichkeit der Einflussnahme auf die Zusammensetzung des schiedsgerichtlichen Spruchkörpers als einer ihrer größten Vorzüge.[62] Der Einsatz neutraler Gremien sollte daher stets den Ausnahmefall darstellen, wenn etwa von Beginn an absehbar ist, dass gegenläufige Interessen innerhalb der Parteilager bestehen werden, oder aber nachdem ein Einigungsversuch des jeweiligen Parteilager gescheitert ist.[63]

b) Zeitliche Grenzen

Nun zieht das Beteiligungserfordernis einer jeden Verfahrenspartei an der Bildung des Schiedsgerichts eine gewisse Einschränkung der Parteienmehrheit im Schiedsverfahren in zeitlicher Hinsicht mit sich. Denn sobald ein Schiedsrichter tatsächlich bestellt worden ist, ist eine prozessuale Gleichbehandlung bei der Bildung des Schiedsgerichts rein faktisch nicht mehr möglich. Es bleibt dann nur der Weg der freiwilligen Unterwerfung der hinzutretenden Partei unter die bereits bestellten Schiedsrichter, die jedoch nicht erzwungen werden kann und damit nur wenig Rechtssicherheit bietet.[64]

Insbesondere kann, wie es auch der Bundesgerichtshof deutlich gemacht hat, ein vollständiger Verzicht jeglicher Einflussnahme auf die Zusammensetzung des Schiedsgerichts nicht wirksam im Vorhinein, also schon vor Verfahrensbeginn, erklärt werden.[65] Zu diesem Zeitpunkt stehen die Personen der Schiedsrichter schließlich regelmäßig noch nicht fest, weswegen sich nur eine „Blankovollmacht" in Bezug auf das künftig für den Streitfall zuständige Schiedsgericht abgeben ließe. Eine vorprozessual getroffene Verfahrensvereinbarung, die eine Einbeziehung zusätzlicher Parteien auch nach der Bestellung eines Schiedsrichters vorsieht und die nachträglich einbezogenen Parteien dabei zu einer entsprechenden Unterwerfung zwingt, dürfte einer gerichtlichen Wirksamkeitskontrolle mithin nicht standhalten.[66] Es ist daher nur sinnvoll, die Möglichkeit der Parteienmehrheit in zeitlicher Hinsicht zu begrenzen, um die Wirksamkeit der getroffenen Bestimmungen nicht zu gefährden. So sieht etwa die DIS-Schiedsgerichtsordnung in ihrem Artikel 19.1 vor, dass eine Einbeziehung zusätzlicher Parteien nur bis zum Zeitpunkt der Bestellung eines Schiedsrichters möglich ist.

---

[62] *Schwab*, in: FS Habscheid, S. 285, 293; vgl. auch *Weber*, in: FS Schlosser, S. 1063, 1065 (dieses gehöre zu den „fundamentalen Verfahrensrechten").

[63] So auch *Laschet*, in: FS Bülow, S. 85, 107 f. (Einsatz neutraler Gremien als „Notlösung").

[64] Vgl. zu den Anforderungen an eine solche Unterwerfung im Sinne eines freiwilligen Grundrechtsausübungsverzichts allgemein bereits oben in Kapitel 3 – A.I.1.

[65] BGHZ 132, 278, 288 („Schiedsfähigkeit I").

[66] Und scheitert damit an § 1034 Absatz 2 ZPO, dazu im Einzelnen in Kapitel 4 – B.II.5.

Diese Bestimmung ließe sich grundsätzlich zwar ergänzen um die Möglichkeit des nachträglichen Parteibeitritts im Falle einer in diesem Zeitpunkt erklärten *freiwilligen* Unterwerfung unter die bereits bestellten und damit auch bekannten Personen der Schiedsrichter. Fraglich ist allerdings, ob dann zusätzlich die Zustimmung der Schiedsrichter zum Hinzutreten der weiteren Partei erforderlich ist.[67] Der Schiedsrichtervertrag richtet sich regelmäßig nach der zugrundeliegenden Schiedsvereinbarung und ihren – wenn vorhanden – zusätzlichen Bestimmungen.[68] War daher das Hinzutreten der Verfahrenspartei absehbar, scheint eine zusätzliche Genehmigung der Schiedsrichter zwar grundsätzlich nicht notwendig. Dennoch spricht das Gebot des sichersten Weges dafür, dem Vorbild der DIS-Schiedsgerichtsordnung zu folgen, und einen solchen nachträglichen Parteibeitritt und etwaige damit einhergehende Schwierigkeiten zu vermeiden.[69] Ein alternativer Lösungsweg wäre es, stattdessen die Bestellung von Schiedsrichtern zeitlich hinauszuzögern, um nachträgliche Parteienmehrheiten so lange wie möglich zulassen zu können. Hier gilt es jedoch, eine Abwägung zwischen der Möglichkeit einer nachträglichen Parteienmehrheit und der Verfahrensdauer vorzunehmen, weil auf diese Weise der Konstituierungsprozess und damit auch der inhaltliche Beginn des schiedsgerichtlichen Verfahrens gezwungenermaßen in die Länge gezogen werden.[70]

4. Weitere Voraussetzungen

Darüber hinaus aber bedarf es für die wirksame Regelung eines Mehrparteienschiedsverfahrens grundsätzlich keiner zusätzlichen Bestimmungen. Denn die übrigen gesetzlichen Vorschriften des deutschen Schiedsverfahrensrechts, die schließlich auf einen Parteienrechtsstreit ausgelegt sind, sind auch auf einen Rechtsstreit mit mehreren Personen auf einer Parteiseite ohne Weiteres anwendbar.[71]

---

[67] Hierfür plädieren etwa *Schwab/Walter*, Teil I, Kapitel 16, Rn. 20.
[68] *Henn*, S. 58, Rn. 136; *Wolff*, SchiedsVZ 2008, 59, 60 f.
[69] Dies gilt insbesondere deswegen, weil eine Mehrheit von Parteien regelmäßig zu einem erhöhten Aufwand des Schiedsgerichts führen dürfte, was wiederum für eine Erhöhung des Schiedsrichterhonorars spricht – wenn auch in den einschlägigen Schiedsgerichtsordnung regelmäßig eine entsprechende Anpassung der Schiedsrichterhonorare im Falle des Hinzutretens zusätzlicher Parteien vorgesehen ist, vgl. nur Ziffer 2.4 der Kostenordnung in Anlage 2 zur DIS-Schiedsgerichtsordnung 2018.
[70] Diese Problematik, welche die notwendige Möglichkeit der Einflussnahme auf die Zusammensetzung des Schiedsgerichts mit sich bringt, wird auch im Rahmen der Streitverkündung im Schiedsverfahren besonders deutlich, weil die prozesstaktische Entscheidung, ob eine Streitverkündung angezeigt ist, oftmals erst nach Vorliegen von Schiedsklage und Klageerwiderung getroffen werden kann, was allerdings eine Verzögerung des Konstituierungsprozesses zur Folge hat. Zur Lösung im Diskussionsentwurf der DIS-ERS im Einzelnen in Kapitel 5 – B.II.2.
[71] Siehe dazu bereits oben in Kapitel 4 – C.III.1.

II. Einzelne Anwendungsfälle im Rahmen der ersten Fallgruppe

Die Regelung von Mehrparteienschiedsverfahren ist somit grundsätzlich mittels geringfügiger zusätzlicher Bestimmungen und ohne größere Schwierigkeiten möglich. Insbesondere die Problematik der Bildung des Schiedsgerichts in Mehrparteienkonstellationen ist auf internationaler Ebene bereits zufriedenstellend gelöst worden, sodass die dafür aufgestellten Grundsätze, die Eingang in die Schiedsgerichtsordnungen der gängigen Schiedsinstitutionen gefunden haben, auch für eine Durchführung von Mehrparteienschiedsverfahren im deutschen Recht herangezogen werden können. Nun gilt es, die aus den staatlichen Prozessrechtssystemen bekannten Mehrparteienmodelle im Einzelnen daraufhin zu untersuchen, inwieweit sie auch im Schiedsverfahrensrecht praktisch relevant und einsetzbar sind. Zu diesem Zweck soll zunächst das jeweilige zivilprozessuale Rechtsinstitut kurz beleuchtet und anschließend seine praktische Relevanz und Umsetzbarkeit im Schiedsverfahren untersucht werden. Dabei soll auch darauf eingegangen werden, inwieweit die einzelnen Modelle bereits Eingang in die Verfahrensordnungen einzelner Schiedsinstitutionen gefunden haben.[72]

1. Gewillkürte Parteienmehrheit aus prozessökonomischen Gründen

Die wohl typischste Fallgruppe eines Mehrparteienverfahrens ist die gewillkürte Parteienmehrheit aus prozessökonomischen Gründen, wenn es sich also aufgrund der tatsächlichen oder rechtlichen Umstände anbietet, statt mehrerer getrennter Verfahren ein einziges Verfahren mit mehreren Personen zu führen.

Diesen Grundfall eines Mehrparteienverfahrens bildet im deutschen Zivilprozessrecht die sogenannte einfache Streitgenossenschaft, die in den §§ 59–61 ZPO geregelt ist. Das deutsche Zivilverfahrensrecht ist auf einen binären Zweiparteienrechtsstreit ausgelegt, sodass, wollen mehr als zwei Personen an einem staatlichen Zivilverfahren als Partei teilhaben, sich diese als Streitgenossen auf die beiden Parteiseiten – die Kläger- und die Beklagtenseite – aufteilen müssen.[73] Obwohl im Falle der einfachen Streitgenossenschaft also mehrere Streitgenossen auf einer Parteiseite stehen und der Grundsatz der Gemeinsamkeit des Prozessbetriebs Anwendung findet, gelten die Streitgenossen weiterhin als einzelne Parteien in dem Sinne, dass sie ein jeweils eigenes Prozessrechtsverhältnis zum Prozessgegner aufweisen – es besteht also dennoch eine sogenannte Relativität der einzelnen Prozessrechtsverhältnisse.[74]

---

[72] In den Blick genommen werden die Schiedsgerichtsordnungen der DIS, der ICC und des Swiss Arbitration Centre.
[73] Vgl. *Hüßtenge*, in: Thomas/Putzo, ZPO, Vorb. § 50, Rn. 1; *Kleinschmidt*, SchiedsVZ 2006, 142, 144.
[74] *Diesselhorst*, S. 54 sowie allgemein *Hüßtenge*, in: Thomas/Putzo, ZPO, Vor. § 50, Rn. 1.

Die Anforderungen an die Zulässigkeit einer solchen einfachen Streitgenossenschaft im staatlichen Verfahren sind gering.[75] Der wohl typischste Anwendungsfall ist die Gesamtschuldnerschaft, im Rahmen derer mehrere Personen für dieselbe Schuld einzustehen haben.[76] Hintergrund des weiten Anwendungsbereichs des Rechtsinstituts ist die Prozessökonomie, da durch ein einzelnes Mehrparteienverfahren mehrere Ansprüche gemeinsam beschieden und die Durchführung mehrerer einzelner Verfahren vermieden werden kann, wodurch zugleich die staatlichen Gerichte entlastet werden.[77] Eine gewisse Beschränkung der gewillkürten Parteienmehrheit ist wiederum deswegen notwendig, da ohne eine irgendwie geartete Gemeinsamkeit der im Streit stehenden Ansprüche das Verfahren schnell überladen wird und es sich dadurch möglicherweise über Gebühr verzögert.[78]

Eine der einfachen Streitgenossenschaft vergleichbare Parteienmehrheit lässt sich mittels entsprechender zusätzlicher Bestimmungen auch auf Grundlage des derzeitigen deutschen Schiedsverfahrensrechts herbeiführen. Dabei kann man sich an den prozessökonomischen Gründen der einfachen Streitgenossenschaft orientieren, indem man sie auf die Fälle des § 59 f. ZPO beschränkt.[79] Eine natürliche Einschränkung ergibt sich hier allerdings bereits aus der Natur der Sache, da schließlich die Zustimmung aller zu dem Mehrparteienverfahren notwendig ist.[80] Soweit die Parteienmehrheit eine freiwillige ist, führt das Fehlen eines wirksamen Ausschlussakts in Bezug auf eine der Verfahrensparteien allerdings nicht automatisch zum Scheitern des gesamten Schiedsverfahrens.[81] Denn dann mangelt es nur in diesem Verhältnis an einer wirksamen Zuständigkeitsbegründung des Schiedsgerichts, sodass das Schiedsgericht auch nur in Bezug auf diese Person seine Zuständigkeit abzulehnen hat. Die übrigen Prozessrechtsverhältnisse, die von kompatiblen Aus-

---

[75] *BGH*, NJW 1992, 981, 982; 1986, 3209; 1975, 1228.

[76] Zu den einzelnen Anwendungsfällen insgesamt *Bendtsen*, in: Saenger, ZPO, § 60, Rn. 6 ff.

[77] Zum prozessökonomischen Hintergrund der einfachen Streitgenossenschaft – neben dem Interesse an der Vermeidung sich widersprechender Entscheidungen – *BGH*, NJW 1992, 981, 982; 1986, 3209; 1975, 1228; auch *Dressler*, in: BeckOK ZPO, § 59, Rn. 1.

[78] Was wiederum nicht mit dem Rechtsgedanken der Prozessökonomie im Einklang stünde – weswegen im staatlichen Verfahren auch eine Parteidisposition über die Voraussetzungen der § 59 f. ZPO nicht zulässig ist, vgl. *Dressler*, in: BeckOK ZPO, § 59, Rn. 10 f.

[79] Dies erleichtert insbesondere die gemeinsame Auswahl eines Schiedsrichters in dem betreffenden Lager, siehe dazu bereits oben in Kapitel 5 – A.I.3.a). Weil eine Überlastung der staatlichen Gerichte hier nicht droht, bedarf es allerdings keiner zwingenden Beschränkung der Zulässigkeit, wie es in § 59 f. ZPO geschieht.

[80] Siehe oben in Kapitel 5 – A.I.1.

[81] Zur zwingenden Parteienmehrheit, bei der dies anders ist, sogleich im nächsten Punkt in Kapitel 5 – A.II.2.

schlussakten gedeckt sind, bleiben hingegen unberührt und das Verfahren kann – ohne die betreffende Person – fortgeführt werden.[82]

Die gängigen Schiedsgerichtsordnungen haben entsprechende Vorschriften für eine Parteienmehrheit im Schiedsverfahren geschaffen, die ohne Weiteres auch aus rein prozessökonomischen Gründen in Anspruch genommen werden können und daher eine der einfachen Streitgenossenschaft ähnelnde Konstruktion auch im Schiedsverfahren abdecken.[83]

2. Zwingende Parteienmehrheit aus materiell-rechtlichen Gründen

Nun existiert im deutschen Zivilprozessrecht aber auch ein Fall der Parteienhäufung, der nicht wie die einfache Streitgenossenschaft fakultativer, sondern zwingender Natur ist – die notwendige Streitgenossenschaft aus materiellrechtlichen Gründen.[84] Hier ist es aufgrund des materiellen Rechts unabdingbar, dass das betreffende Verfahren durch oder gegen sämtliche Streitgenossen gemeinsam geführt wird. Denn ein einzelner Streitgenosse ist in den Fällen der materiell-rechtlich notwendigen Streitgenossenschaft gar nicht fähig, über einen von ihm umfassten Anspruch allein, also ohne die anderen Streitgenossen, zu disponieren.[85] Da dies eine Folge des materiellen Rechts ist, gilt diese Notwendigkeit im Falle der Anwendbarkeit materiellen deutschen Rechts ohne Einschränkung auch dann, wenn der Rechtsstreit statt vor einem staatlichen Gericht in einem Schiedsverfahren ausgefochten werden soll. Wird die Schiedsklage in diesem Falle nicht gegen sämtliche Streitgenossen erhoben, so muss das Schiedsgericht die Schiedsklage mangels hinreichender Prozessführungsbefugnis, jedenfalls aber wegen fehlender materiell-rechtlicher Sachlegitimation abweisen.[86]

---

[82] In der Praxis erfolgt regelmäßig eine Teilklageabweisung in Bezug auf das von der Unzuständigkeit des Schiedsgerichts betroffene Prozessrechtsverhältnis.

[83] Vgl. nur Artikel 18 f. DIS-Schiedsgerichtsordnung, Artikel 8 ICC-Schiedsgerichtsordnung und Artikel 6 f. der Swiss-Rules.

[84] Die notwendige Streitgenossenschaft aus *prozessualen* Gründen wird in Kapitel 4 – B.II.1. behandelt.

[85] *BGH*, BeckRS 2010, 11478 Rn. 17; BGHZ 92, 351, 353; WM 1984, 1030; *BAG*, BeckRS 2018, 13035, Rn. 37. Dies betrifft Aktiv- und Passivprozesse von Gesamthandsgemeinschaften, aber auch andere Gemeinschaften von Mitberechtigten, bei denen sich die Notwendigkeit eines gemeinschaftlichen Prozesses ergibt, wie in den Fällen der Verwaltungsgemeinschaft, etwa bei mehreren Testamentsvollstreckern, aber auch in der ehelichen Gütergemeinschaft bei bestehender Gesamtverwaltung. Bei Gestaltungsklagen liegt eine notwendige Streitgenossenschaft aus materiell-rechtlichen Gründen dann vor, wenn das materielle Recht eine klageweise Geltendmachung nur durch oder gegen alle Streitgenossen ermöglicht, wie bei der Ausschließungsklage gegen einen Gesellschafter einer GmbH. Hierzu allgemein *Weth*, in: Musielak/Voit, ZPO, § 62, Rn. 9 ff.

[86] Vgl. zum staatlichen Gerichtsverfahren BGHZ 92, 351 ff.; *BGH*, NJW 1984, 2210 sowie *Weth*, in: Musielak/Voit, ZPO, § 62, Rn. 9 ff.; *Bendtsen*, in: Saenger, ZPO, § 62, Rn. 19.

Zugleich ist hier das schiedsverfahrensrechtliche Erfordernis eines wirksamen Ausschlussakts in Bezug auf den Justizgewähranspruch von besonderer Bedeutung. Wird zwar Schiedsklage gegen alle Betroffenen erhoben, liegt aber nicht in jeder Person der Streitgenossen der erforderliche Ausschlussakt vor, so scheitert die gesamte Schiedsklage an der wirksamen Zuständigkeitsbegründung des Schiedsgerichts.[87] Soll mithin ein Fall einer notwendigen Streitgenossenschaft aus materiell-rechtlichen Gründen in einem Schiedsverfahren ausgefochten werden, ist das Vorliegen eines kompatiblen Ausschlussakts in jeder der betroffenen Personen von besonders hoher Bedeutung, da man hier, anders als in den Fällen der gewillkürten Parteienhäufung, nicht nur eine Teilklageabweisung, sondern eine vollständige Klageabweisung riskiert.[88]

In den Fällen, in denen aufgrund des materiellen Rechts eine Beteiligung sämtlicher Betroffener an dem betreffenden Verfahren – egal welcher Art – zwingend notwendig ist, ist mithin auch im Schiedsverfahren die Durchführung eines Mehrparteienschiedsverfahrens erforderlich. Besondere Bestimmungen für eine entsprechende zwingende Parteienmehrheit findet sich in den Schiedsgerichtsordnungen der gängigen Schiedsinstitutionen zwar nicht. Es lässt sich aber auf die dortigen allgemeinen Bestimmungen zu Mehrparteienschiedsverfahren zurückgreifen, solange zugleich faktisch sichergestellt wird, dass alle Betroffenen als Verfahrensparteien am Schiedsverfahren beteiligt werden und die erforderlichen Ausschlussakte vorliegen.

3. Verfahrensverbindung beziehungsweise Consolidation

Ein weiterer Anwendungsfall der Mehrparteienrechtsstreitigkeiten ist die Verfahrensverbindung, soweit diese zu einer nachträglichen Parteienmehrheit führt. Denn auch in der Schiedsgerichtsbarkeit ist es vorstellbar, dass zwar getrennte Schiedsverfahren mit unterschiedlichen Verfahrensparteien eingeleitet werden, anschließend aber ein Interesse daran entsteht, diese beiden Verfahren aus prozessökonomischen Gründen zu einem Schiedserfahren zu verbinden.[89]

---

[87] Dann „zieht das staatliche Gericht das gesamte Verfahren an sich", wie *Laschet*, in: FS Bülow, S. 85, 104 es formuliert. Nach der Auffassung von *Massuras*, S. 383 hat sich das Schiedsgericht als unzuständig zu erklären und die Schiedsklage als unzulässig abzuweisen, da die Schiedsvereinbarung in diesem Fall unwirksam – weil undurchführbar im Sinne des § 1032 Absatz 1 ZPO – sei. So auch *Münch*, in: MüKo ZPO, § 1029 ZPO, Rn. 79; *Martens*, S. 249, Fn. 804.

[88] Erginge dennoch ein Schiedsspruch, obwohl nicht alle Betroffenen einem wirksamen Ausschlussakt unterlagen, kann zudem dessen vollständige Aufhebung betrieben werden, und zwar gemäß § 1059 Absatz 2 Nummer 1c und wohl auch gemäß Nummer 2b durch „augenscheinlich fehlende Schiedsbindung" als *ordre public*-Verstoß, so *Münch*, in: MüKo ZPO, § 1029 ZPO, Rn. 79. Vgl. dazu auch bereits in Kapitel 3 – B.III.2.

[89] Dies gilt auch im Kontext der internationalen Handelsschiedsgerichtsbarkeit, vgl. nur *Schneider*, Arb. Int. 1990, Issue 2, 101, 110.

Hierbei handelt es sich im staatlichen Gerichtsverfahren nach deutschem Recht um eine subjektive Klageänderung im Wege einer Verfahrensverbindung.[90] Doch auch im internationalen Bereich und in der internationalen Schiedsgerichtsbarkeit ist die Verfahrensverbindung, die sogenannte *Consolidation*, bekannt. Sie findet sich in den gängigen Schiedsgerichtsordnungen der Schiedsinstitutionen wieder, wie etwa in Artikel 8 der DIS-Schiedsgerichtsordnung, Artikel 10 der ICC-Schiedsgerichtsordnung und Artikel 7 der Swiss Rules. Soll sie nun zu einer nachträglichen Parteienmehrheit führen, sind zusätzlich die Anforderungen an ein Mehrparteienschiedsgerichtsverfahren zu berücksichtigen. Fehlt es an einer im Vorhinein abgeschlossenen mehrseitigen Schiedsvereinbarung, ist eine nachweisbare Zustimmung aller betroffenen Verfahrensparteien notwendig, um die Verfahrensverbindung wirksam herbeiführen zu können.[91] Auch sind die Besonderheiten betreffend die Möglichkeit der Einflussnahme auf die Zusammensetzung des Schiedsgerichts, beziehungsweise, ist das Schiedsgericht bereits konstituiert, das Erfordernis einer freiwilligen Unterwerfung unter das Schiedsgericht zu berücksichtigen.[92] In der Praxis ist im Einzelfall abzuwägen, ob eine Verfahrensverbindung der prozesstaktisch klügste Weg ist, oder vielmehr die Durchführung paralleler Verfahren mit identischem Schiedsgericht angezeigt ist.[93]

---

[90] So nach der Klageänderungstheorie, welche insbesondere von der Rechtsprechung vertreten wird, wonach die §§ 263 ff. ZPO entsprechend angewendet werden. Vgl. dazu BGHZ 65, 264, 267 ff. sowie kritisch *Saenger*, in: ders., ZPO, § 263, Rn. 16 f.

[91] Damit steht eine Verfahrensverbindung gegen den Willen der betroffenen Verfahrensparteien grundsätzlich außer Frage, so auch rechtsvergleichend *Laschet*, in: FS Bülow, S. 85 ff. mit dem Fazit, dass eine zwangsweise Konsolidierung im Schiedsverfahren allgemein nicht zulässig sei – man „sollte die Schiedsgerichtsbarkeit nicht benutzen, um Probleme zu lösen, die ihr fremd sind; man sollte sie auf sich selbst beschränken, d.h. auf die Schiedsgerichtsbarkeit, die auf freiwilliger Unterwerfung der Parteien beruht, daß ihre Streitigkeiten nicht durch ein staatliches Gericht, sondern durch ein von ihnen oder einer Schiedsinstitution, auf die sie Bezug genommen haben, zu bildendes Schiedsgericht entschieden werden", *Laschet*, in: FS Bülow, S. 85, 127 f. Ansätze in anderen Rechtskreisen, wie etwa dem U.S.-amerikanischen, die in gewissem Umfang eine Verbindung von Schiedsverfahren durch Gerichtbeschluss und damit auch in Abwesenheit einer Zustimmung der Betroffenen zulassen wollen, sind daher jedenfalls im Anwendungsbereich des deutschen Rechts abzulehnen, dazu kritisch auch *Melis*, in: Der komplexe Langzeitvertrag, S. 569, 576 f.; *Leboulanger*, J. Int. Arb. 1996, Vol. 13, No. 4, 43, 44. Für eine zwangsweise Konsolidierung von internationalen Schiedsverfahren am U.S.-amerikanischen Beispiel plädiert hingegen *Chiu*, J. Int. Arb. 1990, Vol. 7, No. 2, 53, 54 ff.

[92] Die DIS-Schiedsgerichtsordnung sieht insoweit vor, dass das zeitlich zuerst eingeleitete Schiedsverfahren fortgesetzt wird, Artikel 8.2 DIS-Schiedsgerichtsordnung, was bedeutet, dass auch das dort gebildete Schiedsgericht für das zu fortzuführende verbundene Schiedsverfahren zuständig ist.

[93] Dazu aber sogleich in Kapitel 5 – A.II.6.

4. Parteibeitritt beziehungsweise Joinder

Ein weiteres Rechtsinstitut, das in die Fallgruppe der Mehrparteienrechtsstreitigkeiten fällt, ist das des Parteibeitritts beziehungsweise des sogenannten *Joinder*. Hier werden, anders als bei der Verfahrensverbindung, nicht zwei bereits eingeleitete Schiedsverfahren nachträglich miteinander verbunden, sondern eine Person tritt einem bereits eingeleiteten Schiedsverfahren als weitere Partei bei.

Eine Verwandtschaft des Parteibeitritts besteht zu den im deutschen Rechtssystem bekannten Rechtsinstituten der Nebenintervention und Streitverkündung, im Rahmen derer ein Dritter einem fremden Verfahren beitreten kann.[94] Der wesentliche Unterschied zum auch in anderen Rechtsordnungen bekannten *Joinder* liegt aber darin, dass der Nebenintervenient beziehungsweise der Streithelfer gerade keine Partei des betreffenden Verfahrens wird, sondern nur ein Unterstützer auf Seiten einer der Hauptparteien, und auf das Verfahren verhältnismäßig weniger Einfluss hat als die Parteien.[95] Beim *Joinder* wird die beitretende Person hingegen selbst zur Verfahrenspartei und begründet mit ihrem Beitritt ein eigenes Prozessrechtsverhältnis. Es handelt sich beim *Joinder* also um keinen Fall der Drittbeteiligung, wie bei der aus dem deutschen Recht bekannten Nebenintervention oder Streitverkündung, sondern um einen Fall der Mehrparteienschiedsgerichtsbarkeit im hier verwendeten engeren Sinne.

Soll eine Einbeziehung zusätzlicher Parteien im Sinne eines *Joinders* im Schiedsverfahren ermöglicht werden, bedarf es daher auch insoweit der Berücksichtigung der Besonderheiten des Mehrparteienschiedsverfahrens. So ist ein Beitritt gegen den Willen der bereits prozessierenden Verfahrensparteien grundsätzlich nicht zulässig.[96] Und wie in allen Fällen der Mehrparteienschiedsgerichtsbarkeit stellen sich erhebliche rechtliche und praktische Schwierigkeiten, wenn der Parteibeitritt erst nach der Bestellung eines Schiedsrichters erfolgen soll.[97]

---

[94] Zur Nebenintervention und Streitverkündung im Schiedsverfahren im Einzelnen sogleich in Kapitel 5 – B.II.2. und 3.

[95] Vgl. auch *Zerhusen*, in: FS Thode, S. 355, 363.

[96] *Schwab/Walter*, Teil I, Kapitel 16, Rn. 20 fordern eine nachweisbare Zustimmung aller Verfahrensparteien zum Parteibeitritt, soll der Beitritt gelingen. Die aktuelle Schiedsgerichtsordnung der ICC von 2021 legt hier jedoch einen weitaus geringeren Standard an, vgl. Artikel 7 der ICC-Schiedsgerichtsordnung sowie die eingehende Kommentierung von *Keller/Hauser/Khanna*, SchiedsVZ 2022, 68 ff., insb. 71 f.

[97] Die Schiedsgerichtsordnung der ICC sieht daher eine gesonderte Zulassung eines so späten Parteibeitritts durch das Schiedsgericht nur unter ausdrücklicher Zustimmung des Beitretenden zu dem konstituierten Schiedsgericht vor, Artikel 7.5 der ICC-Schiedsgerichtsordnung, vgl. dazu auch *Bühler*, SchiedsVZ 2021, 230, 234. Doch auch wenn im Falle eines freiwilligen Parteibeitritts jedenfalls von dem konkludenten Einverständnis des Beitretenden mit den bereits bestellten Schiedsrichtern auszugehen ist, worauf auch *Laschet*, in: FS Bülow, S. 85, 105 richtigerweise hinweist, stellt sich dennoch die Frage nach einer Zustim-

Die DIS-Schiedsgerichtsordnung ermöglicht eine Klage gegen zusätzliche Parteien in Artikel 19, die einen Beitritt Außenstehender als Verfahrenspartei zulässt. Auch die Schiedsgerichtsordnung der ICC sieht in Artikel 7 eine eigene Vorschrift für den *Joinder* durch die Parteien des Schiedsverfahrens vor. Die Swiss-Rules lassen in ihrem Artikel 6.1 eine sogenannte Intervention von Drittpersonen auch auf deren Eigeninitiative hin zu, welche im Regelfall zu ihrem Beitritt als Verfahrenspartei führt.[98]

5. Drittklagen und Drittwiderklagen

Ein weiteres Rechtsinstitut, das in den Anwendungsbereich der hier untersuchten Fallgruppe der Mehrparteienmodelle fällt und mit dem *Joinder* eng verwandt ist, ist das der Drittklage. Hier werden die Freiheiten, welche die Schiedsgerichtsbarkeit im Gegensatz zur staatlichen Gerichtsbarkeit bietet, besonders deutlich. Denn es ist keine Beschränkung auf die Rechtsinstitute der jeweiligen inländischen staatlichen Zivilprozessordnung notwendig, sondern es lassen sich auch die in ausländischen Rechtsordnungen bekannten und bewährten Mehrpersonenmodelle abdecken – was die Schiedsgerichtsbarkeit in gewissen Konstellationen sogar attraktiver machen kann als die staatliche Gerichtsbarkeit.

a) Zivilprozessualer Anknüpfungspunkt im deutschen Recht: Die Drittwiderklage

Das deutsche Zivilprozessrecht kennt im Zusammenhang mit der Drittklage nur die sogenannte Drittwiderklage. Sie fällt unter den Begriff des Mehrparteienverfahrens, da auch durch sie eine – nachträgliche – Parteienmehrheit entsteht. Im Falle einer Drittwiderklage erhebt die beklagte Partei entweder isoliert nur gegen eine außenstehende Person oder gegen eine außenstehende Person und die klägerische Partei gemeinsam eine Widerklage, sodass die außenstehende Person zur zusätzlichen Partei des Verfahrens wird.[99] Im deutschen Zivilprozessrecht ist die Zulässigkeit einer Widerklage allgemein beschränkt auf diejenigen Fälle, in denen eine Konnexität zwischen den in Streit stehenden

---

mung der *Schiedsrichter* zum Parteibeitritt – hierzu allgemein aber bereits in Kapitel 5 – A.I.3.b).

[98] Wobei Artikel 6.4 auch eine Entscheidung über eine anderweitige Beteiligung als in Form der Verfahrenspartei zulässt. Dazu eingehend aber an späterer Stelle in Kapitel 5 – B.II.2.c). Vertiefend zu den Regelungen der einzelnen Schiedsinstitutionen, wie auch die der LCIA-Schiedsgerichtsordnung, die einen *Joinder* in Artikel 21.1 *(x)* vorsehen, *von Schlabrendorff*, in: LA Weber, S. 429, 435 ff.

[99] Der erste Fall ist derjenige der sogenannten isolierten Drittwiderklage, der zweite derjenige der regulären Drittwiderklage.

Ansprüchen besteht.[100] Das ungeschriebene Rechtsinstitut der *Dritt*widerklage ist noch weiter beschränkt, und zwar auf eine streitgenössische Drittwiderklage, im Rahmen derer der Beklagte also grundsätzlich nur verbunden mit einer Widerklage gegen den Kläger Widerklage gegen einen mit dem Kläger in Streitgenossenschaft stehenden Dritten erheben kann.[101] Die sogenannte isolierte Drittwiderklage, im Rahmen derer die Widerklage ausschließlich gegen eine dem Verfahren außenstehende Person erhoben wird, ist hingegen nur in wenigen Sonderfällen anerkannt.[102]

Die isolierte Drittwiderklage bildet eine Ausnahme vom im deutschen Zivilprozessrecht herrschenden Grundsatz des bipolaren Parteienrechtsstreits, im Rahmen dessen sich im Sinne eines Zweilagerverhältnisses stets nur eine Kläger- und eine Beklagtenseite, wenn auch gegebenenfalls mit mehreren Personen auf einer Parteiseite, gegenüberstehen.[103] Denn im Falle der isolierten Drittwiderklage liegt ein dreipoliges Verhältnis vor, indem neben das zwischen den ursprünglichen Streitparteien bestehende Zweilagerverhältnis ein weiteres bipolares Zweiparteienverhältnis tritt, und zwar zwischen dem Beklagten in seiner Position als Drittwiderkläger und dem isoliert Drittwiderbeklagten.[104]

Sonstige Fälle, in denen eine gewisse innere Rechtsverbindung zwischen unterschiedlichen Rechtsstreitigkeiten in Form eines Präjudizes besteht, werden im deutschen Recht grundsätzlich nicht in einem einzigen Gerichtsverfahren, sondern nachgelagert beschieden.[105] Um widersprüchliche Entscheidungen dennoch vermeiden und so Rechtssicherheit schaffen zu können, stellt das deutsche Zivilprozessrecht – statt der Möglichkeit der Durchführung eines einzigen Verfahrens über sämtliche Rechtsverhältnisse – eine Drittbeteiligungs-

---

[100] Wenn also der Gegenanspruch mit dem in der Klage geltend gemachten Anspruch oder mit den gegen ihn vorgebrachten Verteidigungsmitteln in Zusammenhang steht, § 33 Absatz 1 ZPO.

[101] *Bendtsen*, in: Saenger, ZPO, § 33, Rn. 16.

[102] Und zwar dann, wenn die Klage aus abgetretenem Recht erhoben wurde und sich der Gegenstand der gegen den bisher am Prozess nicht beteiligten Zedenten erhobenen Widerklage mit dem Gegenstand der hilfsweise gegen die Hauptklage zur Aufrechnung gestellten Forderung deckt, vgl. BGHZ 147, 220, 221 ff., oder wenn die Feststellung begehrt wird, dass dem Zedenten der Klageforderung keine Ansprüche zustehen, *BGH*, MDR 2019, 568; NJW 2008, 2852. Zur (isolierten) Drittwiderklage im Personengesellschaftsrecht BGHZ 91, 132, 134 ff. Die Beschränkung der Zulässigkeit einer (Dritt-)Widerklage im staatlichen Verfahren ist grundsätzlich auch sinnvoll, da so eine prozesstaktische Verfahrensverschleppung durch die Beklagtenseite und eine Überfrachtung des Verfahrensstoffs vermieden werden kann.

[103] Zur zweipoligen Struktur des deutschen Prozessrechtsverständnisses *Schober*, S. 197 ff., rechtshistorisch auf S. 1 ff.

[104] Zu den Begrifflichkeiten auch *Kleinschmidt*, SchiedsVZ 2006, 142, 144 und 147.

[105] Das betrifft insbesondere Regressfälle, vgl. *Schober*, S. 197 f.; S. 273. Eine Ausnahme bildet, neben der isolierten Drittwiderklage, lediglich die praktisch seltene Urheberbenennung in §§ 76 f. ZPO, dazu *Schober*, S. 220.

möglichkeit der sekundär vom Erstverfahren betroffenen Person an diesem Erstverfahren zur Verfügung. Diese Drittbeteiligung wird als Nebenintervention bezeichnet, wenn sie auf die vom Erstprozess betroffene Person zurückgeht, oder aber als Streitverkündung und Streithilfe, wenn sie auf eine der Parteien des Erstprozesses zurückgeht.[106]

Beide Rechtsinstitute, die Nebenintervention und die Streitverkündung, haben Auswirkungen auf das etwaige Folgeverfahren, in welchem das nachgelagerte Rechtsverhältnis beschieden wird, indem unter gewissen Umständen eine Bindungswirkung an die der Entscheidung des Erstverfahrens zugrundeliegenden Feststellungen und der darauf basierenden rechtlichen Würdigung des Erstgerichts im Zweitverfahren eintritt, die sogenannte Interventionswirkung.[107]

b) Zivilprozessuale Anknüpfungspunkte in anderen Rechtordnungen: Die Drittklage

Diese Aufspaltung miteinander im Zusammenhang stehender Rechtsstreitigkeiten und die bloße Drittbeteiligung von Personen an Parteienrechtsstreitigkeiten mittels Nebenintervention und Streitverkündung ist eine überwiegend im deutschrechtlichen Rechtskreis bekannte Lösung dreipoliger Rechtsbeziehungen.[108] Andernorts wird in den einschlägigen Konstellationen – erneut um sich widersprechende Entscheidungen zu vermeiden und die staatlichen Gerichte zu entlasten – stattdessen ein einziges Verfahren geführt.[109] So kennt etwa das französische Recht die Garantieklage, welche für die im deutschen Recht über eine Drittbeteiligung gelösten Regressfälle vorgesehen ist. Dieser *appel en garantie* wird als Drittklage bezeichnet, weil hier ein dreipoliges Parteienverhältnis entsteht, der Dritte also als Partei in das Verfahren einbezogen und ein einheitliches Verfahren über beide Rechtsverhältnisse geführt wird.[110] Der große Vorteil des einheitlichen Verfahrens ist die Sicherstellung einer Entscheidung beider Rechtsstreitigkeiten durch denselben gerichtlichen Spruch-

---

[106] Vgl. nur §§ 66 und 72 ZPO.

[107] Zu den Drittbeteiligungsinstituten der deutschen ZPO im Einzelnen sogleich in Kapitel 5 – B.II.

[108] Zur rechtsgeschichtlichen Entwicklung der Prozesstrennung im deutschen Recht, die sich auch im schweizerischen und österreichischen Recht wiederfindet, im Gegensatz etwa zum einheitlichen Verfahren im französischen Recht eingehend *Schober*, S. 1 ff.

[109] So sehen andere Rechtsordnungen als die deutsche, etwa im Common Law-Rechtskreis, zumeist den sogenannten *Joinder* im Sinne einer Einbeziehung als Partei anstelle einer bloßen Drittbeteiligung vor, vgl. dazu *Elsing*, in: FS Wegen. S. 615, 622 f. Zum *Joinder* und zu seiner Rolle im Schiedsverfahrensrecht siehe bereits oben in Kapitel 5 – B.II.4.

[110] Zum *appel en garantie* beziehungsweise der *intervention forcée* auch *Elsing*, in: FS Wegen, S. 615, 622. Die Vertraulichkeit innerhalb des Verfahrens wird durch Teilverhandlungen und Teilurteile gesichert.

körper.[111] Zudem verursachen zwei nachgelagerte Verfahren regelmäßig mehr Kosten, als ein einheitliches – von der Dauer der Streitbeilegung ganz zu schweigen.[112] Mithin kann die Drittklage durchaus Vorteile bieten, welche die des Führens zweier nachgelagerter Verfahren unter einer bloßen Drittbeteiligung mit Bindungswirkung mitunter zu überwiegen vermögen.

c) Umsetzungsmöglichkeiten im Schiedsverfahren

Nun dürfte die Einführung einer dem französischen Vorbild entsprechenden Drittklage im deutschen Zivilprozessrecht nur schwerlich durchzusetzen sein, geht das deutschrechtliche Institut von Nebenintervention und Streitverkündung doch auf eine lange Rechtstradition zurück und gilt als seither bewährt.[113] Dies gilt jedoch nicht zwingend auch für die Schiedsgerichtsbarkeit, die gerade aufgrund ihres internationalen Bezugs Modellen ausländischer Rechtsordnungen gegenüber offener eingestellt ist[114] und insbesondere eine Gestaltungsfreiheit zulässt, die das deutsche Zivilprozessrecht so nicht kennt. Mittels entsprechender Bestimmungen lässt sich mithin grundsätzlich auch im Rahmen des derzeitigen deutschen Schiedsverfahrensrechts ein Mehrparteienschiedsverfahren durchführen, das ein Dreilagerverhältnis zum Gegenstand hat.[115] Daher soll der Blick bewusst nicht ausschließlich auf das im deutschen Recht bekannte und durch enge Voraussetzungen beschränkte Institut der Drittwiderklage gerichtet werden, sondern sehen anschließend auch die Möglichkeiten einer anderweitigen Drittklage im Schiedsverfahrensrecht untersucht werden.

---

[111] Was im deutschen Recht gerade nicht gesichert ist und nur über die Interventionswirkung gelöst wird – welche aber wiederum vergleichsweise mehr Aufwand für die Gerichte bedeutet, da sich so regelmäßig zwei Gerichte mit einem grundsätzlich zusammenhängenden Prozessstoff befassen müssen. Der einheitliche Richter hingegen kennt den Prozessstoff betreffend das zugrundeliegende Rechtsverhältnis bereits, wenn er über die Regressfrage entscheidet.

[112] Hintergrund des deutschrechtlichen Ansatzes ist hingegen die Vermeidung der Überladung und damit der Verzögerung des Verfahrens, vgl. *von Hoffmann*, in: FS Nagel, S. 112, 115. Doch selbst der französischrechtliche *appel en garantie* setzt eine strenge Konnexität der Rechtsstreitigkeiten voraus, um entsprechendes zu vermeiden, vgl. *Schober*, S. 114 ff., S. 200.

[113] Zur Niederlegung bereits in der ersten deutschen Civilprozeßordnung von 1877 siehe oben in Kapitel 4 – B.II.2.; eingehend zum rechtsgeschichtlichen Hintergrund auch *Schober*, S. 1 ff. *Schober* spricht in seiner Abhandlung zur Einführung der französischen Garantieklage in das deutsche Erkenntnisverfahren dennoch einen Appel zur Einführung einer Drittklage im deutschen Recht aus, vgl. S. *Schober*, S. 273 ff.

[114] Vgl. nur die im Schiedsverfahren gängige und dem deutschen Recht grundsätzlich fremde Beweiserhebung mittels der *Document Production* nach U.S.-amerikanischem Vorbild, dazu eingehend *Alfter*, S. 220 ff.

[115] Zu den Vor- und Nachteilen der Schaffung einer Drittbeteiligungsmöglichkeit im Schiedsverfahren anstelle einer solchen Drittklage sogleich in Kapitel 5 – B.II.2. und 3.

aa) Die Drittwiderklage nach deutschrechtlichem Beispiel

Die Widerklage und insbesondere die Drittwiderklage sind ein auch in der deutschen Schiedsgerichtsbarkeit viel diskutiertes Thema. Gerade die Widerklage ist ein auch dem Zehnten Buch der ZPO bekanntes Institut, von welchem in der Schiedspraxis häufig Gebrauch gemacht wird.[116] Die Vorteile einer (Dritt-)Widerklage sind vergleichbar mit denen einer einfachen Streitgenossenschaft, da so mehrere Prozessrechtsverhältnisse in einem Verfahren gemeinsam abgeurteilt werden können und dadurch auch die Gerichte entlastet werden.[117] Jedenfalls erstere Erwägung ist auch im Schiedsverfahren relevant, weswegen die Widerklage ein gängiges Rechtsinstitut auch in den Schiedsgerichtsordnung der einschlägigen Schiedsinstitutionen darstellt.[118]

Möchte man nun im Schiedsverfahren eine *Dritt*widerklage erheben, so bedarf es hierfür zusätzlicher Bestimmungen, die das Vorliegen der notwendigen Zustimmungen sowie eines fairen Verfahrens zur Bildung des Schiedsgerichts sichern. Da die Initiative zum Verfahrensbeitritt im Falle der Drittwiderklage nicht auf die außenstehende Person zurückgeht, sollte zudem eine zeitliche Beschränkung der Zulässigkeit einer Drittwiderklage bis zur Bestellung eines Schiedsrichters vorgesehen werden.[119] Ab der Bestellung eines Schiedsrichters dürfen die Bestimmungen eine Drittwiderklage hingegen nur mit der freiwillig erklärten und nachweisbaren Zustimmung des außenstehenden Dritten zu den bereits bestellten Schiedsrichtern zulassen.[120]

bb) Weitere Möglichkeiten der Durchführung einer Drittklage

Diese Bestimmungen müssen jedoch nicht zwingend eine sachliche Beschränkung im zivilprozessualen Sinne einer Konnexität oder ähnlichem vorsehen, sondern können die Dritt(wider)klage auch in jedem anderen Falle zulassen.[121] Und auch die Garantieklage nach französischem Vorbild lässt sich grundsätzlich ohne Weiteres regeln. Die DIS-Schiedsgerichtsordnung von 2018 etwa hat

---

[116] So findet die einfache Widerklage in § 1046 Absatz 3 ZPO Erwähnung. Zur Widerklage im deutschen Schiedsverfahrensrecht allgemein *Stolzke*, S. 114 ff.

[117] Vgl. bereits die amtliche Begründung zur Einführung des § 33 ZPO, abgedruckt bei *Hahn*, S. 158; auch BGHZ 147, 220, 222; 40, 185, 188. Daneben spielt auch die Vermeidung sich wiedersprechender Entscheidungen eine Rolle, vgl. *Bendtsen*, in: Saenger, ZPO, § 33, Rn. 1.

[118] Vgl. nur Artikel 7.5 bis 7.9 DIS-Schiedsgerichtsordnung, Artikel 5.5 und 5.6 der ICC-Schiedsgerichtsordnung sowie Artikel 6 der Swiss Rules.

[119] So wie Artikel 19.1 DIS-Schiedsgerichtsordnung es vorsieht.

[120] So auch *Hamann/Lennarz*, SchiedsVZ 2006, 289, 293. Zu der Frage nach einem Zustimmungserfordernis des Schiedsgerichts siehe bereits oben in Kapitel 5 – B.I.3.b).

[121] Die DIS-Schiedsgerichtsordnung sieht in ihrer Möglichkeit der Einbeziehung zusätzlicher Parteien in Artikel 19 DIS-Schiedsgerichtsordnung etwa keine sachliche Beschränkung im Sinne einer inneren Verbindung der im Streit stehenden Ansprüche vor.

A. Mehrparteienmodelle

eine solche Möglichkeit geschaffen, indem sie in Artikel 19 Klagen gegen zusätzliche Parteien ohne die im deutschen Prozessrecht vorgesehenen Einschränkungen für eine (isolierte) Drittwiderklage zulässt. Die DIS-Schiedsgerichtsordnung fordert für die Zulässigkeit einer solchen Klage aufgrund der typischen Besonderheiten der Schiedsgerichtsbarkeit vielmehr andere Voraussetzungen, und zwar grundsätzlich eine Zustimmung aller zu der Einbeziehung der zusätzlichen Partei, Artikel 19.5 i.V.m. Artikel 18.1 und 17.1 DIS-Schiedsgerichtordnung,[122] sowie eine zeitliche Begrenzung der Einbeziehung bis zum Zeitpunkt der Bestellung eines Schiedsrichters, Artikel 19.1 DIS-Schiedsgerichtsordnung.

Nun ließe sich die Möglichkeit der Einbeziehung zusätzlicher Parteien grundsätzlich noch weiter ausweiten als dies derzeit in Artikel 19 DIS-Schiedsgerichtsordnung vorgesehen ist. Denn die Möglichkeit der zusätzlichen Partei, selbst Schiedsklage gegen weitere Personen zu erheben, ist gemäß dem Wortlaut des Artikels 19.4 Satz 1 DIS-Schiedsgerichtsordnung beschränkt auf die Parteien des Schiedsverfahrens. Die Einbeziehung eines weiteren Regressrechtsverhältnisses zwischen der zusätzlichen Partei und ihrem potenziellen Regressschuldner, welcher gerade in Lieferketten häufig anzutreffen sein dürfte, in das Schiedsverfahren ist danach nicht möglich.

In einer Lieferkette über Rohöl erhebt der Endabnehmer Schiedsklage gegen seinen Lieferanten wegen der Lieferung mangelhafter Ware.

Der beklagte Lieferant hätte im Falle seines Unterliegens wiederum einen Regressanspruch gegen seinen eigenen Lieferanten, weswegen er gegen diesen gemäß Artikel 19 DIS-Schiedsgerichtsordnung Schiedsklage als zusätzliche Partei erhebt. Letzterem aber stünde selbst ein potenzieller Regressanspruch gegen den Hersteller zu, von dem er das mangelhafte Rohöl bezogen hat.

In dem Beispiel könnte der als zusätzliche Partei in das Schiedsverfahren einbezogene Lieferant auf Grundlage der DIS-Schiedsgerichtsordnung nicht selbst Schiedsklage gegen den Hersteller als zusätzliche Partei erheben, sondern müsste hierfür ein eigenständiges Verfahren anstreben.[123] Das deutsche Zivilprozessrecht sieht hier, im Falle der Inanspruchnahme des Rechtsinstituts der Streitverkündung, eine Weiterverkündungsmöglichkeit des Streitverkündungsempfängers vor, § 72 Absatz 3 ZPO. Insoweit bleibt die DIS-Schiedsgerichtsordnung mithin hinter den Möglichkeiten des deutschen staatlichen Ge-

---

[122] Artikel 17.1 Satz 1 und 18.1 Satz 1 DIS-Schiedsgerichtsordnung sehen dabei auch die Möglichkeit der streitigen Entscheidung des Schiedsgerichts über die Zulässigkeit des Mehrparteienschiedsverfahrens vor. Weil *insoweit* der Justizgewähranspruch nicht berührt ist, dürfte dies auch zulässig sein, vgl. dazu bereits in Kapitel 4 – B.I.2.a) und 3.

[123] Wohlgemerkt derzeit ohne eine Streitverkündungsmöglichkeit im Erstschiedsverfahren. Zu entsprechenden Vorhaben der DIS aber in Kapitel 5 – B.II.2.c).

richtsverfahrens zurück.[124] Der Grund für diese Einschränkung in der DIS-Schiedsgerichtsordnung dürfte jedoch die Vermeidung der Überfrachtung des Verfahrens und des Prozessstoffs sein.[125] Dies sollte bedacht werden, wollte man die Möglichkeit der weitegehenden Einbeziehung zusätzlicher Parteien in Abweichung von Artikel 19.4 DIS-Schiedsgerichtsordnung vereinbaren.

Ein weiterer Ansatz zur Ermöglichung einer Einheitsklage im Schiedsverfahren konkret für den Anwendungsfall von D&O-Versicherungsstreitigkeiten ist derjenige der ARIAS e.V. In § 6 ihrer Schiedsgerichtsordnung ermöglicht sie die Durchführung eines einheitlichen Mehrparteienschiedsverfahrens unter Einbeziehung des Versicherers, des Schädigers und des Geschädigten in demselben Verfahren und den Eintritt einer Bindungswirkung des Schiedsspruchs über das Haftungsrechtsverhältnis gegenüber dem Versicherer. Auf diese Weise soll eine Bescheidung der beiden Rechtsverhältnisse in getrennten Schiedsverfahren vermieden werden.

6. *Parallele Schiedsverfahren mit identischem Schiedsgericht anstellte von Mehrparteienschiedsverfahren?*

Nun wird in der Schiedsgerichtsbarkeit als einer der maßgeblichen Gründe für die Durchführung eines Mehrparteienschiedsverfahrens – da staatliche Interessen wie eine Entlastung der staatlichen Gerichte hier schließlich keine Rolle spielen – die Vermeidung widersprüchlicher Entscheidungen genannt. Als Alternativmodell kommt im Schiedsverfahrensrecht aber, anders als in der staatlichen Gerichtsbarkeit, im Rahmen derer die Auswahl des jeweils zuständigen Richters gerade nicht möglich ist, auch die parallele Durchführung getrennter Schiedsverfahren mit jeweils identisch besetztem Schiedsgericht in Betracht.

Diese alternative Gestaltungsmöglichkeit wird auch in der einschlägigen Literatur aufgezeigt und ist in der Praxis nicht selten anzutreffen.[126] Als Vorteil wird angeführt, dass so etwaige Probleme, die im Zusammenhang mit Mehrparteienschiedsverfahren auftreten können, umgangen würden, indem die Grundkonstellation des klassischen Zweipersonenverfahrens beibehalten werde.[127] Es besteht jedoch eine nicht auszuschließende Gefahr, dass die Schiedsgerichte in den beiden Verfahren letztendlich doch nicht oder jedenfalls nicht vollständig identisch besetzt werden, was wiederum zu erheblichen prak-

---

[124] Es sei denn natürlich, die DIS-Schiedsgerichtsordnung würde um Vorschriften zur Streitverkündung im Schiedsverfahren ergänzt, wie der Entwurf der DIS-ERS es vorsieht. Zu den DIS-ERS im Einzelnen aber sogleich in Kapitel 5 – B.II.2.

[125] Dies entspricht allgemein auch der „Quintessenz des deutschen Ansatzes" bei der Eingrenzung von Verfahren, *von Hoffmann*, in: FS Nagel, S. 112, 115.

[126] Vgl. etwa *Hamann/Lennarz*, SchiedsVZ 2006, 289 ff.; *Kleinschmidt*, SchiedsVZ 2006, 142 f. Auf diese Möglichkeit geht auch *Stumpe*, S. 113 in ihrer Arbeit zu parallelen Schiedsverfahren ein.

[127] So *Hamann/Lennarz*, SchiedsVZ 2006, 289, 295.

tischen Schwierigkeiten führen würde.[128] *Kleinschmidt* weist vor diesem Hintergrund allgemein darauf hin, dass diese Lösung gerade für den Beklagten im Vergleich zum einheitlichen Verfahren erhebliche Nachteile mit sich bringen kann, eben dann, wenn der Schiedskläger die parallele Verfahrensgestaltung zu verhindern versucht.[129] Es ist daher im Einzelfall abzuwägen, ob diese Risiken eingegangen werden sollten, nur um ein Mehrparteienschiedsverfahren zu vermeiden, oder die Durchführung eines einheitlichen Schiedsverfahrens nicht doch den prozesstaktisch klügeren Weg darstellt.

III. Fazit: Mehrparteienkonstellationen mit geringem Regelungsaufwand durchführbar

Die Untersuchung hat gezeigt, dass die Durchführung von Mehrparteienschiedsverfahren nicht nur international gängig und dadurch bereits ein erhöhtes Maß an Rechtssicherheit erreicht worden ist, sondern dass sie grundsätzlich auch nur wenig Regelungsaufwand erfordert. Die Freiheiten der Schiedsgerichtsbarkeit können dabei im Einzelfall gegenüber der staatlichen Gerichtsbarkeit Vorteile bieten, da sich hier auch solche Rechtsinstitute regeln lassen, die dem jeweiligen nationalen Verfahrensrecht fremd sind.[130]

Zugleich wurde ein allgemeiner Unterschied in der Zielrichtung der staatlichen und schiedsgerichtlichen Streitbeilegungsinstitute deutlich: „Während im staatlichen Verfahren prozessökonomische Überlegungen im Vordergrund stehen, sind vor dem Schiedsgericht die Autonomie und Gleichbehandlung der Parteien von überragender Bedeutung."[131] Zwei Stellschrauben sind in diesem Sinne für ein zulässiges Mehrparteienschiedsverfahren unabdingbar, möchte man den Erfolg des Schiedsverfahrens nicht gefährden: Die hinreichenden Zustimmungen zur Durchführung des Mehrparteienschiedsverfahrens einerseits und das Verfahren zur Bildung des Schiedsgerichts in dieser besonderen Verfahrenssituation andererseits. Die hier untersuchten Schiedsgerichtsordnungen erfüllen diese Anforderungen an eine entsprechende verfassungskonforme subjektive Erweiterung des Schiedsverfahrensrechts weit überwiegend und schaffen damit eine rechtssichere Grundlage für Mehrparteienschiedsverfahren, die

---

[128] Etwa zu einem Ungleichgewicht im Wissensstand der einzelnen Schiedsrichter und damit auch zu Geheimhaltungsproblemen, vgl. auch *Oswald*, S. 150.

[129] *Kleinschmidt*, SchiedsVZ 2006, 142, 143.

[130] Gerade in Bezug auf komplexe Vertragsstrukturen kann die Schiedsgerichtsbarkeit der deutschen staatlichen Gerichtsbarkeit dadurch sogar überlegen sein, so ausdrücklich *Zerhusen*, in: FS Thode, S. 355, 367 f. („Nur durch Schiedsverfahren sind Streitigkeiten in komplexen Vertragsgeflechten angemessen zu lösen. Die Einbeziehung Dritter in ein Mehrparteienschiedsverfahren ist als entscheidender Vorteil der Schiedsverfahren gegenüber den Verfahren vor den staatlichen Gerichten zu sehen").

[131] *Kleinschmidt*, SchiedsVZ 2006, 142, 150. Die Prozessökonomie spielt schließlich maßgeblich in die Interessen des Staates in Form der Entlastung seiner Gerichte.

auch den Vorgaben des deutschen Rechts entspricht.[132] Sie können daher ein Vorbild für das geplante Vorhaben des Bundesministeriums der Justiz darstellen, Mehrparteienschiedsverfahren im Zehnten Buch der ZPO zu regeln. An ihnen lässt sich bis dahin auch für die Durchführung von *ad hoc*-Schiedsverfahren orientieren, um entsprechende kautelarjuristische Bestimmungen zu treffen.

B. Drittbeteiligungsmodelle im Sinne der zweiten Fallgruppe

Vergleichsweise mehr Regelungsaufwand besteht hingegen dann, wenn Personen nicht als Verfahrensparteien, sondern als bloße Verfahrensbeteiligte an einem Schiedsverfahren teilhaben, aber dennoch den Wirkungen eines darin ergehenden Schiedsspruchs – jedenfalls zum Teil – ausgesetzt werden sollen. Dies betrifft insbesondere die aus der deutschen ZPO bekannten Rechtsinstitute der Nebenintervention und Streitverkündung. Weil der Bundesgerichtshof klargestellt hat, dass die mittels wirksamer Verfahrensvereinbarung herbeigeführten Wirkungen eines Schiedsspruchs im Falle gesellschaftsrechtlicher Beschlussmängelstreitigkeiten auch solchen Personen gegenüber eintreten können, die entweder gar nicht oder auch nur als Dritte am Schiedsverfahren beteiligt worden sind,[133] sollen zudem die Fälle einer *inter omnes*-artigen Wirkungserstreckung des Schiedsspruchs im Rahmen der Fallgruppe der Drittbeteiligungsmodelle behandelt werden – wobei sie jedoch, wie sich zeigen wird, auch insoweit einen gewissen Sonderfall darstellen.

Die Frage nach der Drittbeteiligung im Schiedsverfahrensrecht ist eine überwiegend im deutschen Rechtskreis diskutierte, da diese abgestufte Art der Verfahrensbeteiligung, anders, als dies in den meisten anderen Jurisdiktionen der Fall ist, hier üblich ist.[134] Dies betrifft insbesondere gesellschaftsrechtliche Beschlussmängelstreitigkeiten, zu deren Durchführung im Schiedsverfahren der Bundesgerichtshof bereits in mehreren Leitentscheidungen eingehend Stellung

---

[132] Die Auffassung Welsers, in: FS Elsing, S. 651, 668, der „Nimbus der Mehrparteienverfahren als flexibel, modern, zeitsparend und effizient" habe „einige Kratzer erlitten, die von den Parteien ins Kalkül gezogen werden sollten, bevor sie ein solches Verfahren zwingend vorweg vereinbaren" kann daher nicht uneingeschränkt geteilt werden in denjenigen Fällen, in denen die Vereinbarung des Mehrparteienschiedsverfahrens mit einer Inbezugnahme auf eine entsprechende Schiedsgerichtsordnung verbunden wird.

[133] Vgl. BGHZ 180, 221, 224, 227 und 228 ff. („Schiedsfähigkeit II") sowie *BGH*, NJW 2018, 3014, 3015, Rn. 15 ff.; *OLG Frankfurt*, Beschluss vom 24. Januar 2022 – 26 Sch 14/21, juris, Rn. 82 ff. und im Einzelnen sogleich in Kapitel 5 – B.II.1.

[134] Vgl. zu den Modellen anderer Rechtsordnungen bereits Kapitel 5 – A.II.5.

genommen hat.[135] Doch auch hier sind im Einzelnen wichtige Fragestellungen bislang unbehandelt geblieben, die daher der näheren Betrachtung bedürfen. Vergleichsweise weniger Klarheit besteht im Hinblick auf die Streitverkündung und – wenn sie auch praktisch weniger relevant sein mag – die Nebenintervention im Schiedsverfahren. Auch hier gibt es zwar bereits Ansätze, wie entsprechende Drittbeteiligungsmodelle im Schiedsverfahren nachgebildet werden können. Diese werden bei näherer Betrachtung allerdings nicht durchgehend den Anforderungen an eine verfassungskonforme subjektive Erweiterung des deutschen Schiedsverfahrensrechts gerecht, sodass es insoweit noch einer eingehenden Untersuchung bedarf.

I. Konkreter Regelungsbedarf im Rahmen der Verfahrensvereinbarung

Eine Drittbeteiligung im Schiedsverfahren, die verbindliche Wirkungen entfalten soll, ist mit Abstand die komplexeste subjektive Erweiterung des deutschen Schiedsverfahrensrechts, die Gegenstand einer Verfahrensvereinbarung sein kann. Der Regelungsbedarf ist hier deswegen erhöht, da die im deutschen Schiedsverfahrensrecht niedergelegten Vorschriften auf eine solche Drittbeteiligung nicht zugeschnitten sind.[136] Die Anforderungen an den verfassungskonformen Eintritt entsprechend erweiterter Wirkungen von Schiedsverfahren und Schiedsspruch müssen daher weitestgehend mittels eigener, kautelarjuristischer Bestimmungen erfüllt werden.

Dies bedeutet, dass die rechtsstaatlichen Verfahrensgarantien, die eine Wirkungserstreckung von Schiedsverfahren und Schiedsspruch zu legitimieren vermögen, zugunsten des Dritten in der Verfahrensvereinbarung gesichert werden müssen.[137] Neben dem Erfordernis eines kompatiblen Ausschlussakts in der Person des Dritten und seiner Möglichkeit der Verfahrensbeteiligung bedarf es mithin zusätzlich der Wahrung seiner verfahrensbezogenen Ausgestaltungsgarantien. Zudem bedarf es der Zustimmung der beteiligten Akteure zur Einbeziehung zusätzlicher Personen in das Schiedsverfahren. Doch damit nicht genug. Denn auch die gewünschten Wirkungen des Schiedsspruchs, sind diese gesetzlich doch auf die Parteien des Schiedsverfahrens beschränkt, müssen Gegenstand der Verfahrensvereinbarung sein.

---

[135] Und zwar in den Leitentscheidungen BGHZ 180, 221 ff. („Schiedsfähigkeit II") und BGHZ 132, 278 ff. („Schiedsfähigkeit I") sowie aktuell *BGH*, SchiedsVZ 2022, 86 ff. („Schiedsfähigkeit IV"); auch 2017, 197 ff. („Schiedsfähigkeit III").

[136] Anders als bei Mehrparteienschiedsverfahren, im Rahmen derer ein Großteil der Vorschriften des Zehnten Buchs der ZPO ohne Weiteres Anwendung findet, sind die Vorschriften auf bloß am Verfahren Beteiligte weitestgehend nicht anwendbar, vgl. dazu bereits in Kapitel 4 – C.I.1.

[137] BGHZ 180, 221, 227 („Schiedsfähigkeit II").

1. Ausschlussakt und allseitige Zustimmung zur Drittbeteiligung

Selbst im Falle der bloßen Drittbeteiligung an einem Schiedsverfahren bedarf es eines Ausschlussakts des Dritten im Hinblick auf sein Recht auf staatlichen Rechtsschutz, soll die schiedsgerichtliche Entscheidung ihm gegenüber verbindliche Wirkungen entfalten.[138] Auch hier stellt die nachweisbare und freiwillige Unterwerfung des Dritten unter die gewünschte Wirkung des Schiedsspruchs im Sinne eines Grundrechtsausübungsverzichts zweifelsohne den rechtssichersten Weg dar. So sollte eine gesonderte Vereinbarung darüber getroffen werden, dass in einem gewissen Verhältnis von einem oder mehreren Hauptverträgen nicht nur eine Unterwerfung unter die Schiedsgerichtsbarkeit im klassischen Sinne des § 1029 ZPO erfolgt, sondern zudem eine rechtsverbindliche Drittbeteiligungsmöglichkeit mit entsprechender Wirkungserstreckung besteht.[139]

Daneben muss aber auch die erforderliche Zustimmung der weiteren Beteiligten mit der Drittbeteiligung am Schiedsverfahren vorliegen. Fraglich ist nun, ob auch der Justizgewähranspruch der Verfahrensparteien von einer Drittbeteiligung mit prozessualer Wirkung berührt ist und sie daher selbst auch insoweit einen wirksamen Ausschlussakt vorweisen müssen[140] – oder ob jedenfalls eine irgendwie geartete Zustimmung zu der Verfahrensbeteiligung des Dritten notwendig ist.[141] Soll einem Dritten die Beteiligung an dem Schiedsverfahren ermöglicht werden, so bedarf es hierzu jedenfalls der Zustimmung der Verfahrensparteien im Hinblick auf ihr privates und damit vertrauliches Schiedsverfahren.[142] Inwieweit es darüber hinaus eines Ausschlussakts der übrigen Beteiligten auch im Verhältnis zum Dritten bedarf, hängt maßgeblich von der Frage ab, ob die Verfahrensparteien selbst von der prozessualen Wirkung der Dritt-

---

[138] Vgl. BGHZ 180, 221, 228 und Ls. („Schiedsfähigkeit II"). Etwas anderes gilt nur dann, wenn es sich tatsächlich lediglich um eine faktische Drittbeteiligung, ohne eine entsprechende Wirkungserstreckung, handeln soll, dazu noch in Kapitel 5 – B.II.4.

[139] So auch *Wolff*, SchiedsVZ 2008, 59, 60 ff.

[140] Unbestrittenermaßen bedarf es eines wirksamen Ausschlussakts zwischen den beiden sich gegenüberstehenden Verfahrensparteien selbst, vgl. dazu allgemein aber bereits oben in Kapitel 3 – A.I.

[141] Diese Frage stellt sich insbesondere im Anwendungsbereich der Nebenintervention und Streitverkündung in Bezug auf die jeweils gegnerische Partei, die nicht vom Dritten unterstützt wird. „Welche Zustimmungen und Erklärungen dazu nötig sind, ist nicht abschließend geklärt", wie *Wolff*, SchiedsVZ 2008, 59, 60 f. den Diskussionsstand zusammenfasst. Für ein jedenfalls konkludentes Einverständnis aller Beteiligten *Elsing*, SchiedsVZ 2004, 88, 92 f.; eingehend auch *Elsing*, in: FS Wegen, S. 615, 617 ff. Eine Zustimmung auch des Verfahrensgegners für notwendig haltend *Massuras*, S. 503; *Melis*, in: Der komplexe Langzeitvertrag, S. 569, 575; *Schütze/Thümmel*, S. 61, Rn. 23; *Wais*, in: Schütze/Tscherning/Wais, Handbuch des Schiedsverfahrens, Rn. 364; *Mohrbutter*, KTS 1957, 33, 34. Differenzierend *Heiliger*, S. 239 ff.

[142] Siehe zu diesem Erfordernis bereits oben in Kapitel 4 – B.I.3.

B. Drittbeteiligungsmodelle   223

beteiligung betroffen sind oder nicht, was wiederum von der Ausgestaltung der vereinbarten Wirkung im Einzelnen abhängt. Bildet man die Wirkung etwa der Interventionswirkung aus dem staatlichen Zivilprozess nach, so wirkt sie regelmäßig nur zu Gunsten der Verfahrensparteien und nie zu ihren Lasten aus,[143] weswegen eine potenzielle Grundrechtsbetroffenheit abgelehnt werden könnte. Berücksichtigt man allerdings, dass auch einem bloßen Nebenintervenienten oder Streithelfer gewisse Prozesshandlungen möglich sind, die den Ausgang des Schiedsverfahrens und damit das Prozessrechtsverhältnis zwischen den Verfahrensparteien selbst beeinflussen können, ließe sich doch eine Grundrechtsbetroffenheit konstruieren.[144] Erst Recht gilt dies im Falle einer *inter omnes*-artigen Wirkungserstreckung des Schiedsspruchs, wo die am Verfahren teilnehmenden Streitgenossen den Ausgang des Rechtsstreits maßgeblich mit in der Hand haben.[145]

Insbesondere zu berücksichtigen sind aber auch die Kosten einer etwaigen Drittbeteiligung. Soll die Möglichkeit bestehen, der gegnerischen Partei des Schiedsverfahrens durch die Drittbeteiligung verursachte Kosten aufzuerlegen, wie es § 101 ZPO für das staatliche Gerichtsverfahren vorsieht, bedarf es in jedem Fall auch in diesem Verhältnis eines wirksamen, zuständigkeitsbegründenden Ausschlussakts.[146]

Dem Gebot des sichersten Weges entspricht es daher, eine nachweisbare Zustimmung aller Betroffenen zu der Verfahrensbeteiligung des Dritten einzuholen, die den Anforderungen eines freiwilligen Grundrechtsausübungsverzichts genügen würde. Am einfachsten zu bewerkstelligen ist dies durch die Auslagerung des Konfliktlösungsmechanismus in einer gesonderten Vereinbarung. Die von der Vereinbarung umfassten Hauptverträge können dann auf diese ausgelagerte Vereinbarung Bezug nehmen und sie als Streitbeilegungsmechanismus kenntlich machen.[147] Da sich der Schiedsrichtervertrag nach die-

---

[143] *Dressler*, in: BeckOK ZPO, § 68, Rn. 7.
[144] So kann er zugunsten der unterstützten Hauptpartei Prozesshandlungen vornehmen, § 67 Satz 1 ZPO, die das Prozessrechtsverhältnis zwischen unterstützter Hauptpartei und Prozessgegner zulasten des Letzteren beeinflussen können.
[145] Beteiligt sich hier etwa eine der von der Wirkung der späteren Entscheidung betroffene Person nicht am Verfahren, andere Betroffene aber schon, so ist Ersterer der Verfahrensführung durch die anderen Betroffenen ausgesetzt.
[146] Siehe zur entsprechenden Umsetzung den Vorschlag in Artikel 11.3 des Regelungsentwurfs der DIS-ERS, die eine Streitverkündung in DIS-Schiedsverfahren ermöglichen soll.
[147] Der Abschluss einer einzigen Streitbeilegungsvereinbarung dürfte zur Folge haben, dass die Schiedsgerichtsbarkeit als einheitlicher Streitbeilegungsmechanismus für alle von der Vereinbarung betroffenen Vertragsbeziehungen gewählt wird. Dies dürfte aber auch von erheblichem Vorteil sein, da es zu praktischen Schwierigkeiten führen kann, wenn sich der Regressgläubiger etwa „zwischen die Stühle" zweier Streitbeilegungsregime setzt, *Stretz*, SchiedsVZ 2013, 193, 196. Praktische Probleme bei der Auslagerung einer entsprechenden allumfassenden Streitbeilegungsvereinbarung stellen sich allerdings im Hinblick auf den

sen dem Schiedsverfahren zugrundeliegenden Bestimmungen richtet, ist so auch keine zusätzliche Zustimmung der Schiedsrichter notwendig.[148] Zugleich ist der Personenkreis derjenigen, die als Dritte an dem Schiedsverfahren beteiligt werden können, auf natürliche Weise begrenzt. Die einschränkenden Voraussetzungen, unter denen etwa eine Nebenintervention oder Streitverkündung vor den staatlichen Gerichten steht, müssen daher nicht übernommen werden, weil es keines Schutzes vor der Einbeziehung beliebiger Dritter bedarf.[149] Einfacher ist es dann, wenn Gegenstand des Rechtsstreits mit möglicher Drittbeteiligung von vorneherein nur ein einziger Vertrag ist, etwa ein Gesellschaftsvertrag im Falle gesellschaftsrechtlicher Beschlussmängelstreitigkeiten. Hier ist es ausreichend, in den Hauptvertrag selbst eine entsprechende Bestimmung zur schiedsgerichtlichen Streitbeilegung aufzunehmen.[150]

Eine weitere schwierige Frage im Zusammenhang mit der Drittbeteiligung im Schiedsverfahren stellt sich zudem in der Hinsicht, ob beziehungsweise inwieweit auch ein Dritter einer Zuständigkeitsbegründung des Schiedsgerichts kraft Präklusion ausgesetzt sein kann.[151] Problematisch ist die Annahme einer solchen schiedsgerichtlichen Zuständigkeitsbegründung kraft Präklusion deswegen, weil die laufenden staatlichen Kontrollmechanismen im deutschen Schiedsverfahrensrecht sich auf den Verfahrensparteibegriff beziehen und damit auf eine bloße Drittbeteiligung nicht zugeschnitten sind. Einer erweiterten oder analogen Anwendung des Kontrollmechanismus in § 1040 Absatz 3 ZPO steht zugleich die in § 1026 ZPO gesetzlich angeordnete Beschränkung der staatsgerichtlichen Kompetenzen auf die im Zehnten Buch der ZPO ausdrücklich genannten entgegen. Wenn damit aber der staatliche Kontrollmechanismus

---

Zeitpunkt ihres Abschlusses. Denn gerade in Lieferketten stehen die Endabnehmer gegebenenfalls noch gar nicht fest, wenn die Vereinbarung geschlossen werden soll. Es entsteht mithin möglicherweise eine Lücke in der Vereinbarungskette, insbesondere dann, wenn sich der erst später auftretende Endabnehmer weigern sollte, die Vereinbarung zu unterzeichnen. Dieses Problem, das mitunter auf dem freiwilligen Charakter der Schiedsgerichtsbarkeit fußt, lässt sich aber ohne gesetzliche Bestimmungen wohl nicht aus der Welt schaffen.

[148] Dazu auch *Wolff*, SchiedsVZ 2008, 59, 60 f.
[149] *Wolff*, SchiedsVZ 2008, 59, 60.
[150] Etwa unter Bezugnahme auf die DIS-ERGeS, wie es die hierfür geschaffene Musterklausel der DIS-Schiedsgerichtsordnung vorsieht – dazu aber noch in Kapitel 5 – B.II.1. Handelt es sich um eine von allen Betroffenen eigenhändig unterzeichnete, schriftliche Vereinbarung, ist das höchste Maß an Rechtssicherheit erreicht. Mitunter wird auch auf die Bindungswirkung des § 1066 ZPO vertraut und auf eine eigenständige Erklärung des Betroffenen verzichtet, so etwa bei *Geimer*, in: LA Hay, S. 163, 177 f. Er plädiert für die Anwendbarkeit des § 1066 ZPO auf Satzungen von Vermögensgesellschaften und subsumiert daher die vom Bundesgerichtshof für gesellschaftsrechtliche Beschlussmängelstreitigkeiten aufgestellten Anforderungen hierunter, *Geimer*, in: LA Hay, S. 163, 178 ff. Zur Reichweite des § 1066 ZPO im Einzelnen aber bereits oben in Kapitel 3 – A.I.3.
[151] Zur schiedsgerichtlichen Zuständigkeitsbegründung kraft Präklusion allgemein siehe Kapitel 3 – A.I.4.

des § 1040 Absatz 3 ZPO gar nicht erst statthaft ist, beziehungsweise er an der Antragsbefugnis des bloß am Verfahren Beteiligten scheitert, so darf der Dritte mit seiner Zuständigkeitsrüge auch nicht im gerichtlichen Aufhebungs- und Vollstreckbarerklärungsverfahren präkludiert sein.[152]

Dies aber führt zu einem gewissen Ungleichgewicht zwischen Verfahrensparteien und bloßen Verfahrensbeteiligten. Eine Präklusion der Zuständigkeitsrüge muss ein Dritter erst nach Abschluss des Aufhebungsverfahrens fürchten, und zwar dann, wenn er den Aufhebungsantrag nicht oder nicht fristgerecht gestellt hat.[153] Ist eine Person hingegen als Verfahrenspartei am Schiedsverfahren beteiligt, ist sie gezwungen, eine entsprechende Rüge bereits im laufenden Schiedsverfahren zu erheben. Zugleich führt die Möglichkeit bloßer Verfahrensbeteiligter, eine Zuständigkeitsrüge erstmalig im Aufhebungsverfahren zu erheben, zu einer erhöhten Rechtsunsicherheit für alle Beteiligten, da so bis zu diesem Zeitpunkt nicht sicher ist, ob der Schiedsspruch – jedenfalls im Verhältnis zum Dritten – nicht an einer wirksamen Zuständigkeitsbegründung des Schiedsgerichts scheitert wird und damit zumindest insoweit aufhebbar ist. Hier gelangen auch die Möglichkeiten dessen, was mittels einer Verfahrensvereinbarung geregelt werden kann, an ihre Grenzen. Denn eine zusätzliche oder erweiterte staatliche Zuständigkeit, etwa zur Überprüfung von Zuständigkeitsrügen auch bloßer Verfahrensbeteiligter im laufenden Schiedsverfahren, kann nicht mittels einer von Privaten getroffenen Verfahrensvereinbarung geschaffen werden.[154]

Die schwierige Frage der Zuständigkeitsbegründung kraft Präklusion insbesondere in gesellschaftsrechtlichen Beschlussmängelstreitigkeiten, die sich vor diesem Hintergrund stellt, soll jedoch im Rahmen des konkreten Anwendungsfalls der Formel untersucht werden.[155] Das gleiche gilt für das Suchen nach Mitteln und Wegen, um auch in den sonstigen Fällen der Drittbeteiligung eine gerichtliche Kontrolle jedenfalls im Regelfall vorzuziehen.[156] Möchte man die weiterhin bestehende Rechtsunsicherheit, die mit entsprechenden – bisher soweit ersichtlich nicht erprobten – Lösungen gezwungenermaßen einhergeht, vermeiden, bietet es sich jedoch an, im Falle der potentiellen Drittbeteiligung im Schiedsverfahren ganz besonders großen Wert auf eine freiwillige und nachweisbare schiedsgerichtliche Zuständigkeitsbegründung zu setzen, wie es

---

[152] Denn dann liegen die Voraussetzungen der Präklusion schlicht nicht vor, vgl. dazu im Einzelnen bereits in Kapitel 3 – A.I.4.c).
[153] Zur insoweit bestehenden Antragsbefugnis des Dritten vgl. bereits oben in Kapitel 4 – B.II.4.b).
[154] Vgl. auch bereits oben in Kapitel 4 – B.II.4. Und auch insoweit ist die Vorschrift des § 1026 ZPO zu berücksichtigen.
[155] Sogleich in Kapitel 5 – B.II.1.c).
[156] In Kapitel 5 – B.II.2.a)cc).

auch der Bundesgerichtshof für die wirksame Durchführung gesellschaftsrechtlicher Beschlussmängelstreitigkeiten im Schiedsverfahren fordert.[157]

2. Möglichkeit der Verfahrensbeteiligung und der Erlangungen rechtlichen Gehörs

Auch wenn der Dritte keine Verfahrensparteistellung im engeren Sinne erhalten soll, so muss es ihm dennoch möglich sein, in gewissem Umfang auf das Verfahren Einfluss nehmen und rechtliches Gehör erlangen zu können, wenn der Schiedsspruch ihm gegenüber Wirkung entfalten soll.

Um ihm diese Beteiligung an dem privaten und damit vertraulichen Schiedsverfahren faktisch zu ermöglichen, muss er über dessen Einleitung unterrichtet werden. In der Verfahrensvereinbarung sollte daher eine Pflicht derjenigen Verfahrenspartei, welche die Wirkung des Schiedsspruchs auf den Dritten erstrecken möchte, vorgesehen werden, den Dritten über das Schiedsverfahren zu informieren und zum Verfahrensbeitritt aufzurufen.[158] Der so Unterrichtete kann dem Verfahren dann beitreten – wobei die erweiterte Schiedsspruchwirkung ihm gegenüber jedoch auch unabhängig von seinem Beitritt eintreten kann, wenn dies entsprechend vereinbart worden ist.[159] Um einen etwaigen Aufhebungsgrund aufgrund der nicht hinreichenden Gewährung rechtlichen Gehörs unbedingt auszuschließen, kann dennoch eine fortlaufende Unterrichtung eines sich nicht aktiv am Verfahren beteiligten Dritten über die maßgeblichen Verfahrensschritte vorgesehen werden.[160] Für den Fall der tatsächlichen Verfahrensbeteiligung bietet es sich wiederum an, eine Verpflichtung des Schiedsgerichts entsprechend § 1042 Absatz 1 Satz 2 ZPO auch gegenüber bloßen Verfahrensbeteiligten vorzusehen.

Der Umfang der Verfahrensrechte eines bloßen Verfahrensbeteiligten kann in sachlicher Hinsicht beschränkt werden. Angelehnt an die Vorschriften der §§ 67, 74 Absatz 1 ZPO für das staatliche Gerichtsverfahren könnte man etwa

---

[157] Vgl. BGHZ 180, 221, 228 („Schiedsfähigkeit II").

[158] So auch *Wolff*, SchiedsVZ 2008, 59, 60 f. Dies gilt für die Herbeiführung einer *inter omnes*-Wirkung wie auch einer Interventionswirkung gleichermaßen. Rein praktische Schwierigkeiten bestehen hingegen bei einem freiwilligen Beitritt des Dritten im Sinne einer Nebenintervention. Denn hier besteht im Zweifel kein Interesse der Verfahrensparteien daran, einen Außenstehenden über das Schiedsverfahren überhaupt in Kenntnis zu setzen. Zu dieser praktischen Einschränkung der Nebenintervention im Schiedsverfahren aber im Einzelnen sogleich in Kapitel 5 – B.II.3.c).

[159] Diese Vorgehensweise schlägt auch *Wolff*, SchiedsVZ 2008, 59, 60 f. vor. Wie in Kapitel 4 – C.I.1.a) gezeigt, reicht die *Ermöglichung* der Verfahrensbeteiligung grundsätzlich aus, um das Recht auf rechtliches Gehör und faires Verfahren wahren zu können

[160] So sieht etwa Artikel 5 DIS-ERGeS eine fortwährende Unterrichtung auch nicht beigetretener Betroffener vor. Auch wenn diese in gewisser Hinsicht beschränkt ist, vgl. Satz 2 der Vorschrift, lässt sich in der Praxis beobachten, dass von der Unterrichtung im weiten Umfang Gebrauch gemacht wird.

vorsehen, dass sich der Dritte nicht in Widerspruch zur Hauptpartei setzen darf und ihm manche Verfahrenshandlungen nicht zustehen.[161] Diese Ungleichbehandlung rechtfertigt sich dann aus der Stellung des Dritten als bloßer Verfahrensbeteiligter, der, jedenfalls als Nebenintervenient oder Streithelfer, den prozessualen Wirkungen des Schiedsspruchs schließlich auch nur im eingeschränkten Maße ausgesetzt ist.[162] Im Rahmen einer gewünschten *inter omnes*-artigen Wirkung des Schiedsspruchs sollte es hingegen, sieht man keine zwingende Verfahrensparteistellung aller Betroffenen vor, jedem freigestellt werden, ob und wenn ja in welcher Form – als Verfahrenspartei mit sämtlichen Parteirechten oder als bloßer Verfahrensbeteiligter mit möglicherweise eingeschränkten Rechten – die betreffende Person an dem Verfahren teilhaben möchte.[163]

3. Recht der Einflussnahme auf die Bildung des Schiedsgerichts

Zusätzlich muss aber auch ein bloßer Verfahrensbeteiligter die Möglichkeit haben, auf die Zusammensetzung des schiedsgerichtlichen Spruchkörpers Einfluss nehmen zu können, soll er den prozessualen Wirkungen des von diesem Spruchkörper getroffenen Schiedsspruchs rechtswirksam ausgesetzt werden. Denn das Recht zur Einflussnahme auf die Zusammensetzung des schiedsgerichtlichen Spruchkörpers ist nicht an die Parteistellung geknüpft, sondern an die Wirkung des Schiedsspruchs.[164] Dies hat auch der Bundesgerichtshof in seiner Rechtsprechung zur „Schiedsfähigkeit" von gesellschaftsrechtlichen Beschlussmängelstreitigkeiten deutlich gemacht, sodass jedenfalls seit dieser Entscheidung ein Umdenken im Hinblick auf die Nachbildung von Drittbeteiligungsmodellen im Schiedsverfahren angezeigt ist.[165]

---

[161] Zu den eingeschränkten Rechten des Dritten als Unterstützer der Hauptpartei *Dressler*, in: BeckOK ZPO, § 66, Rn. 2.

[162] Und zwar keiner zwangsweisen Durchsetzbarkeit, sondern lediglich einer Bindungswirkung der Entscheidung.

[163] So wie es auch die DIS-ERGeS vorsehen, vgl. Artikel 4 DIS-ERGeS, und der Bundesgerichtshof es ausdrücklich zulässt, BGHZ 180, 221, 228 f. („Schiedsfähigkeit II"). Das daraus resultierende Ungleichgewicht im Grad der Verfahrensbeteiligung wirft aber nicht unerhebliche Problemfelder auf, dazu bereits in Kapitel 5 – B.I.1.c) und sogleich in Kapitel 5 – B.II.1.c).

[164] Zum Zusammenhang zwischen den prozessualen Wirkungen von Schiedsverfahren und Schiedsspruch und der notwendigen Wahrung der verfassungsrechtlichen Ausgestaltungsgarantien eingehend in Kapitel 2 – B.I. und C.II.

[165] BGHZ 180, 221, 226 f., 228, 230 f. und insbesondere 233 („Schiedsfähigkeit II") („Diese Sicherung ist als Kompensation für den Verlust des unabhängigen staatlichen Richters als Entscheidungsträger mit potenziell inter omnes wirkender Entscheidungsmacht unverzichtbar"); 132, 278, 282 ff, 287 ff. („Schiedsfähigkeit I"); so richtigerweise auch Gaillard, in: Fouchard/Gaillard/Goldman, International Commercial Arbitration, Rn. 1223. Dabei ist unerheblich, ob es sich um eine prozessuale oder schuldrechtlich herbeigeführte Wir-

Es gelten im Rahmen der Drittbeteiligung somit letztlich dieselben Grundsätze wie im Rahmen der Mehrparteienschiedsgerichtsbarkeit. Auch hier bedarf es einer Aufteilung in Lager zur jeweils gemeinsamen Benennung eines Schiedsrichters.[166] Im Rahmen der Herbeiführung einer *inter omnes*-artigen Wirkung sollte es den Betroffenen dabei freigestellt werden, auf welcher Parteiseite sie am Schiedsverfahren teilhaben und so eine gemeinsame Schiedsrichterbenennung vornehmen wollen.[167] Im Zusammenhang mit einer Nebenintervention oder Streithilfe ist es währenddessen der unterstützten Hauptpartei zumutbar, mit den Nebenintervenienten oder Streithelfer gemeinsam einen Schiedsrichter auszuwählen, da sie regelmäßig gleichläufige Interessen verfolgen dürften. Dies gilt insbesondere dann, wenn das entsprechende Einigungserfordernis bereits in der zugrundeliegenden Verfahrensvereinbarung vereinbart worden ist.[168]

Sollten sie sich innerhalb einer angemessenen Frist nicht auf eine gemeinsamen Schiedsrichter einigen können, so kann in einem zweiten Schritt ein neutrales Gremium für die Auswahl und Bestellung vorgesehen werden.[169] Und auch hier muss gelten, dass zu einem Zeitpunkt, in dem die Personen der Schiedsrichter noch gar nicht feststehen, nicht wirksam vollständig auf die Möglichkeit der Einflussnahme auf die Bildung des Schiedsgerichts verzichtet werden kann.[170] Das Recht des Dritten auf Beteiligung an der Zusammensetzung des Schiedsgerichts hat damit wiederum eine zeitliche Einschränkung der Drittbeteiligungsmöglichkeit zur Folge. Sie sollte daher auf den Zeitpunkt bis

---

kungserstreckung handelt, BGH, SchiedsVZ 2022, 86, Rn. 15, 18 ff. („Schiedsfähigkeit IV").

[166] Dazu allgemein bereits in Kapitel 5 – A.I.3.a).

[167] So auch die DIS-ERGeS, vgl. Artikel 3.1 DIS-ERGeS. Dies ließe sich generell auch im Falle einer schiedsverfahrensrechtlichen Streitverkündung oder Nebenintervention erwägen. Träte der Dritte dem Schiedsverfahren hier als Partei bei, würde sich das Schiedsverfahren allerdings in ein Mehrparteienschiedsverfahren im Sinne einer dem deutschen Recht grundsätzlich unbekannten Drittklage nach französischem Modell verwandeln, vgl. Kapitel 5 – A.II.5.c)bb). Ob dies gewünscht ist, ist eine Frage des Einzelfalls und wohl insbesondere des Grades der internationalen Ausrichtung der Beteiligten.

[168] Diesen Weg schlägt auch *Dubisson*, J. Int. Arb. 1984, Vol. 1, No. 3, 197, 208 ff. in den von ihm entworfenen Musterklauseln zur Drittbeteiligung in Subunternehmerverträgen in internationalen Projekten ein. Und auch der Entwurf der DIS-ERS sieht eine Beteiligung des beigetretenen Dritten an der Zusammensetzung des Schiedsgerichts unter einem entsprechenden Einigungserfordernis vor, Artikel 7 f. DIS-ERS. In den jeweiligen Einzelfällen, in denen eine gemeinsame Benennung nicht zumutbar erscheint, sollte von der Einbeziehung des Dritten in das Schiedsverfahren von vornherein Abstand genommen werden oder aber eine Auswahl durch ein neutrales Gremium angestrebt werden, so wie es auch der Entwurf der DIS-ERS in Artikel 7.3 und 8.3 vorsieht.

[169] Wie es auch in Mehrparteienschiedsverfahren üblich ist, vgl. bereits in Kapitel 5 – A.I.3.a). So auch Artikel 7.3 und 8.3 des Entwurfs der DIS-ERS.

[170] So auch BGHZ 132, 278, 288 („Schiedsfähigkeit I") sowie in Kapitel 5 – A.I.3.

zur Bestellung eines Schiedsrichters beschränkt werden und danach nur mit der freiwilligen Unterwerfung des Dritten unter die bereits bestellten Schiedsrichter möglich sein.[171]

4. Pflicht des Schiedsgerichts zur Unabhängigkeit und Unparteilichkeit

Eine Fragestellung im Rahmen der Drittbeteiligungsmöglichkeit im Schiedsverfahren, zu der bisher soweit ersichtlich weder der Bundesgerichtshof noch der Gesetzgeber oder die einschlägige Literatur Stellung genommen haben, ist die Pflicht der Schiedsrichter zur Unabhängigkeit und Unparteilichkeit auch gegenüber den bloß am Verfahren beteiligten Dritten.[172] Fest steht, dass aus dem Recht des Dritten auf ein faires Verfahren folgt, dass der schiedsgerichtliche Spruchkörper auch ihm gegenüber unparteiisch und unabhängig sein muss – schließlich soll dieser Spruchkörper die Macht haben, den Dritten der prozessualen Wirkung des von ihm zu treffenden Schiedsspruchs auszusetzen.[173] Die Vorschrift des § 1036 Absatz 1 ZPO mag zwar weit genug formuliert sein, um eine Verpflichtung des Schiedsrichters zur Unabhängigkeit und Unparteilichkeit auch gegenüber sonstigen Verfahrensbeteiligten mitaufzufangen. Um sicherzugehen, bietet es sich allerdings an, eine Verpflichtung des Schiedsgerichts, auch bloßen Verfahrensbeteiligten gegenüber unparteiisch und unabhängig zu sein, im Rahmen der zugrundeliegenden Verfahrensvereinbarung, nach der sich der Schiedsrichtervertrag dann richtet, vorzusehen.

Fraglich ist jedoch, inwieweit der Dritte Zweifel an der Unabhängigkeit und Unparteilichkeit des Schiedsgerichts auch selbst rügen kann. Hintergrund der Problematik ist erneut die fehlende Verfahrensparteistellung des Dritten, wodurch er aus dem Anwendungsbereich eines Großteils der Vorschriften des deutschen Schiedsverfahrensrechts herausfällt. So auch aus der Regelung des § 1037 Absatz 3 ZPO, welche eine gerichtliche Überprüfungsmöglichkeit der Unabhängigkeit und Unparteilichkeit der Schiedsrichter im laufenden Schiedsverfahren für Verfahrens*parteien* vorsieht – vor dem Hintergrund, dass ein solches Verfahrenshindernis so möglichst frühzeitig beseitigt werden kann.[174] Zugleich stehen die klare Anordnung des § 1026 ZPO und des § 1037 Absatz 1

---

[171] Vgl. Artikel 4 des Entwurfs der DIS-ERS und Artikel 4.3 DIS-ERGeS. Nicht ganz eindeutig ist hier der Vorschlag von *Wolff*, in dem es heißt, „wer erst später beitritt, erlangt keinen Einfluss mehr auf die Bestellung der Schiedsrichter", *Wolff*, SchiedsVZ 2008, 59, 61.

[172] Auch die DIS-ERGeS sind hier nicht eindeutig. Sie enthalten jedenfalls keinen Verweis auf die Artikel 9 und 15 der DIS-Schiedsgerichtsordnung zugunsten etwaiger Nebenintervenienten.

[173] Auch der Bundesgerichtshof spricht allgemein von der Pflicht des Spruchkörpers zur Unabhängigkeit und Unparteilichkeit gegenüber den „Verfahrensbeteiligten", BGHZ 65, 59, 60 f.

[174] Kapitel 3 – A.II.3.

ZPO einer erweiterten Anwendbarkeit des Kontrollmechanismus in § 1037 ZPO auf Nicht-Verfahrensparteien entgegen.[175]

Mittels einer Verfahrensvereinbarung kann lediglich eine *schiedsinterne* Rügemöglichkeit sowie eine Überprüfbarkeit durch ein sonstiges neutrales Gremium zugunsten des Dritten vorgesehen werden.[176] Eine gewisse Rechtsunsicherheit bleibt aber dennoch bestehen, wenn eine erstmalige *staatsgerichtliche* Überprüfung weiterhin erst im Aufhebungsverfahren stattfindet.[177] War einer der Schiedsrichter nach Auffassung des Gerichts des Aufhebungsverfahrens dem Dritten gegenüber tatsächlich nicht unabhängig oder unparteilich, so muss es den Eintritt einer prozessualen Wirkung des Schiedsspruchs gegenüber dem Dritten versagen.[178] Es dürfte auch nicht zulässig sein, eine Bestimmung in der zugrundeliegenden Verfahrensvereinbarung zu treffen, die vorsieht, dass die Entscheidung des neutralen Gremiums von dem Dritten als bindend anerkannt wird und eine Überprüfbarkeit im Aufhebungsverfahren auf diese Weise ausscheidet.[179] Es kann mithin nur darauf vertraut werden, dass der Dritte selbst kein Aufhebungsverfahren anstrengt. Wollte man diese Rechtsunsicherheit vermeiden, bedürfte es einer entsprechenden *gesetzlichen* Regelung, die eine präklusionsauslösende staatliche Kontrollmöglichkeit im laufenden Schiedsverfahren entsprechend § 1037 ZPO auch für Nicht-Verfahrensparteien anordnet.

Hier wird mithin eines der Probleme der Beschränkung des deutschen Schiedsverfahrensrechts auf einen Parteienrechtsstreit sichtbar, die nicht vollkommen zufriedenstellend mittels Verfahrensvereinbarung lösbar sind.

5. *Erweiterung der Wirkungen des Schiedsspruchs*

Wie es bereits das Reichsgericht und in jüngerer Zeit auch der Bundesgerichtshof deutlich gemacht haben, reicht die bloße Regelung der Drittbeteiligungs-

---

[175] Und eine erweiterte gerichtliche Zuständigkeit lässt sich auch nicht auf Grundlage einer privatrechtlichen Verfahrensvereinbarung begründen. Vgl. zu dieser Problematik in anderem Zusammenhang bereits in Kapitel 4 – C.II.4. und sogleich in Kapitel 5 – B.II.1.c).

[176] So wie es etwa die DIS-Schiedsgerichtsordnung als Zwischenschritt vor der staatlichen Überprüfung in regulären von der DIS administrierten Schiedsverfahren durch den DIS-Rat für Schiedsgerichtsbarkeit vorsieht, vgl. nur das dort vorgesehene Ablehnungsverfahren in Artikel 15 DIS-Schiedsgerichtsordnung.

[177] Und damit auch keine Präklusion der gerichtlichen Überprüfung im Aufhebungsverfahren eintreten kann, vgl. Kapitel 3 – B.II.2.

[178] Und zwar im Zweifel über die Annahme eines *ordre public*-Verstoßes gemäß § 1059 Absatz 2 Nummer 2b ZPO.

[179] Denn die Einschränkung der staatlichen Überprüfbarkeit des § 1059 ZPO steht nicht in der Disposition Privater, jedenfalls dann nicht, wenn es sich um eine *ordre public*-Überprüfung handelt, wie sie hier vorliegen dürfte, vgl. nur BGHZ 96, 40, 42; *Voit*, in: Musielak/Voit, ZPO, § 1059, Rn. 39. *Wilske/Markert*, in: BeckOK ZPO, § 1059, Rn. 88 f.

möglichkeit im Schiedsverfahren jedoch nicht aus, möchte man, dass diese auch die gewünschten Wirkungen gegenüber dem Dritten erzeugt.[180]

Vielmehr ist notwendig, dass die gewünschte Wirkung des Schiedsspruchs gegenüber dem Dritten explizit niedergelegt wird und der Dritte sich dieser Wirkung auch unterwerfen muss.[181] Zudem bietet es sich an, festzuhalten, dass die vereinbarte Schiedsspruchwirkung unabhängig vom tatsächlichen Verfahrensbeitritt eintritt, um eine Umgehung der Wirkungserstreckung durch den Dritten zu vermeiden.[182] Inhaltlich kann dabei die Wirkungserstreckung gerichtlicher Urteile auf nicht oder nur als Dritte am Verfahren beteiligte Personen nachgebildet werden, also beispielsweise die *inter omnes*-Wirkung im Falle einer prozessual notwendigen Streitgenossenschaft[183] oder die Bindung Dritter in Form einer Interventionswirkung.[184]

Eine hoch umstrittene Frage ist dabei diejenige, ob die Vereinbarung der Wirkungserstreckung eines Schiedsspruchs allein auf materiell-rechtlicher Ebene im Sinne einer schuldrechtlichen Verpflichtung zur Unterwerfung unter die Entscheidung erfolgen sollte oder aber – ausschließlich oder zusätzlich – eine prozessuale Wirkung vorgesehen werden kann. Zunächst ist festzuhalten, dass der Bundesgerichtshof in seiner Entscheidung „Schiedsfähigkeit II" deutlich gemacht hat, dass auch die Vereinbarung einer prozessualen Wirkung möglich ist, welche dann also auch staatliche Folgegerichte bindet.[185] Der

---

[180] So bereits RGZ 55, 14, 15 und auch BGHZ 180, 221, 224 ff., 228 f. („Schiedsfähigkeit II"); 132, 278, 282 f., 285 ff. („Schiedsfähigkeit I").

[181] RGZ 55, 14, 15; so auch *Elsing* am Beispiel der Streitverkündung, *Elsing*, in: FS Wegen, S. 615, 618 („Richtigerweise kann nur eine privatautonome Vereinbarung die streitverkündungsähnlichen Wirkungen herbeiführen"); vgl. auch *ders.*, SchiedsVZ 2004, 88, 89. Dies wird auch der Forderung nach einer expliziten Unterwerfung des Dritten unter die erweiterte Schiedsspruchwirkung gerecht, vgl. statt vieler *Melis*, in: Der komplexe Langzeitvertrag, S. 569, 575.

[182] Dies sehen auch die DIS-ERGeS in Bezug auf den Eintritt der *inter omnes*-Wirkung vor, vgl. Artikel 11.1 DIS-ERGeS, sowie der Entwurf der DIS-ERS für den Eintritt der Interventionswirkung, Artikel 11.1 des Entwurfs der DIS-ERS. Für die Aufnahme einer entsprechenden Bestimmung auch *Wolff*, SchiedsVZ 2008, 59, 60 f.

[183] BGHZ 180, 221, 224, 227 und Ls. („Schiedsfähigkeit II"). Diesen Weg schlagen auch die DIS-ERGeS zur Durchführung gesellschaftsrechtlicher Beschlussmängelstreitigkeiten im Schiedsverfahren ein, Artikel 11 DIS-ERGeS.

[184] So auch *Wolff*, SchiedsVZ 2008, 59, 60 f. – dazu im Einzelnen sogleich in Kapitel 5 – B.II.2. und 3.

[185] BGHZ 180, 221, 224, 227 („Schiedsfähigkeit II") sowie *BGH*, NJW 2018, 3014, 3015, Rn. 15 ff.; *OLG Frankfurt*, Beschluss vom 24. Januar 2022 – 26 Sch 14/21, juris, Rn. 82 ff.; siehe dazu auch oben in Kapitel 4 – C.II.2.b). Diese prozessuale Wirkung ist zudem im deutschen Zivilprozessrecht für Nebenintervenienten bereits angelegt, was auch der schweizerischen und österreichischen Rechtsordnung bekannt ist, vgl. dazu *Elsing*, in: FS Wegen, S. 615, 621, und findet im Common Law-Rechtkreis ihre Entsprechung im Institut des *collateral estoppel/issue preclusion*. Dazu mit weiteren Nachweisen *Wolff*, SchiedsVZ 2008, 59, 60 f.

große Vorteil einer solchen prozessual wirkenden Vereinbarung ist, dass sie eine unmittelbare Wirkung zur Folge hat, während eine materiell-rechtliche Unterwerfungsverpflichtung bei Nichtwahrung im Zweifel nur zu Schadensersatzverpflichtungen und damit zu unerwünschten weiteren Rechtstreitigkeiten führt.

Vor diesem Hintergrund bietet es sich an, zumindest dort, wo das deutsche Recht eine *prozessuale* Wirkungserstreckung zulässt,[186] zweigleisig zu fahren und sowohl den Eintritt einer prozessualen Wirkung des Schiedsspruchs als auch eine materiell-rechtliche Unterwerfungsverpflichtung des Betroffenen in die Verfahrensvereinbarung aufzunehmen.[187] Dies gilt insbesondere deswegen, weil sich das Erfordernis der Wahrung der für eine Wirkungserstreckung des Schiedsspruchs erforderlichen Verfahrensgarantien auch nicht durch eine rein schuldrechtliche Verankerung der Wirkungserstreckung umgehen lässt.[188]

6. Zusammenfassung

Die Konkretisierung der hier aufgestellten Leitlinien zur verfassungskonformen subjektiven Erweiterung des deutschen Schiedsverfahrensrechts[189] auf Fälle einer bloßen Drittbeteiligung im Schiedsverfahren ist mithin weitgehend gelungen. Lediglich diejenigen staatlichen Kontrollmechanismen, die das deutsche Schiedsverfahrensrecht im laufenden Schiedsverfahren zugunsten der Verfahrensparteien vorsieht, um frühzeitig Rechtsklarheit zu schaffen und eine Verschleppung von Verfahrensrügen ins Aufhebungs- und Vollstreckbarerklärungsverfahren zu vermeiden, lassen sich nur schwerlich auch auf bloße Verfahrensbeteiligte übertragen. Hier müsste vielmehr der Gesetzgeber tätig werden, wollte man dieses Ungleichgewicht aus der Welt schaffen.

II. Einzelne Anwendungsfälle im Rahmen der zweiten Fallgruppe

Nachdem die konkreten Voraussetzungen für eine Drittbeteiligung im Schiedsverfahrensrecht feststehen, gilt es, die einzelnen Modelle auf ihre Umsetzbarkeit und insbesondere auf ihre praktische Einsetzbarkeit im Schiedsverfahren

---

[186] Bis das neue Personengesellschaftsrecht 2024 in Kraft tritt, ist dies etwa im Falle personengesellschaftsrechtlicher Beschlussmängelstreitigkeiten nicht der Fall, sodass hier nur ein schuldrechtlicher Ansatz gewählt werden kann, vgl. Kapitel 5 – B.II.1.b)bb).

[187] Dem entspricht auch der Entwurf der DIS-ERS, vgl. Artikel 11.2 des Entwurfs. Eine „echte" prozessuale Wirkung im Sinne einer öffentlich-rechtlichen Wirkung mag zwar dann nicht vorliegen, wenn das Folgegericht erneut ein Schiedsgericht und nicht ein staatliches Gericht ist. Dennoch dürfte es auch hier zielführend sein, eine Wirkung im prozessualen Sinne aufzunehmen, um das Folgeschiedsgericht auf diesem Wege unmittelbar an die Entscheidung zu binden.

[188] *BGH*, SchiedsVZ 2022, 86, 88, Rn. 15, 18 ff. („Schiedsfähigkeit IV") sowie im Einzelnen sogleich in Kapitel 5 – B.II.1.b)bb).

[189] Kapitel 4 – C.

hin zu untersuchen. Es soll dabei insbesondere auf diejenigen Elemente und Problemstellungen eingegangen werden, welche in der einschlägigen Literatur und Rechtsprechung bisher – soweit ersichtlich – vernachlässigt wurden.

1. Inter omnes-artige Wirkungserstreckung des Schiedsspruchs

Ein im deutschen Rechtskreis viel diskutierter Fall der Drittbeteiligung ist die gesellschaftsrechtliche Beschlussmängelstreitigkeit, die jedenfalls im Zusammenhang mit Kapitalgesellschaften zu einer *inter omnes*-Wirkung der Entscheidung und damit zu einer notwendigen Streitgenossenschaft aus prozessualen Gründen führt.[190] Hintergrund der prozessual notwendigen Streitgenossenschaft sind materiell-rechtliche Sinneszusammenhänge, die eine einheitliche Entscheidung erfordern – und damit grundsätzlich gleichermaßen auch im einen Schiedsverfahren Geltung erlangen.[191]

Anders als die notwendige Streitgenossenschaft aus materiell-rechtlichen Gründen lässt sich die notwendige Streitgenossenschaft aus prozessualen Gründen in die Fallgruppe der Drittbeteiligungsmodelle einordnen. Denn hier ist eine Beteiligung der von dem Rechtsverhältnis betroffenen Personen als Verfahrensparteien nicht zwingend notwendig, um eine Wirkungserstreckung der im Verfahren ergehenden Entscheidungen herbeiführen zu können.[192] Vielmehr reicht die bloße *Möglichkeit* der Verfahrensbeteiligung aus, um die Wirkung auf weitere vom Rechtsverhältnis betroffene Personen erstrecken zu können. Diese Verfahrensbeteiligung kann auch in einer Beteiligung als Nebenintervenient liegen. Und die prozessuale Wirkung tritt selbst dann ein, wenn sich der Betroffene überhaupt nicht am Verfahren beteiligt.[193]

Eine mit dem Konstrukt der notwendigen Streitgenossenschaft aus prozessualen Gründen vergleichbare Wirkungserstreckung einer gerichtlichen Entscheidung auf am Verfahren nicht oder nur als Dritte Beteiligte kann in Abwesenheit einer gesetzlich angeordneten und damit unmittelbar prozessualen Rechtskrafterstreckung aber auch auf schuldrechtliche Weise herbeigeführt werden. So wird es in der Praxis etwa in personengesellschaftsrechtlichen Be-

---

[190] *Schultes*, in: MüKo ZPO, § 62, Rn. 8 f.; *Weth*, in: Musielak/Voit, ZPO, § 62, Rn. 5 f.

[191] Als Anwendungsfälle einer prozessual notwendigen Streitgenossenschaft gelten, neben der Klage auf Feststellung der Nichtigkeit eines Hauptversammlungsbeschlusses nach § 249 AktG, insbesondere die Beschlussanfechtungsklage nach § 46 Absatz 1 WEG, Klagen nach den §§ 1495, 1496 BGB, § 2342 BGB, §§ 246, 275 AktG sowie § 75 GmbHG. Zu den nicht unumstrittenen Fallgruppen allgemein *Schultes*, in: MüKo ZPO, § 62, Rn. 6 ff.; *Weth*, in: Musielak/Voit, ZPO, § 62, Rn. 4 ff.

[192] Zur notwendigen Streitgenossenschaft aus materiell-rechtlichen Gründen siehe bereits oben in Kapitel 5 – A.II.2.

[193] Solange er die Möglichkeit dazu bekommen hat, BGHZ 180, 221, 227, 228 f. („Schiedsfähigkeit II"); *Wolff*, SchiedsVZ 2008, 59, 61.

schlussmängelstreitigkeiten oftmals gehandhabt.[194] Daher fallen auch solche Konstruktionen unter die hier untersuchte Fallgruppe der rechtskraftartigen Wirkungserstreckung des Schiedsspruchs auf Dritte.

a) (Zivilprozessualer) Anknüpfungspunkt im deutschen Recht

Der zivilprozessuale Ausgangspunkt der notwendigen Streitgenossenschaft aus prozessualen Gründen findet sich in § 62 Alternative 1 ZPO. Hiernach bilden die von dem in Frage stehenden Rechtsverhältnis betroffenen Personen, die im Streitfalle als Parteien des Verfahrens auftreten, notwendige Streitgenossen, um eine einheitliche Sachentscheidung zu gewährleisten. Dabei wird die Relativität der einzelnen Prozessrechtsverhältnisse in gewissem Maße eingeschränkt.[195] Zugleich besteht aber, anders als bei der notwendigen Streitgenossenschaft aus materiell-rechtlichen Gründen, kein Zwang, alle vom Rechtsverhältnis Betroffenen als Verfahrensparteien zu beteiligen, um erfolgreich eine prozessuale Wirkungserstreckung der Entscheidung herbeiführen zu können. Die Entscheidung entfaltet ihre Wirkung vielmehr selbst gegenüber nicht am Verfahren Beteiligten kraft einer – vom Regelfall des § 325 Absatz 1 ZPO abweichenden – inter omnes-Wirkung.[196]

Als Ausgleich haben diejenigen Betroffenen, die nicht als Verfahrensparteien beteiligt sind, die Möglichkeit, dem Verfahren als streitgenössische Nebenintervenienten beizutreten, § 69 ZPO.[197] Aufgrund der Öffentlichkeit von Gerichtsverfahren und, in manchen Anwendungsfällen, einer Informationsverpflichtung der Streitparteien, die eine Kenntniserlangung der Betroffenen von dem entsprechenden Verfahren sicherstellt,[198] sowie der Möglichkeit der Beteiligung als streitgenössische Nebenintervenienten, ist diese Wirkungserstreckung mit dem Recht auf rechtliches Gehör und staatlichen Rechtsschutz vereinbar. Zu berücksichtigen ist zudem, dass zumindest eine zwangsweise

---

[194] Zur Zulässigkeit einer solchen Gestaltung im Gesellschaftsvertrag *BGH*, SchiedsVZ 2022, 86, 88, Rn. 18. („Schiedsfähigkeit IV"); NJW 2011, 2578, 2579, Rn. 19; 2009, 2300, 2302, Rn. 25; 2003, 1729; 1999, 3113, 3115; 1995, 1218 f.

[195] So gilt ein säumiger Streitgenosse als von den übrigen Streitgenossen vertreten, § 62 Absatz 1 ZPO, und es besteht eine nur eingeschränkte Dispositionsbefugnis einzelner Streitgenossen über den Streitgegenstand. Anerkenntnis und Verzicht sind etwa nur dann wirksam, wenn sie von allen Streitgenossen gemeinsam erklärt werden, vgl. *Weth*, in: Musielak/Voit, ZPO, § 62, Rn. 18.

[196] Vgl. *Bendtsen*, in: Saenger, ZPO, § 62, Rn. 25. § 248 Absatz 1 Satz 1 ZPO etwa ordnet diese Urteilswirkung in gesellschaftsrechtlichen Beschlussmängelstreitigkeiten ausdrücklich an.

[197] Gemäß § 69 ZPO gilt der streitgenössische Nebenintervenient als einfacher Streitgenosse der Hauptparteien im Sinne des § 61 ZPO, er hat mithin eine bessere Stellung inne als der einfache Nebenintervenient.

[198] So sieht § 246 Absatz 4 Satz 1 AktG eine Informationsverpflichtung des Vorstands in gesellschaftsrechtlichen Beschlussmängelstreitigkeiten vor.

Durchsetzung der Entscheidung regelmäßig entfällt, da Gestaltungsurteile, der Hauptanwendungsfall der notwendigen Streitgenossenschaft aus prozessualen Gründen, bereits mit Eintritt der formellen Rechtskraft ihre Gestaltungswirkung entfalten und es daher keiner zwangsweisen Durchsetzung bedarf.[199]

Für die gesellschaftsrechtliche Beschlussmängelstreitigkeit in Kapitelgesellschaften hat der Gesetzgeber zusätzliche strenge Regelungen geschaffen. Hier sieht § 248 Absatz 1 AktG für das staatliche Verfahren vor, dass eine *inter omnes*-Wirkung des gerichtlichen Urteils gegenüber allen Gesellschaftern eintritt, unabhängig davon, ob sämtliche Gesellschafter auch an dem Verfahren beteiligt waren oder nicht. Voraussetzung für diese Wirkungserstreckung des gerichtlichen Urteils ist jedoch die Möglichkeit der Kenntniserlangung aller Gesellschafter von der Rechtsstreitigkeit, die wiederum einen Verfahrensbeitritt als streitgenössischer Nebenintervenient ermöglicht, möchte man auf das Zustandekommen der Entscheidung Einfluss nehmen. Um widersprüchliche Entscheidungen vollständig auszuschließen, sieht § 246 Absatz 3 Satz 6 zudem ein Verbot anderweitiger Klageerhebungen vor.[200]

Die gesetzlichen Anwendungsfälle der notwendigen Streitgenossenschaft aus prozessualen Gründen und der prozessualen *inter omnes*-Wirkung gerichtlicher Entscheidungen lassen sich grundsätzlich nicht mittels Parteivereinbarung erweitern.[201] Dennoch besteht mitunter ein Bedürfnis daran, auch über deren gesetzlichen Anwendungsbereich hinaus eine wenigstens entsprechende Wirkungserstreckung des Urteils herbeizuführen. So insbesondere in Fällen personengesellschaftsrechtlicher Beschlussmängelstreitigkeiten, die derzeit, anders als diejenige in einer Kapitalgesellschaft, nicht hierunterfallen. Mittel zum Zweck ist in diesem Falle die schuldrechtliche Unterwerfung der Gesellschafter unter die Wirkungserstreckung der gerichtlichen Entscheidung, die allgemein anerkannt ist.[202] Damit hat auch diese Fallgruppe eine zumindest *inter omnes*-artige Wirkungserstreckung zur Folge.

b) Umsetzungsmöglichkeiten im Schiedsverfahren am Beispiel gesellschaftsrechtlicher Beschlussmängelstreitigkeiten

Wie sich zeigen wird, sind sowohl an die Herbeiführung einer mit der gesetzlichen *inter omnes*-Wirkung eines gerichtlichen Urteils vergleichbaren

---

[199] Vgl. *Gottwald*, in: MüKo ZPO, § 322, Rn. 19. Gestaltungsurteile weisen zudem, wie Feststellungsurteile auch, keinen vollstreckungsfähigen Inhalt auf, weil sie dem Beklagten kein Gebot auferlegen, dass nötigenfalls mit staatlichen Zwangsmitteln durchgesetzt werden müsste, *Ulrici*, in: BeckOK ZPO, § 704, Rn. 5.

[200] Zur Durchführung gesellschaftsrechtlicher Beschlussmängelstreitigkeiten allgemein *Drescher*, in: Henssler/Strohn, Gesellschaftsrecht, § 249, Rn. 5 ff.

[201] *Bendtsen*, in: Saenger, ZPO, § 62, Rn. 2 mit weiteren Nachweisen.

[202] BGH, NJW 2011, 2578, 2579, Rn. 19; 2009, 2300, 2302, Rn. 25; 2003, 1729; 1999, 3113, 3115; 1995, 1218 f.

Schiedsspruchwirkung als auch an eine schuldrechtlich herbeigeführte *inter omnes*-artige Wirkungserstreckung hohe Anforderungen zu stellen, die der Bundesgerichtshof in seiner sogenannten Schiedsfähigkeitsrechtsprechung am Beispiel gesellschaftsrechtlicher Beschlussmängelstreitigkeiten aufgestellt hat.

aa) Gesellschaftsrechtliche Beschlussmängelstreitigkeiten in Kapitalgesellschaften

Der derzeitige gesetzliche Regelfall einer *inter omnes*-Wirkung von gerichtlichen Entscheidungen ist die gesellschaftsrechtliche Beschlussmängelstreitigkeit in Kapitalgesellschaften. Nun ist das deutsche Schiedsverfahrensrecht in seinem Anwendungsbereich auf einen Parteienrechtsstreit und die Wirkungserstreckung des Schiedsspruchs auf die Parteien des Schiedsverfahrens beschränkt. Eine Rechtskrafterstreckung auf Nicht-Verfahrensparteien kraft – direkter oder analoger – Anwendung des § 248 Absatz 1 AktG oder mittels einer sonstigen gesetzlichen Grundlage scheidet im Schiedsverfahren mithin aus.[203] Doch der Bundesgerichtshof hat zurecht in seiner viel diskutierten Entscheidung „Schiedsfähigkeit II" aus dem Jahr 2009 klargestellt, dass es den Nutzern der Schiedsgerichtsbarkeit unbenommen bleibt, eine entsprechende Wirkungserstreckung eines Schiedsspruchs mittels eigener, kautelarjuristischer Bestimmungen herbeizuführen.[204] Diese privatautonom vereinbarte Wirkung werde der Staat auch als bindend akzeptieren, wenn sie mit der Wahrung der rechtsstaatlichen Verfahrensgarantien gegenüber allen von dieser Schiedsspruchwirkung betroffenen Personen einhergeht.[205]

In der Entscheidung „Schiedsfähigkeit II" stellte der Bundesgerichtshof derart detaillierte Voraussetzungen für die Ermöglichung gesellschaftsrechtlicher Beschlussmängelklagen im Schiedsverfahren auf, dass jedenfalls seit dem Jahre 2009 der Weg für die erfolgreiche Durchführung eines entsprechenden Schiedsverfahrens geebnet ist. Dies wurde nur kurze Zeit nach Erlass der Entscheidung von der DIS zum Anlass genommen, entsprechende institutionelle Regelungen zu schaffen, die gesellschaftsrechtliche Gestaltungsklagen im Schiedsverfahren durch eine einfache Inbezugnahme in dem zugrundeliegenden Ausschlussakt ermöglichen: Die Ergänzenden Regeln für gesellschaftsrechtliche Streitigkeiten der DIS, kurz DIS-ERGeS. Geschaffen wurde ein im Jahr 2009 in Kraft getretenes Regelwerk, das eine mittlerweile gut erprobte und

---

[203] Dazu eingehend bereits in Kapitel 4 – B.IV.
[204] BGHZ 180, 221, 224, 227 und Ls. („Schiedsfähigkeit II").
[205] BGHZ 180, 221, 227 und im Einzelnen 228 f. („Schiedsfähigkeit II"); vgl. zu diesen Anforderungen auch bereits BGHZ 132, 278, 282 ff., 287 ff. („Schiedsfähigkeit I").

rechtssichere Grundlage für eine *inter omnes*-Wirkung von Schiedssprüchen in den von ihr vorgesehenen Anwendungsfällen[206] bietet.[207]

Wie der Bundesgerichtshof klargestellt hat, bedarf es für die Herbeiführung einer entsprechenden Wirkungserstreckung des Schiedsspruchs zwingend eines in der Person aller Betroffenen liegenden Ausschlussakts,[208] der Möglichkeit einer Verfahrensbeteiligung und der Erlangung rechtlichen Gehörs eines jeden Betroffenen sowie der Möglichkeit *aller* Betroffenen, auf die Bildung des Schiedsgerichts Einfluss zu nehmen.[209] Um der Vermeidung widersprüchlicher Entscheidung, die im Rahmen gesellschaftsrechtlicher Gestaltungsklagen von besonderer Bedeutung ist, bestmöglich gerecht zu werden, bedarf es zudem eines schuldrechtlich abgesicherten Ausschlusses etwaiger Parallelverfahren.[210] Zuletzt muss eine Wirkungserstreckung des Schiedsspruchs im Sinne der gewünschten *inter omnes*-Wirkung in der Verfahrensvereinbarung niedergelegt sein.[211] Diese strengen Vorgaben setzen die DIS-ERGeS um und bieten so ein fundiertes Regelwerk zur Durchführung von gesellschaftsrechtlichen Beschlussmängelstreitigkeiten im Schiedsverfahren.[212]

---

[206] Und damit primär im Falle gesellschaftsrechtlicher Beschlussmängelstreitigkeiten innerhalb einer GmbH. Zu den weiteren Anwendungsmöglichkeiten eingehend aber *Borris*, SchiedsVZ 2009, 299, 303 f., insbesondere zur Anwendbarkeit auf personengesellschaftsrechtliche Beschlussmängelstreitigkeiten, dazu auch sogleich im Text.

[207] Laut der Statistik der DIS waren 8 % der von ihr im Jahr 2022 administrierten Schiedsverfahren solche, die nach den DIS-ERGeS geführt wurden, siehe https://www.dis-arb.org/ueber-uns/unsere-arbeit-in-zahlen (zuletzt aufgerufen am 4. Dezember 2023). Die Vereinbarkeit der DIS-ERGeS mit den „Gleichwertigkeitskautelen" des Bundesgerichtshofs wurde zuletzt vom *OLG Frankfurt* bestätigt, *OLG Frankfurt*, Beschluss vom 24. Januar 2022 – 26 Sch 14/21, juris, Rn. 87 ff.

[208] BGHZ 180, 221, 228 und Ls. („Schiedsfähigkeit II"). Vgl. die Umsetzung in Artikel 1.1 DIS-ERGeS. Hier sollte sich der Ausschlussakt auch auf die einzelnen Streitgenossen untereinander beziehen, da sie aufgrund der eingeschränkten Relativität der Prozessrechtsverhältnisse aufeinander Einfluss nehmen können, vgl. dazu bereits oben in Kapitel 4 – B.I.2.a).

[209] BGHZ 180, 221, 228 f., 230 ff. („Schiedsfähigkeit II"); 132, 278, 287 ff. („Schiedsfähigkeit I"). Vgl. Artikel 7 und 8 DIS-ERGeS.

[210] BGHZ 180, 221, 229, 230 („Schiedsfähigkeit II"); 132, 278, 287 f. („Schiedsfähigkeit I"). Dies wurde in Artikel 9 DIS-ERGeS umgesetzt.

[211] BGHZ 180, 221, 224 und Ls. („Schiedsfähigkeit II"), umgesetzt in Artikel 11 DIS-ERGeS. Vertiefend zu den Entscheidungen des Bundesgerichtshofs auch *Borris*, NZG 2010, 481 ff.; *Wolff*, NJW 2009, 2021 ff.

[212] Eingehend zum Regelungshintergrund der DIS-ERGeS auch deren Mitbegründer *Borris*, SchiedsVZ 2009, 299 ff. Trotz des institutionellen Regelwerks für eine *gesetzliche* Regelung plädierend *Jobst*, S. 224 ff.

*bb) Inter omnes-artige Wirkungserstreckung in personengesellschafts-
rechtlichen Beschlussmängelstreitigkeiten*

Spätestens mit den Entscheidungen „Schiedsfähigkeit III"[213] und insbesondere „Schiedsfähigkeit IV"[214] des Bundesgerichtshofs aus den Jahren 2017 und 2021 trat aber noch eine weitere Möglichkeit der Wirkungserstreckung eines Schiedsspruchs auf den Plan, an welche im Ergebnis dieselben Anforderungen zu stellen sind, wie an die gesellschaftsrechtliche Beschlussmängelstreitigkeit in Kapitalgesellschaften: eine auf schuldrechtlicher Ebene herbeigeführte „quasi" *inter omnes*-Wirkung.

So war Gegenstand der Entscheidungen des Bundesgerichtshofs die Frage, inwieweit die Anforderungen, die der Bundesgerichtshof in seiner Entscheidung „Schiedsfähigkeit II" für die Durchführung von Schiedsverfahren über Beschlussmängelstreitigkeiten in Kapitalgesellschaften aufgestellt hat, auch auf Beschlussmängelstreitigkeiten in Personengesellschaften Anwendung finden sollten. *De lege gata* besteht insoweit ein erheblicher Unterschied zwischen den beiden Rechtsinstituten, weil der personengesellschaftsrechtlichen Beschlussmängelstreitigkeit eine gesetzliche Anordnung einer Wirkungserstreckung der Entscheidung, wie sie in § 248 Absatz 1 AktG für Beschlussmängelstreitigkeiten von Kapitalgesellschaften vorgesehen ist, auf am zugrundeliegenden Verfahren nicht beteiligte Gesellschafter fehlt.[215] Damit aber bedarf es auch in einem entsprechenden Schiedsverfahren keiner Sicherstellung, dass die Wahrung der rechtsstaatlichen Verfahrensgarantien sämtlicher Gesellschafter bereits in der zugrundeliegenden Verfahrensvereinbarung gesichert ist. Dies hat der Bundesgerichtshof, in Korrektur seiner hoch kritisierten Ent-

---

[213] *BGH*, SchiedsVZ 2017, 197 ff. („Schiedsfähigkeit III").
[214] *BGH*, SchiedsVZ 2022, 86 ff. („Schiedsfähigkeit IV").
[215] *BGH*, SchiedsVZ 2022, 86, 88, Rn. 17 („Schiedsfähigkeit IV"); NJW 2015, 3234, 3236, Rn. 15 ff.

scheidung „Schiedsfähigkeit III"[216], in seiner Entscheidung mit dem Titel „Schiedsfähigkeit IV" aus dem Jahr 2021 auch klargestellt.[217]

Etwas anderes gilt jedoch dann, wenn in dem Gesellschaftsvertrag vorgesehen ist, dass personengesellschaftsrechtliche Beschlussmängelstreitigkeiten nicht gegen die Gesellschafter der Personengesellschaft, sondern gegen die Gesellschaft selbst zu richten sind. In diesen Fällen nämlich entsteht nach der ganz herrschenden Auffassung eine schuldrechtliche Verpflichtung aller, also auch der am Verfahren nicht beteiligten Gesellschafter, eine in der Beschlussmängelstreitigkeit ergehende Entscheidung gegen sich gelten zu lassen.[218] So entfaltet die Entscheidung über die schuldrechtliche Unterwerfungspflicht eine im weiteren Sinne quasi-prozessuale *inter omnes*-Wirkung auch gegenüber nicht am Verfahren beteiligten Gesellschaftern. Die Folge: An eine solche Wirkungserstreckung eines Schiedsspruchs sind die gleichen rechtsstaatlichen Anforderungen zu stellen, wie an eine prozessuale Wirkungserstreckung *inter omnes*, soll die Verfahrensvereinbarung einer gerichtlichen Überprüfung standhalten.[219]

Um eine notwendige Streitgenossenschaft aus prozessualen Gründen „im echten Sinne" handelt es sich bei einer solchen personengesellschaftsrechtlichen Anfechtungsklage *de lege gata* zwar nicht, weil die Wirkungserstreckung

---

[216] Hier hieß es noch missverständlich, die Anforderungen würden „jedenfalls im Grundsatz auch für Personengesellschaften wie Kommanditgesellschaften, sofern bei diesen gegenüber Kapitalgesellschaften keine Abweichungen geboten sind" gelten, sodass „auf entsprechende Regelungen in Schiedsabreden für eine Kommanditgesellschaft grundsätzlich nicht verzichtet werden" könne, BGH, SchiedsVZ 2017, 197, 199, Rn. 23 („Schiedsfähigkeit III"). Dies Formulierung wurde vielfach kritisiert, vgl. nur Baumann/Wagner, BB 2017, 1993, 1995 ff.; Borris, NZG 2017, 761, 763 ff.; Bryant, SchiedsVZ 2017, 197; Göz/Peitsmeyer, SchiedsVZ 2018, 7, 11 f.; Heinrich, ZIP 2018, 411, 412 ff.; Lieder, NZG 2018, 1321, 1330 f.; Nolting, ZIP 2017, 1641, 1642 ff.; Schlüter, DZWIR 2018, 251, 256 f. sowie einen solchen Ansatz ablehnend bereits von Hase, BB 2011, 1993, 1995 f.; Hauschild/Böttcher, DNotZ 2012, 577, 587 f.; Sackmann, NZG 2016, 1041, 1042 f.; K. Schmidt, NZG 2018, 124 ff. Auch in der Entscheidung BGH, NJW 2015, 3234, Rn. 16 ff. und Ls. wurde noch anders entschieden.

[217] *BGH*, SchiedsVZ 2022, 86, 88, Rn. 17 sowie Ls. („Schiedsfähigkeit IV"). Denn erneut gilt, dass nur die *Wirkungen* eines Schiedsspruchs die Wahrung der rechtsstaatlichen Verfahrensgarantien auf den Plan bringen, vgl. bereits Kapitel 2 – A.I.

[218] *BGH*, SchiedsVZ 2022, 86, 88, Rn. 19 („Schiedsfähigkeit IV"); NJW 2006, 2854, Rn. 15; NJW-RR 1990, 474 f. und Ls.

[219] *BGH*, SchiedsVZ 2022, 86, 88, Rn. 17 sowie Ls. („Schiedsfähigkeit IV"). Der Entscheidung des Bundesgerichtshofs zustimmend *Borris/Schenk-Busch*, NZG 2022, 259, 261 f.; bereits vorher für eine entsprechende Vorgehensweise plädierend auch *Baumann/Wagner*, BB 2017, 1993, 1997; *Borris*, NZG 2017, 761, 765; *Bryant*, SchiedsVZ 2017, 197; *Göz/Peitsmeyer*, SchiedsVZ 2018, 7, 12 f.; *von Hase*, BB 2011, 1993, 1995 f.; *Hauschild/Böttcher*, DNotZ 2012, 577, 588; *Heinrich*, ZIP 2018, 411, 414; *Lieder*, NZG 2018, 1321, 1331; *Sackmann*, NZG 2016, 1041, 1043 ff.; *Schlüter*, DZWIR 2018, 251, 256 f.; *Werner*, jM 2018, 134, 135. Kritisch aber *Mock*, SchiedsVZ 2022, 56, 60.

eben keine prozessuale, sondern eine schuldrechtliche ist. Dieser Rechtszustand sieht sich aber einem baldigen Ablaufdatum ausgesetzt. Denn mit dem am 10. August 2021 beschlossenen MoPeG, das zu Beginn des Jahres 2024 in Kraft tritt, hat der Gesetzgeber – erstmalig – ein Beschlussmängelrecht für Personenhandelsgesellschaften in den §§ 110 ff. HGB n.F. geschaffen, das eine Anfechtungsklage, vergleichbar mit den §§ 243 AktG ff., auch für die Personengesellschaft vorsieht.[220] Jedenfalls *de lege feranda* dürfte sich die personengesellschaftsrechtliche Beschlussmängelstreitigkeiten mithin in die Fallgruppen der notwendigen Streitgenossenschaft aus prozessualen Gründen eingliedern, weil es sich ab dann auch hier um eine Frage *prozessualer* Wirkungserstreckung des Schiedsspruchs handeln wird.[221]

Aufgrund der bereits jetzt gleichlaufenden Kriterien für die Durchführung gesellschaftsrechtlicher Beschlussmängelstreitigkeiten im Schiedsverfahren sind die weiterhin bestehenden Problemkonstellationen in beiden Fällen aber bereits zum jetzigen Zeitpunkt vergleichbar, was sich auch dadurch zeigt, dass die DIS-ERGeS auf entsprechende Konstellationen im Personengesellschaftsrecht anwendbar sind.[222] Die beiden Anwendungsfälle gesellschaftsrechtlicher Beschlussmängelstreitigkeiten können und sollen daher nachfolgend gemeinsam behandelt werden.

c) *Gesellschaftsrechtliche Beschlussmängelstreitigkeiten und Präklusion im Aufhebungsverfahren?*

Vor dem Hintergrund der mittlerweile umfangreichen Rechtsprechung und Literatur in diesem Rechtsbereich mag man geneigt sein, anzunehmen, dass bereits ein hinreichendes Maß an Rechtssicherheit zur Herbeiführung einer Wirkungserstreckung von Schiedssprüchen in Fällen notwendiger Streitgenossenschaft aus („quasi"-)prozessualen Gründen geschaffen worden ist, wegen der Einzelheiten mithin auf die einschlägige Rechtsprechung sowie auf die DIS-ERGeS verwiesen werden kann.

Doch ein Aspekt gesellschaftsrechtlicher Beschlussmängelstreitigkeiten und damit auch der notwendigen Streitgenossenschaft aus prozessualen Grün-

---

[220] Derzeit handelt es sich noch um eine einfache Feststellungsklage. Zum MoPeG – in dem auf eine gesonderte Regelung zu Schiedsvereinbarung und Schiedsverfahren verzichtet wurde – und seinem Einfluss auf das Schiedsverfahrensrecht eingehend *Borris/Schenk-Busch*, NZG 2022, 259, 261 f.; *Mock*, SchiedsVZ 2022, 56, 59.

[221] So ordnet § 113 Absatz 6 HGB n.F. eine dem § 248 Absatz 1 AktG entsprechende *inter omnes*-Wirkungserstreckung der gerichtlichen Entscheidung an.

[222] In der Fußnote zu den DIS-ERGeS findet sich der Hinweis, dass sich diese „grundsätzlich auch für Personengesellschaften [eignen], aber in erster Linie dann, wenn im Gesellschaftsvertrag geregelt ist, dass Beschlussmängelklagen gegen die Gesellschaft zu richten sind", dem zustimmend *Göz/Peitsmeyer*, SchiedsVZ 2018, 7, 12 f. Damit ist es den Gesellschaftern auch hier freigestellt, ob sie dem Schiedsverfahren als Partei oder lediglich als Nebenintervenient beitreten, Artikel 4.1 DIS-ERGeS.

den im Schiedsverfahren ist bisher soweit ersichtlich nicht Gegenstand gerichtlicher Überprüfung und auch nicht im Fokus der einschlägigen Literatur gewesen. Im Mittelpunkt steht dabei die schwierige und bislang weit überwiegend ungeklärte Frage, ob beziehungsweise inwieweit auch in Schiedsverfahren über gesellschaftsrechtliche Beschlussmängelstreitigkeiten eine Zuständigkeitsbegründung des Schiedsgerichts kraft Präklusion möglich ist.

Diese Frage ist deswegen hoch relevant, weil ein Schiedsspruch, der eine („quasi") *inter omnes*-Wirkung entfalten soll, vollständig aufgehoben werden muss, wenn eines der für ihren Eintritt erforderlichen Elemente in Bezug auf nur eine der von ihr betroffenen Personen fehlt – eine Teilaufhebung des Schiedsspruchs gemäß § 1059 Absatz 2 Nummer 1c ZPO 2. Halbsatz ist hier schließlich nicht möglich. Dies bedeutet, dass bereits eine einzige erfolgreiche Rüge im Aufhebungsverfahren, etwa betreffend die Bestimmungen in der zugrundeliegenden Verfahrensvereinbarung, die gesamte Wirkung eines Schiedsspruchs zu Fall bringen kann. In diesen Fällen besteht daher ein besonders großes Bedürfnis daran, eine erstmalige gerichtliche Überprüfung der zugrundeliegenden Verfahrensvereinbarung erst im Aufhebungsverfahren zu vermeiden.

Mitunter wird aus diesem Grund gefordert, dass auch in Bezug auf die einer gesellschaftsrechtlichen Beschlussmängelstreitigkeit im Schiedsverfahren zugrundeliegende Verfahrensvereinbarung Präklusion im Aufhebungsverfahren eintreten können müsse, und zwar unabhängig vom jeweiligen Grad der Verfahrensbeteiligung der einzelnen Gesellschafter.[223] Wie sich gezeigt hat, ist jedoch bereits der Anknüpfungspunkt für die Beurteilung einer solchen Verfahrensvereinbarung hoch umstritten, also die Frage, ob ein Verstoß gegen die „Gleichwertigkeitskautelen" des Bundesgerichtshofs nun zur Schiedsunfähigkeit, zur Unwirksamkeit nach § 138 Absatz 1 BGB oder zur Undurchführbarkeit der zugrundeliegenden Verfahrensvereinbarung führt, oder vielmehr eine differenzierte Prüfung der jeweils berührten Verfahrensgarantien anzustellen ist.[224] Alle drei Sichtweisen führen jedoch zu demselben Ergebnis: Eine umfassende Präklusion im Aufhebungsverfahren in Bezug auf die Bestimmungen der Verfahrensvereinbarung, welche die Wahrung der rechtsstaatlichen Verfahrensgarantien der Betroffenen sicherstellen sollen, ist nicht möglich. Es muss also eine andere Lösung her, um einer erstmaligen gerichtlichen Überprüfung der zugrundeliegenden Verfahrensvereinbarung im Aufhebungsverfahren entgegenzuwirken.

Der Bundesgerichtshof hat sich zu dieser Problematik bisher nicht geäußert, wohl deswegen, weil die von ihm zu treffenden Entscheidungen über die Erhebung der Schiedseinrede gemäß § 1032 Absatz 1 ZPO im gerichtlichen Verfahren beziehungsweise über einen gemäß § 1040 Absatz 3 ZPO gerichtlich

---

[223] *Triebel/Hafner*, SchiedsVZ 2009, 313, 317.
[224] Eingehend dazu bereits in Kapitel 4 – B.II.5.

angegriffenen Zwischenentscheid zu ihm gelangten, ein etwaiges Aufhebungsverfahren hier mithin gar nicht im Raum stand.²²⁵ Daher soll nachfolgend der Versuch unternommen werden, einen Lösungsansatz herauszuarbeiten, welcher dem Scheitern eines Schiedsverfahrens aufgrund der ihm zugrundeliegenden Bestimmungen erst im Aufhebungsverfahren vorbeugen kann.

aa) Annahme einer umfassenden Präklusion unabhängig vom Anknüpfungspunkt nicht möglich

Zunächst aber soll aufgezeigt werden, wieso unabhängig von der Einordnung einer Verfahrensvereinbarung, die den vom Bundesgerichtshof aufgestellten „Gleichwertigkeitskautelen" nicht gerecht wird, eine Präklusion im Aufhebungsverfahren im Ergebnis nicht möglich ist.

Ginge man anhand des Titels der Entscheidungen des Bundesgerichtshofs „Schiedsfähigkeit I" und „Schiedsfähigkeit II" davon aus, dass es sich bei einer den Verfahrensgarantien nicht hinreichend gerecht werdenden Verfahrensvereinbarung um ein Problem der Schiedsfähigkeit im Sinne des § 1030 ZPO handelt, so wäre eine Präklusion der Zuständigkeitsrüge im Aufhebungsverfahren von vorneherein nicht möglich, weil die staatliche Überprüfung der Schiedsfähigkeit des Streitgegenstandes nicht in die Disposition Privater gestellt werden kann.²²⁶ Stellt man nun fest, dass es sich trotz der Betitelung der beiden Entscheidungen jedenfalls seit der Schiedsrechtsreform von 1998 nicht um ein Problem der Schiedsfähigkeit gesellschaftsrechtlicher Beschlussmängelstreitigkeiten im eigentlichen Sinne handelt, zeigt sich, dass der Bundesgerichtshof vielmehr anhand der Vorschrift des § 138 Absatz 1 BGB eine umfassende Prüfung der Verfahrensvereinbarung als Legitimationsgrundlage für die über die in § 1055 ZPO niedergelegte Wirkungserstreckung des Schiedsspruchs hinaus vornimmt.²²⁷

Die nicht ohne Kritik gebliebene Anwendung des § 138 Absatz 1 BGB hat dann wiederum zu der Annahme geführt, dass die einer gesellschaftsrechtli-

---

²²⁵ Ersteres war in den Entscheidungen BGHZ 180, 221, 222 f. („Schiedsfähigkeit II"); *BGH*; NJW 2018, 3014, 3015, Rn. 15 ff. und BGHZ 132, 278, 282 („Schiedsfähigkeit I") der Fall, wobei in allen drei Verfahren die Schiedseinrede scheiterte und der Rechtsstreit damit letztendlich vor dem staatlichen Gericht ausgetragen wurde. Zweiteres war in den Entscheidungen *BGH*, SchiedsVZ 2022, 86 ff. („Schiedsfähigkeit IV"); 2017, 197 ff. („Schiedsfähigkeit III") die prozessuale Ausgangslage.

²²⁶ Denn bei den von der Schiedsfähigkeit umfassten Fällen handelt es sich um ein nicht dispositionsfähiges Entscheidungsmonopol des Staates, vgl. dazu auch *Wolff*, NJW 2009, 2021 f. und bereits in Kapitel 2 – A.III.2.

²²⁷ BGHZ 180, 221, 226 ff. („Schiedsfähigkeit II"); vgl. auch NJW 2018, 3014, 3015, Rn. 15 ff.; *OLG Frankfurt*, Beschluss vom 24. Januar 2022 – 26 Sch 14/21, juris, Rn. 82 ff. Dies ausschließlich an der Schiedsfähigkeit festmachend aber noch BGHZ 132, 278, 280 ff. („Schiedsfähigkeit I"), den irreführenden Titel der Entscheidungen kritisierend auch *K. Schmidt*, NZG 2018, 123 f. Dazu eingehend auch bereits in Kapitel 4 – B.III.2.

chen Beschlussmängelstreitigkeit zugrundeliegende Verfahrensvereinbarung, ähnlich wie bei der Schiedsunfähigkeit des Streitgegenstandes, im Aufhebungsverfahren in jedem Fall überprüfbar bleibe, eine Präklusion hier insoweit also nie eintreten könne.[228] Ginge man, wie manche Stimmen, wiederum von der Undurchführbarkeit der zugrundeliegenden Schiedsvereinbarung aus, stelle sich die Frage der Präklusion im Aufhebungsverfahren gar nicht[229] – wohl deswegen, weil dann davon auszugehen ist, dass das Schiedsgericht das Schiedsverfahren sowieso vorher gemäß § 1056 Absatz 2 Nummer 3 Alternative 2 ZPO beendet.

Beurteilt man die Frage hingegen anhand einer differenzierenden Betrachtung der einzelnen Verfahrensgarantien und prüft jeweils unabhängig voneinander, ob der erforderliche Ausschlussakt vorliegt und das Verfahren zu Bildung des Schiedsgerichts verfassungskonform ausgestaltet ist, so wäre jedenfalls in Bezug auf die schiedsgerichtliche Zuständigkeitsbegründung § 1040 Absatz 3 ZPO einschlägig und könnte somit grundsätzlich auch zur Präklusion im Aufhebungsverfahren führen. Ermöglicht man jedoch gleichzeitig ein Ungleichgewicht in der Verfahrensbeteiligung der einzelnen Gesellschafter, so droht eine Aufspaltung des Eintritts dieser Präklusion. Denn wie sich gezeigt hat, sind die staatlichen Kontrollmechanismen im laufenden Schiedsverfahren an den Verfahrensparteibegriff[230] und speziell die Zuständigkeitsbegründung kraft Präklusion sogar an eine tatsächliche Verfahrensbeteiligung[231] geknüpft. Beteiligen sich Gesellschafter nun als bloße, wenn auch gegebenenfalls streitgenössische, Nebenintervenienten oder auch gar nicht an dem Schiedsverfahren, können sie eine gerichtliche Überprüfung nach § 1040 Absatz 3 ZPO mithin nicht erfolgreich herbeiführen, dürfen aufgrund dessen aber auch keiner Präklusion im Aufhebungsverfahren ausgesetzt sein – anders als die als Verfahrensparteien beteiligten Gesellschafter. Während der Eintritt der Präklusion zulasten von bloßen Verfahrensbeteiligten also nicht möglich ist, sind die am Verfahren beteiligten Verfahrensparteien einer solchen weiterhin ausgesetzt.[232]

Handelt es sich nun um einen Schiedsspruch mit („quasi") *inter omnes*-Wirkung, der diese Wirkung nur dann wirksam entfalten kann, wenn *alle* betroffenen Personen der Zuständigkeit des Schiedsgerichts wirksam unterfallen, kann mithin der gesamte Schiedsspruch noch im Aufhebungsverfahren zu Fall gebracht werden, wenn auch nur einer der Betroffenen nicht als Verfahrenspartei aktiv am Verfahren beteiligt war und im Aufhebungsverfahren die Zuständig-

---

[228] So *Voit*, in: Musielak/Voit, ZPO, § 1040, Rn. 13, wohl, weil die Vorschrift des § 138 BGB als eine dem inländischen *ordre public* unterfallende Vorschrift zu behandeln sein dürfte.
[229] *Voit*, in: Musielak/Voit, ZPO, § 1040, Rn. 13, allerdings ohne weitere Begründung.
[230] Siehe oben in Kapitel 4 – B.I.
[231] Siehe bereits oben in Kapitel 3 – A.I.4.c) – niemand muss sich nur deswegen am Schiedsverfahren beteiligen, um dessen Unzuständigkeit rügen zu können.
[232] Siehe zu diesem allgemeinen Problemkreis auch bereits oben in Kapitel 5 – B.I.1.

keit des Schiedsgerichts erfolgreich rügt.[233] Auch eine „Zurechnung" der unterlassenen Rüge einzelner Gesellschafter gegenüber anderen Gesellschaftern lässt sich nicht ohne Weiteres konstruieren. Denn selbst unter notwendigen Streitgenossen im staatlichen Gerichtsverfahren findet gerade keine Zurechnung eines Säumnisses, sondern im Gegenteil die entsprechende Vertretung des Säumigen durch anwesende Streitgenossen statt, was gegen eine Zurechnung von Versäumnissen unter Streitgenossen allgemein spricht.[234] Anders als im staatlichen Verfahren hat eine Säumnis im Schiedsverfahren auch keine Geständnisfiktion zur Folge, sodass auch ein sich insgesamt nicht am Schiedsverfahren beteiligender Gesellschafter die Rüge der wirksamen schiedsgerichtlichen Zuständigkeitsbegründung im Aufhebungsverfahren nicht verliert.[235]

Egal also, wie man die Folge einer nicht hinreichenden Wahrung der „Gleichwertigkeitskautelen" in der zugrundeliegenden Verfahrensvereinbarung auch einstufen mag, es droht in jedem Fall ein Scheitern des gesamten Schiedsspruchs noch im Aufhebungsverfahren.

bb) Lösungsvorschlag: Herbeiführung einer frühzeitigen gerichtlichen Überprüfung gemäß § 1032 Absatz 2 ZPO

Diese unerwünschte Folge könnte jedoch vermieden werden, indem man eine frühzeitige *positive* gerichtliche Kontrolle herbeiführt, die darauf gerichtet ist, die Zulässigkeit der dem schiedsrichterlichen Verfahrens zugrundeliegenden Verfahrensvereinbarung verbindlich gerichtlich feststellen zu lassen. Denn eine solche gerichtliche Entscheidung entfaltet Bindungswirkung im späteren Aufhebungsverfahren und ermöglicht damit frühzeitige Rechtsklarheit.[236]

Über § 1040 Absatz 3 ZPO lässt sich zwar keine positive Zuständigkeitsprüfung herbeiführen.[237] Es steht aber – jedenfalls bis zur vollständigen Bildung des Schiedsgerichts – der Weg über § 1032 Absatz 2 ZPO offen. Denn

---

[233] Vorausgesetzt, es geht diesem keine positive Entscheidung eines staatlichen Gerichts über die Wirksamkeit der zugrundeliegenden Verfahrensvereinbarung voraus, die im Aufhebungsverfahren schließlich Bindungswirkung entfalten würde. Dazu aber sogleich im nachfolgenden Punkt in Kapitel 5 – B.II.1.c)bb).

[234] Vgl. § 62 ZPO. Dies gilt erst recht in Bezug auf streitgenössische Nebenintervenienten, denen im staatlichen Verfahren lediglich die Rechte eines *einfachen* Streitgenossen im Sinne des § 61 ZPO zukommen, wo der strenge Maßstab der Relativität der einzelnen Prozessrechtsverhältnisse weiterhin gilt. Mithin hilft auch die Beteiligung als streitgenössische Nebenintervenienten nicht weiter, wie die DIS-ERGeS es in ihrem Artikel 4.1 vorsehen.

[235] Vgl. § 1048 ZPO sowie bereits oben in Kapitel 3 – A.I.4.c).

[236] Zur Bindungswirkung solcher gerichtlichen Entscheidungen *Schlosser*, in: Stein/Jonas, ZPO, § 1032, Rn. 39; *Voit*, in: Musielak/Voit, ZPO, § 1032, Rn. 13; *Spohnheimer*, in: FS Käfer, 357, 370.

[237] Denn diese staatliche Kontrollmöglichkeit ist auf eine negative Unzuständigkeitsrüge beschränkt – vgl. zu dem Mechanismus des § 1040 ZPO allgemein bereits oben in Kapitel 3 – A.I.6.c).

die Vorschrift lässt auch eine positive gerichtliche Überprüfung der „Zulässigkeit" des schiedsrichterlichen Verfahrens zu. Der Prüfungsumfang ist dabei parallel zu dem des § 1032 Absatz 1 ZPO auszulegen, sodass nicht lediglich der wirksame Ausschluss des Justizgewähranspruchs der Betroffenen, sondern auch die Durchführbarkeit der Schiedsvereinbarung überprüft wird und eine – jedenfalls nach der Rechtsprechung des Bundesgerichtshofs – allgemeine Wirksamkeitskontrolle anhand des § 138 Absatz 1 BGB stattfindet.[238] Das positive Feststellungsinteresse, sollte ein solches für erforderlich gehalten werden,[239] kann damit begründet werden, dass eine erhöhte Gefahr der Aufhebbarkeit des Schiedsspruchs droht, wenn die zugrundeliegende Verfahrensvereinbarung den Anforderungen des Bundesgerichtshofs nicht gerecht wird.

Eine positive gerichtliche Entscheidung gemäß § 1032 Absatz 2 ZPO entfaltet präjudizielle Bindungswirkung für ein späteres Einschalten der staatlichen Gerichte, etwa über § 1040 Absatz 3 oder § 1059 ZPO.[240] Lehnt das Gericht die Zulässigkeit hingegen ab, so besteht immerhin frühzeitig Rechtsklarheit und die Verfahrensvereinbarung kann gegebenenfalls entsprechend angepasst werden, um dann ein erneutes Schiedsverfahren anstrengen zu können. Im Ergebnis scheint die Inanspruchnahme des § 1032 Absatz 2 ZPO mithin einen geeigneten Weg darzustellen, um die Gefahr des Scheiterns des Schiedsverfahrens erst im Aufhebungsverfahren erheblich zu verringern.

d) Praktische Relevanz einer prozessual notwendigen Streitgenossenschaft im Schiedsverfahren

Die Untersuchung hat gezeigt, dass die Herbeiführung einer irgendwie gearteten *inter omnes*-Wirkung im Schiedsverfahren, sei es auf prozessualer oder schuldrechtlicher Grundlage, ein weitaus komplexeres Unterfangen darstellt

---

[238] Vgl. auch *Münch*, in: MüKo ZPO, § 1032, Rn. 34 („globale (Un-) Zulässigkeitsprüfung"); *Schlosser*, in: Stein/Jonas, ZPO, § 1032, Rn. 38 f.

[239] Dafür *OLG Frankfurt a. M.*, SchiedsVZ 2015, 47, 48; *Münch*, in: MüKo ZPO, § 1032, Rn. 33; an § 256 Absatz 1 ZPO anknüpfend auch *Hammer*, S. 48. Gegen ein „besonderes Feststellungsinteresse" hingegen *Voit*, in: Musielak/Voit, ZPO, § 1032, Rn. 12; *Spohnheimer*, in: FS Käfer, S. 357, 365. Am jedenfalls erforderlichen Rechtsschutzbedürfnis fehle es allerdings dann, wenn bereits eine gerichtliche Überprüfung der Zulässigkeit des schiedsrichterlichen Verfahrens anhängig sei, *BayOLG*, SchiedsVZ 2003, 188; *Spohnheimer*, in: FS Käfer, S. 365; *Synatschke*, S. 66; *Hilger*, NZG 2003, 575, 576 und *Schroeter*, SchiedsVZ 2004, 288, 291. Eindeutig entfällt das Rechtsschutzbedürfnis außerdem mit der vollständigen Bildung des Schiedsgerichts, da dann der Kontrollmechanismus des § 1040 ZPO einsetzt, so auch *Ahrendt*, S. 95 f.

[240] *Schlosser*, in: Stein/Jonas, ZPO, § 1032, Rn. 39; *Voit*, in: Musielak/Voit, ZPO, § 1032, Rn. 13 („Hat das staatliche Gericht in einem Verfahren nach Abs. 2 die Wirksamkeit der Schiedsvereinbarung festgestellt, so ist diese Feststellung Hauptfrage der Entscheidung und damit für ein späteres Aufhebungsverfahren präjudiziell."); Spohnheimer, in: FS Käfer, 357, 370. Eingehend zur Bindungswirkung auch in Kapitel 3 – B.I.

als die Erwirkung eines entsprechenden gerichtlichen Urteils. Die aktuelle Rechtsprechung des Bundesgerichtshofs, in der er die Anforderungen an eine entsprechende Wirkungserstreckung von Schiedssprüchen auch auf andere Fälle als die Beschlussmängelstreitigkeit in Kapitalgesellschaften überträgt, legt nahe, dass diese Anforderungen in sämtlichen Fällen einer notwendigen Streitgenossenschaft aus (quasi-)prozessualen Gründen im Schiedsverfahren Geltung erlangen, sodass sich die hier angestellte Untersuchung entsprechend übertragen lässt.

Es hat sich jedoch auch gezeigt, dass selbst nach den vier einschlägigen Entscheidungen des Bundesgerichtshofs mitnichten bereits alle Rechtsfragen geklärt sind, die sich in diesem Rechtsbereich stellen können. Es ist daher im Einzelfall abzuwägen, ob Vertraulichkeitserwägungen die weiterhin bestehenden Rechtsunsicherheit, die mit der Durchführung von Schiedsverfahren in Fällen prozessual notwendiger Streitgenossenschaft einhergeht, überwiegen und daher der Versuch einer entsprechenden Nachbildung – etwa unter Inbezugnahme der DIS-ERGeS – unternommen werden sollte.

2. Streitverkündung

Mit praktischen und rechtlichen Schwierigkeiten einher geht auch die Ermöglichung einer Streitverkündung nach deutschrechtlichem Modell im Schiedsverfahren. Dennoch wird gerade diese Möglichkeit in deutschen Schiedskreisen aktuell viel diskutiert.[241] Es handelt sich jedoch trotz – oder gerade wegen – der vielen unterschiedlichen Ansätze um ein weiterhin mit viel Rechtsunsicherheit behaftetes Institut im Schiedsverfahren, eine „für die Praxis ausreichend verlässliche Klärung steht aus."[242] Daher soll nachfolgend ein Beitrag zur Ermöglichung einer Streitverkündung im Schiedsverfahren geleistet werden, der sich auf die Umsetzung der hier entwickelten Leitlinien zur verfassungskonformen Erweiterung des deutschen Schiedsverfahrensrechts konzentriert und damit auch mit den vom Bundesgerichtshof aufgestellten Anforderungen an eine Wirkungserstreckung von Schiedssprüchen auf Nicht-Verfahrensparteien im Einklang steht.

a) Zivilprozessualer Anknüpfungspunkt im deutschen Recht

Die Streitverkündung ist ein überwiegend in deutschen Rechtskreisen bekanntes Rechtsinstitut.[243] Sie ermöglicht eine Bindung auch solcher Personen an ein

---

[241] Aus diesem Grund, und, weil sie praktisch relevanter ist, soll die Streitverkündung dem eigentlich allgemeineren Rechtsinstitut der Nebenintervention hier vorgezogen werden, das im nachfolgenden Abschnitt in Kapitel 5 – B.II.3. untersucht wird.

[242] *Lachmann*, S. 124, Rn. 437, Fn. 6.

[243] Es ist neben der deutschen auch der schweizerischen und österreichischen Rechtsordnung bekannt, vgl. dazu *Elsing*, in: FS Wegen, S. 615, 621; *Wolff*, SchiedsVZ 2008, 59, 60 f. Die Streitverkündung ist die deutschrechtliche Lösung für mehrpolige Rechtsstreitigkeiten.

gerichtliches Urteil, die im zugrundeliegenden Verfahren weder aktiv- noch passivlegitimiert sind, sondern lediglich als Unterstützer der betreffenden Hauptpartei auftreten.[244]

Eine wirksam erklärte Streitverkündung hat gemäß §§ 68, 74 ZPO die sogenannte Interventionswirkung zur Folge, die in gewisser Hinsicht sogar weitergehender ist als die Rechtskraftwirkung. Denn in einem etwaigen Folgeprozess zwischen dem Streitverkünder und dem Streitverkündungsempfänger entfaltet nicht lediglich der Tenor des Urteils Bindungswirkung, sondern vielmehr zusätzlich die vom Erstgericht festgestellten Tatsachen und die darauf beruhende rechtliche Würdigung des Erstgerichts.[245] Diese Wirkung tritt unabhängig von dem tatsächlichen Beitritt des Dritten ein, sodass der Dritte keine Möglichkeit hat, einer wirksamen Streitverkündung und der damit einhergehenden Interventionswirkung zu entgehen.[246] Beschränkt wird die Interventionswirkung gemäß § 68 ZPO nur dann, wenn der Dritte im Folgeverfahren erfolgreich den Einwand mangelhafter Prozessführung gegenüber der von ihm unterstützten Hauptpartei geltend machen kann. Zugleich darf sich der Dritte mit seinen Prozesshandlungen nicht in Widerspruch zu denen der unterstützten Hauptpartei setzen.[247]

aa) Umsetzungsmöglichkeiten im Schiedsverfahren

Nun hat sich gezeigt, dass die weitreichende Gestaltungsfreiheit im Schiedsverfahren es auch zulässt, im Falle von dreipoligen Rechtsbeziehungen, etwa in Regresssituationen, statt auf die deutschrechtlichen Drittbeteiligungsmodelle auf Rechtsinstitute ausländischer Rechtsordnungen zurückzugreifen und so die Notwendigkeit zu umgehen, das ohnehin komplexe Rechtsinstitut der Streitverkündung im Schiedsverfahren nachbilden zu müssen.[248] Gerade in rein nationalen Schiedsverfahren mit ausschließlich deutschen Parteien wird jedoch immer wieder der Wunsch der Akteure deutlich, zwar ein Schiedsverfahren führen zu wollen, dieses aber weitestmöglich an das deutsche Gerichtsverfahren anzulehnen, weswegen auch immer wieder der Versuch unternommen wird, eine Streitverkündung im Schiedsverfahren zu ermöglichen. Dies stellt im Einzelnen jedoch ein komplexes Unterfangen dar. Denn die alleinige An-

---

Durch sie wird die Struktur des Zweilagerechtsstreits aufrechterhalten und dennoch die Gefahr widersprüchlicher Entscheidungen eingegrenzt. Vgl. zum rechtsvergleichenden und rechtshistorischen Hintergrund der Streitverkündung auch bereits in Kapitel 5 – A.II.5.

[244] Vgl. §§ 72 Absatz 1, 74 Absatz 1, 66 Absatz 1 ZPO.

[245] Im Vergleich zur Rechtskraftwirkung beschränkt ist die Interventionswirkung gerichtlicher Urteile hingegen dahingehend, dass sie den Dritten gegenüber keine Titelwirkung zur Ermöglichung einer Zwangsvollstreckung entfaltet.

[246] Vgl. §§ 74 Absatz 3, 68 ZPO.

[247] Vgl. §§ 74 Absatz 1, 67 Satz 1 ZPO sowie allgemein *Dressler*, in: BeckOK ZPO, § 67, Rn. 15 ff.

[248] Siehe dazu eingehend oben in Kapitel 5 – A.II.5.c).

ordnung einer entsprechenden Anwendbarkeit der Vorschriften der ZPO zur Streitverkündung im staatlichen Verfahren reicht nicht aus, um eine wirksame Interventionswirkung des Schiedsspruchs herbeiführen zu können.[249]

Allerdings lassen sich mit dem entsprechenden Regelungsaufwand grundsätzlich Bestimmungen treffen, die einen der gerichtlichen Streitverkündung vergleichbaren Mechanismus im Schiedsverfahren vorsehen und auch zu vergleichbaren Folgen führen.[250] Dabei ist die Streitverkündung in der Umsetzung weitgehend vergleichbar mit der gesellschaftsrechtlichen Beschlussmängelstreitigkeit. Denn auch hier soll eine Bindungswirkung des Schiedsspruchs gegenüber einer Person unabhängig davon herbeigeführt werden, ob und wie sie sich an dem vorhergehenden Schiedsverfahren tatsächlich beteiligt hat. Daher lassen sich die Grundsätze, welche der Bundesgerichtshof für die Herbeiführung der *inter omnes*-Wirkung eines Schiedsspruchs in Beschlussmängelstreitigkeiten aufgestellt hat und die mit den hier aufgestellten Leitlinien zur subjektiven Erweiterung des deutschen Schiedsverfahrensrechts im Einklang stehen, auf die rechtssichere Nachbildung einer Streitverkündung mit Interventionswirkung im Schiedsverfahren übertragen.

Dies haben, anders als es im Rahmen der meisten anderen bisher vorhandenen Ansätze der Fall ist, auch die Verfasser des Diskussionsentwurfs der Ergänzenden Regeln für Streitverkündung in DIS-Schiedsverfahren, kurz DIS-ERS, erkannt. Daher soll im Nachfolgenden an den geeigneten Stellen auf die einschlägigen Vorschriften des aktuellen Entwurfs der DIS-ERS eingegangen werden, um die praktische Umsetzbarkeit einer entsprechenden Übertragung auf eine funktionsfähige Streitverkündung im Schiedsverfahren aufzuzeigen.[251]

bb) Ausschlussakt und allseitige Zustimmung zur Streitverkündung

Überwiegend einig ist man sich im Hinblick auf das Erfordernis des Vorliegens einer irgendwie gearteten Zustimmung des Streitverkündungsempfängers zu der Streitverkündung und einer damit einhergehenden Wirkung des Schiedsspruchs in einem etwaigen Folgeverfahren.[252] Denn es „wäre ein einfaches Verfahren, wenn man jemanden durch eine Streitverkündung [im Schiedsverfah-

---

[249] Denn die Vorschriften des staatlichen Verfahrens sind ohne damit einhergehende zusätzliche Bestimmungen schlicht nicht auf das Schiedsverfahren übertragbar, vgl. statt vieler bereits RGZ 55, 14, 15 sowie im Einzelnen und mit zahlreichen weiteren Nachweisen bereits in Kapitel 4 – B.IV.

[250] So auch *Lachmann*, S. 669, Rn. 2832.

[251] Es handelt sich dabei um den aktuellen Diskussionsentwurf der DIS-ERS vom 2. Mai 2023, abrufbar unter Deutsche Institution für Schiedsgerichtsbarkeit e.V. (DIS): Unternehmen verbinden (disarb.org) (zuletzt aufgerufen am 4. Dezember 2023). Zum Hintergrund des Diskussionsentwurfs im Einzelnen noch in Kapitel 5 – B.II.2.b)dd).

[252] Die Streitverkündung im Schiedsverfahren *per se* kann eine Interventionswirkung nicht herbeiführen, so bereits RGZ 55, 14, 15.

ren] seinem ordentlichen Richter in wesentlichen Punkten entziehen, ihn insbesondere der Interventionswirkung des § 68 S. 1 ZPO unterwerfen könnte."[253]
Weil der Streitverkündungsempfänger in Bezug auf die dem Schiedsspruch zugrundeliegenden Tatsachen und die darauf basierende rechtliche Würdigung des Schiedsgerichts einer verbindlichen Wirkungserstreckung des Schiedsspruchs ausgesetzt werden soll, ist er insoweit in seinem Justizgewähranspruch berührt, sodass es eines Ausschlussakts des Dritten in Bezug auf sein Recht auf staatlichen Rechtsschutz bedarf.[254] Zudem aber bedarf es einer Zustimmung aller übrigen beteiligten Personen zu der Streitverkündung im Schiedsverfahren – wobei man dieses Erfordernis in jedem Fall an der Vertraulichkeit des Schiedsverfahrens festmachen kann, sich jedoch auch argumentieren ließe, dass der Dritter als Unterstützer einer der Hauptparteien in gewissem Maße auf das Prozessrechtsverhältnis zwischen den Verfahrensparteien Einfluss nehmen kann und daher insoweit sogar ein Ausschlussakt der Prozessparteien notwendig ist.[255] Soll im Verhältnis des Dritten zu anderen Verfahrensparteien als der unterstützten Hauptpartei eine Kostenentscheidung ergehen können, so bedarf es in jedem Fall auch in diesem Verhältnis eines wirksamen Ausschlussakts.[256]

Viel diskutiert werden nun die konkreten Anforderungen an diese Zustimmungen im Einzelnen, sowohl in Bezug auf den Dritten[257] als auch die übrigen

---

[253] *Schwab/Walter*, Teil I, Kapitel 7, Rn. 23.

[254] *Markfort*, S. 42 und S. 72 hingegen fordert überhaupt keine gesonderte Unterwerfung des Dritten unter die Interventionswirkung, sondern will deren Eintritt von Zumutbarkeitskriterien abhängig machen, womit er das Erfordernis eines Ausschlussakts übersieht. Nicht ausreichend ist es außerdem, dass dem Dritten im etwaigen Folgeverfahren noch Rechtsschutz gewährt wird, wie *Wach*, in: FS Elsing, S. 611, 620 f. es argumentiert. Denn in Bezug auf die dem Schiedsspruch aus dem Erstverfahren zugrundeliegenden Tatsachen wird er aufgrund der Bindungswirkung des Schiedsspruchs gerade keinen staatlichen Rechtsschutz mehr erlangen.

[255] Zu dieser Problematik allgemein auch schon in Kapitel 4 – B.I.2.a) und 5 – B.I.1. Gegen ein Einverständnis des Prozessgegners da „die Streitverkündung ein Minus zur Klage" darstelle, hingegen *Hamann/Lennarz*, SchiedsVZ 2006, 289, 292, wobei jedoch übersehen wird, dass auch in Bezug auf die Einbeziehung weiterer Personen mittels Schiedsklage eine Zustimmung des jeweiligen Prozessgegners aus Gründen der Vertraulichkeit erforderlich ist, vgl. dazu bereits oben in Kapitel 5 – A.II.4.

[256] Daher sehen die DIS-ERS eine sogenannte Beitrittsschiedsvereinbarung in Artikel 11.3 vor.

[257] *HansOLG Hamburg*, MDR 1950, 295, 296 (Ausdrückliche Erklärung des Dritten erforderlich); *Schwab/Walter*, Teil I, Kapitel 7, Rn. 23 und Kapitel 16, Rn. 19 (Unterwerfung in Form von Schiedsvereinbarung notwendig); *Münch*, in: MüKo ZPO, § 1029 ZPO, Rn. 73; *Massuras*, 492 ff, insb. S. 511 (Schiedsvereinbarung oder sonstige Unterwerfung). Ein konkludentes Verhalten für ausreichend haltend *Elsing*, in: FS Wegen, S. 615, 619; *ders.*, SchiedsVZ 2004, 88, 92; *Müller/Keilmann*, SchiedsVZ 2007, 113, 119. Für ein Formerfordernis des Beitritts des Streitverkündungsempfängers hingegen *Martens*, S. 292; *Habscheid*, KTS 1966, 1, 5.

Verfahrensbeteiligten.²⁵⁸ Erkennt man, dass es sich bei der freiwilligen Unterwerfung des Dritten rechtsdogmatisch um einen Grundrechtsausübungsverzicht im Hinblick auf sein Recht auf staatlichen Rechtsschutz handelt, lassen sich die hierfür erforderlichen Voraussetzungen entsprechend heranziehen.²⁵⁹ Das Gebot des sichersten Weges erfordert dabei eine nachweisbare und freiwillige Unterwerfung des Dritten unter den Eintritt einer der Interventionswirkung entsprechenden Wirkung des Schiedsspruchs auch unabhängig von seinem Verfahrensbeitritt.²⁶⁰

Legt man den strengen Standard für einen Grundrechtsausübungsverzicht auch im Hinblick auf die Zustimmungen der Verfahrensparteien an, so dürfte auch deren Wirksamkeit nicht mehr in Frage zu stellen sein. Am rechtssichersten lässt sich dies durch eine ausgelagerte Vereinbarung zum Streitbeilegungsmechanismus herbeiführen, auf die in den jeweiligen Verträgen ausdrücklich Bezug genommen wird und die möglichst von allen Betroffenen unterzeichnet wird.²⁶¹ Grundsätzlich möglich sein dürfte aber auch das Treffen gesonderter Vereinbarungen, jeweils zwischen den Parteien des Schiedsverfahrens und zwischen einer der Parteien und einem Dritten, solange in der Parteivereinbarung hinreichend zum Ausdruck kommt, dass Dritte, mit denen jedenfalls eine der Parteien des Schiedsverfahrens dies vereinbart hat, in das Schiedsverfahren einbezogen werden können.²⁶²

cc) Beteiligung des Dritten an der Bildung des Schiedsgerichts und ihre Folgen

Weitaus uneiniger ist man sich in Bezug auf das – nach der hier vertretenen Auffassung unabdingbare – Erfordernis der Beteiligung des Dritten an der Bil-

---

²⁵⁸ *Voit*, in: Musielak/Voit, ZPO, § 1042, Rn. 11; *Gharibian/Pieper*, BB 2018, 387–394 (allseitiges Einverständnis erforderlich); *Schütze/Thümmel*, S. 61, Rn. 23 („Schiedsvereinbarung mit allen Beteiligten" notwendig); *Diesselhorst*, S. 60; *Wolff*, SchiedsVZ 2008, 59, 60 f. (gesonderte Streitbeilegungsklausel mit Unterzeichnung aller) – auch wenn jedenfalls der streitverkündenden Partei spätestens durch die erklärte Streitverkündung die erforderliche Zustimmung zu unterstellen sein dürfte, so auch *Markfort*, S. 70.

²⁵⁹ Kapitel 3 – A.I.1. und 2.

²⁶⁰ So auch der Ansatz der DIS-ERS in Artikel 11.1 und 11.2 sowie von *Diesselhorst*, S. 60; *Wolff*, SchiedsVZ 2008, 59, 60 f.

²⁶¹ So wie es auch *Wolff* vorschlägt, *Wolff*, SchiedsVZ 2008, 59, 60 ff.

²⁶² Der derzeitige Diskussionsentwurf der DIS-ERS schlägt etwa eine Musterschiedsvereinbarung vor, die eine Anwendbarkeit der DIS-Schiedsgerichtsordnung mit den Modifikationen der DIS-ERS vorsieht. Insoweit besteht zwar die Frage nach der hinreichenden Zustimmung der Verfahrensparteien zu der Verfahrensbeteiligung der Dritten. Denn durch das Absehen von einer gemeinsamen Vereinbarung ist es möglich, dass eine der Verfahrensparteien die Person des Dritten, mit dem wiederum die gegnerische Partei eine entsprechende Vereinbarung abgeschlossen hat, nicht kennt. Aus diesem Grund aber sieht die Musterschiedsklausel der DIS-ERS auch die Möglichkeit der Eingrenzung des Kreises derer, denen der Streit verkündet werden kann, etwa durch namentliche Nennung dieser Personen, vor.

dung des Schiedsgerichts. Während dieses vom Bundesgerichtshof aufgestellte Erfordernis für die rechtswirksame Durchführung gesellschaftsrechtlicher Beschlussmängelstreitigkeiten im Schiedsverfahren ohne jegliche Kritik geblieben ist, soll dem streitverkündeten Dritten, der einer mit der Interventionswirkung vergleichbaren Wirkung des Schiedsspruchs ausgesetzt werden soll, ein solches Recht jedenfalls nach der bisher überwiegenden Auffassung nicht zustehen.[263] Wie der Bundesgerichtshof selbst deutlich gemacht hat, kommt es aber gerade nicht auf die Verfahrensparteistellung des Betroffenen an, damit ihm ein Recht zur Einflussnahme auf die Zusammensetzung des schiedsgerichtlichen Spruchkörpers zusteht. Ausschlaggebend ist vielmehr der Eintritt einer Wirkungserstreckung eines von diesem privaten Spruchkörper erlassenen Schiedsspruchs.[264] Ob die von dieser Wirkung betroffene Person als Verfahrenspartei, als sonstiger Beteiligter oder auch überhaupt nicht am Schiedsverfahren beteiligt ist, spielt hingegen keine Rolle.[265]

Daher gelten die Grundsätze, die für die Bildung des Schiedsgerichts in Mehrparteienschiedsverfahren entwickelt worden sind, gleichermaßen für den Wunsch, Streitverkündungsempfänger den Wirkungen eines Schiedsspruchs

---

[263] *Massuras*, S. 478 („Er unterstützt schließlich nur die Hauptpartei"), was dies seiner Ansicht nach selbst dann gelten sollte, wenn es sich um eine streitgenössische Nebenintervention handelt, weil eine Rechtskrafterstreckung aus prozessualen Gründen im Raum steht, S. 491 f. – was jedoch mit der zeitlich nachfolgenden Rechtsprechung des Bundesgerichtshofs klar nicht mehr im Einklang steht, BGHZ 180, 221, 228 f., 233 f. („Schiedsfähigkeit II"); dies ablehnend auch *Mohrbutter*, KTS 1957, 33. Widersprüchlich hingegen *Markfort*, der auf S. 70 eine Möglichkeit der Einflussnahme des Dritten zwar ablehnt, auf S. 78 den Eintritt einer Interventionswirkung aber wiederum von genau dieser Möglichkeit abhängig machen möchte. Auf die fehlende Prozessparteistellung abstellend das Recht des Dritten ablehnend *Heiliger*, S. 290; in diese Richtung wohl auch *Elsing*, der die Frage weitestgehend unbehandelt lässt, vgl. *Elsing*, SchiedsVZ 2004, 88, 93. *Lachmann*, S. 669, Rn. 2832 fordert eine Unterwerfung des Dritten unter das Schiedsgericht, wobei aber übersehen wird, dass diese eben nicht – im Vorhinein – erzwungen werden kann. Mit der hier vertretenen Auffassung übereinstimmend hingegen *Wolff*, SchiedsVZ 2008, 59, 60 und 61 unter Verweis auf die Rechtsprechung des Bundesgerichtshofs BGHZ 132, 278, 286 ff. („Schiedsfähigkeit I"); vgl. auch BGHZ 180, 221, 228 f., 230 ff. („Schiedsfähigkeit II").
[264] BGHZ 180, 221, 228 f., 233 f. („Schiedsfähigkeit II") und bereits oben in Kapitel 2 – B.I.
[265] BGHZ 180, 221, 228 f., 233 f. („Schiedsfähigkeit II") sowie *BGH*, SchiedsVZ 2022, 86, 88, Rn. 15 („Schiedsfähigkeit IV"); NJW 2018, 3014, 3015, Rn. 15 ff.; SchiedsVZ 2017, 197, 199, Rn. 22 („Schiedsfähigkeit III"); *OLG Frankfurt*, Beschluss vom 24. Januar 2022 – 26 Sch 14/21, juris, Rn. 82 ff. So auch der Entwurf der DIS-ERS, Artikel 11.1, sowie *Dubisson*, J. Int. Arb. 1984, Vol. 1, No. 3, 197, 208 ff. in der von ihm vorgeschlagenen Musterschiedsvereinbarung für Subunternehmerverträge in internationalen Projekten sowie der Vorschlag von *Wolff*, SchiedsVZ 2008, 59, 60 ff. Und auch *Gaillard*, in: Fouchard/Gaillard/Goldman, International Commercial Arbitration, Rn. 1223 plädiert – wenn auch allgemein für jede Form der Beteiligung am Schiedsverfahren – gegen einen Zwang des Dritten, ein bereits konstituiertes Schiedsgericht akzeptieren zu müssen.

auszusetzen.[266] Es bedarf also eines Mechanismus, der sowohl den Verfahrensparteien als auch dem Dritten die Möglichkeit gibt, auf die Zusammensetzung des Schiedsgerichts Einfluss zu nehmen. Auch hier bietet es sich an, einen zweiaktigen Mechanismus vorzusehen, der primär ein Einigungserfordernis der Verfahrensbeteiligten und sekundär eine Auswahl und Bestellung durch ein neutrales Gremium vorsieht. Zumutbar erscheint es dabei, die streitverkündende Hauptpartei und den streitverkündeten Dritten in einem Lager zu verorten und sie zur gemeinsamen Benennung eines Schiedsrichters aufzufordern – schließlich haben unterstützte Hauptpartei und Streithelfer ganz regelmäßig gleichläufige Interessen.[267]

Die Notwendigkeit der Beteiligung des Dritten an der Zusammensetzung des Schiedsgerichts hat zugleich eine zeitliche Einschränkung der Zulassung einer Streitverkündung im Schiedsverfahren zur Folge, anders als im staatlichen Verfahren, wo Nebenintervention und Streitverkündung ohne Weiteres bis zum Zeitpunkt der rechtskräftigen Entscheidung des Rechtsstreits möglich sind.[268] Dabei gilt es einen Ausgleich zwischen dem Interesse, einem Dritten möglichst lange den Streit verkünden zu können, und dem Bedürfnis, eine zu große Verzögerung des Konstituierungsprozesses zu vermeiden, zu schaffen. Ein möglicher Weg ist es, einen abgestuften Streitverkündungsprozess vorzusehen, wie es der derzeitige Entwurf der DIS-ERS tut. Hier hat der Schiedskläger zunächst die Möglichkeit, bereits in der Schiedsklage einem Dritten den Streit zu verkünden.[269] Weil aber oftmals erst mit Vorliegen der Klageerwiderungsschrift absehbar ist, ob eine Streitverkündung überhaupt angezeigt ist, besteht eine zusätzliche Möglichkeit der Streitverkündung durch den Schiedskläger bis zum Ablauf von vierzehn Tagen nach Übermittlung der Klageerwiderung.[270] Diese späte Möglichkeit der Streitverkündung entfällt ab dem Zeitpunkt der Bestellung eines Schiedsrichters.[271] Ab diesem Zeitpunkt ist eine Streitverkündung dann nur unter zusätzlichen, strengen Voraussetzungen mög-

---

[266] Siehe dazu bereits oben in Kapitel 5 – A.I.3. und, speziell für eine Drittbeteiligung im Schiedsverfahren, in Kapitel 5 – B.I.3.

[267] So sehen es auch Artikel 7 und 8 des Entwurfs der DIS-ERS vor. Es stellt sich die Frage, ob man nun für den selten auftretenden Einzelfall, dass Hauptpartei und Dritter keine gleichläufigen Interessen haben, dem Dritten die Möglichkeit des Beitritts auf der Gegenseite ermöglichen möchte. Dies ist allerdings, jedenfalls im Schiedsverfahren, mit erheblichen Schwierigkeiten behaftet, die nur eine komplexe Lösung zulassen. Daher wurde im Rahmen der Ausarbeitung der DIS-ERS entschieden, von einer entsprechenden institutionellen Regelung abzusehen.

[268] § 66 Absatz 2 und § 72 Absatz 1 ZPO.

[269] Artikel 4.1 des Entwurfs der DIS-ERS.

[270] Artikel 4.3 des Entwurfs der DIS-ERS.

[271] Ebenso.

lich, insbesondere der freiwilliger Zustimmung des Dritten zu dem bereits bestellten Schiedsrichter.[272]

Möchte man nun aus Gründen der Waffengleichheit außerdem eine Streitweiterverkündung zulassen, wie es § 72 Absatz 3 ZPO im staatlichen Gerichtsverfahren vorsieht, so muss auch hier grundsätzlich sichergestellt werden, dass sie nur bis zur Bestellung eines Schiedsrichters oder im Falle der freiwilligen Unterwerfung des Streitweiterverkündeten unter die etwaig bereits bestellten Schiedsrichter ermöglicht wird.[273]

dd) Herbeiführbarkeit einer gerichtlichen Entscheidung über die Zulässigkeit der Streitverkündung?

Es stellt sich die Frage, ob und wenn ja, wie eine Überprüfung der Zulässigkeit der Streitverkündung im Schiedsverfahren herbeigeführt werden kann, um frühestmöglich Rechtsklarheit über diese prozessuale Rechtsfrage erlangen zu können. Denn es besteht ein praktisches Bedürfnis an einer möglichst frühzeitigen Entscheidung über die Zulässigkeit der Streitverkündung, und zwar sowohl in der Person des Streitverkünders als auch in der des Streitverkündungsempfängers und des Prozessgengers.[274] Nun ist es grundsätzlich ohne weiteres möglich, eine *schiedsgerichtliche* Überprüfungsmöglichkeit der Zulässigkeit einer Streitverkündung in der zugrundeliegenden Verfahrensvereinbarung vorzusehen.[275] Schwieriger ist allerdings die Herbeiführung einer *gerichtlichen* Überprüfung der Zulässigkeit der Streitverkündung, die Bindungswirkung in einem etwaigen späteren Folgeverfahren entfalten und so echte Rechtssicherheit schafft.

Auf den ersten Blick scheint die Entscheidung über die Zulässigkeit einer Streitverkündung im Schiedsverfahren einer Entscheidung über die schiedsgerichtliche Zuständigkeit nach § 1040 ZPO zu ähneln. Dies könnte das Bedürfnis wecken, § 1040 Absatz 2 und damit auch Absatz 3 ZPO insoweit analog anwenden zu wollen, um auf diese Weise einen gerichtlich überprüfbaren schiedsgerichtlichen Zwischenentscheid über die Zulässigkeit der Streitverkündung herbeizuführen.[276] Würde das Schiedsgericht jedoch eine mit „Zwischenentscheid" betitelte Entscheidung über die Zulässigkeit der Streitverkün-

---

[272] Artikel 4.4 des Entwurfs der DIS-ERS.
[273] Artikel 5.1 des Entwurfs der DIS-ERS. Nach der hier vertretenen Auffassung bedarf es dieser zusätzlichen Voraussetzungen aber dann nicht, wenn die Streitweiterverkündung gegenüber einer bereits am Verfahren beteiligten Person erfolgt, die schließlich bereits die Möglichkeit der Einflussnahme auf die Zusammensetzung des Schiedsgerichts hatte.
[274] So auch bereits *Mohrbutter*, KTS 1957, 33, 35.
[275] So auch Artikel 10 des Entwurfs der DIS-ERS.
[276] Dies war eine der ursprünglichen Erwägungen innerhalb der Praxisgruppe zur Überarbeitung des Diskussionsentwurfs der DIS-ERS, welche aus den sogleich im Text genannten Gründen aber wieder verworfen wurde.

dung im Schiedsverfahren erlassen, so ist höchst zweifelhaft, ob ein staatliches Gericht diesen auch tatsächlich überprüfen würde. Denn der Zwischenentscheid des § 1040 Absatz 2 und 3 ZPO stellt offensichtlich eine besondere Entscheidungsform dar, die allein in dieser einen Vorschrift des deutschen Schiedsverfahrensrechts und damit ausschließlich für die positive Entscheidung des Schiedsgerichts über die eigene Zuständigkeit in Bezug auf den zugrundeliegenden Streitgegenstand im laufenden Schiedsverfahren vorgesehen ist.[277] Einer Erweiterung der gerichtlichen Zuständigkeit zur Überprüfung eines schiedsgerichtlichen Zwischenentscheids über die eigene Zuständigkeit hin zu einer Überprüfung der Zulässigkeit einer im Schiedsverfahren erklärten Streitverkündung steht zudem die klare Anordnung des § 1026 ZPO entgegen.[278] Eine Entscheidung des Schiedsgerichts durch Zwischenentscheid wäre auch nicht über § 1059 ZPO angreifbar, da Gegenstand des Aufhebungsverfahrens gemäß § 1059 Absatz 1 ZPO nur „ein Schiedsspruch" sein kann.[279]

Die einzige Möglichkeit, frühzeitig rechtsverbindlich Klarheit über die Zulässigkeit einer Streitverkündung im Schiedsverfahren zu erlangen, scheint mithin über einen gemäß § 1059 ZPO unmittelbar angreifbaren Schiedsspruch zu führen. Die Vorschrift des § 1059 ZPO beschränkt sich dem Wortlaut nach nicht auf Endschiedssprüche. Mithin dürfte auch ein Schiedsspruch, der lediglich die Zulässigkeit der Streitverkündung zum Gegenstand hat, grundsätzlich von jedem Beschwerten gemäß § 1059 ZPO angreifbar sein.[280] Die gerichtliche Entscheidung dürfte dann wiederum Bindungswirkung entfalten und ein Unterlassen des Aufhebungsantrags gegen den Schiedsspruch zur Präklusion über

---

[277] Vgl. auch Begr. RegE., BT-Drucks. 13/5274, S. 44.

[278] Und auch ist es nicht möglich, mittels Verfahrensvereinbarung neue gerichtliche Zuständigkeiten zu schaffen. Zu dieser Grenze einer subjektiven Erweiterung des deutschen Schiedsverfahrensrechts mittels Verfahrensvereinbarung siehe bereits in Kapitel 4 – C.II.4. und Kapitel 5 – B.I.1.c) und B.II.1.c).

[279] Für eine entsprechende Anwendbarkeit des § 1059 ZPO plädierte, nach altem Recht, zwar *Mohrbutter*, KTS 1957, 33, 35. Auch dieser Auslegung steht aber jedenfalls seit der Schiedsrechtsreform von 1998 die Vorschrift des § 1026 ZPO entgegen.

[280] Zwar heißt es in der Begr. RegE., BT-Drucks. 13/5274, S. 44 zur Rechtsnatur des Zwischenentscheids in § 1040 Absatz 1 ZPO, dieser könne nicht als „Zwischenschiedsspruch" „bezeichnet werden, da es sich nicht um eine Entscheidung in der Sache" handele, was dafürsprechen könnte, dass über eine prozessuale Frage wie die Zulässigkeit einer Streitverkündung kein separater Schiedsspruch ergehen kann. Anschließend spricht der Gesetzgeber allerdings selbst davon, dass die Unzuständigkeitsentscheidung eines Schiedsgerichts in einem „Prozessschiedsspruch" ergehen solle, der dann über § 1059 ZPO angreifbar sei, wie es auch in der Entscheidung BGHZ 151, 79, 80 ff. angenommen wird, sodass prozessuale Fragen sehr wohl Gegenstand eines eigenen Schiedsspruchs sein dürften – vgl. dazu auch *Anders*, in: Anders/Gehle, ZPO, § 1059, Rn. 6 sowie in anderem Zusammenhang bereits in Kapitel 5 – B.I.1.c). Zur weiten Antragsbefugnis im Rahmen des § 1059 ZPO siehe oben in Kapitel 4 – B.II.4. Zur Problematik der möglicherweise fehlenden Legitimationsgrundlage eines Prozessschiedsspruchs jedoch *Voit*, in: FS Musielak, S. 595, 616 f.

§ 1059 Absatz 3 ZPO führen.[281] Lehnt man auch diese Möglichkeit mit der Begründung ab, dass nur Schiedssprüche in der Sache über § 1059 ZPO angreifbar seien oder jedenfalls Prüfungsgegenstand des Aufhebungsverfahrens nicht die Zulässigkeit der Streitverkündung selbst wäre, ließe sich die hier weiterhin bestehende Rechtsunsicherheit in Bezug auf die Frage der gerichtlichen Überprüfbarkeit der Zulässigkeit einer Streitverkündung im Schiedsverfahren nur mit einem entsprechenden gesetzgeberischen Handeln beseitigen.[282]

ee) Weitere Voraussetzungen

Hinsichtlich der weiteren Voraussetzungen der hier aufgestellten Leitlinien zur subjektiven Erweiterung des deutschen Schiedsverfahrensrechts, die konkret für die Drittbeteiligung gelten, kann nach oben verwiesen werden.[283] Insbesondere sollte eine Vorschrift vorgesehen werden, welche die Schiedsrichter auch zur Unabhängigkeit und Unparteilichkeit gegenüber den beigetretenen Dritten vorsieht.[284] Zudem muss die gewünschte Wirkung der Streitverkündung in der Verfahrensvereinbarung niedergelegt werden, wobei es sich anbietet, sowohl eine prozessuale als auch, zur Absicherung, eine materiell-rechtliche Interventionswirkung vorzusehen, die unabhängig vom tatsächlichen Verfahrensbeitritt des Dritten eintritt.[285]

b) Bisherige Ansätze zur Streitverkündung im Schiedsverfahren

Nachfolgend sollen die bereits vorhandenen Ansätze zur Streitverkündung im Schiedsverfahren auf ihre Vereinbarkeit mit den soeben aufgestellten Voraussetzungen überprüft werden. Denn nicht alle stehen im Einklang mit den hier aufgestellten Leitlinien für eine subjektive Erweiterung des deutschen Schieds-

---

[281] Fest steht jedenfalls, dass ein dem Schiedsverfahren beigetretener Dritter einen Endschiedsspruch, erfolgt keine Zwischenentscheidung über die Zulässigkeit der Streitverkündung, jedenfalls im Aufhebungsverfahren angreifen kann, weil er im Sinne der Vorschrift als Beschwerter gilt, vgl. *OLG Stuttgart*, SchiedsVZ 2003, 84, 86; *Saenger*, in: ders., ZPO, § 1059, Rn. 35; *Voit*, in: Musielak/Voit, ZPO, § 1059, Rn. 1; *Wilske/Markert*, in: BeckOK ZPO, § 1059, Rn. 18.

[282] Die DIS-ERS sehen, angesichts der bestehenden Rechtsunsicherheit, jedenfalls eine Rügemöglichkeit sowohl vor dem Schiedsgericht des Erstverfahrens als auch, mit gewissen Einschränkungen, im Folgeverfahren vor, Artikel 10 DIS-ERS. So soll jedenfalls eine schiedsgerichtliche Kontrollmöglichkeit sichergestellt werden.

[283] Und zwar auf die Ausführungen in Kapitel 5 – B.I.

[284] Siehe dazu bereits oben in Kapitel 5 – B.I.4. Die Umsetzung in den DIS-ERS ist in Artikel 9 erfolgt.

[285] Dazu im Einzelnen in Kapitel 5 – B.I.5. Auch wenn nach der herrschenden Auffassung eine Streitverkündung im Schiedsverfahren jedenfalls die Verjährung hemmt, vgl. *Elsing*, SchiedsVZ 2004, 88, 89 mit weiteren Nachweisen, schadet es außerdem nicht, auch eine entsprechende Bestimmung in die Verfahrensvereinbarung aufzunehmen, wie Artikel 11.4 des Entwurfs der DIS-ERS es tut.

verfahrensrechts und den entsprechenden Anforderungen des Bundesgerichtshofs. Dies betrifft insbesondere die meist fehlende Möglichkeit des streitverkündeten Dritten, sich an der Bildung des Schiedsgerichts zu beteiligen.

aa) Die Münchener Regeln zur Streitverkündung in Schiedsverfahren

Einen rein materiell-rechtlichen und damit vom Prozessrecht grundsätzlich vollständig losgelösten Anknüpfungspunkt wählen die Münchener Regeln zur Streitverkündung in Schiedsverfahren, die sogenannten Munich Rules. Sie stellen ein aus der Feder von *Wach* stammendes, nicht an ein institutionelles Regelwerk anknüpfendes Gerüst an Bestimmungen dar, das im Jahr 2020 vorgestellt und veröffentlicht wurde.[286]

Die Idee, eine Streitverkündung im Schiedsverfahren auf rein materiell-rechtlicher Ebene und damit mittels schuldrechtlicher, Schadensersatz auslösender Verpflichtungen der beteiligten Akteure zu lösen, stellte *Wach* bereits im Jahr 2013 vor.[287] Die prozessrechtliche Streitverkündung finde ihre Grundlage im materiellen Recht, speziell in den Vorschriften der §§ 242, 254 BGB.[288] So habe bereits das Reichsgericht entschieden, dass es eine Nebenpflichtverletzung des Streitverkündungsempfängers darstelle, den Erstprozess nicht unterstützt zu haben, obwohl ihm dies aufgrund der erklärten Streitverkündung tatsächlich möglich war.[289] Diese Pflichtverletzung habe auf Schadensebene wiederum eine Bindung des Streitverkündungsempfängers an den Erstprozess zur Folge.[290] In einem Folgeverfahren vor dem Schiedsgericht ergebe sich die Interventionswirkung daher allein und unmittelbar aus den §§ 242, 254 Absatz 2 BGB.[291] Für das Bejahen einer solchen „Interventionswirkung" müsse der Dritte allerdings sowohl die Pflicht als auch die tatsächliche Möglichkeit zur Unterstützung der Hauptpartei im Erstprozess gehabt haben, da es nicht mit

---

[286] Am 28. Mai 2020 präsentierten *Wach und Meckes* die Munich Rules erstmalig in einer Veranstaltung. Das Regelwerk in seiner Version 2 vom 3. März 2021 ist abrufbar unter https://www.wachundmeckes.com/de/the-munich-rules (zuletzt aufgerufen am 4. Dezember 2023) und wird unter anderem besprochen bei *Wach*, SchiedsVZ 2020, 228, 237 ff.

[287] *Wach*, KSzW 2. 2013, 148 ff.

[288] *Wach*, in: FS Elsing, S. 611, 614; *ders.*, KSzW 2. 2013, 148 ff.; § 241 Absatz 2 BGB anwendend auch *Riehm*, ZZP 2021, 3, 20. Für eine Einordnung als „Weiterung des Schadensersatzrechts" auch schon *Martens*, ZZP 1972, 77, 80 f., der aber zugleich die unabdingbare Notwendigkeit einer *prozessualen* Regelung für die weit überwiegenden Fälle der Herbeiführung einer Interventionswirkung aufzeigte, in welchen sich nämlich „die Lösung auch nach einem wie auch gearteten Schadensbegriff" nicht im materiellen Recht finden lasse – dies gilt insbesondere für den, wenn auch ungeschriebenen, Anwendungsfall der Streitverkündung bei Schuldneralternativität, worauf auch *Riehm*, ZZP 2021, 3, 18 hinweist.

[289] *Wach* zieht hierfür die Entscheidung RGZ 55, 14, 17 heran. Zu deren genauen Inhalt aber sogleich im Text.

[290] *Wach*, in: FS Elsing, S. 611, 614.

[291] *Wach*, in: FS Elsing, S. 611, 616 ff.

§ 242 BGB zu vereinbaren sei, ihm sowohl das allgemeine Prozessrisiko als auch dasjenige der mangelhaften Prozessführung aufzubürden.[292] Hindere die Hauptpartei den Dritten an der Unterstützung im Erstprozess, so müsse sie sich über § 254 Absatz 2 BGB im Folgeprozess den Einwand mangelhafter Prozessführung entgegenhalten lassen.[293]

Fraglich ist im Hinblick auf diesen Ansatz zunächst die Verallgemeinerungsfähigkeit der in der zitierten Reichsgerichtsentscheidung gemachten Ausführungen. So stellte das Reichsgericht selbst lediglich die *Möglichkeit* in den Raum, dass sich eine Interventionswirkung im Einzelfall auch aus materiellrechtlichen Erwägungen ergeben könne.[294] In besonderen Einzelfällen – wie etwa in Versicherungsstreitfällen im Dreiecksverhältnis – mag sich eine entsprechende Nebenpflicht des Streitverkündungsempfängers zwar tatsächlich begründen lassen.[295] In anderen Fällen, die einer prozessualen Streitverkündung zugänglich sind, liegt eine entsprechende Verpflichtung hingegen fern.[296] Darüber hinaus ist eine allein materiell-rechtliche Anknüpfung deswegen mit Rechtsunsicherheit behaftet, weil die Hauptpartei regelmäßig die Beweislast dafür tragen dürfte, dass eine entsprechende Nebenpflicht überhaupt bestand und diese Pflicht auch tatsächlich verletzt wurde. Fraglich ist, sollte der Nachweis einer entsprechenden Nebenrechtsverletzung tatsächlich gelingen, aber auch deren Rechtsfolge. Werden Gerichte tatsächlich einstimmig annehmen, dass gemäß §§ 242, 254 Absatz 2 BGB eine Bindungswirkung gleich einer Interventionswirkung zulasten des Streitverkündungsempfängers im Folgeprozess eintritt?[297]

---

[292] Diese Pflicht könne sich aus einem Rechtsverhältnis zwischen Hauptpartei und Drittem ergeben, aber auch aus einer nachvertraglichen Nebenpflicht, *Wach*, in: FS Elsing, S. 611, 615.

[293] *Wach*, in: FS Elsing, S. 611, 614 ff.

[294] Die Entscheidung des Reichsgerichts hatte eine Streitverkündung im Schiedsverfahren zum Gegenstand, wobei sich der Streitverkündungsempfänger jedoch keiner Interventionswirkung unterworfen hatte – weswegen das Reichsgericht den Eintritt einer entsprechenden Wirkung auch ablehnte. Tatsächlich deutete es jedoch an, dass im Einzelfall der Streitverkündungsempfänger aus dem seiner angeblichen Verpflichtung auf Schadensersatz zugrunde liegenden Rechtsverhältnis verpflichtet sein könne, die Rechte des Streitverkünders im schiedsrichterlichen Verfahren zu wahren. Wann dieser Einzelfall gegeben sei, grenzte das Reichsgericht allerdings nicht weiter ein und nahm auch nicht vorweg, ob es eine entsprechende Haftung des Streitverkündungsempfängers in dem der Entscheidung zugrundeliegenden Regressverhältnis zwischen einem Bauherrn und dem bauleitenden Architekten als gegeben ansehen würde, sondern es kritisierte lediglich, dass das Berufungsgericht auf diese Frage überhaupt nicht eingegangen sei, RGZ 55, 14, 17.

[295] Vgl. zu den weiteren möglichen Anwendungsfällen einer rein materiell-rechtlich herzuleitenden Unterstützungspflicht auch *Riehm*, ZZP 2021, 3, 13 ff.

[296] So auch *Riehm*, ZZP 2021, 3, 18 und bereits *Martens*, ZZP 1972, 77, 80 f.

[297] Im Rahmen der Veranstaltung „Ergänzende Regeln für Streitverkündungen an Dritte – braucht die DIS ein neues Regelwerk?" am 3. März 2021, in denen der Diskussionsentwurf

Unabhängig von den Bedenken, die in Bezug auf den allein materiell-rechtlichen Anknüpfungspunkt der Munich Rules bestehen, ist insbesondere zu berücksichtigen, dass dem Dritten etwa ein Recht, an der Zusammensetzung des Schiedsgerichts mitwirken zu können, auf Grundlage des Regelwerks nicht zustehen soll. Dies steht jedenfalls seit der Entscheidung „Schiedsfähigkeit IV" eindeutig nicht mit den Anforderungen an eine wirksame Wirkungserstreckung eines Schiedsspruchs auf Nicht-Verfahrensparteien im Einklang. Denn in seiner Entscheidung hat der Bundesgerichtshof deutlich gemacht, dass es für die Notwendigkeit der Wahrung der rechtsstaatlichen Verfahrensgarantien irrelevant ist, ob eine *inter omnes*-artige Wirkungserstreckung des Schiedsspruchs auf prozessualer oder rein schuldrechtlicher Ebene herbeigeführt wird.[298] Dies dürfte daher gleichermaßen für eine rein materiell-rechtlich herbeigeführte Interventionswirkung eines Schiedsspruchs gelten, sodass eine entsprechende Bindungswirkung über §§ 242, 254 Absatz 2 BGB abzulehnen ist, wenn deren Grundlage die Entscheidung eines Schiedsgerichts ist, auf dessen Zusammensetzung der Streitverkündungsempfänger keinerlei Einfluss hatte.[299]

Im Ergebnis scheint der rechtssichere Weg damit doch über die Herbeiführung einer *prozessualen* Wirkungserstreckung des Schiedsspruchs auf einen Streitverkündungsempfänger zu führen, welche den rechtsstaatlichen Verfahrensgarantien des Streitverkündungsempfängers hinreichend Rechnung trägt – gegebenenfalls ergänzt um eine absichernde Unterwerfungsverpflichtung auf materiell-rechtlicher Ebene.[300]

---

der DIS-ERS erstmalig vorgestellt wurde, wiesen auch *Borris* und *Quinke* auf diese bestehende Rechtsunsicherheit hin. Auch *Riehm*, der einen entsprechenden Schadensersatzanspruch grundsätzlich für möglich hält, weist selbst auf die schwierigen Einzelfragen hin, wie etwa die der zurechenbar mangelhaften Prozessführung durch die Hauptpartei, sowie die der Exkulpation vom Vertretenmüssen und möglicher Haftungsausschlüsse, *Riehm*, ZZP 2021, 3, 32 ff. und 35 f.

[298] *BGH*, SchiedsVZ 2022, 86, 88, Rn. 15, 18 ff. („Schiedsfähigkeit IV"). Damit übereinstimmend *Baumann/Wagner*, BB 2017, 1993, 1997; *Borris/Schenk-Busch*, NZG 2022, 259, 261 f.; *Borris*, NZG 2017, 761, 765; *Bryant*, SchiedsVZ 2017, 197; *Göz/Peitsmeyer*, SchiedsVZ 2018, 7, 12 f.; *von Hase*, BB 2011, 1993, 1995 f.; *Hauschild/Böttcher*, DNotZ 2012, 577, 588; *Heinrich*, ZIP 2018, 411, 414; *Lieder*, NZG 2018, 1321, 1331; *Sackmann*, NZG 2016, 1041, 1043 ff.; *Schlüter*, DZWIR 2018, 251, 256 f.; *Werner*, jM 2018, 134, 135

[299] Ähnliche Bedenken gelten auch im Hinblick auf das fehlende Erfordernis einer Zustimmung des Dritten zu der Streitverkündung und ihren Wirkungen in den Munich Rules.

[300] So auch der Ansatz der DIS-ERS, die primär einen prozessualen Ansatz der Interventionswirkung verfolgen, vgl. Artikel 11.1 des Entwurfs der DIS-ERS, und sekundär eine materiell-rechtliche Unterwerfungsverpflichtung des Dritten vorsehen, Artikel 11.2 des Entwurfs.

bb) Die Regelungen der SO Bau 2020 und der SL Bau 2021

Ein weiterer Ansatz, der jedoch einen prozessualen Anknüpfungspunkt der Streitverkündung zum Gegenstand hat, ist derjenige in § 17 des vierten Buchs der Schlichtungs- und Schiedsordnung für Baustreitigkeiten der Arbeitsgemeinschaft für Bau- und Immobilienrecht im Deutschen Anwaltsverein, kurz SO Bau, aus dem Jahr 2020. Das Regelwerk ist für Baurechtsstreitigkeiten vorgesehen, ein Rechtsgebiet, in dem es erfahrungsgemäß besonders häufig zu Regress- und damit potenziellen Streitverkündungssituationen kommt. Die Regelung des § 17 SO Bau ist vergleichsweise schlank, was die Frage aufwirft, ob sie auch die erforderlichen Elemente zur verfassungskonformen Ermöglichung einer Streitverkündung mit Wirkungserstreckung im Schiedsverfahren enthält. So sieht die Bestimmung in § 17.3 der SO Bau zunächst einen allgemeinen Verweis auf die Vorschriften der §§ 72 bis 74 ZPO vor. In § 17.1 und 2 der SO Bau zusätzlich geregelt ist lediglich das Erfordernis der Unterwerfung des Streitverkündungsempfängers unter die Schiedsgerichtsbarkeit. Weitere Regelungen enthält die Bestimmung nicht. Insbesondere sehen die Vorschriften der SO Bau von einer Möglichkeit des Streitverkündungsempfängers, sich an der Bildung des Schiedsgerichts zu beteiligen, ab.[301]

Ähnliches gilt auch für die §§ 43 ff. des fünften Abschnitts der Streitlösungsordnung für das Bauwesen von der Deutschen Gesellschaft für Baurecht e.V., kurz SL Bau, aus dem Jahr 2021, welche maßgeblich die ZPO-Regelungen zur Streitverkündung nachbilden, aber weitgehend ohne sie an die Besonderheiten der Schiedsgerichtsbarkeit anzupassen.[302] Damit ist fraglich, ob staatliche Gerichte auf Grundlage einer nach diesen Regelwerken erklärten Streitverkündung im Schiedsverfahren tatsächlich eine entsprechende Bindungswirkung des Schiedsspruchs annehmen werden.[303]

cc) Die Regelungen der Swiss Rules und der Wiener Regeln

Auch die Swiss Rules des Swiss Arbitration Centre und die Wiener Regeln der österreichischen Schiedsinstitution VIAC lassen zumindest theoretisch die Beteiligung an einem Schiedsverfahren in einer anderen Position als der einer Verfahrenspartei zu. So sieht Artikel 6 der Swiss Rules zwar grundsätzlich einen *Partei*beitritt Außenstehender vor. In Absatz 4 der Vorschrift findet sich allerdings folgende Bestimmung:

> „Wenn eine Drittperson oder eine Partei den Antrag stellt, dass die Drittperson in einer anderen Eigenschaft als der einer zusätzlichen Partei am Schiedsverfahren teilnimmt, ent-

---

[301] Dies gilt auch im Falle des Beitritts als Nebenintervenient, vgl. § 18 SO Bau.
[302] Auch hier ist unter anderem keine Möglichkeit des Dritten, auf die Zusammensetzung des Schiedsgerichts Einfluss zu nehmen, vorgesehen.
[303] Dies wurde auch im Rahmen der Veranstaltung „Ergänzende Regeln für Streitverkündungen an Dritte – braucht die DIS ein neues Regelwerk?" am 3. März 2021 kritisch gesehen.

scheidet das Schiedsgericht nach Konsultation aller Parteien und der Drittperson unter Berücksichtigung aller massgeblichen Umstände über die Zulassung einer solchen Teilnahme und deren Modalitäten."[304]

Es wird schnell deutlich, dass durch die offen formulierte Vorschrift wenig Rechtssicherheit geschaffen wird, da sie den Akteuren keine konkreten Anhaltspunkte für die Zulässigkeit und insbesondere die Wirkungen einer entsprechenden anderweitigen Verfahrensbeteiligung an die Hand gibt. Diese Voraussetzungen zu bestimmen, wird vielmehr vollständig in das Ermessen des Schiedsgerichts gestellt. Insbesondere aber hat die Vorschrift zwingend zur Folge, dass eine Beteiligung des Dritten an der Bildung dieses Schiedsgerichts nicht möglich ist. Denn das Schiedsgericht muss gemäß Artikel 6.4 der Swiss Rules schließlich bereits konstituiert sein, um überhaupt über die Art der Verfahrensbeteiligung des Beitretenden entscheiden zu können.

Ähnlich gestaltet sich die in Artikel 14 der Wiener Regeln vorgesehene Möglichkeit der „Einbeziehung Dritter".[305] Auch diese Vorschrift geht zwar grundsätzlich von einer Einbeziehung mittels Schiedsklage und damit als Verfahrenspartei aus,[306] sie ermöglicht aber auch eine andere Art der Verfahrensbeteiligung – allerdings erneut ohne die dafür erforderlichen Voraussetzungen und ihre Folgen zu bestimmen.[307] Und auch hier wird die Verantwortung für eine rechtssichere Drittbeteiligungsmöglichkeit in die Hände des Schiedsgerichts gelegt.[308]

Jedenfalls für eine Durchführung des Schiedsverfahrens mit Schiedsort Deutschland bleibt daher insgesamt fraglich, wie viel Rechtssicherheit die Möglichkeit einer echten *Dritt*beteiligung am Schiedsverfahren unter diesen Regelwerken mit sich zu bringen vermag.[309]

dd) Der Entwurf der DIS-ERS

Das vergleichsweise komplexeste Regelwerk, das den Versuch einer wirksamen und rechtssicheren Möglichkeit der Streitverkündung speziell in DIS-Schiedsverfahren zum Gegenstand hat, sind die Ergänzenden Regeln für Streit-

---

[304] Artikel 6 Absatz 4 der Swiss Rules.
[305] Eingehend mit der Vorschrift beschäftigen sich auch *Fiebinger/Hauser*, in: FS Elsing, S. 111, 117 ff.
[306] Vgl. Artikel 14.3. Es handelt sich dann also um eine nachträgliche Parteienmehrheit im Sinne Fallgruppe der Mehrparteienverfahren, vgl. dazu Kapitel 5 – A.
[307] Artikel 14.1 Wiener Regeln.
[308] Hier heißt es in Artikel 14.1 Wiener Regeln lediglich allgemein, vergleichbar zur Vorschrift des Artikel 6.4 der Swiss Rules, „[ü]ber die Einbeziehung einer Drittperson in ein Schiedsverfahren sowie über die Art ihrer Teilnahme entscheidet auf Antrag einer Partei oder einer Drittperson das Schiedsgericht nach Anhörung aller Parteien und der einzubeziehenden Drittperson sowie unter Berücksichtigung aller maßgeblichen Umstände".
[309] Kritisch auch *Lachmann*, S. 878, Rn. 4079 f. Allgemein zur Drittbeteiligung unter diesen Regelwerken *Wagner*, in: Die Beteiligung Dritter an Schiedsverfahren, S. 7, 48.

verkündung an Dritte in DIS-Schiedsverfahren oder kurz DIS-ERS, die in einem ersten Diskussionsentwurf von *Borris* und *Quinke* festgehalten wurden und zur Grundlage einer Praxisgruppe der DIS zur Streitverkündung in DIS-Schiedsverfahren gemacht worden sind. Der Diskussionsentwurf wurde erstmalig im März 2021 im Rahmen einer DIS-Veranstaltung vorgestellt und erhielt bereits damals regen Zuspruch.[310] Positiv hervorgehoben wurde insbesondere die Möglichkeit des Streitverkündungsempfängers, auf die Zusammensetzung des Schiedsgerichts Einfluss zu nehmen. Zu begrüßen ist aber allgemein der Ansatz der Autoren des Entwurfs, die vom Bundesgerichtshof im Rahmen seiner Rechtsprechung zur „Schiedsfähigkeit" von gesellschaftsrechtlichen Beschlussmängelstreitigkeiten aufgestellten Anforderungen auf eine Streitverkündung im Schiedsverfahren zu übertragen.

Da der in dem Entwurf verfolgte Ansatz mit der hier vorgeschlagenen Formel zur subjektiven Erweiterung des deutschen Schiedsverfahrensrechts übereinstimmt, hat die Verfasserin mit Freude die gemeinsame Überarbeitung und Finalisierung des Regelungsentwurfs der DIS-ERS in der Leitung der Praxisgruppe der DIS mitübernommen. Derzeit wird der Regelungsentwurf der DIS-ERS finalisiert, um anschließend als institutionelles Regelwerk zur Streitverkündung an Dritte in Schiedsverfahren von der DIS zur Verfügung gestellt zu werden.[311] Weil die DIS-ERS mit den hier aufgestellten Leitlinien zur verfassungskonformen und damit rechtssicheren subjektiven Erweiterung des deutschen Schiedsverfahrensrechts im Einklang steht, wurden die jeweils einschlägigen Vorschriften des Entwurfs bereits im Rahmen der obigen Untersuchung der Umsetzungsmöglichkeiten einer Streitverkündung im Schiedsverfahren zitiert und erläutert, sodass auf sie an dieser Stelle nicht erneut eingegangen werden soll.[312]

c) *Praktische Relevanz einer Streitverkündung im Schiedsverfahren*

Doch obwohl es somit bereits einige Ansätze zur Streitverkündung in Schiedsverfahren gibt, welche im Einzelnen ein unterschiedliches Maß an Rechtssicherheit zu vermitteln vermögen, gibt es andere Stimmen, welche die prakti-

---

[310] Und zwar im Rahmen der Veranstaltung „Ergänzende Regeln für Streitverkündungen an Dritte – braucht die DIS ein neues Regelwerk?" am 3. März 2021.

[311] Der jeweils aktuelle Stand des Regelungsentwurfs der DIS-ERS kann auf der Website der DIS aufgerufen werden unter Deutsche Institution für Schiedsgerichtsbarkeit e.V. (DIS): Unternehmen verbinden (disarb.org) (zuletzt aufgerufen am 4. Dezember 2023).

[312] Siehe im Einzelnen oben in Kapitel 5 – B.II.2.b). Einen dem ERSD-Entwurf ähnlichen Ansatz wählt auch *Dubisson*, J. Int. Arb. 1984, Vol. 1, No. 3, 197, 208 ff. in der von ihm vorgeschlagenen Musterschiedsvereinbarung für Subunternehmerverträge in internationalen Projekten, wenn auch mit weitaus weniger Regelungsdichte. Kritisch hierzu aber *Diesselhorst*, S. 131, der moniert, es fehle in der vorgeschlagenen Klausel an dem konkreten Einverständnis des Prozessgegners mit der Einbeziehung weiterer Personen in das vertrauliche Schiedsverfahren.

sche Relevanz einer Streitverkündungsmöglichkeit im Schiedsverfahren generell in Frage stellen.[313]

Ein maßgeblicher Kritikpunkt ist die praktische Durchsetzbarkeit entsprechender Regelungen. Denn jedenfalls eine an der staatsgerichtlichen Interventionswirkung der §§ 68, 74 ZPO orientierte Schiedsspruchwirkung wirkt grundsätzlich nur zu Lasten des Streitverkündungsempfängers und dieser Wirkung kann der Dritte, wurde die Streitverkündung einmal in zulässiger Weise erklärt, grundsätzlich auch nicht mehr entgehen[314] – was die Frage aufwirft, wer diese so nachteilige Interventionswirkung freiwillig auf sich nimmt. Handelt es sich nicht um ein Rechtsverhältnis, in welchem eine Streitverkündung in beide Richtungen in Betracht kommt, dürfte eine entsprechende Regelung regelmäßig nur in einem gewissen Machtgefälle durchsetzbar sein.[315]

Doch auch die übrigen Parteien eines Vertragsgeflechts, innerhalb einer Regresskette etwa, haben nicht unbedingt ein Interesse daran, eine Beteiligung Dritter an dem ansonsten vertraulichen Schiedsverfahren zu ermöglichen. Dies dürfte insbesondere den Endabnehmer innerhalb einer Regresskette betreffen, der schließlich regelmäßig keinen eigenen Vorteil durch eine Streitverkündung erlangt.[316] Aber auch die Wahrung von Geschäftsgeheimnissen könnten Vertragspartner innerhalb einer Regresskette davon abhalten, eine Streitverkündungsmöglichkeit zuzustimmen.

Ein weiterer Kritikpunkt ist – neben der Frage nach der internationalen Akzeptanz eines solch deutschrechtlichen Instituts – die praktische Notwendigkeit einer Streitverkündung im Schiedsverfahren, lässt die weitreichende Gestaltungsfreiheit hier doch auch andere Rechtsmodelle, wie etwa des *Joinder* beziehungsweise der Drittklage, zu.[317] Eine Abstufung der Prozesse und Prozessrechtsverhältnisse nach dem deutschrechtlichen Modell kann aber auch ihre

---

[313] Von Hoffmann, in: FS Nagel, S. 112, 122 etwa lässt es dem Einzelfall überlassen, ob „der Vorzug der Interventionswirkung [...] den Nachteil, keinen Schiedsrichter seines Vertrauens benennen zu können, aufwiegt", da man sich dann schließlich mit dem Dritten gemeinsam auf einen Schiedsrichter einigen oder ihn durch ein neutrales Gremium auswählen lassen müsse, vgl. Kapitel 5 – B.II.2.b)bb).

[314] *BGH*, NJW 1987, 1894 ff.; *Bendtsen*, in: Saenger, ZPO, § 68, Rn. 9. Vorbehalten bleibt ihm dann lediglich der Einwand mangelhafter Prozessführung.

[315] Diese Problematik wurde auch im Rahmen der Veranstaltung „Ergänzende Regeln für Streitverkündungen an Dritte – braucht die DIS ein neues Regelwerk?" am 3. März 2021 thematisiert.

[316] Hierauf weist richtigerweise auch *Hanotiau*, Arb. Int. 1998, Vol. 14, No. 4, 369, 370, I., hin.

[317] „Im Schiedsverfahren muss eine Nebenbeteiligung nicht die dialektische Form annehmen, die die ZPO als Streithelferei gebildet hat", Schlosser, in: Stein/Jonas, ZPO, § 1042, Rn. 92. Dazu bereits oben in Kapitel 5 – A.II.5.c) und sogleich in Kapitel 5 – B.II.4. Zu den Vorteilen und Einzelheiten dieser ausländischen Rechtsmodelle siehe bereits in Kapitel 5 – A.II.5.

Vorteile haben, um eine Überfrachtung des Verfahrens zu vermeiden.[318] Es ist mithin eine Abwägungssache im Einzelfall, ob man die regelungsintensive und noch mit manchen Rechtsunsicherheiten behaftete Streitverkündung im Schiedsverfahren in Anspruch nehmen möchte, oder vielmehr andere Modelle in den Blick nimmt.[319]

3. Nebenintervention

Vergleichsweise weniger diskutiert wird die schiedsverfahrensrechtliche Nebenintervention, was an der geringeren praktischen Relevanz des Rechtsinstituts allgemein sowie insbesondere im Hinblick auf die Schiedsgerichtsbarkeit liegen dürfte. Da sie jedoch den Grundfall der Drittbeteiligung im deutschen Zivilprozess bildet – die Vorschriften zur Streitverkündung verweisen zum großen Teil auf diejenigen der Nebenintervention[320] – soll sie hier nicht unerwähnt gelassen werden.

a) Zivilprozessualer Anknüpfungspunkt im deutschen Recht

Die praktische Relevanz der Nebenintervention ist nicht nur im Zusammenhang mit der Schiedsgerichtsbarkeit eine eingeschränkte. Auch im staatlichen Zivilprozess ist sie ein eher selten anzutreffendes Rechtsinstitut. Hintergrund des Rechtsinstituts der Nebenintervention ist erneut der im deutschen Prozessrecht vorgesehene bipolare Zweiparteienrechtsstreit.[321] Personen, die zwar in Bezug auf einen Rechtsstreit weder aktiv- noch passivlegitimiert sind, diesem mithin nicht ohne Weiteres als Verfahrenspartei beitreten können, aber dennoch ein schützenswertes Interesse an seinem Ausgang haben, sollen ihm beiwohnen und in gewissem Maße auch darauf Einfluss nehmen können.[322] Dies kann der betroffene Dritte als Unterstützer einer der Hauptparteien tun, zu der er sich allerdings nicht in Widerspruch setzen darf.[323] Diese sogenannte Nebenintervention hängt im staatlichen Verfahren nicht von der Zustimmung der

---

[318] So zurecht *Wagner*, in: Die Beteiligung Dritter an Schiedsverfahren, S. 7, 46. *Krieger*, in: Gesellschaftsrecht in der Diskussion, S. 181, 206 fordert etwa ein entsprechendes institutionelles Regelwerk speziell für Organhaftungsfälle, welches „das Problem der Einbeziehung Dritter zufriedenstellend löst", um auch in diesem Rechtsbereich die Schiedsgerichtsbarkeit attraktiver zu machen.

[319] Zu den Vorteilen eines Mehrparteienschiedsverfahrens gegenüber einer Streitverkündung im Schiedsverfahren auch *Elsing*, SchiedsVZ 2004, 88, 93.

[320] Vgl. nur § 74 Absatz 1 und 3 ZPO.

[321] Vgl. dazu im Einzelnen bereits oben in Kapitel 5 – A.II.5.

[322] Vgl. nur § 66 Absatz 1 ZPO sowie statt vieler *Bendtsen*, in: Saenger, ZPO, § 66, Rn. 1.

[323] §§ 66 Absatz 1, 67 Satz 1 ZPO. Etwas anderes gilt nur beim streitgenössischen Nebenintervenienten, der als einfacher Streitgenosse der unterstützten Hauptpartei gilt, § 69 ZPO.

Verfahrensparteien ab, die Parteien haben lediglich die Möglichkeit, die Zulässigkeit der Nebenintervention zu rügen.[324]

Folge einer Nebenintervention im gerichtlichen Verfahren ist die in § 68 ZPO niedergelegte Interventionswirkung, die schnell deutlich macht, wieso das Rechtsinstitut der Nebenintervention auch im staatlichen Verfahren ein für den Dritten eher unattraktives Rechtsinstitut darstellt. Denn mit ihr entfaltet das im unterstützten Erstprozess ergehende Urteil Bindungswirkung in einem etwaigen Folgeprozess zwischen dem Dritten und der von ihm im Erstprozess unterstützten Hauptpartei, und zwar im Hinblick auf die dem Urteil zugrundeliegenden Feststellungen und die darauf basierende rechtliche Würdigung des Erstgerichts.[325] Diese Interventionswirkung wirkt jedoch ausschließlich zu Gunsten der unterstützten Hauptpartei und damit regelmäßig zu Lasten des Nebenintervenienten.[326] Eine solche nachteilige Bindungswirkung nimmt kaum jemand freiwillig auf sich.[327]

b) Umsetzungsmöglichkeiten im Schiedsverfahren

Doch trotz ihrer allgemein geringeren Relevanz wird auch im Schiedsverfahrensrecht mitunter die Ermöglichung einer Nebenintervention diskutiert. Zuweilen wird sogar die Frage aufgeworfen, ob es eine Pflicht zur Zulassung einer Nebenintervention im Schiedsverfahren geben muss.

aa) Voraussetzungen für eine Nebenintervention im Schiedsverfahren

Fragen zur Umsetzung stellen sich hier insbesondere im Hinblick auf den erforderlichen Ausschlussakt in der Person des Nebenintervenienten, weil es sich bei einer Nebenintervention schließlich im weiteren Sinne um einen Verfahrensbeitritt handelt, wenn auch nicht als Verfahrenspartei wie beim *Joinder*, sondern um einen Beitritt als bloßer Verfahrensbeteiligter mit vergleichsweise eingeschränkten Verfahrensrechten.[328] Nun mag in einem Beitritt als Nebenintervenient bereits der freiwillige Wille der Unterwerfung unter die Schiedsgerichtsbarkeit zum Ausdruck kommen. In jedem Fall zusätzlich geregelt werden

---

[324] Was einen Zwischenstreit über die Zulässigkeit der Nebenintervention auslöst, § 71 ZPO.

[325] Eingehend zum Umfang der Interventionswirkung im staatlichen Verfahren auch *Weth*, in: Musielak/Voit, ZPO, § 68, Rn. 3 ff.

[326] Ganz herrschende Ansicht, vgl. nur *BGH*, NJW 2019, 1748 Rn. 28; 2015, 1824 Rn. 7; BGHZ 100, 257, 260; NJW 1997, 2385, 2386; 1987, 2874.

[327] Etwas anderes gilt nur in den Fällen, in denen von vornherein eine Wirkungserstreckung auf den Dritten zu erwarten ist, also im Falle der Nebenintervention auf eine Streitverkündung hin und in den Fällen der *inter omnes*-Wirkungserstreckung einer Entscheidung, vgl. *Schultes*, in: MüKo ZPO, § 66, Rn. 1, Fn. 3 mit weiteren Nachweisen

[328] Zum *Joinder* siehe bereits oben in Kapitel 5 – A.II.4.

sollte jedoch der Eintritt einer Interventionswirkung im Falle des freiwilligen Verfahrensbeitritts.[329]

Umstritten ist die darüber hinaus bestehende Notwendigkeit einer Zustimmung der unterstützten Hauptpartei sowie der gegnerischen Partei zu dem Verfahrensbeitritt.[330] Gerade wenn ein außenstehender Dritter einem privaten Schiedsverfahren beiwohnen möchte, ist die Vertraulichkeit des Schiedsverfahrens berührt, was eine Zustimmung aller Verfahrensbeteiligten zu der Verfahrensbeteiligung notwendig macht.[331] Das Gebot des sichersten Weges erfordert dabei ein allseitiges nachweisbares Einverständnis, etwa in Form einer ausgegliederten Streitbeilegungsklausel, auf welche die jeweiligen Verträge Bezug nehmen und die von allen Beteiligten unterzeichnet wird.[332]

Auch muss der Dritte grundsätzlich die Möglichkeit haben, auf die Zusammensetzung des Schiedsgerichts Einfluss zu nehmen. Hier ist, vergleichbar mit dem Parteibeitritt im Schiedsverfahren, eine freiwillige Unterwerfung des Dritten unter bereits bestellte Schiedsrichter allerdings leichter zu konstruieren als in anderen Fällen der Mehrparteien- und Drittbeteiligung, geht der Beitritt des Nebenintervenienten doch auf seine eigene Initiative zurück.[333] Zuletzt stellen sich auch im Falle der Nebenintervention im Schiedsverfahren im Einzelnen weitere Probleme in der Umsetzung, welche jedoch bereits im Zusammenhang

---

[329] Vgl. oben in Kapitel 5 – B.I.5.

[330] Für eine Zustimmung aller, auch des Schiedsgerichts, wohl *Voit*, in: Musielak/Voit, ZPO, § 1042, Rn. 11; auch *Schwab/Walter*, Teil I, Kapitel 16, Rn. 18; aus Gründen der Rechtssicherheit auch *Wolff*, SchiedsVZ 2008, 59, 60 f. Hingegen für eine Zustimmung aller mit Ausnahme des Schiedsgerichts *Wagner*, in: Die Beteiligung Dritter an Schiedsverfahren, S. 7, 44 ff. Auf Grundlage eines Vergleichs des Nebenintervenienten zum Prozessbevollmächtigten ein allseitiges Einverständnis ablehnend hingegen *Martens*, S. 259 ff., S. 263 sowie auch *Markfort*, S. 67 f. Gegen einen entsprechenden Vergleich zum Prozessbevollmächtigten spricht allerdings, dass der Nebenintervenient, solange er sich zur Hauptpartei nicht in Widerspruch setzt, eigenständig Prozesshandlungen in eigener Person vornehmen kann, insoweit mithin einen anderen Einfluss auf das Verfahren hat als ein Prozessbevollmächtigter.

[331] Zur Abgrenzung des Erfordernisses eines Ausschlussakts von der allgemeinen Notwendigkeit eines Einverständnisses aus Vertraulichkeitsgründen siehe bereits eingehend in Kapitel 4 – B.I.3.

[332] So auch *Wolff*, SchiedsVZ 2008, 59, 60 f. sowie oben in Kapitel 5 – B.I.1. Auf diese Weise wird auch das Problem einer zusätzlichen Zustimmung des Schiedsgerichts gelöst, da sich der Schiedsrichtervertrag dann nach dieser Klausel richtet. Zusätzlich vorgesehen werden sollte allerdings eine entsprechende Erhöhung des Schiedsrichterhonorars für den Fall einer tatsächlich eintretenden Nebenintervention.

[333] Zum Parteibeitritt bereits oben in Kapitel 5 – A.II.4. Anders ist dies im Falle der Streithilfe nach Streitverkündung im Schiedsverfahren, wo der Verfahrensbeitritt gerade nicht auf die freiwillige Initiative des Dritten, sondern auf die einer der Verfahrensparteien hin erfolgt, vgl. bereits oben in Kapitel 5 – B.II.2.

mit der Streitverkündung erläutert worden sind und auf die daher an dieser Stelle verwiesen wird.[334]

bb) Pflicht zur Zulassung einer Nebenintervention im Schiedsverfahren?

Mitunter wird nun die Frage diskutiert, ob es sogar eine *Pflicht* zur Zulassung einer Nebenintervention Dritter im privaten Schiedsverfahren geben müsse. *Martens* etwa begründen dies mit dem in der ZPO verbürgten Recht des Dritten, auf einen Prozess Einfluss nehmen zu können, an dessen Ausgang er ein rechtliches Interesse hat.[335] Dieses Recht könne dem Dritten nicht einfach genommen werden, wenn anstelle eines staatlichen Gerichts ein Schiedsgericht zuständig sei. Im staatlichen Verfahren sei ein Erzwingen des Beitritts durch einen Nebenintervenienten mit Interventionsgrund möglich, im Schiedsverfahren dürfe daher nichts anderes gelten. Andernfalls stelle die Schiedsvereinbarung einen Vertrag zulasten all jener Dritten, die potenzielle Nebenintervenienten sein könnten, dar.[336]

Übersehen wird dabei, dass die Nebenintervention ganz regelmäßig zu Lasten des Nebenintervenienten wirkt.[337] Vor diesem Hintergrund weist *Martens* selbst an anderer Stelle darauf hin, dass die Nebenintervention gerade „kein geeignetes Instrument zur verfassungsrechtlich erforderlichen Gewährung rechtlichen Gehörs" darstelle.[338] Darüber hinaus dürfte ein Dritter nur in den seltensten Fällen überhaupt von der Einleitung eines vertraulichen Schiedsverfahrens erfahren. Man müsste aus der Pflicht der Zulassung einer Nebenintervention im Schiedsverfahren mithin zusätzlich die Verpflichtung einer jeden Partei eines Schiedsverfahrens herleiten, etwaige Personen, die an dem Ausgang des Schiedsverfahrens potenziell ein rechtliches Interesse haben könnten, über dieses Schiedsverfahren zu informieren. Dies dürfte mit dem Grundsatz der Vertraulichkeit im Schiedsverfahren jedoch nicht zu vereinbaren und auch in praktischer Hinsicht kaum umsetzbar sein.

---

[334] Zur Notwendigkeit der Unabhängigkeit und Unparteilichkeit des Schiedsgerichts auch dem Nebenintervenienten gegenüber vgl. Kapitel 5 – B.I.4.

[335] *Martens*, S. 272 und in anderem Zusammenhang auch *Massuras*, S. 455.

[336] Martens, S. 272. Es sei geboten, „den Aspekt des Drittschutzes in den Vordergrund der Betrachtungen zu stellen" und dadurch jene „Rechtsinstitute der Neben- und Hauptintervention auch innerhalb des arbitralen Verfahrens ohne Modifikation ihrer Voraussetzungen aber auch unter Beibehaltung ihrer für den Zivilprozeß konzipierten Wirkungen zur Anwendung gelangen zu lassen", Martens, S. 311 ff. Notwendig sei es, nicht nur den Konsens zur einzig notwendigen aber auch hinreichenden Bedingung für jegliche Drittbeteiligung zu machen, sondern „eine nicht allen die Privatautonomie des schiedsgerichtlichen Verfahrens, sondern vielmehr auch die schützenswerten Interessen des in Bezug genommenen Dritten fokussierende Betrachtung" vorzunehmen, Martens, S. 314.

[337] Vgl. Kapitel 5 – B.I.3.a). So auch Markfort, S. 55 („Die nachteilige Rechtsfolge der Nebenintervention, die Interventionswirkung, nimmt kaum jemand freiwillig auf sich").

[338] *Martens*, S. 270.

Es bedarf vielmehr einer differenzierenden Betrachtung der Problematik. Einer Pflicht zur Zulassung der Verfahrensbeteiligung Außenstehender bedarf es immer nur dann, wenn der Dritte unabhängig von der Nebenintervention prozessualen Wirkungen des Schiedsspruchs ausgesetzt werden soll. Dies betrifft zum einen den Fall einer vorangehenden – wirksamen – Streitverkündung im Schiedsverfahren[339] und zum anderen den Fall einer Wirkungserstreckung von Schiedssprüchen in Form einer *inter omnes*-Wirkung.[340] Die „Pflicht" zur Zulassung der Verfahrensbeteiligung folgt in diesen Fällen aber allein aus dem Willen der Betroffenen, eine erweiterte Schiedsspruchwirkung in Form einer Interventionswirkung oder *inter omnes*-Wirkung wirksam herbeiführen zu können. Mithin handelt es sich vielmehr um eine spezielle Zulässigkeitsvoraussetzung für diese gewünschte subjektive Erweiterung der Schiedsspruchwirkung als um eine allgemeine Pflicht zur Zulassung der Nebenintervention im Schiedsverfahren.

cc) Bisherige Ansätze zur Nebenintervention im Schiedsverfahren

Auch wenn man die Effektivität des Rechtsinstituts der Nebenintervention in den meisten Fällen also in Frage stellen kann, so gibt es dennoch Regelwerke, welche die Nebenintervention auch im Schiedsverfahren ermöglichen sollen.

Neben einer Streitverkündung eröffnet etwa die SO Bau in ihrem Anwendungsbereich gemäß § 18 SO Bau auch die Möglichkeit einer Nebenintervention im Schiedsverfahren. Auch hier handelt es sich allerdings um eine wenig regelungsdichte Vorschrift, die lediglich eine Zustimmung der Verfahrensparteien zu der Nebenintervention erfordert, nicht aber etwa die Möglichkeit der Beteiligung des Dritten an der Zusammensetzung des Schiedsgerichts vorsieht – der Beitritt ist nämlich überhaupt erst nach der vollständigen Bildung des Schiedsgerichts möglich.[341] Ungeregelt bleibt auch die Frage nach der tatsächlichen Kenntniserlangung des Dritten von dem grundsätzlich vertraulichen Schiedsverfahren.

Die Swiss Rules sprechen in ihrem Artikel 6 zwar von einer „Intervention" Dritter.[342] Bei genauerer Betrachtung wird jedoch deutlich, dass die Vorschrift primär einen Beitritt Dritter als Verfahrenspartei im Sinne des *Joinder* abdecken möchte. Zwar ist es auf Antrag auch möglich, eine andere Art der Verfahrensbeteiligung vorzusehen, Artikel 6.4 Swiss-Rules. Hier sind aber weder

---

[339] Kapitel 5 – B.II.2.
[340] Kapitel 5 – B.II.1. Auch der Bundesgerichtshof macht deutlich, dass das etwaige Verfahrensermessen des Schiedsgerichts gemäß § 1042 Absatz 4 Satz 1 ZPO insoweit auf null reduziert sei, BGHZ 180, 221, 232 („Schiedsfähigkeit II").
[341] So auch im Falle der Streitverkündung, vgl. Kapitel 5 – B.II.2.c)bb).
[342] Artikel 6.1 der Swiss Rules.

Voraussetzungen noch Folgen einer solchen Beteiligung bestimmt.[343] Die DIS als deutsche Schiedsinstitution regelt eine Nebenintervention, mit Ausnahme der streitgenössischen Nebenintervention speziell im Anwendungsbereich der DIS-ERGeS, nicht.[344]

Eine hingegen von institutionellen Regelwerken unabhängige Mustervereinbarung hat *Wolff* im Jahr 2008 vorgestellt.[345] Sie bildet den Anwendungsfall eines Unternehmenskaufs mit Garantiegebern ab. Letzteren soll die Möglichkeit der Beteiligung am Rechtsstreit über den Unternehmenskauf gegeben werden, wodurch sie aber zugleich einer der Interventionswirkung entsprechenden Wirkung des darin ergehenden Schiedsspruchs ausgesetzt werden sollen. Die vorgeschlagene Klausel ähnelt einer Nebenintervention im Kleid der Streitverkündung, da der Schiedskläger im Erstverfahren sämtliche Garantiegeber von dem Verfahren in Kenntnis setzen soll und bereits daraufhin, unabhängig vom Beitritt der einzelnen Garantiegeber, die Bindungswirkung des Schiedsspruchs eintreten soll. Durch den Abschluss einer gesonderten und von allen Beteiligten unterzeichneten Streitbeilegungsklausel werden die erforderlichen Zustimmungen gesichert. Auch sieht der Vorschlag eine Beteiligung der Garantiegeber an der Bildung des Schiedsgerichts vor. Mithin handelt es sich um eine – wenn auch auf einen Sonderfall beschränkten – Musterklausel, die mit den hier aufgestellten Leitlinien zur verfassungskonformen subjektiven Erweiterung des deutschen Schiedsverfahrensrecht weitgehend in Einklang steht.[346]

c) Praktische Relevanz einer Nebenintervention im Schiedsverfahren?

Die vorangegangene Untersuchung haben bereits die Frage nach der praktischen Relevanz der Nebenintervention im Schiedsverfahren anklingen lassen. Denn eine der gerichtlichen Interventionswirkung nachgebildete Schieds-

---

[343] Weswegen eine echte Drittbeteiligung unter den Swiss-Rules weiterhin mit erheblicher Rechtsunsicherheit behaftet sein dürfte, dazu kritisch bereits oben in Kapitel 5 – B.II.2.c)dd).

[344] Vgl. Artikel 4.1 DIS-ERGeS.

[345] *Wolff*, SchiedsVZ 2008, 59, 60 ff., siehe insbesondere seinen Klauselvorschlag auf S. 62 ff.

[346] Einen Vorschlag zur Beteiligung von Personen an einem Schiedsverfahren nach den Regeln der ICC auch als bloße Nebenintervenienten („*Intervenors*") im Zusammenhang mit internationalen Großprojekten unterbreitet daneben *Bartels*, J. Int. Arb. 1985, Vol. 2, No. 2, 61, 63 ff. Sein Vorschlag wurde allerdings zurecht von *Diesselhorst*, S. 129 f. dahingehend kritisiert, dass *Bartels* dem Erfordernis der Einflussnahme auf die Zusammensetzung des Schiedsgerichts dadurch nachkommen wollte, dass nach Konstituierung des Schiedsgerichts noch weitere Schiedsrichter hinzukommen könnten und in diesem Sinne „Kammern" („*Chambers*) zu bilden wären – was in der praktischen Umsetzung zweifelhaft erscheint. Aus heutiger Sicht erscheint die Beteiligung des Dritten bereits an der ursprünglichen Konstituierung beziehungsweise andernfalls dessen freiwillige Unterwerfung unter ein bereits konstituiertes Schiedsgericht zielführender, vgl. bereits Kapitel 5 – B.I.3.

spruchwirkung tritt grundsätzlich immer nur zu Gunsten der unterstützten Hauptpartei ein, wodurch die Drittbeteiligung auf Initiative des Dritten hin „für den Dritten schwerwiegende Risiken birgt, die durch die Chance, auf das Urteil Einfluss zu nehmen, nicht aufgewogen werden" und was sie auch im staatlichen Verfahren meist unattraktiv macht.[347]

Das größte Hindernis liegt jedoch in der Vertraulichkeit des privaten Schiedsverfahrens.[348] Denn Dritte, die potenziell an einer Nebenintervention interessiert sein könnten, dürften meist schlicht nichts von dem betreffenden Schiedsverfahren erfahren.[349] Eine Informationsverpflichtung seitens der Verfahrensparteien besteht hier ganz regelmäßig nicht – diese müsste mithin positiv vereinbart werden, wollte man eine Nebenintervention tatsächlich ermöglichen.[350] Mit Ausnahme besonderer Einzelfälle, wie etwa in gesellschaftsrechtlichen Beschlussmängelstreitigkeiten oder in derart verflochtenen Vertragsverhältnissen, in denen von einer Kenntniserlangung des Dritten von dem betreffenden Schiedsverfahren ausnahmsweise auszugehen ist, ist die Relevanz einer Nebenintervention im Schiedsverfahren daher äußerst gering.

4. Andere Formen der Drittbeteiligung

Doch zuletzt weist auch *Schlosser* im Zusammenhang mit der Drittbeteiligung im Schiedsverfahren darauf hin, dass nicht das enge Korsett der zivilprozessual vorgesehenen Nebenintervention und Streitverkündung übernommen werden muss, sondern auch andere Modelle einer Neben- oder Drittbeteiligung in Betracht gezogen werden können.[351] *Schlosser* verweist etwa auf die Möglichkeit der Beiladung, die im verwaltungsgerichtlichen Verfahren vorgesehen ist, §§ 65 f. VwGO.[352] Tatsächlich ließe sich auch eine solche Form der Drittbeteiligung im Schiedsverfahren nachbilden, sollte man kein Interesse an den einschränkenden Vorschriften einer Nebenintervention oder Streitverkündung im Schiedsverfahren haben. Soll die Beiladung keine Wirkung gegenüber dem Beigeladenen zur Folge haben, sondern allein eine faktische Kenntniserlangung sicherstellen, bedarf es hierfür nicht einmal der Wahrung der Verfahrensgarantien in Bezug auf den Dritten, sondern lediglich der Zustimmung der Verfahrensbeteiligten mit der übrigen etwaigen Verfahrensbeteiligung des Beigeladenen am vertraulichen Schiedsverfahren.

---

[347] *Wagner*, in: Die Beteiligung Dritter an Schiedsverfahren, S. 7, auch S. 42; so auch *Markfort*, S. 55; *Massuras*, S. 525.
[348] Siehe bereits oben in Kapitel 4 – C.III.1.
[349] So auch *Massuras*, S. 525.
[350] So auch *Wolffs* Vorschlag, *Wolff*, SchiedsVZ 2008, 59, 60 f.
[351] Schlosser, in: Stein/Jonas, ZPO, § 1042, Rn. 92 („Im Schiedsverfahren muss eine Nebenbeteiligung nicht die dialektische Form annehmen, die die ZPO als Streithelferei gebildet hat"); ders., in: FS Geimer, S. 947, 952.
[352] *Schlosser*, in: FS Geimer, S. 947, 949.

III. Fazit: Nachbildung von Drittbeteiligungsmodellen mit erhöhtem Regelungsbedarf möglich

Die vorangegangene Untersuchung der Nachbildung aus dem deutschen Prozessrecht bekannter Drittbeteiligungsinstitute im Schiedsverfahren hat zweierlei gezeigt. Zum einen wurde sichtbar, dass die hier aufgestellten Leitlinien zur subjektiven Erweiterung des deutschen Schiedsverfahrensrechts auch insoweit einsetzbar sind und überwiegend zufriedenstellende Lösungen für eine entsprechende Drittbeteiligung im Schiedsverfahren bieten. Zum anderen aber wurde deutlich, dass die Nachbildung der überwiegend deutschrechtlichen und international nur wenig bekannten komplexen Drittbeteiligungsinstitute im Schiedsverfahren einen bedeutend erhöhten Regelungsbedarf mit sich zieht. Dies wirft die Frage auf, wann und inwieweit sich dieser erhöhte Regelungsbedarf – dem bestenfalls bereits bei Vertragsschluss gerecht werden sollte und damit zu einem Zeitpunkt, in welchem regelmäßig nicht zu viel Zeit und Mühe in Streitbeilegungsmechanismen investiert wird – auszahlt. Denn gerade ausländische Vertragsparteien dürften derart deutschrechtliche Lösungen nur zögerlich akzeptieren.

Gerade bei gesellschaftsrechtlichen Beschlussmängelstreitigkeiten stellt dies mitunter aber den einzigen Weg dar, um einen entsprechenden Rechtsstreit überhaupt in einem Schiedsverfahren austragen zu können. Anders in den Fällen, die eine Streitverkündung oder Nebenintervention ins Spiel bringen. Hier ist gerade bei Schiedsverfahren mit internationalem Bezug abzuwägen, ob nicht der Weg über ein Mehrparteienschiedsverfahren, das vergleichsweise weniger Regelungsbedarf mit sich bringt und im Zweifel ein bedeutend höheres Maß an Rechtssicherheit bieten kann, der sinnvollere ist. Denn aufgrund der weitreichenden Gestaltungsfreiheit im Schiedsverfahren lassen sich Alternativmodelle ausländischer Rechtsordnungen, wie der *Joinder* oder die Drittklage, mit sehr viel weniger Aufwand regeln als eine Drittbeteiligungsmöglichkeit mit Interventionswirkung nach deutschrechtlichem Vorbild.[353]

Etwas anderes mag dann gelten, wenn erprobte institutionelle Regelwerke wie die DIS-ERGeS existieren, auf welche mit vergleichsweise wenig Regelungsaufwand Bezug genommen werden kann, um das entsprechende Rechtsinstitut auch im Schiedsverfahren rechtswirksam nachbilden zu können. Jedenfalls in rein nationalen Schiedsverfahren aber wollen die Parteien den ihnen bekannten zivilprozessualen Rahmen oftmals kaum verlassen und die Schiedsgerichtsbarkeit regelrecht im Kleid eines inländischen staatlichen Gerichtsverfahrens in Anspruch nehmen. Angesichts der nicht unbedeutenden Anzahl nationaler Schiedsverfahren besteht mithin doch ein gewisser praktischer Bedarf an entsprechenden Lösungsansätzen.[354] Um diesem Bedarf gerecht zu werden,

---

[353] Dazu bereits oben in Kapitel 5 – B.II.4. und B.II.5.

[354] Laut der Statistik der DIS waren 60 % der von ihr im Jahr 2022 administrierten Schiedsverfahren nationale Verfahren, siehe https://www.disarb.org/ueber-uns/unsere-ar-

lassen sich die im Rahmen der hier aufgestellten Leitlinien formulierten und mit der Rechtsprechung des Bundesgerichtshofs im Einklang stehenden Voraussetzungen heranziehen, um eine rechtssichere Nachbildung der deutschrechtlichen Drittbeteiligungsmodelle im Schiedsverfahren herbeiführen zu können. Bei der Bezugnahme auf bereits bestehende Regelwerke gilt es derzeit zwar noch Vorsicht walten zu lassen, da sie mitunter diesen Anforderungen nicht vollständig gerecht werden. Es bleibt aber zu hoffen, dass in absehbarer Zeit dem Standard der DIS-ERGeS entsprechende Regelwerke auch für eine Streitverkündung und gegebenenfalls auch eine Nebenintervention im Schiedsverfahren veröffentlicht werden.[355]

C. Ergebnis: Leitlinien für eine rechtssichere subjektive Erweiterung des deutschen Schiedsverfahrensrechts praktisch einsetzbar

Die Übertragung der hier aufgestellten Leitlinien für eine subjektive Erweiterung des deutschen Schiedsverfahrensrechts mittels Verfahrensvereinbarung[356] auf ihre praktischen Anwendungsfälle ist geglückt und hat gezeigt, dass sie, als Ergebnis einer Untersuchung des deutschen Verfassungsrechts, auch mit den international anerkannten Standards sowie den Anforderungen des Bundesgerichtshofs an eine entsprechende kautelarjuristische Regelung im Einklang steht. Dies lässt hoffen, dass sie ihrem Anspruch, eine rechtssichere Grundlage für Mehrparteien- und die bisher noch mit nicht unerheblicher Rechtsunsicherheit behafteten Drittbeteiligungsinstitute im Schiedsverfahren zu schaffen, gerecht wird.

Das ineinandergreifende staatliche Kontrollsystem im Zehnten Buch der ZPO, das eine Verschleppung von Verfahrensrügen in das Aufhebungs- und Vollstreckbarerklärungsverfahren vermeiden soll, lässt sich hingegen in gewissen Konstellationen, nämlich solchen, die aus dem Verfahrensparteibegriff des deutschen Schiedsverfahrensrechts herausfallen, nur sehr bedingt zufriedenstellend mittels Verfahrensvereinbarung nachbilden. Hier müsste mithin der Gesetzgeber tätig werden, um die damit einhergehende Rechtsunsicherheit aus der Welt zu schaffen.

---

beit-in-zahlen (zuletzt aufgerufen am 4. Dezember 2023). Dieses Bild vermittelt auch die von *Wolff* durchgeführte Studie zur Landschaft der Schiedsgerichtsbarkeit in Deutschland, vgl. *Wolff*, SchiedsVZ 2022, 72, 74 f. und 84 (diese sei „weniger international [...] als erwartet").

[355] Die DIS-ERS, die zurzeit finalisiert werden, dürften diesem Standard zur Ermöglichung einer Streitverkündung in Schiedsverfahren gerecht werden, vgl. bereits oben in Kapitel 5 – B.II.2.

[356] Kapitel 4 – C.

Abgesehen davon ist aber festzustellen, dass der Gesetzgeber mit seinem Aufruf an die Nutzer der Schiedsgerichtsbarkeit, Modelle, die über den reinen Parteienrechtsstreit hinausgehen, mittels Verfahrensvereinbarung selbst abzubilden, grundsätzlich nichts Unmögliches gefordert hat.[357] Die Gestaltungsfreiheit, die als einer der großen Vorzüge der Schiedsgerichtsbarkeit gegenüber der staatlichen Gerichtsbarkeit gilt, schafft dabei aber nicht nur Freiheit, sondern auch Verantwortung.[358] Diese Verantwortung gilt es nicht als zu leichtherzig hinzunehmen. Denn die von den Parteien vereinbarten Bestimmungen werden nur dann vom Staat als Grundlage verbindlicher Wirkungen von Schiedsverfahren und Schiedsspruch akzeptiert und so zu einer erfolgreichen Streitbeilegung führen, wenn sie den hierfür erforderlichen, mitunter umfassenden Anforderungen gerecht werden. Jeder Wunsch einer einfacheren und weniger komplexen Lösung läuft Gefahr, in seiner praktischen Umsetzung zu scheitern und letztlich zu einer wertlosen Entscheidung zu führen.[359] Das Aufstellen von Regelwerken durch die Schiedsinstitutionen kann insoweit eine enorme Erleichterung für die Nutzer der Schiedsgerichtsbarkeit bedeuten. Es ist daher nur zu begrüßen, dass die Schiedsinstitutionen diese Aufgabe weit überwiegend erkannt haben.

Und auch zu begrüßen ist, dass das Bundesministerium der Justiz – jedenfalls für gewisse Teilbereiche, namentlich für Mehrparteienschiedsverfahren – Vorschriften schaffen will, die das Erfordernis einer kautelarjuristischen Regelung weitgehend entfallen lassen. Der Gesetzgeber könnte hier zwar noch einen Schritt weitergehen und erwägen, auch eine bloße Drittbeteiligung im Schiedsverfahren zu regeln. Allerdings ist fraglich, ob die ersichtlich gewordene Komplexität solcher Regelungen Gegenstand gesetzlicher Vorschriften sein sollte. Jedenfalls in Bezug auf die gerichtlichen Kontrollmechanismen im laufenden Schiedsverfahren wäre ein gesetzliches Tätigwerden aber sinnvoll.

---

[357] So auch die Bundesrechtsanwaltskammer in ihren Vorschlägen zur Modernisierung des deutschen Schiedsverfahrensrechts: „Nach Ansicht der BRAK besteht keine Notwendigkeit, dass der Gesetzgeber hier weitere (zwingende) Vorgaben macht. Die grundlegende gesetzgeberische Wertung kommt in § 1034 Abs. 2 S. 1 ZPO ausreichend klar zum Ausdruck", Punkt 2.1, S. 8 der Stellungnahme Nr. 15 der Bundesrechtsanwaltskammer zu den Vorschlägen zur Modernisierung des deutschen Schiedsverfahrensrechts von März 2017.

[358] Denn die „Verantwortung für den reibungslosen Ablauf des Schiedsverfahrens und damit für den gleichbleibenden Wert der Schiedsgerichtsbarkeit als alternative Streitschlichtungsmethode liegt letztendlich bei den Parteien selbst.", Berger, RIW 1994, S. 12, 17 – „Diese Gestaltungsaufgabe ist ihnen in § 1042 Abs. 3 ZPO [...] sowieso zugewiesen", Raeschke-Kessler, SchiedsVZ 2003, 145, 150,

[359] Denn „Leitlinie muss auch hier die Vollstreckungsfähigkeit des Schiedsspruchs sein", die Einbeziehung eines Dritten „ist noch nicht geglückt, solange der gegen ihn ergehende Schiedsspruch [...] aufhebbar beziehungsweise nicht vollstreckbar ist", Kleinschmidt, SchiedsVZ 2006, 142, 148 f.

Kapitel 6

Subjektive Erweiterbarkeit des deutschen Schiedsverfahrensrechts im Falle einer Rechtsnachfolge?

Im letzten Teil dieser Arbeit soll ein Bereich der subjektiven Erweiterung des deutschen Schiedsverfahrensrecht in den Blick genommen werden, der bis heute hoch umstritten und teils nicht zufriedenstellend gelöst ist: die Rechtsnachfolge. Das deutsche Schiedsverfahrensrecht selbst schweigt in Bezug auf die Frage, was im Falle einer Rechtsnachfolge mit Schiedsvereinbarung, Schiedsverfahren und Schiedsspruch geschehen soll. Dies überrascht nach den vorangehenden Betrachtungen nur wenig. Denn auch bei der Rechtsnachfolge handelt es sich um eine Konstellation, die regelmäßig aus dem engen subjektiven Regelungsbereich des deutschen Schiedsverfahrensrechts, einem Rechtsstreit zwischen zwei Parteilagern, die einem zugrundeliegenden Ausschlussakt unterfallen, herausfällt. Was also geschieht im Falle einer Rechtsnachfolge, die vor, während oder nach einem Schiedsverfahren eintritt? Inwieweit erstrecken sich die Wirkungen von Schiedsvereinbarung, Schiedsverfahren und Schiedsspruch auch auf den Rechtsnachfolger?

Das Grundkonzept der Schiedsgerichtsbarkeit – Freiwilligkeit und Grundrechtswahrung – ist mit dem der Rechtsnachfolge nicht vereinbar, weswegen die Gestaltungsfreiheit der Akteure hier erschöpft ist und der Staat tätig werden muss, um die erforderliche Grundlage für eine Wirkungserstreckung auf den Rechtsnachfolger zu schaffen. Inwieweit die derzeitige Gesetzeslage dem gerecht wird, ist Gegenstand dieses Kapitels. Zunächst muss untersucht werden, was im Falle des vorprozessualen Eintritts der Rechtsnachfolge bei Vorliegen einer Schiedsvereinbarung geschieht – gehen die Wirkungen der Schiedsvereinbarung auf den Rechtsnachfolger über? Die Antwort auf diese Frage ist auch relevant für den Eintritt einer Rechtsnachfolge im laufenden Schiedsverfahren, der Aspekt der Rechtsnachfolge, der in der deutschen Schiedsgerichtsbarkeit am umstrittensten zu sein scheint. Erhebliche Divergenzen bestehen aber auch im Falle des Eintritts der Rechtsnachfolge nach Erlass des Schiedsspruchs.

Die Untersuchung wird zeigen, dass im Bereich der schiedsverfahrensrechtlichen Rechtsnachfolge spezifische Regelungen des Gesetzgebers wünschenswert sind, welche die in diesem Rechtsbereich weiterhin bestehende und teils erhebliche Rechtsunsicherheit beseitigen – und dass im Zuge dessen manche vermeintlichen Rechtstraditionen des deutschen Schiedsverfahrensrechts überdacht werden sollten.

A. Erfordernis einer gesetzlichen Grundlage für die Wirkungserstreckung auf den Rechtsnachfolger

Die Ergebnisse der vorangehenden Kapitel dieser Arbeit haben deutlich gemacht, welches von seiner verfassungsrechtlichen Legitimationsgrundlage getragene Grundkonzept nicht nur das deutsche Schiedsverfahrensrecht, sondern die Schiedsgerichtsbarkeit insgesamt verfolgen: ein ganz maßgeblich auf Freiwilligkeit und positive Grundrechtswahrung ausgerichtetes System, das es dem Staat erlaubt, sich hier ausnahmsweise weitestgehend zurückzuziehen und dem System dennoch gewisse öffentlich-rechtliche Wirkungen zuzusprechen. Diese Intention wurde bereits in der ersten Fassung des deutschen Schiedsverfahrensrechts deutlich, betrachtet man die Gesetzesbegründung der §§ 807 und 808 des ersten deutschen CPO-Entwurfs von 1874:

„Denn da der Schiedsspruch seine Kraft nicht der Autorität eines durch den Staat eingesetzten Gerichts, sondern der Vereinbarung der Parteien entnimmt, so hängt seine Geltung davon ab, dass der Schiedsvertrag dem Gesetz und das schiedsrichterliche Verfahren dem Willen der Parteien und den ergänzenden Normen dieses Gesetzes entspricht. Fehlt es an diesen Erfordernissen, so ist dem Schiedsspruch die Grundlage entzogen."[1]

Der Bundesgerichtshof hat im Rahmen seiner sogenannten Schiedsfähigkeitsrechtsprechung deutlich gemacht, dass dieses Grundkonzept über die wenigen und eng begrenzten Vorschriften des Zehnten Buchs der ZPO hinausgeht und in jedem Schiedsverfahren Geltung erlangen muss – auch im Falle einer subjektiven Erweiterung des Anwendungsbereichs des deutschen Schiedsverfahrensrechts.[2]

---

[1] Abgedruckt bei *Hahn*, S. 496. Vgl. dazu auch bereits oben, insbesondere in Kapitel 2 – D. Ein Abweichen von dem Grundkonzept der positiven Grundrechtswahrung soll nur in engen Ausnahmefällen möglich sein, wenn es im Einzelfall mit anderen, gewichtigeren Rechtsgütern kollidiert. Diese engen Ausnahmefälle hat der Gesetzgeber im deutschen Schiedsverfahrensrecht aber bewusst vorgegeben, siehe dazu bereits Kapitel 3 – A.I.2.c)(bb)(I).

[2] Vgl. BGHZ 180, 221, 224, 227 („Schiedsfähigkeit II"); 132, 278, 285 ff., 289 ff. („Schiedsfähigkeit I") sowie *BGH*, SchiedsVZ 2022, 86, 88, Rn. 15 („Schiedsfähigkeit IV"); NJW 2018, 3014, 3015, Rn. 15 ff.; SchiedsVZ 2017, 197, 199, Rn. 22 („Schiedsfähigkeit III"); *OLG Frankfurt*, Beschluss vom 24. Januar 2022 – 26 Sch 14/21, juris, Rn. 82 ff. Wie sich gezeigt hat, lassen sich auch fast alle möglichen Konstellationen einer subjektiv erweiterten Verfahrensgestaltung mit diesem Grundkonzept vereinbaren, siehe dazu bereits in Kapitel 4 – C.III. und Kapitel 5.

I. Rechtsnachfolge mit dem Grundkonzept der Schiedsgerichtsbarkeit nicht vereinbar

Ein Bereich der subjektiven Erweiterung des deutschen Schiedsverfahrensrecht ist jedoch mit diesem in der Schiedsgerichtsbarkeit verfolgten Grundkonzept nicht vereinbar: die Rechtsnachfolge. Denn hier kollidieren die verfassungsrechtlichen Verfahrensgarantien des Rechtsnachfolgers derart mit den Rechtsgütern der Rechtssicherheit und insbesondere des Rechtsfriedens, dass eine vollumfassende Grundrechtswahrung zugunsten des Rechtsnachfolgers schlicht unverhältnismäßig wäre, hätte sie im Zweifel doch den Verlust von Schiedsvereinbarung, Schiedsverfahren und sogar Schiedsspruch zur Folge.[3] Rechtsklarheit und Rechtsfrieden wären praktisch nie gesichert, denn der Eintritt einer Rechtsnachfolge lässt sich schließlich nur bedingt absehen und vermeiden. Aus den gleichen Gründen darf die Bindungswirkung auch nicht allein von der freiwilligen Entscheidung des Rechtsnachfolgers abhängen. Denn so wäre die Bewahrung der bisherigen Prozessergebnisse vollständig in die Willkür des Rechtsnachfolgers gestellt.

II. Vorliegen einer Eingriffssituation im Falle der Wirkungserstreckung auf Rechtsnachfolger

Im Fall der Rechtsnachfolge ist es mithin notwendig, von einer positiven Wahrung der Grundrechte des Rechtsnachfolgers abzusehen und seinen freien Willen hintenanzustellen. Soll der Rechtsnachfolger nun dennoch den öffentlich-rechtlichen Wirkungen von Schiedsvereinbarung, Schiedsverfahren und Schiedsspruch ausgesetzt sein, so wird er gezwungenermaßen in seinem Grundrechtsschutz eingeschränkt – aus verfassungsrechtlicher Sicht handelt es sich mithin um einen Eingriff in die Grundrechte des Rechtsnachfolgers.

Soll der Rechtsnachfolge etwa an die Schiedsvereinbarung seines Rechtsvorgängers gebunden werden, ohne dass es insoweit auf seine eigene, freiwillige Willensbetätigung ankommt, handelt es sich um einen Eingriff in seinen Justizgewähranspruch. Soll er darüber hinaus sogar an bereits vorgenommene Verfahrenshandlungen oder Prozessergebnisse eines laufenden Schiedsverfahrens gebunden werden, auf die er selbst keinen Einfluss nehmen konnte, so sind neben seinem Justizgewähranspruch zusätzlich seine verfahrensbezogenen Ausgestaltungsgarantien in Form des rechtlichen Gehörs und des fairen Verfahrens berührt. Am intensivsten aber stellt sich der Grundrechtseingriff bei einer Bindung an einen bereits ergangenen Schiedsspruch dar, wenn der Rechtsnachfolger einer prozessualen und im Zweifel sogar materiellen Durchsetzbarkeit des Schiedsspruchs ausgesetzt wird, ohne dass er auf dessen Zustandekommen Einfluss nehmen konnte.

---

[3] Dies wird in Kapitel 6 – B., C. und D. noch im Einzelnen aufgezeigt.

1. Keine „Rechtsnachfolge in Grundrechtsschutz"

Die Grundrechtsbetroffenheit des Rechtsnachfolgers entfällt auch nicht dadurch, dass eine Wahrung der Grundrechte in der Person seines Rechts*vorgängers* stattgefunden hat.[4] Grundrechte sind höchstpersönliche, subjektive Rechte, sodass Grundrechtsschutz stets in der eigenen Person gewährt werden muss.[5] Das Institut der Rechtsnachfolge findet sich ausschließlich im einfachen Recht, dem Verfassungsrecht und insbesondere dem Grundrechtskatalog ist eine entsprechende Regelung fremd.[6] Grundrechtsschutz selbst ist mithin nicht Gegenstand der Rechtsnachfolge, eine „Zurechnung" der Grundrechtswahrung erfolgt hier nicht.[7] Genauso wenig möglich ist aus verfassungsrechtlicher Sicht ein „Eintritt" in einen Grundrechtsausübungsverzicht des Rechtsvorgängers. Denn auch ein solcher ist höchstpersönlicher Natur und kann nur in Bezug auf die eigenen Grundrechte erklärt werden.[8]

---

[4] In diese Richtung scheint *Voits*, in: Musielak/Voit, ZPO, § 1055, Rn. 7 Aussage zur Gesamtrechtsnachfolge im laufenden Schiedsverfahren zu gehen („sein Anspruch auf Gewährung rechtlichen Gehörs wird nicht verletzt, da er auch insoweit in die Position seines Rechtsvorgängers eintritt."), wobei *Voit* allerdings nicht klarstellt, ob er den unmittelbar verfassungsrechtlich herzuleitenden Gehörsanspruch oder lediglich den einfach-gesetzlichen Gehörsanspruch aus § 1042 Absatz 1 Satz 2 ZPO meint.

[5] BVerfGE 109, 279, 304; *Dreier*, in: ders., GG, Artikel 1 Absatz 3, Rn. 35; *Höfling*, in: Sachs, GG, Artikel 1, Rn. 84; *Jarass*, in: Jarass/Pieroth, GG, Artikel 1, Rn. 31.

[6] Lediglich die Vorschriften der Artikel 133 f. GG regeln einen Eintritt des Bundes in die Rechte und Pflichten der Verwaltung des Vereinigten Wirtschaftsgebietes und das Vermögen des ehemaligen deutschen Reiches, welche die hier diskutierte Rechtsnachfolge in Grundrechtsschutz mithin nicht tangieren. Vgl. zu diesen Vorschriften im Einzelnen *Schwarz*, in: Herzog/Scholz/Herdegen/Klein, GG, Artikel 133, Rn. 10 f.; Artikel 134, Rn. 11 ff.

[7] Vgl. nur BVerfGE 117, 302, 310; 114, 371, 383; 114, 73, 87; 111, 191, 211; 109, 279, 304; 94, 12, 30; 69, 188, 201; 6, 389, 442 f.; *Bethge*, in: Schmidt-Bleibtreu/Klein/Bethge, BVerfGG, § 90, Rn. 125 f. jeweils am Beispiel der Rechtsnachfolge im Falle einer bereits anhängigen Verfassungsbeschwerde. *Bethge*, HStR IX, § 203 Rn. 24 ff. spricht in diesem Zusammenhang zwar erst von einer „Grundrechtsnachfolge", stellt dann aber klar, dass es sich dabei vielmehr um Wahrnehmungsbefugnisse im Rahmen der bereits anhängigen Verfassungsbeschwerde handelt. Wenn also etwa ein einfach-gesetzlicher vermögensrechtlicher Anspruch kraft Anordnung des einfachen Rechts auf den Rechtsnachfolger übergeht, so kann der Rechtsnachfolger in Bezug auf diesen Anspruch seine eigenen Grundrechte geltend machen. Diese Befugnis folgt aber nicht aus einem Eintritt in die Grundrechte des Rechtsvorgängers im Sinne einer „Grundrechtsnachfolge", sondern vielmehr wird aufgrund des Eintritts in die *einfach-gesetzliche* Rechtsposition seines Rechtsvorgängers nunmehr sein eigenes Grundrecht berührt. Das Bundesverfassungsgericht erlaubt es in einem solchen Falle ausnahmsweise, dass eine bereits anhängige Verfassungsbeschwerde auf die Prüfung einer Verletzung der Grundrechte des Rechtsnachfolgers umgestellt und so durch ihn weitergeführt wird.

[8] Andernfalls fehlt es bereits an der Disponibilität des Grundrechtsschutzes, vgl. nur *Dreier*, in: ders., GG, Vorb. vor Artikel 1 GG, Rn. 132.

Die Aussage, eine Bindung des Rechtsnachfolgers an Schiedsvereinbarung, Schiedsverfahren oder Schiedsspruch seines Rechtsvorgängers stelle keine Beschränkung der Grundrechte des Rechtsnachfolgers dar, weil er insoweit in den Grundrechtsschutz seines Rechtsvorgängers „eintrete", ist mithin missverständlich formuliert. Es handelt sich bei einer solchen Bindung verfassungsrechtsdogmatisch betrachtet vielmehr um die Auflösung einer Grundrechtskollision auf der Ebene des einfachen Rechts. Diese Auflösung aber hat einen Eingriff in die betroffenen Grundrechte des Rechtsnachfolgers zur Folge.

2. Öffentlich-rechtliche Institute der Rechtsnachfolge als Eingriffsinstitute

Daher stellen die einfach-gesetzlichen Rechtsinstitute der Rechtsnachfolge, jedenfalls soweit damit ein öffentlich-rechtliches Rechtsverhältnis wie im Verwaltungs- oder im Prozessrecht geregelt wird, unmittelbare Eingriffsinstitute in die Grundrechte des Rechtsnachfolgers dar.[9] Der damit einhergehende Grundrechtseingriff lässt sich aber ganz regelmäßig verfassungsrechtlich rechtfertigen. So bieten die einschlägigen Vorschriften die aufgrund des Vorbehalts des Gesetzes erforderliche und hinreichend bestimmte gesetzliche Grundlage, um den Rechtsnachfolger an gewisse staatliche Maßnahmen und Entscheidungen, die gegenüber dem Rechtsvorgänger erlassen wurden, zu binden und ihn insoweit in seinen Grundrechten zu beschränken.[10]

Die Wirkungserstreckung staatlicher Maßnahmen und Entscheidungen auf den Rechtsnachfolger ist grundsätzlich auch verhältnismäßig, weil sie dem Vertrauensschutz und Rechtsfrieden dient und einer Überlastung des Verwaltungs- beziehungsweise des Justizapparates entgegenwirkt.[11] Insbesondere eine Bindung an die Rechtskraft einer Entscheidung sowie deren zwangsweise Durchsetzbarkeit auch gegenüber dem Rechtsnachfolger bezwecken die dem Rechtsstaatsprinzip entspringende notwendige Rechtssicherheit im Verfahrensrecht.[12] Zugleich sind die Organe, welche die verbindlichen Entscheidun-

---

[9] Vgl. nur die Vorschriften der §§ 239, 265, 325 ff. ZPO im Zivilprozessrecht sowie § 173 VwGO i.V.m. §§ 239, 265, 325 ff. ZPO im Verwaltungsprozessrecht und auch § 45 AO oder § 49 BauGB im Verwaltungsrecht.

[10] Vgl. den Vorbehalt des Gesetzes in Artikel 20 Absatz 3 GG. Zu diesen Anforderungen an einen Grundrechtseingriff *Jarass*, in: Jarass/Pieroth, GG, Artikel 20, Rn. 53; *Kingreen*, HStR XII, § 263, Rn. 6. Der Vorbehalt des Gesetzes gilt auch im Verfahrensrecht, da die Grundrechte hier nicht lediglich eine Ausstrahlwirkung haben, sondern unmittelbar zur Anwendung kommen, BVerfGE 52, 203, 207; *BAG*, NZA 2017, 112, 113; *Jarass*, in: Jarass/Pieroth, GG, Artikel 1, Rn. 34.

[11] Zu den Erwägungen betreffend die Bestandskraft beziehungsweise die Rechtskraftwirkung öffentlicher Maßnahmen und Entscheidungen vgl. nur BVerfGE 88, 118, 123 ff.; 60, 253, 267 ff.; 47, 146, 161 und 165; 22, 322, 329; *Jarass*, in: Jarass/Pieroth, GG, Artikel 20, Rn. 109; *Schulze-Fielitz*, in: Dreier, GG, Artikel 20, Rn. 150.

[12] Zur Rechtskraftwirkung gerichtlicher Entscheidungen BVerfGE 60, 253, 267 ff.; 47, 146, 161; 22, 322, 329; 15, 313, 320; *Jarass*, in: Jarass/Pieroth, GG, Artikel 20, Rn. 109;

gen im Verwaltungs- oder Prozessrecht treffen dürften, staatlicher Natur, weswegen sie gemäß Artikel 1 Absatz 3 GG unmittelbar an das Grundgesetz und die darin verbürgten Grundrechte gebunden sind. Dies erhöht den Grad an materieller Gerechtigkeit und mildert zugleich die Eingriffsintensität ab.[13]

III. Notwendigkeit hinreichend bestimmter und verhältnismäßiger gesetzlicher Eingriffsgrundlagen

Nun ist nicht zu bestreiten, dass die Schiedsgerichtsbarkeit erheblich an Wert verlieren würde, wenn sie selbst keine Wirkungserstreckung auf Rechtsnachfolger mit sich brächte. Soll nun aber eine verbindliche Wirkung von Schiedsvereinbarung, Schiedsverfahren und Schiedsspruch gegenüber einem Rechtsnachfolger unter Beschneidung seiner rechtsstaatlichen Verfahrensgarantien eintreten können, so bedarf es auch hierfür gemäß Artikel 20 Absatz 3 GG einer entsprechenden einfach-gesetzlichen Eingriffsgrundlage. Diese muss zugleich hinreichend bestimmt und verhältnismäßig sein, um ihren verfassungsrechtlichen Anforderungen gerecht zu werden.[14]

Im Falle der schiedsverfahrensrechtlichen Rechtsnachfolge stoßen die Möglichkeiten des Rechtsanwenders also mitunter an Grenzen, welche nur der Gesetzgeber beseitigen kann.[15] Auf Schwierigkeiten stößt dies deswegen, weil der

---

Schulze-Fielitz, in: Dreier, GG, Artikel 20, Rn. 150 und speziell mit Blick auf die Rechtskrafterstreckung *Schack*, NJW 1988, 865. So besteht neben dem Schutz der Rechtspflege und ihrer Organe durch Vermeidung einer mehrfachen Inanspruchnahme als öffentliches Interesse der Regelungsweck der Rechtssicherheit, der sich wiederum aufgespalten lässt in die Orientierungs- und die Realisierungssicherheit. Die Orientierungssicherheit bewirkt Rechtsgewissheit durch die Kenntnis der in Bezug auf die im Urteil festgestellte Rechtslage bestehenden Rechte und Pflichten. Die Realisierungssicherheit beinhaltet daneben die Möglichkeit der notfalls auch zwangsweisen Durchsetzung der Entscheidung mit staatlicher Hilfe, um auf Selbsthilfe verzichten zu können. Auch die materielle Rechtskraft bewirkt somit einen Teil der Realisierungssicherheit, in dem die Entscheidung nicht mehr in Frage gestellt werden kann – im Zweifel auch durch den Rechtsnachfolger nicht. Zu diesen Schutzzwecken der Rechtskraftwirkung im Einzelnen aber *Lühmann*, S. 20 ff.

[13] Vergleichsweise eingriffsintensiver ist daher eine Wirkungserstreckung privater Schiedssprüche auf den Rechtsnachfolger, weil das Schiedsgericht eben nicht selbst an die Grundrechte gebunden ist. Dazu im Einzelnen aber noch in Kapitel 6 – A.III.

[14] Zum Grundsatz der Normbestimmtheit vgl. nur BVerfGE 120, 378, 407; 113, 348, 375 ff.; 110, 33, 52 ff.; 100, 313, 359 f. und 372; *Jarass*, in: Jarass/Pieroth, GG, Vorb. vor Artikel 1, Rn. 43 und Artikel 20, Rn. 79. Zum Grundsatz der Verhältnismäßigkeit BVerfGE 113, 154, 162; 111, 54, 82; 108, 129, 136; 80, 109, 120; *Jarass*, in: Jarass/Pieroth, GG, Artikel 20, Rn. 112 ff.

[15] Dies betrifft diejenigen Fälle, in denen sich der Rechtsnachfolger nicht freiwillig beugt – im Falle des positiven Willens des Rechtsnachfolgers ist eine privatrechtliche Vereinbarung schließlich unproblematisch möglich. Daher werden hier auch primär die Fälle betrachtet, in denen der Rechtsnachfolger sich Schiedsvereinbarung, Schiedsverfahren und Schiedsspruch nicht freiwillig unterwerfen möchte.

Gesetzgeber hier, anders als für das staatliche Verfahren, meist keine eindeutigen Eingriffsgrundlagen geschaffen hat.[16] Es wird mithin zu untersuchen sein, ob und inwieweit ein Rechtsnachfolger nach der derzeitigen Rechtslage auch ohne oder sogar gegen seinen Willen den prozessualen Wirkungen von Schiedsvereinbarung, Schiedsverfahren und Schiedsspruch ausgesetzt werden kann – und wann ein zusätzliches Tätigwerden des Gesetzgebers erforderlich scheint. Auf der Suche nach den geeigneten Eingriffsgrundlagen wird dabei zu differenzieren sein zwischen der Gesamtrechtsnachfolge einerseits und der Einzelrechtsnachfolge andererseits, da die beiden Rechtsinstitute einfach-gesetzlich unterschiedlich ausgestaltet sind.

Um den Rahmen dieser Arbeit nicht zu sprengen, werden beide Rechtsinstitute je anhand eines ihrer Anwendungsfälle untersucht. Für die Gesamtrechtsnachfolge wird die Universalsukzession im Falle eines Erbfalls betrachtet, §§ 1922 ff. BGB, für die Einzelrechtsnachfolge das Rechtsinstitut der Abtretung, §§ 398 ff. BGB. Auf die anderen Anwendungsbereiche der Rechtsnachfolge wird an den geeigneten Stellen lediglich verwiesen. Zugleich notwendig ist es aber, nach dem jeweiligen Zeitpunkt des Eintritts der Rechtsnachfolge zu differenzieren, also danach, ob diese noch vor Beginn eines Schiedsverfahrens, währenddessen oder nach seinem Abschluss eintritt. Denn wie sich zeigen wird, sind die einzelnen Verfahrensgarantien des Rechtsnachfolgers je nach Zeitpunkt seines Auftretens in unterschiedlichem Maße berührt – was Auswirkungen auf die Anforderungen hat, die an die jeweils erforderliche gesetzliche Eingriffsgrundlage zu stellen sind.

B. Vorprozessualer Eintritt der Rechtsnachfolge

Der Fall der schiedsverfahrensrechtlichen Rechtsnachfolge, der in der einschlägigen Literatur wohl am umfassendsten diskutiert wird, ist der vorprozessuale Eintritt einer Rechtsnachfolge. Unterliegt der von der Rechtsnachfolge umfasste Streitgegenstand nun einer vom Rechtsvorgänger getroffenen Schiedsvereinbarung, so stellt sich die Frage, ob auch der Rechtsnachfolger dieser Schiedsvereinbarung unterworfen ist, mithin ein etwaiger zukünftiger Rechtsstreit über den ihr zugrundeliegenden Streitgegenstand durch und insbesondere gegen ihn wirksam vor dem Schiedsgericht ausgefochten werden kann und muss.[17]

---

[16] Dies wird sich in Kapitel 6 – D.II., C.II. und D.II. noch im Einzelnen zeigen.

[17] Dem Thema des vorprozessualen Übergangs der Schiedsvereinbarung widmen sich ganze wissenschaftliche Arbeiten, wie etwa die von *Ahrens* (Die subjektive Reichweite internationaler Schiedsvereinbarungen und ihre Erstreckung in der Unternehmensgruppe); *Martens* (Wirkungen der Schiedsvereinbarung und des Schiedsverfahrens auf Dritte); *Mohs* (Drittwirkung von Schieds- und Gerichtsstandsvereinbarungen); *Niklas* (Die subjektive

Diese Frage mag man nach einem Blick in Literatur und Rechtsprechung für überwiegend geklärt halten. So tritt der Rechtsnachfolger der weit überwiegenden Auffassung zufolge in die Schiedsvereinbarung seines Rechtsvorgängers mit all ihren Rechten und Pflichten ein – was für den Einzel- wie den Gesamtrechtsnachfolger gleichermaßen gelten soll.[18] Im Rahmen dieser Arbeit soll die Debatte dennoch um eine verfassungsrechtliche Sichtweise ergänzt werden, welche soweit ersichtlich bisher kaum im Fokus der einschlägigen Untersuchungen stand – mag sie überwiegend auch zu den gleichen Ergebnissen führen. Die verfassungsrechtliche Sicht wird aber einerseits zeigen, wieso insbesondere das materiell-rechtliche Institut der Rechtsnachfolge stets mit Bedacht eingesetzt werden sollte und andererseits, wieso eine genaue Differenzierung zwischen dem jeweiligen Zeitpunkt des Eintritts der schiedsverfahrensrechtlichen Rechtsnachfolge unabdingbar ist, sind doch die verfassungsrechtlichen Verfahrensgarantien mitunter im unterschiedlichen Maße berührt. Diese Erkenntnisse wiederum erleichtern die Antwort auf die Frage nach der Rechtsnachfolge im Schiedsverfahrensrecht allgemein.

I. Vorliegen einer Grundrechtseingriffssituation

Betrachtet man die herrschende Auffassung, wonach ein Rechtsnachfolger unabhängig vom eigenen Willensentschluss an eine von seinem Rechtsvorgänger abgeschlossene Schiedsvereinbarung „gebunden" sein soll, vor ihrem verfassungsrechtlichem Hintergrund, so muss man feststellen, dass es sich hierbei um einen Grundrechtseingriff in den Justizgewähranspruch des Rechtsnachfolgers handelt.[19] Denn sobald er den rechtsverbindlichen Ausschluss des Rechts auf staatlichen Rechtsschutz seines Rechtsvorgängers gegen sich gelten lassen soll, kann er in einem etwaigen Rechtsstreit das staatliche Rechtsschutzsystem nicht mehr wirksam in Anspruch nehmen, wenn der Prozessgegner dem nicht freiwillig zustimmt.[20] Dieser Ausschluss des Rechts auf staatlichen Rechts-

---

Reichweite von Schiedsvereinbarungen) – auch, wenn die Rechtsnachfolge nur einen Teilbereich der dortigen Untersuchungen darstellt.

[18] Dazu im Einzelnen und mit Nachweisen sogleich in Kapitel 6 – B.II.2.

[19] Ähnlich wie bei der Frage der „Bindung" von Personengesellschaftern an eine im Außenverhältnis durch die Gesellschaft abgeschlossene Schiedsvereinbarung über § 128 Satz 1 HGB, vgl. dazu bereits oben in Kapitel 5 – A.I.1.b). Dies erkennend, wenn auch nicht explizit als Grundrechts*eingriff* einordnend, allgemein BGHZ 144, 146, 148; 77, 65, 69; 68, 356, 359; *Pika*, ZZP 2018, 225, 240. *Martens*, S. 39 f. hingegen begründet die Notwendigkeit, die Wirkungserstreckung einer Schiedsvereinbarung restriktiv zu handhaben, lediglich mit der rein faktischen Gefahr, dass der Rechtsnachfolger Rechtsnachteile erleiden könnte, etwa, wenn er juristisch nicht versiert ist und damit im Zivilprozess besser aufgehoben wäre.

[20] Zur verbindlichen Wirkung der Schiedsvereinbarung, die nur übereinstimmend wieder beseitigt werden kann, siehe bereits oben in Kapitel 3 – A.I.2.a).

schutz ist auch verfassungsrechtlich relevant, weil er staatlichen Organen gegenüber wirksam sein soll.[21]

Soweit der Eintritt der Rechtsnachfolge nun *vorprozessual* erfolgt, sind die verfahrensbezogenen Ausgestaltungsgarantien des Rechtsnachfolgers, also das Recht auf faires Verfahren und rechtliches Gehör, hingegen nicht berührt. Schließlich kann deren Wahrung in einem auf Grundlage der auf den Rechtsnachfolger übergegangenen Schiedsvereinbarung potenziell stattfindenden Schiedsverfahren, in welchem er von Beginn an selbst als Verfahrenspartei beteiligt wäre, unproblematisch erfolgen.[22]

II. Vorliegen einer hinreichend bestimmten und verhältnismäßigen gesetzlichen Eingriffsgrundlage?

Mithin bedarf es einer verfassungsrechtlichen Rechtfertigung des Grundrechtseingriffs in den Justizgewähranspruch desjenigen Rechtsnachfolgers, der ohne oder sogar gegen den eigenen Willen an den Ausschlussakt seines Rechtvorgängers gebunden werden soll – also an eine Schiedsvereinbarung oder, was an späterer Stelle untersucht werden soll, eine Schiedsverfügung.

1. Keine spezifische Eingriffsgrundlage im deutschen Schiedsverfahrensrecht

Das deutsche Schiedsverfahrensrecht beinhaltet keine eigenen Vorschriften zur Rechtsnachfolge und damit auch nicht zur Rechtsnachfolge in eine vom Rechtsvorgänger abgeschlossene Schiedsvereinbarung.[23] Auf das Schiedsverfahrensrecht selbst kann mithin nicht zurückgegriffen werden.

2. Vorschriften des materiellen Rechts als geeignete Eingriffsgrundlagen?

Allerdings ist in Bezug auf das Zustandekommen der Schiedsvereinbarung als materiell-rechtlicher Vertrag über prozessuale Beziehungen allgemein anerkannt, dass es sich in Abwesenheit besonderer Vorschriften in der Zivilprozessordnung nach denen des materiellen Recht richtet.[24] Dies könnte dafür sprechen, dass auch die notwendige Eingriffsgrundlage für den *Übergang* einer

---

[21] Schließlich soll die im privaten Schiedsverfahren ergehende Entscheidungen ihm gegenüber im Verhältnis zum Staat verbindliche und öffentlich-rechtliche Rechtswirkungen entfalten, siehe dazu allgemein bereits oben in Kapitel 2 – B.

[22] Hier wird deutlich, wieso eine Unterscheidung der schiedsverfahrensrechtlichen Rechtsnachfolge nach dem Zeitpunkt ihres Eintritts für deren verfassungsrechtliche Beurteilung unabdingbar ist.

[23] Vgl. auch *Martens*, S. 136. Dies ist für Verfahrensvereinbarungen allgemein der Fall, vgl. *Leipold*, in: MüKo BGB, § 1922, Rn. 229; *Wagner*, S. 307.

[24] Statt vieler *Wagner*, S. 11 ff. sowie bereits oben in Kapitel 3 – A.I.2.

Schiedsvereinbarung im materiellen Recht liegt.[25] Es gilt mithin zu untersuchen, ob sich in den Vorschriften des Privatrechts Regelungen finden lassen, die als gesetzliche Grundlage für den Eingriff in den Justizgewähranspruchs eines Rechtsnachfolgers geeignet erscheinen.

a) Fall der Gesamtrechtsnachfolge

Zunächst soll die Gesamtrechtsnachfolge am Beispiel eines Erbfalls betrachtet werden. Die Vorschrift des § 1922 BGB ordnet für diesen Fall die Universalsukzession und das Prinzip des sogenannten Vonselbsterwerbs an. Danach gehen sämtliche Rechtspositionen des Erblassers kraft Gesetzes auf den Erben über, ohne dass es hierfür eines gesonderten Aktes der einen oder der anderen Seite bedarf.[26] Diese umfassende Bewahrung der Rechtspositionen des Erblassers in der Person des Erben legt die Annahme nahe, dass auch der Abschluss einer Schiedsvereinbarung durch den Erblasser Rechtswirkung gegenüber seinem Gesamtrechtsnachfolger entfalten soll, indem auch sie als Teil des Nachlasses auf den Erben übergeht.[27] Aus verfassungsrechtlicher Sicht muss zwar die Frage aufgeworfen werden, ob eine grundsätzlich materiell-rechtliche Vorschrift wie die des § 1922 ZPO dazu bestimmt und geeignet ist, auch im unmittelbaren Verhältnis des Bürgers zum Staat zu wirken und in diesem Verhältnis einen Grundrechtseingriff zu rechtfertigen.[28] Denn es handelt sich bei ihr grundsätzlich um eine Bestimmung, die den Rechtsbereich unter Privaten regelt. Nun handelt es sich bei der Schiedsvereinbarung aber nicht um eine reine Prozesshandlung, sondern um eine Verfahrensvereinbarung, die zumindest hilfsweise nach den Vorschriften des materiellen Rechts zustande kommt, was die (entsprechende) Anwendbarkeit des § 1922 BGB auf ihren Übergang rechtfertigen dürfte.[29] Bestimmt genug dürfte sie dabei deswegen sein, weil sie

---

[25] Diesen Ansatzpunkt wählt auch Schwab/Walter, Teil I, Kapitel 7, Rn. 22 („Die Schiedsvereinbarung wirkt zunächst unter den Vertragsparteien. Sie wirkt auch für und gegen Dritte, aber nur, soweit man sie durch eine mit dem Vertragsgegner geschlossene Vereinbarung verpflichten oder sie vertraglich berechtigen kann.").

[26] Vgl. nur *Stürner*, in: Jauernig, BGB, § 1922, Rn. 1; *Weidlich*, in: Grüneberg, BGB, § 1922, Rn. 6; *Muscheler*, Jura 1999, 234, jeweils mit zahlreichen weiteren Nachweisen.

[27] Dies entspricht der herrschenden Ansicht und ständigen Rechtsprechung, vgl. nur BGHZ 68, 356, 359; BayObLGZ 1999, 255, 266 f.; *Münch*, in: MüKo ZPO, § 1029, Rn. 49; *Schwab/Walter*, Teil I, Kapitel 7; *Bosch*, S. 129 f.; *Martens*, S. 102; *Schütze/Thümmel*, S. 62, Rn. 26; *Wagner*, in: Die Beteiligung Dritter an Schiedsverfahren, S. 7, 14.

[28] Nicht umsonst handelt es sich bei § 1922 BGB um eine Vorschrift, die „das Prinzip der privaten Vererblichkeit" zum Ausdruck bringt, *Leipold*, in: MüKo BGB, § 1922, Rn. 1. Zur grundsätzlich bloß mittelbaren Grundrechtsrelevanz im Privatrecht vgl. nur BVerfGE 7, 198, 205 ff.; *Herdegen*, in: Herzog/Scholz/Herdegen/Klein, Artikel 1, Absatz 3, Rn. 71; *Jarass*, in: Jarass/Pieroth, GG, Artikel 1, Rn. 53.

[29] Dies insbesondere deswegen, weil die herrschende Meinung selbst den Eintritt eines Erben in die *prozessuale* Situation in etwaigen Rechtsstreitigkeiten seines Rechtsnachfolgers

im Sinne der Universalsukzession den Eintritt in sämtliche privatrechtliche Rechtspositionen – und damit eben auch in eine potenzielle Schiedsvereinbarung – anordnet.

Zuletzt muss die gesetzliche Grundlage auch verhältnismäßig sein, soll sie einen Eingriff in den Justizgewähranspruch verfassungsrechtlich rechtfertigen. Hintergrund der Universalsukzession ist der Schutz des Rechtsverkehrs sowie der Vertragspartner des Rechtsvorgängers vor Veränderungen der Rechtslage durch den – im Zweifel unvorhersehbaren – Eintritt eines Erbfalls.[30] Dieser Gedanke lässt sich auch auf den Vertragspartner einer Schiedsvereinbarung übertragen. Speziell in Bezug auf die Vorschrift des § 1922 BGB gilt es zudem die Möglichkeit der Ausschlagung der Erbschaft zu berücksichtigen, sodass der Erbe, sollte er die Schiedsvereinbarung keinesfalls gegen sich wirken lassen wollen, die Erbschaft ausschlagen könnte, was die Intensität des Grundrechtseingriffs jedenfalls teilweise vermindert. Zudem kann der Übergang einer Schiedsvereinbarung im Falle des Todes einer der Vertragsparteien durch eine entsprechende ausdrückliche Vereinbarung ausgeschlossen werden,[31] sodass es verhältnismäßig erscheint, dass auch der ursprüngliche Vertragspartner die Schiedsvereinbarung dem Rechtsnachfolger gegenüber gegen sich gelten lassen muss, wenn er einen solchen Ausschluss nicht vorsieht.

b) Fall der Einzelrechtsnachfolge

Eine weniger eindeutige Eingriffsgrundlage findet sich in den materiell-rechtlichen Vorschriften zur Einzelrechtsnachfolge. Aus diesem Grund ist auch die Frage, ob und wenn ja auf welcher Grundlage ein Eintritt des Einzelrechtsnachfolgers in eine zwischen den ursprünglichen Vertragsparteien abgeschlossene Schiedsvereinbarung erfolgt, weitaus umstrittener als im Falle der Gesamtrechtsnachfolge.

Überwiegend einig ist man sich mit Blick auf die Abtretung, dass auch der Zessionar an eine von seinem Rechtsvorgänger im Hinblick auf den abzutretenden Hauptvertrag abgeschlossene Schiedsvereinbarung gebunden sein müsse.[32] Als Grund für die Annahme des Übergangs der Schiedsvereinbarung

---

über § 1922 BGB herleitet, dazu sogleich in Kapitel 6 – C.II.1. Für die entsprechende Anwendbarkeit der materiell-rechtlichen Institute der Universalsukzession auf Verfahrensvereinbarungen auch *Leipold*, in: MüKo BGB, § 1922, Rn. 229 *Schwab/Walter*, Teil I, Kapitel 7, Rn. 30; *Wagner*, in: Die Beteiligung Dritter an Schiedsverfahren, S. 7, 20, jeweils mit zahlreichen weiteren Nachweisen. Zur Frage der Geeignetheit der Vorschrift des § 128 Satz 1 HGB als Eingriffsgrundlage im Gesellschaftsrecht siehe Kapitel 5 – A.I.1.b).

[30] Eingehend *Müller-Christmann*, in: BeckOK BGB, § 1922, Rn. 15.
[31] *Leipold*, in: MüKo BGB, § 1922, Rn. 229; an §§ 412, 399 Alternative 2 BGB anknüpfend *Wagner*, S. 309.
[32] *BGH*, SchiedsVZ 2023, 228, Ls.; NJW 2000, 2346; 1998, 371 f.; NJW-RR 1991, 423, 424; BGHZ 77, 32, 35 f.; 71, 162, 164 ff. sowie bereits RGZ 56, 182 f.; 146, 52, 55 ff.; *Münch*, in: MüKo ZPO, § 1029, Rn. 51; *Voit*, in: Musielak/Voit, ZPO, § 1029, Rn. 8;

wird maßgeblich der Schuldnerschutz angeführt. So solle man sich nicht einfach mittels Abtretung einer unterwünschten Schiedsvereinbarung entledigen können.[33] Der Übergang liege schließlich regelmäßig im Interesse des Vertragspartners. Wollte dieser ausschließen, dass er der Schiedsvereinbarung auch gegenüber einer anderen Person als der seines ursprünglichen Vertragspartners ausgesetzt werden kann, könne er ein Abtretungsverbot gemäß § 399 Alternative 2 BGB in die Schiedsvereinbarung aufnehmen beziehungsweise den Übergang der Schiedsvereinbarung auf Rechtsnachfolger explizit ausschließen.[34] Zugleich sei der Einzelrechtsnachfolger nur wenig schutzwürdig, weil er sich schließlich über das Vorliegen einer Schiedsvereinbarung informieren könne, bevor er einer Abtretung des Anspruchs aus dem Hauptvertrag an ihn zustimme.[35]

Dass sich triftige Gründe für eine verfassungsrechtliche Rechtfertigung des Übergangs einer Schiedsvereinbarung im Falle der Einzelrechtsnachfolge finden lassen, mag in der Gesamtschau somit zwar außer Frage stehen. Offen bleibt jedoch, ob die für einen damit einhergehenden Grundrechtseingriff notwendige und hinreichend bestimmte Eingriffsgrundlage vorhanden ist.[36] Auch in der einschlägigen Rechtsprechung und Literatur, wenn dies auch nicht unter der Überschrift eines Grundrechtseingriffs behandelt wird, ist man sich überaus uneins, ob sich im materiellen Recht eine geeignete Grundlage für einen Eingriff in den Justizgewähranspruch eines Zessionars, der sich ohne oder ge-

---

Ahrens, S. 97 ff. und S. 104 ff.; *Holeweg*, S. 115; *Massuras*, S. 119 ff.; *Mohs*, S. 64 f.; *Niklas*, S. 275 ff.; *Schütze/Thümmel*, S. 62, Rn. 28; *Wagner*, S. 311 ff.; *ders.*, in: Die Beteiligung Dritter an Schiedsverfahren, S. 7, 14; *Gebauer*, in: FS Schütze, S. 95, 96; *Schütze*; SchiedsVZ 2014, 274, 276. Dagegen aber *Schwab/Walter*, Teil I, Kapitel 7, Rn. 32; *Bosch*, S. 130 ff.; *Martens*, S. 64 ff.; *Baur*, in: FS Fasching, S. 81, 91.

[33] BGH, NJW 1998, 371 ff.; *Münch*, in: MüKo ZPO, § 1029, Rn. 51; *Massuras*, S. 119 f.; *Müller/Keilmann*, SchiedsVZ 2007, 113, 115; *Schütze*, SchiedsVZ 2014, 274, 276.

[34] So bereits RGZ 146, 52, 55, 57; auch Wagner, S. 309 und 313 (Die Vorschrift des § 399 BGB „schiebt die vertragliche Initiativlast für Beschränkungen der Rechtsnachfolge derjenigen Partei zu, an der und an der Person „ihres" Vertragspartners an der Konstanz der kontraktlichen Beziehungen besonders gelegen ist); ders., in: Die Beteiligung Dritter an Schiedsverfahren, S. 7, 16. In diese Richtung auch BGHZ 71, 162, 165 („sofern nichts Gegenteiliges vereinbart oder den Umständen zu entnehmen ist"); Niklas, S. 278.

[35] Vgl. nur BGHZ 71, 162, 166 (es sei dem Zessionar „grundsätzlich zuzumuten, sich über den Inhalt dieses Rechts, also auch über eine möglicherweise mit ihm verbundene Schiedsklausel, zu informieren"); Müller/Keilmann, SchiedsVZ 2007, 113, 115.

[36] Denn soll der Zessionar ohne oder sogar gegen seinen Willen an eine vom Zedenten geschlossene Schiedsvereinbarung gebunden werden, so handelt es sich zum einen um einen Grundrechtseingriff in seinen Justizgewähranspruch. Zum anderen muss man sich die Frage stellen, ob es sich bei einem Übergang einer Schiedsvereinbarung auf den Zessionar nicht zugleich auch um einen Eingriff in den Justizgewähranspruch des Vertragspartners des Zedenten handelt, der einer Abtretung nicht zustimmen muss. Schließlich hat sich dessen freiwilliger Grundrechtsausübungsverzicht ursprünglich auf den Rechtsvorgänger bezogen.

gen seinen Willen eine Schiedsvereinbarung des Zedenten entgegenhalten lassen soll, finden lässt – und wenn ja welche.

Der Bundesgerichtshof etwa zieht § 401 BGB heran, wonach die Schiedsvereinbarung als Eigenschaft des übergehenden Rechts anzusehen sei und daher bei der Abtretung mit übergehe.[37] Diese Auffassung wird zurecht nicht selten kritisiert, findet sich in der Vorschrift des § 401 BGB doch gerade keine der Schiedsvereinbarung vergleichbare Rechtskonstruktion.[38] Andere möchten stattdessen die §§ 398, 401 und § 404 BGB als „Gesamtgefüge" heranziehen, wonach die abzutretende Forderung stets unveränderten Inhalts übergehe und damit auch mitsamt einer über die Forderung abgeschlossenen Schiedsvereinbarung.[39] Überwiegend einig ist man sich aber, dass es auf ein irgendwie geartetes Formerfordernis für den Übergang nicht ankommen solle.[40] Ein anderes Lager geht hingegen davon aus, dass sich überhaupt keine geeignete Grundlage für den Eintritt des Einzelrechtsnachfolgers in die Schiedsvereinbarung seines Rechtsvorgängers finden lasse und der Übergang daher vom freiwilligen Willensentschluss des Rechtsnachfolgers abhänge[41] – welcher wiederum den Anforderungen des § 1031 ZPO gerecht werden müsse.[42]

---

[37] Ständige Rechtsprechung, vgl. nur *BGH*, NJW 2000, 2346; 1998, 371 f.; NJW-RR 1991, 423, 424; BGHZ 77, 32, 35; 71, 162, 164 f.; 68, 356, 359; WM 1976, 331 sowie bereits *RGZ* 146, 52, 55 ff. So auch *Niklas*, S. 275; *Terlau*, MDR 1998, 432.

[38] Die Schiedsvereinbarung fällt schließlich unter keines der in § 401 BGB definierten Rechte, die dem Übergang bei einer Abtretung unterliegen sollen. Die enge Begrenzung des Übergangs auf Neben- und Vorzugsrechte in der Vorschrift des § 401 BGB legt vielmehr den Schluss nahe, dass andere mit dem abgetretenen Anspruch eventuell verbundenen Rechte gerade nicht mit übergehen sollen, so auch *Schwab/Walter*, Teil I, Kapitel 7, Rn. 32; *Bosch*, S. 130 f.; *Martens*, S. 64 ff.; *Baur*, in: FS Fasching, S. 81, 91; *Schricker*, in: FS Quack, S. 99, 103; *Habersack*, SchiedsVZ 2003, 241, 24; *Schmidt*, ZHR 1998, 265, 280.

[39] *Massuras*, S. 122; *Wagner*, S. 311 ff.; *ders.*, in: Die Beteiligung Dritter an Schiedsverfahren, S. 7, 14; dabei allein an § 398 BGB anknüpfend *Münch*, in: MüKo ZPO, § 1029, Rn. 51. Diese Auffassung kritisiert hingegen *Martens* dahingehend, dass der Gesetzgeber den Umfang des bei der Abtretung geltenden „Identitätsprinzips" in den Vorschriften der §§ 398 ff. BGB bewusst genau vorgeschrieben habe und die Schiedsvereinbarung hiervon eben nicht umfasst sei, *Martens*, S. 81 ff.

[40] BGHZ 71, 162, 165 ff. sowie bereits *RGZ* 146, 52, 55; *Ahrens*, S. 106 f.; *Wagner*, S. 310; *ders.*, in: Die Beteiligung Dritter an Schiedsverfahren, S. 7, 14; *Schütze*, SchiedsVZ 2014, 274, 276. Kritisch aber *Terlau*, MDR 1998, 432; *Martens*, S. 98 ff. Nicht unerhebliche Bedenken dürften jedenfalls bei Verbrauchern bestehen, weil sie so an eine Schiedsvereinbarung gebunden werden können, die nicht den strengen Vorgaben des § 1031 Absatz 5 ZPO unterlag, sondern unter den geringen Anforderungen des § 1031 Absatz 2 und 3 ZPO und zustande gekommen ist. Zur schwierigen dogmatischen Einordnung der Vorschrift des § 1031 ZPO aber im Einzelnen bereits oben in Kapitel 3 – A.I.2.c).

[41] *Schwab/Walter*, Teil I, Kapitel 7, Rn. 32; *Martens*, S. 64 ff., S. 98 ff.; *Baur*, in: FS Fasching, S. 81, 91.

[42] So insbesondere *Martens*, S. 98 ff. Diese Problematik aufwerfend auch *Busse*, SchiedsVZ 2005, 118, 123.

In der Gesamtschau besteht mithin trotz der ständigen Rechtsprechung in diesem Rechtsbereich noch ein nicht zu verkennender Grad an Rechtsunsicherheit. Dieser wiederum findet seine Ursache im Fehlen einer speziell für den Übergang der Schiedsvereinbarung auf den Rechtsnachfolger vorgesehenen gesetzlichen Grundlage. Und auch gibt es Fälle der Einzelrechtsnachfolge, die nach der herrschenden Auffassung keinen Übergang der zugrundeliegenden Schiedsvereinbarung zur Folge haben sollen – wie etwa die dingliche Übertragung.[43]

Es würde daher nicht schaden, die Frage nach Zulässigkeit und Umfang der Einzelrechtsnachfolge in eine Schiedsvereinbarung explizit gesetzlich zu regeln, wie es etwa im Hinblick auf die Anforderungen an das Zustandekommen und den erlaubten Inhalt einer Schiedsvereinbarung in den § 1030 f. ZPO bereits erfolgt ist, um die in diesem Rechtsbereich weiterhin bestehende Rechtsunsicherheit zu beseitigen. Ob dies vor dem Hintergrund der wie aufgezeigt weit überwiegenden Auffassung, der Übergang einer Schiedsvereinbarung auf den Einzelrechtsnachfolger lasse sich mit dem bestehenden materiellen Recht weitestgehend lösen, umgesetzt werden wird, ist jedoch höchst fraglich.[44] Das Bundesministerium der Justiz sieht in seinem aktuellen Eckpunktepapier zur

---

[43] Gegen einen Übergang der Schiedsvereinbarung im Falle der dinglichen Übertragung *Schwab/Walter*, Teil I, Kapitel 7, Rn. 32; *Wagner*, S. 324; *ders.*, in: Beteiligung Dritter an Schiedsverfahren, S. 19 mit weiteren Nachweisen; *Pika*, ZZP 2018, 225, 244. Für einen Übergang hingegen *SG Hamburg*, SchiedsVZ 2010, 173, 174 (Erbbaurechtsübertragung); *Münch*, in: MüKo ZPO, § 1029, Rn. 50. Fraglich ist auch der Übergang im Falle der Schuldübernahme. Gegen einen Übergang der Schiedsvereinbarung im Falle der Schuldübernahme nach den §§ 414 ff. BGB etwa BGHZ 68, 356, 359, wohl, weil sich bereits bezweifeln lässt, ob es sich hierbei überhaupt um einen Fall der Rechtsnachfolge handelt, vgl. nur *BGH*, NJW 1957, 420; *OLG München*, BeckRS 2015, 9570 mit zahlreichen weiteren Nachweisen sowie *Münch*, in: MüKo ZPO, § 1029, Rn. 52. Für einen Übergang der Schiedsvereinbarung auch hier aber *OLG Frankfurt*, BeckRS 2014, 373, Ls.; *Voit*, in: Musielak/Voit, ZPO, § 1029, Rn. 8.

[44] Auch der Reformgesetzgeber von 1998 kannte schließlich die entsprechende Rechtsprechung des Reichsgerichts und des Bundesgerichtshofs sowie die einschlägige Literatur und hat sich einer eigenständigen Regelung dennoch enthalten. Und auch die Arbeitsgruppe, die in der letzten Legislaturperiode im Auftrag des BMJV tätig geworden war, um die (erneute) Reformbedürftigkeit des deutschen Schiedsverfahrensrechts zu überprüfen, schienen keine Veranlassung für ein entsprechendes Tätigwerden zu sehen, ging doch *Wagner*, der Teil der Kommission war, im Rahmen der Veranstaltung des Dispute Resolution Forum Köln/Düsseldorf am 8. März 2022 hierauf nicht ein. Dasselbe gilt für die Bundesrechtsanwaltskammer in ihren Vorschlägen zur Modernisierung des deutschen Schiedsverfahrensrechts, vgl. Punkt 2.1, S. 8 der Stellungnahme Nr. 15 der Bundesrechtsanwaltskammer zu den Vorschlägen zur Modernisierung des deutschen Schiedsverfahrensrechts von März 2017.

Reformierung des deutschen Schiedsverfahrensrechts ein solches Reformvorhaben etwa nicht vor.[45]

c) Übertragbarkeit der Grundsätze zur Schiedsvereinbarung auf den Übergang einer Schiedsverfügung?

Eine vergleichsweise weniger behandelte Frage ist diejenige, ob und inwieweit auch eine Rechtsnachfolge in eine Schiedsverfügung, Subjekt derer der Rechtsvorgänger war, erfolgen kann. Der Unterschied zur Schiedsvereinbarung liegt einerseits darin, dass die Schiedsverfügung oftmals gerade nicht vom Rechtsvorgänger selbst getroffen wurde und andererseits darin, dass sie nach dem Wortlaut des § 1066 ZPO kein vertragliches Konstrukt darstellt.[46]

Diskutiert wird die Frage soweit ersichtlich nur im Gesellschaftsrecht, im Zusammenhang mit der Frage, auf welcher Grundlage eine „Schiedsbindung" im Falle der Rechtsnachfolge in einen Gesellschaftsvertrag erfolgt. Diejenigen Stimmen, die den Gesellschaftsvertrag und eine darin verankerte Schiedsklausel als vertragliche Konstruktion einordnen, ziehen für den Übergang §§ 401, 404 BGB heran, was mit den obigen Ausführungen zur Einzelrechtsnachfolge in die Schiedsvereinbarung im Einklang steht.[47] Diejenigen Stimmen, die hingegen für die dogmatische Einordnung einer „statuarischen Schiedsklausel" in einem Gesellschaftsvertrag – jedenfalls in dem einer Kapitalgesellschaft – die Vorschrift des § 1066 ZPO heranziehen wollen, wenden die Vorschrift stattdessen auch für den Übergang an.[48] Auch hier würde eine gesetzgeberische Klarstellung allerdings nicht schaden, um Rechtsunsicherheit zu vermeiden.

III. Fazit: Vorprozessualer Eintritt der Rechtsnachfolge mit dem bestehenden Recht weitgehend lösbar

Die Untersuchung hat gezeigt, dass nach der ganz herrschenden Auffassung der vorprozessuale Eintritt einer Rechtsnachfolge im Schiedsverfahrensrecht mit dem bestehenden Recht weitgehend lösbar ist. Auch wenn das Schiedsverfahrensrecht selbst keine eigenständigen Regelungen einer vorprozessualen

---

[45] Vgl. das Eckpunktepapier des Bundesministeriums der Justiz zur Modernisierung des deutschen Schiedsverfahrensrechts vom 18. April 2023.

[46] Zur Vorschrift des § 1066 ZPO allgemein siehe oben in Kapitel 3 – A.I.3.

[47] Insbesondere im Falle der Übertragung von Personengesellschaftsanteilen entspricht dies ständiger Rechtsprechung, statt vieler *BGH*, NJW 1998, 371; NJW-RR 1991, 423, 424. Dies ablehnend hingegen *Habersack*, SchiedsVZ 2003, 241, 244 – die Schiedsklausel begründe keinen Annex zur Mitgliedschaft, wie in § 401 BGB vorgesehen, sie werde vielmehr über den Gesellschaftsvertrag Teil der Mitgliedschaft selbst.

[48] Begründet wird dies damit, dass gesellschaftsvertragliche „Schiedsklauseln" untrennbarer Bestandteil der Mitgliedschaft selbst würden, vgl. *Haas*, SchiedsVZ 2007, 1, 9; dies auch auf Personengesellschaften übertragend *Offenhausen*, S. 27 ff.; *Habersack*, SchiedsVZ 2003, 241, 244; *Schmidt*, ZHR 1998, 265, 280.

Einzel- oder Gesamtrechtsnachfolge im Falle des Vorliegens einer Schiedsvereinbarung vorsieht, so lasse sich aufgrund des materiell-rechtlichen Elements der Schiedsvereinbarung nicht nur für ihr Zustandekommen, sondern auch für ihren Übergang auf das materielle Recht zurückgreifen. Die materiell-rechtlichen Vorschriften, die die Rechtsfolgen einer Einzel- oder Gesamtrechtsnachfolge anordnen, sollen auf die Schiedsvereinbarung entsprechend anwendbar sein, sodass in der Regel eine Bindung des Rechtsnachfolgers an die von seinem Rechtsvorgänger abgeschlossene Schiedsvereinbarung erfolge. Dasselbe gelte im Falle einer vorprozessualen Rechtsnachfolge bei Vorliegen einer Schiedsverfügung.[49]

Auch wenn ein Umdenken in dieser Rechtsfrage angesichts dieses überwiegend gefestigten Meinungsbilds kaum zu erwarten ist, sollte hier dennoch die verfassungsrechtliche Dogmatik hinter der derzeitigen herrschenden Auffassung aufgezeigt werden. Deren Konstruktion hat einen Grundrechtseingriff in den Justizgewähranspruch zur Folge. Die dafür erforderliche gesetzliche Grundlage wird in Vorschriften des bürgerlichen Rechts, die grundsätzlich den materiell-rechtlichen Rechtsbereich unter Privaten regeln sollen, gesucht, ohne in Frage zu stellen, ob sie für die Rechtfertigung eines Grundrechtseingriffs in andere Grundrechte als das der Privatautonomie, wie etwa in den Justizgewähranspruchs, überhaupt geeignet und hinreichend bestimmt sind.

Die vor diesem Hintergrund bestehende, nicht unerhebliche Rechtsunsicherheit sollte auch im Rahmen der nachfolgenden Ausführungen, die sich mit einer Rechtsnachfolge im laufenden Schiedsverfahren und nach dessen Abschluss beschäftigen, im Hinterkopf behalten werden, denn sie erschwert deren Lösung ungemein. Dies betrifft insbesondere diejenigen Fälle der Rechtsnachfolge, die auch nach der herrschenden Meinung keinen Übergang der Schiedsvereinbarung auf den Rechtsnachfolger zur Folge haben. Jedenfalls insoweit scheint es mithin angezeigt, Rechtsklarheit durch gesetzgeberisches Tätigwerden zu schaffen.[50]

---

[49] Die schwierige Frage, ob sich der Rechtsnachfolger auch eine schiedsgerichtliche Zuständigkeitsbegründung kraft Präklusion seines Rechtsvorgängers entgegenhalten lassen muss, ist hingegen eine Frage, die nur im Falle der Rechtsnachfolge während oder nach Beendigung des Schiedsverfahrens auftritt, weswegen sie in Kapitel 6 – C. behandelt wird.

[50] Spätestens im Fall der dinglichen Veräußerung im laufenden Schiedsverfahren stößt man andernfalls auf erhebliche Schwierigkeiten, siehe dazu im Einzelnen in Kapitel 6 – C.II.2.

C. Eintritt der Rechtsnachfolge während des laufenden Schiedsverfahrens

Weitaus komplizierter gestaltet sich die Frage nach der Rechtsnachfolge im laufenden Schiedsverfahren. Denn hier ist nicht lediglich der Justizgewähranspruch des Rechtsnachfolgers dadurch berührt, dass er eine vom Rechtsvorgänger abgeschlossene Schiedsvereinbarung oder eine Schiedsverfügung gegen sich gelten lassen soll. Vielmehr hat das Schiedsverfahren bereits begonnen und so haben im Zweifel bereits Prozesshandlungen stattgefunden, deren Verlust regelmäßig nicht im Interesse des Prozessgegners sein dürfte.

I. Vorliegen einer Grundrechtseingriffssituation

Wenn aber eine Bindung des Rechtsnachfolgers an den bisherigen Prozessstand erfolgen soll, wird er in seinen verfahrensbezogenen Ausgestaltungsgarantien berührt, und zwar in seinem Anspruch auf rechtliches Gehör, und, im Hinblick auf bereits bestellte Schiedsrichter, in seinem Recht auf faires Verfahren. Fehlte es außerdem an einer wirksamen Schiedsvereinbarung oder Schiedsverfügung, hat der Rechtsvorgänger es aber versäumt, dies fristgerecht zu rügen, so bedürfte es zudem einer Grundlage für den „Eintritt" des Rechtsnachfolgers in die schiedsgerichtliche Zuständigkeitsbegründung kraft Präklusion seitens seines Rechtsvorgängers.[51] Es handeln sich mithin um eine Eingriffssituation, wenn die Bindung an den Verfahrensstand auch ohne den freiwilligen Willen des Rechtsnachfolgers erfolgen können soll.

II. Vorliegen einer hinreichend bestimmten und verhältnismäßigen gesetzlichen Eingriffsgrundlage?

Zur Rechtfertigung dieses Eingriffs ist eine hinreichend und bestimmte gesetzliche Eingriffsgrundlage erforderlich. Das deutsche Zivilprozessrecht mag für den Fall der Rechtsnachfolge im laufenden staatlichen Gerichtsverfahren eigenständige und klare Vorgaben zur Verfahrensgestaltung vorsehen – nicht aber für den der Rechtsnachfolge im laufenden Schiedsverfahren.[52] Es stellt sich daher die Frage, inwieweit die Regelungen für das staatliche Verfahren im Schiedsverfahren nachgebildet werden können und welche anderweitigen Lösungsmöglichkeiten die dortige Gestaltungsfreiheit zulässt, um die im laufenden Schiedsverfahren auftretende Rechtsnachfolge erfolgreich bewältigen zu können. Dies wird zeigen, ob das Absehen des Gesetzgebers von der Schaffung einer spezifischen gesetzlichen Regelung der Rechtsnachfolge im laufenden Schiedsverfahren gerechtfertigt ist.

---

[51] Dass in verfassungsrechtlicher Hinsicht kein Eintritt in die Grundrechtswahrung gegenüber dem Rechtsvorgänger erfolgt, wurde in Kapitel 6 – A.II.1. bereits aufgezeigt.

[52] Dazu sogleich in Kapitel 6 – C.II.1. und 2.

1. Fall der Gesamtrechtsnachfolge

Die Gesamtrechtsnachfolge im laufenden Schiedsverfahren soll am Beispiel eines Todesfalls auf einer der beiden Parteiseiten veranschaulicht werden. Für das staatliche Verfahren regelt die deutsche Zivilprozessordnung in § 239 Absatz 1 ZPO, dass das Verfahren unterbrochen wird, bis eine Aufnahme desselben durch den Gesamtrechtsnachfolger erfolgt ist.[53] Diese von Amts wegen zu berücksichtigende Anordnung zur Verfahrensunterbrechung findet ihren Ursprung nach der herrschenden Auffassung im materiellen Recht, und zwar in der Vorschrift des § 1922 BGB. Danach sei die privatrechtliche Universalsukzession des Erben in den Nachlass derart umfassend, dass auch ein Eintreten in die *zivilprozessuale* Situation des Erblassers erfolgen müsse.[54] Dieser Eintritt des Rechtsnachfolgers erfolge in der Form eines *cessio legis* stattfindenden Parteiwechsels unter Bindung des Rechtsnachfolgers an den bisherigen Prozessstoff und Verfahrensstand.[55] Dieser Rechtsfolge kann der Gesamtrechtsnachfolger sich, außer durch eine Ausschlagung der Erbschaft, auch nicht mehr entziehen. Das Prozessergebnis, sei es in Form eines End- oder Versäumnisurteils, gilt in jedem Fall gegen ihn, und, sollte er die Aufnahme des Verfahrens verweigern, die Rechtsnachfolge auf Antrag des Prozessgegners als zugestanden, §§ 239 Absatz 2 und 4, 325 ZPO.

Es handelt sich bei dieser gesetzlichen Anordnung somit um einen Eingriff in die verfahrensbezogenen Ausgestaltungsgarantien des Rechtsnachfolgers, da ihm in Bezug auf die bisherigen Verfahrenshandlungen und Prozessergebnisse kein rechtliches Gehör gewährt wurde und er darauf auch keinen Einfluss nehmen konnte – und das auch nicht mehr nachgeholt wird.[56] Zugleich wird er in seinem Recht auf staatlichen Rechtsschutz in negativer Hinsicht beschränkt, da er gezwungen wird, das Verfahren aufzunehmen, in jedem Fall aber dessen Ergebnis gegen sich gelten zu lassen. Die in § 239 Absatz 1 ZPO angeordnete Verfahrensunterbrechung dient vor diesem Hintergrund der positiven Gewäh-

---

[53] Bereits § 209 der CPO von 1877, abgedruckt bei *Hahn*, S. 28, mit der Gesetzesbegründung auf S. 248 f., regelte den heutigen § 239 ZPO inhaltsgleich.

[54] Vgl. nur *Jaspersen*, in: BeckOK ZPO, § 239, Rn. 2; *Scherer*, JR 1994, 401, 402, jeweils mit zahlreichen weiteren Nachweisen.

[55] *Jaspersen*, in: BeckOK ZPO, § 239, Rn. 2; *Scherer*, JR 1994, 401, 402. *Henckel*, JZ 1992, 645, 650 weist zwar darauf hin, dass dieser gesetzliche Parteiwechsel mit dem nunmehr im Zivilprozessrecht vorherrschenden formellen Parteibegriff, der auch dieser Arbeit zugrunde gelegt wird, nicht vereinbar sei. *Scherer*, JR 1994, 401, 402 wendet hiergegen aber zurecht ein, dass der aus materiellrechtlichen Erwägungen stattfindende gesetzliche Parteiwechsel zwar eine Fiktion sei, diese jedoch erforderlich sei, „um den Zwei-Parteien-Prozeß beim Tod einer Partei zu erhalten" und damit einen Prozessverlust zu vermeiden.

[56] Da das Grundgesetz eine Rechtsnachfolge in Grundrechtsschutz nicht kennt, ist der Grundrechtseingriff auch nicht dadurch beiseitegeräumt, dass dem Rechts*vorgänger* rechtliches Gehör gewährt worden ist, vgl. dazu bereits oben in Kapitel 6 – A.II.1. In diese Richtung aber *Voit*, in: Musielak/Voit, ZPO, § 1055, Rn. 7.

rung rechtlichen Gehörs und des Grundsatzes des fairen Verfahrens zugunsten des Rechtsnachfolgers.[57] Denn es wäre unverhältnismäßig, den Rechtsnachfolger, etwa durch ein Weiterlaufen bereits gesetzter Fristen, auch im weiteren Verfahrensverlauf um sein Recht auf rechtliches Gehör zu bringen.[58] Die Anordnung der Verfahrensunterbrechung in § 239 Absatz 1 ZPO ist somit die verfassungsrechtlich notwendige Folge des aus § 1922 BGB folgenden gesetzlichen Parteiwechsels.

a) Gesetzliche Grundlage für die Bindung des Gesamtrechtsnachfolgers an den bisherigen Verfahrensstand

Soll die privatrechtliche Universalsukzession des § 1922 BGB nun so umfassend sein, dass nicht nur ein Eintritt in die materiell-rechtlichen, sondern darüber hinaus auch in die zivilprozessualen Rechtspositionen des Sukzessors erfolgt, so spricht vieles dafür, dass das gleiche auch für das Schiedsverfahren gelten muss.[59] Denn aus verfassungsrechtlicher Sicht handelt es sich insoweit um einen jedenfalls im weiteren Sinne vergleichbaren Eingriff in den Justizgewähranspruch und in die verfahrensbezogenen Ausgestaltungsgarantien des Rechtsnachfolgers wie im Falle des staatlichen Gerichtsverfahrens.[60]

Auch wenn es grundsätzlich verwundern mag, dass eine Vorschrift des materiellen Privatrechts eine Eingriffsgrundlage in verfahrensbezogene Grundrechte darstellen soll, so lässt sich doch feststellen, dass ein anhängiger Rechtsstreit über einen privatrechtlichen Anspruch, sei er nun gerichtlicher oder schiedsgerichtlicher Natur, diesen Anspruch im weiteren Sinne derart modifiziert, dass es mit dem Prinzip der in § 1922 BGB niedergelegten umfassenden Universalsukzession noch vereinbar erscheint, auch diesen Rechtsstreit auf den Gesamtrechtsnachfolger in Form eines gesetzlichen Parteiwechsels übergehen zu lassen.[61] Darüber hinaus verbietet sich der Rückgriff auf das materielle Recht hier ausnahmsweise deshalb nicht, weil sich im Zivilprozessrecht keine eigene Vorschrift findet, die den gesetzlichen Parteiwechsel im Falle der Uni-

---

[57] *Jaspersen*, in: BeckOK ZPO, § 239, Rn. 2; *Stackmann*, in: MüKo ZPO, § 239, Rn. 1.
[58] Vgl. auch *Voit*, in: Musielak/Voit, ZPO, § 1042, Rn. 15.
[59] Hiervon geht soweit ersichtlich auch die herrschende Meinung aus, vgl. nur *Voit*, in: Musielak/Voit, ZPO, § 1042, Rn. 15; § 1055, Rn. 7; *Wagner*, in: Die Beteiligung Dritter an Schiedsverfahren, S. 7, 20; *Flöther*, DZWiR 2001, 89, 90.
[60] Insbesondere, wenn man annimmt, dass der Rechtsnachfolger über § 1922 BGB zugleich an die zugrundeliegende Schiedsvereinbarung gebunden ist, vgl. Kapitel 6 – A.II.2.a).
[61] Anders als etwa im Falle des öffentlichen Verfahrensrechts, wo sich ein Rückgriff auf das materielle Privatrecht nicht so einfach begründen lässt, wie im Falle des privaten Verfahrensrechts, vgl. nur *Leipold*, in: MüKo BGB, Einl. ErbR, Rn. 161 ff. Deswegen finden sich hier mitunter spezielle Regelungen zur Gesamtrechtsnachfolge im laufenden Verfahren, wie etwa in § 45 AO.

versalsukzession selbst anordnet und so einen Rückgriff auf das materielle Zivilrecht versperrt.[62]

Verfassungsrechtlich rechtfertigen lässt sich dieser Eingriff mit dem Schutz der Gläubiger des Erblassers, worunter auch diejenigen Gläubiger fallen, die ihren vermeintlichen Anspruch gegen den Erblasser bereits gerichtlich – oder schiedsgerichtlich – geltend machen. Hier wäre es unzumutbar und mit dem Prinzip der Universalsukzession unvereinbar, die Bewahrung des bisherigen Prozessergebnisses in die Willkür des Gesamtrechtsnachfolgers zu stellen, sondern es verlangt vielmehr, dass auch insoweit ein Eintritt des Gesamtrechtsnachfolgers erfolgt.

b) Gesetzliche Grundlage für die verfahrensrechtlichen Folgen der Gesamtrechtsnachfolge?

Schwieriger zu beantworten ist jedoch die Frage, welchen Einfluss dieser sich von Gesetzes wegen vollziehende Parteiwechsel auf die schiedsgerichtliche Verfahrensgestaltung hat. Im staatlichen Verfahren ist die Situation der Gesamtrechtsnachfolge im laufenden Schiedsverfahren durch die Vorschrift des § 239 ZPO hinreichend geregelt. Nicht aber im Schiedsverfahrensrecht, das eine Gesamtrechtsnachfolge im laufenden Schiedsverfahren selbst nicht regelt. Es wäre zwar grundsätzlich wünschenswert, die Vorschriften der §§ 239 ff. ZPO allgemein auch auf das deutsche Schiedsverfahrensrecht übertragen zu können. Einer entsprechenden Anwendbarkeit dieser Vorschrift ist das deutsche Schiedsverfahrensrecht aufgrund seines abschließenden Charakters innerhalb der Zivilprozessordnung und in Ermangelung einer Verweisungsnorm in den Vorschriften des Zehnten Buchs der ZPO auf die des § 239 ZPO jedoch nicht zugänglich.[63]

Doch auch die Rechtsfolgen der Vorschrift lassen sich bei näherer Betrachtung nur teilweise auf das Schiedsverfahrensrecht übertragen. Das Druckmittel des § 239 Absatz 4 ZPO, das eine Geständnisfiktion in Bezug auf die behauptete Rechtsnachfolge zur Folge hat, muss etwa bereits deswegen entfallen, weil das deutsche Schiedsverfahrensrecht, anders als das staatliche Verfahren, eine säumnisbedingte Geständnisfiktion nicht kennt.[64] Eine Ausnahme von der ein-

---

[62] Dies ist jedoch nicht in allen Fällen der verfahrensrechtlichen Rechtsnachfolge so, dazu aber sogleich in Kapitel 6 – C.II.2.

[63] In Bezug auf die Vorschriften der §§ 239 ff. ZPO entspricht dies der herrschenden Auffassung, vgl. nur *BGH*, KTS 1966, 246; *OLG Dresden*, SchiedsVZ 2005, 159; 160; *Anders*, in: Anders/Gehle, ZPO, § 1042, Rn. 14; *Voit*, in: Musielak/Voit, ZPO, § 1042, Rn. 15; *Schwab/Walter*, Teil I, Kapitel 16, Rn. 48 und 50; *Flöther*, DZWiR 2001, 89, 91; *Nacimiento/Bähr*, NJW 2010, 414. Für eine Anwendbarkeit des § 239 ZPO auch im Schiedsverfahren hingegen *Wagner*, in: Die Beteiligung Dritter an Schiedsverfahren, S. 7, 20.

[64] Das scheint *Wagner* zu übersehen, der die Vorschrift des § 239 ZPO soweit ersichtlich ohne Weiteres für anwendbar erklären will, vgl. *Wagner*, in: Die Beteiligung Dritter an Schiedsverfahren, S. 7, 20.

deutigen und grundlegenden schiedsverfahrensrechtlichen Regel des § 1048 Absatz 2 und 3 ZPO bedürfte einer eindeutigen gesetzlichen Anordnung, die derzeit nicht vorhanden ist.[65]

In Abwesenheit einer entsprechenden Anwendbarkeit des § 239 ZPO und einer anderweitigen Vorschrift, welche die Folgen einer Gesamtrechtsnachfolge im laufenden Schiedsverfahren regelt, stellt sich nun aber die Frage, wie in einem solchen Fall zu verfahren ist – und ob ein Absehen des Gesetzgebers vom Schaffen einer gesetzlichen Regelung gerechtfertigt war. Denn zurecht wird eingewendet, dass das rechtliche Gehör des Gesamtrechtsnachfolgers mindestens genauso sehr von einer Gesamtrechtsnachfolge in einem laufenden Schiedsverfahren berührt ist, wie von einer in einem laufenden Gerichtsverfahren, wenn man annimmt, dass in beiden Fällen über § 1922 BGB ein gesetzlicher Parteiwechsel erfolgt. Hiermit ist es aber unvereinbar, wenn das Schiedsverfahren einfach weiterläuft, dem Gesamtrechtsnachfolger so keinerlei Vorbereitungszeit gewährt wird und er sich etwaige Fristsäumnisse, die außerhalb seines Einflussbereichs liegen, entgegenhalten lassen muss.[66]

Nun lässt sich vor diesem Hintergrund eine entsprechende ermessensreduzierende Pflicht des Schiedsgerichts zur Verfahrensunterbrechung aus § 1042 Absatz 1 Satz 2 ZPO konstruieren, deren Nichtbefolgung zur Aufhebbarkeit des Schiedsspruchs gemäß § 1059 Absatz 2 Nummer 1b und d ZPO beziehungsweise § 1060 Absatz 2 i.V.m. § 1059 Absatz 2 Nummer 1b und d ZPO führt.[67] Eine spezifische gesetzliche Regelung, welche eine entsprechende von Amts wegen zu befolgende Verpflichtung des Schiedsgerichts zum Gegenstand hat, würde jedoch aus Gründen der Rechtssicherheit auch hier nicht schaden. Das gleiche gilt für eine Vermeidung einer Verfahrensverzögerung durch den Gesamtrechtsnachfolger selbst. Denn das Druckmittel des §§ 239 Absatz 2 und 4 ZPO steht dem Schiedsgericht nach der derzeitigen Rechtslage nicht zur Verfügung.

2. Fall der Einzelrechtsnachfolge

Weitaus schwieriger gestaltet sich jedoch die Frage nach einer im laufenden Schiedsverfahren eintretenden Einzelrechtsnachfolge. Dem zuvor noch gelten-

---

[65] Hier wird deutlich, dass das deutsche Schiedsverfahrensrecht, anders als das staatliche Verfahren, ganz maßgeblich auf der Freiwilligkeit der privaten Akteure beruht, da dem Schiedsgericht die staatlichen Zwangs- und Druckmittel, die aufgrund des Gewaltmonopols des Staates nur dem gesetzlichen Richter zustehen, fehlen. Abhilfe kann hier, neben einer gesetzlichen Anordnung, im Zweifel lediglich eine aus der zugrundeliegenden Schiedsvereinbarung folgende Pflicht zur Verfahrensförderung schaffen – welche jedoch lediglich schuldrechtlicher Natur wäre, dazu aber sogleich noch in Kapitel 6 – C.II.2.c).
[66] So auch *Voit*, in: Musielak/Voit, ZPO, § 1042, Rn. 15; *Wagner*, in: Die Beteiligung Dritter an Schiedsverfahren, S. 7, 20; *Flöther*, DZWiR 2001, 89, 90.
[67] So *Flöthers* Ansatz, *Flöther*, DZWiR 2001, 89, 90.

den Verbot der Veräußerung oder Abtretung während eines laufenden gerichtlichen Zivilverfarens wich im Jahr 1877 die Vorschrift des heutigen § 265 ZPO.[68] Gemäß § 265 Absatz 2 ZPO hat die Veräußerung oder Abtretung der streitbefangenen Sache keinen Einfluss auf das Gerichtsverfahren. Dies bedeutet, dass das Verfahren grundsätzlich mit dem Rechtsvorgänger weitergeführt wird, sodass in der Vorschrift die Anordnung einer gesetzlichen Prozessstandschaft des Rechtsvorgängers gegenüber dem Rechtsnachfolger zu sehen ist – was dem Schutz des Prozessgegners dient, der die Veränderung der materiellen Rechtslage schließlich nicht selbst beeinflussen kann.[69] Gemäß § 265 Absatz 2 Satz 2 und 3 ZPO ist eine Übernahme oder Hauptintervention des Rechtsnachfolgers nur mit der Zustimmung des Prozessgegners möglich und eine etwaige Nebenintervention des Rechtsnachfolgers bleibt stets eine einfache, § 69 ZPO ist nicht anzuwenden.

Die gesetzliche Prozessstandschaft zugunsten des Rechtsvorgängers nach Abtretung oder Veräußerung der streitbefangenen Sache durch den Kläger tritt nur dann nicht ein, wenn auch keine Rechtskrafterstreckung des Urteils auf den Rechtsnachfolger erfolgen würde, weil der Rechtsnachfolger im Hinblick auf die Rechtshängigkeit des Anspruchs gutgläubig war, § 265 Absatz 3 ZPO i.V.m. § 325 Absatz 2 ZPO. Denn grundsätzlich wirkt ein gerichtliches Urteil zwar gegen jeden, der nach dem Eintritt der Rechtshängigkeit Rechtsnachfolger einer der Verfahrensparteien geworden ist, § 325 Absatz 1 ZPO. Gemäß § 325 Absatz 2 ZPO ist aber ein gutgläubiger Erwerb im Hinblick auf die Streitbefangenheit des abgetretenen oder veräußerten Gegenstands möglich.[70] Ist dies der Fall, so kann der Prozessgegner gemäß § 265 Absatz 3 ZPO den Einwand erheben, dass der Rechtsvorgänger zur Geltendmachung des Anspruchs nicht mehr befugt sei.

Mithin stehen die beiden Vorschriften der § 265 ZPO und § 325 ZPO in einem Wechselspiel zueinander. So würde die Vorschrift des § 325 ZPO ins Leere gehen, wenn in § 265 ZPO keine gesetzliche Prozessstandschaft zugunsten des Rechtsvorgängers oder – mit Zustimmung des Prozessgegners – eine Übernahme des Verfahrens durch den Rechtsnachfolger vorgesehen wäre. Denn dann wäre das laufende Verfahren mangels Prozessführungsbefugnis des Rechtsvorgängers abzuweisen und es erginge gar keine Entscheidung, deren Wirkung sich auf den Einzelrechtsnachfolger erstrecken könnte. Andersherum bedingt die Anordnung der Rechtskrafterstreckung in § 325 Absatz 1 ZPO zu-

---

[68] Zum rechtshistorischen Hintergrund der Vorschrift siehe bereits oben in Kapitel 4 – B.II.2.

[69] *BGH*, GRUR 2013, 1269, 1270; NJW 1998, 156, 158; *VGH München*, NVwZ-RR 10, 507, 508; vgl. auch *Saenger*, in: ders., ZPO, § 265, Rn. 1; *Dinstühler*, ZZP 1999, 61, 62.

[70] Soweit die Vorschriften des materiellen Rechts einen solchen gutgläubigen Erwerb zulassen, was etwa bei der einfachen Abtretung nicht der Fall ist. Hierzu vertiefend aber *Becker-Eberhard*, in: MüKo ZPO, § 265, Rn. 104 ff.; *Gottwald*, in: MüKo ZPO, § 325, Rn. 106 jeweils mit weiteren Nachweisen.

gleich das in § 265 ZPO geregelte Verfahren. Denn soweit keine Wirkungserstreckung des Urteils auf den Rechtsnachfolger erfolgt, ist auch eine Fortführung des Verfahrens durch den Rechtsvorgänger sinnlos.[71]

Vor dem Hintergrund dieser Vorschriften ist der Meinungsstand zur Einzelrechtsnachfolge im laufenden Schiedsverfahren noch ausufernder als derjenige zur vorprozessualen Einzelrechtsnachfolge. Mitunter wird die Vorschrift des § 265 ZPO ohne Weiteres für entsprechend anwendbar gehalten[72] – jedenfalls dann, wenn auch die zugrundeliegende Schiedsvereinbarung mit übergehe.[73] Andere wiederum lehnen die Anwendbarkeit der Vorschrift des § 265 ZPO zwar ab, gehen aber von einer Pflicht des Einzelrechtsnachfolgers zum Eintritt in das laufende Schiedsverfahren unter dessen Bindung an den bisherigen Verfahrensstand aus.[74] Wieder andere lehnen sowohl die Anwendbarkeit des § 265 ZPO als auch die Verpflichtung des Rechtsnachfolgers zur Aufnahme des Verfahrens ab,[75] konstruieren teils aber eine schuldrechtliche Schadensersatzverpflichtung des Rechtsvorgängers für den Fall, dass der Rechtsnachfolger nicht freiwillig in das Verfahren eintritt.[76]

a) Keine analoge Anwendbarkeit der allgemeinen zivilprozessualen Regelungen

Nun konnte bereits festgestellt werden, dass eine zivilprozessuale Bestimmung für das staatliche Gerichtsverfahren wie die des § 265 ZPO nicht ohne Weiteres

---

[71] Vgl. dazu auch *Lühmann*, S. 161 f.

[72] So wohl RGZ 41, 396, 397, wobei es sich bei der Entscheidung jedoch um einen Sonderfall handelte, weil mit der Übertragung des gesamten Vermögens der Rechtsvorgängerin auf die Rechtsnachfolgerin zugleich eine Liquidation der Rechtsnachfolgerin einherging, was zu einer unwidersprochenen Aussetzung und Wiederaufnahme des Verfahrens durch die Rechtsnachfolgerin führte.

[73] *Schwab/Walter*, Teil I, Kapitel 16, Rn. 7 und Kapitel 21, Rn. 3; *Wagner*, in: Die Beteiligung Dritter an Schiedsverfahren, S. 7, 22 und S. 24. So auch *Lühmann*, S. 166 ff., S. 170, der allerdings selbst erkennt, dass damit nicht alle Fälle des § 265 ZPO abgefangen werden können, etwa die dingliche Veräußerung der streitbefangenen Sache nicht, erfolgt hier doch nach der herrschenden Auffassung gerade kein Eintritt in die zugrundeliegenden Schiedsvereinbarung, vgl. Kapitel 6 – B.II.2.

[74] *Münch*, in: MüKo ZPO, § 1055, Rn. 28, wobei er offenlässt, woraus genau diese Pflicht folgen soll – wohl aus der zugrundeliegenden Schiedsvereinbarung, dazu aber kritisch sogleich in Kapitel 6 – B.II.2.c). Dafür aber auch *Pika*, ZZP 2018, 225, 246 und wohl auch *Laschet*, in: FS Bülow, S. 85, 127.

[75] *Saenger*, in: ders., ZPO, § 265, Rn. 2; *Voit*, in: Musielak/Voit, ZPO, § 1042, Rn. 17 und § 1055, Rn. 8; *Bosch*, S. 141; *Martens*, S. 175 ff., S. 182; offengelassen hingegen von *Pfeiffer*, SchiedsVZ 2017, 135, 139.

[76] *Voit*, in: Musielak/Voit, ZPO, § 1042, Rn. 17.

im Schiedsverfahrensrecht Anwendung findet.[77] Denn das Zehnte Buch der ZPO ist ein von den übrigen Vorschriften der deutschen Zivilprozessordnung vollkommen unabhängiges Buch. Ausnahmen gelten nur dort, wo ausdrückliche Verweisungen auf die Vorschriften des allgemeinen deutschen Prozessrechts vorliegen.[78] Eine solche Verweisung auf die Regelung des § 265 ZPO findet sich im Zehnten Buch der ZPO jedoch nicht.[79]

Aber auch einer Analogiebildung zu § 265 ZPO stehen die Besonderheiten der Schiedsgerichtsbarkeit entgegen. Die Regelung des § 265 ZPO für staatliche Gerichtsverfahren im Schiedsverfahren rechtfertigt sich dadurch, dass das staatliche Gerichtsverfahren standardisiert und der Richter gesetzlich bestimmt ist, während im Schiedsverfahren die Parteien maßgebenden Einfluss auf die Verfahrensgestaltung nehmen – insbesondere auf die Bildung des Schiedsgerichts. Wegen der hohen Bedeutung der Bestimmung des eigenen Schiedsrichters und der umfassenden Gestaltungsfreiheit der Parteien des Schiedsverfahrens ist es nicht sachgerecht, wenn der Rechtsvorgänger das Schiedsverfahren mit Wirkung für den Einzelrechtsnachfolger weiterführt oder aber der Einzelrechtsnachfolger das Schiedsverfahren in seinem derzeitigen Stand übernehmen muss.[80] Die Vorschrift des § 265 ZPO ist deshalb nicht entsprechend anwendbar.[81]

Auch ein Anknüpfen an die dem Schiedsverfahren etwaig zugrundeliegende Schiedsvereinbarung führt hier nur bedingt weiter. Denn eine Schiedsvereinbarung muss gar nicht zwingend vorliegen und sie geht auch nicht in allen Fällen der Einzelrechtsnachfolge mit über, sodass ein nicht unerheblicher Teil der Fälle einer Einzelrechtsnachfolge im laufenden Schiedsverfahren ungeregelt bliebe.[82]

---

[77] Siehe dazu bereits oben in Kapitel 4 – B.IV. Wie sich soeben gezeigt hat, entspricht dies im Hinblick auf die Vorschriften der §§ 239 ff. ZPO auch der herrschenden Meinung, Kapitel 6 – C.II.1.b).

[78] So beispielsweise auf die Vorschriften, welche die Wirkungen rechtskräftiger gerichtlicher Urteile unter den Parteien des Verfahrens regeln, § 1055 ZPO. Vgl. dazu bereits in Kapitel 4 – B.II. und sogleich in Kapitel 6 – D.II.

[79] Insbesondere nicht in § 1055 ZPO, da die Vorschrift schließlich nur die Anwendbarkeit der Regelungen zum *rechtskräftigen* Urteil auf den Schiedsspruch vorsieht, aber gerade nicht die Vorschriften für das laufende Schiedsverfahren, vgl. nur *Lühmann*, S. 165.

[80] *Voit*, in: Musielak/Voit, ZPO, § 1042, Rn. 17; auch *Martens*, S. 175 ff.

[81] So auch *Saenger*, in: ders., ZPO, § 265, Rn. 2; *Voit*, in: Musielak/Voit, ZPO, § 1042, Rn. 17 und § 1055, Rn. 8; *Bosch*, S. 141; *Martens*, S. 175 ff., S. 182.; *Baur*, in: FS Fasching, S. 81, 91 f.; vgl. auch *BGH*, SchiedsVZ 2022, 237, 240, Rn. 23.

[82] So etwa der Fall der dinglichen Veräußerung der streitbefangenen Sache, geht hier doch nach herrschender Auffassung die Schiedsvereinbarung nicht auf den Einzelrechtsnachfolger über, vgl. nur *Lühmann*, S. 170; *Wagner*, S. 324 sowie bereits oben in Kapitel 6 – B.II.2.

b) Kein Rückgriff auf die Vorschriften des materiellen Rechts

Auch ein Rückgriff auf das materielle Recht führt hier nicht weiter. Denn die Regelung des § 265 ZPO verdeutlicht, dass die Einzelrechtsnachfolge in eine materiell-rechtliche Rechtsposition gerade nicht mit einer Nachfolge in die prozessuale Stellung des Rechtsvorgängers verbunden ist.[83] Vielmehr bedürfen sowohl die Einbindung des Rechtsnachfolgers als auch die Aufrechterhaltung der Prozessführungsbefugnis des Rechtsvorgängers der ausdrücklichen gesetzlichen Anordnung.[84] Wollte man eine entsprechende Rechtsfolge dennoch herbeiführen, bedürfte es mithin einer klaren und hinreichend bestimmten Eingriffsgrundlage des Gesetzgebers, die im Prozessrecht, besser noch im deutschen Schiedsverfahrensrecht selbst, verortet ist.

c) Rückgriff auf prozessvertragliche Verfahrensförderungspflicht nicht ausreichend

Zuletzt würde auch ein Rückgriff auf eine aus der zugrundeliegenden Schiedsvereinbarung folgende Verfahrensförderungspflicht des Einzelrechtsnachfolgers keine Alternative zum Schaffen einer eindeutigen gesetzlichen Grundlage darstellen.[85] Zunächst kann sie nur zu einem eigenständigen Schadensersatzprozess mit unsicherem Ausgang zwischen Prozessgegner und Rechtsnachfolger führen.[86] Darüber hinaus ist fraglich, was eine entsprechende Verfahrensförderungspflicht überhaupt zur Folge hätte – die Pflicht zur Einräumung einer gewillkürten Prozessstandschaft oder vielmehr die Pflicht zur Aufnahme des Schiedsverfahrens durch den Rechtsnachfolger? Und was ist die konkrete Rechtsfolge, wenn der Rechtsnachfolger dieser Pflicht nicht nachkommt?

Zudem werden auch so nicht alle Fälle einer Einzelrechtsnachfolge im laufenden Schiedsverfahren aufgefangen, wie etwa die dingliche Veräußerung der streitbefangenen Sache, da in diesem Falle nach der herrschenden Auffassung die zugrundeliegende Schiedsvereinbarung gerade nicht mit übergeht.[87] Und herausfallen müssen auch diejenigen Fälle, in denen die Zuständigkeit des

---

[83] Anders als dies im Zusammenhang mit der für einen Erbfall angeordneten weitreichenden Gesamtrechtsnachfolge gemäß § 1922 BGB der Fall ist, Kapitel 6 – C.II.1.

[84] *Lühmann*, S. 162.

[85] In diese Richtung aber Laschet, in: FS Bülow, S. 85, 127 (Es „gilt der Grundsatz „pacta sunt servanda", d.h. die Bindung an die Schiedsklausel einschließlich der Wahl der Schiedsrichter geht vor, die auch von den Rechtsnachfolgern zu beachten ist").

[86] Ähnliche Bedenken bestehen bei der Annahme einer Schadensersatzverpflichtung des Rechtsvorgängers, der nicht hinreichend dafür Sorge trägt, dass sein Einzelrechtsnachfolger in alle Verfahrensvereinbarungen eintritt, wie *Voit* sie fordert, Voit, in: Musielak/Voit, ZPO, § 1042, Rn. 17. Zum schuldrechtlichen Charakter der aus einer Schiedsvereinbarung folgenden Verfahrensförderungspflicht als vertragliche Nebenpflicht *Münch*, in: MüKo ZPO, § 1029, Rn. 138; *Voit*, in: Musielak/Voit, ZPO, § 1042, Rn. 17.

[87] Siehe bereits oben in Kapitel 6 – B.II.2.

Schiedsgerichts gar nicht auf einer Schiedsvereinbarung, sondern allein auf einer Präklusion des Rechtsvorgängers oder auf einer Schiedsverfügung beruht. Denn hier fehlt es schlicht an der vertraglichen Grundlage, um eine schuldrechtliche Verfahrensförderungspflicht herleiten zu können.[88]

d) Gesetzliche Ausgangslage und alternative Lösungsmöglichkeiten

Eine unmittelbare oder entsprechende Anwendbarkeit des § 265 ZPO auf das deutsche Schiedsverfahrensrecht ist mithin abzulehnen und auch eine etwaige Verfahrensförderungspflicht des Rechtsvorgängers oder Rechtsnachfolgers führt zu keiner ganzheitlichen Lösung der Rechtsnachfolge im laufenden Schiedsverfahren. Es fehlt also sowohl an einer dem Regelfall des § 265 Absatz 1 ZPO für staatliche Gerichtsverfahren entsprechenden gesetzlich angeordneten Prozessstandschaft als auch an einer umfassenden Übernahmeverpflichtung des Einzelrechtsnachfolgers im Schiedsverfahren. Damit aber gibt es zugleich auch keinen Anhaltspunkt für eine Bindung des Einzelrechtsnachfolgers an den bisherigen Verfahrensstand.[89] Es gilt daher zu untersuchen, wie sich die gesetzliche Ausgangslage darstellt und wie weit Verfahrensermessen und Gestaltungsspielraum der privaten Akteure im Schiedsverfahren reicht, um eine zufriedenstellende Lösung dieser Verfahrenssituation herbeizuführen – oder ob nicht doch der Gesetzgeber in der Pflicht ist, diese wertende Abwägung selbst vorzunehmen.

Die praktische Konsequenz einer Abtretung oder Veräußerung der streitbefangenen Sache ohne die gesetzliche Anordnung des § 265 ZPO ist zunächst das automatische Entfallen von Prozessführungsbefugnis und Sachlegitimation

---

[88] Letztere Erwägung lässt auch *Voit* außer Acht, wenn er nicht den Rechtsnachfolger, sondern den Rechtsvorgänger dazu verpflichten will, für eine Verfahrensübernahme durch den Einzelrechtsnachfolger zu sorgen, *Voit*, in: Musielak/Voit, ZPO, § 1042, Rn. 17.

[89] Dies hat auch Auswirkungen auf die Frage der Rechtskrafterstreckung eines Schiedsspruchs auf den Einzelrechtsnachfolger, wie sie die Vorschrift des § 325 Absatz 1 ZPO für das gerichtliche Urteil vorsieht. Fehlt es bereits an einer Prozessstandschaft oder Übernahmepflicht des Rechtsnachfolgers unter Bindung an den bisherigen Verfahrensstand, so kann im Fall der schiedsverfahrensrechtlichen Einzelrechtsnachfolge auch keine Drittwirkung eines Schiedsspruchs eintreten. Denn ein solcher Schiedsspruch wird, wenn der Einzelrechtsnachfolger das Schiedsverfahren nicht freiwillig aufnimmt oder dem Rechtsvorgänger nicht freiwillig eine Prozessstandschaft einräumt, durch die mit dem Wegfall der Verfahrenspartei einhergehenden Unzulässigkeit des Schiedsverfahrens gar nicht erst ergehen. Beginnt das Schiedsverfahren hingegen mit der Person des Rechtsnachfolgers als Verfahrenspartei vom Neuen, handelt es sich um keinen Fall einer Drittwirkung, sondern um einen Fall der regulären Schiedsspruchwirkung *inter partes*. Die Wirkungserstreckung von Entscheidungen auf den Einzelrechtsnachfolger, wie es § 325 ZPO für gerichtliche Urteile vorsieht, steht in einem so zwingenden inneren Zusammenhang zu § 265 ZPO, dass zunächst eine dem § 265 ZPO entsprechende Grundlage geschaffen werden müsste, damit eine dem § 325 ZPO entsprechende Regelung hier überhaupt zur Anwendung gelangen kann. Diese Erkenntnis wird im Rahmen des Kapitel 6 – D. noch relevant.

in der Person des Rechtsvorgängers.[90] Die anhängige Schiedsklage wäre mithin abzuweisen und es müsste ein neues Verfahren gegen den Rechtsnachfolger angestrengt werden. Auch außerhalb des Anwendungsbereichs des § 265 ZPO lässt sich diese Folge durch eine entsprechende Verfahrensgestaltung im Schiedsverfahren zwar zumindest teilweise abwenden – es wird allerdings schnell deutlich, dass für eine Verfahrensgestaltung *gegen* den Willen des Rechtsnachfolgers mangels der hierfür erforderlichen gesetzlichen Grundlage kein Raum ist.

So besteht zwar die Möglichkeit, den Zustand des § 265 Absatz 2 Satz 1 ZPO im Schiedsverfahren selbst in Abwesenheit einer gesetzlichen Prozessstandschaft weitestgehend nachzubilden, indem eine *gewillkürte* Prozessstandschaft zugunsten des Rechtsvorgängers vereinbart wird, der das Schiedsverfahren dann mit Wirkung für und gegen den Rechtsnachfolger weiterführen kann.[91] Diese Lösung hängt allerdings von der Zustimmung des Rechtsnachfolgers und des Rechtsvorgängers ab und kann mithin nicht einseitig von einer der Verfahrensparteien oder gar dem Schiedsgericht angeordnet werden.[92] Liegen die notwendigen Zustimmungen vor, lässt sich eine entsprechende Verfahrensvereinbarung jedoch wirksam treffen.[93]

Eine alternative Möglichkeit dürfte es zumindest in manchen Fällen sein, die Abweisung der Schiedsklage durch eine rechtzeitige Klageumstellung auf den Rechtsnachfolger abzuwenden. Diese Möglichkeit dürfte zumindest dann bestehen, wenn die Veräußerung oder Abtretung der streitbefangenen Sache auf Schiedsbeklagtenseite erfolgen soll. Sollte dies jedoch tatsächlich gelingen,

---

[90] Vgl. *Saenger*, in: ders., ZPO, § 265, Rn. 1; *Martens*, S. 182 – und nicht etwa das Verbot der Veräußerung oder Abtretung der streitbefangenen Sache, wie *Wagner*, in: Die Beteiligung Dritter an Schiedsverfahren, S. 7, 22 es annimmt. Ein solches Verbot bedürfte vielmehr selbst einer eindeutigen Anordnung beziehungsweise Vereinbarung. Dazu aber sogleich in Kapitel 6 – C.II.2.

[91] Dies schlägt auch *Martens*, S. 183 ff. vor.

[92] Zur gewillkürten Prozessstandschaft speziell im Schiedsverfahren *Pfeiffer*, SchiedsVZ 2017, 135 ff.; zu den Voraussetzungen einer gewillkürten Prozessstandschaft allgemein *Weth*, in: Musielak/Voit, ZPO, § 51, Rn. 25 ff.

[93] Diese müsste in der praktischen Umsetzung eine Unterwerfung des Rechtsnachfolgers unter den Schiedsspruch umfassen, welcher im Gegenzug jedenfalls als Nebenintervenient dem Schiedsverfahren beitreten können muss. Siehe zu diesem Ausnahmefall, in dem eine Nebenintervention zur Wahrung des rechtlichen Gehörs auch im Schiedsverfahren zwingend zuzulassen ist, bereits oben in Kapitel 5 – B.II.3. Im Falle der Einräumung einer gewillkürten Prozessstandschaft ist zwar grundsätzlich von der Unterwerfung des Rechtsnachfolgers unter die Schiedsspruchwirkung auszugehen. Sicherheitshalber kann diese aber dennoch schriftlich in die Vereinbarung der gewillkürten Prozessstandschaft aufgenommen werden. Erfolgt die Rechtsnachfolge erst nach der vollständigen Bildung des Schiedsgerichts, bedürfte es außerdem grundsätzlich einer entsprechenden Zustimmung des Rechtsnachfolgers zu diesem Schiedsgericht. Diese dürfte jedoch erneut in der willentlichen Einräumung der gewillkürten Prozessstandschaft zu sehen sein.

so ist noch nichts gewonnen, wenn keine Bindung des Rechtsnachfolgers an bisherigen Verfahrensstand, einschließlich der bereits bestellten Schiedsrichter, erfolgt, da das Verfahren andernfalls doch wieder faktisch von Neuem begonnen werden muss. Hierfür aber fehlt es derzeit, wie sich gezeigt hat, in Abwesenheit einer freiwilligen Unterwerfung des Rechtsnachfolgers an der dafür erforderlichen gesetzlichen Grundlage.[94] Daneben bleibt es den Vertragspartnern selbstverständlich unbenommen, ein Abtretungs- und Veräußerungsverbot für die Dauer eines etwaigen Schiedsverfahrens zu vereinbaren. Dies allerdings würde der prozessualen Situation von vor 1877 entsprechen und dürfte nur selten im Interesse der Beteiligten sein.[95] Auch ist zu berücksichtigen, dass ein entsprechendes Verbot nur schuldrechtliche Folgen haben und damit lediglich zu komplexen Schadensersatzfällen führen dürfte.[96]

III. Fazit: Gesetzliche Regelung der Rechtsnachfolge im laufenden Schiedsverfahren wünschenswert

Es wird deutlich, dass die Anordnung einer gesetzlichen Prozessstandschaft, wie § 265 Absatz 2 ZPO sie im staatlichen Verfahren vorsieht, um den ungestörten Fortgang des betreffenden Verfahrens zu gewährleisten, auch im Schiedsverfahrensrecht höchst wünschenswert wäre. Denn eine entsprechende Nachbildung der Vorschrift über die Konstruktion einer gewillkürten Prozessstandschaft ist nur mit dem Willen des Rechtsnachfolgers möglich, der den Fortgang des Schiedsverfahrens mithin einseitig verhindern kann. Die prozessuale Ausgangslage sowie die Interessenlage der vom Schiedsverfahren betroffenen Akteure ist dabei grundsätzlich keine andere als im staatlichen Gerichtsverfahren, weswegen auch hier ein Verbot der Veräußerung der streitbefangenen Sache oder eine – mit Zustimmung aller herbeigeführte – Übernahme des Schiedsverfahrens durch den Rechtsnachfolger meist unattraktiv ist. Ähnliches gilt für den Eintritt einer Gesamtrechtsnachfolge im laufenden Schiedsverfahren, etwa im Falle des Todes einer der ursprünglichen Verfahrensparteien. Die Vorschrift des § 239 ZPO sichert hier den ungestörten Fortgang des Verfahrens, allerdings unter Anwendung gewisser Druckmittel wie einer Ge-

---

[94] Siehe dazu bereits oben in Kapitel 6 – C.II.2.d).

[95] So auch Wagner, in: Die Beteiligung Dritter an Schiedsverfahren, S. 7, 22 („Die Wiederbelebung des gemeinrechtlichen Verbots [der Veräußerung der streitbefangenen Sache] im Schiedsrecht würde das Schiedsverfahren zur häßlichen Schwester des staatlichen Gerichtsverfahrens machen").

[96] Ein faktisches Abtretungs- und Veräußerungsverbot hätte im Zweifel auch *Voits* Vorschlag, den Rechtsvorgänger zum Schadensersatz zu verpflichten, wenn er nicht dafür Sorge trägt, dass der Rechtsnachfolger ihm eine gewillkürte Prozessstandschaft einräumt oder das Schiedsverfahren in dessen derzeitigem Stand übernimmt, zur Folge, *Voit*, in: Musielak/Voit, ZPO, § 1042, Rn. 17. Mithin stellt auch diese Lösung letztlich keinen hinreichenden Ersatz für eine gesetzliche Regelung der Einzelrechtsnachfolge im laufenden Schiedsverfahren dar.

ständnisfiktion zulasten des Rechtsnachfolgers, die dem privaten Schiedsgericht ohne eindeutige gesetzliche Anordnung schlicht fehlen.
  Zugleich kann aber das Verfahren, welches die deutsche Zivilprozessordnung für den Eintritt einer Rechtsnachfolge im laufenden Gerichtsverfahren vorsieht, ohne eine spezifische gesetzliche Regelung nicht ohne Weiteres auf das deutsche Schiedsverfahrensrecht übertragen werden. Im Falle einer Gesamtrechtsnachfolge lässt sich dies mittels einer entsprechenden Verfahrensgestaltung zwar noch weitgehend abwenden. Anders aber im Falle der Einzelrechtsnachfolge. Spielt der Rechtsnachfolger hier nicht freiwillig mit, sind den übrigen privaten Akteuren des Schiedsverfahrens zumeist die Hände gebunden und im schlimmsten Fall wäre das betreffende Schiedsverfahren von Neuem anzustrengen. Denn auch eine aus einem potenziellen Übergang der Schiedsvereinbarung auf den Rechtsnachfolger konstruierte Pflicht zur Übernahme des Schiedsverfahrens oder die Einräumung einer gewillkürten Prozessstandschaft ist mit erhöhter Rechtsunsicherheit behaftet und deckt zugleich nicht alle Fälle einer Rechtsnachfolge im laufenden Schiedsverfahren ab. Um diesen unzufriedenstellenden Zustand zu beseitigen, ist eine gesetzliche Regelung der Rechtsnachfolge im laufenden Schiedsverfahren – sei es durch einen vollständigen oder teilweisen Verweis auf die Vorschriften für das staatliche Zivilverfahren oder eine gesonderte Regelung – daher höchst wünschenswert.

D. Eintritt der Rechtsnachfolge nach Erlass des Schiedsspruchs

Am komplexesten ist jedoch der Eintritt einer Rechtsnachfolge nach Erlass des Schiedsspruchs.[97] In diesen Fällen stellt sich die Frage, inwieweit ein Schiedsspruch auch Wirkung für und insbesondere gegen den erst dann auftretenden Rechtsnachfolger entfalten kann – ob, und, wenn ja inwieweit sich also die Rechtskraftwirkung des Schiedsspruchs auf den Rechtsnachfolger erstrecken und der Schiedsspruch ihm gegenüber sogar zwangsweise durchgesetzt werden kann.
  Der Grund für eine entsprechende Wirkungserstreckung auf den Rechtsnachfolger ist naheliegend. Durch die Erlangung einer bindenden Entscheidung über den im Streit stehenden Sachverhalt, welche auch ein Rechtsnach-

---

[97] Es ist daher wenig überraschend, dass diese Problematik immer wieder bewusst aus wissenschaftlichen Untersuchungen der Rechtsnachfolge im Schiedsverfahrensrecht ausgeklammert wird, so beispielsweise von *Martens*, S. 23, der den „entsprechenden Problemkreis der Beleuchtung durch eine eigenständige wissenschaftliche Arbeit" überlässt. Auf Grundlage der im Rahmen dieser Arbeit vorgenommenen umfassenden Untersuchung der verfassungsrechtlichen Dogmatik der deutschen Schiedsgerichtsbarkeit soll jedoch ein Beitrag zur Klärung der Frage aus verfassungsrechtlicher Sicht geleistet werden.

folger nicht mehr in Frage stellen kann, wird Rechtssicherheit geschaffen.[98] Denn andernfalls müsste ein abgeschlossenes Verfahren stets wiederholt werden, sollte es zu einer Rechtsnachfolge kommen. Eine solche „Wiederholung des Prozesses in jedem Fall der Rechtsnachfolge auf Aktiv- oder Passivseite wäre allerdings", hier ist *Wagner* nur zuzustimmen, „absurd".[99] Zwar kollidiert eine entsprechende Wirkungserstreckung mitunter mit dem Bedürfnis nach materieller Gerechtigkeit, soll die Wirkungserstreckung auch dann eintreten können, wenn die Entscheidung tatsächlich unrichtig ist. Doch die materielle Gerechtigkeit muss hier in einem angemessenen Rahmen der Rechtssicherheit weichen, um den Rechtsfrieden sichern zu können.[100]

Für staatliche Entscheidungen und Maßnahmen gegenüber dem Bürger finden sich aus diesem Grund gesetzliche Vorschriften, die eine entsprechende Wirkungserstreckung auf den Rechtsnachfolger anordnen.[101] Dies ist auch erforderlich, weil die Annahme einer solchen Wirkungserstreckung einen Eingriff in die Grundrechte des Rechtsnachfolgers darstellt, wenn sich der Rechtsnachfolger ihr nicht freiwillig beugt, wofür es mithin gemäß Artikel 20 Absatz 3 GG einer hinreichend bestimmten und verhältnismäßigen gesetzlichen Eingriffsgrundlage bedarf.[102]

I. Vorliegen einer Grundrechtseingriffssituation

Inwieweit eine solche gesetzliche Grundlage auch im Hinblick auf eine Wirkungserstreckung des privaten Schiedsspruchs auf den Rechtsnachfolger vorhanden ist, ist jedoch höchst fraglich. Denn auch wenn sich die Wirkungen einer *schiedsrichterlichen* Entscheidung ohne oder sogar gegen den Willen des Rechtsnachfolgers auf diesen erstrecken können sollen, handelt es sich um einen Grundrechtseingriff. Dies betrifft im Einzelnen seinen Justizgewähranspruch im Hinblick auf den dem Schiedsspruch zugrundeliegenden Streitgegenstand, der gegen ihn unter Ausschluss der staatlichen Gerichtsbarkeit verbindlich entschieden worden sein soll.[103] Zugleich aber ist der Rechtsnachfolger in seinen Ausgestaltungsgarantien berührt. Dies zum einen, weil er im Hin-

---

[98] Zum Schutzzweck der Rechtskraftwirkung allgemein BVerfGE 60, 253, 267 ff.; 47, 146, 161; 22, 322, 329; 15, 313, 320; *Jarass*, in: Jarass/Pieroth, GG, Artikel 20, Rn. 109; *Schulze-Fielitz*, in: Dreier, GG, Artikel 20, Rn. 150 sowie speziell zur Rechtskrafterstreckung *Schack*, NJW 1988, 865. Siehe dazu auch bereits in Kapitel 6 – A.II.2.
[99] *Wagner*, in: Die Beteiligung Dritter an Schiedsverfahren, S. 7, S. 9 f.
[100] Vgl. nur BVerfGE 15, 313, 320 mit weiteren Nachweisen.
[101] Dazu im Einzelnen bereits in Kapitel 6 – A.II.2.
[102] Vgl. bereits oben in Kapitel 6 – A.III.
[103] Zutreffend auch Pika, ZZP 2018, 225, 240 f. („Wenn bereits die Erstreckung einer Schiedsvereinbarung den Justizgewähranspruch berührt und eine besondere Prüfung der Parteiautonomie gebietet, dann gilt dies auch für die Erstreckung eines Schiedsspruchs. Denn wie bei der Schiedseinrede nach § 1032 Abs. 1 ZPO wird dem Dritten verwehrt, den relevanten Streitgegenstand von seinem gesetzlichen Richter prüfen zu lassen").

blick auf den dem Schiedsspruch zugrundeliegenden Streitgegenstand keinen Einfluss auf das Verfahren nehmen konnte und kein rechtliches Gehör gewährt bekommen hat – und dies auch nicht mehr nachgeholt wird.[104] Zum anderen konnte er auch keinen Einfluss auf die Zusammensetzung des Schiedsgerichts, das den Schiedsspruch erlassen hat, nehmen, sodass insoweit auch sein Recht auf faires Verfahren berührt ist.

Mit Erlass des Schiedsspruchs erledigt sich der Grundrechtsschutz des Rechtsnachfolgers auch nicht. Es ist vielmehr eine Entscheidung des einfachen Rechts, die Verfahrensrechte des Rechtsnachfolgers durch den Ausschluss der erneuten Aufwicklung eines Verfahrens zurückzustellen. Dass beispielsweise die prozessuale Gehörspflicht des nach Erlass eines gerichtlichen Urteils auftretenden Rechtsnachfolgers entfällt, ist keine Folge des Grundgesetzes, sondern der Anordnung in § 325 Absatz 1 ZPO, die insoweit den Grundrechtsschutz auf *einfach-gesetzlicher* Ebene beschränkt.[105] Die Eingriffsintensität ist in diesem Falle der Rechtsnachfolge sogar die vergleichsweise höchste, weil, anders als im Falle der Rechtsnachfolge in einem frühen Verfahrensstadium, das Recht des Rechtsnachfolgers auf faires Verfahren und rechtliches Gehör hier überhaupt nicht mehr eigenständig gewahrt werden kann und auch die staatliche Kontrollmechanismen im laufenden Verfahren von ihm nicht in Anspruch genommen werden konnten.

II. Vorliegen einer hinreichend bestimmten und verhältnismäßigen gesetzlichen Eingriffsgrundlage?

Wenn also auch im Schiedsverfahrensrecht eine Wirkungserstreckung der im Schiedsverfahren getroffenen Entscheidung auf einen Rechtsnachfolger erfol-

---

[104] Letzteres insbesondere dann, wenn auch die Aufhebungsfrist des § 1059 Absatz 3 ZPO abgelaufen ist, dazu aber sogleich in Kapitel 6 – D.II.1.b).

[105] So richtigerweise auch *Pika*, ZZP 2018, 225, 234. Abzulehnen ist daher die Annahme, die Grundrechtsbetroffenheit „entfiele" mit Erlass des Schiedsspruchs, wie es etwa *Münch*, in: MüKo ZPO, § 1055, Rn. 29 annimmt („Nach Verfahrensende, dh mit dem Schiedsspruch, entfällt dann freilich zwangsläufig die Gehörspflicht"). Artikel 103 Absatz 1 GG lässt von seinem Wortlaut her zwar zunächst vermuten, dass nur „vor Gericht" jedermann Anspruch auf rechtliches Gehör habe. Der Gehörsanspruch ist aber insoweit in subjektiver Hinsicht weit auszulegen, als er jedem zusteht, der „unmittelbar rechtlich von dem Verfahren betroffen wird", BVerfGE 101, 394, 404; *Radtke*, in: BeckOK GG, Artikel 103, Rn. 4 sowie BVerfGE 65, 227, 233. *Das ist* „jeder, dem gegenüber die richterliche Entscheidung materiellrechtlich wirkt", *BVerfG*, NJW 2018, 1077, Rn. 15; BVerfGE 89, 381, 390 f. Der Gehörsanspruch besteht damit auch im Fall der Rechtskrafterstreckung auf weitere Personen als die Verfahrensparteien, BVerfGE 60, 7, 13. Diese Grundsätze gelten auch für den aus dem Rechtsstaatsprinzip folgenden allgemeinen Gehörsanspruch, soweit die nicht gerichtliche Maßnahme oder Entscheidung materielle Wirkung entfaltet, vgl. nur BVerfGE 101, 397, 404 f. sowie allgemein bereits oben in Kapitel 2 – C.I. und II.2.

gen können soll, dann bedarf es hierfür einer hinreichend bestimmten und verhältnismäßigen gesetzlichen Grundlage.

1. Rechtskrafterstreckung eines Schiedsspruchs auf den Rechtsnachfolger

Dies betrifft zunächst die prozessuale Durchsetzbarkeit eines Schiedsspruchs in Form der Rechtskrafterstreckung auf den Rechtsnachfolger. Hat ein Folgegericht den Schiedsspruch auch zulasten des Rechtsnachfolgers zu berücksichtigen? Das Bedürfnis nach Rechtssicherheit und Rechtsfrieden besteht hier zwar grundsätzlich gleichermaßen wie in Bezug auf staatliche Maßnahmen und Entscheidungen. Fraglich ist jedoch, ob im Hinblick auf eine Rechtskrafterstreckung des privatrechtlichen Schiedsspruchs die erforderliche gesetzliche Grundlage vorliegt, wie sie für eine entsprechende Rechtskrafterstreckung staatlicher Maßnahmen und Entscheidungen geschaffen worden ist.[106]

Hierüber ist man sich in der einschlägigen Rechtsprechung und Literatur überaus uneinig, was maßgeblich daher rührt, dass die Gesetzeslage uneindeutig ist und so nur wenig Rechtsklarheit in dieser so wichtigen Rechtsfrage schafft. Im Mittelpunkt der Diskussion steht die Frage, ob die Vorschrift des § 325 Absatz 1 ZPO auch auf den Schiedsspruch Anwendung finden kann. Denn sie ordnet an, dass das rechtskräftige gerichtliche Urteil nicht nur zwischen den Parteien des Schiedsverfahrens wirkt, sondern auch für und gegen die Personen, die nach Eintritt der Rechtshängigkeit Rechtsnachfolger dieser Parteien geworden sind.

Selbst wenn aber eine hinreichend bestimmte gesetzliche Eingriffsgrundlage vorhanden wäre oder aber eine solche geschaffen werden sollte, stellt sich die Frage, inwieweit diese Eingriffsgrundlage auf Grundlage der derzeitigen Rechtslage auch verhältnismäßig ist und damit einer verfassungsrechtlichen Überprüfung standhalten würde. Diese Rechtsfrage war soweit ersichtlich bisher nicht Gegenstand der Debatte um die Rechtskrafterstreckung privatrechtlicher Schiedssprüche auf den Rechtsnachfolger, weshalb auf sie ein besonderer Fokus gelegt werden soll.[107]

a) Vorliegen einer hinreichend bestimmten gesetzlichen Eingriffsgrundlage?

Viel diskutiert und hoch umstritten ist, ob überhaupt eine hinreichende Grundlage für die Annahme einer Rechtskrafterstreckung von Schiedssprüchen auf den Rechtsnachfolger vorhanden ist und wenn ja, um welche es sich handelt. *Pika* kann in seiner Zusammenfassung nur zugestimmt werden, dass sich hier ein an den prozessrechtlichen Fallgruppen des § 325 ZPO orientierter Ansatz

---

[106] Vgl. dazu bereits oben in Kapitel 6 – A.II.2.
[107] Dazu sogleich in Kapitel 6 – D.II.1.b).

und ein an der sogenannten Drittwirkung der Schiedsvereinbarung orientierter Ansatz unterscheiden lassen.[108]

So sprechen sich einige Stimmen für eine Anwendbarkeit des § 325 ZPO aus,[109] jedenfalls soweit ein Übergang der zugrundeliegenden Schiedsvereinbarung auf den Rechtsnachfolger erfolge.[110] Andere wollen im Falle des Eintritts der Rechtsnachfolge nach Erlass des Schiedsspruchs wiederum auf den Übergang der Schiedsvereinbarung als notwendige Voraussetzung für die Rechtskrafterstreckung verzichten. Die Rechtskrafterstreckung ergebe sich in diesem Fall bereits unmittelbar aus der „Gleichstellung des Schiedsspruchs mit dem Urteil"[111], schließlich sei der Schiedsspruch nach Abschluss des Verfahrens „genauso gut oder schlecht wie ein x-beliebiges Urteil eines staatlichen Gerichts".[112] Ein anderes Lager vertritt die Auffassung, § 325 ZPO spiele im Schiedsverfahren hingegen überhaupt keine Rolle. Eine Bindung des Rechtsnachfolgers ergebe sich kraft Anordnung des § 1055 ZPO vielmehr direkt aus der zugrundeliegenden Schiedsvereinbarung, die auf den Rechtsnachfolger übergehe.[113]

Damit plädiert die weit überwiegende Auffassung, wenn auch mit jeweils unterschiedlichen Ansatzpunkten, dafür, dass ein Rechtsnachfolger grundsätzlich der Rechtskraftwirkung eines Schiedsspruchs ausgesetzt ist.[114] Wie sich

---

[108] *Pika*, ZZP 2018, 225, 227, 228.
[109] *Loritz*, ZZP 105, 1, 15 f.
[110] *Schwab/Walter*, Teil I, Kapitel 21, Rn. 2, 3; *Wagner*, in: Die Beteiligung Dritter an Schiedsverfahren, S. 7, 29; *Pika*, ZZP 2018, 225, 227.
[111] *Wagner*, in: Die Beteiligung Dritter an Schiedsverfahren, S. 7, 32; so auch *Voit*, in: Musielak/Voit, ZPO, § 1042, Rn. 17; § 1055, Rn. 7; *Bosch*, S. 128 f., der die Auffassung vertritt, der Aufhebungsantrag nach § 1059 ZPO sowie § 325 II ZPO böten dem Rechtsnachfolger genügen Schutz.
[112] *Wagner*, Beteiligung Dritter, S. 33; so auch *Schwab/Walter*, Teil I, Kapitel 21, Rn. 3; *Lühmann*, S. 163.
[113] Diese Auffassung vertritt insbesondere *Münch*, in: MüKo ZPO, § 1055, Rn. 24, 26 und 29; *Wilske/Markert*, in: BeckOK ZPO, § 1055, Rn. 7 und 8; *Schwab/Walter*, Kapitel 21, Rn. 2 f.; *Massuras*, S. 451 f. und wohl auch *Seiler*, in: Thomas/Putzo, ZPO, § 1055, Rn. 3. *Wilske/Markert*, in: BeckOK ZPO, § 1055, Rn. 8 geben dies unter Zitierung der Entscheidungen BGHZ 68, 356 ff. und BayObLGZ 1999, 255, 265 f. als die überwiegende Auffassung an. Die zitierten Entscheidungen befassen sich jedoch jeweils mit einer *vorprozessualen* Rechtsnachfolge in eine Schiedsvereinbarung, welche in Kapitel 6 – B.II.2. behandelt wurde, und nicht in einen bereits erlassenen Schiedsspruch. Im Zusammenhang mit § 1055 ZPO an die Parteien der Schiedsvereinbarung anknüpfend zwar wohl noch BGHZ 64, 122, 128, allerdings ohne entsprechende Begründung, anders dann aber in den Entscheidungen *BGH*, SchiedsVZ 2022, 86, 88, Rn. 19 („Schiedsfähigkeit IV"); BGHZ 180, 221, 224 ff. („Schiedsfähigkeit II"); 132, 278, 286 („Schiedsfähigkeit I"). Dazu im Einzelnen aber bereits in Kapitel 4 – B.II.5. und zurecht kritisch auch *Pika*, ZZP 2018, 225, 231.
[114] In neuester Zeit hat jedenfalls der Bundesgerichtshof deutlich gemacht, wenn auch im Zusammenhang mit der Frage nach der entsprechenden Anwendbarkeit des §§ 248 f. AktG auf den Schiedsspruch, dass nach der jetzigen Rechtslage die Wirkung des Schiedsspruchs

zeigen wird, ist jedoch keiner der gewählten Anhaltspunkte vollständig überzeugend, kollidiert eine entsprechende Auslegung doch mit der Intention des – auch historischen – Gesetzgebers des deutschen Schiedsverfahrensrechts, die Vorschriften dieses Buches der ZPO und daher auch die dort angeordneten Wirkungen auf die Parteien des Schiedsverfahrens zu beschränken.

Bei genauerer Betrachtung ergibt sich die Rechtskrafterstreckung auf den Rechtsnachfolger daher weder unmittelbar aus dem deutschen Schiedsverfahrensrecht selbst noch aus einer Verweisung oder analogen Anwendbarkeit der einschlägigen zivilprozessualen Vorschriften zur Rechtskrafterstreckung. Und auch ein Rückgriff auf die materiell-rechtlichen Vorschriften zur Rechtsnachfolge vermag es nicht, den nicht unerheblichen Grundrechtseingriff in die verfahrensbezogenen Ausgestaltungsgarantien des Rechtsnachfolgers vollständig abzufangen – genauso wenig wie ein alleiniges Anknüpfen an eine dem vorangegangenen Schiedsverfahren potenziell zugrundeliegende Schiedsvereinbarung.

aa) Keine spezifische Eingriffsgrundlage im deutschen Schiedsverfahrensrecht

Auf der Suche nach einer hinreichenden Eingriffsgrundlage sollte zunächst bei den Vorschriften des deutschen Schiedsverfahrensrechts selbst angesetzt werden. Dort findet sich schließlich eine eigene Regelung zur Rechtskraftwirkung des Schiedsspruchs, und zwar in der viel diskutierten Vorschrift des § 1055 ZPO. Hier heißt es, dass sich die Rechtskraftwirkung eines Schiedsspruchs nur „unter den Parteien" entfalte, wobei sich aus Systematik und *Telos* der Vorschrift ergibt, dass hiermit die Parteien des Schiedsverfahrens gemeint sind.[115] Die Gleichstellung mit dem rechtskräftigen gerichtlichen Urteil sollte eben nur gegenüber denjenigen Personen erfolgen, welche die Schiedsgerichtsbarkeit freiwillig in Anspruch genommen hatten und auf das Schiedsverfahren Einfluss nehmen konnten.[116]

---

dem Wortlaut des § 1055 ZPO entsprechend ganz grundsätzlich auf die Parteien des Schiedsverfahrens zu beschränken sind, *BGH*, SchiedsVZ 2022, 86, 88, Rn. 19 („Schiedsfähigkeit IV"); BGHZ 180, 221, 224 ff. („Schiedsfähigkeit II") und insbesondere BGHZ 132, 278, 286 („Schiedsfähigkeit I") sowie im Einzelnen bereits in Kapitel 4 – B.II.5. Wie sich dies auf eine schiedsverfahrensrechtliche Rechtsnachfolge auswirkt, hat er jedoch offengelassen.

[115] Siehe dazu eingehend bereits in Kapitel 4 – A.III. Dass ein Anknüpfen an die Parteien einer dem Schiedsverfahren etwaig zugrundeliegenden Schiedsvereinbarung im Ergebnis auch nicht weiterführen würde, wird sogleich in Kapitel 6 – D.II.1.a)dd) aufgezeigt.

[116] So die Gesetzesbegründung der §§ 807, 808 des CPO-Entwurfs von 1874, abgedruckt bei *Hahn*, S. 496. Die Rechtsnachfolge lässt sich hiermit aber ersichtlich nicht vereinbaren. Es scheint daher so, als hätte der historische Gesetzgeber diese Rechtsfrage schlicht nicht bedacht.

Wie bereits gezeigt, ist vor dem historischen Hintergrund des § 1055 ZPO auch eine unmittelbare Anwendbarkeit des § 325 ZPO, der im Jahr 1898 in die deutsche Zivilprozessordnung eingeführt wurde, auf das deutsche Schiedsverfahrensrecht höchst zweifelhaft.[117] Da das deutsche Schiedsverfahrensrecht ein grundsätzlich in sich geschlossenes Regelwerk bildet, das von den übrigen Vorschriften der deutschen ZPO unabhängig ist, bedarf es spezifischer gesetzlicher Anordnungen, um die Anwendbarkeit einer Vorschrift der übrigen Bücher der ZPO auf das deutsche Schiedsverfahrensrecht annehmen zu können.

So findet sich zwar in § 1055 ZPO ein Verweis auf die Vorschriften der ZPO, welche die Wirkungen eines rechtskräftigen gerichtlichen Urteils regeln – dies aber eben nur „unter den Parteien" des Schiedsverfahrens. Der Verweis beschränkt sich mithin auf § 322 ZPO und, in einem sehr geringen Umfang, auch auf § 325 Absatz 1 ZPO, und zwar insoweit die Vorschrift die Wirkung des rechtskräftigen gerichtlichen Urteils gegenüber den Parteien des zugrundeliegenden Verfahrens anordnet. Eine Verweisung auf diejenigen Teile des § 325 Absatz 1 ZPO, die eine Rechtskrafterstreckung auch auf die Rechtsnachfolger der Verfahrensparteien anordnen, kann daher jedoch gerade nicht über § 1055 ZPO hergeleitet werden. Vielmehr spricht der eingeschränkte Verweis in § 1055 ZPO sogar gegen eine Anwendbarkeit solcher Vorschriften, welche die Wirkungen rechtskräftiger gerichtlicher Urteile über die Parteien eines Verfahrens hinaus anordnen.

Vor dem Hintergrund der bereits 1877 vorgesehenen subjektiven Rechtskrafterstreckung von gerichtlichen Urteilen auf den Einzelrechtsnachfolger im Falle der Veräußerung oder Abtretung der streitbefangenen Sache in § 236 der CPO von 1877 und der Formulierung in § 866 der CPO von 1877, der Schiedsspruch habe nur „unter den Parteien" die Wirkung eines rechtskräftigen gerichtlichen Urteils, lässt sich schließen, dass die subjektive Beschränkung der Schiedsspruchwirkung eine umfassende sein sollte – und damit auch in den übrigen Fällen der Rechtsnachfolge galt, obwohl sich die Rechtskrafterstreckung in dieser Zeit insoweit noch aus dem materiellen Recht ergeben sollte.[118] Schließlich ist der deutschen Rechtsordnung eine Beschränkung des materiellen Rechts in dem Umfang, in dem es Einfluss auf das Zivilprozessrecht hat, durch die Vorschriften des Prozessrechts selbst keineswegs fremd.[119] Und auch mit der späteren Aufnahme der Rechtskrafterstreckung rechtskräftiger gerichtlicher Urteile auf den Gesamtrechtsnachfolger in das deutsche Prozessrecht ist

---

[117] Siehe dazu eingehend Kapitel 4 – A.III.

[118] Wenn dies auch nicht auf den Fall der Rechtskrafterstreckung auf den Gesamtrechtsnachfolger beschränkend *Blomeyer*, Zivilprozessrecht, § 91, S. 503.

[119] So findet sich etwa im heutigen deutschen Schiedsverfahrensrecht in den Vorschriften der § 1030 und § 1031 ZPO eine Beschränkung der materiell-rechtlichen Vertragsfreiheit beim Abschluss einer Schiedsvereinbarung. Zum Regelungsinhalt dieser Vorschriften im Einzelnen bereits in Kapitel 3 – A.I.2.c) und 3 – A.I.5.

der Wortlaut des § 1055 ZPO unverändert geblieben – und das wohlgemerkt bis heute.

bb) Keine analoge Anwendbarkeit der allgemeinen zivilprozessualen Regelungen

Ein unmittelbarer Verweis auf die Vorschrift des § 325 ZPO findet sich im deutschen Schiedsverfahrensrecht derzeit mithin nicht. Darüber hinaus scheitert aber auch eine analoge Anwendbarkeit der Vorschriften, welche die Wirkungen rechtskräftiger gerichtlicher Urteile über die Parteien des Verfahrens hinaus anordnen, auf den Schiedsspruch aus.[120] Zum einen dürfte bereits die Zulässigkeit einer Analogiebildung zu einem Rechtsinstitut der Rechtskrafterstreckung allgemein zweifelhaft sein. Denn aufgrund ihrer erhöhten Grundrechtsrelevanz ist die Wirkungserstreckung einer Entscheidung auf Personen, die auf deren Zustandekommen keinen Einfluss nehmen konnten, ohne deren freiwillige Zustimmung grundsätzlich nur in eindeutig bestimmten gesetzlich geregelten Fällen zulässig.[121]

Bei genauerer Betrachtung ist aber zum anderen auch das Vorliegen einer vergleichbaren Interessenlage fraglich. Denn diese muss sich am Gleichheitssatz messen lassen, um eine Analogiebildung begründen zu können.[122] Die „Rechtskraftwirkungen der §§ 322, 325 ZPO beruhen auf der Prämisse, daß die staatlichen Gerichte für sämtlichen privatrechtliche Streitigkeiten zuständig sind, die unter den Parteien, aber auch den Parteien und einem Dritten auftreten können"[123] – und sie zugleich durch staatliche Organe zustande kommen, die selbst unmittelbar an das Grundgesetz gebunden sind.[124] Gerade diese so grundlegenden Prämissen fehlen der Schiedsgerichtsbarkeit jedoch,[125] weswe-

---

[120] Auch, wenn man grundsätzlich zurecht eine planwidrige Regelungslücke darin erblicken will, dass der Schiedsspruch seine Rechtskraftwirkung eben nur unter den Parteien des Schiedsverfahrens entfalten soll. Eine analoge Anwendbarkeit sieht auch *Lühmann*, S. 165 kritisch.

[121] Saenger, in: ders., ZPO, § 322, Rn. 26 („Rechtskraft entfaltet das Urteil grds nur zwischen den Parteien des Rechtsstreits (subjektive Grenze). Eine Erstreckung auf andere Personen, die folglich auch keine Möglichkeit hatten, auf das Verfahren Einfluss zu nehmen, ist nur in gesetzlich geregelten Sonderfällen möglich"); § 325, Rn. 1; vgl. auch Gottwald, in: MüKo ZPO, § 325, Rn. 4 ff.; *Lühmann*, S. 113 f.; Schack, NJW 1988, 856, 872.

[122] BAGE 112, 100, 107; *Jarass*, in: Jarass/Pieroth, GG, Artikel 20, Rn. 65.

[123] *Wagner*, in: Die Beteiligung Dritter an Schiedsverfahren, S. 7, 12.

[124] BGHZ 180, 221, 224 ff., 233 („Schiedsfähigkeit II"); 132, 278, 286 f. („Schiedsfähigkeit I").

[125] BGHZ 132, 278, 286, 289 f. („Schiedsfähigkeit I") und selbst *Wagner*, der ausführt, die Bindungswirkung von Schiedssprüchen bereite deswegen Schwierigkeiten, weil „Schiedsgerichte – im Unterschied zu staatlichen Gerichten – keine umfassende Gerichtsgewalt haben", *Wagner*, in: Die Beteiligung Dritter an Schiedsverfahren, S. 7, 12.

gen der Gleichheitssatz in dieser Hinsicht nicht erfüllt ist.[126] Selbst das auch im Schiedsverfahren bestehende Bedürfnis nach Rechtssicherheit und Rechtsfrieden ist jedenfalls auf Grundlage der derzeitigen Rechtslage, nach welcher der privatrechtliche Schiedsspruch staatlich ungeprüft zum Gegenstand prozessualer Wirkungen wird,[127] nicht ausreichend, um diesen fundamentalen Unterschied zwischen der staatlichen Gerichtsbarkeit und der Schiedsbarkeit überbrücken und so eine Analogie zu der Vorschrift des § 325 ZPO rechtfertigen zu können.[128]

cc) Kein Rückgriff auf die Vorschriften des materiellen Rechts

Nun könnte man in Erwägung ziehen, mangels direkter oder analoger Anwendbarkeit des § 325 ZPO auf das materielle Recht zurückzugreifen, um eine entsprechende Bindung des Rechtsnachfolgers an den Schiedsspruch zu begründen – schließlich hat bis zum Jahre 1898 das materielle Recht auch noch die Rechtskraftwirkung gerichtlicher Urteile auf den Gesamtrechtsnachfolger bestimmt und wurde erst dann durch die prozessrechtliche Vorschrift des heutigen § 325 ZPO abgelöst. Und bis heute greift man auf die materiell-rechtliche Vorschrift des § 1922 BGB zurück, um den Eintritt des Gesamtrechtsnachfolgers in die prozessuale Parteistellung seines Rechtsvorgängers zu konstruieren.[129]

Jedenfalls seit der Ablösung der materiell-rechtlichen Grundlage der Rechtskrafterstreckung rechtskräftiger gerichtlicher Urteile auf den Gesamtrechtsnachfolger durch die spezielle zivilprozessuale Regelung des § 325 ZPO im Jahr 1989 ist die Zulässigkeit eines Rückgriffs auf das materielle Recht, um eine entsprechende Wirkungserstreckung des Schiedsspruchs zu begründen, allerdings zweifelhaft.[130] Es stellt sich zugleich die nicht unerhebliche Frage, ob die allgemeinen materiell-rechtlichen Vorschriften, insbesondere die des §§ 401 und 404 BGB, überhaupt eine hinreichend Grundlage für die weitrei-

---

[126] Vgl. BGHZ 180, 221, 226 („Schiedsfähigkeit II"); 132, 278, 286 („Schiedsfähigkeit I") und allgemein bereits oben in Kapitel 2 – C.I.2. *Neef*, S. 56 ff., kommt auf S. 58 zu dem Schluss, eine Analogiebildung zu § 325 ZPO sei aus diesem Grund „rechtlich unmöglich". Insbesondere aber kann damit der Annahme nicht zugestimmt werden, der Schiedsspruch sei genauso gut oder schlecht wie ein x-beliebiges Urteil, wie *Wagner*, in: Die Beteiligung Dritter an Schiedsverfahren, S. 7, 33 es annimmt.
[127] Dazu eingehend noch in Kapitel 6 – D.II.1.b).
[128] Anders könnte dies sein, wenn eine erhöhte Legitimation der Rechtskraftwirkung des Schiedsspruchs dadurch gesichert wäre, dass ihm eine zwingende staatliche Überprüfung rechtsstaatlicher Mindeststandards vorgeschaltet würde. Dazu aber sogleich in Kapitel 6 – D.III.3.
[129] Vgl. dazu bereits oben in Kapitel 6 – C.II.1.
[130] *Pika*, ZZP 2018, 225, 246 scheint jedenfalls im Zusammenhang mit der Gesamtrechtsnachfolge auf einen zulässigen Rückgriff auf das materielle Recht zu plädieren. Die noch dringlichere Frage ist jedoch die nach der Einzelrechtsnachfolge, dazu sogleich im Text.

chenden Eingriffe in prozessuale Grundrechte wie das Recht auf rechtliches Gehör und faires Verfahren des Rechtsnachfolgers bieten – oder ob hierfür nicht eine spezifische *prozessrechtliche* Eingriffsgrundlage erforderlich ist, wie es im Prozess- und Verwaltungsrecht auch sonst der Fall ist, um insbesondere auch dem verfassungsrechtlichen Bestimmtheitsgrundsatz gerecht zu werden.[131]

Und nicht zuletzt stellt sich in diesem Zusammenhang auch die Frage nach der Verhältnismäßigkeit eines entsprechenden Rückgriffs auf das materielle Recht. Denn so würde der Rechtskrafterstreckung des Schiedsspruchs die Schutzvorschrift des § 325 Absatz 2 ZPO fehlen, was die Eingriffsintensität im Vergleich zur Rechtskrafterstreckung rechtskräftiger gerichtlicher Urteile, die der Gutglaubensvorschrift des § 325 Absatz 2 ZPO schließlich unterfallen, erheblich erhöhen würde.[132]

dd) Kein Rückgriff auf den hypothetischen Übergang der zugrundeliegenden Schiedsvereinbarung

Aber auch eine Anknüpfung an den hypothetischen Übergang der dem Schiedsverfahren zugrundeliegenden Schiedsvereinbarung im Falle des Eintritts der Rechtsnachfolge nach Erlass des Schiedsspruchs kann das Erfordernis einer spezifischen *gesetzlichen* Eingriffsgrundlage nicht ersetzen. Zum einen ergibt ein Umkehrschluss aus der Vorschrift des § 1059 Absatz 5 ZPO, dass eine Schiedsvereinbarung ihre rechtliche Wirkung verliert, sobald ein Schiedsspruch über den zugrundeliegenden Streitgegenstand ergeht[133] – ihr Übergang ist im Falle einer nach Erlass des Schiedsspruchs eintretenden Rechtsnachfolge mithin rein faktisch gar nicht mehr möglich.[134] Zum anderen scheitert ein An-

---

[131] Vgl. nur die Vorschriften der §§ 325 ff. ZPO im Zivilprozessrecht sowie § 173 VwGO i.V.m. §§ 325 ff. ZPO im Verwaltungsprozessrecht oder § 49 BauGB im Verwaltungsrecht. Denn der „Einsatz von Generalklauseln zur Ergänzung näherer Regelungen muss ausscheiden, wenn „konkretere gesetzliche Anknüpfungspunkte" notwendig sind", *Jarass*, in: Jarass/Pieroth, GG, Artikel 20, Rn. 66; dazu auch BVerfGE 138, 377, 395, Rn. 48. Zur notwendigen Bestimmtheit der gesetzlichen Ermächtigungsgrundlage allgemein BVerfGE 120, 378, 407;113, 348, 375 ff.; 110, 33, 52 ff.; 100, 313, 359 f. und 372; *Jarass*, in: Jarass/Pieroth, GG, Vorb. vor Artikel 1, Rn. 43 und Artikel 20, Rn. 79. Zur entsprechenden Umsetzung in anderen Bereichen des Prozessrechts siehe auch bereits oben in Kapitel 6 – A.II.2.

[132] Vertreter der Ansicht, dass § 325 ZPO keine Anwendung findet, es aber dennoch zu einer Rechtskrafterstreckung des Schiedsspruchs kommen soll, wollen dies hinnehmen, so etwa *Münch*, in: MüKo ZPO, § 1055, Rn. 24. § 407 Absatz 2 ZPO bietet insoweit keinen hinreichenden Schutz, weil er nur den Schuldner schützt, nicht aber den Rechtsnachfolger selbst.

[133] *Münch*, in: MüKo ZPO, § 1029, Rn. 146; vgl. auch *Schwab/Walter*, Teil I, Kapitel 8, Rn. 1.

[134] Ein Anknüpfen allein an die Schiedsvereinbarung für die Erstreckung der Rechtskraftwirkung erscheint daher fragwürdig, wenn zugleich davon ausgegangen wird, dass die

knüpfen an die Schiedsvereinbarung in den Fällen, in denen eine solche schon ursprünglich gar nicht vorgelegen hat. Man mag zwar noch den Übergang der Bindung des Rechtsvorgängers an eine Schiedsverfügung auf den Rechtsnachfolger konstruieren.[135] Scheitern muss ein Anknüpfen an die Schiedsvereinbarung aber dann, wenn die Zuständigkeit des Schiedsgerichts lediglich auf einer Präklusion der Zuständigkeitsrüge des Rechtsvorgängers beruhte.[136] Und außen vor bleiben auch die Fälle, in denen ein Übergang der Schiedsvereinbarung auf den Rechtsnachfolger auch nach der herrschenden Auffassung abzulehnen ist.[137]

Selbst wenn man einen Übergang der „Schiedsbindung" des Rechtsvorgängers auf den Rechtsnachfolger aber dennoch konstruieren wollte, so fehlte es doch weiterhin an einer Grundlage für den weitreichenden Eingriff in die verfahrensbezogenen Ausgestaltungsgarantien des Rechtsnachfolgers. Die Schiedsvereinbarung ist inhaltlich nur auf einen Ausschluss des Justizgewähranspruchs gerichtet und nicht zusätzlich auf den Ausschluss des Rechts auf rechtliches Gehör und faires Verfahren.[138] Die Legitimation der partiellen Gleichstellung von Schiedsspruch und rechtskräftigem gerichtlichem Urteil in § 1055 ZPO beruht aber nicht nur auf diesem (vertraglichen) Ausschluss des Justizgewähranspruchs.[139] Zwischen Schiedsvereinbarung und Schiedsspruch steht vielmehr ein ganzes Schiedsverfahren, das dem Konstrukt des Schiedsspruchs die materiell-rechtliche Verwurzelung nimmt und es in das Prozessrecht überträgt.[140]

Wie auch die Schiedsfähigkeitsrechtsprechung des Bundesgerichtshofs deutlich gemacht hat, bedarf es daher zusätzlich der Möglichkeit, auf die Auswahl des Spruchkörpers und das erheblich von den Verfahrensparteien selbst gestaltete Schiedsverfahren Einfluss zu nehmen, soll man den Wirkungen eines

---

Schiedsvereinbarung mit Eintritt der Rechtskraftwirkung des Schiedsspruchs ihre Wirkung verliert.

[135] Siehe oben in Kapitel 6 – B.II.2.c).

[136] Zur schiedsgerichtlichen Zuständigkeitsbegründung kraft Präklusion allgemein siehe Kapitel 3 – A.I.4.

[137] Wie im Falle der dinglichen Übertragung, dazu aber im Einzelnen bereits oben in Kapitel 6 – B.II.2.b).

[138] Dazu bereits in Kapitel 5 – A.I.2.

[139] Wenn die Legitimation der Schiedsgerichtsbarkeit auch oftmals irrigerweise auf diese verkürzt wird, vgl. dazu nur die grundlegenden Ausführungen in Kapitel 2 – A. Richtig aber auch *Spohnheimer*, S. 16, der ausführt, der unmittelbare Geltungsgrund des Schiedsspruchs liege „nicht in der Schiedsvereinbarung, sondern vielmehr im antezipierten Legalanerkenntnis des § 1055 ZPO" – das wiederum auf der Annahme einer Wahrung der rechtsstaatlichen Verfahrensgarantien beruht, Kapitel 2 – B.I.3.

[140] Dies erkennt auch Massuras, S. 466 (mit der Einleitung eines Schiedsverfahrens „entsteht ein neues, engeres prozessuales Rechtsverhältnis zwischen des Schiedsverfahrensparteien.")

Schiedsspruchs ausgesetzt werden.[141] Die privaten Akteure der Schiedsgerichtsbarkeit können dem Subjekt der Schiedsspruchwirkungen diese Rechte nicht einseitig nehmen, hierfür bedarf es zwingend einer gesetzlichen Anordnung.

Ähnliche Bedenken bestehen mit Blick auf einen Versuch, aus einem hypothetischen Übergang der Schiedsvereinbarung – soweit eine solche denn überhaupt vorgelegen hat und sie auch übergegangen ist – eine Verpflichtung des Rechtsnachfolgers herzuleiten, sich dem Schiedsspruch zu unterwerfen und so auf die Wahrung seiner verfahrensbezogenen Ausgestaltungsgarantien zu verzichten.

Das Anknüpfen an die Schiedsvereinbarung im Falle der Rechtsnachfolge nach Erlass des Schiedsspruchs ist also generell fraglich. Jedenfalls aber kann sie keine geeignete Grundlage für eine Beschränkung des Rechts auf rechtliches Gehör und faires Verfahren des Rechtsnachfolgers bilden. Hierfür bedarf es vielmehr einer hinreichend bestimmten gesetzlichen Eingriffsgrundlage, die zugleich dem Grundsatz der Verhältnismäßigkeit gerecht wird.

ee) Fazit: Vorliegen einer eindeutigen gesetzlichen Eingriffsgrundlage höchst zweifelhaft

Bislang hat der Gesetzgeber eine subjektive Erweiterung des eng begrenzten Wirkungsbereichs des deutschen Schiedsverfahrensrechts vollständig dem Rechtsanwender unter der Aufsicht der staatlichen Gerichte überlassen. Es wurde davon ausgehend bereits herausgearbeitet, dass aufgrund der weitgehenden Gestaltungsfreiheit im Schiedsverfahrensrecht auch die eingeschränkte Vorschrift des § 1055 ZPO grundsätzlich mittels Verfahrensvereinbarung in subjektiver Hinsicht erweitert werden kann.[142] Allerdings muss sich eine solche Verfahrensvereinbarung, soll sie die entsprechende Wirkungserstreckung tatsächlich wirksam herbeiführen können, an ihren Gültigkeitskriterien messen lassen. Diese sind erschöpft, sobald die Wirkungserstreckung eines Schiedsspruchs ohne positive Wahrung der Verfahrensgarantien des Betroffenen herbeigeführt werden soll und er sich dieser Wirkung nicht freiwillig unterwirft.[143]

---

[141] BGHZ 180, 221, 224, 228 f. („Schiedsfähigkeit II"); 132, 278, 282 ff., 286 ff. („Schiedsfähigkeit I") sowie *BGH*, SchiedsVZ 2022, 86, 88, Rn. 15 („Schiedsfähigkeit IV"); NJW 2018, 3014, 3015, Rn. 15 ff.; SchiedsVZ 2017, 197, 199, Rn. 22 („Schiedsfähigkeit III"); *OLG Frankfurt*, Beschluss vom 24. Januar 2022 – 26 Sch 14/21, juris, Rn. 82 ff.; vgl. Kapitel 2 – C und Kapitel 5 – A.I.2.

[142] Kapitel 4 – B.II.3.

[143] BGHZ 180, 221, 226 ff. („Schiedsfähigkeit II") sowie *BGH*, SchiedsVZ 2022, 86, 88, Rn. 15 („Schiedsfähigkeit IV"); NJW 2018, 3014, 3015, Rn. 15 ff.; SchiedsVZ 2017, 197, 199, Rn. 22 („Schiedsfähigkeit III"); *OLG Frankfurt*, Beschluss vom 24. Januar 2022 – 26 Sch 14/21, juris, Rn. 82 ff.

Es besteht aber ein unbestreitbares Bedürfnis an der Annahme einer Rechtskrafterstreckung von Schiedssprüchen auf den Rechtsnachfolger auch dann, wenn Letzterer sich dieser Wirkungserstreckung nicht freiwillig beugen will. Ein Anknüpfen an die dem vorangegangenen Schiedsverfahren etwaig zugrundeliegende Schiedsvereinbarung allein führt hier nicht weiter. Zugleich fehlt es derzeit an einer eindeutigen gesetzlichen Grundlage für die Annahme einer Rechtskrafterstreckung des Schiedsspruchs auf den Rechtsnachfolger. Es ist es daher nur wünschenswert, dass der Gesetzgeber hier klarstellend tätig wird und die erforderliche hinreichend bestimmte Eingriffsgrundlage schafft.

b) Verhältnismäßigkeit einer Rechtskrafterstreckung des Schiedsspruchs auf den Rechtsnachfolger?

Doch selbst wenn man den obigen Ausführungen zum Trotz bereits nach der derzeitigen Rechtslage das Vorliegen einer geeigneten Grundlage für die Rechtskrafterstreckung des Schiedsspruchs auf den Rechtsnachfolger annehmen wollte, oder aber der Gesetzgeber die Gelegenheit ergreifen sollte, eine entsprechende spezifische Eingriffsgrundlage zu schaffen, so stellt sich die Frage, inwieweit eine solche dem verfassungsrechtlichen Grundsatz der Verhältnismäßigkeit gerecht werden würde.

Denn anders als das rechtskräftige Urteil wird der Schiedsspruch nicht durch ein staatliches, unmittelbar an das Grundgesetz und die dort verbürgten Grundrechte gebundenes Organ im Rahmen eines gesetzlich eng vorgeschriebenen Verfahrens erlassen. Er kommt vielmehr durch ein von den Parteien des Schiedsverfahrens ausgewähltes privates Schiedsgericht zustande, das lediglich der weitreichenden Verfahrensautonomie der Verfahrensparteien und den geringen einfach-gesetzlichen Beschränkungen des Zehnten Buchs der ZPO unterliegt, und, anders als der staatliche Richter, selbst nicht an das Grundgesetz gebunden ist.[144] Dies erhöht die Eingriffsintensität einer Rechtskrafterstreckung des privaten Schiedsspruchs im Vergleich zur Rechtskrafterstreckung gerichtlicher Urteile nicht unerheblich, ist die materielle Gerechtigkeit doch so weniger gesichert, weshalb höhere Anforderungen an die Verhältnismäßigkeit einer solchen Rechtskrafterstreckung zu stellen sind.

Das legitime Ziel einer Rechtskrafterstreckung liegt insbesondere in der Sicherung des Rechtsfriedens, wozu sie grundsätzlich auch geeignet und erforderlich ist.[145] Fraglich ist jedoch die Angemessenheit einer Rechtskrafterstreckung des privaten Schiedsspruchs auf den Rechtsnachfolger. Denn jedenfalls nach der derzeitigen Rechtslage tritt die Rechtskraftwirkung des Schiedsspruchs auch ohne eine vorherige staatliche Überprüfung verfassungsrechtlicher Mindeststandards im Sinne der Vereinbarkeit mit dem inländischen *ordre*

---

[144] Vgl. dazu bereits eingehend in Kapitel 2 – B.I.1.
[145] Zu den Rechtskraftzwecken im Einzelnen bereits oben in Kapitel 6 – A.II.

public und der Schiedsfähigkeit des Streitgegenstands ein,[146] obwohl es sich hierbei um teils öffentliche Interessen handelt, die nicht in die Disposition Privater gestellt werden dürften.[147]

Soweit ersichtlich wurde diese Problematik im Zusammenhang mit der Rechtskrafterstreckung eines Schiedsspruchs auf den Rechtsnachfolger bisher nur von *Loritz* gestreift, der darauf plädiert, dass die Rechtskrafterstreckung jedenfalls dann nicht eintreten können solle, wenn der Streitgegenstand dem Rechtsnachfolger gegenüber nicht objektiv oder subjektiv schiedsfähig sei.[148] Offen lässt er aber, wie dies in der praktischen Umsetzung verhindert werden soll. Vor diesem Hintergrund soll der Versuch unternommen werden, einen Beitrag zu dieser so wichtigen Frage zu leisten und mögliche Wege für eine verfassungskonforme Rechtskrafterstreckung privater Schiedssprüche auf den Rechtsnachfolger aufzuzeigen – und zugleich zur Verfassungsgemäßheit der derzeitigen Konzeption des § 1055 ZPO allgemein Stellung zu nehmen.

aa) Konzeption der Rechtskraftwirkung eines Schiedsspruchs nicht auf Grundrechtseingriff ausgelegt

Ausgangspunkt der Problematik ist erneut, dass das deutsche Schiedsverfahrensrecht von seiner bisherigen Konzeption her grundsätzlich auf eine positive Grundrechtswahrung und nicht auf Grundrechtseingriffe ausgelegt ist. Aus den einfach-gesetzlichen Vorgaben an das Schiedsgericht, die es zur Wahrung der Verfahrensgarantien anhalten, und einer damit einhergehenden Rüge- und Überprüfungsmöglichkeit der Parteien des Schiedsverfahrens ergibt sich ein auf Eigenverantwortlichkeit basierendes Konzept, das es den privaten Akteuren der Schiedsgerichtsbarkeit ermöglicht, die Wahrung ihrer rechtsstaatlichen Verfahrensgarantien selbst herbeizuführen und kontrollieren zu lassen.[149]

---

[146] Eine bloß fakultative, antrags- sowie fristgebundene staatliche Kontrolle findet lediglich *nach* Rechtskrafteintritt im Aufhebungsverfahren statt – so das derzeitige Konzept des § 1055 ZPO, das noch aus der ersten Fassung des deutschen Schiedsverfahrensrechts von 1877 stammt. Dazu aber im Einzelnen noch in Kapitel 6 – D.III.3.

[147] Solomon, S. 211 f. Zur Erinnerung ist der inländische ordre public zu definieren als jede Norm, „die in einer die Grundlagen des staatlichen oder wirtschaftlichen Lebens berührenden, zentralen Frage wegen bestimmter staats- oder wirtschaftspolitischer Anschauungen oder elementarer Gerechtigkeitsvorstellungen ergangen ist", *Münch*, in: MüKo ZPO, § 1059, Rn. 46 sowie bereits in Kapitel 3 – B.III.2. Die Begrenzung der Schiedsfähigkeit von Streitgegenständen ist daneben erforderlich, wenn aus zwingenden Gründen des Verfassungsrechts die staatsgerichtliche Zuständigkeit über den Streitgegenstand nicht an eine private Gerichtsbarkeit delegiert werden darf, wie etwa im Ehe- und Familienrecht, Kapitel 3 – A.I.5.

[148] *Loritz*, ZZP 1992, 1, 15 f., 19 (Die Erstreckung der „Rechtskraft auf einen Dritten kann nur dort nicht mehr gelten, wo der Rechtsstreit [...] objektiv oder subjektiv nicht mehr schiedsfähig wäre").

[149] Kapitel 3 – C.

D. Rechtsnachfolge nach Erlass des Schiedsspruchs

Allein dies vermag es in verfassungsrechtlicher Hinsicht noch zu rechtfertigen, dass der prozessualen Durchsetzbarkeit eines inländischen Schiedsspruchs nach der derzeitigen Rechtslage keine obligatorische Überprüfung rechtsstaatlicher Mindeststandards in Form der Schiedsfähigkeit des Streitgegenstands und der Vereinbarkeit des Schiedsspruchs mit dem inländischen *ordre public* durch die staatlichen Gerichte vorangestellt ist.[150] Denn auch der in § 1055 ZPO gewährte „Vertrauensvorschuss" des Staates an die deutsche Schiedsgerichtsbarkeit, der auf eine von Amts wegen erfolgende staatliche Überprüfung des Schiedsspruchs vor Eintritt der Rechtskraftwirkung verzichtet, beruht auf der grundsätzlichen Annahme einer positiven Wahrung der Verfahrensgarantien gegenüber den Verfahrensparteien.[151]

Der Ausschluss des Justizgewähranspruchs soll im Regelfall durch einen freiwilligen Grundrechtsausübungsverzicht erfolgen, die verfahrensbezogenen Ausgestaltungsgarantien durch die einfach-gesetzlichen Verpflichtungen des Schiedsgerichts zur Einräumung rechtlichen Gehörs und der Durchführung eines fairen Verfahrens tatsächlich gewährt werden – alles begleitet von der entsprechenden Überprüfbarkeit durch die Inanspruchnahme staatlicher Gerichte.[152] Und wie der Bundesgerichtshof deutlich gemacht hat, kann auch – oder gerade – eine Rechtskrafterstreckung eines Schiedsspruchs über die in § 1055 ZPO angesprochenen Parteien des Schiedsverfahrens hinaus nur unter positiver Wahrung der rechtsstaatlichen Verfahrensgarantien eintreten.[153] Im Falle der Rechtsnachfolge ist eine solche positive Grundrechtswahrung in der Person des Rechtsnachfolgers aber nun rein faktisch nicht mehr möglich.[154] Es stellt sich daher die Frage, ob der „Vertrauensvorschuss", den die Vorschrift des § 1055 ZPO zur Folge hat, indem auf eine zwingende vorherige staatliche Überprüfung rechtsstaatlicher Mindeststandards verzichtet wird, hier noch angemessen ist.

---

[150] Ein Ausblick zu der Frage, ob auch insoweit verfassungsrechtliche Bedenken in Bezug auf die Vorschrift des § 1055 ZPO bestehen, findet sich am Ende dieses Kapitels in Kapitel 6 – D.III.3.c).

[151] Vgl. dazu bereits in Kapitel 4 – A. Zum Begriff des Vertrauensvorschusses *Lühmann*, S. 82.

[152] Zum Kontrollsystem im Zehnten Buch der ZPO siehe eingehend bereits in Kapitel 3 – A. und B.

[153] BGHZ 180, 221, 224, 227 ff. („Schiedsfähigkeit II"); 132, 278, 282, 285 ff. („Schiedsfähigkeit I") sowie *BGH*, SchiedsVZ 2022, 86, 88, Rn. 15 („Schiedsfähigkeit IV"); NJW 2018, 3014, 3015, Rn. 15 ff.; SchiedsVZ 2017, 197, 199, Rn. 22 („Schiedsfähigkeit III"); *OLG Frankfurt*, Beschluss vom 24. Januar 2022 – 26 Sch 14/21, juris, Rn. 82 ff.

[154] Vgl. dazu bereits oben in Kapitel 6 – A.

bb) Kontrolle rechtsstaatlicher Mindeststandards nach derzeitiger Rechtslage nicht gesichert

Nun ließe sich die Eingriffsintensität einer Rechtskrafterstreckung auf den Rechtsnachfolger grundsätzlich dadurch abmildern, dass jedenfalls eine *nachträgliche* staatliche Überprüfbarkeit garantiert wäre, welche die Schiedsspruchwirkung gegenüber dem Rechtsnachfolger wieder beseitigen könnte, sollte der Schiedsspruch seinen rechtsstaatlichen Anforderungen nicht gerecht werden.[155] Dies scheint auf Grundlage der jetzigen Rechtslage aber nicht stets gewährleistet zu sein. So stellt sich die Frage, was geschieht, wenn die Rechtsnachfolge zu einem Zeitpunkt eintritt, in dem die Frist für den Aufhebungsantrag gemäß § 1059 Absatz 3 ZPO in der Person des Rechtsvorgängers bereits abgelaufen ist. Nach dem derzeitigen Ziel des 1998 reformierten Aufhebungsverfahrens, schnellstmöglich „Klarheit über die Bestandskraft des Schiedsspruchs zu haben", spricht einiges dafür, dass ein entsprechender Fristablauf dem Rechtsnachfolger zuzurechnen wäre.[156] Anders als die Parteien des Schiedsverfahrens hätte es der Rechtsnachfolger im Zweifel mithin nicht selbst in der Hand, eine Überprüfung des Schiedsspruchs auf die Vereinbarkeit mit rechtsstaatlichen Mindeststandards herbeizuführen, wäre aber dennoch der prozessualen Durchsetzbarkeit des Schiedsspruchs ausgesetzt.[157]

Dies mag in der Abwägung zum Bedürfnis nach Rechtssicherheit in Bezug auf manche der Verfahrensrügen, die Gegenstand der staatlichen Kontrolle des § 1059 Absatz 2 ZPO sind, noch hinnehmbar erscheinen. Was aber ist mit den-

---

[155] Zum derzeit nachträglich stattfindenden Aufhebungsverfahren in § 1059 ZPO im Einzelnen bereits in Kapitel 3 – B.II.

[156] Begr. RegE, BT-Drucks. 13/5274, S. 60. Hierfür spricht auch, dass jedenfalls im Falle der Gesamtrechtsnachfolge von einem Eintritt in die prozessuale Situation des Rechtsvorgängers ausgegangen wird, vgl. dazu bereits in Kapitel 6 – C.II.1. Und nicht wenige Stimmen plädieren auch im Falle der schiedsverfahrensrechtlichen Einzelrechtsnachfolge für eine entsprechende Bindung des Rechtsnachfolgers, vgl. Kapitel 6 – C.II.2. Einer anderweitigen Auslegung ist die Vorschrift des § 1059 ZPO zwar grundsätzlich zugänglich, betrachtet man etwa die Ausführung des Reformgesetzgebers zur Notwendigkeit einer qualifizierten Zustellung des Schiedsspruchs, um die Frist in Gang zu setzen, Begr. RegE, BT-Drucks. 13/5274, S. 60 (dies „soll bewirken, daß dem Schuldner durch einen besonderen, vom Gläubiger zu veranlassenden Akt die Notwendigkeit der baldigen Einleitung eines Aufhebungsverfahrens – insbesondere zur Vermeidung einer Präklusion der Aufhebungsgründe im Vollstreckbarerklärungsverfahren (vgl. § 1060 Abs. 2 Satz 3 ZPO-E) – deutlich gemacht wird"). Hierbei mag der Reformgesetzgeber von 1998 aber auch lediglich den *im Schiedsspruch* genannten Schuldner adressiert haben, mithin die darin verurteilte Partei des Schiedsverfahrens, und nicht deren erst nach Erlass des Schiedsspruchs auftretenden Rechtsnachfolger. Dafür spricht auch das für den Eintritt der Rechtskraft vorgesehene Erfordernis der Übermittlung des Schiedsspruchs an die Parteien des Schiedsverfahrens in §§ 1054 Absatz 4, 1055 ZPO.

[157] Es sei denn, es wird eine zwangsweise Durchsetzung gegen ihn angestrengt, dazu aber sogleich in Kapitel 6 – D.II.2.

jenigen Aufhebungsgründen, welche so erheblich sind, dass sie aus verfassungsrechtlicher Sicht dem Eintritt einer prozessualen Wirkung des Schiedsspruchs zwingend entgegenstehen müssen, sind hier doch nicht nur privatrechtliche, sondern zudem öffentlich-rechtliche Interessen berührt? Ist das Bedürfnis nach materieller Gerechtigkeit im Zweifel nicht so hoch, dass ihr die Sicherung des Rechtsfriedens weichen muss, wenn etwa der Schiedsspruch mit dem inländischen *ordre public* – und damit mit den wesentlichsten Grundgedanken des Rechtsstaats und den Grundrechten – unvereinbar ist oder sogar der Streitgegenstand – wiederum aus Gründen des Verfassungsrechts – schiedsunfähig ist, weil der Staat die Entscheidungskompetenz hier gar nicht an ein privates Schiedsgericht delegieren darf?

Manche Stimmen wollen in diesen Fällen den Schiedsspruch generell, also auch im Verhältnis zu den Parteien des Schiedsverfahrens und unabhängig vom Aufhebungsverfahren in § 1059 ZPO, von Anfang an als nichtig ansehen.[158] Erst recht muss man sich die Frage, ob hier nicht sogar ein vorheriges staatliches Eingreifen angezeigt ist, aber im Hinblick auf eine subjektiv erweitere Wirkungserstreckung des Schiedsspruchs auf einen am Schiedsverfahren nicht beteiligten Rechtsnachfolger stellen.[159]

c) Fazit: Eindeutige und verhältnismäßige Grundlage für die Rechtskrafterstreckung wünschenswert

Die vorangegangene Untersuchung hat gezeigt, dass es derzeit an einer eindeutigen gesetzlichen Eingriffsgrundlage für die Rechtskrafterstreckung eines Schiedsspruchs auf den Rechtsnachfolger fehlt. Der Rückgriff sowohl auf zivilprozessuale als auch auf materiell-rechtliche Rechtsinstitute der Rechtsnachfolge ist mit viel Rechtsunsicherheit behaftet, genauso wie der Versuch der Konstruktion einer schuldrechtlichen Verpflichtung des Rechtsnachfolgers zur Unterwerfung unter den Schiedsspruch. Eine eindeutige Positionierung des Gesetzgebers ist hier mithin höchst wünschenswert.

Zugleich aber ist zweifelhaft, inwieweit, wollte man eine auf der derzeitigen Konzeption der Rechtskraftwirkung des inländischen Schiedsspruchs beruhende entsprechende Grundlage konstruieren oder aber neu schaffen, diese Grundlage dem verfassungsrechtlichen Grundsatz der Verhältnismäßigkeit standhalten würde. Denn der Rechtskrafterstreckung eines Schiedsspruchs wäre nach derzeitiger Rechtslage keine zwingende staatliche Kontrolle rechtsstaatlicher Mindeststandards vorgeschaltet. Wohlgemerkt bestünde, wie sich sogleich zeigen wird, insoweit auch ein erhebliches Ungleichgewicht zwischen der prozessualen und der zwangsweisen Durchsetzung eines Schiedsspruchs.[160]

---

[158] Dazu im Einzelnen aber sogleich in Kapitel 6 – D.III.1.
[159] Dies wird Gegenstand des Kapitels 6 – D.III. sein.
[160] Bei dem Verzicht auf eine der prozessualen Durchsetzbarkeit des inländischen Schiedsspruchs vorgeschaltete gerichtliche Kontrolle rechtsstaatlicher Mindeststandards

Vor diesem Hintergrund wird die Frage zu stellen sein, ob nicht die zwingende vorherige staatliche Kontrolle gewisser Ankerpunkte der Rechtsstaatlichkeit, wie sie im Rahmen der Vollstreckbarerklärung des Schiedsspruchs erfolgt, auch auf die Rechtskrafterstreckung eines Schiedsspruchs übertragen werden sollte, um die Verhältnismäßigkeit einer solchen prozessualen Wirkung gegenüber dem Rechtsnachfolger zu gewährleisten – und zugleich die Legitimation der Schiedsgerichtsbarkeit insgesamt zu stärken. Zu diesem Zweck bedarf es aber zunächst einer genaueren Betrachtung der gesetzlichen Ausgangslage für eine *zwangsweise* Durchsetzung des Schiedsspruchs gegenüber dem Rechtsnachfolger.

2. Zwangsweise Durchsetzbarkeit eines Schiedsspruchs gegen den Rechtsnachfolger

Etwas eindeutiger als bei der Rechtskrafterstreckung eines Schiedsspruchs stellt sich die Rechtslage im Hinblick auf die zwangsweise Durchsetzbarkeit eines Schiedsspruchs gegenüber dem Rechtsnachfolger dar. Denn hierfür scheint nach dem geltenden Recht eine hinreichend bestimmte gesetzliche Grundlage vorhanden zu sein. Insbesondere aber ist der zwangsweisen Durchsetzung aus einem Schiedsspruch eine zwingende und von Amts wegen stattfindende staatliche Kontrolle rechtsstaatlicher Mindeststandards vorangestellt, was ihre nicht unerheblichen Rechtsfolgen zu legitimieren vermag.

a) Vorliegen einer hinreichend bestimmten gesetzlichen Eingriffsgrundlage?

Zunächst aber soll die gesetzliche Grundlage für eine zwangsweise Durchsetzung eines Schiedsspruchs auch gegenüber einem Rechtsnachfolger näher in Augenschein genommen werden.

Soll ein Vollstreckungstitel gegenüber dem Rechtsnachfolger des im Titel bezeichneten Schuldners zwangsweise durchgesetzt werden, so bedarf es hierfür regelmäßig einer Titelumschreibung in Form einer sogenannten qualifizierten Klausel gemäß § 727 Absatz 1 ZPO.[161] Hierbei wird eine vollstreckbare Ausfertigung gegen den Rechtsnachfolger erteilt, welche kenntlich macht, dass die Zwangsvollstreckung aus dem zugrundeliegenden Vollstreckungstitel auch den Rechtsnachfolger gegenüber erfolgen kann. Vor diesem Hintergrund scheint die gesetzliche Grundlage für die zwangsweise Durchsetzbarkeit einer schiedsgerichtlichen Entscheidung gegenüber dem Rechtsnachfolger in der

---

handelt es darüber hinaus generell um eine besondere Handhabung, die nicht nur den einschlägigen internationalen Modellgesetzen, sondern auch dem deutschen Verfahrensrecht selbst fremd ist. Dazu aber im Einzelnen noch in Kapitel 6 – D.III.3.

[161] *Giers/Haas*, in: Kindl/Meller-Hannich/Wolf, Zwangsvollstreckungsrecht, § 727, Rn. 1; *Kindl*, in: Saenger, ZPO, § 727, Rn. 1, jeweils mit weiteren Nachweisen.

D. Rechtsnachfolge nach Erlass des Schiedsspruchs 319

Verweisungskette der §§ 794 Absatz 1 Nummer 4a, 795 i.V.m. § 727 ZPO zu liegen.

aa) Verweis auf die Vorschrift des § 727 Absatz 1 ZPO

Die Vorschrift des § 1060 Absatz 1 ZPO sieht vor, dass die Zwangsvollstreckung aus inländischen Schiedssprüchen dann stattfindet, wenn der Schiedsspruch für vollstreckbar erklärt worden ist. Diese Vollstreckbarerklärung nimmt gemäß § 1062 Absatz 1 Nummer 4 ZPO ein staatliches Gericht, das zuständige Oberlandesgericht, vor, welches gemäß § 1063 Absatz 1 Satz 1 ZPO durch Beschluss entscheidet. Dieser Beschluss ist gemäß § 1064 Absatz 2 ZPO für vorläufig vollstreckbar zu erklären. Die zwangsvollstreckungsrechtliche Vorschrift des § 794 Absatz 1 Nummer 4a ZPO ordnet in Fortführung dieser Regelungen im deutschen Schiedsverfahrensrechts an, dass die gerichtliche Entscheidung, die einen Schiedsspruch für vollstreckbar erklärt, einen Vollstreckungstitel darstellt, sofern sie rechtskräftig oder für vorläufig vollstreckbar erklärt ist. Gemeint ist damit die Vollstreckbarerklärung des Schiedsspruchs durch gerichtlichen Beschluss im Sinne der §§ 1060 Absatz 1, 1062 Absatz 1 Nummer 4 und 1063 Absatz 1 Satz 1 ZPO.

Daran anknüpfend sieht die Vorschrift des § 795 Satz 1 ZPO vor, dass auf die Zwangsvollstreckung aus den in § 794 ZPO genannten Schuldtiteln die Vorschriften der §§ 724 bis 793 ZPO „entsprechend anzuwenden" sind, soweit sich aus den in § 795 ZPO genannten Vorschriften nichts anderes ergibt. In den dort genannten Vorschriften finden sich jedoch keine einschränkenden Regelungen zur Zwangsvollstreckung aus Vollstreckungstiteln gemäß § 794 Absatz 1 Nummer 4a ZPO. Daraus folgt grundsätzlich, dass die Vorschriften zum Klauselerteilungsverfahren und damit auch diejenige des § 727 ZPO zur Erteilung einer qualifizierten Vollstreckungsklausel im Falle einer Rechtsnachfolge auf die Vollstreckbarerklärung eines Schiedsspruchs gemäß § 795 Satz 1 ZPO „entsprechend anzuwenden" sind.[162] Nun stellt sich die Frage, was mit „entsprechender" Anwendbarkeit der Vorschrift des § 727 ZPO auf den Vollstreckungstitel des § 794 Absatz 1 Nummer 4a ZPO gemeint ist. Denn § 727 Absatz 1 ZPO ordnet an, dass eine vollstreckbare Ausfertigung nur für und gegen denjenigen Rechtsnachfolger erteilt werden kann, gegen den „das Urteil nach § 325 wirksam ist".

bb) Anknüpfbarkeit an den gerichtlichen Vollstreckbarerklärungsbeschluss

Die Verweisungskette der §§ 794 Absatz 1 Nummer 4a, 795 i.V.m. § 727 ZPO legt zunächst nahe, dass sich die entsprechende Anwendbarkeit des § 727 Absatz 1 ZPO auf die gerichtliche Vollstreckbarerklärung des Schiedsspruchs beziehen soll.

---

[162] So auch *Münch*, in: MüKo ZPO, § 1060, Rn. 6.

Eine entsprechende und nicht unmittelbare Anwendbarkeit liegt dann schon deswegen vor, weil es sich bei dem Vollstreckungstitel des § 794 Absatz 1 Nummer 4a ZPO um kein Urteil, sondern um einen gerichtlichen Beschluss handelt. Auch dann ist jedoch im Sinne des § 727 Absatz 1 ZPO grundsätzlich Voraussetzung, dass die Entscheidung dem Rechtsnachfolger gegenüber „nach § 325 ZPO wirksam" sein muss. Ein gerichtlicher Beschluss ist nach ganz herrschender Auffassung Gegenstand der Vorschrift des § 325 ZPO, soweit er in Rechtskraft erwachsen kann. Dem steht auch nicht die nur eingeschränkte Verweisung der Urteilsvorschriften auf den gerichtlichen Beschluss in § 329 ZPO entgegen. Denn die dortige Aufzählung ist nicht abschließend und die nicht zitierten Urteilsvorschriften sind nach dem jeweiligen Sinn und Zweck entsprechend auf gerichtliche Beschlüsse anzuwenden.[163] Die Vorschriften zur Rechtskraft von Urteilen in den §§ 322 bis 327 ZPO und damit auch die Vorschrift des § 325 ZPO findet danach entsprechende Anwendung, wenn der Beschluss der formellen und materiellen Rechtkraft fähig ist.[164] Dies ist, wie sich bereits aus dem Wortlaut des § 794 Absatz 1 Nummer 4a ZPO ergibt, bei der Vollstreckbarerklärung eines Schiedsspruchs mittels gerichtlichen Beschlusses der Fall.[165]

Auch eine rechtshistorische Betrachtung legt nahe, dass die Vollstreckbarerklärung des Schiedsspruchs Gegenstand der Titelumschreibung des heutigen § 727 Absatz 1 ZPO sein kann. Denn bis zur Gesetzesreform des deutschen Schiedsverfahrensrechts im Jahr 1998 war noch vorgesehen, dass die gerichtliche Vollstreckbarerklärung eines Schiedsspruchs durch ein gerichtliches Vollstreckungs*urteil* erfolgt. Bis zu diesem Zeitpunkt war der Verweis in § 727 Absatz 1 ZPO auf § 325 ZPO mithin noch ein unmittelbarer.[166] Die entsprechende Anwendbarkeit der Titelumschreibung für und gegen Rechtsnachfolger auf eine gerichtliche Entscheidung, die einen Schiedsspruch für vollstreckbar erklärt, bestand auch schon in der ersten Fassung des deutschen Schiedsverfahrensrechts im Jahre 1877.[167] Der einschränkende Wortlaut des bereits damals

---

[163] Ganz herrschende Ansicht, vgl. statt vieler *Saenger*, in: ders., ZPO, § 329, Rn. 23 mit zahlreichen weiteren Nachweisen.

[164] *Musielak*, in: MüKo ZPO, § 329, Rn. 13, 17; *Saenger*, in: ders., ZPO, § 329, Rn. 38 mit weiteren Nachweisen.

[165] Zum einen ist er aufgrund der fristgebundenen Angreifbarkeit gemäß § 1065 Absatz 1 Satz 1 i.V.m. § 1062 Absatz 2 Nummer 4 und § 575 Absatz 1 Satz 1 ZPO der formellen Rechtskraft fähig. Der materiellen Rechtskraft ist er in dem Sinne fähig, als der Inhalt des Schiedsspruchs für vollstreckbar erklärt wird.

[166] Aus der Gesetzesbegründung des Reformgesetzgebers von 1998 ist zugleich nicht ersichtlich, dass er die entsprechende Anwendbarkeit des § 727 ZPO mit der Umstellung des Vollstreckbarerklärungsverfahren auf den gerichtlichen Beschluss abschaffen wollte. Vielmehr bezweckte die Umstellung lediglich die Vereinfachung des Vollstreckbarerklärungsverfahrens, vgl. die Begr. RegE BT-Drucks. 13/5274, S. 64.

[167] Der damalige in § 669 der CPO von 1877 verankerte § 727 ZPO lautete: „Eine vollstreckbare Ausfertigung kann für den Rechtsnachfolger des in dem Urteil bezeichneten

vorhandenen § 1055 ZPO, dem Schiedsspruch kämen nur „unter den Parteien" die Wirkungen eines rechtskräftigen gerichtlichen Urteils zu, findet insoweit keine Anwendung, weil sich die Vorschrift des § 1055 ZPO nur auf den Schiedsspruch bezieht, und nicht auf die gerichtliche Vollstreckbarerklärung des Schiedsspruchs.

Dies ist auch aus verfassungsrechtlicher Sicht gerechtfertigt. Denn im Unterschied zum Schiedsspruch ist die Vollstreckbarerklärung schließlich eine Entscheidung eines staatlichen Gerichts, das vollumfassende Gerichtsgewalt hat und selbst unmittelbar an das Grundgesetz gebunden ist.[168] Eine Anwendung des § 325 ZPO auf die Vollstreckbarerklärungsentscheidung des staatlichen Gerichts steht daher nicht im Widerspruch zum Ausschluss des Rückgriffs auf § 325 ZPO für den Schiedsspruch selbst. Tritt mithin nach Erlass der Vollstreckbarerklärung eines Schiedsspruchs eine Rechtsnachfolge ein, so ist dieser Vollstreckungstitel Gegenstand einer qualifizierten Klausel und kann gemäß der §§ 794 Absatz 1 Nummer 4a, 795 i.V.m. § 727 ZPO auf den Rechtsnachfolger umgeschrieben werden.

cc) Anknüpfbarkeit an den Schiedsspruch selbst?

Nun würde eine alleinige Anknüpfung des § 727 Absatz 1 ZPO an die gerichtliche Vollstreckbarerklärung eines Schiedsspruchs jedoch nur einen Teil der schiedsgerichtlichen Rechtsnachfolge abdecken, und zwar lediglich diejenige Rechtsnachfolge, die nach Erlass der Vollstreckbarerklärung eintritt. Die Erwägungen zur zwangsweisen Durchsetzbarkeit gegenüber dem Rechtsnachfolger gelten aber grundsätzlich auch dann, wenn die Rechtsnachfolge schon früher eintritt, also zwar nach Erlass des Schiedsspruchs, aber vor seiner gerichtlichen Vollstreckbarerklärung. Fraglich ist daher, ob die Anordnung der entsprechenden Anwendbarkeit des § 727 Absatz 1 ZPO in den §§ 794 Absatz 1 Nummer 4a, 795 Satz 1 ZPO auch dahingehend ausgelegt werden kann, dass nicht – allein – an die Vollstreckbarerklärung des Schiedsspruchs, sondern auch an den Schiedsspruch selbst angeknüpft werden kann.[169]

Gläubigers sowie gegen die allgemeinen Rechtsnachfolger des in dem Urteil bezeichneten Schuldners und unter Berücksichtigung der §§ 236, 238 gegen denjenigen Rechtsnachfolger dieses Schuldners erteilt werden, an welchen die in Streit befangene Sache während der Rechtshängigkeit oder nach Beendigung des Rechtsstreits veräußert ist, sofern die Rechtsnachfolge bei dem Gerichte offenkundig ist oder durch öffentliche Urkunden nachgewiesen wird", vgl. den Gesetzesentwurf der damaligen CPO von 1874, abgedruckt bei *Hahn*, S. 78.

[168] Vgl. nur Kapitel 2 – A.II.
[169] So wollen etwa *BGH*, BB 1969, 892; *OLG München*, BeckRS 2015, 9570, Rn. 11; BeckRS 2011, 07470, Rn. 5; *Schwab/Walter*, Teil I, Kapitel 27, Rn. 5 die Vorschrift des § 727 ZPO bereits im Vollstreckbarerklärungsverfahren „sinngemäß" anwenden. Hier ist inhaltlich ein Anknüpfen an den Schiedsspruch zwingend notwendig, da ein Vollstreckbarerklärungsbeschluss dann schließlich noch nicht vorliegt.

Eine solche Auslegung sieht sich zwar nicht unerheblichen Problemstellungen ausgesetzt. Denn wie bereits gezeigt ist die Vorschrift des § 325 ZPO, auf die § 727 Absatz 1 ZPO Bezug nimmt, nach der derzeitigen Rechtslage auf den Schiedsspruch nicht anwendbar.[170] Und auch wenn eine „vorauseilende Betrachtung materieller Veränderungen"[171] im deutschen Zwangsvollstreckungsrecht grundsätzlich nicht von der Hand zu weisen ist, scheint doch der gesetzliche Anknüpfungspunkt für eine entsprechende Auslegung zu fehlen. So machen die zwangsvollstreckungsrechtlichen Vorschriften der §§ 794 Absatz 1 Nummer 4a, 795 Satz 1 ZPO und auch die schiedsverfahrensrechtliche Regelung des § 1060 Absatz 1 ZPO deutlich, dass eben nicht der Schiedsspruch Anknüpfungspunkt für die entsprechende Anwendbarkeit der Vorschriften der Zwangsvollstreckung sein sollen, der schließlich nicht selbst Vollstreckungstitel ist, sondern lediglich der gerichtliche Vollstreckbarerklärungsbeschluss. Eine klare Positionierung des Gesetzgebers durch Auflösung der derzeitigen teils widersprüchlichen Gesetzeslage wäre mithin auch hier wünschenswert.

b) Verhältnismäßigkeit einer zwangsweisen Durchsetzbarkeit des Schiedsspruchs gegen den Rechtsnachfolger

Dennoch ist im Hinblick auf die zwangsweise Durchsetzung des Schiedsspruchs gegenüber dem Rechtsnachfolger ein Handeln des Gesetzgebers deswegen vergleichsweise weniger dringlich als in Bezug auf die Rechtskrafterstreckung, weil selbst nach der jetzigen Rechtslage eine entsprechend weite Auslegung der §§ 794 Absatz 1 Nummer 4a, 795 i.V.m. § 727 ZPO, die auch an den Schiedsspruch selbst anknüpft, verhältnismäßig und damit verfassungsrechtlich gerechtfertigt wäre. Schließlich findet die Zwangsvollstreckung gemäß § 1060 Absatz 1 ZPO nur dann statt, wenn der Schiedsspruch auf Antrag von einem *staatlichen* Gericht für vollstreckbar erklärt worden ist. Dieser Antrag wird gemäß § 1060 Absatz 2 Satz 1 ZPO abgelehnt, wenn einer der in § 1059 Absatz 2 ZPO bezeichneten Aufhebungsgründe vorliegt.

Dabei sind zwar die Aufhebungsgründe des § 1059 Absatz 2 Nummer 1 ZPO gemäß § 1060 Absatz 2 Satz 3 ZPO präklusionsbedroht, wenn sie nicht innerhalb der Frist des § 1059 Absatz 3 ZPO im Aufhebungsverfahren geltend gemacht worden sind. In jedem Fall der Vollstreckbarerklärung eines Schiedsspruchs vorangestellt ist aber die gerichtliche Überprüfung der Aufhebungsgründe des § 1059 Absatz 2 Nummer 2 ZPO und damit der Schiedsfähigkeit des Streitgegenstands und der Vereinbarkeit des Schiedsspruchs mit dem inländischen *ordre public*.[172] Die gerichtliche Überprüfung dieser rechtsstaatli-

---

[170] Siehe dazu bereits oben in Kapitel 6 – D.II.1.a).
[171] So noch *Münch*, in: MüKo ZPO, 5. Auflage 2017, § 1060, Rn. 7a.
[172] Insoweit findet im Rahmen des Vollstreckbarerklärungsverfahren gemäß § 1060 Absatz 2 Satz 2 ZPO eine Prüfung nur dann nicht statt, wenn bereits eine entsprechende gerichtliche Überprüfung im Aufhebungsverfahren stattgefunden hat. Zum Verhältnis der

chen Mindeststandards ist der zwangsweisen Durchsetzung eines Schiedsspruchs mithin in jedem Fall vorangestellt, und zwar unabhängig vom Tätigwerden des Rechtsvorgängers, des Prozessgegners oder des Rechtsnachfolgers selbst.

Selbst wenn man also für die Titelumschreibung im Rahmen der entsprechenden Anwendbarkeit des § 727 Absatz 1 ZPO auf den Schiedsspruch abstellen wollte, wäre gewährleistet, dass eine zwangsweise Durchsetzung gegen den Rechtsnachfolger dann nicht stattfindet, wenn der Schiedsspruch zwingenden rechtsstaatlichen Mindeststandards widerspricht.[173] Eine Vollstreckung aus einem Schiedsspruch, der dem inländische *ordre public* und damit – unter anderem – dem Grundgesetz und den dort verankerten Grundrechten widerspricht, oder der aufgrund fehlender staatlicher Dispositionsfähigkeit des Streitgegenstands gar nicht hätte ergehen dürfen, ist mithin in jedem Fall ausgeschlossen und die Rechtsstaatlichkeit der zwangsweisen Durchsetzung des Schiedsspruchs damit gesichert.

c) Fazit: Zwangsweise Durchsetzbarkeit gegenüber dem Rechtsnachfolger mit dem bestehenden Recht weitgehend lösbar

Der Einsatz einer staatlichen Kontrollinstanz und die vorherige gerichtliche Überprüfung der Vereinbarkeit des Schiedsspruchs mit rechtsstaatlichen Mindestanforderungen mildern die Eingriffsintensität erheblich ab und erhöhen zugleich die Verhältnismäßigkeit im engeren Sinne, eine zwangsweise Durchsetzbarkeit des Schiedsspruchs auch gegenüber einem Rechtsnachfolger annehmen zu können. Auch wenn also eine Klarstellung dahingehend wünschenswert wäre, inwieweit die Vorschrift des § 727 ZPO auf die zwangsweise Durchsetzung eines Schiedsspruchs Anwendung finden soll, ist jedenfalls festzustellen, dass selbst eine weite Auslegung des Verweises nach der derzeitigen Rechtslage mit dem Verfassungsrecht vereinbar wäre.

III. Übertragung der Erkenntnisse zur materiellen Durchsetzbarkeit auf die Rechtskrafterstreckung eines Schiedsspruchs

Hieraus lassen sich auch entsprechende Schlüsse für eine verfassungsgemäße *Rechtskrafterstreckung* von Schiedssprüchen auf den Rechtsnachfolger ziehen – und sogar für die Frage nach der Verfassungsgemäßheit der Rechtskraftwirkung eines Schiedsspruchs allgemein. Denn wie sich gezeigt hat besteht derzeit

---

staatlichen Kontrollmechanismen im deutschen Schiedsverfahrensrecht, die zwar eine einmalige staatliche Überprüfbarkeit fordern, diese einmalige Kontrolle zugleich aber ausreichen lassen, bereits oben in Kapitel 3 – B.

[173] Folge eines solchen Widerspruchs ist gemäß § 1060 Absatz 2 Satz 1 ZPO sogar die Aufhebung des Schiedsspruchs, sodass zugleich eine weitere *prozessuale* Durchsetzbarkeit des Schiedsspruchs verhindert wird.

ein erhebliches Ungleichgewicht zwischen der prozessualen und der materiellen Durchsetzbarkeit inländischer Schiedssprüche im deutschen Recht. Die materielle und damit zwangsweise Durchsetzung findet letztendlich nur aus der gerichtlichen Entscheidung über die Vollstreckbarerklärung des Schiedsspruchs statt, welche zugleich eine zwingende staatliche Kontrolle rechtsstaatlicher Mindeststandards vorangestellt ist. Dies erhöht die Legitimation der zwangsweisen Durchsetzung gleich in zweifacher Hinsicht.

Die prozessuale Durchsetzung hingegen findet nach der jetzigen Rechtslage unmittelbar auf Grundlage des privaten Schiedsspruchs selbst statt und damit zugleich ohne eine gesicherte vorherige staatliche Kontrolle rechtsstaatlicher Mindeststandards.[174] Vor diesem Hintergrund ist fraglich, ob nicht jedenfalls in Bezug auf eine Rechtskraft*erstreckung* des Schiedsspruchs auf einen Rechtsnachfolger aus verfassungsrechtlicher Sicht eine Annäherung an das Vollstreckbarerklärungsverfahren auf die eine oder andere Weise sinnvoll wäre.

1. Annahme einer Nichtigkeit des Schiedsspruchs für Legitimation der Rechtskrafterstreckung ausreichend?

Zunächst aber muss untersucht werden, ob nicht die derzeitige Rechtsanwendung die auf Grundlage der geltenden Rechtsvorschriften bestehende Gefahr der Rechtskrafterstreckung eines *ordre public*-widrigen oder nicht schiedsfähigen Schiedsspruchs auf den Rechtsnachfolger bereits hinreichend auszugleichen vermag.

a) Kein einstimmiges Meinungsbild

So wird mitunter vertreten, dass einem Schiedsspruch, der dem inländischen *ordre public* widerspricht oder dessen Streitgegenstand nicht schiedsfähig ist, gar keine Rechtswirkung zukommen dürfe – auch die in § 1055 ausdrücklich angeordnete Wirkung nicht. Trotz der klaren Konzeption des deutschen Schiedsverfahrensrechts, die prozessuale Durchsetzbarkeit des Schiedsspruchs ungeachtet seines Inhalts und seines Zustandekommens von Gesetzes wegen anzuerkennen und eine gerichtliche Überprüfung desselben erst nachträglich vorzusehen – seit 1998 wohlgemerkt streng fristgebunden – wird in diesen Fällen von der Nichtigkeit des Schiedspruchs ausgegangen.[175]

---

[174] Vgl. nur *Spohnheimer*, S. 15. Diesen „Wertungswiderspruch" monieren auch *Solomon*, S. 201 ff. und *Borges*, ZZP 1998, 487, 501, zu ihren Lösungsvorschlägen aber sogleich im Text.
[175] Die „offensichtliche Schiedsunfähigkeit" als Nichtigkeitsgrund einstufend *BGH*, JZ 1962, 287 f. (grundbuchamtliche Eintragungsverfügung); auch *Geimer*, in: Zöller, ZPO, § 1059, Rn. 15 (Ehescheidung, Ernennung und Abberufung von Vormund, Pfleger oder Betreuer); *Voit*, in: Musielak/Voit, ZPO, § 1059, Rn. 5; *Bosch*, S. 58; *Klement*, S. 149; *Rehm*, S. 52, 56; *Solomon*, S. 211; *Borges*, ZZP 1998, 487, 500 f. („Unwirksamkeit des Schieds-

D. Rechtsnachfolge nach Erlass des Schiedsspruchs

So begrüßenswert diese Ansätze auch erscheinen mögen, steht die Annahme einer solchen Nichtigkeit des Schiedsspruchs doch zahlreichen ungelösten Fragestellungen gegenüber. Zum einen drängt sich in Anbetracht der eindeutigen Entscheidung des Gesetzgebers in den §§ 1055, 1059 f. ZPO die Frage auf, ob eine solche Auslegung nicht den Rahmen richterlicher Rechtsfortbildung sprengt. Eine weitere ungeklärte Frage ist diejenige nach den Rechtsfolgen einer entsprechenden Nichtigkeit des Schiedsspruchs. Hier nämlich besteht höchste Uneinigkeit – führt die Nichtigkeit schlicht zu Schadensersatzansprüchen der unterliegenden Prozesspartei, wie der Reformgesetzgeber von 1998 es angedeutet hat?[176] Und selbst wenn ja, wo und wie sind diese Ansprüche geltend zu machen?[177] Oder soll die Nichtigkeit vielmehr zu einer gerichtlichen Überprüfbarkeit des Schiedsspruchs auch unabhängig von § 1059 ZPO und insbesondere von der dort vorgesehenen Frist führen?[178]

Alle der vorgeschlagenen Lösungswege sehen sich erheblichen Rechtsunsicherheiten ausgesetzt. Schadensersatzansprüche etwa sind privatrechtlicher Natur und hängen von der Geltendmachung durch die geschädigte Person ab. Darf es aber der Staat tatsächlich in die Verantwortung Privater stellen, den Verstoß eines Schiedsspruchs gegen rechtsstaatliche Mindeststandards eigenständig zu erkennen, geltend zu machen und dessen – wohlgemerkt verfas-

---

spruchs"). Für eine Nichtigkeit des Schiedsspruchs auch bei einem Verstoß gegen den *ordre public Klement*, S. 149 f.; *Lühmann*, S. 46; *Solomon*, S. 210 f. Gegen eine Nichtigkeit des Schiedsspruchs bei *ordre public*-Verstoßes oder fehlender Schiedsfähigkeit hingegen *Münch*, in: MüKo ZPO, § 1059, Rn. 100; *Schroeter*, SchiedsVZ 2004, 288, 295 f.

[176] Begr. RegE., BT-Drs. 13/5274, S. 60; daran anlehnend, allerdings im Rahmen des Vollstreckbarerklärungsverfahrens, § 826 BGB anwendend BGHZ 145, 376, 381; auch *OLG Köln*, SchiedsVZ 2015, 295. *Gaul*, in: FS Sandrock, S. 285, 294 wendet hiergegen ein, dass der Gesetzgeber so „selbst zur Umgehung seines Gesetzes aufruft!", wenn er mit der kurzen Frist des § 1059 Absatz 3 ZPO einerseits schnell Klarheit über die Bestandskraft des Schiedsspruchs herbeiführen will, andererseits aber auf das Schadensersatzrecht als „angemessene Lösung" von Fristversäumnissen verweist.

[177] Ob eine solche Klage vor den für die Aufhebung und Vollstreckung von Schiedssprüchen zuständigen Oberlandesgerichten, vor dem schon zuvor mit der Sache befassten Schiedsgericht oder vor einem anderen Schiedsgericht zu erheben wäre, ließ der Gesetzgeber offen. Dazu eingehend *Schlosser*, in: FS Gaul, S. 679, 687 ff., der die Anwendbarkeit des § 826 BGB im Kleid des § 1062 ZPO für möglich hält; kritisch zu einer solchen Konstruktion aber *Gaul*, in: FS Sandrock, S. 285, 293 ff.

[178] In diese Richtung *Lühmann*, S. 48 sowie *Gaul*, in: FS Sandrock, S. 285, 296 f., der das Berufen auf den Fristablauf als unzulässige Rechtsausübung einstufen will und die Aufhebung des Schiedsspruchs ausnahmsweise unbefristet zulassen will – dagegen aber *Geimer*, in: Zöller, ZPO, § 1059, Rn. 11b. Dafür, eine Klage auf Feststellung der Unwirksamkeit des Schiedsspruchs zuzulassen, *Chiwitt-Oberhammer*, S. 244; *Borges*, ZZP 1998, 487, 501. Lediglich *Solomon*, S. 213 schlägt vor, das angerufene Gericht eine inzidente Überprüfung des Schiedsspruchs vornehmen zu lassen, und zwar in analoger Anwendung des § 1060 Absatz 2 Satz 3 ZPO – wobei jedoch Bedenken hinsichtlich der Planwidrigkeit der Regelungslücke bestehen dürften.

sungswidrige – prozessuale Folgen abzuwenden? Schließlich wird mit Blick auf die Vorschrift des § 1059 ZPO, die dem Prinzip der Eigenverantwortlichkeit der privaten Akteure des Schiedsverfahrens folgt, angenommen, dass jedenfalls in Bezug auf die Aufhebungsgründe des § 1059 Absatz 2 Nummer 2 ZPO die Beseitigung der Rechtswirkung des Schiedsspruchs nicht in die – fristgebundene – Eigenverantwortung der privaten Akteure gestellt werden dürfe.[179]

Ist nicht vielmehr der Staat selbst in der Pflicht, so wie er es auch im Falle der zwangsweisen Durchsetzung eines Schiedsspruchs tut, durch eine eigenständige Kontrolle den verfassungswidrigen Rechtszustand gar nicht erst eintreten zu lassen? Will man so weit gehen – und die Ergebnisse der Untersuchung der verfassungsrechtlichen Legitimation der Schiedsgerichtsbarkeit im zweiten Kapitel dieser Arbeit legen dies nahe[180] – so muss man feststellen, dass die der Rechtskraftwirkung des Schiedsspruchs lediglich nachgelagerte und insbesondere antragsgebundene Überprüfung der Schiedsfähigkeit und der Vereinbarkeit des Schiedsspruchs mit dem inländischen *ordre public* mitunter nicht ausreichend ist.[181]

b) Zulässigkeit einer entsprechenden Auslegung zweifelhaft

Gelangt man zu dem Schluss, dass es einer zwingenden staatlichen Überprüfbarkeit des Schiedsspruchs auf die Vereinbarkeit mit rechtsstaatlichen Mindeststandards hin bedarf und dies nicht vollständig an die privaten Akteure des Schiedsverfahrens delegiert werden darf, so stellt sich die Folgefrage, ob es die derzeitige Rechtslage überhaupt zulässt, das deutsche Schiedsverfahrensrecht dahingehend – verfassungskonform! – auszulegen. Denn selbst eine verfassungskonforme Auslegung kommt an ihre Grenzen, wenn die Wortlautgrenze des geschriebenen Rechts eindeutig überschritten wird und sie dem klar erkennbaren Willen des Gesetzgebers offensichtlich widerspricht, seine legislative Entscheidung sogar ins Gegenteil verkehrt – hier bedarf es dann vielmehr eines gesetzgeberischen Tätigwerdens.[182]

---

[179] *Solomon*, S. 211 ff.; so letztlich auch *Chiwitt-Oberhammer*, S. 244; *Lühmann*, S. 48; *Gaul*, in: FS Sandrock, S. 285, 296 f.; *Borges*, ZZP 1998, 487, 501.

[180] Siehe dazu bereit oben in Kapitel 2 – B.II.1. Und selbst der Bundesgerichtshof spricht davon, dass die Entscheidung über die Einhaltung rechtsstaatlicher Mindeststandards „nicht von Zufallskriterien abhängen" dürfe, BGHZ 180, 221, 231 („Schiedsfähigkeit II").

[181] So auch *Solomon*, S. 211 f. Auch die Kontrollmechanismen im deutschen Schiedsverfahrensrecht, die vor Erlass des Schiedsspruchs eine Überprüfung der Schiedsfähigkeit zulassen, also etwa § 1032 und § 1040 ZPO, reichen insoweit mithin nicht aus, weil auch sie antragsgebunden sind und auf die Initiative der privaten Akteure des Schiedsverfahrens zurückgehen müssen.

[182] Zu den Grenzen der richterlichen Rechtsfortbildung BVerfGE 126, 286, 306, BVerfG, NVwZ 2017, 617, Rn. 23 („Rechtsfortbildung überschreitet diese Grenzen, wenn sie deutlich erkennbare, möglicherweise sogar ausdrücklich im Wortlaut dokumentierte (ver-

Betrachtet man nun die Vorschrift der §§ 1055, 1059 und § 1060 ZPO in ihrem systematischen Zusammenhang, so wird zweierlei deutlich. Zum einen, dass das deutsche Schiedsverfahrensrecht der Rechtskraftwirkung des Schiedsspruchs, anders als der zwangsweisen Durchsetzung, gerade keine von Amts wegen erfolgende staatliche Kontrolle voranstellen will. Dies findet auch Rückhalt in der Gesetzesbegründung des Reformgesetzgebers von 1998, in der ausdrücklich von einer entsprechenden Überprüfung abgesehen werden soll, würde dies nach Auffassung des Reformgesetzgebers doch einen „Rückschritt" zum bisherigen Recht darstellen.[183] Einzig und allein der Vollstreckung aus dem Schiedsspruch sollte eine vorherige und von Amts wegen erfolgende gerichtliche Überprüfung rechtsstaatlicher Mindeststandards vorangestellt sein, weswegen in § 1060 ZPO auch ein zwingend vorgeschaltetes Vollstreckbarerklärungsverfahren vorgesehen ist.[184]

Zum anderen aber ist auch die nachträgliche Kontrolle des Schiedsspruchs, um dessen prozessuale Durchsetzbarkeit wieder zu beseitigen, antrags- und fristgebunden, § 1059 Absatz 3 ZPO. Und jedweder Überschreitung dieser zeitlich und inhaltlich klar definierten staatlichen Kontrollmechanismen hat der Reformgesetzgeber von 1998 mit der Vorschrift des § 1026 ZPO zugleich einen einfach-gesetzlichen Riegel vorgeschoben: „Ein Gericht darf in den in den §§ 1025-1061 geregelten Angelegenheiten nur tätig werden, soweit dieses Buch es vorsieht."[185] Jede weitere gerichtliche Prüfung als die der im Zehnten Buch der ZPO vorgesehenen würde mithin an einer Normverwerfung grenzen – und es liegt daher am Gesetzgeber selbst, die insoweit erforderliche Abhilfe zu schaffen.

c) Zusammenfassung

Die bloße Annahme einer Nichtigkeit des Schiedsspruchs im Wege richterlicher Rechtsfortbildung reicht im Ergebnis nicht aus, um die Gefahr einer mit dem Grundgesetz kollidierenden Rechtskrafterstreckung inländischer Schiedssprüche zu beseitigen. Zum einen ist das Meinungsbild nicht einheitlich genug, um von einer gefestigten Rechtsfortbildung auszugehen. Zugleich stellt sich die Frage, ob eine entsprechende Auslegung nicht an dem ihr derzeit klar entgegenstehenden Gesetzeswortlaut scheitern muss. Es liegt daher am Gesetzgeber selbst, Wege zu schaffen, um eine Rechtskrafterstreckung von mit rechts-

---

trags-)gesetzliche Entscheidungen abändert oder ohne ausreichende Rückbindung an gesetzliche Aussagen neue Regelungen schafft."); vgl. auch BVerfGE 128, 193, 211; Jarass, in: Jarass/Pieroth, GG, Artikel 20, Rn. 65.

[183] Begr. RegE, BT-Drucks. 13/5274, S. 61.

[184] Ebenda.

[185] Auch *Lachmann*, S. 3, Rn. 12; *Gaul*, in: FS Sandrock, S. 285, 295 sowie *Schroeter*, SchiedsVZ 2004, 288, 295 f. weisen auf die Unvereinbarkeit abweichender Lösungen mit dem geltenden Recht hin.

staatlichen Mindeststandards nicht zu vereinbarenden Schiedssprüchen auf den Rechtsnachfolger auszuschließen. Nachfolgend soll aufgezeigt werden, welcher Weg der in einer rechtshistorischen, rechtsvergleichenden und verfassungsrechtlichen Abwägung sinnvollste erscheint, um die Grundlage für eine entsprechende verfassungskonforme Rechtskrafterstreckung des Schiedsspruchs – und gegebenenfalls auch seine Rechtskraftwirkung allgemein – zu schaffen.

2. Legitimation der Rechtskrafterstreckung durch weite Auslegung des § 1059 Absatz 3 ZPO?

Um die derzeitige Konzeption des deutschen Schiedsverfahrensrechts möglichst unberührt zu lassen, ließe sich zunächst an der Regelung des § 1059 Absatz 3 ZPO selbst ansetzen. So ist die Vorschrift vom Wortlaut her grundsätzlich auch einer solchen Auslegung zugänglich, dass die Frist für das Aufhebungsverfahren, das dem Eintritt der Rechtskraftwirkung des Schiedsspruchs zeitlich nachgeschaltet ist, dem Rechtsnachfolger gegenüber erst dann eintritt, wenn er den Schiedsspruch gemäß § 1059 Absatz 3 Satz 2 ZPO selbst empfangen hat.

Wie bereits gezeigt, bestehen insoweit jedoch Bedenken im Hinblick auf den eindeutigen Sinn und Zweck der kurzen Frist des § 1059 Absatz 3 ZPO, schnell Rechtsklarheit durch zügige Unanfechtbarkeit des Schiedsspruchs zu erlangen, welche nur im Falle einer gewünschten Vollstreckbarerklärung des Schiedsspruchs bei Vorliegen der Aufhebungsgründe der § 1059 Absatz 2 Nummer 2 ZPO wieder beseitigt werden soll.[186] Dieser Regelungsgedanke würde ausgehöhlt, wenn die Aufhebungsfrist in jedem Fall eines nach Erlass des Schiedsspruchs auftretenden Rechtsnachfolgers von Neuem beginnen würde, würde so über einem Schiedsspruch doch ewig das Damoklesschwert einer etwaigen Aufhebung schweben. Diese Gefahr ließe sich zumindest in einem gewissen Umfang beschränken, indem man nach ursprünglichen Fristablauf nur eine *eingeschränkte* Überprüfung zugunsten des Rechtsnachfolgers zulässt, und zwar in Bezug auf die Aufhebungsgründe des § 1059 Absatz 2 Nummer 2 ZPO.[187]

Dennoch lässt sich festhalten, dass es sich dann um eine faktische Rückkehr zur Rechtslage von vor der Gesetzesreform 1998 handeln würde, als der Aufhebungsantrag nach § 1059 Absatz 1 ZPO noch nicht fristgebunden war, was ganz offensichtlich nicht im Interesse des Reformgesetzgebers von 1998 wäre. Zudem aber bleibt mit Blick auf die obigen Feststellungen fraglich, wie weit

---

[186] Begr. RegE, BT-Drucks. 13/5274, S. 64 sowie bereits oben, Kapitel 6 – D.II.1.b)bb).

[187] In diese Richtung auch *Borges*, ZZP 1998, 487, 501, der die Frist des § 1059 Absatz 3 ZPO für Aufhebungsgründe des § 1059 Absatz 2 Nummer 2 ZPO ganz abschaffen will.

eine bloß nachgelagerte und antragsgebundene gerichtliche Kontrolle aus verfassungsrechtlicher Sicht überhaupt ausreichend ist.[188]

3. Eigener Lösungsvorschlag: Legitimierung der Rechtskrafterstreckung des Schiedsspruchs mittels inzidenter gerichtlicher Anerkennungsprüfung

Die vorzugswürdigere Lösung könnte daher, in Anlehnung an die materielle Durchsetzbarkeit des Schiedsspruchs, darin liegen, auch der Rechtskrafterstreckung des inländischen Schiedsspruchs eine gerichtliche Kontrolle rechtsstaatlicher Mindeststandards *voranzustellen*. Dabei soll den Bedenken, die im Hinblick auf diesen vermeintlichen „Rückschritt" zum geltenden und auf eine lange Rechtstradition zurückgehenden deutschen Schiedsverfahrensrecht geäußert werden,[189] durch eine rechtsvergleichende, rechtshistorische und verfassungsrechtliche Betrachtung begegnet werden und aufgezeigt werden, wieso es die Legitimation der deutschen Schiedsgerichtsbarkeit im Gegenteil sogar stärken und nicht schwächen würde, wenn gewährleistet wäre, dass ein rechtsstaatlichen Mindeststandards widersprechender Schiedsspruch von vorneherein nicht in im Zweifel verfassungswidriger Weise zum Gegenstand prozessualer Wirkungen werden kann.

a) Der Eigenweg des deutschen Gesetzgebers betreffend die prozessuale Durchsetzung inländischer Schiedssprüche

Eine vorgeschaltete gerichtliche Überprüfung einer nicht inländischen Entscheidung, die im Inland Rechtswirkung entfalten soll, ist weder der internationalen Schiedsgerichtsbarkeit noch dem deutschen Recht fremd. Im Gegenteil stellt vielmehr der Verzicht auf eine solche vorherige staatliche Kontrolle ein soweit ersichtlich einzigartiges Konstrukt im deutschen Recht dar, das allein im Falle der prozessualen Durchsetzung des inländischen Schiedsspruchs Anwendung findet und sich auch aus rechtshistorischer Sicht in Frage stellen lässt.

aa) Gerichtliche Anerkennungsprüfung von Schiedssprüchen im internationalen Kontext

So ist es in der internationalen Handelsschiedsgerichtsbarkeit üblich, dass die Anerkennung – und damit die Rechtskraftwirkung – eines Schiedsspruchs gerichtlich zu versagen ist, wenn der Schiedsspruch dem inländischen *ordre public* widerspricht oder der Streitgegenstand nicht von einem privaten Gericht hätte entschieden werden dürfen.[190] Der deutsche Gesetzgeber hat dies im

---

[188] Vgl. die Ausführungen in Kapitel 6 – D.III.1.b) und sogleich in Kapitel 6 – D.III.3.c).
[189] So der Reformgesetzgeber von 1998 selbst, Begr. RegE, BT-Drucks. 13/5274, S. 61.
[190] So sehen sowohl das UNCITRAL-Modellgesetz als auch die New York Convention vor, dass ein Schiedsspruch nicht als „*final and binding*" anzuerkennen ist, wenn demselben gemäß Artikel 36 (1) (b) UNCITRAL-Modellgesetz beziehungsweise gemäß Artikel 5.2 des

Jahr 1998 teils selbst übernommen, als er im Zuge der Angleichung des deutschen Schiedsverfahrensrechts an das UNCITRAL-Modellgesetz in § 1061 ZPO eine Vorschrift zur „Anerkennung und Vollstreckung" ausländischer Schiedssprüche aufgenommen hat[191] – nicht aber für die Anerkennung inländischer Schiedssprüche, für die er das Konzept des § 1055 ZPO bewusst beibehalten hat.

Begründet hat der deutsche Reformgesetzgeber von 1998 dies mit der langjährigen deutschen Rechtstradition, den inländischen Schiedsspruch keiner gerichtlichen Anerkennung auszusetzen.[192] Diesen Weg beschreiten auch andere ausländische Rechtsordnungen.[193] In positiver Kenntnis dessen hat sich der UNCITRAL-Modellgesetzgeber hingegen dennoch bewusst dazu entschieden, eine einheitliche Regelung zur Anerkennung von Schiedssprüchen vorzusehen, die für den inländischen und den ausländischen Schiedsspruch gleichermaßen gilt.[194] Dies entspricht dem Regelungsgedanken des UNCITRAL-Modellgesetzes, da die Vorschriften zur internationalen Rechtsvereinheitlichung beitragen sollen, indem sie an inländische und ausländische Schiedssprüche dieselben Anforderungen stellen.[195] Mit Blick auf die auch mit dem im Jahr 1998 refor-

---

UNÜE aus Gründen der fehlenden Schiedsfähigkeit des Streitgegenstands oder eines Verstoßes gegen den inländischen *ordre public* die Anerkennung zu versagen ist, vgl. dazu nur *Hußlein-Stich*, S. 193. Dies ist auch in manch anderen ausländischen Rechtssystemen wie etwa im U.S.-amerikanischen Rechtskreis der Fall, vgl. nur *Lühmann*, S. 31 ff.; *Spohnheimer*, S. 11 ff.

[191] Die dabei allerdings bewusst an das UNÜE angelehnt wurde, Begr. RegE, BT-Drucks. 13/5274, S. 60. Die Vorschrift geht zurück auf die Novelle des deutschen Schiedsverfahrensrechts von 1930, mit der in der im damaligen § 1044 ZPO niedergelegten Vorschrift erstmalig eine eigenständige Regelung für ausländische Schiedssprüche vorgesehen wurde, vgl. *Zieren*, S. 289.

[192] Begr. RegE, BT-Drucks. 13/5274, S. 61. Zur Gefährdung der „Schiedsfreundlichkeit" eines Schiedsstandorts durch die bessere Behandlung inländischer Schiedssprüche gegenüber ausländischen Schiedssprüchen jedoch *Wolff*, SchiedsVZ 2021, 328, 329.

[193] Siehe die Übersicht bei *Calvaros*, S. 168. Nicht aber der US-Common Law Rechtskreis, vgl. *Lühmann*, S. 31 ff.; *Spohnheimer*, S. 11 ff.

[194] Dies entsprach der überwiegenden Auffassung der an der Ausarbeitung des Modellgesetzes Beteiligten, UN DOC A/CN.9/246 Rn. 2, abgedruckt bei *Holtzmann/Neuhaus*, Guide UNCITRAL Model Law, S. 1032, Rn. 142 f. Kritisch zu dieser Entscheidung des UNCITRAL-Modellgesetzgebers zwar *Calvaros*, S. 170; *Gaul*, in: FS Sandrock, S, 285, 288; beschwichtigend aber *Solomon*, S. 209. Es wurde aber vom Modellgesetzgeber zugelassen, ein einfacheres Anerkennungsverfahren für inländische Schiedssprüche im nationalen Recht beizubehalten, UN DOC A/CN.9/245 Rn. 128 ff., abgedruckt bei *Holtzmann/Neuhaus*, Guide UNCITRAL Model Law, S. 1027, Rn. 132.

[195] UN DOC A/CN.9/245, abgedruckt bei *Holtzmann/Neuhaus*, Guide UNCITRAL Model Law, S. 1027, Rn. 129; vgl. auch Begr. RegE, BT-Drucks. 13/5274, S. 60; *Granzow*, S. 208; *Hußlein-Stich*, S. 190. Nun mag man in Erwägung ziehen, stattdessen das gerichtliche Anerkennungsverfahren für den ausländischen Schiedsspruch abzuschaffen. Dem stünden aber zum einen die Vorschriften des NYÜ entgegen. Zum anderen wird hier schnell

mierten Zehnten Buch der ZPO intendierte Rechtsvereinheitlichung der Schiedsgerichtsbarkeit[196] liegt es mithin keineswegs fern, ein entsprechendes inzidentes Anerkennungsverfahren für den inländischen Schiedsspruch auch im deutschen Recht zu erwägen.[197]

bb) Anerkennung ausländischer Urteile und inländischer Schiedssprüche in der deutschen Rechtsentwicklung

Insbesondere lässt sich das Beibehalten der noch aus der ursprünglichen Fassung des deutschen Schiedsverfahrensrechts stammenden Konzeption des § 1055 ZPO aber mit einem Blick auf die Entwicklung der Anerkennung ausländischer Urteile im deutschen Recht hinterfragen. Denn auch wenn der historische Gesetzgeber von 1877 in Bezug auf die Vorschrift des heutigen § 1055 ZPO von einer vergleichbaren materiellen Erledigung eines Rechtsstreits durch ein Schiedsgericht wie durch ein staatliches Gericht gesprochen hat,[198] so machte er in der Gesetzesbegründung von 1874 doch deutlich, dass er die maßgebliche Analogie nicht zwischen Schiedsspruch und inländischem Urteil, sondern vielmehr zwischen Schiedsspruch und ausländischem Urteil sieht:

„Die Analogie zwischen dem Urteil eines ausländischen Gerichts und einem Schiedsspruch ist unverkennbar. In beiden Fällen handelt es sich um Urteile, welche von einem Gericht

---

deutlich, dass ein solcher Grad an Vertrauen in die privaten, dann im Zweifel lediglich ausländischen Rechtsvorschriften unterliegenden Schiedsrichter zu weitgehend wäre. Die Angleichung konnte mithin nur in die andere Richtung erfolgen, indem das Verfahren für den inländischen Schiedsspruch an das des ausländischen angepasst wurde.

[196] Vgl. nur die Eingangsformulierung der Begr. RegE, BT-Drucks. 13/5274, S. 1 („Der Entwurf schlägt vor, das […] UNCITRAL-Modellgesetz über die internationale Handelsschiedsgerichtsbarkeit in das deutsche Recht zu übernehmen, und zwar für alle, also auch für nationale Schiedsverfahren. […] Ein weltweit bewährtes und vertrautes Normengefüge kann insbesondere dazu führen, daß internationale Schiedsverfahren häufiger als bisher in der Bundesrepublik Deutschland ausgetragen werden").

[197] Auch, wenn es sich hierbei aus Sicht des Reformgesetzgebers von 1998 um einen „Rückschritt" handeln würde, Begr. RegE, BT-Drucks. 13/5274, S. 61. Äußerst kritisch im Hinblick auf die entsprechende Regelung einer vorherigen inzidenten Anerkennungsprüfung im UNCITRAL-Modellgesetz auch *Calavros*, S. 167 ff.; *Gaul*, in: FS Sandrock, S. 285, 288. Hiergegen wendet wiederum *Solomon*, S. 209 zurecht ein, dass nicht klar wird, worin „dieser so bedenkliche „Rückschritt"" des Modellgesetzes im Vergleich zum früheren deutschen Recht eigentlich liegen soll, handelt es sich doch schließlich nicht um ein eigenständiges Anerkennungsverfahren wie es etwa § 1060 ZPO für die Vollstreckbarerklärung des Schiedsspruchs vorsieht, sondern lediglich um eine inzidente Überprüfung des Schiedsspruchs durch dasjenige staatliche Gericht, bei dem die gewünschte Schiedsspruchwirkung geltend gemacht werden soll.

[198] Was im Übrigen auch auf ein ausländisches Gericht zutrifft.

erlassen sind, das weder von dem Reiche noch von einem der Bundesstaaten eingesetzt ist."[199]

Dies bewog den historischen Gesetzgeber auch dazu, die Vollstreckung aus dem Schiedsspruch und dem ausländischen Urteil parallel laufen zu lassen und beiden ein staatliches Vollstreckbarerklärungsverfahren voranzustellen,[200] was zeigt, dass der erste Gesetzgeber des deutschen Schiedsverfahrensrechts einen allgemeinen Gleichlauf zwischen Schiedsspruch und ausländischem Urteil bezwecken wollte. Dass im Jahr 1877 kein gerichtliches Anerkennungsverfahren für den Schiedsspruch in das deutsche Schiedsverfahrensrecht aufgenommen wurde, steht dazu in keinem Widerspruch, weil in dieser Zeit auch dem ausländischen Urteil noch kein Anerkennungsverfahren vorangestellt war.

Ein solches wurde erst im Jahr 1898 in die CPO aufgenommen, als deutlich wurde, dass nicht nur der Vollstreckung, sondern auch der Anerkennung einer Rechtskraftwirkung ausländischer Urteile im Inland eine gerichtliche Prüfung vorgeschaltet sein muss.[201] Dass man zeitgleich nicht auch – im Sinne der vom ursprünglichen ZPO-Gesetzgeber deutlich gemachten Parallelität zum ausländischen Urteil – für den Schiedsspruch ein entsprechendes inzidentes Anerkennungsverfahren eingeführt hat, mag vor diesem Hintergrund auch auf einem Redaktionsversehen des Reformgesetzgebers von 1898 beruht haben. Jedenfalls aber würde es der Konzeption des deutschen Schiedsverfahrensrechts aus rechtshistorischer Sicht keineswegs zuwiderlaufen, in Analogie zum ausländischen Urteil auch den inländischen Schiedsspruch einer inzidenten Anerkennungsprüfung durch die staatlichen Gerichte zu unterziehen.[202]

---

[199] Vgl. die Gesetzesbegründung von 1874, abgedruckt bei *Hahn*, S. 496. Die Vergleichbarkeit von Schiedsspruch und ausländischem Urteil wurde auch bereits in Kapitel 2 – A.III.1. aufgezeigt.

[200] §§ 660 f. und 867 f. der CPO von 1877, vgl. den Gesetzesentwurf von 1874, S. 102 f, abgedruckt bei *Hahn*, S. 77 und 102 f. So lautet die Begründung des historischen Gesetzgebers zur Vollstreckbarerklärung des Schiedsspruchs: „Es ist daher in beiden Fällen notwendig, bevor das Urteil für vollstreckbar erklärt wird, dass der Verurteilte gehört wird, dass also die Vollstreckbarkeitserklärung im Wege einer actio judicati beantragt werde. Der Entwurf hat demgemäß im § 809 [des Entwurfs, dann § 868 der CPO von 1877] die Vorschriften des § 610 [des Entwurfs, dann § 660 der CPO von 1877] über die Zulässigkeit der Zwangsvollstreckung aus dem Urteil eines ausländischen Gerichts [für die Vollstreckbarerklärung des Schiedsspruchs] zur Richtschnur genommen", Gesetzesbegründung von 1874 zu § 809 ff. der CPO von 1877, abgedruckt bei *Hahn*, S. 496, mit Anmerkungen der Verfasserin.

[201] Und zwar als Fortentwicklung der damaligen Vorschrift im EGBGB, vgl. die Begründung des Reformgesetzgebers, abgedruckt bei *Hahn/Mugdan*, S. 106, sowie zur Rechtsentwicklung im Einzelnen *Fricke*, S. 79.

[202] Bezeichnenderweise findet sich auch im Wortlaut des heutigen § 1059 Absatz 2 Nummer 2b ZPO im Zusammenhang mit der Aufhebung des Schiedsspruchs aus Gründen der *ordre public*-Widrigkeit auch der Begriff der „Anerkennung". Diese Formulierung fand im Jahr 1930 Eingang in die Vorschrift zum Aufhebungsverfahren, vgl. *Zieren*, S. 287. Sie

b) Notwendigkeit gerichtlicher Überprüfung vor der Wirkungserstreckung auf den Rechtsnachfolger

Im Ergebnis ist jedoch die Frage, ob die derzeitige Konzeption des § 1055 ZPO generell beibehalten werden sollte, eine Grundsatzfrage in Bezug auf die Kollision zwischen materieller Gerechtigkeit und Rechtssicherheit, deren Auflösung – jedenfalls innerhalb der Grenzen der Verhältnismäßigkeit – grundsätzlich dem Gesetzgeber selbst überlassen ist.[203]

So mag man es aus verfassungsrechtlicher Sicht noch als vertretbar erachten, der Rechtskraftwirkung des Schiedsspruchs den Parteien des Schiedsverfahrens gegenüber eine zwingende staatliche Kontrolle lediglich nachfolgen zu lassen.[204] Denn diese haben die Wahrung ihrer rechtsstaatlichen Verfahrensgarantien und die Herbeiführung der damit einhergehenden staatlichen Kontrolle auf Grundlage des deutschen Schiedsverfahrensrechts selbst in der Hand. Dasselbe gilt für diejenigen Personen, die mittels einer den Anforderungen des Bundesgerichtshofs entsprechenden Verfahrensvereinbarung Subjekte einer erweiterten Schiedsspruchwirkung werden, wie prozessual notwendige Streitgenossen oder Nebenintervenienten und Streitverkündungsempfänger.[205] Denn auch hier stellt die Rechtsprechung des Bundesgerichtshofs grundsätzlich sicher, dass die erweiterte Schiedsspruchwirkung nur dann Bestand hat, wenn eine Wahrung der rechtsstaatlichen Verfahrensgarantien der Betroffenen garantiert ist und sie eine entsprechende Überprüfung selbst und ungehindert vornehmen können.

Im Ergebnis ist es in einer Abwägung womöglich also noch mit dem Grundsatz der Verhältnismäßigkeit zu vereinbaren, auf eine zwingende und vorgeschaltete gerichtliche Kontrolle dann zu verzichten, wenn die rechtsstaatlichen Verfahrensgarantien, die eine Gleichbehandlung von Schiedsspruch und

---

wurde aber auch in der Folgezeit beibehalten – selbst dann, als sie im Rahmen der Schiedsrechtsreform von 1998 um den Zusatz „oder Vollstreckung" ergänzt wurde, obwohl dies eine Abweichung zum Wortlaut des Artikel 34 2.b.(ii) des UNCITRAL-Modellgesetzes darstellte. Damit aber ist auch dem heutigen deutschen Schiedsverfahrensrecht der Gedanke, dass einem *ordre public*-widrigen Schiedsspruch die *Anerkennung* zu versagen ist, wenn er gegen den *ordre public* verstößt, nicht fremd.

[203] Zur insoweit bestehenden grundsätzlichen Gestaltungsfreiheit des Gesetzgebers BVerfGE 77, 275, 284; 60, 253, 269; 10, 264, 268. „Solche Einschränkungen müssen aber mit den Belangen einer rechtsstaatlichen Verfahrensordnung vereinbar sein und dürfen den einzelnen Rechtsuchenden nicht unverhältnismäßig belasten", BVerfGE 88, 118, 123 f.; 77, 275, 284; 10, 264, 268; *Jarass*, in: Jarass/Pieroth, GG, Artikel 20, Rn. 130.

[204] Dahin tendiert im Ergebnis wohl auch *Geimer*, in: Schlosser, S. 113, 134 ff., auch, wenn er auf S. 129 noch davon spricht, dass die staatliche Anerkennung der Rechtskraftwirkung eines Schiedsspruchs versagt werden müsse, wenn Letzterer seinen rechtsstaatlichen Mindestanforderungen nicht genügt. Zu den Erwägungen, dennoch allgemein einen entsprechenden Weg in Betracht zu ziehen, aber sogleich in Kapitel 6 – D.III.3.c).

[205] Vgl. dazu im Einzelnen bereits oben in Kapitel 5 – B.II.

rechtskräftigem gerichtlichen Urteil rechtfertigen, in positiver Hinsicht gewahrt werden und die Betroffenen dies unmittelbar staatlich überprüfen lassen können.[206] Das gilt insbesondere dann, wenn das Schiedsverfahren auf der freiwilligen Entscheidung der Betroffenen beruht, die private Schiedsgerichtsbarkeit in Anspruch zu nehmen.

Anders ist dies aber im Falle einer Wirkungserstreckung des Schiedsspruchs auf den Rechtsnachfolger, der diese freiwillige Entscheidung nicht getroffen hat und dessen Grundrechte nicht in positiver Hinsicht gewahrt, sondern vielmehr beschnitten werden sollen. Der Vertrauensvorschuss, den das deutsche Schiedsverfahrensrecht der Rechtskraftwirkung eines Schiedsspruchs zollt, lässt sich hier nicht mehr rechtfertigen. Jedenfalls eine Rechtskrafterstreckung von Schiedssprüchen auf den Rechtsnachfolger erfordert mithin eine ihr vorgeschaltete staatliche Kontrolle der Wahrung rechtsstaatlicher Mindeststandards. Dabei ist es nur sinnvoll, sich in der Umsetzung an den bereits bestehenden Konzepten zur Anerkennung von nicht innerstaatlichen Entscheidungen zu orientieren, indem kein eigenständiges und antragsgebundenes Anerkennungsverfahren vorgesehen wird, sondern im Falle der gewünschten prozessualen Durchsetzung des Schiedsspruchs das angerufene Gericht selbst inzident prüft, ob die Anerkennung dieser Wirkung aufgrund des Vorliegens zwingender Versagungsgründe abzulehnen ist[207] – wobei eine von Amts wegen erfolgende Prüfung auf die Versagungsgründe des § 1059 Absatz 2 Nummer 2 ZPO beschränkt werden könnte.[208]

c) *Ausblick: Legitimationsstärkung der Schiedsgerichtsbarkeit durch eine allgemeine gerichtliche Anerkennungsprüfung?*

Das „antezipierte Legalanerkenntnis des Schiedsspruchs", wie *Spohnheimer* es nennt,[209] soll der Schiedsgerichtsbarkeit Anerkennung zollen und sie so beson-

---

[206] Auch wenn die strenge Befristung in § 1059 Absatz 3 ZPO hier an eine Grenze gelangen könnte, wie *Lühmann*, S. 46 ff. und *Solomon*, S. 201 ff. es monieren, vgl. Kapitel 6 – D.III.1.a).

[207] So sehen es neben § 328 ZPO auch Artikel 36 (1) (b) UNCITRAL-Modellgesetz und Artikel 5.2 UNÜE sowie § 1061 ZPO i.V.m. Artikel 5.2 UNÜE vor. Das Argument *Schlossers*, in: FS Gaul, S. 679, 687 ff., nur das Oberlandesgericht solle im Sinne einer Zuständigkeitskonzentration für die Anerkennung von Schiedssprüchen zuständig sein, geht mit einem Blick auf die deutschrechtliche Regelung für ausländische Schiedssprüche ins Leere. Zwar wäre auch ein Angleichen an das Vollstreckbarerklärungsverfahrens im Sinne eines gesonderten Anerkennungsverfahrens vor dem Oberlandesgericht nicht ausgeschlossen – es würde aber das Anerkennungsverfahren im Vergleich zu dem im UNCITRAL-Modellgesetz vorgesehenen erschweren.

[208] Dies stünde auch im Einklang mit dem Vorgehen des Reformgesetzgebers von 1998, der nur die Überprüfung dieser Aufhebungsgründe von der Präklusion in § 1060 Absatz 2 Satz 3 ZPO ausgenommen hat.

[209] *Spohnheimer*, S. 14.

ders attraktiv machen. Letztendlich aber schafft es aber, wie die vorangegangenen Betrachtungen gezeigt haben, mehr Probleme als Lösungen und damit insbesondere Rechtsunsicherheit, die im Ergebnis vielmehr zur Unattraktivität des deutschrechtlichen Wegs beiträgt.[210] Man mag sogar so weit gehen, die vorherige staatliche Überprüfung des Schiedsspruchs auf die Vereinbarkeit mit gewissen Grundpfeilern der Rechtsstaatlichkeit hin und damit eine Abkehr von dem noch aus dem vorkonstitutionellen Recht von 1877 stammende Konstrukt der Rechtskraftwirkung inländischer Schiedssprüche als verfassungsrechtliche Notwendigkeit anzusehen.[211]

Vollständige Abhilfe schaffen kann hier auch nicht die geplante Einführung einer Restitutionsklage nach § 580 ZPO gegen bestandskräftige Schiedssprüche, wie es das derzeitige Eckpunktpapier des Bundesministeriums der Justiz zur Modernisierung des deutschen Schiedsverfahrensrechts vom 18. April 2023 vorsieht. Denn auch hier wird lediglich eine *nachträgliche* gerichtliche Kontrolle ermöglicht. Darüber hinaus sieht die Restitutionsklage die besonderen schiedsverfahrensrechtlichen Aufhebungsgründe des *ordre public*-Verstoßes oder der fehlenden Schiedsfähigkeit des Streitgegenstandes nicht vor und es ist auch nicht ersichtlich, dass sie im Zuge der geplanten Gesetzesreform um solche zusätzlichen Restitutionsgründe ergänzt werden soll.[212]

Gerade eine dem Eintritt einer Rechtskraftwirkung vorgelagerte Überprüfung des Schiedsspruchs hat neben der Vorbeugung des Eintritts eines potenziell verfassungswidrigen Zustands noch einen weiteren erheblichen Vorteil.

---

[210] Verwiesen werden soll insoweit nur auf die umfangreiche Debatte zur subjektiven Reichweite des § 1055 ZPO, die Gegenstand der eingehenden Untersuchungen in Kapitel 4 – B.II. und Kapitel 6 – D.II.1. war.

[211] Diese Bedenken werden schließlich, wenn auch der Begriff der Verfassungswidrigkeit nicht verwendet wird, auch von *BGH*, JZ 1962, 287 ff.; *Geimer*, in: Zöller, ZPO, § 1059, Rn. 15; *Schlosser*, in: Stein/Jonas, § 1059, Rn. 7; *Voit*, in: Musielak/Voit, ZPO, § 1059 Rn. 5; *Chiwitt-Oberhammer*, S. 244; *Bosch*, S. 58; *Klement*, S. 149; *Rehm*, S. 52 f., der für eine verfassungskonforme Auslegung des § 1059 ZPO plädiert; *Solomon*, S. 210 f.; *Borges*, ZZP 1998, 487, 501 geäußert oder jedenfalls angedeutet, wenn sie trotz der Anordnung in § 1055 ZPO von der Nichtigkeit des Schiedsspruchs im Falle der *ordre public*-Widrigkeit oder fehlenden Schiedsfähigkeit des Schiedsspruchs ausgehen wollen. Denn wenn sie aus verfassungsrechtlichen Gründen trotz der eindeutigen gesetzlichen Anordnung der Wirksamkeit in § 1055 ZPO von der Unwirksamkeit des Schiedsspruchs ausgehen oder dessen Beseitigung auch außerhalb der klaren gesetzgeberischen Grenzen des § 1059 ZPO fordern, so handelt es sich strenggenommen um nichts anderes als um die unausgesprochene Annahme der jedenfalls teilweisen Verfassungswidrigkeit dieser Vorschriften. Und auch der Bundesgerichtshof spricht davon, dass die Entscheidung über die Einhaltung rechtsstaatlicher Mindeststandards „nicht von Zufallskriterien abhängen" dürfe, BGHZ 180, 221, 231 („Schiedsfähigkeit II").

[212] Siehe Eckpunkt III.8. auf S. 4 des Eckpunktepapiers. Die Restitutionsklage kennt lediglich sehr enge, auf Einzelfälle begrenzte Aufhebungsgründe, so etwa die Bestechung oder Rechtsbeugung im Zusammenhang mit der Erwirkung der gerichtlichen Entscheidung, vgl. § 580 Nr. 4 und 5 ZPO.

Denn durch sie würde das Konzept des deutschen Schiedsverfahrensrechts, das mit der Gesetzesreform von 1998 noch einmal betont wurde, und zwar schnellstmöglich Gewissheit über den Bestand eines Schiedsspruchs zu erlangen, beibehalten.[213] So würde man mit der Geltendmachung der prozessualen Wirkung des Schiedsspruchs unmittelbar Rechtsklarheit darüber erlangen, ob Letztere auch Bestand haben wird. Die vorherige gerichtliche Anerkennungsprüfung kann damit auch als Legitimationsstärkung, und zwar durch das Schaffen eines positiven Vertrauens in den Bestand der prozessualen Wirkung des Schiedsspruchs, betrachtet werden.

Es spricht daher nicht wenig dafür, den nationalen Eigenweg des § 1055 ZPO erneut zu überdenken und ein inzidentes Anerkennungsverfahren, das eine von Amts wegen erfolgende gerichtliche Überprüfung der Schiedsfähigkeit und der Vereinbarkeit des Schiedsspruchs mit dem inländischen *ordre public* vorsieht, in den Blick zu nehmen. Dies sollte nicht als „Rückschritt", sondern im Gegenteil sogar als Möglichkeit der Legitimationsstärkung der Schiedsgerichtsbarkeit begriffen werden, weil so Verstöße gegen die Rechtsstaatlichkeit von vorneherein vermieden werden können und zugleich ein rechtssicherer und verfassungskonformer Weg geschaffen wird, um die Angleichung der Rechtskraft des Schiedsspruchs – auch in subjektiver Hinsicht – an die des rechtskräftigen gerichtlichen inländischen Urteils rechtfertigen zu können. Sollte der Gesetzgeber also, was dringend angezeigt erscheint, in Bezug auf die Frage der schiedsgerichtlichen Rechtsnachfolge tätig werden, so ließe sich im Zuge dessen auch erwägen, ob nicht eine Angleichung derjenigen rechtsstaatlichen Mindestanforderungen, die an die Rechtskraftwirkung des Schiedsspruchs zu stellen sind, an diejenige der zwangsweisen Durchsetzung des Schiedsspruchs sinnvoll wäre, womit zugleich die rechtshistorisch intendierte Analogie zwischen Schiedsspruch und ausländischem Urteil wiederhergestellt werden würde.

E. Ergebnis: Klare und verfassungskonforme gesetzliche Grundlagen für die schiedsverfahrensrechtliche Rechtsnachfolge erforderlich

Die vorangegangene Untersuchung hat gezeigt, dass die schiedsgerichtliche Rechtsnachfolge einen Rechtsbereich darstellt, der aufgrund der geringen Regelungsdichte des deutschen Schiedsverfahrensrecht und der oftmals nicht eindeutigen Intention des Gesetzgebers bis heute mit einiger Rechtsunsicherheit behaftet ist. Das Bedürfnis nach eindeutigen und bestimmten gesetzlichen Grundlagen ist hier zugleich unbestreitbar hoch, sind sie doch zwingend erfor-

---

[213] Begr. RegE, BT-Drucks. 13/5274, S. 64.

derlich, sobald sich ein Rechtsnachfolger nicht freiwillig der Wirkungserstreckung von Schiedsvereinbarung, Schiedsverfahren und Schiedsspruch unterwirft.

Eine Reduktion der Legitimation der prozessualen Wirkungen von Schiedsverfahren und Schiedsspruch allein auf die Schiedsvereinbarung ist dabei zu kurz gegriffen. Denn sobald eine Rechtsnachfolge während oder sogar nach Abschluss des Schiedsverfahrens eintritt, sind neben dem Justizgewähranspruch des Rechtsnachfolgers zusätzlich seine verfahrensbezogenen Ausgestaltungsgarantien in Form des rechtlichen Gehörs und des Rechts auf faires Verfahren berührt. Hierfür bedarf es mithin einer entsprechenden *gesetzlichen* Eingriffsgrundlage. Es ist jedoch zweifelhaft, inwieweit die materiell-rechtlichen Vorschriften, insbesondere die der §§ 401 ff. BGB, einen Eingriff in diese verfahrensbezogenen Grundrechte des Rechtsnachfolgers auffangen vermögen. Zugleich sind die mitunter speziellen Vorschriften der ZPO für das staatliche Gerichtsverfahren nicht auf das deutsche Schiedsverfahrensrecht anwendbar, sodass auch sie keine geeigneten Eingriffsgrundlagen bieten. Es ist daher nur wünschenswert, dass der Gesetzgeber klare und bestimmte Grundlagen für eine Wirkungserstreckung von Schiedsverfahren und Schiedsspruch auf den Rechtnachfolger innerhalb des deutschen Schiedsverfahrensrechts selbst schafft – denn das hieran ein Interesse besteht, dürfte unumstritten sein.

Selbst wenn der Gesetzgeber die erforderlichen Eingriffsgrundlagen aber tatsächlich schaffen würde, stellt sich abschließend die Frage nach ihrer Verhältnismäßigkeit. Diese Frage wird insbesondere durch eine Betrachtung der zwangsweisen Durchsetzung des Schiedsspruchs gegenüber dem Rechtsnachfolger aufgeworfen. Hier lässt sich der damit einhergehende Grundrechtseingriff deshalb rechtfertigen, weil der privatrechtlich zustande kommende Schiedsspruch einer zwingenden staatlichen Kontrolle der Wahrung rechtsstaatlicher Mindeststandards unterliegt, bevor er zur Grundlage der Zwangsvollstreckung gegen den Rechtsnachfolger gemacht wird.

Diese zwingende staatliche Kontrollebene fehlt nach der derzeitigen Rechtslage hingegen dann, wenn der Rechtsnachfolger der prozessualen Durchsetzbarkeit des Schiedsspruchs im Wege der Rechtskrafterstreckung ausgesetzt werden soll, was die Verhältnismäßigkeit einer entsprechenden Wirkungserstreckung in Frage stellt. Der Rechtsanwender selbst kann hier nichts tun, da er es nicht in der Hand hat, neue gerichtliche Zuständigkeiten zu schaffen. Daher liegt es am Gesetzgeber selbst, die erforderlichen Voraussetzungen für eine verfassungskonforme Rechtskrafterstreckung von Schiedssprüchen auf den Rechtsnachfolger zu schaffen. Die Lösung liegt nach der hier vertretenen Auffassung in der Schaffung einer der Rechtskrafterstreckung vorgeschalteten inzidenten gerichtlichen Prüfung rechtsstaatlicher Mindeststandards in Angleichung an die Anerkennungsprüfung des Schiedsspruchs im UNCITRAL-Modellgesetz sowie des ausländischen Urteils in § 328 ZPO.

Unter Einbeziehung der zu Beginn angestellten verfassungsrechtlichen Erwägungen zeigt sich, dass die Legitimation der Schiedsgerichtsbarkeit aber insgesamt erheblich gestärkt und ein bedeutendes Maß an derzeit noch bestehender Rechtsunsicherheit ausgeräumt würde, wenn man im Sinne des historischen Gesetzgebers und internationaler Harmonisierungsbemühungen den Eintritt der Rechtskraftwirkung des inländischen Schiedsspruchs allgemein von einer gerichtlichen Anerkennungsprüfung abhängig machen würde. Es wird mitunter zwar von der Nichtigkeit des inländischen Schiedsspruchs ausgegangen, wenn dieser gegen den inländischen *ordre public* verstößt oder der zugrundeliegende Streitgegenstand nicht schiedsfähig war, was letztlich einem ungeschriebenen Anerkennungserfordernis des Schiedsspruchs gleicht. Allerdings besteht weiterhin nur wenig Rechtsunsicherheit, auf welche Weise sich der Betroffene in diesem Fall gegen den Schiedsspruch wehren kann.

Eine inzidente Anerkennungsprüfung durch das angerufene Gericht könnte hier leicht und rechtssicher Abhilfe schaffen. Ob der derzeitige nationale Eigenweg des § 1055 ZPO aber insgesamt verlassen und der Rechtskraftwirkung inländischer Schiedssprüche allgemein ein gerichtliches Anerkennungsverfahren vorangestellt wird, muss dem Gesetzgeber letztendlich selbst überlassen werden. Möglicherweise kann die hier angestellte Untersuchung aber einen Anreiz für eine solche Überlegung im Rahmen der derzeit geplanten Reform des deutschen Schiedsverfahrensrechts bieten.

Kapitel 7

Schlussthesen

Das deutsche Verfassungsrecht spielt in der Schiedsgerichtsbarkeit eine weitaus größere Rolle, als dies auf den ersten Blick erscheinen mag. Grund hierfür sind die Wirkungen, die dem vom Wesen her privatrechtlichen und kontradiktorischen Schiedsverfahren und Schiedsspruch zukommen. Der rechtsverbindliche Ausschluss der staatlichen Gerichtszuständigkeit für den betreffenden Rechtsstreit sowie die prozessuale und die materielle Durchsetzbarkeit des Schiedsspruchs in Form der Rechtskraftwirkung und der Vollstreckbarkeit sind prozessualer und damit öffentlich-rechtlicher Natur. Sie spielen sich im unmittelbaren Verhältnis zwischen Staat und Bürger ab und sind daher verfassungsrechtlich relevant. Ihr Eintritt ist nur legitimiert, wenn er mit dem Grundgesetz im Einklang steht.

Die in der schiedsverfahrensrechtlichen Literatur häufig vertretene Annahme, allein die Privatautonomie legitimiere die Schiedsgerichtsbarkeit, ist dabei zu kurz gegriffen. Die privatautonome Freiheit des Einzelnen vermag es lediglich, die privatrechtliche *Natur* des Konfliktlösungsmechanismus der Schiedsgerichtsbarkeit zu legitimieren, indem sie den Staat zur Duldung der Existenz dieses privatrechtlichen Streitbeilegungsinstituts verpflichtet. Weiter aber reicht der Schutzbereich des subsidiären Freiheitsgrundrechts nicht – insbesondere nicht so weit, als dass er den Staat auch zu einer positiven Leistung in Form der Einräumung prozessualer *Wirkungen* von Schiedsverfahren und Schiedsspruch verpflichten kann.

Die prozessualen Wirkungen, die der Staat der Schiedsgerichtsbarkeit dennoch einräumt, sind vielmehr nur dann verfassungsrechtlich legitimiert, wenn sie mit dem davon berührten Verfassungsrecht im Einklang stehen: mit dem Rechtsstaatsprinzip. Dies betrifft zum einen die Einrichtungsgarantie des Zugangs zu staatlichem Rechtsschutz in jedem Rechtsbereich, die *Zugangsgarantie*, die zugunsten der schiedsgerichtlichen Zuständigkeit rechtsverbindlich ausgeschlossen werden soll. Aufgrund der besonderen Konstruktion der privatrechtlichen Schiedsgerichtsbarkeit als streitiger Konfliktlösungsmechanismus sind zum anderen die im Rechtsstaatsprinzip verankerten Garantien der rechtsstaatlichen Ausgestaltung kontradiktorischer Verfahren zur Streitbeilegung durch einen neutralen Dritten, die verfahrensbezogenen *Ausgestaltungsgarantien*, in Form der Gewährung rechtlichen Gehörs und der Durchführung eines fairen Verfahrens, berührt. Gemeinsam bilden die Zugangsgarantie und die verfahrensbezogenen Ausgestaltungsgarantien eine *Trias rechtsstaatlicher Verfahrensgarantien*, die der Staat zu wahren hat, wenn er Schiedsverfahren und Schiedsspruch verbindliche Wirkungen zuspricht.

Die Parteien des Schiedsverfahrens und der schiedsgerichtliche Spruchkörper sind jedoch private Akteure, die an die Verfassung weder unmittelbar noch mittelbar gebunden sind. Gemäß Artikel 1 Absatz 3 GG und Artikel 20 Absatz 3 GG besteht lediglich eine Grundrechtsbindung der drei Staatsgewalten. Der Schiedsrichter wird aber auf privatrechtlicher und nicht auf öffentlich-rechtlicher Grundlage tätig und ist, auch wenn er im materiellen Sinne eine gewisse Rechtssprechungsfunktion wahrnimmt, kein staatlicher Richter im verfassungsrechtlichen Sinne. Daneben ist jedoch auch für eine Beleihung oder eine sonstige quasi-staatliche Einordnung des Schiedsrichters kein Raum.

Der Staat muss die privaten Akteure der Schiedsgerichtsbarkeit mithin, um die Wahrung der rechtsstaatlichen Verfahrensgarantien vor Eintritt der prozessualen Wirkungen von Schiedsverfahren und Schiedsspruch sicherstellen zu können, mit einfach-gesetzlichen und konstitutiven Regelungen dazu verpflichten, dennoch im Einklang mit dem Grundgesetz zu handeln. Zugleich muss er eine gewisse staatliche Kontrollmöglichkeit vorsehen, um sicherzustellen, dass diese einfach-gesetzlichen Regelungen auch eingehalten werden. Umgesetzt ist dies im deutschen Schiedsverfahrensrecht durch ein Gefüge aus einfach-gesetzlichen *Verpflichtungs- und Kontrollnormen*, welche den privatrechtlichen Akteuren einen gewissen Rahmen für die Durchführung eines Schiedsverfahrens vorgeben, der die Wahrung der rechtsstaatlichen Verfahrensgarantien sicherstellen soll.

Die Wahrung der Garantie des Zugangs zu staatlichem Rechtsschutz erfolgt im deutschen Schiedsverfahrensrecht durch einen in der Person des Betroffenen liegenden *Ausschlussakt*. Den Grundfall bildet dabei ein freiwilliger Grundrechtsausübungsverzicht des Einzelnen, der im gesetzlichen Regelfall in eine Schiedsvereinbarung gegossen wird, § 1029 Absatz 1 ZPO. Im Ausnahmefall kann, in Abwesenheit eines Grundrechtsausübungsverzichts, die Versagung staatlichen Rechtsschutzes zugunsten der schiedsgerichtlichen Zuständigkeitsbegründung aber auch durch einen verfassungsrechtlich gerechtfertigten *Grundrechtseingriff* in den Justizgewähranspruch erfolgen, soweit die hierfür erforderliche gesetzliche Grundlage vorhanden ist. Die verfassungsrechtliche Rechtfertigung ergibt sich dann aus einem notwendigen Ausgleich des Rechts auf staatlichen Rechtsschutz mit kollidierenden Verfassungsgütern, wie denen des Rechtsfriedens und des Schutzes des Rechtsverkehrs.

Im heutigen deutschen Schiedsverfahrensrecht ist diese Möglichkeit gleich an mehreren Stellen vorgesehen: Zum einen auf Grundlage der vereinfachten Anforderungen an die Schiedsvereinbarung in den Bestimmungen des § 1031 Absatz 2 und 3 ZPO, die ein Zustandekommen derselben auch ohne den freiwilligen Willensentschluss des Betroffenen ermöglichen. Daneben tritt zum anderen die Schiedsverfügung, mit der Dritten gegenüber die schiedsgerichtliche Zuständigkeit auch einseitig angeordnet werden kann, § 1066 ZPO, wobei diese Vorschrift im Einklang mit der Rechtsprechung des Bundesgerichtshofs jedoch restriktiv auszulegen ist. Am deutlichsten wird das Vorliegen eines – verfassungsrechtlich gerechtfertigten – Grundrechtseingriffs aber im Falle des Verlusts der schiedsgerichtlichen Zuständigkeitsrüge und der daraus resultierenden Zuständigkeitsbegründung des Schiedsgerichts kraft Präklusion, wenn der in § 1040 Absatz 2 und 3 ZPO vorgesehene Kontrollmechanismus nicht fristgerecht in Anspruch genommen wird.

Die Wahrung der verfahrensbezogenen Ausgestaltungsgarantien wird daneben durch ein Regelungsgefüge allgemeiner und spezieller einfach-gesetzlicher Verpflichtungsnormen sichergestellt, die überwiegend dem schiedsgerichtlichen Spruchkörper auferlegt werden. Schiedsverfahrensrechtliche Besonderheiten im Vergleich zur staatlichen Gerichtsbarkeit bestehen hier insbesondere im Hinblick auf die Möglichkeit der Einflussnahme der Parteien des Schiedsverfahrens auf die Bildung des Schiedsgerichts als Ausfluss ihres Rechts auf faires Verfahren, das so nur der Schiedsgerichtsbarkeit immanent ist. Aufgrund der fehlenden Grundrechtsverpflichtung des privaten Schiedsgerichts und der Parteien des Schiedsverfahrens sind daneben diejenigen verfahrensbezogenen Ausgestaltungsgarantien, die von Verfassungs wegen auch einem staatlichen Richter auferlegt sind, wie die Pflicht zur Unabhängigkeit und Unparteilichkeit sowie die Pflicht zur Gewährung rechtlichen Gehörs und zur Durchführung eines fairen Verfahrens, im einfach-gesetzlichen Regelungsgefüge des Zehnten Buchs der ZPO in konstitutiver Weise niedergelegt.

Die Einhaltung der einfach-gesetzlichen Verpflichtungsnormen durch die privatrechtlichen Akteure des Schiedsverfahrens ist teils bereits im laufenden Schiedsverfahren staatlich kontrollierbar, um eine Verschleppung von Verfahrensrügen zu vermeiden, jedenfalls aber nach Erlass eines Schiedsspruchs im Aufhebungs- und im Vollstreckbarerklärungsverfahren. Die Kontrollnormen im laufenden Schiedsverfahren und das abschließende Aufhebungs- und Vollstreckbarerklärungsverfahren bilden dabei ein ineinander verwobenes Regelungsgefüge, das einerseits eine staatliche Kontrollmöglichkeit in jedem Fall sicherstellen soll, eine einmalige gerichtliche Kontrollmöglichkeit aber zugleich ausreichen lässt. Aus diesem Grund entfalten Entscheidungen eines staatlichen Gerichts im Anwendungsbereich des deutschen Schiedsverfahrensrechts Bindungswirkung gegenüber einer etwaigen weiteren gerichtlichen Überprüfung.

Zugleich führt das Unterlassen einer fristgerechten Inanspruchnahme der Kontrollmechanismen im laufenden Schiedsverfahren regelmäßig zu einer Präklusion der Verfahrensrüge im abschließenden Aufhebungs- und Vollstreckbarerklärungsverfahren. Ausnahmen gelten nur dort, wo rechtsstaatliche Mindeststandards berührt sind. Dies betrifft zum einen die Vereinbarkeit des Schiedsspruchs mit dem inländischen *ordre public*, der insbesondere die Grundrechte umfasst und neben privaten auch öffentliche Interessen schützt, und zum anderen die Schiedsfähigkeit des Streitgegentands, die ausschließt, dass von Verfassungs wegen der staatlichen Gerichtsbarkeit zwingend vorbehaltene Streitgegenstände nicht unzulässigerweise an eine private Gerichtsbarkeit delegiert werden. Während der zwangsweisen Durchsetzung eines Schiedsspruchs stets eine gerichtliche Überprüfung dieser Grundpfeiler der Rechtsstaatlichkeit vorgeschaltet ist, tritt die prozessuale Durchsetzbarkeit des Schiedsspruchs nach der derzeitigen Konzeption des deutschen Schiedsverfahrensrechts staatlich ungeprüft ein und kann lediglich durch das streng fristgebundene Aufhebungsverfahren wieder beseitigt werden. Die gerichtlichen Zuständigkeiten in Bezug auf die Schiedsgerichtsbarkeit sind darüber hinaus gemäß § 1026 ZPO auf die im deutschen Schiedsverfahrensrecht eindeutig niedergelegten beschränkt.

Damit bildet das deutsche Schiedsverfahrensrecht ein auf Eigenverantwortung beruhendes Konstrukt, das von seiner Grundkonzeption her maßgeblich auf die Freiwilligkeit der beteiligten Akteure, welche die gerichtliche Überprüfung ihrer Verfahrensrechte selbst in der Hand haben, sowie auf eine positive Grundrechtswahrung ausgelegt ist. Um dieses Grundkonzept zu sichern, ist das Zehnte Buch der ZPO in seinem subjektiven Anwendungsbereich seit jeher eng begrenzt, und zwar auf einen Parteienrechtsstreit. So knüpft der in den Vorschriften des deutschen Schiedsverfahrensrechts niedergelegte Parteibegriff, wenn man Historie, Systematik und Sinn und Zweck der Vorschriften genauer betrachtet, an die Parteien des *Schiedsverfahrens* an. Bereits mit Beginn eines Schiedsverfahrens wird dabei gemäß § 1044 ZPO durch die Erhebung einer Schiedsklage die Erlangung der Stellung als Verfahrenspartei sichergestellt. Diese Stellung ermöglicht es wiederum dem schiedsgerichtlichen Spruchkörper, seine im Zehnten Buch der ZPO niedergelegten verfahrensbezogenen Pflichten zu wahren.

Die Trias rechtsstaatlicher Verfahrensgarantien erfordert neben der Wahrung der verfahrensbezogenen Ausgestaltungsgarantien aber zusätzlich, dass das Recht des Betroffenen auf Zugang zu staatlichem Rechtsschutz verfassungskonform ausgeschlossen ist. Vor diesem Hintergrund ist im deutschen Schiedsverfahrensrecht vorgesehen, dass in der Person einer jeden Verfahrenspartei stets ein Ausschlussakt in Bezug auf die Garantie ihres Zugangs zu staatlichem Rechtsschutz vorliegt, sei es in Form einer Schiedsvereinbarung oder Schiedsverfügung oder, ausnahmsweise, in Form einer schiedsgerichtlichen Zuständigkeitsbegründung kraft Präklusion. Das Zusammenfallen von Verfahrensparteistellung und Subjekt des Ausschlussakts bildet mithin die einfach-gesetzliche Grundlage für die Wahrung der verfassungsrechtlichen Trias der Verfahrensgarantien im deutschen Schiedsverfahrensrecht. Liegt in einem der beiden Anknüpfungspunkte ein Fehler, so kann der Eintritt der prozessualen Wirkungen von Schiedsverfahren und Schiedsspruch versagt oder jedenfalls rückgängig gemacht werden.

Der Verfahrensparteibegriff liegt sämtlichen Vorschriften des Zehnten Buchs der ZPO zugrunde, auch der Regelung des § 1055 ZPO, welche vorschreibt, dass der Schiedsspruch „unter den Parteien" die Wirkung eines rechtskräftigen gerichtlichen Urteils hat. Diese bereits in der ersten deutschen Zivilprozessordnung von 1877 vorgenommene subjektive Beschränkung im Wortlaut der Vorschrift erfolgte keineswegs willkürlich. Eine rechtshistorische Betrachtung zeigt, dass das deutsche Zivilprozessrecht bereits zu diesem Zeitpunkt Wirkungen rechtskräftiger gerichtlicher Urteile über die Parteien eines Gerichtsverfahrens hinaus kannte, wie die Interventionswirkung im Falle der Beteiligung Dritter am Rechtsstreit oder die Rechtskrafterstreckung auf den Einzelrechtsnachfolger im Falle der Veräußerung oder Abtretung der streitbefangenen Sache.

Aber auch für eine Anknüpfung an einen allein materiell-rechtlichen Parteibegriff im Sinne der Parteien einer dem Schiedsverfahren etwaig zugrundeliegenden Schiedsvereinbarung ist aus rechtshistorischer, systematischer und insbesondere verfassungsrechtlicher Sicht kein Raum. Zwischen Schiedsvereinbarung und Schiedsspruch steht schließlich ein ganzes Schiedsverfahren, das die notwendige Wahrung der verfahrensbezogenen Ausgestaltungsgarantien mit sich bringt. Diese aber vermag die Schiedsvereinbarung allein, die lediglich den Ausschluss des Rechts auf Zugang zu staatlichem Rechtsschutz zum Gegenstand hat, nicht aufzufangen. Bereits im Jahr 1877 war der in den Vorschriften des Zehnten Buchs der ZPO verwendete Parteibegriff zudem gleichlaufend mit demjenigen in den übrigen Vorschriften der ZPO und bezog sich damit auf die Parteien des jeweiligen *Verfahrens*, sei es ein gerichtliches oder schiedsgerichtliches. Bereits im Jahr 1877 war im deutschen Schiedsverfahrensrecht damit ein Parteienrechtsstreit abgebildet.

Der Reformgesetzgeber von 1998 ist aber noch einen Schritt weiter gegangen, indem er den subjektiven Anwendungsbereich des deutschen Schiedsverfahrensrechts darüber hinaus auf einen Zwei*personen*rechtsstreit begrenzt hat. Das soll im Rahmen der derzeit geplanten Reform des deutschen Schiedsverfahrensrechts durch eine Regelung zur Bildung des Schiedsgerichts in Mehrparteienschiedsverfahren geändert werden. Bis dahin ist es dem Rechtsanwender unter Aufsicht der staatlichen Gerichte überlassen, auch Konstellationen, die über einen bloßen Zweipersonenrechtsstreit hinausgehen, mittels eigener Bestimmungen abzudecken. Weil die gesetzliche Regelung einer bloßen Drittbeteiligungsmöglichkeit im Rahmen des Reformvorhabens nicht geplant ist, wird die Nachbildung solcher Konstellationen im Schiedsverfahren auch nach der Reform in den Verantwortungsbereich des Rechtsanwenders fallen. Dabei scheitert, wie auch der Bundesgerichtshof deutlich gemacht hat, eine einfache analoge Anwendung der Vorschriften der ZPO außerhalb seines Zehnten Buchs auf das deutsche Schiedsverfahrensrecht. Denn es handelt sich beim deutschen Schiedsverfahrensrecht um ein in sich geschlossenes System, das von den übrigen Vorschriften der deutschen Zivilprozessordnung weitestgehend unabhängig ist.

Soweit zivilprozessuale Rechtsinstitute für das staatliche Gerichtsverfahren im privaten Schiedsverfahren entsprechend nachgebildet werden sollen, bedarf es also eigenständiger Bestimmungen der privaten Akteure des Schiedsverfahrens, die den Besonderheiten der Schiedsgerichtsbarkeit Rechnung tragen. Auch dabei bedarf es somit einer Wahrung der rechtsstaatlichen Trias der Verfahrensgarantien, soll der mittels privater Bestimmungen herbeigeführten subjektiven Erweiterung des deutschen Schiedsverfahrensrechts eine verbindliche, prozessuale Wirkung zukommen. Das deutsche Schiedsverfahrensrecht kann hier lediglich als Basis für eine rechtssichere subjektive Erweiterung desselben herangezogen werden, indem die Regelungsgedanken hinter dem dort niedergelegten einfach-gesetzlichen System aus Verpflichtungs- und Kontrollnormen abstrahiert und so in Leitlinien gegossen werden, welche eine verfassungskonforme und damit rechtssichere subjektive Erweiterung des deutschen Schiedsverfahrensrechts ermöglichen. In diesem Sinne gilt, dass die Trias der rechtsstaatlichen Verfahrensgarantien in dem Subjekt der prozessualen Wirkungen eines Schiedsspruchs zusammenfallen muss, damit diese Wirkungen Bestand haben können.

Dies erfordert zunächst die Möglichkeit der Beteiligung an dem zugrundeliegenden Schiedsverfahren, um das Schiedsgericht in die Lage zu versetzen, die verfahrensbezogenen Ausgestaltungsgarantien des Betroffenen zu wahren. Die Möglichkeit der Verfahrensbeteiligung muss dabei nicht zwingend in einer Verfahrensparteistellung liegen. Sobald der Parteibegriff, der den einfach-gesetzlichen Verpflichtungs- und Kontrollnormen im Zehnten Buch der ZPO zugrunde gelegt ist, fehlt, erhöht sich allerdings der Regelungsbedarf des Rechtsanwenders, um die entsprechende subjektive Erweiterung rechtskonform herbeiführen zu können. Denn dann muss das Schiedsgericht auf kautelarjuristischer Ebene dazu verpflichtet werden, die verfahrensbezogenen Ausgestaltungsgarantien auch dem bloßen Verfahrensbeteiligten gegenüber zu wahren.

Dies umfasst neben der Gewährung rechtlichen Gehörs und der Unabhängigkeit und Unparteilichkeit des schiedsgerichtlichen Spruchkörpers auch die Möglichkeit der Einflussnahme des Verfahrensbeteiligten auf die Zusammensetzung des Schiedsgerichts. Denn hierbei handelt es sich aus verfassungsrechtlicher Sicht nicht um Parteirechte, sondern um Rechte, die jeder Person zustehen müssen, die den Wirkungen einer kontradiktorischen Entscheidung des privaten Schiedsgerichts ausgesetzt sein soll.

Neben der Wahrung der verfahrensbezogenen Ausgestaltungsgarantien bedarf es zudem stets eines wirksamen Ausschlussakts eines jeden Subjekts der Schiedsspruchwirkungen. Den rechtssichersten Weg bildet auch hier, angelehnt an die Grundkonzeption des deutschen Schiedsverfahrensrechts, ein freiwilliger und nachweisbarer Grundrechtsausübungsverzicht. Unbedingt vorliegen muss er im Verhältnis zu denjenigen Personen, welche die prozessualen

Wirkungen im eigenen Prozessrechtsverhältnis eigenständig beeinflussen können. Dies betrifft in jedem Fall den jeweiligen Prozessgegner, in manchen Konstellationen aber auch die Personen im eigenen Parteilager. Darüber hinaus bedarf es eines Einverständnisses aller Verfahrensparteien mit der Beteiligung weiterer Personen an dem privaten und damit vertraulichen Schiedsverfahren. Auch hier entspricht es dem Gebot des sichersten Weges, dies im Wege einer freiwilligen Zustimmung und in nachweisbarer Weise festzuhalten. Ist die Möglichkeit der Beteiligung mehrerer Personen am Schiedsverfahren in diesem Sinne bereits vorprozessual vereinbart worden, muss auch keine gesonderte Zustimmung des Schiedsgerichts eingeholt werden, da sich dessen Schiedsrichterauftrag nach den dem Schiedsverfahren zugrundeliegenden Bestimmungen richtet.

Die Wirksamkeit solcher Bestimmungen zur subjektiven Erweiterung des deutschen Schiedsverfahrensrechts unterliegt der staatlichen Kontrolle. Der Bundesgerichtshof legt dabei bislang einen äußerst strengen Maßstab an, indem er die Wirksamkeit der Verfahrensvereinbarung von der Wahrung sämtlicher der genannten Elemente abhängig und zum Prüfungsgegenstand des § 138 Absatz 1 BGB macht. Diese nicht ohne Kritik gebliebene Handhabung des Bundesgerichtshofs erhöht die erforderliche Sorgfalt, die es mit Blick auf entsprechende Vereinbarungen anzulegen gilt, will man nicht den Erfolg des gesamten Schiedsverfahrens aufs Spiel setzen.

Mittel zum Zweck für die erforderlichen Bestimmungen zur rechtssicheren subjektiven Erweiterung des deutschen Schiedsverfahrensrechts ist die Verfahrensvereinbarung. Mit ihr können auch, wie es der Bundesgerichtshof in seiner Schiedsfähigkeitsrechtsprechung deutlich gemacht hat, die Wirkungen des Schiedsspruchs, die in § 1055 ZPO auf die Partien des Schiedsverfahrens beschränkt sind, entsprechend erweitert werden. Dies ist auch erforderlich, möchte man Personen, die nicht als Verfahrensparteien an dem Schiedsverfahren beteiligt sind, den Wirkungen eines Schiedsspruchs aussetzen.

Grenzen der Verfahrensvereinbarung werden allerdings immer dann deutlich, wenn staatliche Kontrollmechanismen aus dem Zehnten Buch der ZPO betroffen sind, die weit überwiegend auf den Verfahrensparteibegriff begrenzt sind. Einer Erweiterung der Anwendbarkeit dieser Kontrollnormen steht die Vorschrift des § 1026 ZPO entgegen, und zusätzliche staatsgerichtliche Zuständigkeiten lassen sich durch Vereinbarungen Privater nur schwerlich schaffen. Mithin sind im Falle einer bloßen Drittbeteiligung die staatlichen Kontrollmechanismen, die im laufenden Schiedsverfahren vorgesehen sind, zugunsten des Dritten regelmäßig nicht anwendbar. Er ist vielmehr auf das nachträgliche Aufhebungs- und gegebenenfalls Vollstreckbarerklärungsverfahren, welches eine weite Antragsbefugnis vorsieht, beschränkt. Dies schafft jedoch Probleme mit Blick auf das System der Kontrollmechanismen im Zehnten Buch der ZPO, das eine Verschleppung von Verfahrensrügen in das Aufhebungs- und Vollstreckbarerklärungsverfahren gerade vermeiden will.

An ihre Grenzen gelangt die Verfahrensvereinbarung außerdem immer dann, wenn der freie Wille und die positive Wahrung der verfahrensbezogenen Ausgestaltungsgarantien der von einer subjektiven Erweiterung der Wirkungen von Schiedsvereinbarung, Schiedsverfahren und Schiedsspruch betroffenen Personen aus Gründen kollidierenden Verfassungsrechts, wie dem Rechtsfrieden oder dem Schutz des Rechtsverkehrs, keine Rolle spielen dürfen. Denn eine unmittelbare Grundrechtsbeschränkung, die sich im Verhältnis des Bürgers zum Staat abspielen soll, ist dem Gesetzgeber vorbehalten und mündet andernfalls in einem unzulässigen Vertrag zulasten Dritter. Ein Fall der erforderlichen subjektiven Erweiterung des deutschen Schiedsverfahrensrechts lässt sich mithin nur begrenzt mittels einer Verfahrensvereinbarung regeln: die schiedsverfahrensrechtliche Rechtsnachfolge.

Nachbilden lassen sich hingegen solche Modelle, die eine positive Wahrung der verfahrensbezogenen Ausgestaltungsgarantien grundsätzlich zulassen und in möglichst vorprozessualen, freiwilligen Vereinbarungen aller Betroffenen niedergelegt werden können. Dies betrifft zum einen alle Fälle einer möglichen Parteienmehrheit, sei es eine gewillkürte oder eine zwingende, eine durch eine Verfahrensverbindung oder im Wege einer Drittklage herbeigeführte. Daneben treten die insbesondere im deutschen Rechtskreis bekannten Rechtsinstitute der bloßen Drittbeteiligung, also die der Streitverkündung und Nebenintervention, aber auch die aus dem deutschen Zivilrecht bekannte Wirkungserstreckung von Entscheidungen *inter omnes*, die keine zwingende Beteiligung aller Betroffenen als Verfahrensparteien erfordert, sondern auch eine bloße Drittbeteiligungsmöglichkeit ausreichen lässt. In der Umsetzung lassen sich Mehrparteien- und Drittbeteiligungsmodelle jeweils zu Fallgruppen zusammenfassen, für die die hier aufgestellten Grundsätze zur verfassungskonformen und damit rechtssicheren subjektiven Erweiterung des deutschen Schiedsverfahrensrechts mittels Verfahrensvereinbarung entsprechend herangezogen werden können.

Zwar soll die Mehrparteienschiedsgerichtsbarkeit im Zuge des Reformvorhabens Gegenstand einer gesetzlichen Regelung werden. Bis dahin sind aber auch hier eigenständige Bestimmungen des Rechtsanwenders notwendig. Mehrparteienmodelle sind insbesondere mit Blick auf die internationale Handelsschiedsgerichtsbarkeit bereits vielfach Diskussionsgegenstand gewesen und finden sich bereits in einer Vielzahl von Regelwerken der einschlägigen Schiedsinstitutionen wieder. Auf diese Weise haben sich Grundsätze herausgebildet, welche mit einer rechtssicheren Nachbildung auch im deutschen Recht weitgehend im Einklang stehen.

So bedarf es maßgeblich zweier Stellschrauben für die Durchführung eines Mehrparteienschiedsverfahrens. Zum einen sind die erforderlichen Zustimmungen zur Durchführung des Mehrparteienschiedsverfahrens in nachweisbarer Weise einzuholen, zum anderen ist eine gesonderte Bestimmung zur Bildung des Schiedsgerichts, die dem Recht aller Beteiligten auf ein faires Verfahren gerecht wird, erforderlich. Letzterem ist Genüge getan, solange jede

Verfahrenspartei die Möglichkeit der Einflussnahme auf die Zusammensetzung des Schiedsgerichts eingeräumt bekommt und diese Möglichkeit nicht von vorneherein vollständig ausgeschlossen wird. Dabei ist es grundsätzlich auch zumutbar, die einzelnen Verfahrensparteien in Parteilager zusammenzufassen und sie so zur gemeinsamen Benennung eines Schiedsrichters aufzurufen. Dies folgt bereits aus einer Verfahrensförderungspflicht der Einzelparteien, kann aber mit einer entsprechenden ausdrücklichen Vereinbarung in der zugrundeliegenden Verfahrensvereinbarung zusätzlich abgesichert werden.

Handelt es sich darüber hinaus nicht nur um eine gewillkürte, sondern um eine zwingende Parteienmehrheit aus Gründen des materiellen Rechts – aus dem deutschen Prozessrecht als notwendige Streitgenossenschaft aus materiell-rechtlichen Gründen bekannt –, muss zudem besonderer Wert auf das Vorliegen eines wirksamen Ausschlussakts in der Person eines jeden Betroffenen sowie auf die Beteiligung aller als Verfahrensparteien gelegt werden.

Im Rahmen der abbildbaren Mehrparteienmodelle können, werden diese Grundsätze berücksichtigt, aufgrund der weitreichenden Gestaltungsfreiheit im Schiedsverfahren neben den deutschrechtlichen Rechtsinstituten der Parteienmehrheit aber auch ausländische Rechtsmodelle in den Blick genommen werden. Hier kommen neben der auch international bekannten Verfahrensverbindung auch Modelle wie die Drittklage nach französischem Modell in Betracht. Solche ausländischen Rechtsmodelle können im Einzelfall sogar Vorteile gegenüber ihrem deutschrechtlichen Pendant der Drittbeteiligung bieten. Zuletzt ist es aber eine Frage des Einzelfalls, welches Modell im Einzelnen gewählt wird und ob nicht sogar in Erwägung gezogen werden sollte, anstelle eines Mehrparteienschiedsverfahrens zwei parallele Schiedsverfahren unter Besetzung mit einem identischen Schiedsgericht zu führen.

Gerade mit Blick auf die weiterhin hohe Zahl rein nationaler Schiedsverfahren wird daneben immer wieder der Wunsch deutlich, auch eine Drittbeteiligungsmöglichkeit nach deutschrechtlichem Modell in einem Schiedsverfahren vorsehen zu können. Hier ist der Regelungsbedarf für eine entsprechende rechtssichere Nachbildung mittels einer Verfahrensvereinbarung deswegen erhöht, weil ein Großteil der Vorschriften des deutschen Schiedsverfahrensrechts, welche die Wahrung der Trias der rechtsstaatlichen Verfahrensgarantien sichern sollen, auf Nicht-Verfahrensparteien nicht anwendbar sind. Diese Regelungen müssen daher weitestmöglich mittels eigener Bestimmungen nachgebildet werden. Dies betrifft neben der Möglichkeit der Verfahrensbeteiligung und der Erlangung rechtlichen Gehörs auch die Möglichkeit der Einflussnahme auf die Zusammensetzung des Schiedsgerichts und die Unabhängigkeit und Unparteilichkeit des Spruchkörpers. Aber auch der bloße Drittbeteiligte muss einen Ausschlussakt in der eigenen Person aufweisen, soll er verbindlichen Schiedsspruchwirkungen ausgesetzt werden können. Zudem bedarf es der Zustimmung der Verfahrensparteien zu der Beteiligung weiterer Personen am ansonsten vertraulichen Schiedsverfahren.

Mit diesen Maßstäben lassen sich im Grundsatz sowohl eine Streitverkündung als auch die praktisch weniger relevante Nebenintervention im Schiedsverfahren nachbilden. Probleme stellen sich hier jedoch immer dann, wenn die staatlichen Kontrollmechanismen im laufenden Schiedsverfahren ins Spiel kommen, da diese mangels Verfahrensparteistellung auf den Dritten keine Anwendung finden. Dies erschwert im Einzelnen die Sicherung frühzeitiger Rechtsklarheit über das Vorliegen etwaiger Verfahrensfehler und verhindert weitgehend die Möglichkeit einer Rügepräklusion im Aufhebungsverfahren.

Ähnliche Probleme stellen sich auch im Falle einer *inter omnes*-artigen Wirkungserstreckung von Schiedssprüchen, deren Zulässigkeit der Bundesgerichtshof in mehreren Entscheidungen positiv festgestellt hat, solange die zugrundeliegende Verfahrensvereinbarung den hier aufgestellten Erfordernissen an eine subjektive Erweiterung des deutschen Schiedsverfahrensrechts, von dem Bundesgerichtshof als „Gleichwertigkeitskautelen" bezeichnet, gerecht wird. Denn hier ist es angesichts des strengen Prüfungsmaßstabs des Bundesgerichtshofs, den er an die zugrundeliegende Verfahrensvereinbarung anlegt, im besonderen Interesse der Betroffenen, eine erst nachträgliche Überprüfung derselben möglichst zu vermeiden. Jedenfalls insoweit besteht aber die Möglichkeit, eine verbindliche gerichtliche Überprüfung der zugrundeliegenden Verfahrensvereinbarung durch Inanspruchnahme des gerichtlichen Kontrollmechanismus des § 1032 Absatz 2 ZPO, der auch eine bindende positive Feststellung der Zulässigkeit des schiedsrichterlichen Verfahrens zulässt, bereits zu Beginn des Schiedsverfahrens herbeizuführen.

Darüber hinaus lässt sich die mit der nur eingeschränkten Anwendbarkeit der gerichtlichen Kontrollmechanismen im laufenden Schiedsverfahren auf Nicht-Verfahrensparteien einhergehende Rechtsunsicherheit jedoch nur bedingt mittels kautelarjuristischer Bestimmungen beseitigen. Hier bedürfte es vielmehr eines gesetzgeberischen Tätigwerdens. Im Ergebnis hat der Reformgesetzgeber von 1998 dennoch weit überwiegend berechtigterweise die Aufgabe zur Ermöglichung subjektiver Erweiterungen des deutschen Schiedsverfahrensrechts dem Rechtsanwender zugewiesen. Sowohl derzeit noch Mehrparteien- als auch, mit dem entsprechenden Mehraufwand, Drittbeteiligungsmodelle lassen sich, solange die erforderlichen Elemente zur Wahrung der verfassungsrechtlichen Trias der Verfahrensgarantien gesichert sind, mittels einer Verfahrensvereinbarung auch im privaten Schiedsverfahren regeln.

Bedenken bestehen jedoch mit Blick auf die schiedsverfahrensrechtliche Rechtsnachfolge. Denn das im deutschen Schiedsverfahrensrecht niedergelegte Grundkonzept der Freiwilligkeit und positiven Grundrechtswahrung, welches der Bundesgerichtshof auch zum Maßstab für eine subjektive Erweiterung des deutschen Schiedsverfahrensrechts gemacht hat, ist mit der Konzeption der Rechtsnachfolge schlicht nicht vereinbar. Im Falle der Rechtsnachfolge gebieten es die Rechtsgüter des Rechtsfriedens und der Rechtssicherheit schließlich, dass der freie Wille sowie die Verfahrensgarantien des Rechtsnachfolgers zurückzustehen haben, um die Vereinbarungen und Prozessergebnisse seines Rechtsvorgängers bewahren zu können. Dies aber erfordert einen Grundrechtseingriff in die rechtsstaatlichen Verfahrensgarantien des Rechtsnachfolgers. Damit sind dem Rechtsanwender hier weitgehend die Hände gebunden und es ist vielmehr Aufgabe des Gesetzgebers, die erforderlichen gesetzlichen Grundlagen für eine Wirkungserstreckung im Falle einer Rechtsnachfolge zu schaffen. Dem scheint er mit Blick auf die schiedsverfahrensrechtliche Rechtsnachfolge jedoch nur bedingt nachgekommen zu sein.

Noch am vergleichsweise klarsten gestaltet sich die Rechtslage im Rahmen der vorprozessualen Gesamtrechtsnachfolge. Aufgrund der umfassenden Universalsukzession im Falle der erbrechtlichen Gesamtrechtsnachfolge gemäß § 1922 BGB ist davon auszugehen, dass auch eine vom Erblasser abgeschlossene Schiedsvereinbarung auf seinen Rechtsnachfolger mitübergeht. Fraglich ist allerdings, inwieweit dies auch für den Einzelrechtsnachfolger, etwa im Falle der Abtretung, gilt. Hier lassen die §§ 398 ff. BGB einen weitaus weniger eindeutigen Schluss zu als die Vorschrift des § 1922 BGB und das vermeintlich gefestigte Meinungsbild in diesem Rechtsbereich sollte mit Vorsicht genossen werden. Dies gilt insbesondere deswegen, weil auch nach der wohl herrschenden Auffassung in gewissen Bereichen der Einzelrechtsnachfolge, wie etwa dem der dinglichen Übertragung, nach der derzeitigen Rechtslage kein Übergang der Schiedsvereinbarung auf den Einzelrechtsnachfolger erfolgt. Eine gesetzgeberische Klarstellung könnte diese weiterhin bestehende Rechtsunsicherheit beseitigen.

Schwieriger gestaltet sich die gesetzliche Lage mit Blick auf den Eintritt einer Rechtsnachfolge im laufenden Schiedsverfahren. Erneut mag zwar im Falle der Gesamtrechtsnachfolge die Vorschrift des § 1922 BGB so weit reichen, dass sie nicht nur den Eintritt des Gesamtrechtsnachfolgers in ein laufendes gerichtliches Zivilverfahren seines Rechtsvorgängers, sondern auch in ein laufendes Schiedsverfahren zur Folge hat. Mangels Anwendbarkeit der Vorschriften der ZPO außerhalb seines Zehnten Buchs auf das deutsche Schiedsverfahrensrecht ist allerdings die Regelung des § 239 ZPO, die maßgeblich das Recht des Gesamtrechtsnachfolgers auf rechtliches Gehör sichern soll, nicht anwendbar. Es bedarf mithin anderer Mittel und Wege, um dem Recht des Rechtsnachfolgers auf rechtliches Gehör insoweit gerecht zu werden.

Neben der Regelung des § 239 ZPO ist jedoch auch die Vorschrift des § 265 ZPO, welche die Veräußerung und Abtretung der streitbefangenen Sache im staatlichen Gerichtsverfahren regelt, aufgrund der schiedsverfahrensrechtlichen Besonderheiten im Schiedsverfahren nicht anwendbar. Damit aber fehlt sowohl die Anordnung einer gesetzlichen Prozessstandschaft zugunsten des Rechtsvorgängers als auch, alternativ, eine umfassende Pflicht des Einzelrechtsnachfolgers zur Verfahrensübernahme unter Bindung an die bisherigen Prozessergebnisse. Selbst ein Anknüpfen an eine dem Schiedsverfahren etwaig zugrundeliegende Schiedsvereinbarung führt hier nur bedingt weiter, weil sie nicht sämtliche Fälle der schiedsverfahrensrechtlichen Einzelrechtsnachfolge abzudecken vermag. Die privatautonome Gestaltungsfreiheit gelangt daher oftmals an ihre Grenzen, wenn der Rechtsnachfolger nicht mitspielt, indem er seinem Rechtsvorgänger eine gewillkürte Prozessstandschaft einräumt oder das Schiedsverfahren freiwillig übernimmt. In diesem Bereich der schiedsverfahrensrechtlichen Rechtsnachfolge ist eine klare und hinreichend bestimmte gesetzgeberische Grundlage mithin wünschenswert.

Am komplexesten ist jedoch die Frage, ob ein Rechtsnachfolger auch der Rechtskrafterstreckung sowie der zwangsweisen Durchsetzbarkeit eines Schiedsspruchs ausgesetzt werden kann. Dabei ist zunächst festzustellen, dass die Vorschrift des § 1055 ZPO bereits vor dem Hintergrund des im deutschen Schiedsverfahrensrecht verfolgten Grundkonzepts der Freiwilligkeit und positiven Grundrechtswahrung nach der derzeitigen Rechtslage keine geeignete Grundlage für eine nicht vom Willen getragene Wirkungserstreckung des Schiedsspruchs bieten kann. Auch eine Analogie zur Vorschrift des § 325 Absatz 1 ZPO, die eine Rechtskrafterstreckung des rechtskräftigen gerichtlichen Urteils auf den Rechtsnachfolger vorsieht, scheitert an den diametralen Unterschieden zwischen der staatlichen Gerichtsbarkeit und der Schiedsgerichtsbarkeit. Aufgrund der Eingriffsintensität einer Rechtskrafterstreckung auf den Rechtsnachfolger ist eine Analogiebildung zu einem solchen Rechtsinstitut darüber hinaus allgemein fraglich.

Auch ein Rückgriff auf das materielle Recht führt nur bedingt weiter, würde dann doch die Schutzvorschrift des § 325 Absatz 2 ZPO fehlen, was die Verhältnismäßigkeit eines entsprechenden Rückgriffs in Frage stellt. Und zuletzt ist auch ein Anknüpfen an die dem Schiedsverfahren hypothetisch zugrundeliegende Schiedsvereinbarung zweifelhaft. Denn zum einen verliert eine Schiedsvereinbarung mit Erlass eines Schiedsspruchs ihre Wirkung. Zum anderen aber führt sie jedenfalls in all denjenigen Fällen nicht weiter, in denen eine Schiedsvereinbarung gar nicht vorlag oder auch nach der herrschenden Auffassung im Falle der Rechtsnachfolge nicht mit übergeht. Zuletzt vermag sie die erheblichen Eingriffe in die verfahrensbezogenen Ausgestaltungsgarantien, die mit einer Rechtskrafterstreckung des Schiedsspruchs auf einen am vorangehenden Schiedsverfahren Unbeteiligten einhergehen, nicht abzufangen.

Selbst wenn man jedoch eine hinreichende Grundlage für eine Rechtskrafterstreckung von Schiedssprüchen auf den Rechtsnachfolger bereits nach dem geltenden Recht herleiten oder eine solche schaffen wollte, stellt sich die Frage nach ihrer Verhältnismäßigkeit. Denn nach der derzeitigen Konzeption des deutschen Schiedsverfahrensrechts tritt die Rechtskraftwirkung eines Schiedsspruchs staatlich ungeprüft und damit auch im Falle eines Verstoßes gegen rechtsstaatliche Mindeststandards im Sinne der Vereinbarkeit des Schiedsspruchs mit dem inländischen *ordre public* und der Schiedsfähigkeit des zugrundeliegenden Streitgegenstands, die im öffentlichen Interesse stehen und damit zwingend sind, ein.

Das wirft die Frage auf, ob eine Rechtskraftwirkung, welche nicht auf der freiwilligen Entscheidung und der positiven Wahrung der rechtsstaatlichen Verfahrensgarantien des Subjekts der Schiedsspruchwirkung beruht, insoweit noch angemessen sein kann. Verstärkt werden diese Zweifel mit einem Blick auf die zwangsweise Durchsetzbarkeit eines Schiedsspruchs. Denn ihr ist bereits nach der derzeitigen Rechtslage eine zwingende staatliche Kontrollinstanz *vorgeschaltet*, welche eine von Amts wegen erfolgende Überprüfung des Schiedsspruchs auf die Vereinbarkeit mit rechtsstaatlichen Mindeststandards zum Gegenstand hat. Dies rechtfertigt es auch, die Titelumschreibung in § 727 ZPO über die Verweisungskette der §§ 1060 Absatz 1, 794 Absatz 1 Nummer 4a, 795 ZPO nicht nur entsprechend auf den gerichtlichen Vollstreckbarerklärungsbeschluss, sondern im Einzelfall auch auf den zur gerichtlichen Überprüfung stehenden Schiedsspruch im Vollstreckbarerklärungsverfahren selbst anzuwenden.

Die doppelte Legitimationsstärkung der zwangsweisen Durchsetzbarkeit des Schiedsspruchs durch die vorgeschaltete staatliche Kontrollinstanz einerseits und die zwingende gerichtliche Überprüfung der Vereinbarkeit mit gewissen Grundpfeilern der Rechtsstaatlichkeit andererseits lassen die Frage aufkommen, ob entsprechendes nicht auch für die Rechtskraftwirkung des Schiedsspruchs allgemein in Betracht gezogen werden sollte – jedenfalls aber für eine Erstreckung dieser Wirkungen auf solche Subjekte, die aus dem schiedsverfahrensrechtlichen Grundkonzept der Freiwilligkeit und positiven Grundrechtswahrung herausfallen.

Die Annahme einer Nichtigkeit des Schiedsspruchs unabhängig vom Aufhebungsverfahren des § 1059 ZPO, wie sie mitunter gefordert wird, führt nicht zu der insoweit erforderlichen Rechtssicherheit. So ist das einschlägige Meinungsbild bereits nicht gefestigt genug, um von einer gefestigten Rechtsfortbildung ausgehen zu können. Insbesondere aber ist fraglich, ob angesichts der klaren gesetzgeberischen Entscheidung in den §§ 1055, 1059 Absatz 3 und 1060 Absatz 2 ZPO nicht eine Grenze zulässiger Rechtsfortbildung erreicht ist. Ähnlichen Bedenken steht auch eine weite Auslegung oder Abschaffung der Aufhebungsfrist des § 1059 Absatz 3 ZPO gegenüber, die mit der Intention des Reformgesetzgebers von 1998, schnellstmöglich Rechtsklarheit über den Bestand des Schiedsspruchs zu erlangen, eindeutig nicht im Einklang steht.

Es liegt damit am Gesetzgeber selbst, Mittel und Wege zu finden, um die Rechtskrafterstreckung eines privaten Schiedsspruchs auf einen am vorangehenden Schiedsverfahren nicht beteiligten Rechtsnachfolger verfassungsrechtlich rechtfertigen zu können. Obwohl dies mitunter als rückschrittlich bezeichnet wird, lässt sich dabei auch eine inzidente Anerkennungsprüfung durch dasjenige staatliche Gericht, vor dem die prozessuale Durchsetzbarkeit des Schiedsspruchs geltend gemacht wird, in den Blick nehmen. Denn die verfassungsrechtliche Gewichtigkeit des inländischen *ordre public* und der Schiedsfähigkeit des Streitgegenstands legt nahe, dass der Staat nicht nur eine zwangsweise Durchsetzbarkeit, sondern auch die Rechtskraftwirkung eines Schiedsspruchs von vorneherein für den Fall ausschließen muss, dass der Schiedsspruch mit diesen Grundpfeilern der Rechtsstaatlichkeit nicht im Einklang steht.

Neben diese gewichtigen verfassungsrechtlichen Überlegungen treten rechtsvergleichende und rechtshistorische Erwägungen. So hat auch der Gesetzgeber des UNCITRAL-Modellgesetzes aus Gründen der internationalen Rechtsvereinheitlichung die bewusste Entscheidung getroffen, sowohl dem ausländischen als auch dem inländischen Schiedsspruch ein einheitliches inzidentes Anerkennungsverfahren vorzuschalten. Ein entsprechender Ansatz stünde mithin im Einklang mit internationalen Harmonisierungsbemühungen im Recht der Schiedsgerichtsbarkeit, die sich auch der deutsche Gesetzgeber zum Ziel gesetzt hat.

Insbesondere aber entsprach es bereits der Intention des historischen Gesetzgebers von 1877, einen Gleichlauf zwischen dem Schiedsspruch und dem ausländischen Urteil herzustellen, weswegen er für beide Entscheidungsformen ein einheitliches Vollstreckbarerklärungsverfahren vorsah. Dass er im Jahr 1898, als er dem ausländischen Urteil zusätzlich ein Anerkennungsverfahren vorschaltete, dasselbe nicht auch für den inländischen Schiedsspruch tat, mag auch auf einem Redaktionsversehen des damaligen Reformgesetzgebers beruht haben. Jedenfalls aber würde es dem Grundgedanken des deutschen Schiedsverfahrensrechts keineswegs zuwiderlaufen, in Anlehnung an das gerichtliche Anerkennungsverfahren in § 328 ZPO auch dem inländischen Schiedsspruch – wie es in Bezug auf den ausländischen Schiedsspruch gemäß § 1061 ZPO sowieso der Fall ist – eine wenigstens minimale gerichtliche Kontrolle voranzustellen.

In der Gesamtschau sprechen damit gewichtige Gründe dafür, die noch aus dem vorkonstitutionellen Recht von 1877 stammende gesetzgeberische Entscheidung, der Rechtskraftwirkung des Schiedsspruchs keine gesicherte gerichtliche Kontrolle gewisser Grundpfeiler der Rechtsstaatlichkeit voranzustellen, und damit die Konzeption der Vorschrift des § 1055 ZPO, die mehr Rechtsunsicherheit zu schaffen scheint als jede andere Vorschrift des deutschen Schiedsverfahrensrechts, erneut zu überdenken. Jedenfalls aber in Bezug auf eine subjektive Erweiterung dieser Schiedsspruchwirkung auf einen am Schiedsverfahren nicht beteiligten Rechtsnachfolger, der diese private Gerichtsbarkeit nicht freiwillig in Anspruch genommen hat, ist es angezeigt, eine gerichtliche Kontrolle verfassungsrechtlicher Mindeststandards zu garantieren. Dem würde ein dem Eintritt der Wirkungserstreckung des Schiedsspruchs vorgeschaltetes inzidentes gerichtliches Verfahren, das zügig Rechtsklarheit schafft, gerecht werden.

Literaturverzeichnis

Ahrendt, Achim, Der Zuständigkeitsstreit im Schiedsverfahren, Tübingen 1996, zugl.: Hamburg, Univ., Diss., 1994/95.

Ahrens, Jan-Michael, Die subjektive Reichweite internationaler Schiedsvereinbarungen und ihre Erstreckung in der Unternehmensgruppe, Frankfurt am Main u.a. 2001, zugl.: Freiburg (Breisgau), Univ., Diss., 2001.

Alfter, Philipp, Das Beweismaß in der internationalen Handelsschiedsgerichtsbarkeit. Auswirkungen der best practice der document production auf den Beweis, Wiesbaden 2019, zugl.: Frankfurt am Main, Univ., Diss., 2018.

Anders, Monika/Gehle, Burkhard (Hrsg.), Zivilprozessordnung mit GVG und anderen Nebengesetzen, 81. Auflage, München 2023 (zit.: *Autor*, in: Anders/Gehle, ZPO).

Bader, Johann/Ronellenfitsch, Michael (Hrsg.), Beck'scher Online-Kommentar zum VwVfG, 61. Edition, München 2023 (zit.: *Autor*, in: BeckOK VwVfG).

Balthasar, Stephan, International Commercial Arbitration. A Handbook, 2. Auflage, München 2021.

Barber, Horst, Objektive Schiedsfähigkeit und *ordre public* in der internationalen Schiedsgerichtsbarkeit, Frankfurt am Main u.a. 1994, zugl. Diss., Univ., Münster 1993.

Bartels, Axel, Bedeutung der Streitverkündung vor dem staatlichen Gericht für das nachfolgende schiedsrichterliche Verfahren, BB 2001, Beilage 7, S. 20–22.

Bartels, Martin, Multiparty Arbitration Clauses, J. Arb. Int. 1985, Volume 2, Number 2, S. 61–66.

von Bary, Christiane, Schiedsfähigkeit und Bindungswirkung bei einseitigen Schiedsanordnungen im Erbrecht unter Berücksichtigung der internationalen Perspektive, ZEV 2019, S. 317–324.

Baumbach, Adolf (Begr.), *Hopt, Klaus J. u.a.* (Hrsg.), Beck'sche Kurz-Kommentare, Band 9, Handelsgesetzbuch, 40. Auflage, München 2021 (zit.: *Autor*, in: Baumbach/Hopt, HGB).

Baumann, Antje/Wagner, Benjamin, Schiedsfähigkeit I, II oder III – Ob Ihr Recht habt oder nicht, sagt Euch der BGH. Zur Schiedsfähigkeit von Beschlussmängelstreitigkeiten in Personengesellschaften, BB 2017, S. 1993–1997.

Baur, Fritz, Rechtshängig – Schiedshängig, in: Holzhammer, Richard/Jelinke, Wolfgang/Böhm, Peter (Hrsg.), Festschrift für Hans W. Fasching zum 65. Geburtstag, Wien 1988, S. 81–92.

Ders., Betriebsjustiz, JZ 1965, S. 163–167.

Benedict, Christoph, Mehrvertragsverfahren, Mehrparteienverfahren, Einbeziehung Dritter und Verbindung von Verfahren, SchiedsVZ 2018, S. 306–311.

Benda, Ernst/Maihofer, Werner/Vogel, Hans-Jochen (Hrsg.), Handbuch des Verfassungsrechts, Band 2, 2. Auflage, Berlin/Boston 1995 (zit.: *Autor*, in: Benda/Maihofer/Vogel, HBVerfR).

Berger, Klaus-Peter, Das neue Schiedsverfahrensrecht in der Praxis – Analyse und aktuelle Entwicklungen, RIW 2001, S. 7–20.

Ders., Aufgaben und Grenzen der Parteiautonomie in der internationalen Wirtschaftsschiedsgerichtsbarkeit, RIW 1994, S. 12–18.
Ders., Schiedsrichterbestellung in Mehrparteienschiedsverfahren, RIW 1993, S. 702–709.
von Beringe, Harald, Grenzen der Schiedsgerichtsbarkeit, DB 1954, S. 776–778.
von Bernuth, Marie-Louise, Die Doppelkontrolle von Schiedssprüchen durch staatliche Gerichte, Frankfurt am Main u.a. 1995, zugl.: Mainz, Univ., Diss., 1994/95.
Blomeyer, Arwed, Zivilprozessrecht. Erkenntnisverfahren, Berlin/Heidelberg 2012.
Boeckstiegel, Karl-Heinz, Abschluss von Schiedsverträgen durch konkludentes Handeln oder Stillschweigen, in: Böckstiegel, Karl-Heinz/Glossner, Ottoarndt (Hrsg.), Festschrift für Arthur Bülow zum 80. Geburtstag, Köln u.a. 1981, S. 1–15.
Borges, Georg, Die Anerkennung und Vollstreckung von Schiedssprüchen nach dem neuen deutschen Schiedsverfahrensrecht, ZZP 1998, S. 487–513.
Bork, Reinhard/Roth, Herbert (Hrsg.), Stein/Jonas, Kommentar zur Zivilprozessordnung,
– Band 3, 23. Auflage, Tübingen 2016,
– Band 10, 23. Auflage, Tübingen 2014,
(zit.: *Autor*, in: Stein/Jonas, ZPO).
Borris, Christian, Die „Schiedsfähigkeit" von Beschlussmängelstreitigkeiten in der Personengesellschaft. Zum Beschluss des BGH vom 6.4.2017 („Schiedsfähigkeit III"), NZG 2017, S. 761–767.
Ders., Die Schiedsfähigkeit gesellschaftsrechtlicher Streitigkeiten in der Aktiengesellschaft, NZG 2010, S. 481–486.
Ders., Die „Ergänzenden Regeln für gesellschaftsrechtliche Streitigkeiten" der DIS („DIS-ERGeS"), SchiedsVZ 2009, S. 299–311.
Borris, Christian/Schenk-Busch, Thea, BGH zur Rechtswirksamkeit von Schiedsvereinbarungen in Personengesellschaftsverträgen: „Schiedsfähigkeit IV". Zugleich Bespr. von BGH 23.9.2021 – I ZB 13/21, NZG 2022, S. 259–264.
Bosch, Wolfgang, Rechtskraft und Rechtshängigkeit im Schiedsverfahren, Tübingen 1991, zugl.: Konstanz, Univ., Diss., 1989.
Brach, Bianca, Die Verfassung als Grundlage und Grenze der Schiedsgerichtsbarkeit. Eine amerikanische Perspektive, Berlin 2012, zugl.: Mainz, Univ., Diss., 2012.
Bryant, Jennifer, Class Arbitrations mit Verbraucherbeteiligung im deutschen Recht, SchiedsVZ 2021, S. 58–68.
Dies., Schiedsfähigkeit III. Anmerkungen zu BGH, Beschluss vom 6.4.2017 – I ZB 23/16, SchiedsVZ 2017, S. 194–197.
Bühler, Michael W., Die 2021 ICC-Schiedsgerichtsordnung: Zwischen Beständigkeit und Wandel, SchiedsVZ 2021, S. 230–237.
Burandt, Wolfgang/Rojahn, Dieter (Hrsg.), Erbrecht. Beck'scher Kurz-Kommentar, 4. Auflage, München 2022 (zit.: *Autor*, in: Burandt/Rojahn, Erbrecht).
Busse, Daniel, Die Bindung Dritter an Schiedsvereinbarungen, SchiedsVZ 2005, S. 118–123.
Calvaros, Constantin, Das UNCITRAL-Modellgesetz über die internationale Handelsschiedsgerichtsbarkeit, Berlin 1988.
Canaris, Claus-Wilhelm, Die Vertrauenshaftung im deutschen Privatrecht, München 1971.
Chiu, Julie C., Consolidation of Arbitral Proceedings and International Commercial Arbitration, J. Int. Arb. 1990, Volume 7, Number 2, S. 53–76.
Chiwitt-Oberhammer, Tatjana, Der fehlerhafte Schiedsspruch, Wien 2000, zugl.: Wien, Univ., Diss., 1999.
Dawirs, Philipp, Das letztwillig angeordnete Schiedsgerichtsverfahren – Gestaltungsmöglichkeiten, Berlin 2014, zugl.: Münster (Westfalen), Univ., Diss., 2012/2013.

Diesselhorst, Malte, Mehrparteienschiedsverfahren. Internationale Schiedsverfahren unter Beteiligung von mehr als zwei Parteien, Frankfurt am Main u.a. 1994, zugl.: Trier, Univ., Diss., 1993.
Dinstühler, Klaus-Jürgen, Die prozessuale Wirkungsweise des § 265 ZPO, ZZP 1999, S. 61–97.
Distler, Wolfram, Private Schiedsgerichtsbarkeit und Verfassung. Eine rechtsvergleichende Untersuchung zum deutschen und englischen Recht, Frankfurt am Main u.a. 2000, zugl.: München, Univ., Diss., 2000.
Dreier, Horst (Hrsg.), Grundgesetz-Kommentar,
– Band 1, 4. Auflage, Tübingen 2023,
– Band 2, 3. Auflage, Tübingen 2015,
– Band 3, 3. Auflage, Tübingen 2018
(zit.: *Autor*, in: Dreier, GG).
Dubisson, Michel, Arbitration in Subcontracts for International Projects, Journ. Int. Arb., Volume 1, Number 3, S. 197–211.
Dütz, Wilhelm, Rechtsstaatlicher Gerichtsschutz im Privatrecht. Zum sachlichen Umfang der Gerichtsbarkeit, Bad Homburg v.d.H. u.a.1969, zugl. Münster, Univ., Habil., 1969.
Duve, Christian/Keller, Moritz, Schiedsfähigkeit von GmbH-Beschlussmängelstreitigkeiten – Schiedsfähigkeit II. Anmerkungen zum Urteil BGH, Urteil vom 6.4.2009 – II ZR 255/08, NJW 2009, S. 1962–1967.
Ellenberger, Jürgen/Götz, Isabell/Grüneberg, Christian u.a. (Hrsg.), Grüneberg. Bürgerliches Gesetzbuch mit Nebengesetzen, 82. Auflage, München 2023 (zit.: *Autor*, in: Grüneberg, BGB).
Elsing, Siegfried H., Streitverkündung und Einbeziehung Dritter (Joinder) in der internationalen Schiedspraxis, in: Cascante, Christian/Spahlinger, Andreas/Wilske, Stephan (Hrsg.), global wisdom on business transactions, international law and dispute resolution – Festschrift für Gerhard Wegen zum 65. Geburtstag, München 2015, S. 615–630.
Ders., Streitverkündung und Schiedsverfahren, SchiedsVZ 2004, S. 88–94.
Emmert, Carolin, Gesellschaftsrechtliche Streitigkeiten in institutionellen Schiedsverfahren, Baden-Baden 2020, zugl.: Heidelberg, Univ., Diss., 2020.
Epping, Volker/Hillgruber, Christian (Hrsg.), Beck'scher Online-Kommentar zum GG, 56. Edition, München 2023 (zit.: *Autor*, in: BeckOK GG).
Fiebinger, Rudolf/Hauser, Christoph, Mehrparteienschiedsverfahren nach den neuen Wiener Regeln, in: Ebke, Werner F./Olzen, Dirk/Sandrock, Otto (Hrsg.), Festschrift für Siegfried H. Elsing zum 65. Geburtstag, Frankfurt am Main 2015, S. 111–122.
Fischinger, Philipp S., Der Grundrechtsverzicht, JuS 2007, S. 808–813.
Flöther, Lucas F., Schiedsverfahren und Schiedsabrede unter den Bedingungen der Insolvenz, DZWIR 2001, S. 89–95.
Fouchard, Philippe, Multiparty Business Disputes, Institute of International Business Law and Practice, ICC Publication No. 359, 1980, S. 59–75.
Fouchard, Philippe/Gaillard, Emmanuel/Goldman, Berthold (Hrsg.), Fouchard, Gaillard Goldman on International Commercial Arbitration, Paris 1999 (zit.: *Autor*, in: Fouchard/Gaillard/Goldman, International Commercial Arbitration).
Frank, Christian, Der Durchgriff im Schiedsvertrag – Rechtsvergleichende Studie unter Berücksichtigung des französischen und des US-amerikanischen Rechts, Berlin 2000, zugl.: München, Univ., Diss., 1998/99.
Fricke, Martin, Die autonome Anerkennungszuständigkeitsregel im deutschen Recht des 19. Jahrhunderts. Zugleich ein Beitrag zur Entstehungsgeschichte von § 328 Abs. 1 Nr. 1 ZPO, Tübingen 1993.

Führ, Thorsten, Einwirkungen der Grundrechte auf die Testierfreiheit. Unter besonderer Berücksichtigung der Wirksamkeit letztwilliger Potestativbedingungen, Frankfurt am Main u.a. 2007, zugl.: München, Univ., Diss., 2006.

Gal, Jens, Die Haftung des Schiedsrichters in der internationalen Handelsschiedsgerichtsbarkeit, Tübingen 2009, zugl. Diss., Univ. Frankfurt am Main 2008.

Gaul, Hans Friedhelm, Die Rechtskraft und Aufhebbarkeit des Schiedsspruchs, in: Berger, Klaus-Peter/Ebke, Werner F./Elsing, Siegried/Großfeld, Bernhard/Kühne, Gunther (Hrsg.), Festschrift für Otto Sandrock zum 70. Geburtstag, Heidelberg 2000, S. 285–328.

Ders., Rechtsverwirklichung durch Zwangsvollstreckung aus rechtsgrundsätzlicher und rechtsdogmatischer Sicht, ZZP 1999, S. 135–184.

Gebauer, Martin, Zur subjektiven Reichweite von Schieds- und Gerichtsstandsvereinbarungen – Maßstab und anwendbares Recht, in: Geimer, Reinhold/Kaissis, Athanassios/Thümmel, Roderich C. (Hrsg.), ars aequi et boni in mundo. Festschrift für Rolf A. Schütze zum 80. Geburtstag, München 2014, S. 95–108.

Geimer, Reinhold/Schütze, Rolf A. (Hrsg.), Internationaler Rechtsverkehr in Zivil- und Handelssachen, 66. Auflage, München 2023 (zit.: *Autor*, in: Geimer/Schütze, Internationaler Rechtsverkehr).

Geimer, Reinhold, Prozessschiedsspruch wegen (vermeintlicher) Unzuständigkeit des Schiedsgerichts, in: Böckstiegel, Karl-Heinz/Berger, Klaus Peter/Bredow, Jens (Hrsg.), Die Beteiligung Dritter an Schiedsverfahren, Köln u.a. 2005, S. 147–151.

Ders., Schiedsgerichtsbarkeit und Verfassung (aus deutscher Sicht), in: Schlosser, Peter F. (Hrsg.), Integritätsprobleme im Umfeld der Justiz. Die Organisation der Rechtsberatung; Schiedsgerichtsbarkeit und Verfassungsrecht, Band 7, Bielefeld 1994, S. 113–198.

Ders., Dritte als weitere Parteien im Schiedsverfahren, in: Rasmussen-Bonne, Hans-Eric/Freer, Richard/Lüke, Wolfgang/Weitnauer, Wolfgang (Hrsg.), Balancing of Interests. Liber Amicorum – Peter Hay zum 70. Geburtstag, Frankfurt am Main 2005, S. 163–180.

Gharibian, Armineh/Pieper, Nadine, Parteienmehrheit in Schiedsverfahren, in: BB 2018, S. 387–394.

Goette, Wulf, Verein: Zur nachträglichen Einführung einer Schiedsgerichtsklausel durchsatzungsändernden Mehrheitsbeschluss. Anmerkungen zu BGH, Urteil vom 3.4.2000 – II ZR 373-98, DStR 2000, S. 937–939.

Göz, Philipp/Peitsmeyer, Philip, Schiedsverfahren bei Beschlussmängelstreitigkeiten in Personengesellschaften, SchiedsVZ 2018, S. 7–14.

Graf, Jürgen (Hrsg.), Gerichtsverfassungsgesetz, 20. Edition, München 2023 (zit.: *Autor*, in: BeckOK GVG).

Granzow, Joachim H., Das UNCITRAL-Modellgesetz über die internationale Handelsschiedsgerichtsbarkeit von 1985, München 1988, zugl.: Hamburg, Univ., Diss., 1987.

Greger, Reinhard/Unberath, Hannes/Steffek, Felix (Hrsg.), Recht der alternativen Konfliktlösung. Kommentar, 2. Auflage, München 2016 (zit.: *Autor*, in: Greger/Unberath/Steffek, Recht der alternativen Konfliktlösung).

Gentzsch, Stefan/Hauser, Paul/Kapoor, Sunny, Reichweite der vom Schiedsfähigkeit-II-Urteil ausgehenden Nichtigkeitsfolgen, SchiedsVZ 2019, S. 64–70.

Gross, Detlev, Zur Inanspruchnahme Dritter vor Schiedsgerichten in Fällen der Durchgriffshaftung, SchiedsVZ 2006, S. 194–196.

Haas, Ulrich, Internationale Sportschiedsgerichtsbarkeit und EMRK, SchiedsVZ 2009, S. 73–84.

Ders., Beruhen Schiedsabreden in Gesellschaftsverträgen nicht auf Vereinbarungen i.S. des § 1066 ZPO oder vielleicht doch?, SchiedsVZ 2007, S. 1–10.

Habersack, Mathias, Die Personengesellschaft und ihre Mitglieder in der Schiedsgerichtspraxis, SchiedsVZ 2003, S. 241–247.

Habscheid, Walter J., Zum Problem der Mehrparteienschiedsgerichtsbarkeit, in: Reymond, Claude/Bucher, Eugène (Hrsg.), Schweizer Beiträge zur Schiedsgerichtsbarkeit, Zürich 1984, S. 173–188.

Ders., Aus der höchstrichterlichen Rechtsprechung zur Schiedsgerichtsbarkeit, KTS 1966, S. 1–10.

Ders., Anmerkung zu BGH, Urteil vom 22. Oktober 1964, ZZP 1966, S. 121–126.

Ders., Aus der höchstrichterlichen Rechtsprechung zur Schiedsgerichtsbarkeit, KTS 1965, S. 1–10.

Ders., Das Problem der Unabhängigkeit der Schiedsgerichte. Eine dogmatische und rechtsvergleichende Studie, NJW 1962, S. 5–12.

Ders., Schiedsgerichtsbarkeit und Staatsaufsicht, KTS 1959, S. 113–120.

Ders., Die Rechtsnatur des Schiedsvertrags und ihre Auswirkungen, KTS 1955, S. 33–39.

Ders., Aus der höchstrichterlichen Rechtsprechung zur Schiedsgerichtsbarkeit, KTS 1955, S. 129–134.

Hahn, Carl, in: Stegemann, Eduard (Hrsg.), Die Gesamten Materialien zu den Reichs-Justizgesetzen, Band 2. – Materialien zur Civilprozeßordnung. Abteilung 1, 2. Auflage, Berlin 1881.

Hahn, Carl/Mugdan, Benno (Hrsg.), Die Gesamten Materialien zu den Reichs-Justizgesetzen, Band 8. – Materialien zum Gesetz betreffend Aenderungen der Civilprozeßordnung, Gerichtsverfassungsgesetz und Strafprozeßordnung, Berlin 1898.

Hamann, Hartmann/Lennarz, Thomas, Parallele Verfahren mit identischem Schiedsgericht als Lösung für Mehrparteienkonflikte?, SchiedsVZ 2006, S. 289–297.

Hammer, Gottfried, Überprüfung von Schiedsverfahren durch staatliche Gerichte in Deutschland, Karlsruhe 2018.

Ders., Präklusion von Einwendungen bei strukturellem Ungleichgericht der Schiedsparteien, in: Geimer, Reinhold/Kaissis, Athanassios/Thümmel, Roderich C. (Hrsg.), ars aequi et boni in mundo. Festschrift für Rolf A. Schütze zum 80. Geburtstag, München 2014, S. 141–149.

Hanotiau, Bernard, Complex – Multicontract – Multiparty – Arbitrations, Arb. Int. 1998, Volume 14, Issue 4, S. 369–394.

von Hase, Karl, Schiedsgerichtsbarkeit im Gesellschaftsrecht: Optimierungsspielräume für die DIS-ERGeS, BB 2011, S. 1993–2000.

Hau, Wolfgang/Poseck, Roman (Hrsg.), Beck'scher Online-Kommentar zum Bürgerlichen Gesetzbuch, 67. Edition, München 2023 (zit.: *Autor*, in: BeckOK BGB).

Hauschild, Armin/Böttcher, Leif, Schiedsvereinbarungen in Gesellschaftsverträgen, DNotZ 2012, S. 577–597.

Heiliger, Janis, Streitverkündung und Nebenintervention in baurechtlichen Schiedsverfahren, Hamburg 2009, zugl. Hagen, Univ., Diss., 2008.

Heinrich, Andreas, Schiedsfähigkeit III – Richtungswechsel des BGH bei Beschlussmängelstreitigkeiten in Personengesellschaften, ZIP 2018, S. 411–415.

Heller, Kurt, Der verfassungsrechtliche Rahmen der privaten internationalen Schiedsgerichtsbarkeit, Wien 1996.

Hellwig, Hans-Jürgen, Zur Systematik des zivilprozessrechtlichen Vertrags, Bonn 1968, zugl. Bonn, Univ., Diss., 1966.

Henckel, Wolfram, Stein-Jonas – ein Großkommentar zur Zivilprozeßordnung, JZ 1992, S. 645–656.
Ders., Parteibegriff und Rechtskrafterstreckung, ZZP 1957, S. 448–465.
Henn, Günter, Schiedsverfahrensrecht. Handbuch für die Praxis, 3. Auflage, Heidelberg 1999.
Henssler, Martin/Strohn, Lutz (Hrsg.), Gesellschaftsrecht, Beck'sche Kurzkommentare, Band 62, 5. Auflage, München 2021 (zit.: *Autor*, in: Henssler/Strohn, Gesellschaftsrecht).
Hesselbarth, Franziska, Schiedsgerichtsbarkeit und Grundgesetz. (Teil-) Verfassungswidrigkeit des reformierten Schiedsverfahrensrechts, Lichtenberg (Odw.) 2004, zugl. Jena, Univ., Diss., 2004.
Hilger, Norbert, Grenzen der Zuständigkeitsfeststellung nach §§ 1032 II, 1062 I Nr. 2 ZPO, NZG 2003, S. 575–576.
von Hoffmann, Bernd, Mehrparteienschiedsgerichtsbarkeit und Internationale Handelskammer, in: Habscheid, Walther J./Schwab, Karl Heinz (Hrsg.), Beiträge zum internationalen Verfahrensrecht und zur Schiedsgerichtsbarkeit – Festschrift für Heinrich Nagel zum 75. Geburtstag, Münster 1987, S. 112–122.
Hohner, Georg, Zur Besetzung von Schiedsgerichten bei mehr als zwei Prozeßbeteiligten, DB 1979, S. 581–583.
Holeweg, Anette, Schiedsvereinbarungen und Strohmanngesellschaften, Münster 1997, zugl. Münster, Univ., Diss., 1996.
Holtzmann, Howard/Neuhaus, Joseph E., A Guide to the UNCITRAL model law on international commercial arbitration: legislative history and commentary, Deventer u.a. 1994.
Huber, Peter, Schiedsvereinbarungen im Scheidungsrecht, SchiedsVZ 2004, S. 280–288.
Hülskötter, Tim, Eine Frage der Freiwilligkeit? – Zugleich Anmerkung zum Urteil des LG Frankfurt am Main vom 7.10.2020 – 2-06 O 457/19, SchiedsVZ 2021, S. 145–149.
Hußlein-Stich, Gabriele, Das UNCITRAL-Modellgesetz über die internationale Handelsschiedsgerichtsbarkeit, Köln 1990, zugl.: Regensburg, Univ., Diss., 1989.
Isensee, Josef, Subsidiaritätsprinzip und Verfassungsrecht. Eine Studie über das Regulativ des Verhältnisses von Staat und Gesellschaft, Berlin 1968, zugl.: Erlangen, Nürnberg, Univ., Diss., 1967.
Isensee, Josef/Kirchhof, Paul (Hrsg.), Handbuch des Staatsrechts der Bundesrepublik Deutschland,
– Band IV, 3. Auflage, Heidelberg u.a. 2010,
– Band IX, 3. Auflage, Heidelberg u.a. 2011,
– Band XII, 3. Auflage, Heidelberg u.a. 2014
(zit.: *Autor*, in: HStR).
Jarass, Hans/Pieroth, Bodo (Hrsg.), Grundgesetz für die Bundesrepublik Deutschland – Kommentar, 17. Auflage, München 2022 (zit.: *Autor*, in: Jarass/Pieroth, GG).
Jobst, Simon, Das gesellschaftsrechtliche Schiedsverfahren zwischen Privatautonomie und Verfahrensgarantien. Ein deutsch-italienischer Rechtsvergleich über Beschlussmängelstreitigkeiten vor Schiedsgerichten, Tübingen 2019, zugl.: München, Univ., Diss., 2019.
Joost, Detlev/Strohn, Lutz (Hrsg.), Handelsgesetzbuch, 4. Auflage, München 2020 (zit.: *Autor*, in: Joost/Strohn, HGB).
Keller, Moritz/Hauser, Paul/Khanna, Karandeep, Balancing Procedural Flexibility with the Parties' Right to Equal Treatment under the 2021 ICC Joinder Rules, SchiedsVZ 2022, S. 68–72.

Keller, Ulrich (Hrsg.), Handbuch Zwangsvollstreckungsrecht, Berlin 2013 (zit.: *Autor*, in: Keller, Zwangsvollstreckungsrecht).

Kessler, Nicholas, Säumnis und Verspätung im Schiedsverfahren, in: Böckstiegel, Karl-Heinz/Berger, Klaus Peter/Bredow, Jens (Hrsg.), Die Beteiligung Dritter an Schiedsverfahren, Köln u.a. 2005, S. 235–262.

Kiesow, Bernd-Joachim, Die Vereinbarkeit des Schiedsgerichtswesens mit dem Grundgesetz, KTS 1962, S. 224–233.

Kindl, Johann/Meller-Hannich, Caroline/Wolf, Hans-Joachim (Hrsg.), Gesamtes Recht der Zwangsvollstreckung, 4. Auflage, Baden-Baden 2021 (zit.: *Autor*, in: Kindl/Meller-Hannich/Wolf, Zwangsvollstreckungsrecht).

Kissel, Rudolf/Mayer, Herbert (Hrsg.), Gerichtsverfassungsgesetz. Kommentar, 10. Auflage, München 2021 (zit.: *Autor*, in: Kissel/Mayer, GVG).

Kleinschmidt, Jens, Die Widerklage gegen einen Dritten im Schiedsverfahren, SchiedsVZ 2006, S. 142–150.

Klement, Dorothee, Rechtskraft des Schiedsspruchs. Die Gewährleistung der Einmaligkeit von Entscheidungen der Handelsschiedsgerichtsbarkeit zwischen individuellem Rechtsschutz und öffentlichen Interessen, Baden-Baden 2018, zugl. Heidelberg, Univ., Diss., 2017.

Kornblum, Udo, Probleme der schiedsrichterlichen Unabhängigkeit, München 1968, zugl. Frankfurt am Main, Univ., Habil., 1966/1967.

Koussoulis, Stelios, Fragen zur Mehrparteienschiedsgerichtsbarkeit, insbesondere zur Bestellung der Schiedsrichter, ZZP 1994, S. 195–210.

Kreindler, Richard H./Schäfer, Jan K./Wolff, Reinmar, Schiedsgerichtsbarkeit. Kompendium für die Praxis, Frankfurt am Main 2006.

Krieger, Gerd, Gesellschaftsrecht in der Diskussion, in: Gesellschaftsrechtliche Vereinigung (Hrsg.), Gesellschaftsrecht in der Diskussion 2017 – Jahrestagung der Gesellschaftsrechtlichen Vereinigung (VGR), Köln 2018, S. 181–207.

Kroiß, Ludwig/Ann, Christoph/Mayer, Jörg (Hrsg.), BGB-Erbrecht. Kommentar, Band 5, 6. Auflage, Baden-Baden 2021 (zit.: *Autor*, in: Kroiß/Ann/Mayer, BGB-Erbrecht).

Kröll, Stefan, Die Entwicklung des Schiedsrechts im Jahr 2021, NJW 2022, S. 827–831.

Krüger, Wolfgang/Rauscher, Thomas (Hrsg.), Münchener Kommentar zur Zivilprozessordnung,
– Band 1, 6. Auflage, München 2020,
– Band 3, 6. Auflage, München 2022,
– Band 3, 5. Auflage, München 2017
(zit.: „*Autor*, in: MüKo ZPO").

Kuhnle, Federico Parise, Effektiver Rechtsschutz im grenzüberschreitenden Handel durch private Schiedsgerichte: eine theoretisch-empirische Untersuchung über Verfahrenseffektivität und Zugänglichkeit schiedsrechtlichen Rechtsschutzes am Beispiel kleiner und mittlerer Unternehmen, Baden-Baden 2014, zugl. Bremen, Univ., Diss., 2014.

Labes, Hubertus W., Schiedsgerichtsvereinbarungen in Rückversicherungsverträgen, Frankfurt am Main 1996.

Lachmann, Jens-Peter, Handbuch für die Schiedsgerichtspraxis, 3. Auflage, Köln 2008.

Lange, Knut Werner, Letztwillig angeordnete Schiedsklauseln, ZZP 2015, S. 407–430.

Laschet, Franz, Die Mehrparteienschiedsgerichtsbarkeit, in: Böckstiegel, Karl-Heinz/Glossner, Ottoarndt (Hrsg.), Festschrift für Arthur Bülow zum 80. Geburtstag, Köln u.a. 1981, S. 85–128.

Leboulanger, Philippe, Multi-Contract Arbitration, Journ. Int Arb. 1996, Band 13, Volume 4, S. 43–99.

Leisinger, Christian M., Vertraulichkeit in internationalen Schiedsverfahren, Baden-Baden 2012, zugl.: Heidelberg, Univ., Diss., 2011.

Lieder, Jan, Reform des gesellschaftsrechtlichen Beschlussmängelrechts. Eine Nachlese zum 72. Deutschen Juristentag 2018 in Leipzig, NZG 2018, S. 1321–1333.

Lörcher, Gino/Lörcher, Heike/Lörcher, Torsten, Das Schiedsverfahren – national/international, nach deutschem Recht, 2. Auflage, Köln 2001.

Loritz, Karl-Georg, Probleme der Rechtskraft von Schiedssprüchen im deutschen Zivilprozeßrecht, ZZP 1992, S. 1–19.

Lühmann, Tobias B., Die Rechtskraft des Schiedsspruchs im deutschen und US-amerikanischen Recht. Zugleich ein Beitrag zur Bedeutung des Parteiwillens für die Bestimmung der Schiedsspruchwirkungen, Tübingen 2014, zugl.: Frankfurt (Oder), Univ., Diss., 2014.

Luther, Martin, Das Drei-Mann-Schiedsgericht bei der Entscheidung von Streitigkeiten zwischen drei oder mehr Vertragspartnern. Empfiehlt es sich, bei der Ausgestaltung solcher Schiedsvereinbarungen von der noch herrschenden Regeln abzuweichen?, in: Ficker, Hans Claudius/König, Detlef/Kreuzer, Karl F./Leser, Hans G./von Bieberstein, Wolfgang/Schlechtriem, Peter (Hrsg.), Festschrift für Ernst von Caemmerer zum 70. Geburtstag, Tübingen 1978, S. 571–582.

Maier, Hans Jakob, Handbuch der Schiedsgerichtsbarkeit. Ein Handbuch der deutschen und internationalen Schiedsgerichtspraxis, Berlin 1979.

von Mangoldt, Herrmann/Klein, Friedrich/Starck, Christian (Hrsg.), Grundgesetz. Kommentar, 7. Auflage, Band 1, München 2018 (zit.: *Autor*, in: von Mangoldt/Klein/Starck, GG).

Martens, Frank, Wirkungen der Schiedsvereinbarung und des Schiedsverfahrens auf Dritte, Frankfurt am Main u.a. 2005, zugl.: Kiel, Univ., Diss., 2004.

Martens, Klaus-Peter, Grenzprobleme der Interventionswirkung, ZZP 1972, S. 77–95.

Massuras, Konstadinos, Dogmatische Strukturen der Mehrparteienschiedsgerichtsbarkeit, Frankfurt am Main u.a. 1998, zugl. Diss., Univ., Hannover 1998.

Matscher, Franz, Schiedsgerichtsbarkeit und EMRK, in: Habscheid, Walther J./Schwab, Karl Heinz (Hrsg.), Beiträge zum Internationalen Verfahrensrecht und zur Schiedsgerichtsbarkeit, Festschrift für Heinrich Nagel zum 75. Geburtstag, Münster 1987, S. 227–245.

Maunz, Theodor/Dürig, Günter (Begr.), *Herzog, Roman/Scholz, Rupert/Herdegen, Matthias/Klein, Hans* (Hrsg.), Grundgesetz. Kommentar, 101. Auflage 2023 (zit.: *Autor*, in: Herzog/Scholz/Herdegen/Klein, GG).

Mayr, Andreas Markus, Schiedsvereinbarung und Privatrecht. Zu der Rechtsnatur und den Wirkungen der Schiedsvereinbarung, Berlin 2019, Tübingen, Univ., Diss., 2017/18.

Melis, Werner, Praktische und prozedurale Probleme mit Mehrparteienschiedsgerichten bei komplexen Langzeitverträgen, in: Nicklisch, Fritz (Hrsg.), Der komplexe Langzeitvertrag. Strukturen und Internationale Schiedsgerichtsbarkeit, Heidelberg 1986, S. 569–588.

Meyer-Ladewig, Jens/Nettesheim, Martin/von Raumer, Stefan, Europäische Menschenrechtskonvention. Handkommentar, 5. Auflage, Baden-Baden 2023 (zit.: *Autor*, in: Meyer-Ladewig/Nettesheim/von Raumer, EMRK).

Michael, Lothar/Morlok, Martin, Grundrechte, 7. Auflage, Tübingen 2019 (zit.: *Autor*, in: Michael/Morlok, GG).

Mock, Sebastian, Schiedsvereinbarungen für Beschlussmängelstreitigkeiten bei Personengesellschaften im bisherigen und neuen Recht – Zugleich Besprechung von BGH v. 23.9.2021 – I ZB 13/21, SchiedsVZ 2022, S. 56–61.

Mohrbutter, Jürgen, Fragen zur Nebenintervention bei erweiterter Schiedsklausel, KTS 1957, S. 33–35.

Mohs, Florian, Drittwirkung von Schieds- und Gerichtsstandsvereinbarungen. Eine rechtsvergleichende Untersuchung zur subjektiven Reichweite von Zuständigkeitsvereinbarungen bei Forderungsabtretung in der Schweiz, in Deutschland und in den USA, München 2006, zugl. Diss., Univ., Basel 2005.

Müller, Werner/Keilmann, Annette, Beteiligung am Schiedsverfahren wider Willen?, SchiedsVZ 2007, S. 113–121.

von Münch, Ingo/Kunig, Philip, Grundgesetz-Kommentar, Band 2, 7. Auflage, Berlin 2021 (zit.: *Autor*, in: von Münch/Kunig, GG).

Muscheler, Karlheinz, Die erbrechtliche Universalsukzession (1. Teil), Jura 1999, S. 234–246.

Musielak, Hans-Joachim/Voit, Wolfgang (Hrsg.), Zivilprozessordnung mit Gerichtsverfassungsgesetz. Kommentar, 20. Auflage, Köln/Marburg 2023 (zit.: *Autor*, in: Musielak/Voit, ZPO).

Mustill, Michael, Multipartite Arbitrations: An Agenda for Law-Makers, Arb. Int. 1991, Volume 7, Issue 4, S. 393–402.

Nacimiento, Patricia/Bähr, Biner, Insolvenz in nationalen und internationalen Schiedsverfahren, NJW 2010, S. 414.

Neef, Manfred, Die Rechtskraft des Schiedsspruchs, Halle (Saale) 1933, zugl. Diss., Univ., Halle-Wittenberg 1933.

Nicklisch, Fritz, Mehrparteienschiedsgerichtsbarkeit und Streitbeilegung bei Großprojekten, in: Plantey, Alain/Böckstiegel, Karl-Heinz/Bredow, Jens (Hrsg.), Festschrift für Ottoarndt Glossner zum 70 Geburtstag, Heidelberg 1994, S. 221–239.

Ders., Privatautonomie und Schiedsgerichtsbarkeit bei internationalen Bauverträgen, RIW 1991, S. 89–91.

Niedermaier, Tilman, Schieds- und Schiedsverfahrensvereinbarungen in strukturellen Ungleichgewichtslagen. Ein deutsch-U.S.-amerikanischer Rechtsvergleich mit Schlaglichtern auf weitere Rechtsordnungen, Tübingen 2013, zugl.: Göttingen, Univ., Diss., 2013.

Niklas, Boris, Die subjektive Reichweite von Schiedsvereinbarungen, 2008, zugl. Diss., Univ., Freiburg 2007.

Nöcker, Thomas, Mehrparteienschiedsverfahren – Quo vadis?, in: Stiefel, Ernst C./Behr, Andreas/Jung, Martina Violetta/Klausing, Ellen/Nöcker, Thomas/Trinkner, Reinhold (Hrsg.), Iusto Iure – Festgabe für Otto Sandrock zum 65. Geburtstag, Heidelberg 1995, S. 193–203.

Nolting, Ekkehard, Geltung der Mindestanforderungen an Schiedsvereinbarungen für Beschlussmängelstreitigkeiten in der GmbH auch für Personengesellschaften („Schiedsfähigkeit IV") – Anm. zu BGH, Beschl. vom 23.9.2021 – I ZB 13/21 – Kurzkommentar, EWiR 2022, S. 101–103.

Ders., Neue Anforderungen an Schiedsklauseln zwischen Personengesellschaften – „Schiedsfähigkeit III". Zugleich Besprechung BGH v. 6.4.2017 – I ZB 23/16, ZIP 2017, 1024, ZIP 2017, S. 1641–1646.

Oetker, Hartmut (Hrsg.), Handelsgesetzbuch. Kommentar, 7. Auflage, Kiel 2021 (zit.: *Autor*, in: Oetker, HGB).

Oswald, Sven, Probleme der Mehrparteienschiedsgerichtsbarkeit, Hamburg 1998, zugl.: Hamburg, Univ., Diss., 1998.

Pfeiffer, Thomas, Gewillkürte Prozessstandschaft im Schiedsverfahren, SchiedsVZ 2017, S. 135–141.

Ders., Der verfassungsrechtliche Anspruch auf Vollstreckung von Schiedssprüchen, in: Ebke, Werner F./Olzen, Dirk/Sandrock, Otto (Hrsg.), Festschrift für Siegfried H. Elsing zum 65. Geburtstag, Frankfurt am Main 2015, S. 387–401.

Pika, Maximilian, Schiedsspruch ultra partes? Die subjektive Rechtskrafterstreckung anhand von Parteiautonomie und rechtlichem Gehör, ZZP 2018, S. 225–259.

Pukall, Friedrich/Kießling, Erik (Hrsg.), Der Zivilprozess in der Praxis, 7. Auflage, Baden-Baden 2013 (zit.: *Autor*, in: Pukall/Kießling, Zivilprozess).

Quinke, David, Säumnis in Schiedsverfahren, SchiedsVZ 2013, S. 129–135.

Raeschke-Kessler, Hilmar, Gedanken zur Novellierung des Zehnten Buchs der ZPO, in: Ebke, Werner F./Olzen, Dirk/Sandrock, Otto (Hrsg.), Festschrift für Siegfried H. Elsing zum 65. Geburtstag, Frankfurt am Main 2015, S. 433–452.

Ders., Gesellschaftsrechtliche Schiedsverfahren und das Recht der EU, SchiedsVZ 2003, S. 145–154.

Rehm, Florian Nikolaus, Die Schiedsgerichtsbarkeit im Rechtssystem, Baden-Baden 2009, zugl.: Zürich, Univ., Diss., 2008.

Riehm, Thomas, Die Rekonstruktion der Interventionswirkung nach materiellem Recht – insbesondere nach einem vorangegangenen Schiedsverfahren, ZZP 2021, S. 3–40.

Rosenberg, Leo (Begr.), *Gaul, Hans Friedhelm/Schilken, Eberhard/Becker-Eberhard, Ekkehard* (Hrsg.), Zwangsvollstreckungsrecht, 12. Auflage, München 2010 (zit.: *Autor*, in: Gaul/Schilken/Becker-Eberhard, Zwangsvollstreckungsrecht).

Rosenberg, Leo/Schwab, Karl Heinz/Gottwald, Peter (Hrsg.), Zivilprozessrecht, 18. Auflage, Regensburg 2018 (zit.: *Autor*, in: Rosenberg/Schwab/Gottwald, ZPO).

Sachs, Klaus/Niedermaier, Tilman, Zur Group of Companies Doctrine und der Auslegung der subjektiven Reichweite von Schiedsvereinbarungen – Welches Recht ist anwendbar?, in: Ebke, Werner F./Olzen, Dirk/Sandrock, Otto (Hrsg.), Festschrift für Siegfried H. Elsing zum 65. Geburtstag, Frankfurt am Main 2015, S. 491–491.

Sachs, Michael (Hrsg.), Grungesetz. Kommentar, 9. Auflage, Köln 2021 (zit.: *Autor*, in: Sachs, GG).

Sackmann, Julia, Anforderungen an Schiedsvereinbarungen für Beschlussmängelklagen im Personengesellschaftsrecht, NZG 2016, S. 1041–1046.

Säcker, Franz Jürgen/Rixecker, Roland/Oetker, Hartmut/Limperg, Bettina (Hrsg.), Münchener Kommentar zum Bürgerlichen Gesetzbuch,
– Band 1, 9. Auflage, München 2021,
– Band 7, 8. Auflage, München 2020,
– Band 8, 9. Auflage, München 2023,
– Band 11, 9. Auflage, München 2022
(zit.: *Autor*, in: MüKo BGB).

Saenger, Ingo (Hrsg.), Zivilprozessordnung. Handkommentar, 10. Auflage, Baden-Baden 2023 (zit.: *Autor*, in: Saenger, ZPO)

Saenger, Ingo/Ullrich, Christoph/Siebert, Oliver (Hrsg.), Zivilprozessordnung, Kommentierte Prozessformulare, 5. Auflage, Baden-Baden 2021 (zit.: *Autor*, in: Saenger/Ullrich/Siebert, ZPO-Prozessformulare).

Salger, Hanns-Christian/Trittmann, Rolf (Hrsg.), Internationale Schiedsverfahren. Praxishandbuch, 1. Auflage, München 2019 (zit.: *Autor*, in: Salger/Trittmann, Internationale Schiedsverfahren).

Sandrock, Otto, Die Aufweichung einer Formvorschrift und anderes mehr, in: SchiedsVZ 2005, S. 1–10.

Sareika, Wieland, Zu den Begriffen in der Schiedsgerichtsbarkeit, ZZP 1977, S. 285–299.

Schack, Haimo, Drittwirkung der Rechtskraft?, in: NJW 1988, S. 865–873.

Scherer, Ingo, Die Fortführung des Zivilprozesses durch den Scheinerben, JR 1994, S. 401–405.

von Schlabrendorff, Fabian, Joinder and Consolidation in International Arbitration: A Comparison of Institutional Approaches, in: Dieners, Peter/Dietzel, Andreas/Gasteyer, Thomas (Hrsg.), Liber Amicorum Dolf Weber, Baden-Baden 2016, S. 429–463.

Schlosser, Peter, Schiedsrichterliches Verfahrensermessen und Beiladung von Nebenparteien, in: Schütze, Rolf A. (Hrsg.), Einheit und Vielfalt des Rechts – Festschrift für Reinhold Geimer zum 65. Geburtstag, München 2002, S. 947–964.

Ders., Rechtsvergleichendes zur Schiedsgerichtsbarkeit, in: Schmidt, K. (Hrsg.), 50 Jahre Bundesgerichtshof. Festgabe aus der Wissenschaft. Band III. Zivilprozeß, Insolvenz, Öffentliches Recht, München 2000, S. 399–438.

Ders., Schiedsgerichtsbarkeit und Wiederaufnahme, in: Schilken, Eberhard/Becker-Eberhard, Ekkehard/Gerhardt, Walter (Hrsg.), Festschrift für Hans Friedhelm Gaul zum 70. Geburtstag, Bielefeld 1997, S. 679–689.

Ders., Das Recht der internationalen privaten Schiedsgerichtsbarkeit, 2. Auflage, Tübingen 1989.

Schlüter, Maximilian, „Schiedsfähigkeit III" – Ein Schritt in Richtung eines neuen Rechts der Beschlussmängelstreitigkeiten?, DZWIR 2018, S. 251–259.

Schmidt, Karsten, Schiedsklauseln in Personengesellschaftsverträgen. Zugleich zum Beschluss BGH vom 6.4.2017 – I ZB 23/16, NZG 2017, 657 – Schiedsfähigkeit III, NZG 2018, S. 121–127.

Ders., Neues Schiedsverfahrensrecht und Gesellschaftsrechtspraxis. Gelöste und ungelöste Probleme bei gesellschaftsrechtlichen Schiedsgerichtsprozessen, ZHR 1998, S. 265–289.

Ders., Mehrseitige Gestaltungsprozesse bei Personengesellschaften. Studien und Thesen zur Prozeßführung nach §§ 117, 127, 133, 140, 142 HGB und zur notwendigen Streitgenossenschaft nach § 62 ZPO, Heidelberg 1992.

Ders., Die Bindung von Personengesellschaftern an vertragliche Schiedsklauseln – Zur Bedeutung der §§ 1027 Abs. 2, 1048 ZPO im Personengesellschaftsrecht –, DB 1989, S. 2315–2319.

Ders., Statuarische Schiedsklauseln zwischen prozessualer und verbandsrechtlicher Legitimation, JZ 1989, S. 1077–1084.

Schmidt, Karsten/Ebke, Werner F. (Hrsg.), Münchener Kommentar zum Handelsgesetzbuch, Band 5, 5. Auflage, München 2021 (zit.: *Autor*, in: MüKo HGB).

Schmidt-Bleibtreu, Bruno/Hofmann, Hans/Henneke, Hans-Günter, GG. Kommentar zum Grundgesetz, 15. Auflage, Hürtth/Köln 2022 (zit.: *Autor*, in: Schmitt-Bleibtreu/Hofmann/Henneke, GG).

Schmidt-Bleibtreu, Bruno/Klein, Franz/Bethge, Herbert u.a. (Hrsg.), Bundesverfassungsgerichtsgesetz. Kommentar, 62. Auflage 2022 (zit.: *Autor*, in: Schmidt-Bleibtreu/Klein/Bethge, GG).

Schneider, Michael E., Multi-Fora Disputes, Arb. Int. 1990, Volume 6, Issue 2, S. 101–121.

Schober, Axel, Drittbeteiligung im Zivilprozeß: Votum für die Einführung der Garantieklage in das zivilprozessuale Erkenntnisverfahren aufgrund einer Untersuchung des deutschen, französischen und europäischen Rechts einschließlich seiner historischen Wurzeln und zukünftigen Entwicklungsmöglichkeiten, Bayreuth 1990, zugl.: Bayreuth, Univ., Diss., 1990.

Schottelius, Dieter Justus, Die Kompetenz-Kompetenz in der Schiedsgerichtsbarkeit, KTS 1959, S. 134–143.

Ders., Die Organisation des internationalen Schiedsgerichtswesens, KTS 1955, S. 97–102.

Schricker, Gerhard, Zur Geltung von Schiedsverträgen bei Anspruchsabtretung, in: Westermann, Harm P./Rosener, Wolfgang (Hrsg.), Festschrift für Karlheinz Quack zum 65. Geburtstag, Berlin 1991, S. 99–109.

Schroeter, Ulrich G., Der Antrag auf Feststellung der Zulässigkeit eines schiedsrichterlichen Verfahrens gemäß § 1032 Abs. 2 ZPO, SchiedsVZ 2004, S. 288–296.

Schütze, Rolf A. (Hrsg.), Institutionelle Schiedsgerichtsbarkeit. Kommentar, 3. Auflage, Köln 2017 (zit.: *Autor*, in: Schütze, Institutionelle Schiedsgerichtsbarkeit).

Ders., Kollisionsrechtliche Probleme der Schiedsvereinbarung, insbesondere der Erstreckung ihrer Bindungswirkung auf Dritte, SchiedsVZ 2014, S. 274–278.

Schütze, Rolf A./Thümmel, Roderich, Schiedsgericht und Schiedsverfahren, 7. Auflage, München 2021.

Schwab, Karl Heinz, Die Gleichheit der Parteien bei der Bildung des Schiedsgerichts, BB 1992, Beilage 15, S. 17–19.

Ders., Mehrparteienschiedsgerichtsbarkeit und Streitgenossenschaft, in: Lindacher, Walter F./Pfaff, Dieter/Roth, Günter H./Schlosser, Peter/Wieser, Eberhard (Hrsg.), Festschrift für Walther H. Habscheid zum 65. Geburtstag, Bielefeld 1989, S. 285–294.

Schwab, Karl Heinz/Walter, Gerhard (Hrsg.), Schiedsgerichtsbarkeit. Systematischer Kommentar zu den Vorschriften der Zivilprozeßordnung, des Arbeitsgerichtsgesetzes, der Staatsverträge und der Kostengesetze über das privatrechtliche Schiedsgerichtsverfahren, 7. Auflage, München 2005.

Schwartz, Eric A., Multi-Party Arbitration and the ICC. In the Wake of Dutco, Journ. Int. Arb. 1993, Volume 10, Number 3, S. 5–19.

Seifert, Jens, Problemkreise des Grundrechtsverzichts, JA 2007, S. 99–104.

Sessler, Anke, Die Konstituierung des Schiedsgerichts in Mehrparteienschiedsverfahren – eine Bestandsaufnahme, in: Dieners, Peter/Dietzel, Andreas, Gasteyer, Thomas (Hrsg.), Liber Amicorum Dolf Weber, Baden-Baden 2016, S. 527–540.

Dies., Anmerkung zu OLG München, Urteil vom 13.2.1997 (29 U 4891/96), BB 1998, Beilage 9, S. 21–23.

Solomon, Dennis, Die Verbindlichkeit von Schiedssprüchen in der internationalen privaten Schiedsgerichtsbarkeit, München 2007, zugl. Passau, Univ., Habil., 2003/2004.

Sonnauer, Heinz, Die Kontrolle der Schiedsgerichte durch die staatlichen Gerichte, Köln u.a. 1992, zugl.: Regensburg, Univ., Diss., 1991.

Spohnheimer, Frank, Gestaltungsfreiheit bei antezipiertem Legalanerkenntnis des Schiedsspruchs. Zugleich ein Beitrag zur Gewährung rechtlichen Gehörs in Schiedsverfahren und zur Aufhebung von Schiedssprüchen, Tübingen 2010, zugl.: Saarbrücken, Univ., Diss., 2010.

Ders., Die Vorabentscheidung über die (Un-)Zulässigkeit des schiedsgerichtlichen Verfahrens nach § 1032 Abs. 2 ZPO durch staatliche Gerichte, in: Rüßmann, Helmut (Hrsg.), Festschrift für Gerhard Käfer, Saarbrücken 2009, S. 357–385.

von Staudinger, J. (Begr. und Hrsg.), Kommentar zum Bürgerlichen Gesetzbuch mit Einführungsgesetz und Nebengesetzen, Buch 1, Allgemeiner Teil, §§ 164–240, Neubearbeitung 2019 (zit.: *Autor*, in: Staudinger, BGB).

Steger, Christian, Die Präklusion von Versagungsgründen bei der Vollstreckung ausländischer Schiedssprüche. Eine Untersuchung im Rahmen des New Yorker Übereinkommens, Tübingen 2015, zugl. Diss., Univ., Hamburg 2015.

Stober, Rolf, Staatsgerichtsbarkeit und Schiedsgerichtsbarkeit, NJW 1979, S. 2001–2008.

Stojiljkovic, Mladen, Die Kontrolle der schiedsgerichtlichen Zuständigkeit, Zürich 2014, zugl.: Zürich, Univ., Diss., 2013.

Stolzke, Sebastian, Aufrechnung und Widerklage in der Schiedsgerichtsbarkeit, Köln 2006, zugl.: Köln, Univ., Diss. 2006.

Stretz, Christian, Die Streitverkündung im staatlichen Gerichtsverfahren und ihre Interventionswirkung im anschließenden Schiedsverfahren, SchiedsVZ 2013, S. 193–201.

Stürmer, Philipp Heinrich, Die Vereinbarung von Verfahren privater Streitbeilegung, Köln, Univ., Diss., 2008.

Stürner, Johannes, Hilfspersonen im Schiedsverfahren nach deutschem Recht, SchiedsVZ 2013, 322–327.

Stürner, Rolf (Hrsg.), Jauernig – Bürgerliches Gesetzbuch, 19. Auflage, Freiburg u.a. 2023 (zit.: *Autor,* in: Jauernig, BGB).

Ders., Verfahrensgrundsätze des Zivilprozesses und Verfassung, in: Grunsky, Wolfgang/Stürner, Rolf/Walter, Gerhard/Wolf, Manfred (Hrsg.), Festschrift für Fritz Baur, Tübingen 1981, S. 647–666.

Stumpe, Frederike, Parallele Verfahren in der privaten Schiedsgerichtsbarkeit und bei Investitionsschutzstreitigkeiten. Anwendungsmöglichkeiten des *lis pendens* Prinzips, Hamburg 2015, zugl.: Heidelberg, Univ., Diss., 2014.

Stumpf, Herbert, Vor- und Nachteile des Verfahrens vor Schiedsgerichten gegenüber dem Verfahren vor Ordentlichen Gerichten, in: Böckstiegel, Karl-Heinz/Glossner, Ottoarndt (Hrsg.), Festschrift für Arthur Bülow zum 80. Geburtstag, Köln u.a. 1981, S. 217–227.

Synatschke, Dagmar, Die Unzuständigkeitserklärung des Schiedsgerichts – Eine Studie zur internationalen Wirtschaftsschiedsgerichtsbarkeit, München 2006, zugl. Trier, Univ., Diss., 2006.

Tafelmaier, Angelika Ruth, Schiedsspruch und staatliche Gerichtsbarkeit. Rolle und Funktion des staatlichen Gerichts bei der Aufhebung, Anerkennung und Vollstreckbarerklärung von Schiedssprüchen, Berlin 2018, zugl. Freiburg, Univ., Diss., 2016.

Terlau, Matthias, Schiedsvereinbarung: Formloser Übergang bei Abtretung – Anmerkung zu BGH, Urt. v. 2. 10. 1997 – III ZR 2/96, MDR 1998, S. 432.

Thomas, Heinz/Putzo, Hans (Hrsg.), Zivilprozessordnung. Kommentar, 44. Auflage, München 2023 (zit.: *Autor,* in: Thomas/Putzo, ZPO).

Thomas, Stefan, Die Streitverkündung im kartellrechtlichen Schiedsverfahren, in: Schütze, Rolf A. (Hrsg.), Fairness Justice Equity. Festschrift für Reinhold Geimer zum 80. Geburtstag, München 2017, S. 735–743.

Umbeck, Elke, Zur Erstreckung statuarischer Schiedsklauseln auf Organhaftung, SchiedsVZ 2009, S. 143–149.

Voit, Wolfgang, Die Entscheidung des Schiedsgerichts über die eigene Unzuständigkeit als Prüfstein der dogmatischen Grundlagen des Schiedsverfahrensrechts, in: Heinrich, Christian (Hrsg.), Festschrift für Hans-Joachim Musielak zum 70. Geburtstag, München 2004, S. 595–617.

Ders., Privatisierung der Gerichtsbarkeit, JZ 1997, S. 120–125.

Vollmer, Lothar, Satzungsmäßige Schiedsklauseln – zugleich ein Beitrag zum Rechtsschutz in inneren Vereinsangelegenheiten, Bad Homburg v.d.H. u.a. 1970, zugl. Münster, Univ., Diss., 1969.

Vorwerk, Volkert/Wolf, Christian (Hrsg.), Beck'scher Online-Kommentar zur ZPO, 50. Edition, München 2022, (zit.: *Autor,* in: BeckOK ZPO).

Wach, Karl J. T., Die Münchener Regeln zur Beteiligung Dritter am Schiedsverfahren – The Munich Rules (TMR). Und es geht doch: Streitverkündung, Nebenintervention und Streitverkündungsklage im Schiedsverfahren, SchiedsVZ 2020, S. 228–242.

Ders., Streitverkündung und Schiedsverfahren, in: Ebke, Werner F./Olzen, Dirk/Sandrock, Otto (Hrsg.), Festschrift für Siegfried H. Elsing zum 65. Geburtstag, Frankfurt am Main 2015, S. 611–622.

Ders., Schiedsverfahren bei Vierpersonenverhältnissen. Verknüpfung von Regress- und Haftungsprozess durch konkludente Bindungsvereinbarung und § 254 BGB, KSzW 2. 2013, S. 148–151.

Wagner, Gerhard, Bindung des Schiedsgerichts an Entscheidungen anderer Gerichte und Schiedsgerichte, in: Böckstiegel, Karl-Heinz/Berger, Klaus Peter/Bredow, Jens (Hrsg.), Die Beteiligung Dritter an Schiedsverfahren, Köln u.a. 2005, S. 7–53.

Ders., Prozeßverträge, Privatautonomie im Verfahrensrecht, Tübingen 1998, zugl. Göttingen, Univ., Habil., 1998.

Weber, Dolf, Wider den Verlust des Bestellungsrechts bei Nichteinigung der Mehrparteiengegenseite auf einen Schiedsrichter, in: Bachmann, Birgit/Breidenbach, Stephan/Coester-Waltjen, Dagmar/Heß, Burkhard/Nelle, Andreas/Wolf, Christian (Hrsg.), Festschrift für Peter Schlosser zum 70. Geburtstag – Grenzüberschreitungen. Beiträge zum Internationalen Verfahrensrecht und zur Schiedsgerichtsbarkeit, Tübingen 2005, S. 1063–1080.

Weber, Dolf/Schlabrendorff, Fabian, Die Erstreckung von Schiedsabreden aus Geschäften der Personengesellschaften auf ihre Gesellschafter, in: Stiefel, Ernst C./Behr, Andreas/Jung, Martina Violetta/Klausing, Ellen/Nöcker, Thomas/Trinkner, Reinhold (Hrsg.), Iusto Iure – Festgabe für Otto Sandrock zum 65. Geburtstag, Heidelberg 1995, S. 477–490.

Weigand, Frank-Bernd/Baumann, Antje (Hrsg.), Practitioner's Handbook on International Commercial Arbitration, 3. Auflage, Oxford 2019 (zit.: *Autor*, in: Weigand/Baumann, International Commercial Arbitration).

Welser, Irene, Mehrparteienschiedsgerichtsbarkeit aus praktischer Sicht: Segen oder Fluch?, in: Böckstiegel, Karl-Heinz/Berger, Klaus Peter/Bredow, Jens (Hrsg.), Die Beteiligung Dritter an Schiedsverfahren, Köln u.a. 2005, S. 651–669.

Werner, Rüdiger, Gesellschaftsvertragliche Schiedsklauseln: Aktuelle Probleme, jM 2018, S. 134–139.

Werthauer, Kurt, Zur Kompetenz-Kompetenz der Schiedsgerichte, NJW 1953, S. 1416–1417.

Wiegand, Wolfgang, Die „neue" Gesellschaft bürgerlichen Rechts im Schiedsverfahren, SchiedsVZ 2003, S. 52–58.

Wolff, Reinmar, Die Landschaft der Schiedsgerichtsbarkeit im Spiegel gerichtlicher Entscheidungen, SchiedsVZ 2022, S. 72–84.

Ders., Die deutsche Justiz im Wettbewerb der Schiedsstandorte: eine Erhebung zur Spruchpraxis der Gerichte, SchiedsVZ 2021, S. 328–339.

Ders., New York Convention. Convention on the Recognition and Enforcement of Foreign Arbitral Awards of 10 June 1958. Article-by-Article Commentary, 2. Auflage, München 2019.

Ders., Empfiehlt sich eine Reform des deutschen Schiedsverfahrensrechts?, SchiedsVZ 2016, S. 293–306.

Ders., Beschlussmängelstreitigkeiten im Schiedsverfahren, NJW 2009, S. 2021–2023.

Ders., Gestaltung einer vertragsübergreifenden Schiedsklausel, SchiedsVZ 2008, S. 59–62.

Zerhusen, Jörg, Der „Dritte" im baurechtlichen Schiedsverfahren, in: Kniffa, Rolf/Quack, Fredrich/Vogel, Thomas/Wagner, Klaus.-R. (Hrsg.), Festschrift für Prof. Dr. Reinhold Thode zum 65. Geburtstag, München 2005, S. 355–370.

Zhi, Zhang, Liberalisierung, Internationalisierung und Renationalisierung in den Rechtsreformen der Schiedsgerichtsbarkeit: eine vergleichende Untersuchung der Novellierungen des Schiedsverfahrensrechts in Deutschland und der VR China vor dem Hintergrund des UNCITRAL-Modellgesetzes über die internationale Handelsschiedsgerichtsbarkeit, Baden-Baden 2012, zugl. Heidelberg, Univ., Diss., 2011.

Zieren, York, Das Schiedsverfahrensrecht der ZPO (1877–1933) unter Berücksichtigung der Genfer Übereinkommen von 1923 und 1927 sowie der Rechtsprechung des Reichsgerichts, Frankfurt am Main 2012, zugl. Diss., Univ., Kiel 2012.

Zöller, Richard (Begr.), *Geimer, Reinhold* (Hrsg.), Zivilprozessordnung. Kommentar, 34. Auflage, Köln 2022 (zit.: *Autor*, in: Zöller, ZPO).

Sachregister

Abtretung, *siehe* schiedsverfahrensrechtliche Rechtsnachfolge
Abtretungsverbot 284, 294, 299
Allgemeine Geschäftsbedingungen 82 ff.,
allgemeiner Gleichbehandlungsgrundsatz 107 ff.
– *siehe auch* Grundrechte
allgemeine Handlungsfreiheit 34 ff.
– *siehe auch* Grundrechte
– *siehe auch* Privatautonomie
Anscheinsvollmacht 71, 75 f.
– *siehe auch* Rechtsscheinvollmacht
ARIAS-Schiedsgerichtsordnung 218
– *siehe auch* D&O-Versicherung
Anerkennungsverfahren 28 f., 329 ff.
– *siehe auch* UNCITRAL Modellgesetz
appel en garantie 182, 214 f.
Aufhebungsverfahren 113 ff.; 174 f., 240 ff., 253 ff., 316 f., 328 f.
– *siehe auch* Präklusion im Schiedsverfahren
– Antragsbefugnis 174 f.
– Aufhebungsgründe 118 f.
– Frist 316, 328
Ausgestaltungsgarantien 45 f., 52 ff., 107 ff., 128 ff., 156 ff.,
– *siehe auch* Recht auf faires Verfahren
– *siehe auch* Recht auf rechtliches Gehör
– *siehe auch* Verfahrensgarantien
Ausschlussakt 132 ff., 160 ff., 189 ff., 222 ff., 248 ff.
– *siehe auch* Präklusion im Schiedsverfahren
– *siehe auch* Schiedsvereinbarung
– *siehe auch* Schiedsverfügung

Beschlussmängelstreitigkeiten 224 ff., 235 ff.
– im Schiedsverfahren, *siehe* Schiedsfähigkeitsrechtsprechung
– kapitalgesellschaftsrechtliche 236 ff.
– personengesellschaftsrechtliche 238 ff.
Bindung, *siehe* Bindungswirkung
Bindungswirkung
– der Schiedsvereinbarung 132, 189 ff., 279 ff.
– des Schiedsspruchs 17 ff., 28 ff., 170 f., 230 f., 301 ff.
Bundesverfassungsgericht 11, 29, 35 f., 49 ff.,
– *siehe auch* Verfassungsbeschwerde

consolidation, *siehe* Verfahrensverbindung
Civilprozeßordnung von 1877 19 ff., 80 f., 137 ff., 331 f.

DIS-Schiedsgerichtsordnung 201 ff., 208 ff., 230
– DIS-ERGeS 226 ff., 236 f., 240, 270 f.
– Entwurf der DIS-ERS 231 f., 248 ff. 260 ff.
– Klage gegen zusätzliche Parteien 204, 212, 216 ff.
Drittbeteiligung 183 f., 220 ff.
– *siehe auch* Nebenintervention
– *siehe auch* Streitverkündung
– im Schiedsverfahren 234 ff.
– im staatlichen Verfahren 234, 246, 263
Drittklage, *siehe* appel en garantie
Drittwiderklage 180 f., 212 ff.
– *siehe auch* Widerklage

Durchsetzbarkeit des Schiedsspruchs 27 ff., 120 ff., 318 ff.
- formelle, *siehe auch* Rechtskraftwirkung des Schiedsspruchs
- materielle, *siehe auch* Vollstreckbarkeit des Schiedsspruchs
- Verfassungsrechtliche Grundlage 27 ff.
Dutco 201 ff.
D&O-Versicherung 218
- *siehe auch* ARIAS-Schiedsgerichtsordnung

EGMR, *siehe* EMRK
EMRK 45, 53 f.
Entscheidungsmonopol 21, 48 f., 100 f.
- *siehe auch* Schiedsfähigkeit
Einheitsklage, *siehe* appel en garantie
Einrichtungsgarantie, staatliche 46, 50, 59
- *siehe auch* Recht auf staatlichen Rechtsschutz
Einzelrechtsnachfolge, *siehe* schiedsverfahrensrechtliche Rechtsnachfolge

Faires Verfahren, *siehe* Recht auf faires Verfahren
Form der Schiedsvereinbarung 76 ff.
- Entwicklung 77 f.
- Formfreiheit 80 f.
- Nachweisfunktion 77 ff.
- Verfassungsgemäßheit 79 ff.

Gericht, staatliches 15 ff., 103 ff., 172 ff., 328 ff.
- Abgrenzung zum Schiedsgericht 17 ff.
Gerichtsurteil 15 ff., 40 ff., 331 f.
- *siehe auch* Rechtskraft des Gerichtsurteils
- Abgrenzung zum Schiedsspruch 17 ff.
- Ausländisches 23, 331 f.
Gesamtrechtsnachfolge, *siehe* schiedsverfahrensrechtliche Rechtsnachfolge
Gesetzgeber, *siehe* Legislative
Geständnisfunktion, *siehe* Säumnis im Schiedsverfahren

Gestaltungsfreiheit 13 ff., 24 ff., 125, 168 ff.
- *siehe auch* Privatautonomie
Gewaltenteilung 48 f.
- *siehe auch* Staatsgewalten
- *siehe auch* Grundrechtsbindung
- *siehe auch* Judikative
- *siehe auch* Legislative
Gewaltmonopol 14, 49, 293
- *siehe auch* Staatsgewalten
- *siehe auch* Verbot der Selbstjustiz
Gleichwertigkeitskautelen 45 ff., 176 f., 237 ff.
- *siehe auch* Schiedsfähigkeitsrechtsprechung
- *siehe auch* Verfahrensgarantien
Grundgesetz
- *siehe* Grundrechte
Grundrechte 24 ff., 34 ff., 45 ff., 274 ff.
- *siehe auch* Grundgesetz
- *siehe auch* Grundrechtsbindung
- Disponibilität, *siehe* Grundrechtsausübungsverzicht
Grundrechtsausübungsverzicht 64 ff., 162, 185, 223
- *siehe auch* Schiedsvereinbarung
- Grenzen 69 ff.
- Verfassungsrechtliche Herleitung 64 f.
- Voraussetzungen 67 ff., 73 ff.
Grundrechtsbindung 25 ff., 340
- Bindung der Staatsgewalten 340
- Bindung von Privaten 25 f., 30 ff.
Grundrechtseingriff 65 ff,, 75, 82, , 91 273 ff.
Grundrechtsverzicht, *siehe* Grundrechtsausübungsverzicht

Hoheitsakt 20 ff.
- *siehe auch* Staatsgewalten

ICC-Schiedsgerichtsordnung 181, 188 f., 206 ff.
inter omnes 153 f., 224 ff., 233 ff.
- *siehe auch* Beschlussmängelstreitigkeiten
inter partes 148 ff., 298
Interventionswirkung, *siehe* Nebenintervention, Streitverkündung

Joinder, 182, 211 ff.
Judikative 16, 23, 26 f., 50
– *siehe auch* Gericht, staatliches
– *siehe auch* Gewaltenteilung
– *siehe auch* Grundrechtsbindung
– *siehe auch* Staatsgewalten
Justiz, *siehe* Judikative
Justizanspruch, *siehe* Recht auf staatlichen Rechtsschutz
Justizgewähranspruch, *siehe* Recht auf staatlichen Rechtsschutz

Kaufmännisches Bestätigungsschreiben 82 ff.
Kautelarpraxis 128, 149 ff., 154 ff.
Kompetenz-Kompetenz 106 f.
Konfliktlösung, *siehe* Streitbeilegung
Konstituierung 104 f., 108 f., 168 f.
– *siehe auch* Schiedsgericht
Kontrollsystem, staatliches 30, 60 ff., 125 f.

LCIA-Schiedsgerichtsordnung 202, 212
Legislative 16, 23 ff., 66, 326
– *siehe auch* Gewaltenteilung
– *siehe auch* Grundrechtsbindung
– *siehe auch* Staatsgewalten
Legitimation der Schiedsgerichtsbarkeit 10 ff., 34 ff., 58 ff., 323 ff.
– *siehe auch* Privatautonomie
– *siehe auch* Verfahrensgarantien

Mediation 14, 17 f., 35 f., 45
– *siehe auch* Streitbeilegung
Mehrparteienschiedsgerichtsbarkeit 151 ff., 175 f, 180 ff., 187 ff.
– Besonderheiten 188 ff.
Mehrparteienschiedsverfahren, *siehe* Mehrparteienschiedsgerichtsbarkeit
Munich Rules 256 ff.

Nebenintervention 141, 183 ff., 263 ff.
– im staatlichen Verfahren 141, 263 f.
– im Schiedsverfahren, *siehe auch* Drittbeteiligung
– Pflicht zur Zulassung 266 f.
NYÜ 120, 330 f.

Öffentliches Recht 13 ff., 26,
– *siehe auch* Grundrechte
ordre public 120 ff., 313 ff., 323 ff.

Partei, *siehe* Parteibegriff
Parteiautonomie, *siehe* Privatautonomie
Parteibegriff im Schiedsverfahren 130 ff., 146 ff.
– dualistischer 133 f.
– Vereinbarungspartei 139
– Verfahrenspartei 131 ff., 146 ff.
Parteibeitritt, *siehe Joinder*
Präklusion im Schiedsverfahren 92 ff., 163 f., 223 ff.
– verfassungsrechtliche Zulässigkeit 92 ff.
– Voraussetzungen 99 ff.
Privatautonomie 13 ff., 34 ff., 43 f., 57 f.
– *siehe auch* allgemeine Handlungsfreiheit
Prozessführungsbefugnis, *siehe* Prozessstandschaft
Prozessstandschaft 171, 293 ff.
– *siehe auch* Veräußerung der streitbefangenen Sache
– Gesetzliche 294, 300 f.
– Gewillkürte 297, 301
Prozessrechtsverhältnis 146, 156, 160 ff.
Prozessvereinbarung, *siehe* Verfahrensvereinbarung
Prozessvertrag, *siehe* Verfahrensvereinbarung

Qualifizierte Klausel, *siehe* Titelumschreibung

Recht auf faires Verfahren 52 ff., 107 ff., 123 ff., 157 ff.
– Herleitung 54
– im Schiedsverfahren 107 ff.
Recht auf rechtliches Gehör 53 ff., 111 f., 155 ff.
– Herleitung 53
– im Schiedsverfahren 111 f.
Recht auf staatlichen Rechtsschutz 46 ff., 62 ff.
– *siehe auch* Ausschlussakt

– *siehe auch* Zugangsgarantie
Rechtliches Gehör, *siehe* Recht auf rechtliches Gehör
Rechtsetzung
– *siehe auch* Legislative
– Anspruch auf
Rechtskraft 135 ff., 170 ff., 304 ff.
Rechtskrafterstreckung des Schiedsspruchs 304 ff., 313 ff.
Rechtskraftwirkung des Schiedsspruchs
– *siehe auch* Rechtskraft
– *siehe auch* Rechtskrafterstreckung des Schiedsspruchs
Rechtsnachfolge, *siehe* Schiedsverfahrensrechtliche Rechtsnachfolge
Rechtsprechung *siehe* Gericht, staatliches
Rechtsprechungsmonopol, *siehe* Entscheidungsmonopol
Rechtsscheinvollmacht 75 ff., 195
Rechtsstaat, *siehe* Rechtsstaatsprinzip
Rechtsstaatsprinzip 40 ff., 46 ff., 58
Reform des Schiedsverfahrensrechts 19 f., 80 ff., 140 ff., 148
Restitutionsklage 335
Richter, *siehe* Gericht

Säumnis im Schiedsverfahren 90, 99 f., 244, 292 f.
Schiedsbindung, *siehe* Bindungswirkung
Schiedsfähigkeit 101 ff., 313 ff., 323 ff.
– *siehe auch* Entscheidungsmonopol
– *siehe auch* Rechtsprechungsmonopol
– *siehe auch* Schiedsfähigkeitsrechtsprechung
Schiedsfähigkeitsrechtsprechung 150, 155 f., 170 ff., 233 ff.
Schiedsgericht
– *siehe auch* Kompetenz-Kompetenz
– *siehe auch* Konstituierung
– Zuständigkeit des 61 ff., 92 ff.
Schiedsrichter 15 ff., 21 ff.
– *siehe auch* Schiedsgericht
– Abgrenzung zum Richter 15 ff., 21 ff.
– Auftrag 18, 26, 32
– Beleihung 18, 21 ff.
Schiedsspruch

– *siehe auch* Rechtskrafterstreckung des Schiedsspruchs
– *siehe auch* Rechtskraftwirkung des Schiedsspruchs
– *siehe auch* Schiedsspruch mit vereinbartem Wortlaut
Schiedsspruch mit vereinbartem Wortlaut 17, 122
– *siehe auch* Vergleich
Schiedsvereinbarung 72 ff., 139 f., 189 ff., 279 ff., 310
– *siehe auch* Ausschlussakt
– Form, *siehe* Form der Schiedsvereinbarung
– Partei, *siehe* Vereinbarungspartei
– Reichweite 74 ff., 191 ff.
– Wirksamkeit 73 ff., 77 ff.
Schiedsverfahren
– *siehe auch* Streitbeilegung
– Partei des, *siehe* Verfahrenspartei
schiedsverfahrensrechtliche Rechtsnachfolge 273 ff.
– *siehe auch* Rechtskrafterstreckung des Schiedsspruchs
– im laufenden Schiedsverfahren 289 ff.
– in die Schiedsvereinbarung 280 ff.
Schiedsverfügung 85 ff., 162 f., 287
Schlichtung 14, 17 f., 45
– *siehe auch* Streitbeilegung
Schuldnerschutz 67 f., 71, 75, 283 f.
Schutz des Rechtsverkehrs 42, 71, 75, 283
SL Bau 2021 259 f.
SO Bau 2020 259 f.
Staatsgewalten, *siehe* Gewaltenteilung
Streitbeilegung
– einvernehmlich, *siehe* Mediation, Schlichtung
– kontradiktorisch, *siehe* Schiedsgerichtsbarkeit, Gerichtsurteil
Streitgenossenschaft 181 f., 206 ff., 233 ff.
– einfache 206 ff.
– notwendige aus materiellen Gründen 181 f., 208 ff.,
– notwendige aus prozessualen Gründen 233 ff., 239
Streitverkündung 245 ff.

– *siehe auch* Drittbeteiligung
– im staatlichen Verfahren 246 f.
– im Schiedsverfahren 247 ff.
Streitweiterverkündung 217, 253
– *siehe auch* Streitverkündung
Swiss Rules 201, 216, 259 ff., 267 f.

Titel 15, 18 f., 120, 318 ff.
Titelumschreibung 318, 320, 323
– *siehe auch* Vollstreckbarerklärung des Schiedsspruchs
Titelwirkung 120, 135, 247
Trias rechtsstaatlicher Verfahrensgarantien, *siehe* Verfahrensgarantien

Unbefangenheit und Unparteilichkeit, *siehe* Recht auf faires Verfahren
UNCITRAL Modellgesetz 61, 81 ff., 329 ff.
Unterwerfungserklärung 18, 41, 55
Urteil, *siehe* Gerichtsurteil

Verbot der Selbstjustiz 14 f., 46
– *siehe auch* Gewaltmonopol
Veräußerung der streitbefangenen Sache 141 ff., 293 ff.
– *siehe auch* Prozessführungsbefugnis
– *siehe auch* Prozessstandschaft
– im Schiedsverfahren 295 ff.
– im staatlichen Verfahren 141 ff., 294 f.
– Rechtsentwicklung 141 ff.
Vereinbarungspartei
– *siehe auch* Parteibegriff im Schiedsverfahren
Verfahrensgarantien 34 ff., 57 ff., 122 ff.
– *siehe auch* Recht auf rechtliches Gehör
– *siehe auch* Recht auf rechtliches Verfahren
– *siehe auch* Recht auf staatlichen Rechtsschutz
– Herleitung 34 ff.
– Trias rechtsstaatlicher 57 ff., 122 ff.
Verfahrenspartei, *siehe* Parteibegriff im Schiedsverfahren

Verfahrensunterbrechung 290 ff.
Verfahrensverbindung 209 ff.
Verfahrensvereinbarung 154 ff., 166 ff.
– *siehe auch* Schiedsvereinbarung
Verfassungsbeschwerde 42, 276
– *siehe auch* Bundesverfassungsgericht
Verfassungsrecht, *siehe* Grundgesetz
Vergleich 10 ff., 32 ff., 41, 55
– *siehe auch* Schiedsspruch mit vereinbartem Wortlaut
Verhältnismäßigkeit 44, 313 ff., 322 ff.
Vertraulichkeit im Schiedsverfahren 164 f., 190, 246 ff., 265 f.
VIAC Rules 202, 259,
Vollstreckbarerklärung des Schiedsspruchs, *siehe* Vollstreckbarerklärungsverfahren
Vollstreckbarerklärungsverfahren 113 ff., 120 ff., 318 ff.
Vollstreckbarkeit des Schiedsspruchs
– *siehe* Vollstreckbarerklärungsverfahren
Vollstreckungstitel, *siehe* Titel

Weiterverkündung, *siehe* Streitweiterverkündung
Widerklage 181, 198, 212 ff.
– *siehe auch* Drittwiderklage

Zession, *siehe* schiedsverfahrensrechtliche Rechtsnachfolge
Zugangsgarantie 46 ff., 62 ff., 128 ff., 160 ff.
– *siehe auch* Ausschlussakt
– *siehe auch* Recht auf staatlichen Rechtsschutz
– *siehe auch* Verfahrensgarantien
Zweilagerverhältnis 152, 161, 213, 247
Zweipersonenrechtsstreit 128, 151 ff., 175
Zwischenentscheid 95 f., 99 f., 105 ff., 253 ff.
– *siehe auch* Schiedsgericht, Zuständigkeit des

Veröffentlichungen zum Verfahrensrecht

herausgegeben von
Rolf Stürner

Die Schriftenreihe *Veröffentlichungen zum Verfahrensrecht* (VVerfR) ist einem weit verstandenen Verfahrensrecht verpflichtet, ist also weder auf ein Rechtsgebiet noch auf eine Verfahrensart beschränkt. So finden sich etwa auf dem Gebiet des Zivilprozessrechts Arbeiten zum Erkenntnis- wie dem Vollstreckungsverfahren einschließlich des Insolvenzrechts, auf dem Gebiet des Strafprozessrechts Schriften zu Aspekten des Ermittlungs- wie des Hauptverfahrens. Die behandelten Themen sind zugleich ein Spiegel dessen, wie sich die Schwerpunkte der wissenschaftlichen Diskussion verschieben. Neben dogmatischen Arbeiten zu Kernfragen des nationalen Verfahrensrechts sind in den letzten Jahren vermehrt prozessrechtsvergleichende Arbeiten und Arbeiten zum internationalen Verfahrensrecht getreten; ebenfalls deutlich wird das gestiegene Interesse am Schiedsverfahrensrecht und an alternativen Konfliktlösungsmechanismen.

ISSN: 0722-7574
Zitiervorschlag: VVerfR

Alle lieferbaren Bände finden Sie unter *www.mohrsiebeck.com/vverfr*

Mohr Siebeck
www.mohrsiebeck.com